JAHRBUCH FÜR FRÄNKISCHE LANDESFORSCHUNG

HERAUSGEGEBEN
VOM
ZENTRALINSTITUT FÜR REGIONALFORSCHUNG
AN DER UNIVERSITÄT ERLANGEN-NÜRNBERG
– SEKTION FRANKEN –
62

KOMMISSIONSVERLAG
DEGENER & CO., INH. MANFRED DREISS, NEUSTADT (AISCH)
2002

Gedruckt
mit Unterstützung
des Bayerischen Staatsministeriums für Wissenschaft,
Forschung und Kunst und
des Bezirkstages von Mittelfranken

ISSN 0446 - 3943

ISBN 3-7686-9298-1

Schriftleitung: Werner K. Blessing, Dieter J. Weiß, Wolfgang Wüst
Redaktionelle Mitarbeit: Irene Ramorobi, Steven Zahlaus
D-91054 Erlangen, Kochstr. 4/13

Für die Beiträge sind die Verfasser verantwortlich.

Gesamtherstellung:
VDS – Verlagsdruckerei Schmidt; Neustadt an der Aisch

INHALT

Berichte über Arbeiten zur fränkischen Landesforschung an der Universität Erlangen-Nürnberg VI

Beiträge zum Erlanger Stadtjubiläum

Dorothea Fastnacht, Der Ortsname Erlangen. Siedlungsgeschichte von Alterlangen und Erlangen aus namenkundlicher Sicht 1

Andreas Jakob, St. Martin und seine Kirchen an Rezat, Rednitz und Regnitz. Eine Gegenskizze 21

Hans-Diether Dörfler, Maß für Maß. Braugewerbe und Umgeld im Erlangen des 18. Jahrhunderts 43

Abhandlungen

Hans-Dieter Lehmann, Cuno dux Bauwarorum – als Zollernvorfahre in cognatischer Linie Vorbild für den obskuren „Herzog Tassilo von Zollern"? Zu den Herkunftsfabeln der Zollern 65

C. Scott Dixon, Die Einführung der Reformation in den ländlichen Pfarreien der Markgrafschaft Brandenburg-Ansbach-Kulmbach. Pfarrkultur und die Grenzen der Konfessionalisierung 93

Gerhard Philipp Wolf, Johannes Cochlaeus (1479–1552) zwischen Humanismus und Reformation - Zu seinem 450. Todestag 113

Peter Zahn, Inschriften als sozialgeschichtliche Quellen zur Nürnberger Geschichte. Die Grab-Epitaphien der 110 reichsten Bürger von 1579 .. 157

Helmut Demattio, Die Forstwirtschaft in den Haßbergen im Hinblick auf ihre verfassungs- und motivgeschichtlichen Hintergründe 179

Wolfgang Wüst, Die Akte Seinsheim-Schwarzenberg: eine fränkische Adelsherrschaft vor dem Reichskammergericht 203

Nicola Schümann, Der Fränkische Kreiskonvent im Winter 1790/91. Ein Verfassungsorgan an der Schwelle zur Moderne 231

Helmut Neuhaus, Karl Hegel und Erlangen 259

Peter Mast, Politischer Raum und Industrialisierung. Thüringen vor und nach der Reichsgründung im Vergleich zum zeitgenössischen Franken . 279

Marcus Mühlnikel, Die Bayreuther Hilfsschule im Dritten Reich. Ein Beispiel für die Durchsetzung nationalsozialistischer Pädagogik an einer fränkischen Sonderschule 305

Klaus Guth, Denunziantentum. Alltag im „Dritten Reich" im Spiegel der Akten des Sondergerichts Bamberg 1933–1939 335

Miszellen zur Namenforschung

Joachim Andraschke, Anmerkungen zu „Namenkundliche Irrwege in Franken" 363

Dorothea Fastnacht, Robert Schuh, Anmerkungen zur Gegendarstellung 369

Mitarbeiter des Bandes 62:

Andraschke, Joachim, M.A., Bamberg
Demattio, Helmut, Dr. phil., Wiss. Mitarbeiter, München
Dixon, C. Scott, Senior Lecturer, Queen's University of Belfast, Nordirland
Dörfler, Hans-Diether, Dr. phil., Wiss. Mitarbeiter, Erlangen
Guth, Klaus, Dr. phil., Univ.-Prof. (em.), Bamberg
Fastnacht, Dorothea, Dr. phil., Erlangen
Jakob, Andreas, Dr. phil., Stadtarchivar, Erlangen
Lehmann, Hans-Dieter, Dr. rer. nat, Bisingen-Zimmern
Mast, Peter, Dr. phil., München
Mühlnikel, Marcus, cand. phil., Bayreuth
Neuhaus, Helmut, Dr. phil., Univ.-Prof., Erlangen
Schümann, Nicola, M. A., Erlangen
Schuh, Robert, Dr. phil., Wiss. Mitarbeiter, Nürnberg
Zahn, Peter, Dr. phil., Univ.-Prof. (em.), München
Wolf, Gerhard Philipp, Dr. theol., Studiendirektor, Pegnitz
Wüst, Wolfgang, Dr. phil., Univ.-Prof., Erlangen

Berichte über Arbeiten zur fränkischen Landesforschung
an der Universität Erlangen-Nürnberg

Allgemeines und Landesgeschichte

Folgende Vorträge wurden seit dem Wintersemester 2001/2002 am Zentralinstitut für Regionalforschung, Sektion Franken, und am Institut für Geschichte gehalten:

24. Oktober 2001, Stefan W. Römmelt, Würzburg: Die fränkischen Domkapitel in der Zeit der katholischen Reform und Konfessionalisierung.
4. Dezember 2001, Prof. Dr. Dr. Peter Claus Hartmann, Mainz: Kulturelle Vielfalt und Blüte im Heiligen Römischen Reich 1648 – 1806. Franken und Bayern als Beispiele.
10. Januar 2002, Dr. Dieter Rossmeissl, Erlangen – Dr. Franz Sonnenberger, Nürnberg – Dr. Kurt Töpner, Ansbach: Kulturpolitik, Kulturmanagement, Kulturpflege in Franken zwischen Tradition und Innovation.
14. Mai 2002, Prof. Dr. M. North, Greifswald: Kommunikationsrevolutionen in Stadt und Region?
12. Juni 2002, Dr. Martin Ott, München: Die Entdeckung des Altertums. Der Umgang mit der römischen Vergangenheit Süddeutschlands im 16. Jahrhundert.
26. Juni 2002, Dr. phil. Richard Ninness, Philadelphia, PA: Konfessioneller Konflikt und seine Akkommodation im frühneuzeitlichen Deutschland. Das Fürstbistum Bamberg.

Folgende Habilitation befindet sich in Arbeit:

W e b e r, Andreas Otto Dr.: Die Außenpolitik der fränkischen Hochstifte im ausgehenden Mittelalter und beginnender Neuzeit. (Prof. Wüst)

Folgende Dissertationen befinden sich in Arbeit:

B a r t h, Rüdiger: Historischer Atlas von Bayern: Landkreis Kulmbach. (Prof. Schmid)
B e r g m a n n, Detlev: Die mittelalterliche Herrschaftsentwicklung im Raum Coburg. (Prof. Wendehorst)
B e r t h o l d - H i l p e r t, Monika: Zwischen Assimilation und jüdischer Tradition: die Familie Ortenau aus Fürth (18.-20. Jahrhundert). (Prof. Blessing)
B i e r n o t h, Alexander: Die Integration der Juden im Königreich Bayern. Eine Fallstudie zur jüdischen Gemeinde in Ansbach. (Prof. Wüst)
E d e l m a n n, Bernd: Die wirtschaftliche Entwicklung der Stadt Hof im Rahmen der staatlichen Wirtschaftspolitik und kommunalen Gewerbepolitik 1818-1914. (Prof. Blessing)
F e i l e r, Victor: Hochschulpolitik in Bayern 1970-1990. (Prof. Blessing)
F e n s e l, Rainer: Kraftshof – Haus und Sozialgeschichte eines Nürnbergischen Dorfes. Arbeitsbericht, Ergebnisse, Perspektiven. (Prof. Wüst)

G a ß n e r, Birgit: Kriegserfahrung – deutsche Soldaten in Zweiten Weltkrieg. (Prof. Blessing)

H e ß d ö r f e r, Simon: Die ‚neue Ostpolitik' der Regierung Brandt im Spiegel der Süddeutschen Zeitung. (Prof. Blessing)

H o f f m a n n, Ingeborg: Herrschaftsentwicklung im Raum Rehau. (Prof. Wendehorst)

H o r l i n g, Thomas: Historischer Atlas von Bayern: Landkreis Ochsenfurt. (Prof. Schmid)

H ü b n e r, Christoph: Die deutschnationalen Katholiken in der Weimarer Zeit. (Prof. Blessing)

K a m e c k e, Holger: Kultur in der westdeutschen Provinz 1945 – 1990: Wunsiedel, Marktredwitz und Selb. (Prof. Blessing)

K a m p, Anne von: Coburger Adel (von Erffa) im ‚langen 19. Jahrhundert' (Prof. Blessing)

K a s t l e r, Martin: Die Integration der Heimatvertriebenen in den fränkischen Diözesen. (Prof. Weiß)

K e s s l e r, Manfred: Schritte zur dynastischen Territoriumsbildung in der Fränkischen Ritterschaft und das Bemühen um kommunale Selbstverwaltung am Beispiel des Rittermannslehens Neuendettelsau. (Prof. Wüst)

K r ö n e r, Alfred: Johann Paul Anselm Feuerbach und Ludwig Feuerbach – Repräsentanten des Bürgertums im 19. Jahrhundert. (Prof. Blessing)

K ü h n, Hermann: Casimir Christoph Schmi(e)del (1718–1792). Ein Arzt und Naturforscher der Markgrafenzeit. Leben und Werk eines Erlanger Professors. (Prof. Wüst)

M a y e r, Alexander Dr.: Fürth 1911–1933. (Prof. Blessing)

M e t z n e r, Helmut: Fränkischer Liberalismus im 19. Jahrhundert. (Prof. Blessing)

R a m o r o b i, Irene: Der Bayerische Eisenbahnerverband (1897 – 1933). (Prof. Blessing)

S c h i e b e r, Martin: Herrschaftsbildung im Raum Pegnitz. (Prof. Wendehorst)

S p ä l t e r, Otto: Die Entstehung und allmähliche Entwicklung des Schriftwesens sowie personaler und organisatorischer Herrschaftsstruktur in der Burggrafschaft Nürnberg von 1235 bis 1332. Frühe Etappe auf dem Weg zum fürstlichen Landesregiment der Zollern in Franken. (Prof. Wüst)

S p e r b e r, Christian: Dynastische Verbindungen und Kommunikation zwischen den fränkischen Hohenzollern-Staaten und der Mark Brandenburg. (Prof. Wüst)

T h o b e n (Molketeller), Claudia: Prostitution und öffentliche Ordnung vom Vormärz bis zum ‚Dritten Reich'. Nürnberg als Beispiel. (Prof. Blessing)

T r e b e s, Norbert: Die freie Arbeiterbewegung im ländlichen Raum vor dem Ersten Weltkrieg: Der Bezirk Teuschnitz (Frankenwald) als Beispiel. (Prof. Blessing)

U n g e r, Wolfram: Studien zur Typologie einer Städtelandschaft. Franken im Spätmittelalter. (Prof. Wüst)

W a h l, Monika: Historische Museen in Westdeutschland 1945 – 1987. (Prof. Blessing)

W e i n e r, Jörg: Ökonomie und Politik zwischen Tradition und Fortschritt in der fränkischen Ritterschaft (1750 – 1848/49). (Prof. Wüst)

Z a h l a u s, Steven: Die Wahrnehmung des ‚Wirtschaftswunders' in der Bundesrepublik (unter besonderer Berücksichtigung Frankens). (Prof. Blessing)

Folgende Zulassungs-/Magisterarbeiten wurden abgeschlossen:

B a č i c, Marija: Die Arbeiter in Westdeutschland von 1945 bis 1970 – Nürnberg als Beispiel. (Prof. Blessing)
F r o s c h, Julia: Kulturpolitik in Kulmbach 1945 bis 2001. (Prof. Blessing)
K a m e c k e, Holger: Kultur in Wunsiedel 1945 – 1960. (Prof. Blessing)
L e b e r z a m m e r, Armin: Wer wählte rechts? Reichstagswahlen in Nürnberg 1919 – 1933. (Prof. Blessing)
S a n d r e u t h e r, Jörg: Das Verkaufsabkommen zwischen den Burggrafen und der Reichsstadt Nürnberg von 1427. Vorgeschichte, Edition und seine Wirkungsgeschichte bis 1796. (Prof. Wüst)
S c h a r f, Heike: Vereine im Deutschen Kaiserreich 1871 – 1914 als Spiegel der Gesellschaft. Am Beispiel der Stadt Fürth. (Prof. Blessing)
S c h m i t t, Gregor Martin: Zwischen Bangen und Hoffen, Gehen und Bleiben. Die Problematik der Emigration am Beispiel der jüdischen Gemeinde Fürth. (Prof. Blessing)
S c h ü m a n n, Nicola: Der Fränkische Kreistag im 17. und 18. Jahrhundert. Parlamentarische Traditionen in Deutschland vor dem Nationalstaat. (Prof. Wüst)
S ö l l n e r, Daniel: Von Kultur zu Kommerz? Die Entwicklung der Erwachsenenbildung in Erlangen 1945 bis 2002. (Prof. Blessing)
W a w r z y n e k, Markus: Eine der ruhigsten und dem Gesetze folgsamsten Städte[...] des Königreiches? Sicherheitsinstitutionen in Fürth im 19. Jahrhundert. Exzesse, Tumulte, Krawalle und das Bemühen um eine Garnison. (Prof. Wüst)

Neuere Geschichte I

Folgende Dissertationen befinden sich in Arbeit:

K u n t k e, Bruno: Friedrich Heinrich von Seckendorff (1673-1763) – Militär, Diplomat und Politiker in kaiserlicher Mission.
S e u b e r t – K ü f n e r, Ursula: Hof- und Leibärzte am Hof der Markgrafen von Brandenburg-Ansbach im 18. Jahrhundert.

Folgende Dissertation wurde abgeschlossen:

D i r s c h, Monika: Die Entwicklung der Landstände in den zollerischen Fürstentümern Ansbach und Kulmbach im 16. Jahrhundert (1515-1603).
M ü h l h o f e r, Stefan: Die Politik der fränkischen Reichsstände auf den Reichstagen von 1521 bis 1555.

Folgende Zulassungsarbeit wurde abgeschlossen:

K r e i s, Marion: Karl Hegel und Heinrich von Sybel.

Helmut N e u h a u s

Kunstgeschichte

Folgende Dissertationen befinden sich in Arbeit:

B e r n i n g e r, Ulrike: Der Maler und Kunsthandwerker Friedrich Wilhelm Wanderer (1840-1910). Zu Kunst und Kunstpolitik im Nürnberg der Wilhelminischen Zeit.
C o l d i t z - H e u s l, Silke: Der Nürnberger Architektur- und Historienmaler Paul Ritter.
K e l l e r, Bettina: Barocke Sakristeien in Süddeutschland und ihre Ikonologie.
L a n d h e r r, Regina: August von Kreling. Studien zu Leben und Werk.
S c h w a r z, Stefanie: Die Restaurierung der Veste Coburg in neugotischem Stil (1837-1864). Zur architektonischen Repräsentation der Herzöge Ernst I. und II. von Sachsen-Coburg und Gotha.

Folgende Dissertation wurde abgeschlossen:

S t u c k e n b e r g e r, Peter: Der Kirchenbau im Erzbistum Bamberg während des Episkopats des Jacobus von Hauck, 1912-1943.

Folgende Magisterarbeiten wurden abgeschlossen:

P f i n g s t e n, Margret: Das Immaculata-Denkmal Carl Alexander von Heideloffs in Wiesentheid.
S c h l e g e l, Katja: Zur Ikonographie der Eisenbahn: Der Kentaurenbrunnen von Rudolf Maison in Fürth.
S e u b o l d, Stephanie: Zwei Tafelbilder des 15. Jahrhunderts im Germanischen Nationalmuseum Nürnberg, dem Meister der Ulrichslegende zugeschrieben.

Karl M ö s e n e d e r / Sibylle A p p u h n - R a d t k e /
Heidrun S t e i n - K e c k s

Geographie

Folgende Dissertation befindet sich in Arbeit:

F a l l e n b a c h e r, Tim: „Ethnic business" in Nürnberg.

Folgende Zulassungs-/Magister- und Diplomarbeiten wurden abgeschlossen:

B a u e r, Itta: Deutschländerinnen, deutsche Türkinnen oder multikulturelle Youngsters? Kulturelle Identitäten und Lebenskontexte junger deutsch-türkischer Nürnbergerinnen.
D ü l l, Barbara: Ökologischer Weinbau in Franken. Strukturierung, Anbau-, Ausbau- und Vermarktungsbedingungen.
F a l l e n b a c h e r, Tim: Der Dönerkebap als Integrationschance? Struktur und Wirtschaftsverflechtungen im „türkischen" Gastgewerbe in Nürnberg. Eine Studie am Beispiel der Dönerkebap-Verkaufsstellen.

H a n k e, Andreas: Altlastenrecherche auf dem Gelände der ehemaligen Munitionsanstalt Feucht anhand von Luftbildauswertungen und geoelektrischer Untersuchungen.

H a r m s, Monika: Geomorphologische Zeugnisse historischer anthropogener Nutzung am Hetzleser Berg (Oberfranken).

K e l l e r, Gabriele: Aufbau und Eigenschaften von Stadtböden ausgewählter Freiflächen im Innenstadtbereich von Erlangen.

P a u l u s, Tina: Vegetabile Strukturen und ökologische Perspektiven des Bucher Landgrabens.

R o s e b r o c k, Andrea: Einsatz von Winderosions-Modellen in Geographischen Informationssystemen. Beispiel Mittelfranken.

R u d y k, Larissa: Möglichkeiten der Renaturierung der Vorfluter Seebach, Membach und Mohrbach im Erlanger Stadtgebiet.

S c h a r o l d, Carmen: Nährstoffökologische Untersuchungen in Sandmagerrasen im Trinkwasserschutzgebiet Erlenstegen der Stadt Nürnberg (Pegnitztal-Ost).

S i m o n, Caroline: Erlebniseinkauf in innerstädtischen Shopping-Malls – Theoretische Analyse und empirische Untersuchung am Beispiel des Einkaufszentrums „City-Center Fürth".

S k i r l o, Christine: Hydrologische und hydrochemische Aspekte des Zustandes und der Renaturierung eines stadtnahen Fließgewässers bei Nürnberg.

W ö l k e l, Astrid: Gewässerbeschaffenheit eines Baggersees in der Auenlandschaft nördlich von Erlangen..

W ü n s c h, Ulrike: Geomorphologische Zeugen kulturhistorischer Landnutzung am Beispiel von Friesen (Kreis Bamberg).

Hermann K r e u t z m a n n / Fred K r ü g e r / Hilmar S c h r ö d e r

Folgende Dissertation befindet sich in Arbeit:

E r m a n n, Ulrich: Gütertransporte und regionale Wirtschaftskreisläufe – eine empirische Analyse des Nahrungsmittelsektors in der Region Nürnberg.

Folgende Zulassungsarbeiten wurden abgeschlossen:

S c h u m a c h e r, Kim Philipp: GIS-gestützte Analyse der Kulturlandschaftsentwicklung am Beispiel der Gemarkung Wüstenstein, nördliche Frankenalb.

K r a n k, Udo: Kleinstadt Creglingen – Strukturwandel und nachhaltige Entwicklung.

H e i d, Günter: Der Übernachtungstourismus in der Gemeinde Obertrubach. Situationsanalyse und Maßnahmen zur Verbesserung der Situation im Rahmen des Leitbildes „Umweltschonender Tourismus".

Werner B ä t z i n g

Deutsche Sprach- und Literaturwissenschaft

Folgende Dissertationen befinden sich in Arbeit:

A r z b e r g e r, Steffen: Wortgeographie der Mundarten Mittelfrankens – Karten und Kommentare.
H e y s e, Thurid: Morphologie der Substantive in den Mundarten Mittelfrankens.
L o b e n w e i n, Willi: Sigmund von Birkens Dichterkrönungen.
M a n g, Alexander: Untersuchungen zur Varianz in den Mundarten des Nürnberger Raums.
R i g o l l, Stefanie: Wortgeographie im Untersuchungsgebiet des Sprachatlas von Mittelfranken – Karten und Kommentare.
R u d i s c h, Claudia: Phonologie der Konsonanten in den Mundarten Mittelfrankens – Karten und Kommentare.

Folgende Dissertationen und Habilitationen wurden abgeschlossen:

B a u e r, Johannes: Dialektgeographie und Dialektwandel im südlichen Nürnberger Raum.
K l e p s c h, Alfred: Jiddisch in Mittelfranken. Ein kommentiertes Wörterbuch im Untersuchungsgebiet des Bayerischen Sprachatlas.

Folgende Zulassungs-/Magisterarbeiten wurden abgeschlossen:

F u c h s, Stefanie: Schillingsfürster Jenisch. Eine empirische Untersuchung unter Berücksichtigung der historischen und soziologischen Entwicklung des Rotwelschen.
M a n g, Alexander: Studien zur Varianz in den Mundarten des Nürnberger Raums.
S c h l i c h t e, Sabine: Aspekt und Aktionsart in den Mundarten Mittelfrankens.
S c h m i d t, Sabine: Aspekt und Aktionsart in den Mundarten Mittelfrankens.
S c h u n k, Gunther: Regionalisierung von Dialekten. Ein lautlicher Stadt-Land-Vergleich in Mainfranken.

Horst Haider M u n s k e / Werner Wilhelm S c h n a b e l

Buchwissenschaft

Folgende Dissertationen wurden abgeschlossen:

D u n t z e, Oliver: Layout und Textpräsentation im frühen Augsburger Buchdruck (1468-1518).
M a t t h ä u s - E i s e n b r a u n, Ursula: Ernst Enke (1815-1846), Buchhändler und Verleger im Vormärz.
R a d l m a i e r, Dominik: Die Bibliothek der Familie Merkel.
W i t m e r, Elke: Die Hofbibliothek des Pfalzgrafen und Herzogs Christian August von Sulzbach (1622-1708).

Ursula R a u t e n b e r g / Alfred S w i e r k

Politische Wissenschaft

Folgende Magisterarbeiten wurden abgeschlossen:

F i s c h e r, Robert: Bayerische Naturschutzpolitik unter europäischen Vorgaben. Die Fauna-Flora-Habitat-Richtlinie der Europäischen Gemeinschaft auf dem bayerischen Weg der Implementation. (PD Dr. Heinrich Pehle)
T h e l e n, Martin: Bürgerbegehren und Bürgerentscheid in bayerischen Kommunen: Instrumente der Einflußnahme der Bevölkerung auf den kommunalpolitischen Willlensbildungs- und Entscheidungsprozeß? (Prof. Dr. Jürgen Gebhardt)

Wirtschafts- und Sozialgeographie (Nürnberg)

Folgende Diplomarbeiten wurden abgeschlossen:

D o r s c h, Reinhard: Das Innovations- und Gründerzentrum Nürnberg-Fürth-Erlangen und seine einzel- und regionalwirtschaftlichen Auswirkungen.
S c h o l z e, Stefan: Die öffentliche Gründungsförderung im Ballungsraum Nürnberg-Fürth-Erlangen.
K o c h, Xaver: Dienstleistungen als Herausforderung im Markt für Wohnungsbau. Eine Analyse unter besonderer Berücksichtigung der Entwicklung des Wohnungsmarktes in Nürnberg.
          Rasso R u p p e r t

Landes- und Volkskunde
(Erziehungswissenschaftliche Fakultät)

Folgende Zulassungsarbeiten wurden abgeschlossen:

B r e i t e r, Carmen: Der „Historische Schäfertanz" in Rothenburg o.d. Tauber. Seine Wiederbelebung ab 1911 und seine heutige Rolle im Fremdenverkehr der Stadt.
H a r t m a n n, Dagmar: Namengebung unserer Haustiere. Historische Zeugnisse und aktuelle Untersuchung in Zuchtbetrieben, Privathaushalten, Tiermagazinen, Witzen, Tierheimen, Zoo und Werbung.
L ä u f e r, Christiane: Lehrer im Verein. Vereinszugehörigkeit als Beispiel außerschulischer Tätigkeiten des Lehrers.
N e u b a u e r, Kerstin: Der Lebensfilm alt gewordener „Heimatvertriebener". Historische Gesamtansicht und individuelle Erinnerungen in der fränkischen Industriestadt Herzogenaurach.
S c a r c e l l a, Silvana: Südländische Gastronomie im Spannungsfeld von Originalität und „Einheitsbrei". Eine Untersuchung griechischer und italienischer Restaurants in Nürnberg.
W a s z a k, Valeska: Die „Altstadtfreunde Nürnberg e.V." im Spiegel der Nürnberger Presse.
W o l f, Stefanie: Nicht von dieser Welt... Heilige oder Eigenbrötler? Eine Untersuchung zum Lebensstil unter Freikirchen und freien Gemeinden in Nürnberg.
          Hartmut H e l l e r

Didaktik der Arbeitslehre
(Erziehungswissenschaftliche Fakultät)

Folgende Zulassungsarbeiten wurden abgeschlossen:

D e i m, Melanie: Die Beiträge der Arbeitsämter zur berufskundlichen Erziehung in der Hauptschule Bayerns.
D ö l l n e r-L a h m a n n, Katrin: Parks und historische Gärten in Nürnberg.
H a ß l m e y e r, Iris: Die Schattenwirtschaft in der Bundesrepublik Deutschland. Ursachen, Branchenschwerpunkte und Folgen.
L u t t e r, Markus: Bayerische und außerbayerische Arbeitslehrbücher im Vergleich: Eine empirisch-theoretische Analyse von Schulbüchern der 9. Jahrgangsstufe.
S o n n a u e r, Christine: Basisinhalte im Arbeitslehreunterricht der Hauptschule. Eine Analyse der Lehrpläne in den 16 Bundesländern.

Hartmut B e c k

Dorothea Fastnacht

Der Ortsname Erlangen
Siedlungsgeschichte von Alterlangen und Erlangen
aus namenkundlicher Sicht

Der im Jahre 1002 als *Erlangon*,[1] 1017 (Kopie des 14. Jahrhunderts) *Erlangun*[2] und 1063 als *Erlangen*[3] bezeugte Siedlungsname zeigt in seinen frühesten Belegen aus spätalthochdeutscher Zeit bereits eine Form, die von den für Namen typischen Schrumpfungsprozessen verfremdet worden ist. Die Rekonstruktion der ursprünglichen Namenform bedarf daher der Erklärung. Wegen der sogenannten mittelhochdeutschen Nebensilbenabschwächung, die sich bereits in althochdeutscher Zeit (750–1050) angebahnt hat[4] und mit Abschwächung beziehungsweise Schwund schwachtoniger Vokale einherging, ist *Erl-*[5] auf althochdeutsch erila ‚Erle'[6] zurückzuführen, während bei *-angon/-angun* mit Schwund des w im Anlaut des zweiten Teils des Kompositums[7] zu rechnen ist, wie dies in zahllosen Personennamen seit dem 5. Jahrhundert belegt werden kann.[8] Wenn für Ortsnamen Belege aus der Zeit um 800 vorliegen, läßt sich der Schwund noch dokumentieren: So ist das oberbayerische Amerang vor 788 (in Kopie des 12. Jahrhunderts) mit *Amerwange* überliefert, alle weiteren Belege seit dem 12. Jahrhundert dann mit -w-Schwund.[9] Das schweizerische Bußnang heißt im Jahr 822 *Pussinwanc*, 865 bereits mit -w-Schwund *Pussinanc*,

---

Vorbemerkung: Kursivschreibungen zeigen Originalschreibung an, ‚...' die heutige Bedeutung, * die rekonstruierte Ausgangsform, „..." die heutige Sprachform, [...] erschlossene Datierungen und Anmerkungen der Autorin im Zitat.

[1] H[arry] Bresslau/H[ermann] Bloch (Hg. unter Mitwirkung von M. Meyer und R. Holtzmann), Die Urkunden Heinrichs II. und Arduins (Monumenta Germaniae Historica, Diplomata regum et imperatorum Germaniae. Die Urkunden der deutschen Könige und Kaiser III), ²1957, hier S. 1–692: Die Urkunden Heinrichs II., Nr. 3.

[2] MGH DD Heinrich II. (wie Anm. 1), Nr. 372.

[3] D[ietrich] v. Gladiss (Hg.), Die Urkunden Heinrichs IV. (Monumenta Germaniae Historica, Diplomata regum et imperatorum Germaniae. Die Urkunden der deutschen Könige und Kaiser VI/1), 1953, Nr. 109.

[4] Wilhelm Braune, Althochdeutsche Grammatik, 14. Auflage, bearb. von Hans Eggers (Sammlung kurzer Grammatiken germanischer Dialekte A/5), Tübingen 1987, § 12, S. 20.

[5] Vgl. Matthias Lexer, Mittelhochdeutsches Handwörterbuch, 3 Bde., Leipzig 1872–1878 (ND Stuttgart 1992), hier Bd. I, Sp. 647: mittelhochdeutsch erle ‚Erle'.

[6] Taylor Starck/J[ohn] C. Wells (Bearb. und Hg.), Althochdeutsches Glossenwörterbuch (mit Stellennachweis zu sämtlichen gedruckten und verwandten Glossen) (Germanische Bibliothek, 2. Reihe), Heidelberg 1971–1990, S. 132.

[7] Braune/Eggers, Grammatik (wie Anm. 4), § 109, Anm. 4, S. 105.

[8] Vgl. z.B. althochdeutsche Personennamen, deren zweites Glied von den germanischen Stämmen *wald oder *vulfa abgeleitet ist, bei Ernst Förstemann, Altdeutsches Namenbuch I: Personennamen, München/Hildesheim 1966 (= ND der 2., völlig umgearbeiteten Auflage, Bonn 1900), Sp. 1496f. bzw. 1640ff.

[9] Wolf-Armin Frhr. v. Reitzenstein, Lexikon bayerischer Ortsnamen. Herkunft und Bedeutung, 2., verbesserte und erweiterte Auflage, München 1991, S. 35. Dr. Wolf-Armin Frhr. v. Reitzenstein hat mich auf die Stelle aufmerksam gemacht.

Wisendangen bei Winterthur im Jahr 809 *Wisuntwangas*[10] und das im 16. Jahrhundert den -ingen-Namen angeschlossene Schneisingen im Aargau 839 noch *Sneisanwang*.[11] In den alternativ vorkommenden Endungen -*on*/-*un* der beiden ältesten Belege *Erlangon*/*Erlangun* fassen wir das Grundwort *-*wang* ‚Feld, Wiese, Weide'[12] im Dativ Plural, dem sogenannten Ortsnamennormalkasus. *Eril(a)wanga ‚Erlenwiesen' oder ‚mit Erlen bestandenes Weideland'[13] dürfte die Flur auf der ersten sandig-lehmigen Terrasse westlich der feuchten Regnitzauen[14] benannt worden sein, wo dann eine Siedlung *Eril(a)wangon/*Eril(a)wangun ‚Siedlung auf/bei den Erlenwiesen'[15] gegründet worden ist. Daß die Stellenbezeichnung mit *-*wang* das Gelände des heutigen Alterlangen[16] betrifft, belegen historische Schreibungen der hier im Norden anliegenden Ackerfluren „im Erle"[17] wie *am Ehrlag, am Ehrling, am Ehrlang*.[18] Die sich darunter mischenden Formen wie *Erlich* oder *Erlach*[19] spiegeln Interferenz mit

---

[10] Adolf Bach, Deutsche Namenkunde, Bd. II, Teil 1 und 2: Die deutschen Ortsnamen, Heidelberg, ²1981, hier II/1, § 366, S. 379. Bei Paul Pesta, Die oberösterreichischen Siedlungsnamen mit den Grundwörtern -felden, -hausen, -hofen, -kirchen, -stetten und -wang, Diss. phil. Wien 1960, S. 510, wird der Beleg von *Wisuntwangas* auf das Jahr 804 datiert.

[11] Beat Zehnder, Die Gemeindenamen des Kantons Aargau. Historische Quellen und sprachwissenschaftliche Deutungen (Argovia, Jahresschrift der Historischen Gesellschaft des Kantons Aargau 100, Teil II), Aarau 1991, S. 384f. Zahlreiche Belege des Vorgangs auch bei Ernst Förstemann, Altdeutsches Namenbuch, Bd. II: Orts- und sonstige geographische Namen. ..., 2 Teilbände, 3., völlig neu bearbeitete, um 100 Jahre (1100–1200) erweiterte Auflage, hg. von Hermann Jellinghaus, Bonn 1913 und 1916, hier Teil 2, Sp. 1224–1226: Zusammenstellung der -wang-Namen.

[12] Starck/Wells, Glossenwörterbuch (wie Anm. 6), S. 694; Bach, Namenkunde II/1 (wie Anm. 10), § 366, S. 378f.; ausführlich werden die möglichen etymologischen Grundlagen von „wang" behandelt von Edward Schröder, Wang. Das Appellativum, in: Ders., Deutsche Namenkunde. Gesammelte Aufsätze zur Kunde deutscher Personen- und Ortsnamen, 2., stark erweiterte Auflage, Göttingen 1944, S. 263–272.

[13] Theodor Krische, Die Erlanger Flurnamen, Diss. phil. mschr. Erlangen 1937, S. 30, vermutet, daß in den grasreichen Auenrändern die Viehzucht eine vorherrschende Rolle gespielt habe. Lutz Reichardt, Ortsnamenbuch des Ostalbkreises, Teil I: A–L (Veröffentlichungen der Kommission für geschichtliche Landeskunde in Baden-Württemberg B 139), Stuttgart 1999, S. 27, führt eine Reihe von -wang(en)-Namen in Baden-Württemberg auf, „die die Bedeutung ‚Weideland' deutlich erkennen lassen".

[14] Krische, Flurnamen (wie Anm. 13), S. 28; Franz Tichy, Geographische Grundlagen, in: Alfred Wendehorst (Hg. unter Mitwirkung von Gerhard Pfeiffer), Erlangen. Geschichte der Stadt in Darstellungen und Bilddokumenten, München 1984, S. 11–15, hier S. 11–13; vgl. Werner Trost, Die gleichnamigen Uferorte beiderseits des Mains, in: Mainfränkisches Jahrbuch 21, 1969, S. 1–161, hier S. 12: „Die Überlegung, daß in der Frühzeit des Ackerbaus sandige und deshalb leichter zu bearbeitende Böden bevorzugt wurden, legt eindeutig dar, daß die Bodenqualität nur in geringem Grade die Wahl des ursprünglichen Siedlungsstandortes im Maintal beeinflußt hat."

[15] Vgl. Adam Ziegelhöfer/Gustav Hey, Die Ortsnamen des ehemaligen Hochstifts Bamberg, Bamberg 1911, S. 98; Christoph Beck, Die Ortsnamen des Pegnitztales und des Gräfenberg-Erlanger Landes, Nürnberg 1909, S. 80; Ernst Schwarz, Sprache und Siedlung in Nordostbayern (Erlanger Beiträge zur Sprach- und Kunstwissenschaft 4), Nürnberg 1960, S. 76.

[16] Alterlangen als „Urzelle" von Erlangen hat auch schon Andreas Jakob, Die Entwicklung der Altstadt Erlangen von der „villa Erlangon" zur Stadt der böhmischen Könige. Ein Beitrag zur Geschichte des mittelalterlichen Erlangen, in: JfL 50, 1990, S. 1–122, hier S. 7 u.ö. begründet. Allerdings bezieht er auch das *Erlangon* der Urkunde von 1002 dezidiert auf Alterlangen.

[17] Flurnamensammlung bayerischer Gemeinden im Archiv des Verbandes für Orts- und Flurnamenforschung in Bayern e. V., München, hier A. Fleischmann, Flurnamen der Gemarkung Erlangen-Alterlangen, 1939/1940.

[18] Krische, Flurnamen (wie Anm. 13), S. 167.

[19] Ebenda.

dem häufigen Flurnamen „Erlach" ‚Gegend, wo Erlen wachsen'[20], wie wir ihn in den Ortsfluren von Bruck,[21] Büchenbach[22] und Erlangen[23] (Stadt) antreffen. Das hierzulande untergegangene -wang,[24] das schon im althochdeutschen Sprachschatz nur in dem Kompositum holzwang ‚Waldwiese'[25] überliefert ist, dürfte also ein Relikt aus den frühen Zeiten sein, in denen die Örtlichkeiten dauerhaft benannt worden sind. Nach dem derzeitigen Erkenntnisstand können in unmittelbarer Nähe ergiebige karolingerzeitliche Bodenfunde in der Flur „am hohen Acker"[26] – im Jahr 1530 noch *wiese an der purg gegen Frauenaurach*[27] beziehungsweise 1925–1926 die Wiese *Burg*[28] – im Westen von Bruck, vielleicht auch früh- und hochmittelalterliche Keramik aus einer Wüstung von Kleindechsendorf[29] für die zeitliche Eingrenzung dieses Vorgangs herangezogen werden. Das Regnitztal – eine „weite, stets überschwemmungsgefährdete und daher unbesiedelbare Talaue"?[30] Das gilt wohl nur für den Flußbereich selbst. Sonst ist gerade das Gegenteil der Fall. Die Flußterrassen dieses Tales waren ja seit den Anfängen nachweisbarer ortsgebundener Siedlung eine bevorzugte Lage. Zwischen Nürnberg und Bamberg finden wir dort die wichtigsten Plätze völkerwanderungszeitlich-frühgeschichtlicher Siedlungen wie Altendorf bei Buttenheim, Neuses an der Regnitz, Forchheim. Auch die in der Schenkung König Heinrichs II. an das Bistum Bamberg vom Jahre 1007 genannten Zugehörorte zum Fiskus Forchheim, die mit den heutigen Orten Wellerstadt, Kleinseebach, Möhrendorf und Hausen identifi-

---

[20] Vgl. Lexer, Handwörterbuch I (wie Anm. 5), Sp. 646; Joseph Schnetz, Flurnamenkunde, 3., unveränderte Auflage, mit einem Geleitwort von Wolf-Armin Frhr. v. Reitzenstein, einem Literaturverzeichnis zur oberdeutschen Namenkunde von Reinhard Bauer und einem umfassenden Register, München 1997, S. 43.

[21] Krische, Flurnamen (wie Anm. 13), S. 192b.

[22] Ebenda, S. 257.

[23] Ebenda, S. 45. Johannes Bischoff, Die Siedlung in den ersten Jahrhunderten, in: Wendehorst (Hg.), Erlangen (wie Anm. 14), S. 19–24, hier S. 20 hält die These, „das Westuferdorf Erlangen sei wegen seines Namens Alterlangen die Mutter des Ostuferdorfes", für unbegründet, da der Ortsname Erlangen, „d.h. am Hang bei den Erlen, als Geländebezeichnung nicht auf eine Stelle begrenzt ist". Auch „dieser Westuferhof" [Alterlangen] habe „zum Raum Erlangen gezählt, denn Flüsse bildeten ja nie ein Hindernis für Siedlung." Bezieht man die meist zählebigen Flurnamen in die Überlegungen ein, so bestätigen diese direkt bei Alterlangen den alten Flurnamen, während dieser in der von Bischoff bevorzugten Lage nicht nachzuweisen ist. Vgl. Forderung Trosts, Uferorte (wie Anm. 14), S. 3: „Die historische und geographische Arbeitsweise muß sich endlich mit der Namenkunde verbinden, um durch deren Aspekte Ergänzung, Bereicherung und Bestätigung zu finden."

[24] Das bei Rudolf Schützeichel (Althochdeutsches Wörterbuch, 4., überarbeitete und ergänzte Auflage, Tübingen 1989, S. 280) aufgeführte „wang st. M., Feld" aus dem Ludwigslied ist umstritten. Eduard Schröder (Wang, wie Anm. 12, S. 265) übersetzt die Stelle *bluot skein in uuangon* mit „Das Blut leuchtete auf den Wangen".

[25] Starck/Wells, Glossenwörterbuch (wie Anm. 6), S. 283.

[26] Freundliche Mitteilung von Herrn Armin Thomschke, Uttenreuth.

[27] Krische, Flurnamen (wie Anm. 13), S. 205.

[28] Flurnamensammlung Bruck im Archiv des Verbandes für Orts- und Flurnamenforschung in Bayern e.V., München. Die Flur hat die Plannummer 833. Bezeichnenderweise liegt diese Wiese wie auch die Flur *der hohe Acker* (Plannummer 831/2) im Umfeld der Wiese *an der Frankenstraße* (Plannummern 841–854) im Bereich des Regnitzübergangs Bruck vom Westen her.

[29] Robert Koch/Martin Nadler/Ulrich Pfauth, Ausgrabungen und Funde in Mittelfranken 1986–1992, in: 97. Jahrbuch des Historischen Vereins für Mittelfranken, 1994/95, S. 401–518, hier S. 450 (Fund Armin Thomschke).

[30] Konrad Spindler, Vorgeschichtliche Funde im Erlanger Raum, in: Wendehorst (Hg.), Erlangen (wie Anm. 14), S. 16–19, hier S. 16.

ziert werden, liegen dort, und in unmittelbarer Nähe von Alterlangen – mit frühgeschichtlichen Bodenfunden – Kleindechsendorf und Bruck.[31]

Einige Zeit vor dem Jahre 1002, wahrscheinlich schon vor dem Jahre 976, in dem Kaiser Otto II. die Eigenkirche St. Martin in Forchheim mit allem Zubehör der Würzburger Bischofskirche geschenkt hatte,[32] dürfte eine gleichnamige Tochtersiedlung *Erlangon* beziehungsweise *Erlangun* auf dem ansteigenden Gelände am östlichen Regnitzufer entstanden sein. Die Gleichheit des Ortsnamens darf nach Werner Trost „als hervorragender Beweis ursprünglicher Siedlungseinheit gelten".[33] Viele Gründe, die gegenüberliegende Uferseite in den Wirtschaftsraum einzubeziehen, sind denkbar: Eine verheerende Überschwemmung, Erschöpfung des eigenen Siedlungsraumes, Nutzung der Waldweide, leichte Durchquerung der Regnitz.[34] Nach den im westlichen Maingebiet gewonnenen Erkenntnissen Werner Trosts lag die Ausbildung eines beidufrigen Siedlungsverbandes jedenfalls vor der Ausbildung der Gemarkungsgrenzen.[35] Besitzrechtliche Beziehungen zwischen beiden Ufern, wie sie zum Beispiel aus der Schenkung eines zu Alterlangen gelegenen Ackers durch *Bertholt Erlanger zcu Erlangen* an den Erlanger Pfarrer vom Jahr 1386[36] hervorgehen, könnten ein Indiz der ehemaligen Gemarkungseinheit sein.

Wo diese Tochtersiedlung, aus der sich die heutige Stadt Erlangen entwickelt hat, genau lag, wird wohl mit letzter Sicherheit nicht zu entscheiden sein, da genauere Angaben über grundherrschaftliche und kirchliche Abhängigkeiten erst seit dem 14. Jahrhundert zur Verfügung stehen und diese nicht zwangsläufig auf das 10. Jahrhundert übertragen werden können. Die Urkunden von 1002 und 1017 besagen ja nur, daß mit dem Kirchengut (*abbatîam*[37]) Forchheim unter anderem die benachbarten, im Radenzgau gelegenen Dörfer (*villasque*) Erlangen und Eggolsheim – bereichert um einen Teil (*partim superaddimus*) des Meilengebietes zu beiden Seiten der Schwabach – von der Würzburger Bischofskirche dem würzburgischen Stift Haug tradiert worden sind beziehungsweise daß Bischof Eberhard von Bamberg unter anderem das Kirchengut (*abbaciam*) Erlangen, Forchheim, Eggolsheim und Kersbach von Bischof Heinrich von Würzburg eingetauscht hat. Voraus geht den beiden Traditionen die schon erwähnte Urkunde vom Jahr 976, worin Kaiser Otto II. dem Bischof von

---

[31] Tichy, Geographische Grundlagen (wie Anm. 14), S. 12: Geologische Übersichtskarte; Geologische Karte von Bayern 1:25 000, hg. vom Bayerischen Geologischen Landesamt München, Blatt 6332 Erlangen Nord, 1968.

[32] Th[eodor] Sickel (Hg.), Die Urkunden Otto des II. (Monumenta Germaniae Historica, Diplomata regum et imperatorum Germaniae. Die Urkunden der deutschen Könige und Kaiser II/1), ²1956, Nr. 132.

[33] Trost, Uferorte (wie Anm. 14), S. 20.

[34] Die Furten zwischen Alterlangen und Erlangen werden beschrieben in: Fritz Schnelbögl/Hanns Hubert Hofmann (Hg.), Gelegenhait der landschaft mitsampt den furten und hellten darinnen. Eine politisch-statistische, wehr- und verkehrsgeographische Beschreibung des Großraums um Nürnberg zu Beginn des 16. Jahrhunderts (Schriftenreihe der Altnürnberger Landschaft 1), Hersbruck 1952, S. 24.

[35] Trost, Uferorte (wie Anm. 14), S. 18.

[36] Ferdinand Lammers, Geschichte der Stadt Erlangen von ihrem Ursprung unter den fränkischen Königen bis zur Abtretung an die Krone Bayerns nach Urkunden und amtlichen Quellen, Erlangen ²1843, Anhang Nr. 10.

[37] Zur Diskussion, wie „abbatia" hier zu deuten sei, siehe Erich Freiherr von Guttenberg (Bearb.), Die Regesten der Bischöfe und des Domkapitels von Bamberg (Veröffentlichungen der Gesellschaft für fränkische Geschichte IV/2), Würzburg 1963, Regest Nr. 141.

Würzburg seine Eigenkirche des heiligen Martin zu Forchheim mit Zugehörungen – darunter die zu ihr gehörigen Kirchen – schenkt.[38] Daß eine dieser Tochterkirchen die Kapelle auf dem Martinsbühl gewesen sein könnte,[39] bleibt zwar Mutmaßung, ist aber im Hinblick auf das gesamte Bezugsgeflecht zwischen Erlangen, dem Hochstift bzw. Bistum Bamberg und der Urpfarrei Forchheim nicht unwahrscheinlich. Von Alterlangen, das in der würzburgischen Diözese verblieben ist, wissen wir dagegen nichts Vergleichbares. Zwar läßt sich für Alterlangen die Lage *in pago Ratintzgouui* wahrscheinlich machen, wenn man die südliche Fraischgrenze des Amtes Baiersdorf, wie sie in Quellen des 16. Jahrhunderts beschrieben wird, für die alte Grenze des Zentbezirks Forchheim gelten läßt. Doch umschließt diese Grenze ja links der Regnitz noch ein Gebiet bis an die Neumühle und südlich der Schwabach die Siedlung Bruck.[40] Haben wir also auch dort Spuren ältester Bezüge zur Zent Forchheim vor uns, wonach die Radenzgaugrenze die Schwabach im Mündungsbereich überschritten hätte?

---

[38] MGH DD Otto II. (wie Anm. 32), Nr. 132: Otto schenkt *nostri iuris aecclesiam infra villam Vorcheim in honore sancti Martini constructam cum omnibus appertinenciis eius, scilicet aecclesiis ad prefatam aecclesiam pertinentibus, decimationibus, clericis, villis ...* Die Zusammengehörigkeit der genannten drei Urkunden beschreibt auch Enno Bünz, Stift Haug in Würzburg. Untersuchungen zur Geschichte eines fränkischen Kollegiatstiftes im Mittelalter 1 (Veröffentlichungen des Max-Planck-Instituts für Geschichte 128, Studien zur Germania Sacra 20), Göttingen 1998, S. 80–84, 101–103 und derselbe, Gründungsausstattung und Güterteilung des Würzburger Kollegiatstiftes Haug im Spiegel der ältesten Papsturkunden (1182–1195), in: Würzburger Diözesangeschichtsblätter 57, 1995, S. 33–78, hier S. 37f.

[39] Vgl. v. Guttenberg, Regesten (wie Anm. 37).

[40] Im Landbuch über Schloß, Markt und Amt Baiersdorf vom Jahr 1530 (Staatsarchiv Bamberg [künftig: StAB] Amtshauptmannschaft Erlangen, Oberamt Baiersdorf, [vorläufige] Nr. 16002 [früher Staatsarchiv Nürnberg Rep. 122, Ansbacher Saalbücher Nr. 14] ist eine Abschrift des im Jahre 1520 zu Baiersdorf geschlossenen Vertrages zwischen Bamberg und Brandenburg auf folio 20–25' zu finden. Auf folio 24f. heißt es: Das Dorf Büchenbach und außerhalb von Büchenbach bis Herzogenaurach ist mit dem Halsgericht allein dem Hochstift Bamberg zuständig. Markgräflich ist das Gebiet *vonn Puchennpach. auch gegenn Mernndorff warts, Im wißmath. darInnen ein pechlein flewst, das steinfurtt genannt vom selbenn pechlein geradt herab gegenn der Rednitz bis Inn die Lanndtstraß. die vonn Mernndorff gein pruckh geeth, doe dann ein gros steinr kreutz oder martter steeth, Item mer vonn Puchennpach aus, gegenn frawenn Aurach warts, biß hinvber Inns Wißgrundtlein, darInne das pechlein. der Dietterpach genanntt flewst vnnd dasselbig pechlein hinab. biß widerInn die gemeltte stroß gegenn der Newmuel hinuber die (.wie obsteet.) gein pruckh geeth, vnd danne furtter soliche Itzgemeltte strossenn gerichtt hinab bis zu obgemelltem steinem Creutz oder martter, Wie dann soliche strossenn vonn beder fursten wegenn zum furderlichstenn vergrenitzt vnnd versteintt werd solle, vnnd ausserhalb von diser grenitz an gegenn pairßdorff warts solle die fraisch meinen gnedigen herrnn dem Marggraffenn zusteenn.* Ebenda, folio 19 wird das Halsgericht im südlichen Grenzbereich so beschrieben: Die Fraisch im Amt Baiersdorf reicht *bis gein Erlanng an die Rinckmawernn oder soweytt Ir Netter* (oder *Uetter*) *vmbfanngen doch souernn im durch die Herschafft ausserhalb der Stattmawer Erlanng vergonntt wirtt, weytters nach der fraisch zugreuffenn Dieweyll Erlang zunn teyl ein pfanndtschafft vonn der kronn Behenn sein solle, Von dannen haben auch die Herschafft alle freischliche oberkeytt Inns Ampt Beirdorff gehorenndt bis gein pruckh. Auch zu Prückh Im dorff auff lewtenn vnnd guttern, durchaws wess die sindtt, vnnd so weytt sich dasselbig dorff mit seiner marckhung erstreckt.* Ohne zeitliche Vorgabe nimmt Erich Freiherr von Guttenberg in: Die Territorienbildung am Obermain in: 79. Bericht des Historischen Vereins für die Pflege der Geschichte des ehemaligen Fürstbistums Bamberg 1927 (ND Bamberg 1966), S. 391 Bezug auf diese Quelle: „Danach bildete zweifellos ursprünglich die Schwabach (Radenzgaugrenze!) die Südgrenze des Gerichts, das einen Ausschnitt aus den Zenten Forchheim und Neunkirchen darstellt. – Südlich der Schwabach wurden sodann weitere Orte einbezogen".

Auf Grund genauer Auswertungen der herrschaftlichen und der grundherrschaftlichen Verhältnisse in Erlangen und seiner Gemarkung, wie sie in den Urkunden, im Landbuch von Baiersdorf vom Jahr 1530, in jüngeren Pfarreibeschreibungen und in den Katastern der Steuergemeinde Erlangen zu finden sind, ist sich Bernd Nürmberger sicher, daß es im Jahr 1002 auch bereits die Siedlung am rechten Rand der Regnitz gab, unmittelbar über dem fruchtbaren Talgrund. „Dieser Weiler lag auf dem Zwickel zwischen der Regnitz und der Schwabach und gehörte zum fränkischen Radenzgau. Vom bayerischen Nordgau war er durch den dichten Reichswald getrennt. Im Umfeld der heutigen Adler- und Lazarettstraße [Straßen im Altstadtbezirk von Erlangen] lagen der reichslehenbare Hof mit dem größten Grundbesitz ... und die ebenfalls vom Reiche zu Lehen gehenden anderen Anwesen, die den Weiler Erlangen bildeten, als er im Jahre 1002 erstmals erwähnt wurde".[41] Und dort (*ibidem*) finden sich auch die Spuren des Widems (‚Kirchenguts') der Forchheimer Urpfarrei.[42]

---

[41] Bernd Nürmberger, Die Altstädter Dreifaltigkeitskirche, in: Gisela Lang (Hg.), Die Dreifaltigkeitskirche Erlangen-Altstadt 1721–1996. Festschrift zur 275-Jahrfeier des Wiederaufbaus, Erlangen 1996, S. 21–44, hier S. 21. Die detaillierte Darstellung in einer eigenen Arbeit von Bernd Nürmberger ist in Vorbereitung. Vgl. jedoch: Johannes Bischoff, Essenbach, junger Weiler oder Urzelle Erlangens?, in: Erlanger Heimatchronik für Einheimische, Neubürger und Fremde, 1. Folge, Erlangen 1950, S. 2–18. Ohne die für den Ortsnamen Erlangen vorkommenden relevanten Flurnamen im Bereich von Alterlangen in seine Überlegungen einzubeziehen, hat Bischoff, der die Schwabach als exakte Gaugrenze versteht, die „Urzelle Erlangens" überhaupt als „Weileranlage" auf der rechten Regnitzseite im ansteigenden Gelände „zwischen Berg- und Essenbacher Straße", also nördlich der Schwabach, beschrieben. Bedenken gegen die Ergebnisse Bischoffs hat Andreas Jakob (Altstadt, wie Anm. 16, S. 66–72) erhoben. Allerdings wäre für eine Tochtersiedlung von Alterlangen von namenkundlicher Seite der von Bischoff beschriebene Sachverhalt ohne Bedenken zu akzeptieren. Es ist in zahlreichen Fällen nachgewiesen, daß Plätze, die im 15. und 16. Jahrhundert wie hier mit *Erlang ... gensteit der steg* (1435) (aus Johann Paul Reinhard, Chronik der Stadt Erlangen, Handschrift, 1774–1778, 2 Bde., Universitätsbibliothek Erlangen, zitiert nach Jakob, Altstadt, wie Anm. 16, S. 72) bzw. der *Unteren Vorstadt am Ausgang* [der Stadt Erlangen] *zur Rechten gegen die Schwabach* (ebenda) umschrieben werden, der älteste Teil einer Stadt sein können, die beim Vorgang der Stadtgründung mit Privilegierung und Ummauerung auf unmittelbar benachbartem Gelände (hier die spätere Altstadt Erlangen südlich der Schwabach) außen vor blieben. Vor allem aus der Wüstungsforschung wissen wir, wie der aufstrebende Siedlungsteil bald auch den Namen ganz an sich ziehen konnte, so daß der älteste dörfliche Ortsteil zum Vorort absank und im Lauf der Zeit einen Ersatznamen erhielt. Vgl. Robert Schuh, Ortswüstungen und Flurnamen. Zu Tradition, Wandel und Schwund von Wüstungsnamen in Franken, in: Rudolf Schützeichel (Hg.), Gießener Flurnamen-Kolloquium. 1. bis 4. Oktober 1984, Beiträge zur Namenforschung. Neue Folge (künftig: BNF NF), Beiheft 23, 1985, S. 330–342. Zahlreiche Beispiele für vergleichbare Vorgänge bietet sehr anschaulich Erwin Herrmann, Das Altenstadt-Problem. Beispiele für Namenwechsel und Namenverlust im nordostbayerischen Raum, in: Rudolf Schützeichel (Hg.), Ortsnamenwechsel. Bamberger Symposion 1. Bis 4. Oktober 1986, BNF NF, Beiheft 24, 1986, S. 179–188. Im vorliegenden Fall deuten jedoch die besitzgeschichtlichen Bezüge der Erlanger Dreifaltigkeitskirche – der Besitznachfolgerin der Forchheimer Pfarrkirche in Erlangen – zu Erlanger Anwesen eher darauf, daß die Tochtersiedlung *Erlangon* vom Jahr 1002 im Bereich der Erlanger Altstadt zu suchen ist.

[42] C[onstantin] Höfler, Friedrich 's von Hohenlohe, Bischof 's von Bamberg, Rechtsbuch. 1348 (Quellensammlung für fränkische Geschichte 3), Bamberg 1852, S. 212. Siehe auch: Lammers, Erlangen (wie Anm. 36), Anhang Nr. 24; Landbuch Baiersdorf 1530 (wie Anm. 40), fol. 407 f.: Abgaben an die Stadtherrschaft von einem Erblein, *das widembtt erblein genannt*. Zur Diskussion der Lage dieses Anwesens siehe Jakob, Altstadt (wie Anm. 16), S. 69 f. Die in der vorgenannten Quelle aufgeführten Zugehörungen des Widemguts liegen – ganz verstreut: nördlich der Schwabach im Gelände westlich des Burgbergs, südlich der Schwabach zwischen der Schleifmühle und Essenbach und westlich der Erlanger Altstadt – im

In vergleichbarer Weise dürfte das in der Tauschurkunde von 1017 mitgenannte *Holevelt* mit erschlossener würzburgischer Urpfarrei schon die spätere Stadt Hollfeld betreffen und nicht das heute wüst gefallene Altenhollfeld, das nach dem Zeugnis der Flurnamen und der topographischen Gegebenheiten als Muttersiedlung gelten muß.[43] Von der Namenform könnte *Erlangon* beziehungsweise *Erlangun* natürlich auch Alterlangen betreffen. Im 11. Jahrhundert sah man sich noch nicht zu unterscheidenden Zusätzen genötigt, da die Betroffenen ohnehin Bescheid wußten. Jedoch erscheint die Annahme, daß die *villa* mit dem Forchheimer Kirchengut im Radenzgau damals noch *Erlangon*-Alterlangen war und das Kirchengut erst später im Tauschgang an die Tochtersiedlung kam, eher unwahrscheinlich. Gegenüber kontroversen Thesen zu Lokalisierung und Zeit der Filiation[44] hat die hier beschriebene These – die Erstnennung von Erlangen (*Erlangon*) betrifft bereits eine Tochtersiedlung rechts der Regnitz – den Vorzug, daß sie die Angaben in der Urkunde von 1002[45] ohne Hilfskonstruktionen einbeziehen kann. Überdies ist es nach mittelalterlichem Usus, Örtlichkeiten pauschal zu nennen, sogar wenn es dort nur um ein Recht oder ein Flurstück ging, durchaus möglich, daß im Jahr 1002 das östliche Regnitzufer am Rand der Meilen besiedelt war.[46] Vielleicht findet sich eines Tages auch der archäologische Nachweis – möglicherweise in der Flur „Burgberg".

Nach der Vergabe von Besitz innerhalb der königlichen Meilen östlich der Regnitz, der in der Urkunde von 1017[47] nicht eigens erwähnt wird, an den Bischof von Bamberg ergaben sich für diesen neue Möglichkeiten, dortige Aktivitäten zu fördern, so daß die Tochtersiedlung die Muttersiedlung bald überflügelt haben dürfte.[48] Im Jahre 1348 wird sie als *Grozzenerlang*[49] vom zurückgebliebenen Dörfchen *Kleinerlang* (seit 1393)[50] beziehungsweise *Wenigen Erlang(en)* (seit 1381 Kopialbeleg circa

---

Bereich der Martinsbühler Straße (*pfaffenngertlein*) und der Fluren „Thalfeld" (*egellsee*), „In der Grube" (*sanndtacker auff der grub*), „Wiesterwehr-Äcker" (*im wuesten werde*). Ein zweifelsfreier Bezug zwischen den genannten Fluren und der Erlanger Pfarrkirche läßt sich aufgrund der Angaben im Grundsteuerkataster der Steuergemeinde Erlangen vom Jahr 1834 (Staatsarchiv Nürnberg, Katasterselekt 1, Nr. 4, Bd. III, fol. 779') nur für Grundstücke *Thal(feld) Äcker* im Bereich „Thalfeld" herstellen.

[43] Vgl. Dorothea Fastnacht, Ebermannstadt. Ehemaliger Landkreis Ebermannstadt (Historisches Ortsnamenbuch von Bayern. Oberfranken 4), München 2000, Ortsartikel 71. Hollfeld.

[44] Vgl. die Diskussion der Thematik, verbunden mit der Begründung der jeweils in sich schlüssigen, zu den hier vertretenen Vorstellungen jedoch kontroversen Thesen, bei Jakob, Altstadt (wie Anm. 16), S. 8–36 und 66–72. Von namenkundlicher Seite kann diese Frage nicht entschieden werden.

[45] Vgl. Auslegung der Urkunde von 1002 bei Erich Kolde, Beiträge, Anregungen und Gedanken zur Geschichte Frankens, Leipzig 1917, S. 30–33.

[46] Die urkundliche Formulierung *partim superaddimus pertinentias* (‚teilweise fügen wir noch an Zugehörungen hinzu'), die zur näheren Beschreibung der Meilen führt, zeigt möglicherweise an, daß hier kein geschlossener Fiskalbesitz übergeben wird.

[47] Genaue Beschreibung der Forstmeilen und Diskussion des Inhalts der Urkunde von 1002 bei Jakob, Altstadt (wie Anm. 16), S. 8–26.

[48] Vergleichbare Vorgänge am Main beschreibt ausführlich Trost, Uferorte (wie Anm. 14), S. 1–161; vgl. auch Jakob, Altstadt (wie Anm. 16), S. 58–61.

[49] Höfler, Rechtsbuch (wie Anm. 42).

[50] Erich Keyser/Heinz Stoob (Hg.), Bayerisches Städtebuch, Teil 1 (Deutsches Städtebuch. Handbuch städtischer Geschichte V, Bayern, Teil 1), Stuttgart u.a. 1971, Artikel: Erlangen, S. 187–197, hier S. 187.

1540)[51] und *Alten Erlangen* (seit 1386)[52] unterschieden. Mit der Ausbildung der Schriftlichkeit in den „territorial-fürstlichen" Amtsstuben war das Bedürfnis nach Unterscheidung der gleichnamigen Orte entstanden[53]. „Groß" und „klein" beziehungsweise das heute verschwundene Synonym „wenig" gehörten zu den häufigsten Zusätzen.[54] Die Orte wurden dadurch rein nach der Größe unterschieden. Keinesfalls kann man von „groß" auf eine Art Großraumsiedlung schließen oder dem durch die Zufälligkeiten der Überlieferung erst 38 Jahre später bezeugten Zusatz *Alten* die Berechtigung absprechen.[55] Vielmehr kennzeichnet *Alten* das ältere Dorf am Westufer der Regnitz – im ältesten Beleg 1386 bereits im Gegensatz zur Stadt Erlangen.

Die Schreibungen zeigen seit dem 14. Jahrhunderts häufig eine assimilierte Form *Erlang*, die durch mundartlichen Schwund des unbetonten Endsilbenvokals und Angleichung des auslautenden *n* an *ng* entstanden ist und der die Mundartform „érlang"[56] entspricht (zum Beispiel 1801 *Alterlang*[57]). In der heute gültigen amtlichen Namenform Erlangen für die im Jahr 1812 vereinigten Ortsteile Altstadt (1374 *Statt zu Erlang*[58]) und Neustadt (1686 *Neu-Erlang*, 1702 *Christian-Erlang*[59]) ist die konservative Namenform „Erlangen" festgeschrieben worden, für das namengebende Dorf „Alterlangen".

Mehr ist aus namenkundlicher Sicht zum Namenpaar Alterlangen und Erlangen nicht zu sagen. Die Gesetze der Sprachentwicklung, die vorhandenen Namen, die Berücksichtigung der frühen historischen Nachrichten, der Topographie der Gegend, der grundherrschaftlichen Bezüge und das Wissen um ähnlich gelagerte Abläufe beim Landesausbau haben dabei den Weg gewiesen. In ihrer Häufung dürften die Argumente „Beweischarakter von großer Wahrscheinlichkeit"[60] haben.

Alle anderen Deutungsversuche können ausgeschlossen werden. Soweit sie nicht gänzlich Phantasieprodukte[61] darstellen, das heißt sprachlich, namenkundlich, histo-

---

[51] Johannes Müllner, Die Annalen der Reichsstadt Nürnberg von 1623, Teil II: Von 1351–1469, hg. von Gerhard Hirschmann (Quellen zur Geschichte und Kultur der Stadt Nürnberg 11/II), Nürnberg 1984, S. 79, Anm. 185a. Die vorgenannte Anmerkung enthält den Verweis auf den Beleg im um 1540 angelegten Kopialbuch des Nürnberger Kartäuserklosters (StadtA Nürnberg FR 44, fol. 20'). Bei Keyser/Stoob, Bayerisches Städtebuch (wie Anm. 50) wird ein Erstbeleg aus dem Jahr 1387 genannt.

[52] Lammers, Erlangen (wie Anm. 36), Anhang Nr. 10, 16 und 45.

[53] Trost, Uferorte (wie Anm. 14), S. 24.

[54] Vgl. ebenda, S. 35, 74f., 98f., 102f., 126ff., 137.

[55] Vgl. jedoch Bischoff, Siedlung (wie Anm. 23), S. 20.

[56] Keyser/Stoob, Bayerisches Städtebuch (wie Anm. 50), S. 187. Zum spätbaierischen -en-Schwund nach Nasalen vgl. Hermann Paul, Mittelhochdeutsche Grammatik, 23. Auflage, neu bearb. von Peter Wiehl und Siegfried Grosse (Sammlung kurzer Grammatiken germanischer Dialekte A/2), Tübingen 1989, § 159/16, S. 170.

[57] Johann Baptist Roppelt, Historisch-topographische Beschreibung des Kaiserlichen Hochstifts und Fürstenthums Bamberg ..., Nürnberg 1801, S. 593.

[58] Lammers, Erlangen (wie Anm. 36), Anhang Nr. 9.

[59] Ebenda Nr. 55.

[60] Trost, Uferorte (wie Anm. 14), S. 4.

[61] Zusammenstellung bei Jakob, Altstadt (wie Anm. 16), S. 38f., Anm. 3 und 4. Dem sind aus jüngerer Zeit die Einlassungen von Hans Bahlow (Hans Bahlow, Deutschlands geographische Namen. Etymologisches Lexikon der Fluß- und Ortsnamen alteuropäischer Herkunft, Frankfurt am Main 1965, S. 123) hinzuzufügen. Jenseits aller sprachwissenschaftlichen Belastbarkeit zählt der Autor den Namen Erlangen zusammen mit dem Namen der Schwabach zu seinen prähistorischen Wasser-/Sumpftermini.

risch, archäologisch mit dem vorgegebenen Raum in Zusammenhang gebracht werden können, oder im appellativischen Ansatz ganz unsicher sind,[62] liegt allen Alternativen der Fehler zugrunde, daß die älteste überlieferte Sprachform als Schlüssel zu Primärbedeutung und Morphologie (Bildungsweise) des Namens „Erlangen" nicht genügend beachtet wird. Namendeutung wird von Laien gern an jüngeren Belegen festgemacht, die ja jeweils einer anderen namengeschichtlichen Stufe angehören und vom Zeitpunkt der primären, das heißt sinnvollen Namengebung weit entfernt sind. Denn jeder Ortsname ist bei seiner Vergabe aus Elementen der damals gesprochenen Sprache gebildet worden.[63] Genauso unzulässig ist es, mit Formen anderer Ortsnamen aus anderen Zeitstufen zu argumentieren. Dies soll an Beispielen präzisiert werden.[64]

Deutung von -*wangon*

Vergleicht man die unterschiedlichen Ausführungen zum Ortsnamen Erlangen, so kann beim Leser der Eindruck einer gewissen Beliebigkeit im Umgang mit dem Grundwort -*wang* entstehen. Je nachdem, welche Siedlungstheorie es zu untermauern galt, wurde wang mal als ‚das grüne Gefilde im Tal', mal als ‚Berghang' gedeutet.[65] Der Grund für solche Irritationen liegt in dem gemeingermanischen Wort[66] selbst, das ja schon in althochdeutscher Zeit nur noch schwach im hochdeutschen Sprachschatz vertreten war. In Namen hat es seine Spuren zwar in ganz Deutschland, von Wangerooge über Wangenheim bis beispielsweise Ellwangen hinterlassen, das Wort wurde

---

[62] Eher unwahrscheinlich ist auch die Ortsnameninterpretation des Dr. Hofinger (Jakob, Altstadt, wie Anm. 16, S. 39f., Anm. 4), der dafür den „Stamm ang" heranzieht. Nach einschlägigen Wörterbüchern kommt das schwach maskuline althochdeutsche ango ‚Stachel; Angelpunkt, Mittelpunkt' (Rudolf Schützeichel, Wörterbuch, wie Anm. 24, S. 68) bzw. ‚anculus, cardo, margo; Stachel, Türangel, Gegend' (Starck/Wells, Glossenwörterbuch, wie Anm. 6, S. 28) in Frage. Davon würde der Dativ Plural angōn lauten, im Nominativ Plural wäre auch eine Form mit -u- möglich (vgl. Braune/Eggers, Grammatik, wie Anm. 4, § 221, S. 204f.). Im Mittelhochdeutschen bedeutet ange ‚Fischangel, Türangel' (Lexer, Handwörterbuch I, wie Anm. 5, Sp. 69). Ob althochdeutsch ango im Sinn von mittellat. margo ‚Rand, Küste' (Edwin Habel/Friedrich Gröbel [Hg.], Mittellateinisches Glossar, unveränderter Nachdruck der 2. Auflage 1959 mit neuer Einführung von Heinz-Dieter Heimann, Paderborn-München-Wien-Zürich 1989, S. 235) oder ‚Gegend' (Starck/Wells, Glossenwörterbuch, wie Anm. 6, S. 28) für den Ortsnamen Erlangen herangezogen werden kann oder ob diese Sonderbedeutungen nicht doch okkasionellen Charakter haben, erscheint fraglich. Im oberdeutschen Flurnamenbestand kommen reichlich mit -wang gebildete Flurnamen wie „Erlenwang" (Schnetz, Flurnamenkunde, wie Anm. 20, S. 64) vor, nicht aber Bildungen mit -ang.
[63] Vgl. Stefan Sonderegger, Namengeschichte als Bestandteil der deutschen Sprachgeschichte, in: Werner Besch u.a. (Hg.), Sprachgeschichte (Handbuch für Sprach- und Kommunikationswissenschaft 2, 2 Teilbde.), Berlin/New York 1984–1985, S. 2039–2067, hier S. 2040f.: „Gesetz der appellativischen Herkunft". Dazu gehören auch die Ortsnamen, die nur aus einem Element gebildet worden sind, wie Hof oder Grub. Einen Sonderfall stellt die Namenübertragung dar, wie sie z.B. für Erlangen rechts der Regnitz gilt.
[64] Ausführliches Zitat der unterschiedlichen Deutungen bei Jakob, Altstadt (wie Anm. 16), S. 37–46.
[65] Vgl. Jakob, Altstadt (wie Anm. 16), S. 39–43.
[66] Vgl. u.a. Alfred Bammesberger, Die Morphologie des urgermanischen Nomens (Untersuchungen zur vergleichenden Grammatik der germanischen Sprachen 2), Heidelberg 1990, S. 50; Julius Pokorny, Indogermanisches etymologisches Wörterbuch, 2 Bände, Bern/München 1959 und 1969, hier Bd. I, S. 1149: got. waggs ‚Paradies', altisländisch vangr, altsächsisch wang, nhd.-bair.-österr. Wang ‚Aue' zu germanisch *wanga- ‚Feld'.

aber im oberdeutschen Sprachraum häufig schon in mittelhochdeutscher Zeit nicht mehr verstanden. Dies führte späterhin zu „Trübungen und Absplitterungen seiner Bedeutung", die „allenfalls nur Reminiszenzen an die Grundbedeutung des Wortes" enthalten.[67] In der Schweiz sind für Wang-Fluren zahllose Bedeutungen ermittelt worden, die sich zwischen Acker, Wiese, Waldwiese, Weide und Wald, Abhang auf der Alp, Magerwiese, Stall und Lawinenzug bewegen.[68] Natürlich stellt sich da die Frage, ob es geschickt ist, für den Plural *-wangon in einem für frühgeschichtlich gehaltenen Ortsnamen die Umschreibungen ‚abhängige Seitenfläche eines Berges' und ‚der schmale Rain an einem Bach'[69] auszuwählen, die erwiesenermaßen im bairisch-österreichischen und im schweizerischen Dialektraum des 19. Jahrhunderts bezeugt sind.[70]

Im Zusammenhang mit lautlichen Reduzierungen konnte es zum anderen „durch zum Teil schon früh einsetzende Entstellungen des zweiten Kompositionsteils"[71] zu Anlehnung der mundartlich veränderten Lautungen an ähnlich klingende, noch verständliche Grundworttypen oder -suffixe kommen.

„Erlangen" ein Erlenrangen?

Theodor Krische, der im Jahre 1937 eine Dissertation über die Erlanger Flurnamen vorgelegt hat, referiert zwar die bekannte Deutung mit *-wang, versucht aber dann, sich auf vielfältige Weise von dieser Lösung zu distanzieren. Er meint, der Siedlungsname Erlangen könne ebenso gut aus dem Stellennamen „am Erlrangen" in der Bedeutung ‚mit Erlen bestandener Talrand' entstanden sein, und behauptet einfach: Das „r wäre hier ebenso wie das w in ersterem Fall schon auffallend frühzeitig ausgefallen".[72] Ein Ansatz von *-rangen kommt für unseren in althochdeutscher Zeit belegten Ortsnamen aber eben nicht in Frage, weil „germanisch r ... an allen Stellen des Wortes ... im Althochdeutsch [Althochdeutschen] geblieben" ist.[73] Die einschlägigen stark und schwach flektierenden Appellative ranc und range ‚Einfassung, Rand'[74] sind in mittelhochdeutscher Zeit zu belegen.

---

[67] Schröder, Wang (wie Anm. 12), S. 267.
[68] U.a. Robert v. Planta/Andrea Schorta, Rätisches Namenbuch I: Materialien (Romanica Helvevica 8), Bern 1939, S. 135, 299, 312, 335.
[69] Johannes Bischoff, Zur Frühgeschichte Erlangens, in: Erlanger Bausteine zur fränkischen Heimatforschung 3/4, 1956, S. 86–88, hier S. 86. Bischoff sah sich zu diesen Interpretationen von „Wang" genötigt, weil er ja die Keimzelle von Erlangen am zwischen dem Burgbergs und der Schwabach im Bereich des Erlanger Ortsteils Essenbach gesucht hat.
[70] Jacob und Wilhelm Grimm, Deutsches Wörterbuch, 32 Bde., Bd. 33: Quellenverzeichnis, Leipzig 1854–1971 (ND München 1984), hier Bd. 27, Sp. 1748f.; Johann Andreas Schmeller, Bayerisches Wörterbuch, Sonderausgabe der von G. Karl Frommann bearbeiteten 2. Ausgabe 1872–1877, 2 Bde. In 4 Teilen, München 1985, hier Bd. 2, Sp. 957; Schröder, Wang (wie Anm. 12), S. 268.
[71] Schröder, Wang (wie Anm. 12), S. 269.
[72] Krische, Flurnamen (wie Anm. 13), S. 33. Unberücksichtigt bleibt bei Krische auch der Plural eines zu rekonstruierenden *-rangon u.ä.
[73] Braune/Eggers, Grammatik (wie Anm. 4), § 120, S. 113f.
[74] Lexer, Handwörterbuch II (wie Anm. 5), Sp. 340f.

„Erlangen" ein Erlenanger?[75]

Auch das Appellativum althochdeutsch *angar*[76] ‚Ackerland, Wiese' kommt als Grundwort von Erlangen nicht in Frage, obwohl sich die Entwicklung von -angen- > -anger aufzeigen läßt. Berganger im bayerischen Altlandkreis Ebersberg ist uns 776/778 mit *Perhhanga*, im 12. Jahrhundert mit *Perchangen*, 1315 mit *Perchanger* überliefert[77]. Auch hier konnte die zum mundartlichen *-ə- reduzierte mittelhochdeutsche Flexionssilbe -*en* im Bereich mundartlicher r-Vokalisierung falsch als -*er* in die Schrift rückübersetzt werden, so daß sich die Eindeutung von „Anger" anbot. Eine primäre Ortsnamenbildung mit „Anger" hätte aber in althochdeutscher Zeit etwa *Erilangare lauten müssen.

„Erlangen" von Erlach?

Am naheliegendsten und unkompliziertesten erschien Theodor Krische „die Entwicklung des Siedlungsnamens aus dem Flurnamen Erlach".[78] Der Autor verweist auf die Entwicklung des Kollektivsuffixes -ahi zu „ig, ich zu ing", wofür er als Beleg den Flurnamen „Schönföhrling"[79] (Flurname am Schießplatz im Meilwald) aus der Ortsflur Erlangen heranzieht. Analog habe „die Entwicklung von -ach zu -ang stattgefunden", was aus den „mundartlichen Formen des Siedlungsnamens" (gemeint sind sicher die historischen Belege des Flurnamens) ersichtlich sei. Krische verweist hier summarisch auf die Flurnamen „Erlach" in der Ortsflur Erlangen (1464 *im Erlach*, 1501 *am Erllich*, 1641 *im Erlach*),[80] „Erlach" in der Ortsflur Büchenbach,[81] „Erle" in der Ortsflur Alterlangen, wovon die historischen Belege bereits diskutiert wurden, und „Erle" in der Ortsflur Bruck (1426 *das Elrich*, 1530 *im Erlach*). Dabei übersieht der Autor, daß die auf ein altes Erlach zurückgehenden Flurnamen in den Ortsfluren Erlangen, Büchenbach und Bruck keine Form mit -ing aufweisen. Sie unterscheiden sich vielmehr deutlich von Formen wie *am Ehrlag*, *am Ehrling*, *am Ehrlang* (Mundartform: „di ärliegge"),[82] die nur für die Flur „im Erle" bei Alterlangen nachgewiesen werden können und die als Indiz für die ortsnamengebende Flur gewertet wurden. Formen wie *Ehrlang* dürften noch den alten Lautstand reflektieren. Das besagt aber nicht, daß die Entwicklung von -ahi > -ich und (schriftsprachlichem!) -ig > bis zum Vokalrest „i" (siehe Mundartformen „im ärli", „in die êrli"[83]) nicht in Formen mit -ing münden kann. Es handelt sich dabei jedoch meist um hyperkorrekte Rückübersetzungen in Gegenden, wo -ing > -ig werden konnte.[84] Solche falschen Schriftformen kön-

---

[75] Im Jahr 1812 vorgelegte Deutung von Johann Christian Fick. Siehe Jakob, Altstadt (wie Anm. 16), S. 41.
[76] Starck/Wells, Glossenwörterbuch (wie Anm. 6), S. 28.
[77] Karl Puchner, Landkreis Ebersberg (Historisches Ortsnamenbuch von Bayern. Oberbayern, Bd. 1), München 1951, Ortsartikel Nr. 45.
[78] Krische, Flurnamen (wie Anm. 13), S. 33.
[79] Ebenda, S. 33. Das alternativ dort angegebene „Schönfärbing" ist wohl verlesen.
[80] Ebenda, S. 45.
[81] Ebenda, S. 257.
[82] Ebenda, S. 167.
[83] Ebenda, S. 45 und 192b.
[84] Bach, Namenkunde II/1 (wie Anm. 10), § 195/8, S. 162.

nen dann wiederum in den Sprachgebrauch eingehen. Vielleicht ist so der Flurname „Schönföhrling" entstanden. Bei all seinen Überlegungen hat Krische nicht gemerkt, daß seine Beweiskette an ihrer Chronologie krankt und daher nicht mit der 1002 überlieferten Sprachform *Erlangon* in Einklang zu bringen ist. Ein mit dem Kollektivsuffix zur Bildung neutraler Stellenbezeichnungen althochdeutsch -ahi[85] gebildeter Flurname hätte im dativischen Ortsnamen zu der Zeit die Form *Erlache gehabt.

„Erlangen" ein -ingen-Name?

Zuletzt soll Spekulationen vorgebeugt werden, Erlangen sei vielleicht doch ein alter -ingen-Name. Formulierungen wie im 18. Jahrhundert von Johann Paul Reinhard „Erlang ist eine Tochter von Alt Erlingen"[86] oder die ähnlich klingenden bayerischen Ortsnamen Erling und Erlingen mögen dazu verleiten. Die ältesten Belege von Erlangen verbieten es, den Ortsnamen als ursprüngliche Ableitung mit dem germanischen Zugehörigkeitssuffix *-inga/-unga zu erklären. Und die Behauptung einer Variante -ang auf der Basis eines etymologisch unklaren Appellativs (althochdeutsch honang ‚Honig') erscheint nach Horst Haider Munske sehr zweifelhaft.[87] Keinesfalls können auch die Ortsnamen auf -angen (nach vorausgehendem f) in der Umgebung von Trier, an der Saar und in Lothringen als Beweis dienen. Nach Ausweis der historischen Schreibungen sind diese Namen bis ins 16. Jahrhundert in *-ingen*-Schreibungen überliefert. Die Schreibungen mit *-angen*, die sich seit dem späten 15. Jahrhundert dokumentieren lassen, sind als lautliche Direktanzeige eines sich später ausbildenden mundartlichen a für mittelhochdeutsch i zu verstehen (zum Beispiel „kand' ‚Kind'").[88] Da der Lautwandel bei den -ingen-Namen nur nach vorausgehendem f eintritt, ist vermutet worden, daß hier in sehr später Zeit, als das Verständnis der patronymischen Bedeutung der Endung erloschen war, das Wort „fangen" eingedeutet worden ist[89] (zum Beispiel Udelfangen bei Trier). Der umgekehrte Sachverhalt, daß eine bedeutungslos gewordene Silbe -ang(-) < *-wang(-) zu -ing(-) abgeschwächt wird, läßt sich mitunter früher dokumentieren (zum Beispiel Allang im Altlkr. Dillingen < 1287 *Allanch*, 1395 *Allang*, 1471 *Allingen*[90]), ohne daß sich die Lautform der Variante durchsetzen muß. Keinesfalls kann von solchen nachrangigen Schreibungen auf die primäre Ortsnamenform geschlossen werden. Demgegenüber haben wir in den drei bayerischen Erling(en)-Namen reine -ingen-Namen vorliegen. So ist das Pfarrdorf Erling, Gemeinde Erling-Andechs im Landkreis Starnberg, 776 (in Kopie

---

[85] Vgl. ebenda, § 193, S. 160; Schwarz, Sprache und Siedlung (wie Anm. 15), S. 159.
[86] Johann Paul Reinhard, Chronik der Stadt Erlangen, Handschrift, 1774–1778, 2 Bde., 2. Band: Quellensammlung, Universitätsbibliothek Erlangen. Zitat nach Jakob, Altstadt (wie Anm. 16), S. 63.
[87] Horst Haider Munske, Das Suffix *-inga/-unga in den germanischen Sprachen. Seine Erscheinungsweise, Funktion und Entwicklung dargestellt an den appellativischen Ableitungen (Marburger Beiträge zur Germanistik 6), Marburg 1964, S. 131.
[88] Heinz Engels, Die Ortsnamen auf -angen im Westmoselfränkischen, in: Karl Bischoff – Lutz Röhrich (Hg.), Volk, Sprache, Dichtung. Festgabe für Kurt Wagner (Beiträge zur deutschen Philologie 28), Gießen 1960, S. 172–177.
[89] Ebenda, S. 173.
[90] Reinhard H. Seitz, Land- und Stadtkreis Dillingen a. d. Donau (Historisches Ortsnamenbuch von Bayern. Schwaben 4), München 1966, Ortsartikel 9.

von 824) mit *Erelingun* und *Erilingun* bezeugt, 1133–1148 mit *Erlingin*, 1137–1148 mit *Erlingen* und 1362/63 (mit spätbairischer -en-Assimilation) mit *Erling*[91]. Auch diese Namen stellen also keine Vergleichsnamen für Erlangen dar.

Als Ergebnis können wir festhalten: Kein Weg führt am -wang-Ansatz vorbei.

Das größte Problem bereitet denen, die sich nicht mit der Unschärfe in den sprachlichen Gesetzmäßigkeiten der Namenwelt vertraut gemacht haben, das Fehlen eines urkundlichen Beweises für den *-w-Ansatz beim Ortsnamen Erlangen. Auch Theodor Krische war offenbar nicht wohl bei der Deutung mit *-wang. Da der Name „Wang" für „natürlich gründendes, ebenes Gelände, auch mit verstreutem Baumbestand" dem Schwäbischen und Bairischen eigentümlich sei, müsse Erlangen oder Alterlangen eine Siedlung aus vorfränkischer Zeit sein, wofür Beweise schwer zu erbringen seien.[92] Ist ein solcher Kausalnexus im weitesten Sinn möglich? Läßt sich zwischen dem –wang-Namen des an der Schwabachmündung gelegenen Erlangen und dem Namen der Schwabach eine Verbindung herstellen, die das Volkstum der Siedler und das Alter der Siedlung erhellt?

Exkurs: Der Name Schwabach

Die Schwierigkeit, die Vergabe von Namen, deren Grundwort althochdeutsch aha ,Fluß, Strom' ein sog. Erbwort ist – das heißt vom Namentyp her können sie der Germanenzeit angehören, aber auch erst im 9. bis 10. Jahrhundert entstanden sein –, zeitlich einzugrenzen, soll am Beispiel des Bachnamens Schwabach aufgezeigt werden.

Nach Ernst Schwarz ist für die beiden Schwabach (Schwabach rechts zur Regnitz bei Erlangen und Schwabach links zur Rednitz) die „Erklarung ,Schwabenahe' ... niemals strittig gewesen, wohl aber die Rolle, die diesen namengebenden Schwaben zukommt, und die Zeit der Benennung".[93] Die in der Reihe der vorgermanischen Gewässernamen (Rednitz, Rezat, Pegnitz oder Zenn) durchsichtig nach wilden Tieren und Bäumen benannten germanischen Namen wie Aurach, Ebrach, Wiesent, Lindach seien zusammen mit den ungewöhnlichen Schwabach-Namen im ersten vorchristlichen Jahrhundert entstanden, als sich Germanen und Kelten das erstemal im Rednitztal begegneten. Dabei hätten die beiden Schwabach eine alte Stammesgrenze jener Zeit zwischen Sweben und den südlich davon siedelnden Markomannen markiert. Das sei „einleuchtender als an die späteren Schwaben zu denken, deren Name in Württemberg, also nicht im Regnitztale, fortlebt".[94] Schwarz bindet hier gewissermaßen die Tradition germanischer Gewässernamen an die der vorgermanischen Namen an. Jedoch könnten die „vorgermanischen Namen Rezat und Rednitz ... auch kontinuierlich nur an Flußabschnitten außerhalb des angegebenen Raumes gehaftet

---

[91] v. Reitzenstein, Lexikon (wie Anm. 9), S. 129. Nach der freundlichen Mitteilung von Dr. Wolf-Armin Frhr. v. Reitzenstein liegt von Erling im Altlandkreis Vilsbiburg eine vergleichbare Schreibung in einem nicht sicheren Beleg aus dem 11. Jahrhundert vor; Erlingen im Altlandkreis Wertingen wird im 12. Jahrhundert zweimal als -ingen-Name überliefert.
[92] Krische, Flurnamen (wie Anm. 13), S. 33.
[93] Schwarz, Sprache und Siedlung (wie Anm. 15), S. 33.
[94] Ebenda.

Topographische Namen mit Schwab-, Schweb- und Schwob-

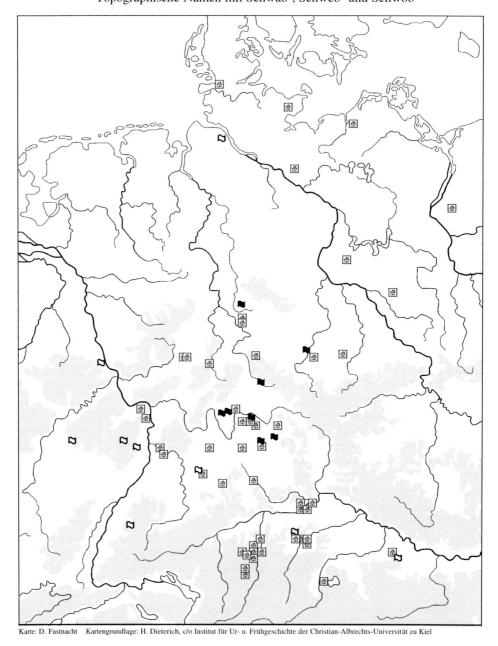

Karte: D. Fastnacht   Kartengrundlage: H. Dieterich, c/o Institut für Ur- u. Frühgeschichte der Christian-Albrechts-Universität zu Kiel

▰ = -aha-Namen   ▱ = -bach- und andere Gewässernamen   ⌂ = Ortsnamen

[haben] und erst in späterer Zeit auf die gesamten Flußläufe übergegangen sein. Wäre dem so, entfielen Indizien für eine frühe germanische Besiedlung in dem fraglichen Raume".[95] Andrerseits beweisen Namen wie Aisch und Zenn, daß es auch in den Nebentälern der Rednitz/Regnitz eine Namentradition gegeben haben muß. Bruno Boesch hat angesichts vergleichbarer Kontinuitätsfragen im Bodenseeraum vermutet, daß ein punktuell gewordener Kontakt zwischen Vorbevölkerung und den nachrückenden Siedlern genügen konnte, „Auskunft über das von der Vorbevölkerung aufgegebene Landesinnere" zu geben.[96] Nach den archäologischen Funden des elbgermanischen Formenkreises im Main-Regnitz-Gebiet sind die seit der Zeit um Christi Geburt bis ins 3. Jahrhundert ins Regnitztal eingewanderten Volksgruppen, die hier für einige Zeit gesiedelt haben, aus dem Mittelelbegebiet gekommen.[97] „Die erhaltenen römischen Quellen erlauben es, dabei von alamannischen oder juthungischen Stammesverbänden zu sprechen".[98] Und diese dürften wenigstens teilweise Sweben gewesen sein, da eine Inschrift in Augsburg zum Jahr 260 vom Sieg der Römer über Barbaren „Gentis Semnonum sive Iouthungorum" kündet.[99] Sehr fraglich ist aber in den frühen Jahrhunderten um Christi Geburt die Vorstellung von einem namenmäßigen Niederschlag dieses Volkstums, dem ja auch die Markomannen zugerechnet werden, in Bachnamen beziehungsweise deren Weitergabe.[100]

Und darf man die für so alt gehaltenen Schwabach-Namen überhaupt nach alter Gewohnheit mit dem Volksnamen „Schwaben" deuten? Die frühen -aha-Namen wurden ja zunächst nur mit Bestimmungswörtern kombiniert, die auf die Eigenschaft des Wassers (wie Trub-ach ‚trübe Ache' mit ihren Namenvettern Trub-Bach und Truppach) und seine Umgebung (wie Zeub-ach < *ze īb-aha ‚zur Eibenache') Bezug neh-

---

[95] Robert Schuh, Gunzenhausen. Ehemaliger Landkreis Gunzenhausen (Historisches Ortsnamenbuch von Bayern. Mittelfranken 5), München 1979, S. 66*, Anm. 344.
[96] Bruno Boesch, Die Orts- und Gewässernamen der Bodenseelandschaft, in: Helmut Maurer (Hg.), Der Bodensee. Landschaft, Geschichte, Kultur (Bodensee-Bibliothek 28 = Veröffentlichung des Alemannischen Instituts Freiburg i. Br. 51), Sigmaringen 1982, S. 233–280, hier S. 239.
[97] Jochen Haberstroh, Germanische Stammesverbände an Obermain und Regnitz, in: Archiv für Geschichte von Oberfranken 75, 1995, S. 7–38, hier S. 8–11.
[98] Ebenda, S. 10 mit Verweis auf eine Inschrift in Augsburg: ... *Victoriae ob Barbaros Gentis Semnonum sive Iouthungorum*.
[99] Zum vornehmsten Swebenstamm, den Semnonen, vgl. Ernst Schwarz, Germanische Stammeskunde (Germanische Bibliothek, 5. Reihe: Handbücher und Gesamtdarstellungen zur Literatur- und Kunstgeschichte), Heidelberg 1956, S. 156f.
[100] Siehe Jochen Haberstroh, Altendorf und Neuses a. d. R. – Siedlungsgeschichte zwischen Aufschwung Ost und Wendehammer, in: Heimat Bamberger Land 8/3, 1996, S. 94–98, hier S. 96; Walter Sage, Frühgeschichte und Frühmittelalter, in: Ders. (Hg.), Oberfranken in vor- und frühgeschichtlicher Zeit, 2., überarbeitete und erweiterte Auflage, Bamberg 1996, S. 161–297, hier S. 163–193. Die Auswertung des vollständig ausgegrabenen Gräberfeldes von Altendorf (belegt ca. Anfang des 2. vorchristlichen Jahrhunderts bis um 450 n. Chr.) und eines jüngeren Siedlungsbereiches in unmittelbarer Nähe vermittelt den Eindruck von schubweiser Zuwanderung einer dem elbgermanisch-markomannischen Kulturkreis verbundenen Bevölkerung. Insgesamt wird man während der Völkerwanderungszeit von instabilen und lokal unterschiedlichen Verhältnissen, von großer Unruhe und von gestörten Kontinuitäten auszugehen haben. Und auch, wenn sich das Bild gegenwärtig durch neue Funde zur Vorstellung von kontinuierlicher Siedlung im Umfeld der großen Refugien Staffelberg und Ehrenbürg verdichtet, Tradition von Siedlungsnamen aus der germanischen Zeit hat es hier nicht gegeben, auch nicht in Altendorf bei Buttenheim, wo relativ reichliche Funde Siedlungskontinuität wahrscheinlich machen. Der Ortsname „Altendorf" selbst weist ja auf das Verschwinden eines älteren Namens hin.

men. Jürgen Udolph hat in anderem Zusammenhang sogar den Grundsatz aufgestellt: „Alte topographische Bezeichnungen sind fast nie von Stammesnamen abgeleitet".[101] Ist die Etymologie von Schwab- in -aha-Namen also im appellativischen Bereich zu suchen? Die appellativische Form müßte in unserem Fall im Althochdeutschen *suāb- lauten, nicht *suăb-. Denn dort, wo der Dialekt zwischen mittelhochdeutsch ā und a in Dehnung unterscheidet wie im Nordbairischen[102] – die Mundartform des mittelfränkischen Ortsnamens Schwabach lautet „šwǫuwɐ"[103] –, wird eindeutig altes ā realisiert. Althochdeutsch Suāb- ist auf germanisch *suēb- zurückzuführen – eine Form, deren Ableitungsbasis nicht sicher nachzuweisen ist. Der von Julius Pokorny vermutete indogermanische Stamm „*su̯ep-, sup-, su̯eb- ‚werfen, schleudern, schütten'"[104], wozu Pokorny die beiden erst in der Neuzeit belegten schwachen Verben „schwappen" und dessen Iterativbildung „schwabbeln",[105] desgleichen altisländisch sōfl ‚Kehrbesen', svāf ‚Speer', angelsächsisch geswōpe ‚Abfall, Kehricht' zählt, ist unbefriedigend und scheint überholt zu sein. Im 1998 erstmals erschienenen Lexikon der indogermanischen Verben von Helmut Rix wird als gemeinsame Wurzel von lateinisch supāre ‚werfen' und kirchenslawisch sъpǫ, (suti) ‚schütten, streuen' vielmehr *seu̯p-" erschlossen und eine schwebeablautende Variante *su̯ep- in Frage gestellt.[106] Diese Wurzel liefert also wohl keine appellativische Basis für althochdeutsch suāb-.[107] Die semantisch ohnehin nicht recht in das Bedeutungsfeld „werfen, streuen" passenden Verben „schwappen" und „schwabbeln" dürften daher neuzeitliche, wahrscheinlich lautmalerische Wortschöpfungen sein – ungeeignet, die Schwabach als ‚wogenden, schwappenden, zuweilen überschwappenden Wasserlauf' zu deuten.

[101] Jürgen Udolph, Der Name Schlesien, in: Michaela Ofitsch/Christian Zinko (Hg.), Studia Onomastica et Indogermanica, Festschrift für Fritz Lochner von Hüttenbach zum 65. Geburtstag, Graz 1995, S. 335–354, hier S. 346.

[102] Siehe Hugo Steger, Sprachraumbildung und Landesgeschichte im östlichen Franken. Das Lautsystem der Mundarten im Ostteil Frankens und seine sprachlichen und landesgeschichtlichen Grundlagen (Schriften des Instituts für fränkische Landesforschung an der Universität Erlangen-Nürnberg 13), Neustadt/Aisch 1968, Karten Nr. 11, 12 (u.a.).

[103] Eberhard Wagner, Land- und Stadtkreis Schwabach (Historisches Ortsnamenbuch von Bayern. Mittelfranken 4), München 1969, S. 68.

[104] Pokorny, Wörterbuch (wie Anm. 66), S. 1049.

[105] Ebenda; Vgl. Friedrich Kluge, Etymologisches Wörterbuch der deutschen Sprache, bearb. von Elmar Seebold, Berlin/New York [23]1995, S. 746 und 748.

[106] Lexikon der indogermanischen Verben (LIV). Die Wurzeln und ihre Primärstammbildungen, unter Leitung von Helmut Rix und der Mitarbeit vieler anderer bearbeitet von Martin Kümmel, Wiesbaden [2]2001, S. 540.

[107] Jacob Grimm hat ablautende Nomina gesammelt, deren Ableitungsbasis, starke Verben sein können, die aber im Germanischen nicht nachzuweisen sind (Jacob Grimm, Deutsche Grammatik. Zweiter Theil, neuer, vermehrter Abdruck, hg. von Wilhelm Scherer, Gütersloh 1878, hier S. 39–65: III Laut und Ablaut. B Verlorne starke Verba). Allerdings steht die Annahme der dem Indogermanischen und Germanischen für solche neue Wortschöpfungen zur Verfügung stehenden Mittel, Ablaut (z.B. starkes Verb althochdeutsch geben, gab, gābum, gigeban mit Nominalbildungen „Gegebenheit" oder „Gabe" < althochdeutsch gāba) und Vr̥ddhi-Ableitungen (z.B. althochdeutsch swehur, sweger ‚Schwiegervater' und das davon durch Dehnung des Erstsilbenvokals und Akzentverlagerung abgeleitete swāgur, swāger ‚Schwiegersohn, Schwager' siehe Georges Darms, Schwäher und Schwager, Hahn und Huhn. Die Vr̥ddhi-Ableitung im Germanischen [Münchner Studien zur Sprachwissenschaft, Beiheft 9, Neue Folge], München 1978, S. 1 und 7 [das genannte Beispiel zu der im Germanischen ganz seltenen -ē-Dehnung hat ausgesprochenen Reliktcharakter]) im vorliegenden Fall auf allzu dürftiger Materialbasis.

Werfen wir einen Blick auf die beigelegte Kartierung der Schwabach-/Schwabbach-Namen innerhalb Deutschlands Grenzen. Obwohl wahrscheinlich unvollständig und wegen fehlender Belege da und dort ergänzungsbedürftig, vermittelt die Karte doch sogleich zwei Sachverhalte. Erstens: Anders als Ebrach, Aurach oder Trubach sind die Wasserläufe mit Schwab- im Namen kleinere bis kleinste Bäche. Zweitens: Die Verteilung dieser Namen – die Schwabach-Namen im wesentlichen vom mitteldeutschen Raum südlich des Harzes bis an und um den mittleren und oberen Main, die Schwabbach-Namen wie eine spätere Etappe im Gebiet von unterem Neckar, Kocher und Lech um das eigentliche Schwaben – könnte zusammen mit den Schwab(en)-/Schweb-/Schwob-Ortsnamen den Raum markieren, wo Schwaben in frühmittelalterlicher Zeit in größerer Zahl in fremder Umgebung seßhaft wurden.[108] Die Vorgänge vollziehen sich abseits des Gesichtskreises der antiken Quellen.[109] Im Gebiet des einstigen Thüringerreiches muß es nach dessen Zusammenbruch nach 531 weiterhin zu hohen Verlusten durch Kämpfe und Abwanderung gekommen sein, so daß sich die fränkischen Herren zu planmäßigen Siedlungsmaßnahmen genötigt sahen. Zu den ganz seltenen Nachrichten von den Um- und Ansiedlungen des 6. Jahrhunderts gehört ein Brief, worin sich König Theudebert im Jahr 534 vor Justinian rühmt, Nordschwaben seinem Reich eingegliedert zu haben. „Damals muß der Name *Suevon*, ‚bei den Schwaben', entstanden sein. Vermutlich handelte es sich bei dieser Gruppe um Nachkommen der alten Semnonen, die im Havelgebiet wohnhaft waren, nicht um alemannische oder niederrheinische Sueben".[110] „Suabi vero transbadani [jenseits, das heißt rechts der Bode] illam quam incolunt regionem eo tempore invaserunt, quo Saxones cum Langobardis Italiam adierunt [568]," berichtet Widukind. Als die Sachsen 577 zurückkehrten, mußten sich diese Schwaben in hartem Kampf behaupten.[111]

Bislang keine überzeugenden archäologischen Belege gibt es für die These, die Schwab-Namen könnten auf versprengte alemannische Siedlergruppen nach verheerenden Niederlagen durch die Franken wie in der Schlacht von Zülpich (circa 496) weisen.[112] An anderer Stelle könnten aber wohl Alemannen/Schwaben in dieser Zeit zugezogen sein, zum Beispiel in Langensendelbach, wo ein Halsring gefunden worden ist, wie er zum zeittypischen Inventar alemannischer Gräber um 500 gehört.[113] Der zeitliche Ansatz deckt sich mit dem der Namenforschung. Nach Henning Kaufmann, der dem Thema „Die mit Personennamen zusammengesetzten Fluß- und Ortsnamen auf ‚aha'" eine eigene Untersuchung gewidmet hat, kommt der Typ Personenname + aha „frühestens im 5./6. Jahrhundert, dann weiterhin in der Merowingerzeit"

---

[108] Zu Stammesnamen in topographischen Namen, die frühmittelalterliche Siedlungsvorgänge belegen, vgl. Adolf Gütter, Friesensiedlungen im östlichen Franken? in: Archiv für Geschichte von Oberfranken 73, 1993, S. 93–113.
[109] Auch zum Folgenden siehe Hans Patze/Walter Schlesinger, Geschichte Thüringens, Erster Band: Grundlagen und frühes Mittelalter (Mitteldeutsche Forschungen 48/I), Köln/Graz 1968, S. 334f.
[110] Ebenda, S. 335.
[111] Eduard Otto Schulze, Die Kolonisierung und Germanisierung der Gebiete zwischen Saale und Elbe, Leipzig 1896, S. 3 Anm. 1.
[112] Ferdinand Geldner, „Schwabtal" und die „-ing"-Orte des westlichen Obermaingebietes, in: Fränkische Blätter für Geschichtsforschung und Heimatpflege 4. Jg. Nr. 5, 1952, S. 17–19, hier S. 18.
[113] Freundliche Mitteilung von Dr. Jochen Haberstroh, Schloß Seehof bei Memmelsdorf.

auf.¹¹⁴ Was die Einschätzung des Alters der Namen Schwabach und Erlangen angeht, so steht der archäologische Nachweis für eine so frühe Datierung bislang noch aus.

Das auf den Bergstationen des Grabfeldes geborgene Fundgut aus dem 7. Jahrhundert vermittelt den Eindruck, daß der Adel, der sich damals nach dem Niedergang des Thüringerreiches an der neuerlichen, wohl fränkisch geführten Erschließung Mainfrankens und der Zurückdrängung der Slawen beteiligte, aus unterschiedlichen Gegenden des Frankenreiches kam¹¹⁵ – vielleicht auch aus Alemannien. Wir wissen

---

[114] Henning Kaufmann, Die mit Personennamen zusammengesetzten Fluß- und Ortsnamen auf „aha" (Grundfragen der Namenkunde 5), München 1977, S. 1. Trotz dieses Ergebnisses referiert Kaufmann ebenda, S. 3 die von Ernst Schwarz für möglich gehaltene Theorie von Grenzflüssen.

[115] Dirk Rosenstock/Ludwig Wamser, Von der germanischen Landnahme bis zur Einbeziehung in das fränkische Reich, in: Peter Kolb (Hg. u.a.), Unterfränkische Geschichte 1: Von der germanischen Landnahme bis zum hohen Mittelalter, Würzburg 1989, S. 15–90, hier S. 80. Nach freundlichem Hinweis von Dr. Jochen Haberstroh (Schloß Seehof) erlaubt das Fundmaterial nicht die dort zu findende dezidierte Zuweisung zu Leuten aus Alemannien. Vielleicht können Schwabthal und Stublang < 1256 *Stuvelanc* < *Stubenwang oder *Stubbenwang ‚Baumstumpffeld' (vgl. Ziegelhöfer/Hey, Ortsnamen, wie Anm. 15, S. 202f.) im Zusammenhang mit der Anlage von Positionen gegenüber slawischer Siedlung gesehen werden. Die Deutung des Ortsnamens Stublang als -wang-Name wird von Ernst Schwarz für unbefriedigend erklärt, denn „die Namen auf -wang fehlen im oberen Maingebiet" (Schwarz, Sprache und Siedlung, wie Anm. 15, S. 302), von Hugo Steger (Steger, Sprachraumbildung, wie Anm. 102, S. 457f.) eher befürwortet. Von archäologischer Seite läßt sich der Siedlungsbeginn *in valle Swabtal* (Geldner, Schwabthal, wie Anm. 112, S. 18) – nach dem Kontext der historischen Belege offenbar die Quelltäler zum Lautertal südlich des Staffelberges – in diesem Zeitraum wahrscheinlich machen. Den Langsax und das Messer mit geknicktem Rücken, die vor einigen Jahren bei Schwabthal gefunden wurden, könnte man sich in spätmerowingerzeitlichem Grabzusammenhang vorstellen (Sage, Frühgeschichte, wie Anm. 100, S. 259). Im nächsten Umfeld sind einige Funde aus dieser Zeitstufe gemacht worden, nämlich auf dem Staffelberg, bei Uetzing und – fraglich – bei Frauendorf (Jochen Haberstroh, Merowingische Funde an der Regnitz. Landesausbau an der Ostgrenze des Frankenreichs, in: Bayerische Vorgeschichtsblätter 63, 1998, S. 227–263, hier S. 257). Außerdem sind auf den vom Süden gegen das einstige ‚Schwabental' bzw. Lautertal gerichteten Geländevorsprüngen mehrere frühmittelalterliche Befestigungen festgestellt worden (Klaus Schwarz, Die vor- und frühgeschichtlichen Geländedenkmäler Oberfrankens [Materialhefte zur bayerischen Vorgeschichte 5], Kallmünz1955, S. 159 [Abschnittsbefestigung auf dem Mellerberg], S. 160 [Burgstall auf dem Schloßberg], S. 161 [Abschnittsbefestigung auf dem Dornig]). Dabei fällt auf, daß beide Quellbäche der Lauter slawische Namen haben – Döberten und Döritz –, und man findet im Umkreis des Talschlusses bis in das südlich gelegene Kellbachtal so viele slawische Flur- und Siedlungsnamen (Kemitzen, Graiz, Rostock, Kleukheim, Unter- und Oberküps – um nur einige zu nennen), daß sich der Eindruck von einer slawischen Siedlungskammer einstellen kann. Ist also etwas dran an Helmut Weigels unbekümmert-dezidierter Zusammenschau, wonach Schwab- und -wang-Namen „auf Ansiedlungen verpflanzter Alemannen zurückgehen, angelegt im Zuge eines umfassenden staatlichen Unternehmens, mit dem zwischen 728 und 743 die Regnitzfurche als nasser Limes gegen Baiern und Slaven ausgebaut wurde" (Helmut Weigel, Thüringersiedlung und Fränkische Staatsorganisation am westlichen Obermain-Bogen, in: JfL 11/12, 1953, S. 29–40, hier S. 31; mit der Arbeit hat sich Ferdinand Geldner, Ortsnamen und Besiedlung am westlichen Obermain, in: Fränkische Blätter für Geschichtspflege und Heimatpflege 5/20, 1953, S. 77–80, kritisch auseinandergesetzt)? Wir haben davon keine Nachrichten. Für eine vorsichtiger und allgemeiner formulierte Eingliederungspolitik liefert allerdings die neueste archäologische Forschung Material. Als „sichere Zeugnisse fränkischer Integrationspolitik bzw. merowingischen Landesausbaus" werden die vor einigen Jahren ausgegrabenen Funde aus den benachbarten Neuses a. d. Regnitz und Eggolsheim interpretiert. Jochen Haberstroh mutmaßt: „Vielleicht liegen die reichen ‚fränkischen' Gräber der Neuankömmlinge, deren Belegung vorläufig in der Zeit kurz nach 600 beginnt, nicht zufällig im Bereich der Aischmündung bei Neuses, während die Hinterlassenschaften der alteingesessenen ‚thüringischen' Bevölkerung sich eben bei Altendorf finden" (Haberstroh, Altendorf, wie Anm. 100,

von den zahlreichen Neuaufsiedlungen der Karolingerzeit. Bislang spärliche archäologische Spuren in ihrer Umgebung lassen vermuten, daß Erlangen wie Katzwang,[116] beide an der Rednitz/Regnitz nahe bei einer Schwabach-Einmündung gelegen, dazugehören könnten.

Nach Hugo Steger, der ausführlich den sprachlichen Zusammenhang des Südostfränkischen (also des Sprachraums, der sich über die Hohenloher Ebene bis zum Odenwald erstreckt) mit dem Oberostfränkischen (darunter der Regnitzraum, der Obermainraum und das oberostfränkisch-nordbairische Interferenzgebiet des Nürnberger Raumes) am Dialekt aufgezeigt und dies wortgeographisch abgesichert hat,[117] lassen sich „die sprachlichen Bewegungen ... in unserem Gebiet von Süden und Süd-

S. 97f.). Ob sich aus solchen Einzelfunden der fränkische Versuch, „die [süd-]thüringischen Landschaften strukturell zu erschließen" (Haberstroh, Merowingische Funde, wie oben Anm. 115, S. 258), oder eine fränkische Kontrolle des slawischen Zuzugs im Regnitzraum ablesen lassen, bleibt fraglich. Erst in spätmerowingischer Zeit fassen wir in altertümlichen Namentypen deutscher und slawischer Herkunft in Verbindung mit Bodenfunden und frühmittelalterlichen Befestigungen etwas wie vorkarolingerzeitliche Organisation.

[116] Der Landesausbau scheint im ehemaligen Landkreis Schwabach nach Ausweis einiger Gräber im 8./9. Jahrhundert vonstatten gegangen zu sein (Friedrich Eigler, Schwabach [Historischer Atlas von Bayern. Teil Franken, Reihe I/28], München 1990, S. 36). Nur im Südwesten sei die alemannische Landnahme des 6. Jahrhunderts bis Wassermungenau vorgedrungen. Eberhard Wagner schließt nicht aus, daß die -aha-Namen dazugehören könnten (Wagner, wie Anm. 103, S. 12*f.), möglicherweise auch Katzwang an der Rednitz nahe der Schwabachmündung. Für die frühe ethnische Anbindung der Siedlungen im nördlichen Teil des ehemaligen Landkreises Schwabach finden wir unterschiedliche Aussagen. Im 7./8. Jahrhundert hatte der bairische Landesausbau wohl noch nicht das Regnitz-Gebiet erfaßt. Die Ausdehnung des bairischen Nordgaus ins Pegnitz- und Regnitzland läßt sich erst seit dem 9. Jahrhundert belegen (Wilhelm Volkert, Voraussetzungen und Grundlagen, in: Max Spindler [Hg.], Handbuch der bayerischen Geschichte III/3, herausgegeben von Andreas Kraus, München 1997, S. 3–32, hier S. 17–24). Nach Ernst Schwarz (Schwarz, Sprache und Siedlung, wie Anm. 15, S. 76f.) schieben sich die spätestens im 10. Jahrhundert abkommenden -wang-Namen „mit Erlangen und Weidlwang bis hart an die alte Nordgaugrenze im Nordwesten heran. ... Besonders die Baiern, die erst durch ihre Landnahme um 500 wieder den unmittelbaren Anschluß an die anderen germanische Stämme gefunden haben dürften, werden Wang noch mitgebracht haben, so daß sie hierin einen älteren Wortzustand bewahrt haben". Die Autoren des Historischen Ortsnamenbuches von Bayern, Bd. Schwabach (Eberhard Wagner) und des Historischen Atlasses von Bayern, Bd. Schwabach (Friedrich Eigler) haben sich in dieser Frage der Vorgabe von Ernst Schwarz angeschlossen. Hugo Steger (Sprachraumbildung, wie Anm. 102, S. 558) warnt allerdings vor der Argumentation mit Gaugrenzen. Auch die Donausueben können „Wang" in den bair.-alemannischen Raum vermittelt haben. Es gibt Anhaltspunkte, daß sie, nach wiederholten Kämpfen mit den Ostgoten „vernichtend geschlagen", Pannonien vermutlich um 470 verlassen haben und zwischen 470 und 480 in den alemannischen Stammesverband integriert worden sind. Siehe Dieter Quast, Vom Einzelgrab zum Friedhof. Beginn der Reihengräbersitte im 5. Jahrhundert, in: Archäologisches Landesmuseum Baden-Württemberg (Hg.), Ausstellungskatalog: Die Alamannen, Stuttgart 1997, S. 171–190, hier S. 183f. Quast verschweigt dabei nicht (S. 183), daß das Fundmaterial die Zuwanderung aus dem mittleren Donauraum ins alamannische Gebiet belegt, daß jedoch die Angabe der Stammeszugehörigkeit der Zugezogenen noch schwer zu bestimmen ist. Zu möglichen schwäbisch-bairischen Kontakten vgl. Kurt Reindel, Herkunft und Stammesbildung der Bajuwaren nach den schriftlichen Quellen, in: Hermann Dannheimer u.a. (Hg.), Die Bajuwaren. Von Severin bis Tassilo 488–788, Gemeinsame Landesausstellung des Freistaates Bayern und des Landes Salzburg, München 1988, S. 56–60, hier S. 56–58.

[117] Steger, Sprachraumbildung (wie Anm. 102), S. 435–460. Auch bairisches Wortgut und lautliche Eigentümlichkeiten des Bairischen lassen sich an Regnitz und Obermain als Relikt nachweisen, aber „es gibt keinen deutlichen Hinweis darauf, daß hier bairische Siedlung vorliegt" (ebenda, S. 458). Vgl. auch Manfred Menke, Die bairisch besiedelten Landschaften im 6. und 7. Jahrhundert nach den archäologischen Quellen, in: Hermann Dannheimer u.a. (Hg.), Die Bajuwaren (wie Anm. 116), S. 70–78, hier S. 75.

westen nach Nordosten" mindestens bis in das 13. Jahrhundert verfolgen.[118] Ohne zeitliche Festlegung hat Hugo Steger deswegen überlegt, „ob die Süd-Ostfranken aus dem Raume Crailsheim-Rothenburg nicht in den Augen grabfeldischer und nordbairischer Nachbarn ‚Schwaben' waren oder sich selbst so nannten, so daß es jeweils am äußersten Rande ihres Bereichs zu Namennennungen wie Schwabthal (STE [Staffelstein]) und Schwabach (Flußname ER [Erlangen]) kam".[119] Noch im Jahre 981 werden die Bewohner von Ebermannstadt privilegiert, und zwar „quacumque gente commanendum illuc convenirent".[120] Das Privileg betraf also Siedler jedweden Stammes, die sich in Ebermannstadt niederließen. Eine zahlenmäßig größere und ethnisch homogenere Siedlergemeinschaft mag da aufgefallen sein und konnte ihr heimatliches Wortgut in Namen etablieren. Und in Namen konnte solches Wortgut erhalten bleiben, auch wenn die Appellative selbst in späteren Zeiten durch Synonyme anderer Herkunft überlagert und verdrängt wurden (etwa -wang durch -feld oder -ahi). Es versteht sich von selbst, daß in solchen Fällen mit scheinbar „weit hergeholten" Ortsnamen[121] argumentiert werden darf und muß.

Abschließend kann gesagt werden, daß der -wang-Name Erlangen wohl im Zusammenhang mit dem im 7./8. Jahrhundert einsetzenden intensiven Landesausbau der Main- und Regnitzlande seit der späten Merowingerzeit zu sehen ist. Die politischen Verhältnisse und eine expandierende Bevölkerung begünstigten diese Vorgänge. Einzelne Siedlergruppen mögen unter Zwang verpflanzt worden sein, andere im Gentilverband aus vielerlei Gründen ihre Chance im dünnbesiedelten Osten des Frankenreiches wahrgenommen haben. Wir wissen sehr wenig von diesen Vorgängen. Aber wir haben als Relikt und Zeugnis noch Namen wie *Erlangon* und *Suabaha*.

Für die Durchsicht des Manuskripts und zahlreiche Anregungen danke ich den Herren Professor Dr. Bernhard Forssman (Erlangen), Dr. Robert Schuh (Nürnberg) und Dr. Jochen Haberstroh (Schloß Seehof).

---

[118] Steger, Sprachraumbildung (wie Anm. 102), S. 436.
[119] Ebenda, S. 457. Steger fährt an dieser Stelle fort (S. 457f.): „Für ganz ausgeschlossen halte ich nicht, daß Stublang doch ein wang-Name ist, der in diesen Zusammenhang gehört, denn der Ort liegt im älter besiedelten Gebiet, und die wang-Namen kommen früh ab. Zudem werden sie wohl nur in der ersten Zeit nach der Besiedlung verwendet. Erlangen könnte sich anschließen, denn die Mundart dieses Ortes ist – entsprechend der kirchlichen Zugehörigkeit zu Forchheim in ältester Zeit – oberostfränkisch, und wir haben keinen deutlichen Hinweis darauf, daß hier bairische Siedlung vorliegt."
[120] MGH DD Otto II. (wie Anm. 32), Nr. 245 (Erstbeleg von Ebermannstadt).
[121] Vorwurf an die Ortsnamenforscher, erhoben von Andreas Jakob, Altstadt (wie Anm. 16), S. 39.

Andreas Jakob

St. Martin und seine Kirchen an Rezat, Rednitz und Regnitz
Eine Gegenskizze

Die Anfänge der Altstadt Erlangen

Im Jahre 2002 feierte Erlangen das 1000jährige Jubiläum seiner urkundlichen Ersterwähnung. Besonderes Interesse galt hier wie überall der Frage, ob der Ort nicht schon – womöglich sogar viel – früher bestanden haben könne. Aufgrund der „Einmaligkeit" des Ortsnamens, den abgesehen von der im Bereich des heutigen Martin-Luther-Platzes gelegenen mittelalterlichen Stadt östlich der Regnitz auch das 1920 eingemeindete Dörfchen Alterlangen westlich des Flusses führte, stellte sich damit zusammenhängend auch die Frage nach der Lage der „Ursiedlung", die wiederum wegen der hiesigen komplizierten Gebietsstruktur[1] nicht ohne weiteres zu beantworten war. Nachdem zunächst die Lokalforschung bis Mitte des 20. Jahrhunderts die 1002 in einer Urkunde König Heinrichs II. als Pertinenzgut der Forchheimer St. Martinskirche genannte „villa erlangon" als Wurzel der historischen Altstadt Erlangen rechts der Regnitz ansah und das seit dem 14. Jahrhundert auch als Klein- oder Wenigenerlangen bezeichnete Alterlangen links dieses Flusses, ohne dies jedoch näher zu begründen, als „Muttersiedlung", änderte sich das Bild. Da in der Urkunde 1002 die „villa erlangon" als Radenzgauort angesprochen worden war, die historische Altstadt Erlangen jedoch auf dem Boden des ehemaligen Nordgaus lag und Alterlangen als noch zum Rangau gehörig betrachtet wurde, glaubte der damalige Stadtarchivar Johannes Bischoff, sie im nördlich der Schwabach, also tatsächlich im Bereich des ehemaligen Radenzgaus, gelegenen Ortsteil Essenbach lokalisieren zu können,[2] von wo aus dann im 14. Jahrhundert von Kaiser Karl IV. die historische Altstadt Erlangen als „Stützpunktstadt" gegründet worden sein sollte. Alterlangen hatte seiner Meinung nach mit Erlangen nichts zu tun.

Eine neuerliche kritische Interpretation der Urkunde Heinrichs II. kam nun zu einem anderen, teilweise völlig neuen Ergebnis.[3] Demzufolge ist die „villa erlangon" im Bereich des heutigen Alterlangen zu suchen, das genauso wie das 1007 erwähnte und ebenfalls südlich des von der Forschung als Gaugrenze angesehenen Flüßchens Seebach gelegene Möhrendorf zum Radenzgau gehörte. Denn 1002 vergab der König zunächst das Kirchengut Forchheim mitsamt den Zubehörorten Erlangen und Eggols-

---
[1] Im Gebiet der heutigen Großstadt Erlangen trafen um das Jahr 1000 der Ran-, Radenz- und Nordgau zusammen, wenig später für einige Jahre auch die Bistümer Würzburg, Eichstätt und Bamberg.
[2] Der Name Essenbach für die 1435 erwähnte Ansiedlung, zu der 1616 insgesamt 14 Anwesen, eine Mühle und eine Ziegelhütte gehörten, ist erstmals 1653 belegt (s. Christoph Friederich/Bertold Frhr. von Haller/Andreas Jakob (Hg.), Erlanger Stadtlexikon, Nürnberg 2002, S. 246). Neuerliche Versuche, dort eine „Ursiedlung" wegen der angeblich „typischen" Lage zwischen Fluß und geschütztem Berghang zu konstruieren, verkennen die dortige für eine Expansion nicht geeignete, auch für die Verkehrsanbindung ungünstigere Situation und lassen die wesentlich besseren Möglichkeiten im Bereich der späteren Altstadt außer Acht.
[3] Andreas Jakob, Die Entwicklung der Altstadt Erlangen. Von der „villa Erlangon" zur Stadt der böhmischen Könige, in: Jahrbuch für fränkische Landesforschung 50, 1990, S. 1–122.

heim an das neugegründete Würzburger Stift Haug. Diese offenbar bereits von einem seiner Vorgänger – Kaiser Otto II. oder Otto III.[4] – beabsichtigte, aber nicht mehr vollzogene Schenkung erweiterte Heinrich II. durch die Zugabe eines nur durch Regnitz und Schwabach sowie die Angabe eines Längenmaßes definierten Gebietes von einer doppelten Quadratmeile Umfang, das östlich der Regnitz lag und sich von der fast im rechten Winkel in diese mündenden Schwabach als Mittelachse nach Süden (in den Nordgau) in den zum Königshof Uraha (Herzogenaurach) gehörenden und nach Norden (in den Radenzgau) in den vom Königshof Forchheim aus verwalteten Forst erstreckte.[5] In diesem Waldstück war damals wohl gerade auf dem hochwassersicheren Sporn im Bereich des nachmaligen Martin-Luther-Platzes eine zunächst noch namenlose Siedlung im Entstehen, die später den Namen[6] ihrer Muttersiedlung übernahm und sich, günstiger als diese, zur späteren Altstadt Erlangen entwickelte. Wie in zahlreichen anderen Fällen auch,[7] kam es hier zur Verlagerung eines Siedlungsmittelpunktes über einen Fluß hinweg und zur Ausbildung von zwei zunächst gleichnamigen, später durch die Vorsilben Klein-, Wenigen- und Alt- gleichzeitig unterschiedenen und in Beziehung zueinander gesetzten Erlangen-Orten. Die Abfolge der einzelnen Bestandteile der Schenkung in der Urkunde 1002 und die notdürftige Beschreibung der Meilenquadrate im Unterschied zur damaligen Praxis bei den bereits existierenden, namentlich genannten Orten, deren Zubehör die Pertinenzformel aufführte, schließen aus, daß sich die „villa erlangon" im Bereich des offenbar noch weitgehend unerschlossenen Waldgebietes östlich der Regnitz befunden haben kann.

*Das Martinspatrozinium, ein Beleg für hohes Alter und
große Bedeutung eines Ortes?*

Eine gewichtige Rolle für die Vorstellung von einer älteren, bereits in der Zeit der fränkischen Landnahme gegründeten Siedlung östlich der Regnitz spielte seit dem 18. Jahrhundert das Patrozinium der kleinen, auf einem niedrigen Hügel westlich der Altstadt – heute von Eisenbahn und Frankenschnellweg eingeschnürten – Martinskirche,[8] das auch heute noch manchen Gegnern der Rodungssiedlungsthese Anlaß zur

---

[4] Vgl. Enno Bünz, Gründungsausstattung und Güterteilung des Würzburger Kollegiatstiftes Haug im Spiegel der ältesten Papsturkunden (1182–95), in: Würzburger Diözesangeschichtsblätter 57, 1995, S. 33–78, bes. S. 35–38; ders., Stift Haug in Würzburg (Studien zur Germania Sacra 20), 2 Teile, Göttingen 1998, S. 80–84, bes. Anm. 34, S. 86, S. 101–103.

[5] Als Maß eine römische Meile mit ca. 1500 m angenommen, ergab sich eine theoretische Gemarkung von rund 450 ha; in der Praxis dürften die Siedler sich an den vorhandenen naturräumlichen Grenzen orientiert haben (vgl. Erlanger Stadtlexikon, wie Anm. 2, S. 493).

[6] Nach freundlicher mündlicher Auskunft von Dr. Dorothea Fastnacht gibt der bisher mehrfach zur Lokalisierung der 1002 genannten „villa erlangon" mißbrauchte Ortsname alleine keine Auskunft über die ursprüngliche Lage der ersten Ansiedlung; aufgrund verschiedener Indizien kommt auch sie zum Ergebnis, die Muttersiedlung westlich und die Tochtersiedlung östlich der Regnitz zu suchen (Erlanger Stadtlexikon, wie Anm. 2, S. 233f.).

[7] Jakob, Altstadt Erlangen (wie Anm. 2), S. 58f.; Werner Trost, Die gleichnamigen Uferorte beiderseits des Mains, in: Mainfränkisches Jahrbuch für Geschichte und Kunst 21, 1969, S. 1–161.

[8] Grund für den Historiker Johann Paul Reinhard, die Martinskirche für das älteste Erlanger Gotteshaus zu halten, war zunächst die Annahme, die Altstädter Pfarrkirche sei erst im 14. Jahrhundert errichtet worden; das dritte Erlanger Gotteshaus, die winzige sog. Hl. Grab-Kapelle schied er wegen ihrer für eine Pfarrkirche zu geringen Größe aus.

Kritik und die Hoffnung zu geben scheint, eben doch das ersehnte höhere Alter annehmen zu können. So glaubt etwa Bernd Nürmberger nach wie vor: „Das Patrozinium des heiligen Martin, dem unsere Kirche geweiht ist, erinnert uns an die Franken, deren Heiliger Martin Bischof von Tours war. Sie dürften die Kirche gegründet haben, als sie am Ende des siebten Jahrhunderts unsere Gegend erreichten. ..."[9]

Damit folgt er einer unterschiedslos von Fachgelehrten und Nichtwissenschaftlern fast als Gewißheit angesehenen Ansicht, wonach Martinskirchen schier untrügliche Anzeichen für hohes Alter und königliche Vergangenheit eines Ortes sind; vereinzelte Stimmen, die zur Einzelfallprüfung und Differenzierung raten, bleiben zugunsten einer pauschalen Verallgemeinerung meist ungehört: „Die ältesten Kirchen tragen das Patrozinium des fränkischen Nationalheiligen Bischof Martin von Tours. Diese Martinskirchen wurden sehr früh, meist noch in der Merowingerzeit, an den Orten errichtet, an denen es auch königlichen Besitz gab. Die Täler des Mains und der Regnitz waren fruchtbar und früh besiedelt; hier waren die Verkehrswege. So war auch die Regnitz flußaufwärts mit Königshöfen besetzt, deren Kirchen Martin geweiht waren".[10] Auch schwere historische Fehler, wie sie etwa Annette Faber unterliefen, vermögen den Glauben an die grundsätzliche Wahrheit dieser These nicht zu beeinträchtigen: „Nachdem der hl. Martin zum Nationalheiligen der Merowinger und ihrer Nachfolger erhoben war, gehören Martins-Kirchen in Franken zu den frühesten Zeugnissen der Christianisierung. Sie sind in oder bei Königshöfen zu finden und weisen in das 8. Jahrhundert ... Nicht weniger als dreizehn solcher Gotteshäuser hat Karlmann 741 zur Ausstattung des jungen Bistums Würzburg aus seinem Besitz gelöst. Zu ihnen gehören die Kirchen der Pfalz Forchheim [!] sowie deren Filialen Eggolsheim und Erlangen [!!]. Die erste Kirche von Fürth und die frühen Gotteshäuser des Aisch- und Zenngrundes stehen unter dem Schutz des hl. Martin [?]".[11] Angesichts der hier anscheinend ganz selbstverständlich behaupteten Verbindung Königshof-Martinskirche völlig überraschend ist dann die auch von Vertretern dieser Sicht anerkannte, ihr aber im Grunde diametral entgegenstehende Darstellung von Zimmermann, der ein völlig anderes Schema der Verteilung fränkischer Kirchenpatronate entwirft: „Als Ergebnis gliedert sich das Land in Bezirke, die im Zuge der fränkischen Kolonisation staatlich, kirchlich und wirtschaftlich einheitlich organisiert wurden als königliche Fiskalgutbezirke oder kirchlich gesehen Fiskalpfarreien. Das ursprüngliche Patrozinienbild dieser Fiskalpfarreien ist auffallend gleichartig oder doch sehr ähnlich: meist die Pfarrkirche St. Martin im zentral oder am Ausgangspunkte der Besiedlung gelegenen Ort, eine Johanneskirche [!] im Ort des königlichen Gutshofes, der curtis, eine Peterskirche am Sitze des Centgerichts, dazu noch eine Kirche des hl. Michael, gelegentlich auch des hl. Andreas oder Stephan. ..."![12]

---

[9] Bernd Nürmberger, Beschreibung der Altstädter Dreifaltigkeits-Kirche und der Martinskirche auf dem Altstädter Friedhof, o.O. o.J. (2002).

[10] Die Martinskirchen, www.historisches-franken.de/kirchen/02martinskirchen.htm.

[11] Annette Faber, Unsere Heiligen, Bamberg 2000, S. 346.

[12] Gerd Zimmermann, Patrozinienwahl und Frömmigkeitswandel im Mittelalter 1, in: Würzburger Diözesangeschichtsblätter 20 (1958), S. 24–126, S. 54; s. auch Friedrich Eigler, Die früh- und hochmittelalterliche Besiedlung des Altmühl-Rezat-Rednitz-Raumes (Eichstätter Geographische Arbeiten 11), München/Wien 2000, S. 193 und S. 340.

Obwohl diese in unendlich vielen Publikationen vertretene Deutung des Martinspatroziniums als Indiz für eine fränkische Kirche in Verbindung mit einem Königshof mehr denn je unbegrenzte Zustimmung zu genießen scheint und offenbar noch niemals grundsätzlich in Frage gestellt oder wissenschaftlich untersucht wurde, gibt die – was nur bei einem Vergleich der Argumente zu Tage tritt – teilweise Beliebigkeit, ja Widersprüchlichkeit oder Unvereinbarkeit der Darstellungen Anlaß zur Vorsicht. Als „Beweise" dienen in erster Linie das Patrozinium des hl. Martin selbst,[13] das also seine Bedeutung mit sich selbst begründet, dann aber nicht selten als supplementäre Belege angeführte topographische Beschreibungen oder andere Gründe, die angeblich Allgemeingültigkeit besitzen, jedoch nicht selten einer Überprüfung, die in der Regel leider unterbleibt, nicht standhalten und bereits auf die nächste Martinskirche nicht mehr anzuwenden sind. Oder sie sind so allgemein abgefaßt, daß sie immer ein Körnchen Wahrheit enthalten. Durch diese Praxis werden aber die an Ort und Stelle nicht vorhandenen Belege letztlich unkontrolliert und nicht nachprüfbar an andere Orte oder Autoritäten weitergeben. So stützt sich etwa Alexander Mayer bei seinen Argumenten für ein wesentlich höheres Alter von Fürth, als das urkundlich nachgewiesene, zunächst auf das Patrozinium St. Martin, dann auf ein angeblich vorhandenes System: „Die Anfänge der Siedlung werden um die Mitte des 8. Jahrhunderts vermutet. ... Es bleibt eine plausible Vermutung, für die es bisher Indizien, aber keine Belege gibt. Hauptindiz ist die abgegangene Kapelle St. Martin. ... Die Königshöfe an der Regnitz-/Rednitzlinie lagen alle an Knotenpunkten der Schiffahrt: Uuizinburc (867 n. Chr. erwähnt, heute Weißenburg), Roth (vermutet), Suabaha oder Suapaha (vermutet, heute Schwabach), Fürth, Forachheim (805 n. Chr. erwähnt ...) und Halazstat (ebenfalls 805 n. Chr. erwähnt, heute Hallstadt)".[14] Im Falle von Erlangen wurde der im Hochwassergebiet der Regnitz gelegene und deswegen potentiell mehrfach im Jahr von der Altstadt abgeschnittene Martinsbühl, eine kleine Niederterasseninsel, auf der die Kapelle steht, zu einer „topografisch heraus gehobene[n] Stelle [stilisiert] ..., von der man damals den Blick weit über das Tal schweifen lassen konnte"[15] – zu welchem Zweck auch immer. Angeblich pflegten nämlich die Franken ihre Martinskirchen nach übergeordneten Gesichtspunkten an wahren Allgemeinplätzen zu bauen: „Als bevorzugtes Patrozinium der fränkischen Könige und ihres Reiches ermittelte die vergleichende Patrozinienforschung, daß die St. Martin geweihten Kirchen vorzüglich an Flußübergängen, auf weithin sichtbaren Höhen, in Randlagen gegen den Wald, der nicht selten Grenzwald war, und zu den Siedlungen, als Feldpfarrkirchen mit Beerdigungsrecht errichtet wurden. Da diese Kriterien alle in Erlangen vorhanden sind, dürfte außer jedem Zweifel stehen, daß das Erlanger Martinspatrozinium ein primäres ist...".[16] Dabei liegt der höchste Punkt des Martinsbühls etwa 50 m unter dem beherrschenden Kamm des nahen Burgbergs und noch knapp 2 m unter der 360 m Luftlinie von ihm entfernten und im Unterschied zu ihm eben nicht

---

[13] Dazu ausführlich Jakob, Altstadt Erlangen (wie Anm. 3), S. 105–111.
[14] Alexander Mayer, Königshof und Kapellenruh – Keimzellen von Fürth? (www.altstadtverein-fuerth.de/karoling.htm
[15] Nürmberger, Beschreibung (wie Anm. 9).
[16] Johannes Bischoff, Die Siedlung in den ersten Jahrhunderten, in: Alfred Wendehorst (Hg.), Erlangen. Die Geschichte der Stadt in Darstellung und Bilddokumenten, München 1984, S. 19–24, hier S. 22.

hochwassergefährdeten Altstädter Kirche, wo sich auch der älteste, bereits 1288 erwähnte Friedhof befand,[17] den die Forschung früher fälschlicherweise bei St. Martin vermutet hatte. Mit einer unverkennbaren Skepsis faßte der den Darstellungen der Erlanger Lokalforschung gegenüber sehr reserviert eingestellte Gerhard Pfeiffer die Sicht der „Gegenseite" 1967 wie folgt zusammen: „Welche Herrschaftsinstanz mag die Siedlung veranlaßt haben? Die gegenwärtige Landesforschung antwortet darauf mit dem Hinweis auf das Patrozinium des hl. Martin in Erlangens Friedhofskirche; es weise auf fränkisches Königsgut, das längs einer Aufmarschlinie an Obermain und Regnitz sich von Hallstadt bis Schwabach aneinandergereiht habe. Von dem erstmals 1288 erwähnten Friedhof auf dem Martinsbühl [siehe oben] schließt man auf die Existenz einer Feldpfarrkirche und eines Königshofs. In einer gewissen Entfernung von ihm hätten sich bäuerliche Siedler niedergelassen. ...".[18]

Königshöfe mit Martinskirchen als Grenzsperren und Haltepunkte der Flußschiffahrt?

Tatsächlich scheint sich von Bamberg über Eggolsheim, Forchheim, Erlangen und Fürth eine Kette von Martinskirchen entlang von Regnitz und Rednitz hinzuziehen, die sich sogar bis Weißenburg, das heißt bis zur schwäbischen Rezat, verlängern läßt.[19] Gestützt auf die eindrucksvolle, aber eben nie bewiesene und daher völlig hypothetische Vorstellung einer regelmäßigen Verbindung von Martinskirchen mit Königsgut gibt es auch in dem alten Königshof Herzogenaurach Versuche, für den ergrabenen Vorgängerbau der erst seit um 1460 mit dem Patrozinium St. Magdalena belegbaren Pfarrkirche ein Martinspatrozinium plausibel zu machen.[20] Eine andere in

---

[17] Vgl. dazu Jakob, Altstadt Erlangen (wie Anm. 3), S. 114–117.
[18] Gerhard Pfeiffer, Im Spannungsfeld von Land und Reich, in: Das neue Erlangen, Heft 8/1967, S. 478–499.
[19] Über die Anzahl der Königshöfe existieren, ohne daß dies begründet werden würde, ziemlich abweichende Vorstellungen. So nennt Eigler Hallstadt – das keine Martinspatrozinium hatte –, Forchheim, das weit von der Regnitz entfernte Herzogenaurach, Fürth, Schwabach und Weißenburg (Eigler, Besiedlung, wie Anm. 12, S. 187), jedoch weder Bamberg noch Erlangen, die beide Martinskirchen besitzen. Mayer, Königshof (wie Anm. 14) vermutet Roth unter den Königshöfen. Alois Schmid (zit. nach Ansgar Frenken, Eck- und Wendepunkte der Frühgeschichte Herzogenaurachs, in: Stadtbuch Herzogenaurach, Herzogenaurach 2002, S. 40) zählt zu den im heutigen Mittelfranken als früheste fränkische Vorposten im 8. Jahrhundert angelegten Königshöfen Büchenbach, Herzogenaurach, Langenzenn, Roßtal, Schwabach und Fürth. Absolut kein Thema sind die Königshöfe bzw. ihr „System" offenbar für die Mittelalterarchäologie: vgl. Jochen Haberstroh, Germanische Funde der Kaiser- und Völkerwanderungszeit aus Oberfranken (Materialhefte zur Bayerischen Vorgeschichte Reihe A 82), Kallmünz/Opf. 2000.
[20] Abgesehen von der einstigen Funktion Herzogenaurachs als Königshof scheint dafür die Nachricht vom Beginn des 16. Jahrhunderts zu sprechen, daß einst die „kalte Kirchweih" am Sonntag nach Martini gefeiert worden sei (Otto Meyer, Uraha sacra, in: Valentin Fröhlich (Hg.), Herzogenaurach. Ein Heimatbuch, Herzogenaurach 1949, S. 107–133, bes. S. 112f.). Daß aus diesem Termin jedoch noch kein ursprüngliches Patrozinium abgeleitet werden kann, zeigt die alte Martinskirche in Forchheim, an der zumindest zu Zeiten des Kollegiatstifts die Kirchweih am Sonntag vor dem 24. Juni stattfand; zu Martini feierte man dort das Titularfest der Kirche (Andreas Jakob, Das Kollegiatstift bei St. Martin in Forchheim (Historischer Verein Bamberg, Schriftenreihe 35/1), Forchheim 1998, S. 129f.). Erich Frhr. von Guttenberg hält für die Herzogenauracher Pfarrkirche auch ein ursprüngliches Kilianspatrozinium für möglich (Erich Frhr. von Guttenberg, Über den Rangau, in: Fröhlich (Hg.), Herzogenaurach, wie oben, S. 34). Der unter der Pfarrkirche ergrabene Vorgängerbau läßt sich frühestens erst auf um 1200 datieren (Frenken, Eck- und Wendepunkte, wie Anm. 19, S. 15).

jüngster Zeit angewandte unhistorische Methode, lediglich aus der Ausrichtung der Kirchen Rückschlüsse auf das frühmittelalterliche Patrozinium zu ziehen, scheint nahezu überall einstige Königskirchen mit St. Martin als Patron oder Nebenpatron festzustellen zu können, so etwa gleich mehrere auch in Nürnberg.[21]

Bedenkt man die außerordentlich weitreichenden Schlußfolgerungen, die aus diesem Patrozinium der Patrozinien mit großer Selbstverständlichkeit gezogen werden – in der Regel mindestens die Erschließung einer bedeutenden Siedlung meist Jahrhunderte vor dem Einsetzen der schriftlichen Überlieferung –, erstaunt die Tatsache, daß es anscheinend keine übergreifende Untersuchung dieses Themas gibt. Dabei ist schon die von Erich Freiherr von Guttenberg aufgestellte und Hanns Hubert Hofmann verfestigte These[22] bezüglich der durch Martinskirchen kenntlichen Königshöfe an Rednitz und Regnitz, für die es offenkundig in der Geschichte der Merowinger und Karolinger keine Parallelbeispiele gibt,[23] alles andere als unzweifelhaft. So warnte Friedrich Eigler zu Recht: „Diese Darstellung der fränkischen Einflußnahme in Nordbayern wurde durch die Forschungsergebnisse eines halben Jahrhunderts modifiziert. Grundsätzlich anzuerkennen ist, daß dem Gebiet der Keuperwälder eine besondere Stellung beigemessen wird. Hingegen ist für den weiter im Westen gelegenen Teil Frankens weder historisch noch archäologisch belegbar, daß dort schon unter Theudebert ‚Stützpunkte der Königsgewalt', womit wohl Vorläufer der Königshöfe gemeint sind, errichtet wurden". Speziell zu den nach von Guttenberg angeblich an der Regnitzlinie errichteten Königshöfen stellt er fest: „Nachdem der Königshof Hallstadt bereits um 741 genannt ist, müßten (nach v. Guttenberg) die übrigen Königshöfe entlang der Regnitz-Rezat-Linie ebenso alt sein. Für einen solchen Ana-

---

[21] „In allen königlichen Eigenkirchen, seien es Pfalzkirchen, vom König gegründete Domkirchen, Königshofkirchen, wie auch Reichsklosterkirchen, sind in der Hl. Baulinie neben anderen Patrozinien immer die der beiden Reichspatrone Martin und Dionysius zu erkennen, sofern den Gotteshäusern bereits vor ihrer Grundsteinlegung diese Auszeichnung zuerkannt war und nicht erst nachträglich [!] verliehen worden ist. In den Gründungs- und Weiheurkunden werden die beiden Patrozinien durchwegs nicht erwähnt, sie scheinen bei königlichen Gründungen einfach vorausgesetzt worden zu sein. Sie tauchen zuweilen als Titel der Kirche im Wechsel mit anderen Patrozinien auf. Die Hl. Baulinie aber bezeugt ihre reale Existenz. ... Die Erkenntnis, daß die Sonnenaufgangsweiten an den Festtagen der Reichsheiligen Martin und Dionysius in die Baulinie der vom König dotierten Pfalz-, Dom- und Klosterkirchen einbezogen wurden, kann offensichtlich nur auf induktivem Weg über das mathematische Experiment gewonnen werden. Ein königlicher Erlaß ist nicht bekannt. Offenbar war es ein fester Brauch, ein ungeschriebenes Gesetz, daß Königskirchen die Reichsheiligen als Nebenpatrone erhielten" (Rudolf Eckstein/Franziskus Büll/Dieter Hörnig, Die Ostung mittelalterlicher Klosterkirchen des Benediktiner- und Zisterzienserordens, in: Studien und Mitteilungen zur Geschichte des Benediktinerordens und seiner Zweige 106/1, 1995, S. 7–78, hier S. 29f.).

[22] Hanns Hubert Hofmann, Herzogenaurach. Die Geschichte eines Grenzraumes in Franken (Schriften des Instituts für fränkische Landesforschung an der Universität Erlangen, Historische Reihe 2), Nürnberg 1950, S. 26f.

[23] So spielte etwa der Main für Karl den Großen, der auch das Grabfeld als Aufmarschgebiet gegen die Sachsen nutzte, eine besondere Rolle als Wasserstraße (Dieter J. Weiß, Franken – Die Ausbildung der Region im Früh- und die Entwicklung bis ins Hochmittelalter, in: Kultur und Region im Zeichen der Globalisierung. Wohin treiben die Regionalkulturen, hg. v. Sefik Alp Bahadir, Schriftenreihe des Zentralinstituts für Regionalforschung 36, Neustadt a.d. Aisch 2000, S. 391–415, hier S. 397f.). Dennoch ist weder hier noch da eine ähnliche „Markierung" mit Martinskirchen und Königshöfen bekannt oder wird sie angenommen.

logschluß gibt es jedoch weder zwingende historische Gründe noch sonstige Beweise. Es ist zu betonen, daß von diesem Raum bisher auch kein einziger Königshof ausgegraben wurde".[24] Versteht man die Rezat-Rednitz-Regnitzlinie als einstige Grenze der von Westen kommenden Franken gegen die Slaven,[25] liegen die meisten Martinskirchen, nämlich Eggolsheim, Forchheim, Erlangen und gegebenenfalls Nürnberg unerklärterweise auf der falschen Seite, nämlich auf dem Ostufer.[26] Hält man die Königshöfe für eine militärische Sperre gegen die Baiern[27] und zum Nordgau,[28] ist zu bedenken, daß solche Höfe eigentlich in erster Linie landwirtschaftliche Güter und nicht von Haus aus befestigt waren.[29] Der unterstellte wehrhafte Charakter, von dem nicht bekannt ist, für welchen Zeitraum er aufrecht erhalten werden sollte, erfährt zunächst eine gewisse Beeinträchtigung durch die Annahme, St. Martin sei nicht nur Kriegsheiliger der Franken, sondern gleichzeitig auch eine Art Missionsheiliger in den besetzten Gebieten gewesen,[30] da dann die „Festung" für den Besuch der bekehrten Ureinwohner geöffnet werden mußte, vorausgesetzt, die Kirche stand nicht außerhalb der Schutzanlagen. Ferner stellt sich die Frage, warum die größten Zwischenabstände zwischen Weißenburg und Schwabach (33 km) und von dort nach Fürth (27 km) lagen, das heißt gegenüber dem bairischen Gebiet. Auch erscheint der strategische Sinn einer starren Militärgrenze angesichts der Tatsache fraglich, daß der Nordgau oder ein Teil desselben mit Ingolstadt und Lauterhofen nach 743 von Baiern abgetrennt und mit diesen Königshöfen Herzog Tassilo III. (um 741-nach 794) belehnt wurde, also die Gegend östlich des Flusses im Bereich von Schwabach nicht von vorneherein einem potentiellen Feind unterstand und die Franken den mehrfach eidbrüchigen Agilolfinger dann mit anderen Mitteln in Griff bekamen. Spätestens

---

[24] Friedrich Eigler, Schwabach (Historischer Atlas von Bayern, Teil Franken, Reihe I/28), München 1990, S. 26f., S. 39.

[25] Bei seiner Ersterwähnung 805 bildete Forchheim einen Punkt auf einer imaginären, in Nord-Süd-Richtung verlaufenden geographischen Linie und war einer der vorgeschriebenen Stapelplätze für den Handel mit den Slawen oder Awaren (Jakob, Kollegiatstift, wie Anm. 20, S. 127).

[26] Dies gilt auch für die Ansicht von Eigler, Besiedlung (wie Anm. 12), S. 187, wonach die Königshöfe Hallstadt, Forchheim, Herzogenaurach (!) etc. in „dieser relativen Engmaschigkeit in Verbindung mit den zugehörigen Königsforsten einen gewissen Schutz vor einem Gegenangriff der Baiern" boten und „somit die Ostgrenze unmittelbarer militärischer Präsenz der Franken und gleichzeitig die mögliche Aufmarschlinie für nach Osten gerichtete Feldzüge" markierten.

[27] So auch Eigler, Besiedlung (wie Anm. 12), S. 186.

[28] Eigler, Besiedlung (wie Am. 12), S. 182, ist zuzustimmen, daß 725/28 die militärische Präsenz der Franken nahe der Grenze zu Baiern nicht allzu groß gewesen sein kann. Zur Abtrennung des Nordgaus und Belehnung Herzog Tassilos s. ebenda, S. 185.

[29] Vgl. aber Walter Sage (Hg.), Oberfranken in vor- und frühgeschichtlicher Zeit, Bayreuth ²1996, S. 203: „Königshöfe der fränkischen und karolingischen Zeit waren ja keineswegs von vornherein befestigte und womöglich gar wie römische Kastelle nach einem bestimmten Schema angelegte Objekte, sondern normale Gutshöfe, die sich prinzipiell nicht von gleichzeitigen Höfen anderer Grundbesitzer unterschieden. Es gab sie in großer Zahl über das Land verteilt, da sich der König wie alle anderen Mächtigen jener Zeit im wesentlichen nur auf den Grundbesitz und dessen Erträgnisse als Grundlagen von Reichtum und Einfluß stützen konnte".

[30] Eigler, Besiedlung (wie Anm. 12), S. 205f.

806 gab es östlich dieses „Sperriegels"³¹ im Nordgau, also im „Feindesland", neben bairischen Herzogshöfen eine Reihe fränkischer Königshöfe, etwa Ingolstadt, Altdorf und Lauterhofen. In dem letztgenannten Ort, der etwa 42 Kilometer östlich von Schwabach liegt, soll ein in der 1. Hälfte des 8. Jahrhunderts errichteter fränkischer Königshof (mit 1604 profanierter Martinskirche im Ortsteil „Zipfel") unmittelbar neben einem bairischen Herzogshof bestanden haben.³² Unklar bleibt in diesem Zusammenhang schließlich auch die Rolle der Königshöfe im Bezug auf die östlich der Flußlinie ausgewiesenen Bannwälder.³³ Diese, kostenneutral und ohne personellen Aufwand zu unterhalten, konnten jederzeit die Baiern am Vordringen in fränkische Gebiete behindern, bildeten aber auch im Falle eines bairischen Aufstandes dieselbe Barriere für einen Vorstoß der Franken in die entgegengesetzte Richtung.³⁴

Nimmt man die genannten Flüsse als strategische Wasserstraße, müßte erklärt werden, warum sich das System der Königshöfe/Martinskirchen nicht ab Hallstadt entlang des Maines bis etwa Würzburg (wo es offenbar keine sicher belegte Martinskirche gab!³⁵) beziehungsweise in die Gegenrichtung zum Obermain hin fortsetzte.³⁶

---

³¹ Vollends kompliziert und in seinem praktischen Nutzen undurchschaubar wird das „System" der in der Rednitzfurche gelegenen Königshöfe durch die zuletzt von Eigler, Besiedlung (wie Anm. 12), S. 191f. vertretene Annahme, daß es im „westlichen Hinterland in Entfernung einer Tagesetappe je einen weiteren Königshof, der gewöhnlich auch an einem der Nebenflüßchen von Rednitz-Regnitz" lag, gegeben haben soll, da dies eine fortdauernde oder sogar verstärkte Bedrohung und die Bindung starker Truppenverbände voraussetzen würde; nur in zweien dieser Orte besteht übrigens eine Martinskirche. Nach Frenken, Eck- und Wendepunkte (wie Anm. 19), S. 14, dienten diese neu angelegten Königshöfe, zu denen er auch Herzogenaurach zählt (das er mit Alois Schmid allerdings bis ins 8. Jahrhundert zurückführt), „als Ausgangspunkte für Rodungen vornehmlich einer weiteren Erschließung des Landes, daneben aber auch der Versorgung des umherreisenden Königs ...".

³² Eigler, Besiedlung (wie Anm. 12), S. 192. – Demzufolge kann Hans-Jürgen Nitz, Mittelalterliche Raumerschließung und Plansiedlung in der westlichen regio Egere als Teil des historischen Nordwaldes, in: Oberpfälzer Heimat 35, Weiden 1991, S. 7–55, S. 11f., auch zwei völlig unterschiedliche Fernstraßen annehmen, nämlich „die Linie über die Königshöfe Hallstadt-Bamberg-Forchheim-Hersbruck-Lauterhofen-Premberg-Regensburg bzw. ab Forchheim die Linie über Fürth-Schwabach-Weißenburg-Eichstätt nach Ingolstadt ..., wobei letzteres in der Zeit der Spannungen des Königtums mit dem bayerischen Herzogtum der südliche Eckpfeiler der fränkischen Provinz war"; vgl. auch Eigler, Besiedlung (wie Anm. 12), S. 197.

³³ Eigler, Besiedlung (wie Anm. 12), S. 196.

³⁴ Bezüglich des bereits für die Karolingerzeit postulierten „gezielten Ausbaus" des vorkarolingischen Straßennetzes (Eigler, Besiedlung, wie Anm. 12, S. 197f. mit Karte S. 199), für den wiederum die zuständigen Behörden im Dunkeln bleiben, ist zu bemerken, daß zu Anzahl und Verlauf der Wege die Hypothesen bei weitem die tatsächlichen Nachweise überwiegen.

³⁵ Die vorsichtige Formulierung „es kann als erwiesen gelten" bzw. es „ist nicht auszuschließen", daß zur Zeit der ersten Würzburger Bischöfe die hinter dem späteren Stift Haug gelegene Martinskapelle die Funktion einer Taufkapelle für die rechtsmainische Siedlung ausgeübt habe (Alfred Wendehorst, Bischofssitz und königliche Stadt, in: Ulrich Wagner (Hg.), Geschichte der Stadt Würzburg 1, Stuttgart 2001, S. 62–73, S. 64 und derselbe, ebenda, S. 256), deutet nicht auf vollständig gesicherte Erkenntnisse. Von der Martinskirche sollen die Pfarrrechte später an den Dom gelangt sein (Winfried Schich, Die topografische Entwicklung Würzburgs im Hoch- und Spätmittelalter, in: ebenda, S. 182–210, hier S. 194). Offenkundig sind auch diese Angaben hypothetisch, denn nach Stefan Kummer, Architektur und bildende Kunst von den Anfängen bis zum Ausgang des Mittelalters, in: ebenda, S. 410–449, ist S. 412 ist „über die von Lorenz Fries genannte, angeblich karolingische Martinskirche ... nichts Näheres bekannt".

³⁶ Westlich von Hallstadt mainabwärts liegen die Martinskirchen Geusfeld, Alitzheim und Uchenhofen – im Unterschied zu einigen Orten mit Kilianskirchen – in deutlichem Abstand zum Main. Östlich von Hallstadt mainaufwärts finden sich Martinskirchen in Flußnähe bestenfalls in Döringstadt; Weichenwas-

Selbst wenn sich, wie etwa beim berühmten Projekt Karls des Großen 793 zur Verbindung von Altmühl und schwäbischer Rezat durch einen Kanal, eine gewisse Grundlage für das den Franken unterstellte strategische Denken, Planen und Handeln ergibt, zeigt die „fossa carolina" auch, daß bereits damals derartige Vorhaben scheitern und sich dann die Perspektiven der Herrschenden ändern konnten. Zu fragen bleibt auch, ob die Schiffahrt auf diesen Flüssen im frühen Mittelalter tatsächlich so leistungsfähig gewesen sein kann, wie dies gerne angenommen wird; jedenfalls seit dem Spätmittelalter, also in einer Zeit, als über Nürnberg nachweislich ein enormer Warenverkehr stattfand, gab es oberhalb, das heißt südlich von Forchheim, aufgrund der zahlreichen für Mühlen und Wasserschöpfräder errichteten Wehre keine Transportschiffahrt.[37] Auch darf hier einmal die Frage nach den unvergleichlich tüchtigen und mächtigen Behörden der Merowinger und Karolinger gestellt werden, die man, anders als bei der mehrfach bezeugten Umsiedlung ganzer Bevölkerungsgruppen innerhalb ihres Reiches, notwendigerweise für diese gigantische Landesplanung annehmen muß. Jedoch muß auch die These angezweifelt werden, die Königshöfe an Rezat, Rednitz und Regnitz seien in regelmäßigen Abständen jeweils eine Tagesreise voneinander entfernt angelegt worden,[38] da sie der heute noch nachprüfbaren Realität widerspricht. Die Abschnitte zwischen den vermeintlichen Etappenorten Weißenburg – Schwabach – Fürth – Forchheim – Eggolsheim – Bamberg – Hallstadt sind 33 – 27 – 34 – 6 – 21 – 6 Kilometer lang, also höchst unterschiedlich. Bei Nutzung aller Haltepunkte für die Übernachtung hätte die 127 Kilometer lange Reise von Bamberg flußauf nach Weißenburg sechs Tage gedauert, beim Auslassen von Eggolsheim und Bamberg vier, bei Einbeziehung des weit entfernten Herzogenaurach mindestens sieben Tage. Damit wäre der Wasserweg vielleicht bequemer als der im breiten, ebenen Flußtal aber – mit Ausnahme der auch für die Schiffahrt hinderlichen Überschwemmungsperioden – völlig unkomplizierte Landweg gewesen, aber deutlich langsamer: Ende des 12. Jahrhunderts bewältigte der kaiserliche Hof bei vermutlich nicht

---

serlos, Steinfeld und Weismain sind weit entfernt, eine den Heiligen Martin, Vitus etc. geweihte Kapelle in Kronach war spätmittelalterlich.
[37] Erlanger Stadtlexikon (wie Anm. 2), S. 579 Regnitz. – Wenngleich die Angaben über die Flußreise Karls des Großen 793 von der fossa carolina über Rednitz und Main nach Würzburg nicht angezweifelt werden können (Eigler, Besiedlung, wie Anm. 12, S. 200–204), ergibt sich die Frage, ob deswegen tatsächlich schon vor 793 der für die Anlage der Königshöfe an der Regnitz-Rednitzlinie im Abstand von je einer Tagesreise als Mitgrund angenommene, und später noch gesteigerte rege Warenverkehr mit den damaligen Booten (10–12 m Länge, 1,5 m Breite, 0,4 m Tiefgang), die nicht nur flußaufwärts getreidelt werden mußten, so rege gewesen sein kann, daß er sogar zu einer „potentiellen Marktsituation ... unter dem Schutz der dort gelegenen Königshöfe" führte (Detlev Ellmers, Die Verkehrssituation zwischen Obermain und Altmühl in der Zeit Karls des Großen, in: Fossa Carolina – 1200 Jahre Karlsgraben, München 1993, S. 4–7; vgl. Eigler, wie Anm. 12, S. 198); die Bezeichnung „Hafenmarkt" für den südlichen Teil des Marktplatzes in Eichstätt (Eigler, ebenda, S. 204) dürfte übrigens eher auf einen Handel mit Irdenware denn auf die über Jahrhunderte bewahrte Erinnerung an eine Schiffsanlegestelle deuten.
[38] „Die Streuung der Erstnennung über drei Jahrhunderte darf nicht darüber hinwegtäuschen, daß die Lage dieser Königshöfe [Hallstadt, Forchheim, Herzogenaurach, Fürth, Schwabach, Weißenburg] in der Rednitzfurche am Fuß des Albtraufs in den auffallend regelmäßigen Abständen einer Tagesetappe (Ellmers 1993) sowie parallel zur baierischen Nordgaugrenze ein einheitliches Konzept erkennen läßt. ... Vor allem auch wegen der Treidelfahrt waren sie aufeinander angewiesen" (Eigler, Besiedlung, wie Anm. 12, S. 187).

wesentlich anderer Reisetechnik in Italien auch auf schwierigerem Gelände bei einem Zehnstunden-Tag 40 Kilometer und mehr![39]

Die Klarheit der Struktur der an der Linie Rezat-Rednitz-Regnitz gelegenen Martinskirchen erleidet eine weitere Beeinträchtigung, wenn man den Blickwinkel über diesen begrenzten Bereich hinaus erweitert. Dann zeigt sich etwa Weißenburg als Bestandteil einer größeren Gruppe von Martinskirchen, die sich abgesehen von dem westlich gelegenen Gräfensteinberg östlich der Rezat über Aberzhausen, Rudletzholz, Alfershausen, Euerwang, Greding, Meckenhausen, Rohr, Griesstetten, Staadorf, Wallnsdorf, Staufersbuch, Mühlhausen, Alling, Deuerling, Klapfenberg, See, Leutenbach, Lengenfeld, Premberg, Pölling, Deinschwang, Lauterhofen, Pfaffenhofen, Amberg, Wutschdorf, Gebenbach, Oberpfreimd und Kaltenbrunn bis weit in die Oberpfalz und nach Regensburg erstreckt, das wiederum, obwohl eine der beiden Hauptpfalzen der letzten Karolinger, erstaunlicherweise offenbar keine alte Martinskirche besitzt. Ferner gab beziehungsweise gibt es heute Martinskirchen westlich der Regnitzlinie (von Nord nach Süd) in Alitzheim, Geusfeld, Schnodsenbach, Ailersbach, Guttenstetten, Riedfeld, Kaubenheim, Wilhermsdorf, Rossendorf, Windelsbach, Moratneustetten und Kleinhaslach. Östlich der Regnitz liegen die Martinskirchen (von Norden) Tiefenpölz, Nankendorf, Hohenmirsberg, Hüll und dann in der Oberpfalz Deinschwang. Eine weitere Gruppe von Martinskirchen, die zweifellos nicht fränkischen Ursprungs sein können, findet sich im Raum Hof, und zwar in Töpen, Roßbach, Kautendorf, Martinlamitz und Ahornberg, ferner in Untersteinach, Marktleugast und Stammbach. Alle diese Kirchen in diesem Bereich waren Filialen anderer Gotteshäuser. Weitere Probleme als Folge zu strenger Systematisierung ergeben sich aus der Vernachlässigung anderer Fakten. So wird der wesentlich näher als Herzogenaurach zur Regnitz gelegene Königshof Büchenbach bei den meisten Betrachtungen außer Acht gelassen, obwohl er bereits 996 – und damit wesentlich früher als Fürth, Schwabach etc. – erwähnt, im Laufe des 9. oder 10. Jahrhunderts entstanden sein kann.[40] Und nicht zuletzt erleidet das System der durch Martinskirchen gekennzeichneten Königshöfe auch in anderer Hinsicht Schaden. Was machte ein reisender König, wenn er, aus welchen Gründen auch immer, für die abendliche Rast keinen Königshof mit Martinskirche erreichte? 1063 hielt sich König Heinrich IV. wenigstens so lange in Erlangen – ob links oder rechts der Regnitz – auf, obwohl hier mit Sicherheit kein Königshof[41] und vermutlich noch keine Martinskirche existierte, um zwei Urkunden ausfertigen lassen zu können.[42]

---

[39] Hartmut Jericke, Wurde Friedrich II. am 1. November 1196 in Assisi getauft (www.heinrichvi.de/taufe.htm). Hingegen bewältigte der Papst bei seinen Reisen lediglich Entfernungen zwischen 15 und 30 Kilometern pro Tag (Stefan Hirschmann, Statistische Anmerkungen zu den Papsturkunden Lucius' III., Urbans III. und Gregors VIII. (1181–1187), www.historikhirschmann.de/hauptteil_Aufsatz.htm).

[40] Andreas Jakob, Grundlinien der Erschließung des mittleren Regnitzraumes und die Anfänge von Büchenbach bei Erlangen um 996, in: Erlanger Bausteine zur fränkischen Heimatforschung 44, 1996, S. 173–230, hier S. 214. – Neuerdings zählt Frenken, Eck- und Wendepunkte (wie Anm. 20), S. 14, Büchenbach zu der „locker geknüpften Kette ‚älterer' Königshöfe".

[41] Da bei der urkundlichen Ersterwähnung Erlangens 1002 der Wald nördlich der Schwabach zum Königshof Forchheim, der Forst südlich davon zum Königshof Herzogenaurach gehörte, und wenige hundert Meter von Alterlangen der Königshof Büchenbach lag, fehlen selbst für einen kleinen Königshof in Erlangen die Voraussetzungen (Erlanger Stadtlexikon, wie Anm. 2, S. 427f.).

[42] Erlanger Stadtlexikon (wie Anm. 2), S. 427.

St. Martin und andere Heilige der fränkischen Könige in den schriftlichen Quellen

Nachdem sich solchermaßen die Fundamente für die darauf gebauten Behauptungen bezüglich der allgemeingültigen Aussagen des Martinspatroziniums als zweifelhaft, teilweise sogar als nicht tragfähig zu erweisen scheinen, bringt eine Untersuchung der allerdings offenbar tatsächlich uralten, gleichwohl unbewiesenen Ausdeutung der Martinspatrozinien durch die Historiker zu Tage, daß auch hier die Schlußfolgerungen die Belege überwiegen. Ausgangspunkt für alle weiteren Theorien sind vor allem die Nachrichten, daß der Frankenkönig Chlodwig (geb. 466, reg. 481–511) den 397 in Tours verstorbenen Martin zum Nationalheiligen und Schutzherrn der fränkischen Könige erhob, die seitdem seinen Mantel in Schlachten mitführten, und daß „Chlodwigs Gemahlin Chlodhilde [um 474–544] ... an allen fränkischen Königshöfen Martinskirchen" stiftete.[43] Ob sich diese Bestimmung auch auf alle künftigen Königshöfe erstrecken sollte beziehungsweise dorthin ausgedehnt wurde, muß jedoch angezweifelt werden. Sie kann nicht ohne weiteres auf die heutige, damals noch nicht zum Herrschaftsbereich der Franken gehörende Region Franken angewendet werden.[44] Jedenfalls in diesem Raum ist die Gleichsetzung von – zumeist nur hypothetisch erschlossenem – Königshof und Martinspatrozinium einer gegebenenfalls vor Ort vorhandenen Kirche nicht zulässig. Noch weniger statthaft kann es sein, von einem Martinspatrozinium allein auf die Existenz eines Königshofes zu schließen. Denn eine ausschließliche Verehrung des hl. Martin durch die Könige der Franken oder die Franken überhaupt gab es nicht, zumal auch andere Heilige bei ihnen großes Ansehen besaßen.[45] Unabhängig davon und darüber hinaus war und blieb der hl. Martin aber auch bei anderen Völkern außerordentlich beliebt. „Die Legenden und die örtliche Verehrung des hl. Martin strahlten in die gesamte Kirche aus: Schon bald entstanden die ersten Martinskirchen: in Rom (S. Martino ai Monti), auf dem Monte Cassino und in Linz/Donau. ...".[46] St. Martin und seine Kirchen können also nicht von vorneherein ausschließlich für die Franken in Anspruch genommen werden.

Dementsprechend enthalten die verschiedenen schriftlichen Quellen, die Jahrbücher Einhards zum Jahr 757, Walafried Strabos Libellus de exordiis et incrementis quarundam in observationibus ecclesiasticis rerum, das vierte Buch Aventins oder die Singularia Norimbergensia Lazarus Carl von Wölckerns 1739, keinerlei Bestätigung für einen wie auch immer gearteten strategischen Einsatz des Martinspatroziniums durch die fränkischen Könige und ist das Resumee der Erforscher der „Hl. Baulinie", die sie zusammentrugen, entsprechend enttäuschend: „Aus diesen zwar dürftigen

---

[43] Manfred Becker-Huberti, 1600 Jahre Verehrung des heiligen Martin von Tours: Geschichte, Legenden, Sankt-Martin-Lexikon, Köln 1996. – Chlodhilde/Chlothilde, die als Heilige verehrt wird, soll für die Bekehrung ihres Gemahls zum Christentum verantwortlich gewesen sein. Nach seinem Tod zog sie sich nach Tours zurück und soll ihr Leben fortan der Nächstenliebe gewidmet haben (Ökumenisches Heiligenlexikon).

[44] Die Mainlande standen etwa ab Mitte des 6. Jahrhunderts unter fränkischer Oberhoheit (Eigler, Besiedlung, wie Anm. 12, S. 181), das Ries und seine Randgebiete wurden wohl erst ab etwa 700 in das „reichsfränkische Königsgutsystem" einbezogen (ebenda, S. 188).

[45] Vgl. dazu Otto Beck, Martinspatrozinien in Südwestdeutschland, in: Werner Groß/Wolfgang Urban (Hg.), Martin von Tours. Ein Heiliger Europas, Ostfildern 1997, S. 63–100, bes. S. 74–76, S. 83.

[46] Becker-Huberti, Martin (wie Anm. 43).

schriftlichen Quellen ergibt sich zumindest der Hinweis, daß die fränkischen Könige ihre Kirchen den Reichsheiligen Martin und Dionysius geweiht haben könnten [!]".[47] Das heißt, ein Beweis oder auch nur Hinweis auf die Ausstattung der Königshöfe in Franken mit Martinskirchen oder der sonstige gezielte oder bevorzugte Einsatz dieses Patroziniums durch die Franken geht aus den zitierten Quellen nicht hervor. Zwar gelobte der baierische Herzog Tassilo 757 dem fränkischen König Pippin und seinen Söhnen tatsächlich beim hl. Martin Treue, aber eben genauso bei den Heiligen Dionysius und Germanus. Auch beschränkte sich die Verehrung dieser Heiligen nicht auf die Franken. So berichtet Aventin über den bairischen Herzog Pippin, daß er „überall S. Dionysi, der künig in Frankreich patron, kirchen hat pauen lassen". Wenn der Baiernherzog aber dem hl. Dionysius Kirchen bauen ließ, konnten er und andere Nicht-Franken auch dem hl. Martin Gotteshäuser weihen lassen. Möglicherweise liegt der Ursprung der Verknüpfung von Martinskirchen mit den fränkischen Königen – und noch nicht mit Königshöfen! – bei Historikern wie Lorenz Fries, auf den die Nachricht einer vorgeblich karolingischen Martinskirche in Würzburg zurückgeht.[48]

Ebensowenig wie eine dieser schriftlichen Quellen den Alleinanspruch des hl. Martin bei den Franken untermauern würde, ergibt sich ein solcher aus anderen Sachverhalten. So finden sich in der berühmten Ausstattungsurkunde von 741/749 für das Bistum Würzburg von den 25 Kirchen und Kapellen sowie einem Kloster zwar das Kloster und 13 Kirchen dem hl. Martin geweiht, jedoch auch jeweils drei Gotteshäuser dem hl. Remigius[49], Johannes dem Täufer und der Gottesmutter Maria,[50] jeweils eine dem Erzengel Michael sowie den Aposteln Andreas und Petrus, auffälligerweise aber keine den oben als besondere Heilige der Franken neben Martin genannten Germanus von Auxerre und Dionysius. Möchte man nicht die übrigen Heiligen der Würzburger Ausstattungskirchen neben Martin als vorfränkisch und damit als noch älter ansehen, ergibt sich die Erkenntnis, daß die Franken, bei einer offensichtlichen Bevorzugung des hl. Martin, Kirchen auch anderen Heiligen geweiht hatten, deren Patrozinien also ebenfalls bis in die Zeit der fränkischen Landnahme zurückgereicht haben können, ohne daß nun deswegen irgendwo der Versuch gemacht würde, auch diese Patrozinien als grundsätzlich auf die fränkische Zeit weisend zu reklamieren. St. Martin kann, muß aber in fränkischer Zeit nicht zum Patron einer Kirche erwählt worden sein. Nicht zuletzt legen die bis in die heutige Zeit anhaltende Beliebtheit des hl. Martin als Namenspatron, eine Vielzahl von eindeutig erst im Laufe späterer Jahrhunderte gegründeter und ihm geweihter Kirchen und schließlich überhaupt deren große Anzahl nahe, in jedem einzelnen Fall zu prüfen, was für eine fränkische Gründung – und vor allem auch, was dagegen – sprechen könnte. Allein in Frankreich sollen bis zum Ausgang des Mittelalters nicht weniger als 3667 Martinskirchen gezählt worden sein. Heute sind im Regierungsbezirk Oberpfalz nach meinem gegenwärtigen Forschungsstand 38 Martinskirchen nachweisbar, in den drei fränkischen Regierungsbezirken zusammen 76 Martinskirchen. In der Erzdiözese München und Frei-

---

[47] Eckstein/Büll/Hörnig, Ostung (wie Anm. 21), S. 30–32.
[48] S. oben Anm. 35.
[49] Er gehört zu den Frankenheiligen (s. Anm. 45).
[50] Unklar erscheint, wie Eigler, Besiedlung (wie Anm. 12), S. 340 das international verbreitete Marien-Patrozinium als „typisch baierisch" beanspruchen kann.

sing existieren derzeit 94 Kirchen mit Martinspatrozinium,[51] in der Diözese Augsburg 114 Pfarreien, Benefizien und Filialen.[52] In der Erzdiözese Trier sind 69 Kirchen dem hl. Martin geweiht, in der Erzdiözese Köln 58, in der Erzdiözese Freiburg 104 und 180 im Bistum Rottenburg-Stuttgart.[53] Wie anderswo,[54] dürften auch in Franken dem hl. Martin gewidmete Gotteshäuser am zweithäufigsten nach Marienkirchen zu finden sein. Abgesehen von den eindeutig im 19. und 20. Jahrhundert erbauten Kirchen können sie nicht alle fränkische Gründungen an Königshöfen gewesen sein oder als Markierungen irgendwelcher Reichsgrenzen gedient haben.[55]

Die Martinskirchen an Rezat, Rednitz und Regnitz

Eine Untersuchung der sehr unterschiedlich erforschten Martinskirchen an der Rezat-Rednitz-Regnitzlinie zeigt die Problematik der diesbezüglich aufgestellten Thesen.

Weißenburg

Der nahe der Fossa Carolina gelegene Ort, in dessen Bereich es ein 253 zerstörtes Römerlager gegeben hatte, entwickelte sich nach seiner Ersterwähnung 867 als „Uuizinburc" aus mehreren Siedlungskernen. Ob das 1863 durch den Schrannenbau ersetzte St. Martinskirchlein in der östlichen Vorstadt, in dem eine Bestattung bereits für die Zeit um 690–700 (also vor der Errichtung des fränkischen Königshofes) nachgewiesen sein soll, tatsächlich zu dem am entgegengesetzten westlichen Ende des Ortes im Bereich „Am Hof"[56] lokalisierten karolingischen Königshof gehörte, und nicht die dort unmittelbar benachbarte St. Andreaskirche (dieses Patrozinium kommt 741/749 bei der Würzburger Ausstattung vor), bedürfte einer eingehenden Begründung.[57] Warum sollte St. Martin, der nicht nur der Patron der fränkischen Könige war, sondern als Ideal eines asketischen Mönchsbischofs und nicht zuletzt durch die über ihn verfaßten Schriften von Anfang an auch bei den „kleinen" Leuten „ungeheure Popularität" genoß,[58] nicht auch der Kirchenheilige in einer dörflichen Siedlung gewesen sein? Zu diesem im Zusammenhang mit seinen sonstigen Thesen überraschenden Ergebnis kommt auch Eigler: „Hierbei muß nicht zwangsläufig angenommen werden, daß es sich bei der Martinskirche um die Kirche des Königshofs han-

---

[51] Für die entsprechende Namensliste danke ich den Herren Dr. Peter Pfister und Dr. Roland Götz vom Archiv der Erzdiözese München.
[52] Beck (wie Anm. 45), S. 80.
[53] Walter Kasper, Martin – Ein Heiliger Europas, in: Groß/Urban (wie Anm. 45), S. 7–20, S. 17f. – Beck (wie Anm. 45), S. 85.
[54] Beck (wie Anm. 45), S. 78.
[55] Zu späteren Martinspatrozinien s. Beck (wie Anm. 45), S. 84, S. 95.
[56] Georg Dehio, Franken (Handbuch der deutschen Kunstdenkmäler, Bayern I), München 1979, S. 872; Karl Withold, Weißenburg, in: Handbuch der Historischen Stätten Deutschlands VII. Bayern, München ³1981, S. 800.
[57] Vgl. dazu auch Eigler, Besiedlung (wie Anm. 12), S. 191, der die verschiedenen Thesen zur Lage des Königshofes referiert.
[58] Becker-Huberti, Martin (wie Anm. 43). – Martin von Tours wurde schon in der Karolingerzeit von hoch und niedrig als Friedensbewahrer verehrt (Beck, wie Anm. 45, S. 83).

delte ... In diesem Fall hätte zum Königshof weiter westlich eine Andreaskirche gehört, wie dies auch andernorts nachgewiesen ist [!]".[59]

Schwabach

Besser begründet scheint ein hohes Alter der Pfarrkirche Johannes der Täufer und Martin in Schwabach zu sein, obwohl auch hier konkrete Anhaltspunkte fehlen. So lehnt Friedrich Eigler eine Zurückverlegung des nur hypothetisch angenommenen Königshofes in die Merowingerzeit ab: „Es lassen sich somit für die Merowingerzeit keine Beweise dafür finden, daß der Königshof Schwabach damals schon bestand. Er wird 1117 als ‚villa Suabach' genannt, dürfte jedoch schon wesentlich früher an dem gleichnamigen Wasserlauf, welcher um 800 als Suapaha erwähnt wird, errichtet worden sein. Am Nordufer der Schwabach existierte eine kleine dörfliche Siedlung, die wohl von Baiern bewohnt wurde. Ihr gegenüber, am Südufer, wurde der fränkische Königshof angelegt, welcher somit noch im Sualafeld lag. Dort, am Südufer, wurde später auch der Markt Schwabach gegründet. ... Somit muß davon ausgegangen werden, daß der Königshof Schwabach schon um das Jahr 800 existierte, aufgrund der genannten alten Grenzzeichen sogar schon etwas früher, also etwa seit 790 n. Chr. ...".[60]

Nürnberg

Nachdem in Nürnberg bisher lediglich bei der Egidienkirche ein zeitweiliges Martinspatrozinium bekannt war – deren vermeintliche Gründung durch Karl den Großen war bereits früher als Legende zurückgewiesen worden[61] – und in St. Sebald Martin nur einer von mehreren Heiligen eines Altares war,[62] wollte eine neue, jedoch nicht durch historische Quellen belegbare Methode der Ausdeutung von Baulinien gleich vier bedeutende Königskirchen mit St. Martin zumindest als Nebenpatron lokalisiert haben,[63] und zwar im Heidenturm,[64] in der Walpurgis–[65] und der Wolfgangskapelle[66]

---

[59] Eigler, Besiedlung (wie Anm. 12), S. 193.
[60] Eigler, Schwabach (wie Anm. 24), S. 40f.
[61] „Kap., Egidius (1138/46), seit dem 15. Jh. Martin. – Die Gründung einer Martinskap. durch Karl d. Gr. als Vorläuferin der Egidienkap. ist Legende. – 1138/46 schenken Kg. Konrad III. und Königin Gertrud ihrem Kaplan ... ecclesiam b. Aegidii Nurenburgensem ..." (Erich Frhr. von Guttenberg/Alfred Wendehorst (Bearb.), Das Bistum Bamberg. Die Pfarreiorganisation (Germania Sacra, 2,1,2), Berlin 1966, S. 274f.).
[62] „Jakobus- und Jodokus-(Jobst)Altar. ... 1355 Ablaß zugunsten des Altars ss. Jacobi, Judoci, Martini et Christophori. ..." (Guttenberg/Wendehorst, Pfarreiorganisation, wie Anm. 61, S. 282).
[63] S. oben Anm. 21.
[64] Die doppelgeschossige Burgkapelle unterteilt sich in die Margarethenkapelle unten und die darüberliegende Kaiserkapelle; der Chorturm wurde Margarethen- oder Heidenturm genannt; in der Oberkapelle befinden sich zwei Altarflügel mit den Hl. Kaiser Heinrich II. und Martin vom Ende des 15. Jahrhunderts (Günter P. Fehring/Anton Ress, Die Stadt Nürnberg (Bayerische Kunstdenkmale X), Kurzinventar, München 1961, S. 17–21).
[65] Die Walpurgis- (bis zum 15. Jahrhundert Ottmars-)Kapelle befindet sich am Südende der westlichen Abschlußmauer des Burggrafengebietes (Fehring/Ress, Nürnberg, wie Anm. 64, S. 24).
[66] Die Wolfgangskapelle von St. Egidien enthält im Kern einen vor Errichtung der heutigen Euchariuskapelle (vor 1140) entstandenen Bau, bei der es sich vielleicht um die nach später Überlieferung 1104 unter Kaiser Heinrich V. zerstörte Martinskapelle oder das „Bruder-Haus" handelte (Fehring/Ress, Nürnberg, wie Anm. 64, S. 36).

sowie in St. Jakob.⁶⁷ Unzweifelhaft nicht fränkischen Ursprungs ist die 1934/35 erbaute Martinskirche an der Grolandstraße 71.

Fürth

Außerordentlich verwirrend und nach wie vor unklar sind die kirchlichen Verhältnisse in Fürth, zu dessen frühen Geschichte neuere Forschungen fehlen. Da sich Erich Freiherr von Guttenberg, im Banne seines Geschichtsbildes, die mitten im Überschwemmungsgebiet der Pegnitzauen gelegene Martinskapelle nicht als einstige Königskirche vorstellen konnte, verlegte er das Patrozinium zur Michaelskirche⁶⁸ und erhielt so zwei Martinskirchen nebeneinander, eine Sicht der Dinge, der sich die Lokalforschung nicht anschloß.⁶⁹ Unbewiesen sind auch die mangels entsprechend aussagekräftiger Quellen alleine auf das Martinspatrozinium gestützten Thesen, etwa: „... dem auf bayerischem Rednitzufer gelegenen Fürth wurde damit zusätzlich die Funktion einer Eingangspforte für die fränkische Durchdringung des nördlichen Baiern zugewiesen. ..."⁷⁰ oder die Verlegung seiner Anfänge in das 8. Jahrhundert.⁷¹ Ursache für die Annahme eines Königshofes und damit weitere Spekulationen ist eine alte, im 18. Jahrhundert in ähnlicher Form auch für Erlangen sowie für Nürnberg belegte Sage, wonach Karl der Große auf seiner Flußreise auf der Regnitz auch in Fürth haltgemacht habe, wo an der Stelle seines Kapellenzeltes die Martinskirche errichtet wurde. Jedoch ist auch eine „bescheidenere", und vielleicht nicht zuletzt deswegen plausiblere Ortsgeschichte denkbar. Der technische Name „Fürth" beweist lediglich die Existenz einer wichtigen Landstraße, die hier vorbeiführte; ein Wasserweg oder gar ein „Knotenpunkt der Schiffahrt", für welchen unter anderem ein Hafen

---

⁶⁷ In St. Jakob befand sich ein mit 1490 bezeichneter Martinsaltar von Michael Wolgemut (Fehring/Ress, Nürnberg, wie Anm. 64, S. 59).

⁶⁸ „... Locum Furti cum ecclesiis schenkt Kg. Heinrich II. 1007 Nov. 1 dem Bamberger Domstift. Das Martinspatrozinium (Anm.: Deinhardt, Fürth, bezog das Martinspatrozinium auf die Kap. in der Pegnitzniederung ..., die er für die alte Pfk. hielt, während v. Guttenberg ... an seinem Standpunkt festhielt. ...) weist auf eine frühkarolingische Königskirche hin ..." (Guttenberg/Wendehorst, Pfarreiorganisation, wie Anm. 61, S. 263–267).

⁶⁹ „St. Martin (alt) war eine königliche Eigenkirche. Sie stand im Rednitztal, nahe der heutigen Kapellenstraße [also nicht auf topographisch herausragender Stelle]. ... Erstmals erwähnt wird St. Martin i.J. 1323. Eine Urkunde von 1347 nennt 2 Kirchen in Fürth; damit können nur St. Martin und die Tochterkirche St. Michael gemeint sein. St. Martin hatte das Begräbnisrecht. ... Die Tochterkirche St. Michael blieb bis in die Mitte des 14. Jhs. von St. Martin abhängig; allerdings hatte inzwischen gewiß St. Michael, seiner Lage im Ort entsprechend, mehr und mehr Funktionen der Mutterkirche übernommen. 1362 wird S. Martin als ‚capella annexa' bezeichnet; sie hängt also nun an St. Michael. Die Tochterkirche St. Johannis in Burgfarrnbach wurde 1349 von der Mutterkirche St. Martin gelöst ... Die Tochterkirche St. Lorenz nennt die Bulle Papst Gregors IX. vom 4.7.1235: ‚ecclesiam ... in Vurthe cum capella Sti Laurentii in Nürnberg dependente ab ipsa'. St. Lorenz zum Heiligen Grab in Nürnberg ist eine Filialkapelle von Fürth-St. Martin...." (Adolf Schwammberger, Fürth von A bis Z, o.J., S. 203ff.). – „Umstritten ist lediglich die Lage dieser 1323 erstmals erwähnten Martinskirche, doch hat die Identifizierung mit dem einst im Überschwemmungsgebiet am Westufer der Rednitz gelegenen Kirchenbau dabei am meisten Verbindlichkeit; v. Guttenberg hingegen vermutete für die Zeit um 1347 einen Patroziniumswechsel und sah dementsprechend in der heutigen Stadtpfarrkirche St. Michael die ursprüngliche Martinskirche. ..." (August Gebessler, Stadt und Landkreis Fürth (Bayerische Kunstdenkmale XVIII), Kurzinventar, München 1963, S. 12).

⁷⁰ Gebessler, Fürth (wie Anm. 69), S. 12.

⁷¹ Mayer, Königshof (wie Anm. 14).

vorauszusetzen wäre, ist weder belegt noch notwendig. Möglicherweise hatte der hier am Fluß gegründete Ort ursprünglich dieselbe Aufgabe wie das weiter südlich gelegene Altenfurt,[72] das offenkundig ohne Königshof oder sonstige Einrichtungen auskam und im 19. Jahrhundert lediglich 33 Einwohner hatte. Vor diesem Hintergrund erlangt die im Dreißigjährigen Krieg zerstörte und später abgegangene Martinskirche im Wiesengrund an Bedeutung, die sich ohne deswegen fränkische Königskirche gewesen sein zu müssen, westlich der Pegnitz, das heißt für die Franken auf der „richtigen" Seite, befand. Scheinbar ständig von den jährlichen Überschwemmungen bedroht, liegt der heute malerisch mit alten Bäumen bestandene Platz so hoch, daß er noch herausragt, wenn sonst fast der gesamte Talgrund überflutet ist.[73] Diese Situation mochte für einen kleinen Ort, für einige Häuser an einem Flußübergang genügen. Spätestens mit dem Aufstieg Fürths im Besitz des Domkapitels nach 1007 änderte sich die Situation und wurde die Siedlung auf den hochwassersicheren Sporn östlich der Pegnitz verlegt. Ein für die Verwaltung des späteren Lorenzer Reichswaldes zuständiger fränkischer Königshof Fürth[74] ist weder nachgewiesen noch notwendig.[75]

Erlangen

Die Interpretation der Urkunde von 1002 schließt aus, daß hier damals ein Königshof[76] mit Martinskirche bestanden haben kann. Die für 1288 belegte Erwähnung eines Friedhofs ist auf die spätere Altstädter Kirche zu beziehen. Bestattungen auf dem Martinsbühl fanden erst seit dem 17. Jahrhundert statt. Das im Kern gotische Gebäude spricht dafür, daß die urkundlich erstmals 1435 erwähnte Martinskirche, die damals dem neugebildeten Sprengel der Altstädter Pfarrkirche einverleibt wurde, erst im Spätmittelalter entstand, als Martin ein besonders in der Ritterschaft beliebter Heiliger war. Die genaue Bauzeit sowie eine eventuelle Beziehung der Kapelle zur nahegelegenen Veste, deren Ruine 1783/84 vollständig abgebrochen wurde, bleiben ebenso wie ältere Stiftungen zu erforschen.[77] Zur Fundation der wöchentlichen Messe, die der Altstädter Pfarrer 1435 in der Martinskirche zu halten hatte, gehörten mehrere westlich der Regnitz gelegene Lehen, darunter eventuell auch einige wegen der damit verbundenen ungewöhnlichen Bestimmungen amtlich sogenannte Martinslehen,[78] die in der Forschung als altertümliche Leiheform galten und daher als „Beweis" für das angeblich außerordentlich hohe Alter der Kapelle. Bei den Martinslehen, die im

---

[72] „An der Straße nach Regensburg führte schon im 12. Jh. ein mit Bohlen gesicherter Abschnitt – eine Furt – durch das hochwassergefährdete Gebiet des Lorenzer Reichswalds. Hier ist 1225 eine ‚ecclesia Altenfurt' belegt (Rundkapelle). Neben ihr befand sich die Klause eines Eremiten sowie ein Bauernhof und ein Forsthaus, der Sitz einer der 14 Forsthuben des südlichen Waldes. ... 1824 zählte der Weiler 33 ... Einwohner" (Gustav Voit, Altenfurt, in: Michael Diefenbacher/Rudolf Endres (Hg.), Stadtlexikon Nürnberg, Nürnberg 1999, S. 63).
[73] Auf diesen Sachverhalt weist auch Mayer, Königshof (wie Anm. 14), hin.
[74] Eigler, Besiedlung (wie Anm. 12), S. 196.
[75] S. dazu Jakob, Grundlinien (wie Anm. 40), S. 188.
[76] S. dazu Anm. 41.
[77] In Schloß Wöhrd an der Donau ist die Kapelle dem hl. Martin geweiht. – Eine ähnliche Situation, wie sie in Erlangen bestanden haben könnte, eine Turmburg mit außerhalb liegender Kapelle, findet sich in Dachsbach bei Höchstadt a.d. Aisch.
[78] Vgl. Erlanger Stadtlexikon (wie Anm. 2), S. 484f.

Raum Erlangen eigentümlicherweise allesamt westlich der Regnitz lagen (unter anderem in Alterlangen, Büchenbach, Dechsendorf, Hausen, Weipersdorf, Falkendorf, Dörflas, Dachsbach an der Aisch) handelte es sich in der Regel um sogenannte „walzende", das heißt nicht fest mit einem Bauerngut verbundene Grundstücke, deren Inhaber die schuldigen Reichnisse, vor allem Wachs oder Geld, alljährlich an Martini, einem der Haupttermine für die Fälligkeit von Abgaben in der agrarischen Gesellschaft, „früh vor der Sonnen Aufgang" abliefern mußten, wollten sie nicht das entsprechende Grundstück fristlos verlieren. Anders als bei sonstigen Abgaben, die den Bauern von der Grundherrschaft oft jahrelang gestundet wurden, kam es bei den Martinslehen offenbar darauf an, dem Gotteshaus, mit dem sie verbunden waren, pünktliche Leistungen zu garantieren. Mit dem Patrozinium der Kirche hatten sie ursprünglich nichts zu tun. So besaßen etwa auch das Dompropsteiamt Büchenbach oder das Kloster Münchaurach Martinslehen. Zur Martinsbühler Kirche in Erlangen scheinen jedenfalls in späterer Zeit nur zwei solcher Lehen gehört zu haben, die im Urbar von 1528 aus den Abgaben an das Gotteshaus, also die Altstädter Pfarrkirche, zu erschließen sind und erst danach als „Martins-Bühl-Lehen" der Kapelle zugeordnet wurden.

Forchheim

Am besten belegt durch die Nennung des Patroziniums 976 und die für noch wesentlich früher nachgewiesene Bedeutung des Ortes ist das hohe Alter und der Rang der Martinskirche in Forchheim,[79] der allerdings um das Jahr 1000 bereits deutlich zurückgegangen war, wie ihre Vergabe an das Würzburger Stift Haug 1002 verdeutlicht.

1989 begonnene Grabungen im Bereich des alten Friedhofs um die Martinskirche ergaben, daß die unterste Schicht circa 3 m unter das heutige Straßenniveau (mehr als 1 m unter das Fußbodenniveau der romanischen Kirche!) reicht. Die erste Phase der Friedhofsbelegung, deren Beginn unbekannt ist, endet um 1250. Von 63 aufgefundenen Toten wurden ihr acht Bestattungen im Bereich des heutigen Rathausplatzes zugeordnet.[80]

---

[79] „Königsgut und Königskirche wahrscheinlich spätmerovingisch. 805 Forahheim wie Hallstadt Stapel- und Etappenort für den böhmischen Feldzug. Der Königshof (curtis regia mit palatium) ist im 9. und 10. Jh. wiederholt Tagungsort von Hoftagen und Reichsversammlungen. 1007 Nov. 1 schenkt Kg. Heinrich II. das predium und 14 zugehörige Orte (beiderseits der Regnitz) dem Bistum Bamberg. ... 976 Juli 5 schenkt Kg. Otto II. quandam nostri iuris ecclesiam infra villam Vorcheim in hon. S. Mart. constructam mit ecclesiis ad prefatam ecclesiam pertinentibus, Zehnten, Geistlichen, Dörfern usw. der Würzburger Kirche. 1002 schenkt Kg. Heinrich II. dem Stift Haug in Würzburg auf Verwendung des Würzburger Bischofs Heinrich I. das Kirchengut (abbatiam) Forchheim, die Dörfer Erlangen und Eggolsheim, den zu Forchheim gehörigen Forst und drei königliche Eigenpriester. 1017 Okt. 26 bestätigt Kg. Heinrich II. dem B. Eberhard I. von Bamberg das von B. Heinrich I. von Würzburg eingetauschte Kirchengut (abbaciam) Erlangen, Forchheim, Eggolsheim, Kersbach usw. mit Zehnten. Reste einer frühromanischen Basilika erhalten. ..." (Guttenberg/Wendehorst, Pfarreiorganisation, wie Anm. 61, S. 103f.). – Vgl. dazu Jakob, Kollegiatstift (wie Anm. 20), S. 134f.

[80] Jakob, Kollegiatstift (wie Anm. 20), S. 98.

Eggolsheim

Am wenigsten erforscht ist die Martinskirche in Eggolsheim, das 1002 Zubehör von St. Martin Forchheim war, die als Tochterkirche ihr Patrozinium vielleicht von dort übernommen hat.[81] Während einerseits die früher auf den Ort bezogene Erwähnung von „Eggolfesheim" in den Fuldischen Überlieferungen um 750/802 heute mit dem Ort Eichelsee (Gemeinde Gaukönigshofen, Kreis Würzburg) gleichgesetzt wird,[82] bemühen sich die Bamberger Mittelalterarchäologen seit Jahren, Siedlungskontinuität sogar seit der Spätlatènezeit nachzuweisen.[83] Als „Etappenort" für die Schiffahrt auf der Regnitz scheidet Eggolsheim gleichwohl aus, da es lediglich zwölf Kilometer von Bamberg und nur sieben Kilometer von Forchheim entfernt liegt. Vermutlich auf einem Versehen beruht seine Einschätzung als „selbständiges Königsgut" und „Urpfarrei" durch Guttenberg/Wendehorst,[84] da ihre Begründung nicht zutrifft: 1007 kann der Ort nicht bei den Zubehörorten des Königshofes Forchheim genannt worden sein, da er 1002 und wohl schon früher zu den Zubehörorten des Kirchengutes Forchheim gehörte, das erst 1017 durch Tausch an das Hochstift Bamberg kam.[85]

Bamberg

Während Guttenberg/Wendehorst[86] das 902 zum ersten Mal urkundlich erwähnte Bamberg[87] wohl aufgrund des hier vorhandenen Martinspatroziniums[88] und der frühen Bedeutung des Ortes zu den großen Königshöfen an der Regnitzlinie rechnen, fehlt es ohne Angabe von Gründen bei Eigler. Eine vorromanische oder gar spätme-

---

[81] Vgl. Eigler (wie Anm. 12), S. 338: „.... St. Martins-Pfarrei in Titting, die ihrerseits 1493 als Filiale der St. Martins-Pfarrei zu Emsing genannt wird. ...".

[82] S. dazu Jakob, Grundlinien (wie Anm. 40), S. 184 mit Anm. 60a.

[83] Haberstroh, Funde (wie Anm. 19), S. 135. Sehr anschaulich S. 38–45 und S. 161f. seine Angaben zu der ausgegrabenen germanischen Siedlung.

[84] „In Eggolfesheim hatte zu Beginn des 10. Jhs. das Kloster Fulda Besitz. Da 1007 nicht unter den Zubehörgütern von Forchheim genannt, wahrscheinlich selbständiges Königsgut. Vielleicht aus dem ehemals Fuldaer Besitz sowie aus der vom Domdekan Lozo (etwa 1070) geschenkten Königshufe in Eckoluesheim entwickelte sich die schon im 12. Jh. näher beschriebene domstiftische Villikation, das spätere Propsteiamt E. ... Daß E. 976 Juli 5 unter den aecclesiis ... pertinentibus von St. Martin in Forchheim (Schenkung K. Ottos II. an Würzburg) mitverstanden ist, wird bei dem Charakter der älteren Siedlung und angesichts des Patroziniums kaum zweifelhaft sein, zumal auch 1002 Kg. Heinrich II. an Stift Haug in Würzburg abbatiam Forecheim villasque Erlangon et Eggoluesheim ... cum ecclesiis, decimis usw. schenkt. 1017 Okt. 26 kommt dieses Kirchengut cum decimis durch Tausch von Würzburg an Bamberg.... 1405 Turmneubau mit (etwa gleichzeitigem) Martinsrelief. ..." (Guttenberg/Wendehorst, Pfarreiorganisation, wie Anm. 61, S. 120f.; Dehio, Franken, wie Anm. 56, S. 245f.).

[85] Jakob, Altstadt Erlangen (wie Anm. 3), S. 49f.

[86] Guttenberg/Wendehorst, Pfarreiorganisation (wie Anm. 61), S. 14.

[87] Der 1999/2001 von Heinrich Wagner gemachte Versuch, aufgrund einer sehr individuellen Interpretation einer Vita der hl. Bilhildis die Ersterwähnung Bambergs auf das Jahr 718 vorzuverlegen und daraus weitreichende Schlüsse für die damalige Bedeutung des Ortes zu ziehen (Heinrich Wagner, Die Erstnennung Bambergs ca. 718, in: Bericht des Historischen Vereins Bamberg 137, 2001, S. 151–168), wurde von der Forschung umgehend zurückgewiesen (s. Bernd Schneidmüller, Die einzigartig geliebte Stadt – Heinrich II. und Bamberg, in: Josef Kirmeier/Bernd Schneidmüller u.a. (Hg.), Kaiser Heinrich II. 1002–1024 (Veröffentlichungen zur Bayerischen Geschichte und Kultur 44), Augsburg 2002, S. 31).

[88] Eckstein/Büll/Hörnig (wie Anm. 21), S. 30, zählen in Bamberg Alt-St. Martin, den Dom und die Michaelskirche zu den königlichen Kirchen, „welche die Sonnenaufgangsweiten der Festtage des hl. Martin (11. November) und des hl. Dionysius (9. Oktober) in ihre Baulinien integriert haben".

rowingische Königskirche[89] schließen die Ergebnisse der archäologischen Notgrabungen 1969 am Maxplatz jedoch aus: „Dort ließen sich zwar durchaus zwei Vorgängerbauten der 1804/05 abgetragenen spätgotischen Pfarrkirche St. Martin nachweisen. Der jüngere davon war nach den erhaltenen Baudetails eindeutig spätromanisch, der ältere gehörte leider jenem zeitlosen Typ des Saalbaus mit Rechteckchor an, der länger als ein halbes Jahrtausend weit verbreitet war. Nichts unter den Befunden am Maxplatz aber deutete darauf hin, daß diese Kirche viele Jahrhunderte lang bestanden und damit erheblich in vorromanische Zeit zurückgereicht haben könnte. Die ältesten am Platz geborgenen Scherben gehören erst in das 12. bis 13. Jahrhundert; sie sind allerdings mit Sicherheit der Bauperiode II zuzuweisen. Daß die Ausgrabungen trotz aller Ungunst der äußeren Bedingungen auf keinerlei Kulturschichten früh- oder gar vorromanischer Zeit führte, muß aber gegenüber jenen weitreichenden Vermutungen zur Vorsicht raten, die seit dem 19. Jahrhundert von Gelehrten und Heimatfreunden vertreten und vor allem mit dem Hinweis auf vermeintliche Parallelen begründet wurden, daß nämlich hier auf der Insel zwischen den Regnitzarmen die älteste Pfarrkirche Bambergs, eine ursprünglich königliche, zu einem Königshof gehörende Martinskirche gestanden habe".[90]

Hallstadt

Der mehr zur Main- als zur Regnitzlinie zu rechnende Königshof Hallstadt wurde nicht, wie von Eigler neuerdings wieder angibt,[91] erst 805 zum ersten Mal genannt, sondern bereits 741/749; folgte man der These, daß die Königshöfe gleichzeitig angelegt worden sein müssen, würde sich ihre Entstehung von „vor 805" um etwa 60 Jahre deutlich vorverlegen.[92] Im Unterschied zu anderen Würzburger Ausstattungsgütern bestand hier damals anscheinend keine Kirche. Eine solche ist erstmals 1013 genannt.[93] Patron war der hl. Kilian, der sich gut mit dem von den Würzburger Bischöfen betriebenen Landesausbau erklären läßt. Überhaupt muß dieses Patrozinium, das in Franken eine nicht wesentlich geringere Rolle spielt als St. Martin, in die Untersuchungen zur früh- und hochmittelalterlichen Siedlungsgeschichte mit einbezogen werden.[94] Von einem „Nachweis" des Martinspatroziniums in Hallstadt,[95] das

---

[89] „Das Patrozinium, die Filialprozessionen der benachbarten Kirchen (Obere Pfarre in Bamberg, Hallstadt [!], Breitengüßbach, Memmelsdorf, Kemmern, Hirschaid, Amlingstadt, Strullendorf, Pettstadt und Bischberg) mit Opfergaben an Martini und die Tradition (WB. Foerner 1623 an den Pf. von Hallstadt: ‚... gewisse Nachrichtung vorhanden, daß dieses Gotteshaus [St. Martin] die erste Kirche in diesen Landen war', allerdings mit irriger Beziehung auf den heiligen Kilian [!], ...) geben Veranlassung, St. Martin als Urpfarrei, und zwar als eine spätmerowingische Königskirche, somit nicht als eine der 14 karolingischen Slavenkirchen, anzusprechen. 973 Juni 27 unter den ecclesiis des Zubehörs des predium Bamberg zu verstehen. Namentlich genannt: 1194, um 1265 ..., 1311 Kirchhof. ..." (Guttenberg/Wendehorst, Pfarreiorganisation, wie Anm. 61, S. 75).
[90] Walter Sage, Frühgeschichte und Mittelalter, in: ders. (Hg.), Oberfranken in vor- und frühgeschichtlicher Zeit, Bayreuth ²1996, S. 267.
[91] Eigler, Besiedlung (wie Anm. 12), S. 186f.
[92] So auch Eigler, Schwabach (wie Anm. 24), S. 26f.
[93] Guttenberg/Wendehorst, Pfarreiorganisation (wie Anm. 61), S. 88.
[94] In Franken lassen sich derzeit mindestens 58 dem hl. Kilian geweihte Kirchen nachweisen.
[95] So Eigler, Besiedlung (wie Anm. 12), S. 188.

wohl nur wegen des hiesigen fränkischen Königshofes angenommen wurde, ist nicht die Rede.

Resumee

Was ist das Ergebnis dieser Untersuchung? Die Linie der durch Martinspatrozinien gekennzeichneten Königshöfe an Rezat, Rednitz und Regnitz gab es wohl nicht, jedenfalls nicht in der von der Forschung konstruierten Form. Eine fränkische Martinskirche und ein Königshof sind in Forchheim, dem bei weitem bedeutendsten und am besten quellenmäßig belegten Ort, nachgewiesen. Schwabach scheint Gründe für einen ähnlichen Anspruch zu haben, allerdings sind bereits hier wie auch in den folgenden Fällen die von Walter Sage nicht nur zur Bamberger Martinskirche gegebenen Warnungen zu bedenken: „... Zu den nicht nur in Oberfranken, sondern auch in anderen Landschaften häufig überforderten Datierungskriterien gehören bestimmte Patrozinien. Als typisch fränkisch und zugleich als sehr alt – auf die Zeit der ersten Kirchengründungen unter germanischer Herrschaft zurückreichend – gilt innerhalb des ganzen ehemaligen Frankenreiches vor allem die Widmung einer Kirche an den heiligen Martin. Die Gleichsetzung solcher Martinskirchen mit fränkischen oder karolingerzeitlichen Gründungen ist sicher auch in vielen Fällen richtig. Aber einem derart volkstümlichen Heiligen wie Martin von Tours wurden einerseits natürlich nicht nur im frühen Mittelalter Kirchen geweiht, während andererseits der Patrozinienwechsel bei bestehenden Kirchen auch nicht eben allzu selten ist. Wenn also die Existenz einer Martinskirche erst vom späten 12. oder gar 13. Jahrhundert an urkundliche Belege findet, dann muß diese ihres Patroziniums wegen noch keineswegs zu den Urgründungen ihrer Gegend gezählt werden, wenn nicht weitere wichtige Indizien hinzutreten".[96] In Weißenburg hatte die Martinskirche nichts mit dem Königshof zu tun, wohl ebenso in Bamberg. In Hallstadt gab es einen Königshof, jedoch keine Martinskirche. In Fürth ist kein Königshof nachgewiesen, ebenso in Erlangen; hier dürfte die Martinskapelle spätmittelalterlich sein. Eggolsheim könnte als Filiale von Forchheim das dortige Patrozinium übernommen haben.[97] Eine grundsätzliche Verbindung von Martinskirchen und Königshöfen läßt sich weder aufgrund von archäologischen noch schriftlichen Quellen nachweisen. Wenn Königshöfe überhaupt Kirchen hatten, konnten diese auch anderen Heiligen geweiht sein. Zu warnen ist vor den großartigen, jedoch stets aus ihrer Zeit heraus entstandenen Systemen, die zwar in sich logisch begründet zu sein scheinen und von den Zeitgenossen nur schwer zu widerlegen sind, es sei denn, diese Theorien schließen sich gegenseitig aus oder werden schon durch eine bloße Nachprüfung der real möglichen Verhältnisse ad absurdum geführt. Es muß grundsätzlich bedenklich stimmen, wenn die Frühgeschichte fast klarer erforschbar zu sein scheint als spätere Zeiten, und hier komplizierte Fragen zur Siedlungs-, Pfarrei- und Herrschaftsgeschichte durch Anwendung holzschnittartiger Strukturen scheinbar mühelos beantwortet werden können, während dies dann trotz (oder wegen) der zunehmend einsetzenden schriftlichen Quellen immer weniger der

---

[96] Sage (wie Anm. 90), S. 266f.
[97] Die Übernahme des Patroziniums der Mutter- durch die Tochterkirche erklärt Beck (wie Anm. 45), S. 95, als jahrhundertealten Brauch.

Fall ist. Die durch allzu perfekte Theoriegebäude gewonnenen Ergebnisse verstellen im Einzelfall den Blick auf lokale Verhältnisse, erschweren die Forschung, wenn eine Lücke zwischen – vermeintlich – großer Vergangenheit und der später aus den schriftlichen Quellen hervortretenden Bescheidenheit der Verhältnisse zu erklären ist oder machen sie vollends unmöglich, wenn das am Schreibtisch gezeichnete Bild zu übermächtig ist. Zu starr angewandte Systeme bergen die Gefahr, sich die vielfältige Realität anzupassen. Auch das Patrozinium des hl. Martin gibt nicht die Antwort auf alle Fragen, die bezüglich der frühmittelalterlichen Erschließung des Landes notwendigerweise offen bleiben. Die Ergebnisse müssen am Ende, nicht am Anfang der Forschung stehen, wie das mitunter der Fall zu sein scheint.[98] Selbstverständlich können – rein theoretisch – fränkische Martinskirchen fast überall gestanden haben und sich nach einem Patrozinienwechsel noch in vielen mittelalterlichen Kirchen verstecken. Nimmt man aber dem Patrozinium seinen Generalanspruch als Selbstbeweis, dürfte es sehr häufig sehr schwer fallen, auch auf anderen Wegen zum selben Ergebnis zu kommen. Wenngleich die hier gebrachten Argumente den übermächtigen Ruf der Martinspatrozinien in der Öffentlichkeit wohl wenig beeinträchtigen werden, verdient das große Thema eine gründlichere Untersuchung gemäß dem Ausspruch des bedeutenden Philosophen und Wissenschaftstheoretikers Karl Popper: „Wenn wir unkritisch sind, werden wir stets finden, was wir suchen: wir werden nach Bestätigungen Ausschau halten und sie finden, und wir werden über alles, was unseren Lieblingstheorien gefährlich werden könnte, hinwegsehen. So ist es nur zu leicht, scheinbar überwältigendes Beweismaterial für eine Theorie zu finden, die widerlegt worden wäre, hätte man sie kritisch behandelt".[99] Auch bezüglich der Ausdeutung der Patrozinien fehlt es nicht an Warnungen.[100] Sie sollten beherzigt werden.

---

[98] Vgl. Eigler, Besiedlung (wie Anm. 12), S. 337: „In Oberhochstatt wird St. Martin als Filiale von St. Nikolaus in Weiboldshausen genannt. Doch hält Leidel aufgrund des fränkischen Patroziniums wohl zurecht Oberhochstatt für den Mittelpunkt einer Urpfarrei, wobei die Entwicklung zur Filiale sekundär ist. ...".

[99] Karl Popper, in: „Das Elend des Historizismus", Tübingen 1971, zitiert nach Cord Meckseper, „Wer sucht, der findet ..." – Zur vorgeblichen Entdeckung der mittelalterlichen Stadtplanung (Rezension), in: Die alte Stadt 3/2002, Vierteljahresschrift für Stadtgeschichte, Stadtsoziologie und Denkmalpflege, S. 256.

[100] „.... freilich ist auch vor Kritiklosigkeit und weitgehendem Optimismus in der Beurteilung der heutzutage geltenden Patrozinien zu warnen. Für die Patrozinienforschung ist die gewissenhafteste Nachprüfung des Alters eines jeglichen Kirchentitels unerläßlich. Daneben sind die Ortsgeschichte, die früheste Bezeugung der Gotteshäuser an sich, ihre Rechtsbeziehungen, insbesondere die Filialverhältnisse von großer Wichtigkeit. Archäologische und kunstgeschichtliche wie volkskundliche Daten dürfen nicht außer Acht gelassen werden. ..." (Wilhelm Deinhardt, Frühmittelalterliche Kirchenpatrozinien in Franken, Studien zur Frühgeschichte der Diözesen Bamberg und Würzburg, Erlangen 1933, S. 3).

Hans-Diether Dörfler

Maß für Maß
Braugewerbe und Umgeld im Erlangen des 18. Jahrhunderts

Brauereien gelten als älteste verarbeitende Gewerbebetriebe in der Altstadt Erlangen: „Die älteste Nahrung der Bürger unserer Altstadt ist auch die Bierbrauerey".[1] Mit der Verleihung des Auerbacher Stadtrechts durch ihren Landesherrn König Wenzel am 7. Juli 1398 erhielt die Stadt auch die Erlaubnis zur Erhebung einer Bier- und Weinsteuer, dem Umgeld.[2] Diese Erlaubnis läßt auf die Existenz von Wirten und Brauern in der Altstadt spätestens seit 1398 schließen. Nicht zufällig steht bereits dieser erste Hinweis auf Brauereien in einem engen Konnex mit einer Biersteuer, brachte doch die Produktion von Bier in der Alt- und Neustadt Erlangen[3] von 1398 bis zur ersatzlosen Abschaffung der gemeindlichen Getränkesteuer zum 1. Januar 1969 zugleich auch immer eine Besteuerung des Produkts mit sich. Von 1398 bis 1810 wurde die Steuer als Umgeld erhoben, 1810 bis 1923 als Malzaufschlag, 1923 bis 1969 als gemeindliche Getränkesteuer.[4]

Im folgenden wird untersucht, inwieweit die Erhebung des Umgeldes den wirtschaftlichen Entwicklungsprozeß des Braugewerbes in der Alt- und Neustadt Erlangen beeinflußt hat, wird doch durch die Verteilung von Steuerlast unmittelbar Gewerbe- und Wirtschaftspolitik betrieben. Selbst kleinräumig auftretende Steuerbegünstigungen oder -nachteile konnten die Verdienstmöglichkeiten eines Gewerbes stark beeinflussen. Daher ist die detaillierte Untersuchung der Steuerbelastung auf lokaler Ebene erforderlich.[5] Für die Altstadt Erlangen läßt sich allerdings durch den weitgehenden Verlust der Archivalien im Stadtbrand von 1706 die Bedeutung des Umgeldes für das Gedeihen des Braugewerbes bis zum Beginn des 18. Jahrhunderts kaum nachvollziehen. Für das ausgehende 18. und das beginnende 19. Jahrhundert ist dagegen die Quellenlage weit besser. Die Umgelderhebung seit der Gründung der Neustadt Erlangen 1686 bis zur Ersetzung des Umgeldes durch den bayerischen Malzaufschlag 1810 und die Reform der Umgelderhebung durch die preußische Administration im Jahr 1800 bilden daher den Schwerpunkt dieser Betrachtung.

Mit einer Forschungsarbeit zur Umgelderhebung werden zwei bislang nur wenig berücksichtigte Bereiche der Erlanger Stadtgeschichtsforschung betreten. Zum einen

---

[1] Stadtarchiv Erlangen (im folgenden: StadtA Er) 24.B.1, S. 307 (= Abschrift der Chronik der Stadt Erlang. Verfaßt 1774 von Johann Paul Reinhard).

[2] StadtA Er 1.B.9, fol. 89 (= Abschrift der Urkunde vom 7. Juli 1398).

[3] Zum besseren Verständnis: „Altstadt (Erlangen)" meint den 1002 erstmals erwähnten und 1398 zur Stadt erhobenen mittelalterlichen Ort. Mit „Neustadt (Erlangen)" wird die ab 1686 für französische Glaubensflüchtlinge (Hugenotten) angelegte Planstadt und bis 1812 eigenständige Stadtgemeinde bezeichnet. Bis 1812 blieben beide Städte, obwohl seit Ende des 17. Jahrhunderts faktisch zusammengewachsen, administrativ getrennt.

[4] Karl Bullemer, Die Entwicklung der staatlichen Bierbesteuerung in Deutschland. Ein Beitrag zur Geschichte der Bierbesteuerung, in: Jahrbuch der Gesellschaft für die Geschichte und Bibliographie des Brauwesens 1953, S. 67–124.

[5] Vgl. Erich Maschke, Industrialisierungsgeschichte und Landesgeschichte, in: Blätter für Deutsche Landesgeschichte 103, 1967, S. 71–84.

wurden Fragen der Steuererhebung, des Steueraufkommens oder der Auswirkungen bestimmter Steuern und der Veränderungen ihrer Hebesätze auf einzelne Gewerbe kaum gestellt, obwohl finanzielle Ressourcen eine der wesentlichen Bedingungen politischen Handelns nicht nur auf staatlicher, sondern auch auf kommunaler Ebene sind. Zum anderen konzentrierten sich landes- und lokalhistorische Forschungsarbeiten zur wirtschaftlichen und sozialen Situation von Alt- und Neustadt im 18. und beginnenden 19. Jahrhundert nahezu ausschließlich auf die verschiedenen exportorientierten Gewerbebetriebe in der lange prosperierenden „Fabrikstadt" wie etwa die Handschuhmacher-, Hutmacher- und Kattunmanufakturen[6] oder die Strumpfwirkerindustrie.[7] Die Zeit ihres wirtschaftlichen Erfolgs ist ebenso detailliert ausgeleuchtet wie ihr Niedergang während der Napoleonischen Kriege: Vor allem das lange ökonomische Siechtum der Strumpfwirkerindustrie, dessen Ursachen, sowie die vergeblichen Förderungsmaßnahmen durch die preußischen und bayerischen Behörden wurden intensiv analysiert.[8]

Andere Bereiche der Erlanger Wirtschaft, wie etwa der weit weniger exportabhängige primäre Sektor insgesamt oder konkret das Braugewerbe, sind dagegen für das 18. und das beginnende 19. Jahrhundert noch kaum erforscht.[9] Dabei liegt eine Untersuchung dieser Bereiche nahe, war doch die Altstadt Erlangen trotz der wirtschaftlichen Erfolge der Neustadt in diesem Zeitraum weiter vorwiegend agrarisch-handwerklich strukturiert[10] und wird von der historischen Forschung ein großes Interesse der preußischen Regierung an der Förderung der Landwirtschaft und des verarbeitenden Gewerbes in den fränkischen Landesteilen konstatiert.[11] Um die Wechselwirkungen zwischen der Umgelderhebung und der Entwicklung des Braugewerbes in Alt- und Neustadt Erlangen detailliert untersuchen zu können, wird als Basis zunächst ein Überblick über das Erlanger Braugewerbe in der zweiten Hälfte des 18. und zu Beginn des 19. Jahrhunderts gegeben, der Bierkonsum der Bevölkerung untersucht sowie der Bierimport betrachtet.

---

[6] Vgl. Axel Hinzmann, Wirtschaftliche Innovationen der Hugenotten in Erlangen, in: 300 Jahre Hugenottenstadt Erlangen. Vom Nutzen der Toleranz, hg. v. Christoph Friedrich, Nürnberg 1986, S. 152–159; Birke Grießhammer, Handschuhmacher und Weißgerber – eine französische Enklave, in: ebd., S. 169–170.

[7] Ernst Schubert, Erlangen als Fabrikstadt des 18. Jahrhunderts, in: Erlangen. Von der Strumpfer- zur Siemens-Stadt, hg. v. Jürgen Sandweg, Erlangen 1982, S. 13–58 (im folgenden zitiert als: Schubert, Erlangen als Fabrikstadt); Georg Schanz, Zur Geschichte der Colonisation und Industrie in Franken, Erlangen 1884.

[8] Birke Grießhammer, Die Strumpffabrikation – eine Fehlinvestition? in: 300 Jahre Hugenottenstadt Erlangen. Vom Nutzen der Toleranz, hg. v. Christoph Friedrich, Nürnberg 1986, S. 160–167; Johannes Bischoff, Erlangen 1790 bis 1818. Studien zu einer Zeit steten Wandels und zum Ende der „Französischen Kolonie", in: Erlangen. Von der Strumpfer- zur Siemens-Stadt, hg. v. Jürgen Sandweg, Erlangen 1982, S. 90–95 (im folgenden zitiert als: Bischoff, Erlangen 1790 bis 1818).

[9] Fritz Bauerreiß/Jürgen Schneider, Die wirtschaftliche Entwicklung vom Ende des 18. Jahrhunderts bis zum Ende des Zweiten Weltkriegs, in: Erlangen. Geschichte der Stadt in Darstellung und Bilddokumenten, hg. v. Alfred Wendehorst, München 1984, S. 113–119.

[10] Vgl. Schubert, Erlangen als Fabrikstadt, S. 14–20.

[11] Rudolf Endres, Die preußische Ära, in: Handbuch der bayerischen Geschichte 3/1, Geschichte Frankens bis zum Ausgang des 18. Jahrhunderts, begründet v. Max Spindler, hg. v. Andreas Kraus, München ³1997, S. 772–782, hier S. 772–779 (im folgenden zitiert als: Endres, Die preußische Ära).

1. Das Erlanger Braugewerbe in der zweiten Hälfte des 18. Jahrhunderts

Dreizehn gewerbliche Brauereien und das Altstädter Gemeindebrauhaus lassen sich in der zweiten Hälfte des 18. Jahrhunderts in der Alt- und Neustadt Erlangen nachweisen.[12] Acht davon befanden sich in der Altstadt,[13] wobei die 1736 eröffnete Sudstätte im „Weißen Lamm" (Hauptstraße 86) bereits 1790 ihren Betrieb wieder einstellte, nachdem sich ihr Besitzer Johann Georg Kittlinger aus Altersgründen zur Ruhe gesetzt hatte.[14] Auch das 1710 eröffnete, seit der Jahrhundertmitte aber kaum mehr genutzte Altstädter Gemeindebrauhaus wurde 1812 geschlossen und verkauft.[15]

In der Neustadt existierten vier Braustätten[16] sowie das Braurecht der Universität. Letzteres stellte indes lediglich ein persönliches Recht dar – ein „Universitätsbrauhaus" gab es in Erlangen nicht.[17] Auch wurde im letzten Viertel des 18. Jahrhunderts in der baulich größten Sudstätte, dem Buirettschen Brauhaus (Untere Karlstraße 2–4), nicht kontinuierlich produziert, nachdem sich die ökonomischen Interessen der Besitzerfamilie Buirette d'Oehlefeldt von Erlangen nach Wilhelmsdorf verlagert hatten.[18]

Nach der großen Anzahl der Sudstätten scheint dieser Gewerbezweig insbesondere in der Altstadt Erlangen erhebliches ökonomisches Gewicht gehabt zu haben, doch relativiert sich dieses bei Betrachtung der handwerklichen Betriebsstruktur sowie damit zusammenhängend der Eigenschaften des hergestellten Produkts: Das relativ schwach eingebraute Erlanger Bier konnte durch seine verhältnismäßig kurze Haltbarkeit bis zur Verbesserung von Lager- und Transportmöglichkeiten sowie dem Einfließen wissenschaftlicher und technischer Innovationen in den Brauprozeß im 19. Jahrhundert lediglich im näheren Umkreis des Produktionsortes konsumiert werden.[19] Es bestand somit eine äußerst enge Verbindung von Produktion und Konsum, die durch die meist höhere Besteuerung von nicht am Ort hergestellten Bieren noch gefördert wurde.[20] In der Alt- und Neustadt Erlangen fanden sich daher mit Ausnah-

---

[12] Einen Überblick zur örtlichen Braugeschichte bietet Hans-Diether Dörfler, Erlanger Brauereien im Wandel der Zeit, in: Jochen Buchelt/Hans-Diether Dörfler/Martin Schieber, Ein Erlanger bitte! Die Geschichte der Erlanger Brauereien, Erlangen 2000, S. 7–34 (im folgenden zitiert als: Buchelt, Erlanger Brauereien).

[13] Leonhard Freyesleben, Das ietztlebende Erlangen, Erlangen 1775, S. 48–49 (im folgenden zitiert als: Freyesleben, Erlangen): Brauhaus Hauptstraße 86, Inhaber Johann Georg Kittlinger; Hauptstraße 105, Memminger; Hauptstraße 116, Johann Caspar Maußner; Martin Luther-Platz 3, Johann Paulus Barthelmes; Martin Luther-Platz 4, Joseph Vierzigmann; Martin Luther-Platz 10, Johann Georg Vierzigmann; Pfarrstraße 14, Johann Balthasar Kießling; Altstädter Kirchenplatz 6, Georg Wolfgang Dürr.

[14] Zur Hausgeschichte vgl. Tim Sünderhauf, Gasthäuser, Schenken und Tavernen im Erlangen des 18. Jahrhunderts, in: Erlanger Bausteine zur fränkischen Heimatforschung 48, 2000, S. 162–163 (im folgenden zitiert als: Sünderhauf, Gaststätten).

[15] Vgl. Buchelt, Erlanger Brauereien, S. 118–120.

[16] Freyesleben, Erlangen, S. 48–49: Brauhaus Hauptstraße 55, Inhaber Georg Vierzigmann; Bohlenplatz 6, Franz Vierzigmann; Südliche Stadtmauerstraße 25, Johann Georg Vierzigmann.

[17] Vgl. Brauen – ein Recht der Universität? in: Buchelt, Erlanger Brauereien, S. 140f.

[18] Vgl. Buchelt, Erlanger Brauereien, S. 79f.

[19] Vgl. Mikuláš Teich, Bier, Wissenschaft und Wirtschaft in Deutschland 1800–1914. Ein Beitrag zur deutschen Industrialisierungsgeschichte, Wien, Köln, Weimar 2000 (im folgenden zitiert als: Teich, Bier, Wissenschaft und Wirtschaft).

[20] Hans Huntemann, Das deutsche Braugewerbe vom Ausgang des Mittelalters bis zum Ausgang der Industrialisierung, Nürnberg 1971, S. 97–101 (im folgenden zitiert als: Huntemann, Braugewerbe).

me des Buirettschen Brauhauses eine Vielzahl von Gasthaus- und Kleinbrauereien. Ihrer Betriebsstruktur nach waren es reine Handwerksbetriebe, die alle Produktionsschritte bis auf das Mahlen des Malzes in einer Schrotmühle sowie das Ausreifen in einem Bierkeller am Burgberg im Haus durchführen. Dabei ist ihre räumliche Situation als äußerst beengt einzuschätzen, wie verschiedene Kaufbriefe von Erlanger Sudbetrieben des 18. Jahrhunderts zeigen. Beispielsweise bestand das Anwesen der späteren Erich-Brauerei (Altstädter Kirchenplatz 6) lediglich aus dem „Wohnhaus, samt dem Hofgebäude, sämtl[ichen] Kellern zum Schenken und Mulzen, [...] Ingleichen den Felsenkeller mit dem Häußl, nicht weniger den am Martins Bühl befindlichen Stadel".[21] Auch war die Brautechnik der Betriebe noch recht einfach. So bestand die Ausstattung des erwähnten Brauhauses aus „Brau- Branntweinkesseln, [hölzernen] Maisch-Weiß-Bier-Kuffen, Bier und Hainzelfäßern samt denen zur Brauerey gehörigen Wägen und übrigen Bräugeräth".[22]

Entsprechend der geringen Betriebsgröße wurde am Ende des 18. Jahrhunderts das Braugewerbe von keinem Brauer ausschließlich betrieben. Typisch waren so bis weit ins 19. Jahrhundert die Doppelberufe Brauer-Wirt und Brauer-Bäcker.[23] In der überwiegenden Mehrzahl der Fälle wurde noch ein Gasthaus geführt, oder zumindest Bier selbst ausgeschenkt. So findet sich in den Akten des vereinigten Magistrats von Alt- und Neustadt Erlangen zur Jahrhundertmitte über den Pächter des Stauffschen Brauhauses die Anmerkung, er betreibe „das Gewerb sowohl Faß als maasweiß gleich andern Privat-Bräuhäußern".[24] Sünderhauf vermutet jedoch in seiner Arbeit über Gasthäuser, Schenken und Tavernen im Erlangen des 18. Jahrhunderts, daß nicht alle Brauereibesitzer auch das Schankrecht zum Verzapfen ihres Bieres besaßen.[25]

Bis weit ins 19. Jahrhundert hinein produzierten die gewerblichen Sudstätten der beiden Städte mit handwerklichen Mitteln und geringer Arbeitsteilung vorwiegend für den lokalen Markt. Damit kann den Erlanger Brauereien kein Beschäftigungspotential zugewiesen werden, das sich mit denjenigen der Hutmanufakturen oder der Strumpfwirkerbranche mit ihren zahlreichen Beschäftigten vergleichen läßt.

2. Konsum Erlanger Bieres am Ende des 18. Jahrhunderts

In einem Stammbuchblatt aus dem 18. Jahrhundert heißt es: „In Erlangen wird zum Bier gegangen".[26] Alt- und Neustadt Erlangen galten gar als „Bierinsel".[27] Der einheimischen Bevölkerung wurde dennoch von Zeitgenossen ein bemerkenswerter Bierkonsum unterstellt. Doch ist kritisch zu fragen, ob wirklich bevorzugt Bier kon-

---

[21] Adam Martius, Chronik der Bierbrauereien Erlangens, Erlangen 1926, S. 126.
[22] Ebd.
[23] Vgl. etwa Erlanger Heimatblätter 33, 1922, S. 161: „Conrad Windischen, Becken und Posthaltern Hauß, Bräuhauß und Stallung".
[24] StadtA Er 3.A.1, S. 18.
[25] Sünderhauf, Gaststätten, S. 45f.
[26] Ebd., S. 70.
[27] Züge und Zustände aus dem Erlanger Studentenleben. Mit historischen Notizen über die Friedrich-Alexander-Universität und dem Programm zu den Feierlichkeiten bei ihrem hundertjährigen Jubiläum. Von einem ehemaligen Erlanger Studenten, Nürnberg und Erlangen 1843, S. 51 (im folgenden zitiert als: Züge und Zustände).

sumiert wurde und ob der Pro-Kopf-Verbrauch an Bier in den beiden Städten an Regnitz und Schwabach außergewöhnlich hoch war.

Wasser war als reines Trinkwasser im Prinzip eine billige und verhältnismäßig leicht verfügbare Alternative zum Bier. Allerdings war es in beiden Erlangen aufgrund der mangelhaften Verhältnisse der Wasserver- und -entsorgung unaufbereitet nicht problemlos genießbar,[28] obwohl Johann Georg Friedrich Papst in seiner Schrift über die Universität aus dem Jahr 1791 die Trinkwasserqualität einzelner Erlanger Brunnen ausdrücklich lobt: „Noch besser ist es, daß die hiesige Stadt in Absicht auf das Wasser nicht zu klagen hat. Einige Brunnen der Stadt sind von vorzüglicher Güte".[29] In der Regnitzstadt wurde erst mit dem Bau eines Wasserwerks samt Leitungsnetz ab 1890 das Lebensmittel Wasser in einem hygienisch einwandfreiem Zustand verfügbar.[30] Neben dem Brunnenwasser war importiertes Selterswasser verfügbar, das immer wieder in verschiedenen Wirtshäusern verkauft wurde.[31] Wasser bildete zudem die Grundlage von Kaffee und Tee, zweier wichtiger nichtalkoholischer Alternativgetränke zum Bier:[32] Kaffee entwickelte sich im 18. Jahrhundert zum normalen Frühstücksgetränk in vielen Erlanger Familien.[33] Milch dagegen wurde im allgemeinen nur für die Kindernahrung verwendet.[34]

Auch Wein stellte in Erlangen am Ende des 18. Jahrhunderts keine echte Alternative zum Bier dar. Das fiel auch dem hier studierenden Georg Friedrich Rebmann auf, als er in seinen 1792 erschienenen „Briefe[n] über Erlangen" anmerkte, daß in Erlangen, „auch in solchen Gasthöfen, die schon zu den ansehnlichern gehören, sehr wenig Wein, der überhapt hier sehr theuer und meist verfälscht ist, sondern beinahe durchgängig auch von Honoratioren, nur Bier getrunken wird." Dagegen war „im nördlichen Deutschland dieß Getränk (das englische, Merseburger usw. ausgenommen) nur für den Pöbel".[35] Zahlen untermauern diese Aussage: Zwischen dem 1. Juni 1792 und Ende Mai 1793 wurden in den Gasthäusern der Neustadt Erlangen lediglich 267 ¼ Eimer (ein Eimer entspricht 64,142 Litern) Wein gegenüber 8580 ¼ Eimer importierten und 4519 Eimer Neustädter Bieres konsumiert.[36]

---

[28] Vgl. Heinrich Hirschfelder, Dr. August Papellier. Ein engagierte Bürgermeister (1866–1872) in politisch bewegter Zeit, in: Erlangen. Von der Strumpfer- zur Siemens-Stadt, hg. v. Jürgen Sandweg, Erlangen 1982, S. 234.
[29] Johann Georg Friedrich Papst, Gegenwärtiger Zustand der Friedrich Alexanders Universität zu Erlangen, Erlangen 1791, S. 139–140 (im folgenden zitiert als: Papst, Gegenwärtiger Zustand).
[30] Jutta Thamer, Industriearchitektur in Erlangen, in: Erlangen. Von der Strumpfer- zur Siemens-Stadt, hg. v. Jürgen Sandweg, Erlangen 1982, S. 379–381.
[31] Sünderhauf, Gaststätten, S. 69.
[32] Sünderhauf, Gaststätten, S. 69.
[33] Johann Christian Fick, Historisch-topographisch-statistische Beschreibung von Erlangen und dessen Gegend mit Anweisungen und Regeln für Studierende, Erlangen 1812 (ND Erlangen 1977), S. 82 (im folgenden zitiert als: Fick, Historisch-topographisch-statistische Beschreibung).
[34] Hildegard Weiß, Die landwirtschaftlichen Erzeugnisse, in: Handbuch der bayerischen Geschichte 3/1, Geschichte Frankens bis zum Ausgang des 18. Jahrhunderts, begründet v. Max Spindler, hg. v. Andreas Kraus, München ³1997, S. 895–900, hier S. 898 (im folgenden zitiert als: Weiß, Die landwirtschaftlichen Erzeugnisse).
[35] Vgl. Georg Friedrich Rebmann, Briefe über Erlangen, Frankfurt/Leipzig 1792 (ND Erlangen 1984), S. 120 (im folgenden zitiert als: Rebmann, Briefe über Erlangen 1).
[36] StadtA Er 2.R.84, S. 15.

Der quantitative Vorrang des Gerstensafts gegenüber dem Wein hat sich vermutlich erst in der zweiten Hälfte des 17. Jahrhunderts langsam eingestellt. Noch während des 15. Jahrhunderts scheint Wein in Franken und damit wohl auch in der Altstadt Erlangen bevorzugt worden zu sein.[37] Seine Rolle als gewöhnliches Alltagsgetränk gründete der Wein nicht zuletzt auf seiner engen Verknüpfung mit dem Christentum, insbesondere seiner Funktion innerhalb des Gottesdienstes als „Bildnis und Instrument des eucharistischen Wunders".[38] Mit der Christianisierung setzte er sich als Symbol des neuen Glaubens auch in Franken durch. Weinbau wurde selbst in der Frankenalb und dem Obermaingebiet betrieben.[39] In der Erlanger Umgebung ist Weinanbau durch Flurnamen wie Weinberg oder Weingarten nachweisbar. Am Erlanger Burgberg ist der Anbau von Wein erstmals 1429 belegt.[40] Er wurde in geringem Maßstab bis zum Beginn des 20. Jahrhunderts fortgeführt, hatte allerdings spätestens seit dem 17. Jahrhundert jegliche ökonomische Bedeutung verloren.[41]

Ob indes im 15., 16. und 17. Jahrhundert der Weinkonsum tatsächlich quantitativ weit vor demjenigen des Bieres lag, wie etwa Jakob für die Altstadt Erlangen annimmt,[42] ist umstritten und anhand der Quellen nicht zu belegen.[43] Zweifelsfrei ist lediglich, daß die Produktion von Wein in Franken ab 1550 zurückging, die Rebkulturen häufig durch Hopfen- und Obstkulturen substituiert wurden.[44] Ob sich jedoch dadurch zugleich der Konsum verminderte, wird von Heller bezweifelt: „Bier hat sich nicht so sehr auf Kosten des Weins, sondern neben dem Wein als vorherrschendes Volksgetränk breit gemacht".[45] Für Erlangen würde dies bedeuten, daß mit dem starken Bevölkerungswachstum insbesondere der Neustadt Erlangen ab ihrer Gründung 1686 – zwischen 1698 und 1760 vermehrte sich die Zahl der Einwohner von 1317 auf 5886[46] – der Konsum von Bier stark zunahm, der von Wein dagegen weitgehend konstant blieb.

Es stellt sich aber dennoch die Frage, weshalb mit dem Bevölkerungswachstum der Alt- und Neustadt Erlangen im 18. Jahrhundert der Weinkonsum nicht im gleichen Maße wie der Bierkonsum anstieg. Zwei Gründe lassen sich für den quantitativen Vorzug von Bier gegenüber Wein anführen. Erstens unterschritt der Preis des Gerstensaftes denjenigen des Weines erheblich: So kostete Mitte der 1770er Jahre das Maß Braunbier zwei, das Maß Weißbier einen Kreuzer.[47] Dagegen zahlte man für ein

---

[37] Weiß, Die landwirtschaftlichen Erzeugnisse, S. 898.
[38] Vgl. Massimo Montanari, Der Hunger und der Überfluß. Kulturgeschichte der Ernährung in Europa, München 1999, S. 27–32 (im folgenden zitiert als: Montanari, Hunger und Überfluß).
[39] Hartmut Heller, Warum Bier in Franken, Erlangen 1983, ohne Paginierung (im folgenden zitiert als: Heller, Warum Bier).
[40] Andreas Jakob, Weinbau, in: Erlanger Stadtlexikon, hg. v. Christoph Friedrich/Bertold Freiherr von Haller/Andreas Jakob, Nürnberg 2002, S. 740.
[41] Ernst Mummenhoff, Vom Weinbau in der weiteren und näheren Umgebung von Nürnberg in alter Zeit, in: Fränkischer Kurier 287 vom 22. Juni 1922, S. 1.
[42] Andreas Jakob, Weinbau, in: Erlanger Stadtlexikon, S. 740.
[43] Heller, Warum Bier.
[44] Vgl. Andreas Otto Weber, Hopgrowing in the Vineyard. The development of Wine- and Beer Regions in Southern Germany 15th – 18th Century [im Druck].
[45] Heller, Warum Bier.
[46] Schubert, Erlangen als Fabrikstadt, S. 18.
[47] StadtA Er 24.B.1, S. 315.

Maß fränkischer Weine zwischen zehn und 36 Kreuzer, ausländische Rebensäfte schlugen mit 30 Kreuzern bis einen Gulden für ein dreiviertel Maß zu Buche.[48] Damit war Bier auch für den kargen Geldbeutel der Studenten und Handwerksburschen erschwinglich.[49]

Zweitens ist ein Innovationsprozeß zu konstatieren, obwohl Heller einen solchen ablehnt: „Das verstärkte Aufkommen des Bieres damit zu erklären, daß der menschliche Gaumen es plötzlich als schmackhafter oder besonders durstlöschend empfand, überzeugt [...] wenig".[50] Indes ist zwar keine plötzliche, aber eine allmähliche Abwendung der Brauer und Konsumenten vom obergärigen Weißbier, hergestellt aus Weizen oder Gerstenmalz, bei zunehmender Bevorzugung von untergärigem Braunbier auf Gerstenmalzbasis[51] festzustellen, die auch eine verstärkte Abkehr vom Weinkonsum mit befördert haben könnte. Deutliches Kennzeichen für die Verlagerung der Verbrauchergunst hin zum untergärigen Braunbier war in Erlangen die Anlage der Burgbergkeller ab 1675,[52] in Oberbayern die Aufgabe des landesherrlichen Monopols des Weißbierbrauens 1789 und die Schließung des Münchner Weißen Brauhauses 1802.[53] Die Erlanger Burgbergkeller waren für die Herstellung und Haltbarkeit des untergärigen braunen Bieres unverzichtbar.[54] Dort konnte um 1774 die beachtliche Menge von 30000 Eimern oder rund 19250 Hektolitern eingelagert werden.[55] Das Weißbier scheint auch in Erlangen in einem langdauernden Prozeß zurückgedrängt worden zu sein. So weisen noch 1753 die in der späteren Erichbräu vorhandenen „Maisch-Weiß-Bier-Kuffen" auf die Herstellung von obergärigem Weißbier hin.[56] Weiter berichtete Friedrich Nicolai in seiner Reisebeschreibung von 1781, daß in Alt- und Neustadt Erlangen Weißbier und Braunbier gebraut und getrunken werden.[57] Ende des 18. Jahrhunderts übertraf dann die Menge des in beiden Städten gebrauten Braunbieres diejenige des Weißbieres bei weitem: Zwischen 1796 und 1799 wurden lediglich 41 Simra[58] Malz zu Weißbier gegenüber 2928 Simra Malz zu Braunbier verbraut.[59] Dies entsprach einem Ausstoß von rund 580 Hektolitern Weißbier gegenüber 41320 Hektolitern Braunbier über diese drei Jahre.[60]

---

[48] Sünderhauf, Gaststätten, S. 69.
[49] Fick, Historisch-topographisch-statistische Beschreibung, S. 180; vgl. auch Sünderhauf, Gaststätten, S. 69.
[50] Heller, Warum Bier.
[51] Teich, Bier, Wissenschaft und Wirtschaft, S. 25–26.
[52] Vgl. Buchelt, Erlanger Brauereien, S. 155–158.
[53] Teich, Bier, Wissenschaft und Wirtschaft, S. 26.
[54] Johannes Bischoff, Neue Gewerbe und Manufakturen, in: Erlangen. Geschichte der Stadt in Darstellung und Bilddokumenten, hg. v. Alfred Wendehorst, München 1984, S. 59–60.
[55] StadtA Er 24.B.1, S. 307.
[56] Adam Martius, Chronik der Bierbrauereien Erlangens, Erlangen 1926, S. 126.
[57] Friedrich Nicolai, Beschreibung einer Reise durch Deutschland und die Schweiz im Jahre 1781. Nebst Bemerkungen über Gelehrsamkeit, Industrie, Religion und Sitten, 1, Berlin/Stettin 1783, S. 174.
[58] Wilhelm Ficker, Geldwesen, Kaufkraft und Maßeinheiten im Bereich des Fürstentums Kulmbach-Bayreuth, Neustadt an der Aisch 1989, S. 94: Ein Simra gleich 16 Meeß gleich 517,2 Liter.
[59] Staatsarchiv Bamberg (im folgenden: StA Ba), C 60, Nr. 6107, fol. 3r.
[60] StA Ba, Außenämter Unterland, Nr. 18779, fol. 8–11: Der Berechnung liegt die dort aufgeführte Kostenkalkulation von 1792 zugrunde, nach der aus einem Simra Malz 22 Eimer Bier zu je rund 64 Liter gewonnen werden.

Daß in Alt- und Neustadt Erlangen in der zweiten Hälfte des 18. Jahrhunderts weit mehr Braunbier als Weißbier oder Wein getrunken wurde, steht damit fest. Genauso unbestritten mußten die Alt- und Neustädter große Flüssigkeitsmengen zu sich nehmen. Denn die beiden Städte und ihre Umgegend waren aufgrund des sandigen Bodens trocken und staubig, wie Johann Christian Fick 1812 berichtet: „Eine Unbequemlichkeit hat dieser Sandboden im trockenen Sommer wegen des Staubes [...] Der feine Staub erhält sich beim Mangel an Regen so sehr in der Luft, daß man sich nur durch fest verschlossenen Mund und Nase vor dem Staube, den man sonst alle Augenblicke zwischen den Zähnen zerknirscht, schützen kann".[61] Johann Georg Papst begründet damit in der Schrift über die Universität aus dem Jahr 1791 den außerordentlichen Bierkonsum der Bevölkerung: „Erlangen fordert, seines Climas und seiner übrigen lokalen Lage wegen, daß seine Bewohner fleissig trinken; es ist also sehr gut, daß hier zwar nicht das stärkste, aber doch im Ganzen sehr reines und gesundes Bier gebrauet wird".[62] Weiter hatte die stark gesalzene, kohlehydrat- und eiweißreiche Kost Frankens, etwa Erbsen mit Ochsensülze oder Rindfleisch mit Meerrettich und grünem Gemüse,[63] einen hohen Flüssigkeitsbedarf zur Folge.[64]

Tatsächlich scheint also der überdurchschnittliche Flüssigkeitsbedarf der Einwohner und die Bevorzugung von Bier gegenüber Wein darauf hinzuweisen, daß in den Schwesterstädten an Schwabach und Regnitz außergewöhnlich viel Bier getrunken wurde, wie ihre Bezeichnung als „Bierinsel" nahelegt. Eine Überschlagsberechnung wirkt allerdings eher ernüchternd. Im Braujahr 1796/97 wurden in der Neustadt 4746,5 Eimer und in der Altstadt 15444 Eimer Braunbier sowie 71,5 Eimer Weißbier produziert, was einem Gesamtausstoß von rund 13000 Hektolitern entspricht.[65] Zusätzlich importierten die Wirte der Altstadt 990,5 Eimer (635 Hektoliter) und die der Neustadt 3165,25 Eimer (2030 Hektoliter) Bier.[66] Unter der Annahme, daß die Gesamtproduktion beider Städte ausschließlich vor Ort verbraucht worden ist, ergibt sich ein Gesamtkonsum für 1796/97 von rund 15700 Hektolitern. Bei einer Bevölkerung von rund 9200 Personen in beiden Städten[67] läßt sich ein Pro-Kopf-Verbrauch von etwa 170 Litern pro Jahr erschließen. Dieser Wert stellt indes im Vergleich zu anderen Städten, Landstrichen oder Zeiten keineswegs einen übermäßigen, sondern eher einen unterdurchschnittlichen Wert dar.[68] So lag etwa der jährliche Verbrauch pro Einwohner in Nürnberg vom 15. bis zum 18. Jahrhundert bei über 200 Litern.[69]

Die Ursache des unterdurchschnittlichen Pro-Kopf-Verbrauchs in beiden Erlangen dürfte vermutlich in der Arbeitsethik vieler reformierter Einwohner gelegen haben, die, um konzentriert arbeiten zu können, nicht bereits am Morgen Bier (oder Wein)

---

[61] Fick, Historisch-topographisch-statistische Beschreibung, S. 52–54.
[62] Papst, Gegenwärtiger Zustand, S. 139–140.
[63] Vgl. Sünderhauf, Gaststätten, S. 67–68.
[64] Weiß, Die landwirtschaftlichen Erzeugnisse, S. 898.
[65] StA Ba, C 60, Nr. 6107, fol. 3r.
[66] StA Ba, C 60, Nr. 6107, fol. 3v–4v.
[67] Johannes Bischoff, Erlangen 1790 bis 1818, S. 66.
[68] Vgl. Montanari, Hunger und Überfluß, S. 145–147.
[69] Christian Koch, Rot und Weiß. Nürnberger Brautraditon, in: Bier in Nürnberg-Fürth. Brauereigeschichte in Franken, hg. von Christian Koch/Hans-Christian Täubrich, München 1987, S. 8.

trinken und sich damit den Kopf schwer machen wollten, sondern vermehrt nichtalkoholische Getränke und insbesondere den anregenden Kaffee zu sich nahmen.[70] Daher tranken viele Bewohner der Alt- und Neustadt Kaffee am Morgen sowie am Nachmittag und Bier erst abends, wie Fick berichtet.[71] Zudem muß berücksichtigt werden, daß die Bezeichnung „Bierinsel" in einem Text über das Studentenmilieu in Erlangen zu Beginn des 19. Jahrhunderts erscheint,[72] in dem der Bierkonsum, etwa beim „Kneipen", eine bedeutsame soziale Rolle zukam.[73] Doch läßt sich der Begriff angesichts des statistischen Zahlenmaterials sicher nicht generalisierend auf Alt- und Neustadt übertragen: Beide Städte als ganzes waren eben kein Ort, an dem – außer von Studenten – übermäßig Bier konsumiert worden wäre, auch wenn es quantitativ dem Wein vorgezogen wurde.

3. Erlanger Bier – Importbier

Wie die Alt- und Neustadt Erlangen als „Bierinsel", so hatte auch das in den Brauereien der beiden Städte hergestellte Bier bei den Zeitgenossen einen gewissen Ruf. Der entbehrte allerdings jeglichen positiven Aspekts, wurden doch die verschiedenen Biere ausnahmslos als schwach und von geringer Qualität betrachtet. Zugleich betrachteten die Zeitgenossen die mindere Qualität einheimischer Braue als Ursache für die Einfuhr vermeintlich großer Mengen Importbier. So berichtet Rebmann, das von den Erlanger Brauern hergestellte Bier sei „aber außerordentlich schlecht, da die Bierbrauer aus Mangel an gehöriger Aufsicht aus einer gewissen Quantität Malz und Hopfen beinahe zweimal soviel Bier brauen, als ihnen erlaubt und vorgeschrieben ist. Den Einwohnern von Erlang ist es nicht zu verargen, wenn sie ihr Geld lieber an fremdes Bier wenden, da das Erlangische um den festgesetzten Preiß offenbar äußerst theuer ist".[74] Rebmanns Aussage, daß die Erlanger Gebräue gegenüber dem Importbier recht dünn gewesen waren, kann nicht allein mit der pejorativen Intention seiner „Briefe über Erlang" erklärt werden. Gestützt wird sie auch durch einen Bericht der königlich-preußischen „Polyzey-Deputation Erlangen" vom 19. Februar 1794. Dort heißt es, daß die Erlanger Brauer statt der gewöhnlichen 22 Eimer 25 Eimer aus dem Simra Malz herstellten.[75] Rebmanns obige Behauptung, daß die Erlanger Brauer doppelt soviel Bier aus einer bestimmten Menge Malz brauten als vorgeschrieben, erweist sich damit als grobe Übertreibung, doch waren die Alt- und Neustädter Braue offenbar tatsächlich wenig stark. Es hatte daher eine gewisse Berechtigung, wenn Rebmann etwas boshaft erklärt: „Der Character der Erlanger hat viel Aehnlichkeit mit der Eigenschaft ihres Bieres – er ist wässrig".[76]

---

[70] Vgl. Montanari, Hunger und Überfluß, S. 150.
[71] Fick, Historisch-topographisch-statistische Beschreibung, S. 52–54.
[72] Züge und Zustände, S. 51.
[73] Ernst Schubert, Die Studentenschaft und ihre Orden im 18. Jahrhundert, in: Erlangen. Geschichte der Stadt in Darstellung und Bilddokumenten, hg. v. Alfred Wendehorst, München 1984, S. 91f.
[74] Rebmann, Briefe über Erlangen 1, S. 143f.
[75] StA Ba, Außenämter Unterland, Nr. 18779, fol. 1v.
[76] Georg Friedrich Rebmann, Briefe über Erlangen, Zweyter Teil, Frankfurt/Leipzig 1792 (ND Erlangen 1984), S. 75; vgl. auch Hans-Joachim Schoeps, Skizzen zur Erlanger Universitätsgeschichte, in: JfL 25, 1965, S. 459f.

Im Gegensatz zu Rebmann lobt Papst die Qualität der Erlanger Biere. Für den angeblich hohen Anteil importierten Bieres am Gesamtverbrauch findet er deshalb keine andere Erklärung als „Liebhaberei" derselben: „Im Durchschnitt darf das nemliche [eine gleichbleibende Qualität] auch von dem hiesigen braunen Bier, das in der Stadt selbst reichlich gebrauet und in den dasigen Felsenkellern aufbewahrt wird, behauptet werden. Man hat die Methode des hiesigen Brauens selbst nach Leipzig gebracht und das dort sogenannte Erlanger Bier von vorzüglicher Güte befunden; schade also, daß in der hiesigen Stadt die Liebhaberei nach benachbarten Bieren, sich noch immer nicht hat verlieren wollen; da doch längst erwiesen ist, daß in Erlangen selbst das Bier von solcher Güte kan gebrauet werden, als auf irgend einer der benachbarten Ortschaften nimmermehr".[77] Nicht so direkt wie Rebmann weist auch Papst trotz seines Lobes für das einheimische Bier darauf hin, daß es nicht so stark eingebraut ist wie die Importbiere: In den beiden Städten wird „zwar nicht das stärkste, aber doch im Ganzen sehr reines und gesundes Bier gebrauet".[78]

Die zeitgenössische Beurteilung des in Alt- und Neustadt Erlangen gebrauten Bieres als schwach und wenig gehaltvoll läßt sich durch Quellenbelege stützen und ist damit als plausibel zu bewerten: Die damaligen Erlanger Biere waren wohl leicht, nach Rebmann gar wässrig. Dagegen hält die damals gezogene Schlußfolgerung, daß die mindere Qualität vor Ort gebrauten Bieres zu der Einfuhr großer Mengen Importbier geführt habe, einer genauen Überprüfung auf Quellenbasis nicht stand, obwohl sich dieser Argumentation auch die heutige Forschung angeschlossen hat. So führt Sünderhauf aus, „daß, obwohl das ‚ausländische' Bier mit Aufschlag versteuert wurde, fast doppelt so viel davon ausgeschenkt bzw. getrunken wurde, wie vom Erlanger".[79] Er bezieht sich dabei auf die „Rechnung über Einnahm und Ausgab bey der Stadt-Cammer zu Christian Erlang vom 1. Juny 1792 bis letzten May 1793", nach der anscheinend 8580,25 Eimer importiertes gegenüber lediglich 4519 Eimer hiesiges Bier getrunken wurde,[80] übersieht indes zwei Punkte: Erstens beziehen sich die obigen Zahlen allein auf die Neustadt Erlangen, weshalb sich der Terminus „hiesiges Bier" ausschließlich auf das in den lediglich vier Brauereien der Neustadt hergestellte Bier bezieht. Zweitens zählte formal auch das in der Altstadt produzierte Bier in der Neustadt als Importbier.[81] Entsprechend stellt sich bei näherer Überprüfung die Einfuhr von nicht in der Alt- oder Neustadt gebrautem Bier, also von echtem Importbier, als wesentlich geringer dar. Nach einer Umgeldübersicht von 1796/97 wurden in jenem Rechnungsjahr insgesamt rund 13000 Hektoliter in beiden Städten gebraut: In der Neustadt 4746,5 Eimer (3045 Hektoliter) braunes, in der Altstadt 15444 Eimer (9906 Hektoliter) braunes und 71,5 Eimer (46 Hektoliter) weißes Bier.[82] Dagegen

---

[77] Papst, Gegenwärtiger Zustand, S. 139–140.
[78] Ebd.
[79] Sünderhauf, Gaststätten, S. 72.
[80] StadtA Er 2.R.84, S. 15.
[81] Vgl. StA Ba, C 60, Nr. 6096, einliegender Druck der Verordnung Markgraf Christian Ernsts vom 10. Februar 1705: „Alle Bierbrauer der Alten Stadt Erlang, Bruck, Frauenaurch, Uttenreuth und andre Fremde gehalten seyn sollen, all deren in Christian-Erlang bringende braun und weisse Bier unter den Stadtthor dem Examinator, woher es komme? Wie viel Eymer, und an wen es in der Stadt gehörig? richtig anzusagen. Bey vorbehaltlicher Straf und Verlust des Biers".
[82] StA Ba, C 60, Nr. 6107, fol. 3r.

wurden 1796/97 lediglich 2665 Hektoliter außerhalb der beiden Städte gebrautes Bier eingeführt: 3165,35 Eimer (2030 Hektoliter) in die Neu- und 990,5 Eimer (635 Hektoliter) in die Altstadt Erlangen.[83]

Auf Basis dieser Zahlen ergibt sich nurmehr ein Anteil an echtem Importbier am Gesamtkonsum in beiden Städten von lediglich 17 Prozent, wenn vorausgesetzt wird, daß nahezu der gesamte Ausstoß der Alt- und Neustädter Brauereien in beiden Städten konsumiert worden ist. Dies legt indes ein Reisebucheintrag von Johann Michael Füssel von 1788 nahe: „Bier wird hier [in Alt- und Neustadt Erlangen] soviel getrunken, daß, ohngeachtet 14 Brauhäuser beständig beschäftigt sind, doch viel von den benachbarten Dörfern, Uttenreuth, Frauenaurach, Lonnerstadt, Höchstadt und Farnbach eingeführt werden muß".[84] Für die Neustadt Erlangen ist allerdings eine wesentlich höhere Einfuhrquote von etwa 65 Prozent anzunehmen, wobei rund zwei Drittel des importierten Bieres aus der Altstadt stammten. Dagegen ist die Einfuhrquote für die Altstadt im marginalen Bereich anzusiedeln.

Die Ende des 18. Jahrhunderts aufgestellte Behauptung, daß die mindere Qualität der in Alt- und Neustadt Erlangen gebrauten Biere zu der Einfuhr großer Mengen Importbier geführt habe, läßt sich angesichts des faktischen Zahlenmaterials nicht mehr aufrechthalten. Dennoch bleibt die Frage bestehen, weshalb die importierten Biere stärker als die städtischen eingebraut werden konnten. Die Erlanger Brauer einfach als handwerklich schlechter als ihre Kollegen vom Land abzuqualifizieren, führt indes zu kurz: Tatsächlich wirkten sich steuerliche Vorgaben direkt auf das Produkt aus, wie die genaue Untersuchung der Umgelderhebung sowie der Bierpreisgestaltung im 18. Jahrhundert zeigt.

4. Bierbesteuerung
Städtisches Umgeld

Die Qualität des in Alt- und Neustadt Erlangen hergestellten Bieres wie auch die Entwicklung des Braugewerbes in beiden Städten im 18. und beginnenden 19. Jahrhundert wurde nicht zuletzt von der Höhe der Umgeldesätze beeinflußt.[85] Umgeld wurde in der Altstadt seit dem Ende des 13. Jahrhunderts erhoben. Die Altstädter Bürger erhielten mit der Verleihung des Auerbacher Stadtrechts am 7. Juli 1398 durch ihren Landesherrn König Wenzel die Erlaubnis, „den Uberlauff an der Maß zu Unngeld nehmen unnd anderselben unnser Stat Nutz unndt Frommen wennden und keeren sollen unnd mögen".[86] Mit dem Umgeld verschaffte Wenzel sich und der Kommune eine sichere Einnahmequelle, doch wurde die Stadt allein für die Erhebung zuständig.[87] Von dem eingenommenen Umgeld mußte die Stadt einen festen Betrag

---

[83] StA Ba, C 60, Nr. 6107, fol. 3v–4v.
[84] Johann Michael Füssel, Unser Tagbuch oder Erfahrungen und Bemerkungen eines Hofmeisters und seiner Zöglinge auf einer Reise durch einen grossen Theil des fränkischen Kreises nach Carlsbad und durch Bayern und Passau nach Linz, Zweyter Theil, ohne Ort 1788 (ND Erlangen 1976), S. 247f.
[85] Huntemann, Braugewerbe, S. 97–101.
[86] StadtA Er 1.B.9, fol. 89 (= Abschrift der Urkunde vom 1398 Juli 7).
[87] Andreas Jakob, Die Verleihung des Auerbacher Stadtrechts für Erlangen 1398 durch König Wenzel. Studien zur Erlanger Stadt- und Rechtsgeschichte, in: Erlanger Bausteine zur fränkischen Heimatforschung 46, 1998, S. 236 (im folgenden zitiert als: Jakob, Auerbacher Stadtrecht).

jährlich an Lichtmeß an ihren Landesherrn abführen. Da sich Abgaben im Mittelalter und der Frühen Neuzeit nicht dynamisch an die Entwicklung des Geldwertes anpassten, blieb dieser Betrag im Laufe der Jahrhunderte konstant. Er lag 1528 bei 70 Gulden,[88] und ebenso hoch noch 1765.[89] In den Quellen wird dieses erste Umgeld meist als „Schenck-Umgeld"[90] bezeichnet, da es nur beim Ausschank von Bier (und Wein) in den Gasthäusern der Stadt anfiel. Der Ausschank von Bier trug so seit 1398 unmittelbar zum Steueraufkommen der Stadt und des jeweiligen Landesherren bei.

Ausschank des Bieres und Erhebung des „Schenck-Umgeldes" wurden 1398 von Wenzel genau geregelt. Ausgeschenkt und gemessen wurde in Erlangen nach dem Nürnberger Maß.[91] Damit wurde die in der Stadt gültige Maßeinheit bis zum 1. Oktober 1811, als bayerische Maße eingeführt wurden, festgelegt.[92] Das „Schenck-Umgeld" wurde nach dem Prinzip erhoben, auf dem in Nürnberg die übliche Verdienstregelung der Stadtbierschenken beruhte, auf dem sogenannten Übermaß:[93] Darunter wurde der Vorteil verstanden, den der Brauer dem Wirt für seinen Kleinverkauf und den Abgang durch Hefe, durch Neige, durch das Auslaufen der Fässer und durch Abfüllen und Ausschenken zugesteht. Ein vom Brauer gelieferter Eimer Bier enthielt nominell 60 Visiermaße. Tatsächlich enthielt er aber 68 Schenkmaße und zehn Maß Dreingabe. Für diese 78 Maße zahlte der Wirt aber nur den Preis von 60 Maß. Ein Teil der Einnahmen, die dem Gastwirt durch den Verkauf des Übermaßes zuflossen, wurde von der Stadt als Umgeld eingezogen. Ende des 18. Jahrhunderts lagen die Sätze des „Schenck-Umgeldes" bei zwei Kreuzern für einen Eimer einheimischen Bieres und bei fünf Kreuzern für den Eimer importierten Bieres.[94] Die Erhebung des „Schenck-Umgeldes" wurde nach diesem Verfahren bis zur Umgeldreform durch die preußische Administration im Jahr 1800 durchgeführt.

Steuermäßig war mit dem „Schenck-Umgeld" lediglich das in Gasthäusern verkaufte Bier belastet. Ab einem bislang unbekannten Zeitpunkt nach 1641 – das in diesem Jahr verfaßte Salbuch der Altstadt Erlangen führt in jenem Jahr allein das „Schenck-Umgeld" auf[95] – wurde in der Altstadt Erlangen eine Materialsteuer auf das zur Bierbereitung bestimmte Malz eingeführt, das sogenannte „Stadt-Umgeld"[96] oder „Malz-Umgeld".[97] Damit waren auch die Produzenten des Bieres, die Altstädter Brauereien, einer Steuer unterworfen. Sie lag am Ende des 18. Jahrhunderts bei 37 $\frac{1}{2}$ Kreuzer pro Simra zu Braunbier verarbeiteten und bei 43 $\frac{3}{4}$ Kreuzer pro Simra zu Weißbier versottenen Malz.[98] Auch die Neustadt Erlangen erhielt mit der Deklaration

---

[88] StadtA Er 1.B.9, fol. 3v.
[89] Jakob, Auerbacher Stadtrecht, S. 230.
[90] StadtA Er 2.R.84, S. 31.
[91] StadtA Er 1.B.9, fol. 89 (= Abschrift der Urkunde vom 7. Juli 1398): „und daß sie auch fürbaß mit Nürnberger Maß schenken".
[92] Bischoff, Erlangen 1790 bis 1818, S. 104–105.
[93] Erläuterung nach Walter Grönert, Die Entwicklung des Gaststättenrechts in der Reichsstadt Nürnberg seit dem 14. Jahrhundert, Diss. phil. Erlangen 1967, S. 56.
[94] StadtA Er 2.R.84, S. 15.
[95] StadtA Er 1.B.9, fol. 3v.
[96] StA Ba, Außenämter Unterland, Nr. 18779, fol. 8r.
[97] StadtA Er 2.R.84, S. 31.
[98] StadtA Er 2.R.84, S. 14.

vom 4. Mai 1711 durch Markgraf Christian Ernst und seinen Sohn Georg Wilhelm die Erlaubnis, beide Formen des Umgeldes zu erheben.[99]

Die Einnahmen, die Altstadt und Neustadt Erlangen durch ihre Umgeldeinnahmen erzielten, waren nicht unbeträchtlich. Die Neustadt Erlangen nahm beispielsweise im Rechnungsjahr 1792/93 insgesamt 932 Gulden 30$^1/_2$ Kreuzer „Schenk-Umgeld" ein, wovon rund 67 Gulden auf Wein und rund 866 Gulden auf Bier entfielen, sowie 151 Gulden 48 Kreuzer Malz-Umgeld.[100] Die Umgeldeinnahmen waren nach dem Pflasterzoll (rund 1600 Gulden) der zweitgrößte Einnahmeposten und entsprachen einem Anteil von fünf Prozent am Gesamthaushalt von 20682 Gulden sowie einem Anteil von 18,5 Prozent an sämtlichen Steuern und Abgaben.[101] Damit ist indes nicht die gesamte Steuerbelastung des in Alt- und Neustadt Erlangen produzierten Bieres erfasst: Neben den an die beiden städtischen Kammern abzuführenden Umgeldern war Bier mit weiteren Umgeldern belastet, die allein der Landesherrschaft, den Markgrafen zu Brandenburg-Bayreuth, zuflossen.

Herrschaftliches Umgeld im 18. Jahrhundert

Aufgrund der verschwenderischen Hofhaltung, der Baufreudigkeit und des ruinösen Prestigebedürfnisses der Landesherrn der Alt- und Neustadt Erlangen, der Markgrafen zu Brandenburg-Bayreuth, wurde Ende des 17. und während des 18. Jahrhunderts die finanzielle Leistungskraft des Fürstentums weit überzogen.[102] Die Staatsverschuldung stieg immens an. Unter Markgraf Friedrich, dem Gründer der später nach ihm benannten Friedrich-Alexander-Universität Erlangen, betrug sie schließlich 2,4 Millionen Gulden.[103] Zwangsläufig suchten die Markgrafen die Einnahmen zu erhöhen: In vorsichtiger Adaption der Wirtschaftslehre des Merkantilismus förderten sie Handel und Gewerbe,[104] etwa durch die Ansiedlung von Hugenotten in der Neustadt Erlangen, erhöhten aber auch bestehende Steuern und führten Sondersteuern ein.[105]

Für das Braugewerbe in der Alt- und Neustadt Erlangen bedeutete der erhöhte Finanzbedarf des Fürsten über neue Umgeldforderungen den vermehrten Zugriff auf ihren wirtschaftlichen Gewinn. Im Prinzip konnte der regierende Markgraf im 18. Jahrhundert die Umgeldsätze nach Gutdünken festlegen, seitdem Christian Ernst ab dem ausgehenden 17. Jahrhundert den Einfluß der Landstände, die das Recht der Steuerbewilligung innegehabt hatten, weitgehend ausgeschaltet hatte. Er berief nurmehr den „engeren Konvent" der Ständevertretung ein, der aus den Abordnungen der

---

[99] StadtA Er 2.A.78, Abschnitt XXVIII.
[100] StadtA Er 2.R.84, S. 31.
[101] Ebd.
[102] Rudolf Endres, Die Markgraftümer, in: Handbuch der bayerischen Geschichte 3/1, Geschichte Frankens bis zum Ausgang des 18. Jahrhunderts, begründet v. Max Spindler, hg. v. Andreas Kraus, München ³1997, S. 756–772, hier S. 763f (im folgenden zitiert als: Endres, Markgraftümer).
[103] Ebd., S. 764.
[104] Eckart Schremmer, Die Gewerbeförderung in den Markgraftümern Ansbach und Bayreuth, in: Handbuch der bayerischen Geschichte 3/1, Geschichte Frankens bis zum Ausgang des 18. Jahrhunderts, begründet v. Max Spindler, hg. v. Andreas Kraus, München ³1997, S. 938–951.
[105] Endres, Markgraftümer, S. 764.

Hauptstädte des Fürstentums bestand.[106] Dessen Funktion erschöpfte sich im wesentlichen aus der Zustimmung zu den fürstlichen Entschlüssen.[107] So blieb für Bürgermeister und Rat der Altstadt nur der Petitionsweg, um die Last des Umgeldes auf einem erträglichem Niveau zu halten: Eine entsprechende Bittschrift an die Amtshauptmannschaft, die geplante hochfürstliche Umgelderhöhung nicht zur Anwendung kommen zu lassen, da sie den „Rouin von der Statt nach sich ziehen würde", findet sich etwa in den Ratsprotokollen der Altstadt vom 22. November 1712.[108]

Doch immer waren die Petitionen nicht erfolgreich. Mehrere Umgelderhöhungen sind für Alt- und Neustadt Erlangen am Ende des 17. und während des 18. Jahrhunderts nachweisbar. Markgraf Christian Ernst legte Ende des 17. Jahrhunderts den Brauern der Altstadt zusätzlich zum Stadt-Umgeld, das unverändert blieb, eine weitere Bieresteuer auf. Dieses „Alt-Umgeld"[109] wurde wie im Fall des Stadt-Umgeldes als Materialsteuer auf das Volumen der verarbeiteten Rohstoffe erhoben: Für ein Simra Gerste oder Weizen, das zu obergärigem Weißbier verarbeitet wurde, waren ein Gulden 30 Kreuzer abzuführen, für ein Simra Gerste, das zu Braunbier verbraut wurde, ein Gulden 18 3/4 Kreuzer. Importiertes Bier wurde mit 18 3/4 Kreuzern pro eingeführtem Eimer besteuert.[110] Zusätzlich war für den markgräflichen Beamten, der die Volumenmessungen durchführte, 7 1/2 Kreuzer „Meßerlohn" abzuführen.[111] Mit der „Declaration" vom 4. Mai 1711 wurden diese Sätze für die Neustadt Erlangen bestätigt.[112] Um 1760 führte die markgräfliche Regierung ein weiteres Umgeld ein, das „Neu-Umgeld".[113] Dieses lag bei der stattlichen Summe von zwei Gulden 45 Kreuzern für ein zu Braunbier verarbeitetes Simra Gerste.[114] In der Alt- und Neustadt Erlangen ergaben sich damit durchaus beachtliche jährliche Einnahmen; im Rechnungsjahr 1798/99 etwa 5405 Gulden 42 Kreuzer,[115] was immerhin knapp zwei Promille der Jahreseinnahmen von 2,9 Millionen Gulden in beiden Markgraftümern unter preußischer Herrschaft ausmachte.[116]

Umgeld, Bierqualität und Bierimport

Die dreifache steuerliche Belastung der in den Alt- und Neustädter Brauereien produzierten Biere durch Stadt-, Alt- und Neu-Umgeld sowie der festgesetzte einheitliche Verkaufspreis lassen sich als die unmittelbare Ursachen für die oben dargelegte geringe Stärke des einheimischen Produkts feststellen. Der Bierpreis wurde von Bür-

---

[106] Dies waren Bayreuth, Kulmbach, Hof, Wunsiedel, Neustadt an der Aisch und seit 1708 die Neustadt Erlangen.
[107] Endres, Markgraftümer, S. 762f.
[108] StadtA Er 2.B.3, S. 162.
[109] StA Ba, Außenämter Unterland, Nr. 18779, fol. 8r.
[110] StadtA Er 2.A.78, Abschnitt XXVIII.
[111] StA Ba, Außenämter Unterland, Nr. 18779, fol. 8r.
[112] StadtA Er 2.A.78, Abschnitt XXVIII.
[113] Vgl. StABa, C 60, Nr. 6097.
[114] StABa, Außenämter Unterland, Nr. 18779, fol. 8r.
[115] StA Ba, C 60, Nr. 6107, fol. 3–4.
[116] Vgl. Denkschrift Hardenbergs vom März 1799, in: Hans Haussherr, Hardenberg. Eine politische Biographie. I. Teil: 1750–1800, Köln/Graz 1963, S. 251 (im folgenden zitiert als: Haussherr, Hardenberg).

germeister und Rat verbindlich festgelegt, weswegen die Maß Bier in allen Gasthäusern, Schenken und Tavernen gleichviel kostete.[117] Überprüft wurden die Anordnungen des Rates durch den Biervisierer, der Brauereien und Gaststätten zu überwachen hatte.[118] 1712 lag der Schankpreis bei zwei Kreuzern, der Einkaufspreis der Wirte unabhängig von der Herkunft des Bieres bei einem Gulden 30 Kreuzer für den Eimer braunes Bier und bei einem Gulden 15 Kreuzer für dasselbe Quantum obergäriges Weißbier.[119] Um 1790 war der Bierpreis im Ausschank auf 2 $^{1}/_{2}$ Kreuzer pro Maß braunes Bier gestiegen,[120] der Einkaufspreis auf zwei Gulden je Eimer.[121]

Durch den festgesetzten Bierpreis erlösten allerdings die Alt- und Neustädter Brauer aus dem Verkauf der pro versottenen Simra Malz gewonnen 22 Eimer Bier sowie der dabei anfallenden Abfallprodukte wie etwa dem Treber lediglich 54 Gulden 45 Kreuzer, wogegen sich die Herstellungskosten auf insgesamt 58 Gulden 43 $^{1}/_{4}$ Kreuzer summierten.[122] Damit schrieben die Brauer Ende des 18. Jahrhunderts einen Verlust von drei Gulden 58 $^{1}/_{4}$ Kreuzer pro versottenem Simra Malz beziehungsweise rund 13 Kreuzer pro Eimer,[123] der nicht zuletzt in der hohen Gesamtumgeldbelastung von vier Gulden 41 $^{1}/_{4}$ Kreuzer begründet lag. Da die Brauer die Kosten für Umgeld, die immerhin acht Prozent der Produktionskosten ausmachten, aufgrund der festgesetzten Einkaufs- und Verkaufspreise der Wirte nicht auf die Konsumenten umlegen konnten, waren sie zur Sicherstellung ihres Gewinns darauf angewiesen, mehr als die vorgegebenen 22 Eimer braunes Bier pro Simra Malz zu erzielen. Tatsächlich scheinen die Brauer in den 1790er Jahren meist 25 Eimer pro Simra Malz produziert zu haben.[124] Dadurch drückten sie die Umgeldbelastung auf rund elf Kreuzer pro Eimer, verließen die Verlustzone und erzielten einen Gewinn von rund 3 $^{1}/_{2}$ Gulden pro Simra verbrautem Malz. Ermöglicht wurde diese Reaktion der Brauer auf die hohe Steuerbelastung allerdings nur durch die Erhebung von Stadt-, Alt- und Neu-Umgeld auf das Ausgangsprodukt, das Gerstenmalz, und nicht auf den Kesselinhalt oder auf die einzelnen Gebinde. Begleiterscheinung war allerdings eine geringe Stärke oder gar „Wässrigkeit" des in Alt- und Neustadt Erlangen hergestellten Bieres.

Die Sicherstellung des Gewinns der Brauer auf Kosten der Bierqualität und damit letztlich zum Schaden der Verbraucher wirkte sich jedoch nicht negativ auf die einzelnen Braubetriebe aus. Im Gegenteil, die Sudstätten von Alt- und Neustadt waren offenbar gut ausgelastet, wie Füssel 1788 berichtet und zugleich auf die deshalb nötige Einfuhr von Importbier hinweist: „Bier wird hier soviel getrunken, daß, ohngeachtet 14 Brauhäuser beständig beschäftigt sind, doch viel von den benachbarten Dörfern, Uttenreuth, Frauenaurach, Lonnerstadt, Höchstadt und Farnbach eingeführt werden muß. Die drey letzten Biere werden beständig geschenkt, und sind das Lieb-

---

[117] Sünderhauf, Gaststätten, S. 71.
[118] StadtA Er 2.A.109: Ein „Hochfürstliches Camer Rescript" zur Verpflichtung des „Polizey-Inspektors und Biervisierers" von 1776 führt Anweisungen für diesen Beruf auf; vgl. auch Ludwig Göhring, Vom Biervisierer, in: Erlanger Heimatblätter 13, 1930, S. 93f.
[119] StadtA Er 2.B.3, S. 363.
[120] Rebmann, Briefe über Erlangen 1, S. 143f.
[121] StA Ba, Außenämter Unterland, Nr. 18779, fol. 1r.
[122] StA Ba, Außenämter Unterland, Nr. 18779, fol. 8r.
[123] Ebd.
[124] StA Ba, Außenämter Unterland, Nr. 18779, fol. 1v.

lingsgetränk, weil ein großer Theil der Einwohner das starke Bier liebt. Werden diese rar, so muß Schwobach und Regenspurg dem Mangel abhelfen".[125] Eine gewisse Menge auswärtig gebrauter Biere scheint demnach nötig gewesen zu sein, um die Lücke zwischen dem anscheinend nicht immer ausreichenden Angebot vor Ort und der mit der Bevölkerung wachsenden Nachfrage zu schließen, obwohl die Brauer der Altstadt auf die erhöhte Nachfrage bereits reagiert und ihren Ausstoß im Rahmen ihrer handwerklichen Produktionsweise gesteigert hatten: In den drei Sudjahren von 1710 bis 1713 versotten sie in den acht gewerblichen Brauereien sowie dem Gemeindebrauhaus 1463,25 Simra Malz,[126] in der Zeit zwischen 1796 und 1799 dagegen 1891,5 Simra Malz.[127]

Nachdem offenbar die oben genannten starken Importbiere die „Lieblingsgetränke" der Alt- und Neustädter Bevölkerung waren und das Alt- und Neustädter Bier allgemein als dünn, wässrig oder wenig qualitätvoll beurteilt wurde, läge eigentlich der Schluß nahe, daß der Absatz des Importbieres denjenigen der einheimischen Biere in beiden Städten bei weitem übertroffen hätte. Wie gesehen war das nicht der Fall. Im Gegenteil, der Anteil der Importbieres am Gesamtverbrauch lag am Ende des 18. Jahrhunderts bei lediglich 17 Prozent. Die Ursache für dieses anscheinende Paradoxon liegt vor allem in der Art und Weise der Umgelderhebung begründet, ist also eine steuerliche.

Zum einen hatten die Wirte aufgrund des um 150 Prozent höheren „Schenck-Umgeldes" für „fremdes" Bier, das ausschließlich von ihrem Gewinn abging, ein geringeres Interesse am Ausschank von Importbier. Konkret waren am Ende des 18. Jahrhunderts pro Eimer ausgeschenkten Importbieres fünf Kreuzer, pro ausgeschenktem Eimer einheimischen Bieres lediglich zwei Kreuzer an die städtischen Kassen abzuführen, die allein der Wirt aufzubringen hatte, da der Bierpreis festgelegt war. Von dem hohen Umgeldsatz auf Importbier berichtet auch Rebmann: „Nun ist es den Erlangischen Wirten nicht verwehrt, fremde Biere einzuführen, so bald sie von dem Eymer eine gewisse ziemlich hoch angesetzte Taxe Umgeld entrichten".[128]

Zum anderen stellten neben den zeittypisch hohen Transportkosten die herrschaftlichen Alt- und Neu-Umgelder sowie die Bierzölle immense Barrieren für die Einfuhr von „fremden" Bier in die Alt- oder Neustadt Erlangen dar, wie ein Überblick auf die verschiedenen in die beiden Städte exportierenden Brauereien und die ihnen auferlegten Umgelder zeigt. Größter Exporteur war die ehemalige Klosterbrauerei Frauenaurach,[129] die 1796/97 1532, 1797/98 1615,5 und 1798/99 1402,5 Eimer in die Neustadt lieferte,[130] was etwa einem Drittel der jährlichen Produktion der vier gewerblichen Brauereien Neustadt Erlangen entsprach. Die ehemalige Klosterbrauerei darf damit als eine der größeren Braubetriebe in Erlangen und Umgebung angese-

---

[125] Johann Michael Füssel, Unser Tagbuch oder Erfahrungen und Bemerkungen eines Hofmeisters und seiner Zöglinge auf einer Reise durch einen grossen Theil des fränkischen Kreises nach Carlsbad und durch Bayern und Passau nach Linz, Zweyter Theil, ohne Ort 1788 (ND Erlangen 1976), S. 247f.
[126] Ernst Deuerlein, Materialsammlung zur Geschichte der Erlanger Erich Brauerei und zur Geschichte des Erlanger Bierexports, Teil II, S. 8, in: StadtA Er I.5.B.1: Sammelmappe Brauer und Mälzer.
[127] StA Ba, C 60, Nr. 6107, fol. 3r.
[128] Rebmann, Briefe über Erlangen 1, S. 143f.
[129] Buchelt, Erlanger Brauereien, S. 142–150.
[130] StA Ba, C 60, Nr. 6107, fol. 3v.

hen werden. Auch von den Uttenreuther Brauereien des Johann Georg Deinhardt und des Abraham Daniel Horn[131] wurden in diesen Jahren nicht geringe Mengen nach Erlangen eingeführt. 1796/97 beispielsweise 803 Eimer an die Neu- und 585 Eimer in die Altstadt.[132] Ins Gewicht fiel auch das „ausser Landes [gemeint sind die Fürstentümer Bayreuth und Ansbach] erbraute und eingeführte Bier", etwa Farrnbacher Weißbier, von dem etwa 1798/99 1020 Eimer in die Neustadt und 478,5 Eimer in die Altstadt geliefert wurden.[133] Dagegen ist mengenmäßig das aus Bruck, Dormitz, Eschenau, Kalchreuth, Lonnerstadt, Neuseß und „Baireuthisch Buttenheim" importierte Bier zu vernachlässigen.[134]

Das für dieses Importbier abzuführende „alte Umgeld" war zwar für die Altstadt und 1711 auch für die Neustadt einheitlich auf 18 3/4 Kreuzer pro Eimer festgesetzt worden[135], doch richtete sich im Einzelfall die Höhe des Umgeldes nach dem Herkunftsort. Dabei traten große Differenzen auf. Während für das in der ehemaligen Klosterbrauerei Frauenaurach hergestellte Bier eine pauschale, mengenunabhängige jährliche Pacht von 275 Gulden erhoben wurde, lag die Abgabenbelastung für Uttenreuther Bier bei sechs Kreuzern herrschaftliches Umgeld und sechs Kreuzern Bierzoll pro Eimer;[136] Eschenauer Gerstensaft war von Umgeld befreit, lediglich sechs Kreuzer Bierzoll für den Eimer waren abzuführen;[137] Importbier aus Bruck und Kalchreuth war dagegen mit zwölf Kreuzern herrschaftlichen Umgeld und neun Kreuzern Bierzoll pro Eimer belegt.[138] Wesentlich höher lagen die herrschaftlichen Umgeldsätze für die Gebräue aus Dormitz und Neuseß mit 24 Kreuzern pro Eimer, aus Buttenheim und Lonnerstadt mit 36 Kreuzern.[139] Für „von ausser Landes erbrauten und eingeführten Bier" waren schließlich 48 Kreuzer altes und neues Umgeld pro Eimer abzuführen.[140]

Auffällig ist, daß einige Importbiere, wie etwa das Eschenauer, Uttenreuther oder auch das Frauenauracher, für das umgelegt auf die Pachtzahlung etwa 1796/97 10 3/4 Kreuzer pro Eimer gezahlt wurden, in ihrer herrschaftlichen Umgeldbelastung gleichauf oder unter derjenigen der Erlanger Brauer lagen. Das Bier aus Frauenaurach war zudem im Schenck-Umgeld mit den einheimischen Bieren der Neustadt gleichgestellt, so daß diese Brauerei einen erheblichen Wettbewerbsvorteil gegenüber allen anderen Konkurrenten in der Neustadt besaß. Frauenauracher Bier wurde deshalb „beständig geschenkt". Neben der relativ geringen Umgeldbelastung fiel angesichts des teuren Transports auch die Entfernung erheblich ins Gewicht, so daß die Brauereien aus Uttenreuth und die ehemalige Klosterbrauerei Frauenaurach zudem den Vorteil eines kurzen Weges zum Absatzmarkt hatten. Es war daher gerade für die-

---

[131] StA Ba, C 60, Nr. 6107, einliegender Akt „Die Umgeldesrecherche auf dem glatten Land des Erlanger Kreises betreffend".
[132] StA Ba, C 60, Nr. 6107, fol. 3v.
[133] StA Ba, C 60, Nr. 6107, fol. 4v.
[134] StA Ba, C 60, Nr. 6107, fol. 3–4.
[135] StadtA Er 2.A.78, Abschnitt XXVIII.
[136] StA Ba, C 60, Nr. 6107, fol. 3v.
[137] StA Ba, C 60, Nr. 6107, fol. 4r.
[138] Ebd.
[139] StA Ba, C 60, Nr. 6107, fol. 4v.
[140] Ebd.

se Sudstätten aufgrund der relativ niedrigen Kostenbelastung möglich, ein insgesamt stärkeres Bier bei gleichem Abgabepreis an die Wirte wie ihre Alt- und Neustädter Kollegen zu brauen und in Erlangen abzusetzen. Dagegen hatten Brauereien aus Buttenheim, Dormitz, Lonnerstadt oder Neuseß aufgrund der hohen herrschaftlichen Umgeldsätze, des Schenck-Umgeld-Satzes für Importbier sowie des relativ weiten Transportweges einen immensen Wettbewerbsnachteil auf dem Alt- und Neustädter Biermarkt, der sich konkret in marginalen Importzahlen manifestierte.

Dennoch war offenbar die Höhe der Umgeldbelastung pro Eimer nicht immer allein ausschlaggebend für die Menge des Imports, wie das mit einem hohen Alt- und Neu-Umgeld von 48 Kreuzer belegte Farrnbacher Weißbier zeigt. Hier scheinen letztendlich geschmackliche Gründe ausschlaggebend gewesen zu sein. Die komplizierten Regelungen, die die Umgelderhebung von staatlicher Seite erschwerten und für stark unterschiedliche Wettbewerbsbedingungen verantwortlich waren, wurden mit der preußischen Umgeldreform von 1800 stark vereinfacht und vereinheitlicht.

Reform der Umgeldesätze unter preußischer Herrschaft

Die Bevölkerung der Alt- und Neustadt Erlangen sah sich am Ausgang des 18. und zu Beginn des 19. Jahrhunderts grundlegenden politischen, sozialen und wirtschaftlichen Veränderungen ausgesetzt.[141] 1792 waren die Schwesterstädte mit dem Fürstentum Ansbach-Bayreuth nach dem Verzicht Markgraf Alexanders zugunsten seiner hohenzollerischen Verwandten in Berlin unter preußische Herrschaft gelangt.[142] Der tiefgreifende Umbruch in der Erlanger Wirtschaftsstruktur während der Napoleonischen Kriege gilt als ein Wendepunkt in der städtischen Geschichte.[143]

An der Spitze der Verwaltung der beiden Markgraftümer stand ab 1792 der mit fast vizeköniglichen Vollmachten ausgestattete Karl August Freiherr von Hardenberg.[144] Seine Hauptaufgaben bestanden in der Schaffung eines geschlossenen Staatsgebiets und im Landesinnern in der Neuorganisation der Behörden und Finanzen.[145] Die Neuordnung der Behörden wurde im ersten Halbjahr 1797 vorgenommen: Das gesamte, inzwischen durch „okkupatorische Machtpolitik"[146] abgerundete und vergrößerte Staatsgebiet wurde in einheitliche Gerichts- und Verwaltungsbezirke aufgeteilt, zwischen denen keinerlei Kompetenz- oder Rechtsüberschneidungen mehr bestanden.[147] Das Fürstentum Bayreuth gliederte sich nun in sechs Kreise.[148] Erlangen wurde Sitz eines Kreisdirektoriums, dessen Amtsbezirk die bisherigen Ämter Baiersdorf, Frauenaurach, Eschenau und Erlangen umfaßte.[149] Die großen Städte wie Erlangen erhielten Stadtmagistrate als Selbstverwaltungskörper, Stadtgerichte und Stadtredanturen zur Finanzverwaltung.[150]

---

[141] Bischoff, Erlangen 1790 bis 1818, S. 59–126.
[142] Vgl. Endres, Die preußische Ära, S. 772–782.
[143] Schubert, Erlangen als Fabrikstadt, S. 13.
[144] Haussherr, Hardenberg.
[145] Endres, Die preußische Ära, S. 772–782.
[146] Ebd., S. 776.
[147] Ebd., S. 777.
[148] Ebd.
[149] Martin Schieber, Erlangen. Eine illustrierte Geschichte der Stadt, München 2002, S. 73.
[150] Endres, Die preußische Ära, S. 778.

Die Reform der staatlichen und kommunalen Finanzverwaltung zog sich dagegen über Jahre hin.[151] Als Problem erwies sich das unsystematische, historisch gewachsene Verwaltungssystem der Markgraftümer, „wo die kleinsten Geld- und Getreidegefälle dem Könige nach ihrem mehreren Ertrag einzeln berechnet werden",[152] so daß sich eine „ungeheure Summe von 5369" einzelnen Amtsrechnungen ergab.[153] Erst mit dem Etatsjahr 1797/98 konnte die Neuordnung der Finanzverwaltung als abgeschlossen gelten.[154]

Von der tiefgreifende Finanzreform waren zahlreiche der teils jahrhundertealten, vielfältig vermischten Rechte betroffen, auf die die preußische Verwaltung bei ihren Reformbemühungen wenig Rücksicht nahm.[155] Die Neuerungen basierten auf Rationalitätserwägungen und der Idee der steuerlich mehr oder minder gleichen Stellung der Steuerpflichtigen. Einfache und einheitliche Steuern ohne Ausnahmeregelungen lösten die etwa bei der Umgelderhebung für Importbier deutlich gewordenen individuellen Privilegien und Auflagen des vormaligen Personenverbandsstaates ab.[156] Schon im Urteil der Zeitgenossen gilt die übersichtliche und vernünftige Steuer- und Finanzpolitik der preußischen Regierung als Fortschritt für die Untertanen.[157]

Zu der Finanzreform zählte auch die Neuordnung der Umgelderhebung auf Stadt und Land. Dabei mußten die verschiedenen Gesichtspunkte der Bierbesteuerung berücksichtigt werden. Galt es doch, das Umgeld für die Finanzverwaltung zu sichern, das „Publicum", also die Verbraucher vor schlechtem und teurem Bier zu schützen, zugleich über einen angemessenen Bierpreis die Produktionskosten der Bierbrauer zu decken und ihren Gewinn zu sichern und nicht zuletzt das Auskommen der Wirte zu bewahren.

Beauftragt mit der Vereinheitlichung der Umgeldesätze von Stadt und Kreis Erlangen wurde am 28. Februar 1800 von der „Königlich Preußischen Obergebürgischen Kriegs- und Domainenkammer", der zentralen Finanzbehörde, Kammerassessor von Bülow,[158] ein Vetter Hardenbergs.[159] Er hatte auf dem Gebiet Erfahrung, war er doch in gleicher Angelegenheit bereits im Vorjahr „auf dem glatten Land" im Kreis Erlangen tätig gewesen.[160] Seine Hauptaufgabe bestand darin, „eine allgemeine Gleichförmigkeit der Umgeldsätze herzustellen".[161] Weiter sollte er Befürchtungen entgegentreten, daß die Stadtkassen von Alt- und Neustadt Erlangen Einnahmen verlieren werden, oder daß eine durch die Vereinheitlichung nötige Umgelderhöhung aus-

---

[151] Vgl. Denkschrift Hardenbergs vom März 1799, in: Haussherr, Hardenberg, S. 242–251.
[152] Ebd., S. 250.
[153] Ebd., S. 245.
[154] Ebd., S. 250.
[155] Endres, Die preußische Ära, S. 773.
[156] Winfried Küchler, Konstanz a. B. – Beispiel einer finanzschwachen Stadt. Zur Geschichte der kommunalen Finanzen im Bodenseeraum während des 19. Jahrhunderts, in: Städtisches Haushalts- und Rechnungswesen, hg. v. Erisch Maschke / Jürgen Sydow, Sigmaringen 1977, S. 127.
[157] Endres, Die preußische Ära, S. 777.
[158] StA Ba, C 60, Nr. 6107, fol. 1.
[159] Haussherr, Hardenberg, S. 196.
[160] StA Ba, C 60, Nr. 6107, einliegender Act „Die Umgeldesrecherche auf dem glatten Land des Erlanger Kreises betreffend".
[161] StA Ba, C 60, Nr. 6107, fol. 1.

schließlich an die Staatskasse fließt. Stattdessen sollten Mehreinnahmen dazu dienen, „ihre Cämmereyen nach und nach von der großen Schuldenlast zu befreyen".[162] Schließlich hatte er „das Brauwesen genau zu recherchirn und zu untersuchen, ob nicht, da bisher schon ein Theil des Umgeldes nach dem Eymer entrichtet worden ist, Defraudationen stattgefunden haben".[163]

Festgesetzt wurde mit „Publicandum" vom 27. März 1800 ein einheitliches Umgeld in Höhe des bereits im Kreis gültigen Satzes von 18 Kreuzer pro Eimer Bier.[164] Zugleich verfaßte von Bülow eine Instruktion für die Art und Weise der Steuererhebung durch die beiden „Umgelder",[165] die die markgräflichen „Biervisierer" und „Malzmaßer" ablösten.[166] Ihr Aufgabenbereich bestand zum einen in der einwandfreien Bestimmung der Bemessungsgrundlage für die Umgeldabführung, zum anderen sollten sie als „Polizeypersonen" darauf achten, daß „das Publicum [...] um den gefassten Preis mit guten Getränk versehen werde".[167]

In Alt- und Neustadt Erlangen erhielt jeder Umgelder sechs Sudstätten zugewiesen, wobei die zu beaufsichtigenden Brauereien wöchentlich oder monatlich wechselten. Kontrolliert wurde doppelt. Zunächst hatte der Umgelder das Malz vor dem Mahlen in der Mühle abzumessen und den Betrag in das Umgeldregister einzutragen. Weiter mußte er während des Brau- und Gärvorgangs auf die Mengen in den Gärkufen achten. Bei der Abfüllung in Fässer war dann der Inhalt der Fässer auf dem eingebrannten herrschaftlichen Eichzeichen zu vermerken und der Betrag erneut im Umgeldregister zu vermerken. Notwendige Voraussetzung dafür stellte die genaue Eichung der Gebinde dar. Sie wurde am 28. November 1799 angeordnet, verzögerte sich jedoch durch die große Winterkälte und den Protest der Brauer gegen die hohen Eichgebühren von sechs Kreuzern pro Eimer[168] und wurde schließlich erst Ende März 1800 durchgeführt.[169] Da die geeichten Fässer eine wesentliche Grundlage der Umgeldbemessung bildeten, war die Verwendung von ungeeichten Gebinden bei Strafe von drei Gulden verboten.[170] Auf Basis der Daten im Umgeldregister berechnete die Stadtredentur die Umgeldsumme und zog schließlich die fälligen Gelder ein.

Das preußische Umgeld war keine Materialsteuer auf das zur Bierbereitung bestimmte Malz mehr, obwohl es zur Vermeidung von Betrügereien mengenmäßig kontrolliert wurde, sondern richtete sich nach dem Volumen der verwendeten Transportgebinde. Durch den neuen Besteuerungsmodus scheint die Steuerbelastung der städtischen Brauer leicht gefallen zu sein: In einer zeitgenössischen Musterrechnung wurde ermittelt, daß das preußische Umgeld bezogen auf das Simra Gerste um 9 ¾ Kreuzer niedriger lag als nach den markgräflichen Hebesätzen.[171] Dies, der Wechsel im Besteuerungsmodus sowie die gleiche Höhe des Umgeldesatzes für fast alle Belie-

---

[162] Ebd.
[163] Ebd.
[164] Ebd., fol. 34v.
[165] Ebd., fol. 28–31.
[166] Ebd., fol. 42r.
[167] Ebd., fol. 28r.
[168] Ebd., fol. 12r.
[169] Ebd., fol. 16r.
[170] Ebd., fol. 34v.
[171] Ebd., fol. 42r.

ferer des Erlanger Biermarktes scheint der Beginn der Qualitätsverbesserung des in Alt- und Neustadt Erlangen gebrauten Bieres gewesen zu ein, da sie nun zur Sicherung ihres Absatzes weit mehr auf die Qualität und Stärke ihres Bieres zu achten hatten.

Der Modus der Umgelderhebung wurde unter französischer Herrschaft beibehalten. Allerdings erhöhte das Erlanger Stadtpräsidium am 11. Februar 1808 den Steuersatz um einen Kreuzer pro Maß Importbier und um einen halben Kreuzer pro Maß im Kreis Erlangen gebrauten Bieres.[172] Mit Übergang der beiden Städte an das Königreich Bayern 1810 wurde dann das preußische Umgeld nach der von König Maximilian I. Joseph bereits am 27. September 1806 erlassenen und am 28. Juli 1807 revidierten Verordnung durch den Malzaufschlag ersetzt.[173] Dieser stellte wieder eine Materialsteuer auf die Menge der verarbeiteten Rohstoffe dar und lag bei drei Gulden 45 Kreuzer für den Schäffel Malz.[174] Der bayerische Malzaufschlag setzte den von der preußischen Verwaltung eingeschlagenen Weg hin zu einer einheitlichen und rationalen Besteuerung des Braugewerbes fort. Diese trug zur Herstellung gleicher Wettbewerbsbedingungen für die bayerischen Brauereien bei, was neben der Schaffung eines bayerischen Wirtschaftsraums durch die Einführung des Grenzzollsystems und der Verbesserung der Verkehrsverbindungen und der Brautechnik eine der wesentlichen Voraussetzungen für den Aufstieg der Erlanger Brauindustrie im 19. Jahrhundert bildete. Für dieses Jahrhundert ist allerdings der Zusammenhang zwischen Höhe des Malzaufschlags und Entwicklung der Erlanger Brauindustrie sowie die Bedeutung des Lokalmalzaufschlages für den städtischen Haushalt Erlangens noch zu untersuchen.

---

[172] Max Hertlein, Erlangen unter französischer Herrschaft in den Jahren 1806–1810, Erlangen 1930, S. 20.
[173] Königlich Bayerisches Regierungsblatt vom 27. September 1806, S. 377–386; Königlich Bayerisches Regierungsblatt vom 28. Juli 1807, S. 1273–1296.
[174] Vgl. Teich, Bier, Wissenschaft und Wirtschaft, S. 30–32. Ein Schäffel entspricht 222,36 Litern.

Hans-Dieter Lehmann

Cuno dux Bauwarorum –
als Zollernvorfahre in cognatischer Linie Vorbild für den obskuren „Herzog Tassilo von Zollern"?
Zu den Herkunftsfabeln der Zollern

Einige der großen Herrscherhäuser in Europa haben ihren Ausgang im alten Reichsteil Schwaben genommen: die Hohenstaufen, die Welfen, die Habsburger und die Hohenzollern.[1] Weit über Schwaben hinausgreifend haben sie europäische Geschichte mitgestaltet. Das Land Baden-Württemberg ist seit einem halben Jahrhundert erst aus den drei Territorien Baden, Württemberg und Hohenzollern zusammengewachsen. Die Anfänge der hier namengebenden Häuser sind geklärt worden; die des Hauses Baden und der mit ihm stammverwandten Zähringer insbesondere von Karl Schmid.[2] Für Personen, auf die das Haus Württemberg zurückgeht, hat Dieter Mertens einen abstammungsmässigen Zusammenhang mit dem salischen Königshaus aufgezeigt.[3]

Im Dunkel liegen dagegen immer noch die Anfänge der Hohenzollern. Wilfried Schöntag hat die Herrschaftsbildung der Grafen von Zollern bis zur Mitte des 16. Jahrhunderts erhellt.[4] Aus guten Gründen hat er seine Untersuchung erst mit dem 12. Jahrhundert beginnen lassen: Aus dem 11. Jahrhundert liegt zum einen über Zollern kaum Material in Form von Urkunden vor, zum anderen hat Schöntag gezeigt, daß es Grafen von Zollern damals überhaupt noch nicht gegeben hat. Weniger überzeugend sind seine Vermutungen über den Ursprung Zollerns aus uralter Achalm-Uracher Wurzel, die Schöntag mit besitzgeschichtlichen Indizien aus dem Raum Hechingen zu begründen versucht hat.[5] Es sei keinesfalls bestritten, daß Graf Egino II

---

[1] Zum Hochadel in Südwestdeutschland vgl. Hansmartin Schwarzmaier, Staufer, Welfen und Zähringer im Lichte neuzeitlicher Geschichtsschreibung, in: Zeitschrift für die Geschichte des Oberrheins (künftig ZGO) 134, 1986, S. 76–87; zu den Hohenstaufen vgl. Hansmartin Decker-Hauff, Das Staufische Haus, in: Die Zeit der Staufer III. Katalog der Ausstellung Stuttgart 1977, S. 339–350; zu den Hohenzollern vgl. Wolfgang Neugebauer, Die Hohenzollern I. Schwäbische Wurzeln (1061- ca. 1500), Stuttgart 1996, S. 11–14. Vgl. auch die Stichworte Hohenstaufen, Welfen, Habsburger und Hohenzollern im Lexikon des Mittelalters (künftig LMA): Staufer (Odilo Engels): LMA 8, 1997, Sp. 76–79; Welfen (Bernd Schneidmüller) LMA 8, 1997, Sp. 2147–2151; Habsburger (Georg Scheibelreiter) LMA 4, 1989, Sp. 1815f.; Hohenzollern (Alfred Wendehorst) LMA 5, 1991, Sp. 83f.

[2] Karl Schmid, Vom Werdegang des badischen Markgrafengeschlechtes, in: ZGO 139, 1991, S. 45–77; derselbe, Baden-Baden und die Anfänge der Markgrafen von Baden, in: ZGO 140, 1992, S. 1–36.

[3] Dieter Mertens, Zur frühen Geschichte der Herren von Württemberg. Traditionsbildung – Forschungsgeschichte – neue Ansätze, in: Zeitschrift für württembergische Landesgeschichte (künftig ZWLG) 49, 1990, S. 11–95.

[4] Wilfried Schöntag, Die Herrschaftsbildung der Grafen von Zollern vom 12. bis zur Mitte des 16. Jahrhunderts, in: Zeitschrift für Hohenzollerische Geschichte (künftig ZHG) 32, 1996, S. 167–228.

[5] Ebenda, S. 197. Für das 11. Jahrhundert geht Schöntag aus besitzgeschichtlichen Überlegungen für den Raum um Hechingen von altem Achalm-Uracher Besitztum als Basis für Zollern aus. Seine Vermutungen betreffen Heiratsgut der Mutter der zollerischen Stammmutter Udilhild, die mit dem Grafen Egino von Urach verheiratet war. Daraus läßt sich nicht auf Achalm-Uracher Familienbesitz seit karolingischer Zeit schließen.

von Urach zu den Vorfahren der Zollern zählt als Großvater des zweiten Friedrich – wohl aber, daß der zollerische Besitz um Hechingen ein Erbe von Achalm/Urach war.

Im 19. Jahrhundert hatte es intensive Bemühungen zur Erforschung der zollerischen Anfänge gegeben; ihre Ergebnisse wurden im Interesse der in Preußen und Deutschland herrschenden Dynastie zu Beginn des 20. Jahrhunderts von einer Expertengruppe zusammengefaßt.[6] Diese offizielle Genealogie des Gesamthauses Hohenzollern ließ das Problem des Anfanges offen und hat viele der Thesen des 19. Jahrhunderts in den Anmerkungen des Werkes wieder in Frage gestellt. In einem Vorbericht wurden dort auch die zollerischen Haustraditionen vorgestellt und letztlich als historisch wertlose Fabeln eingestuft.[7] Die erst im 15. und 16. Jahrhundert belegbaren und sicherlich zum Teil auch damals erst entstandenen Herkunftssagen haben auch andere Autoren eher als für die Entstehungszeit charakteristische, aber als Geschichtsquellen untaugliche Sagen abgetan. Alphons Lhotsky sah die Abkunft aus Rom von den Zollern übernommen, als diese Fabel von den Habsburgern abgelegt worden sei.[8] Vorfahren aus Rom und Troja hielt auch Erwin Herrmann für Erfindungen, die den nach dem Fürstenrang strebenden Zollern in Franken und Brandenburg, insbesondere dem Markgrafen Albrecht Achilles (1470–1486), standesgemäße Ahnen hätten bescheren sollen, weil die Zollern damals von den alten Fürstenhäusern im Reich als Emporkömmlinge betrachtet wurden.[9]

Eine entsprechende Motivation wurde ein Jahrhundert später dem Grafen Karl I. von Zollern (1534–1576) bei seinem Auftrag an den Hofhistoriographen Johann Herold aus Basel unterstellt, eine zollerische Stammtafel zu erarbeiten.[10] Basilius hat seinem Auftraggeber deutsche Ahnen und insbesondere den Spitzenahn Tassilo gefunden, den später sogar noch Friedrich der Große als seinen ältesten bekannten Ahnen akzeptiert hat, obwohl er selber genealogische Studien für überflüssig hielt.[11] Erst die Forschung des 19. Jahrhunderts hat der Tassilo-These den Garaus gemacht

---

[6] Julius Grossmann/Ernst Berner u.a. (Hg.), Genealogie des Gesamthauses Hohenzollern, Berlin 1905, basierend auf Vorarbeiten vor allem von Traugott Maerker, Rudolf Freiherr von Stillfried und dem Tübinger Professor Ludwig Schmid.

[7] Ebenda, S. VII-XI.

[8] Alphons Lhotsky, Apis Colonna. Fabeln und Theorien über die Herkunft der Habsburger, in: Mitteilungen des Institutes für Geschichtsforschung und Archivwissenschaft in Wien (künftig MIÖG) 55, 1944, S. 171–245, bes. S. 180–194.

[9] Erwin Herrmann, Genealogie und Phantasie. Zu den Abstammungsfabeln der Hohenzollern seit dem 15. Jahrhundert, in: Archiv für Geschichte von Oberfranken 62, 1982, S. 53–61, vgl. hier S. 58: Markgraf Albrecht Achilles wird 1452 in Oberitalien von einem Grafen Collalto als stammverwandt begrüßt und schreibt 1466 seinem Bruder Kurfürst Friedrich II. von Brandenburg von der Herkunft des eigenen Hauses, es sei aus Troja – in der Türkei – über Rom ins Reich gekommen. Zur niederrheinisch – fränkischen Troja–Fabel vgl. Hildebrecht Hommel, Die Sage von der trojanischen Herkunft der Franken, in: Württembergisch Franken 50, 1966, S. 11–21. Vgl. unten Anm. 12.

[10] Rudolf Seigel, Zur Geschichtsschreibung beim schwäbischen Adel in der Zeit des Humanismus, in: Festschrift Hansmartin Decker-Hauff (ZWLG 40, 1981), S. 93–118.

[11] Wie Anm. 7 und Anm. 9. Laut freundlicher Mitteilung von Herrn Prof. Dr. Rudolf Seigel, Sigmaringen, vom 19.9.2001 ist die Edition der Haus-Chronik der Grafen von Zollern noch in Vorbereitung. Seinem Schreiben vom 22.12.2001 entnehme ich dankbar folgende Angaben aus der zollerischen Haus-Chronik: Spitzenahn war Tassilo von Zollern. Von seinen vier Söhnen Danko, Gottsbold, Eribold und Fritz sei ersterer Vorfahre der Zollern; Eribold – ein Abt der Reichenau – und Fritz seien kinderlos gewe-

und versucht, als deutsche Ahnen der Zollern die Burchardinger zu belegen – mehr oder weniger überzeugend.

Niemand hat sich offensichtlich bislang darum bemüht, auf welcher Basis die fabelhaften zollerischen Haustraditionen entstanden sein könnten. Trotz aller berechtigten Ablehnung – könnten in ihnen nicht doch Indizien versteckt sein, die eine Annäherung an das bislang ungelöste Problem der zollerischen Anfänge erlauben? Da wir diese Familienüberlieferungen nur durch die Brille der sie in der frühen Neuzeit aufzeichnenden Historiographen kennen, gilt es, den zu vermutenden realen Kern aus deren Interpretationen herauszuschälen und ihn durch Vergleich mit anderen Befunden zu prüfen.

1. Namenkundliche und genealogische Überlegungen.

Wesentliche Bestandteile adeligen Selbstverständnisses im Mittelalter waren eine lange Reihe bekannter Vorfahren und ein berühmter Spitzenahn. Beliebt waren hierfür Persönlichkeiten wie Karl der Große oder auch Herzog Widukind von Sachsen, an die man oft mit mehr oder weniger überzeugenden Argumenten genealogisch anzuschließen versuchte.[12]

Nicht allen Adelshäusern gelang dies; wenige nur verfügten über schriftliche Überlieferung ihrer Vorfahren – wie beispielsweise die Welfen.[13] Manchmal gaben Heiratspläne oder auch der Wunsch zu einer Scheidung Anlaß für genealogische Aufstellungen; manchmal waren Erbansprüche zu belegen oder abzuwehren. Aufgezeichnet wurden Überlieferungen durchweg von Klerikern, insbesondere dann, wenn ein Geschlecht ein Hauskloster gegründet hatte. Dessen Mönche schrieben oft in Krisenzeiten – entweder in Krisen des Stifterhauses oder ihres Klosters. Zum Beispiel waren die Aufzeichnungen im Kloster Brauweiler bei Köln – nach 1076/77 – eher eine Darstellung der bereits untergegangenen Stifterfamilie der Aachener Pfalzgrafen aus dem Haus der Ezzonen als die der Klostergeschichte selber.[14]

Für das Haus Hohenzollern liegt keine schriftliche Hausüberlieferung vor dem 16. Jahrhundert vor. Zwar war ein Zoller Mitstifter des Klosters Alpirsbach gewesen und hatte die Vogtei bei den ersten Grafen von Zollern gelegen, eine Hausgeschichte der Zollern ist aus dem Schwarzwaldkloster aber nicht auf uns gekommen, denn es

---

sen. Der Sohn Berchthold des Gottsbold habe eine Erbtochter der Grafen von Saulgau geheiratet und mit ihr drei Söhne gehabt: Guntram – den Stammvater der Habsburger, den Heiligen Meinrad und einen Konrad, auch Contzlin oder Colin genannt. Von letzteren soll das römische Haus Colonna abstammen. Nach Rainer-Maria Kiel, Die Hauschronik der Grafen von Zollern, in: Archiv für Geschichte von Oberfranken 68, 1988, S. 121–148 sind drei Exemplare der Haus-Chronik bekannt. Sie liegen in Sigmaringen (Hs. 68), in Bayreuth (Ms. 40) und in Malibu/Kalifornien. Als Entstehungszeit gibt Kiel 1575 an. Somit datiert das Werk nach dem Tod des Basilius (†1567) und vor Ableben des Grafen Karl I. von Zollern († 1576). Unbekannt ist, inwieweit die genealogischen Angaben hier mit einem verloren gegangenen älteren (1556/60) Zollernstammbaum des Basilius übereinstimmen.

[12] Gerd Althoff, Studien zur habsburgischen Merowingersage, in: MIÖG 87, 1979, S. 71–100; ders., Genealogische und andere Fiktionen in mittelalterlicher Historiographie, in: Fälschungen im Mittelalter I (Schriften der Monumenta Germaniae Historica 33/I), Hannover 1988, S. 417–441.

[13] Erich König (Hg.), Historia Welforum. Schwäbische Chroniken der Stauferzeit 1, Stuttgart 1938.

[14] Ursula Lewald, Die Ezzonen. Das Schicksal eines rheinischen Fürstengeschlechtes, in: Rheinische Vierteljahrsblätter 43, 1979, S. 120–168, bes. S. 123.

war nicht ihr Hauskloster.[15] Ein solches entstand mit Grablege erst spät am Fuß der Burg Hohenzollern. Die frommen Ordensfrauen in Stetten im Gnadental haben aber auch keine zollerische Frühgeschichte aufgezeichnet; zumindest ist uns nichts davon überkommen.

Über die Frühzeit des Hauses Zollern finden sich vereinzelte Nachrichten in den Zwiefalter Chroniken, jedoch keine zusammenhängende Überlieferung.[16] Obwohl Zwiefalten von der Gemahlin Udilhild des ersten bekannten Grafen Friedrich von Zollern und von ihren jüngeren Kindern begünstigt wurde, ist auch hier keine zollerische Geschichte geschrieben worden. Wenigstens sind aber einige Namen aus den ersten Zollerngenerationen festgehalten.

Ein Glücksfall ist die sogenannte Sayn'sche Genealogie, die um 1200 niedergeschrieben wurde.[17] Sie hat uns alle Namen der Laien unter den Kindern der Stammeltern – des Friedrich I. und der Udilhild – überliefert. Da diese Stammtafel wohl für eine geplante Heirat erstellt worden ist, fehlen darin alle Zollern geistlichen Standes, das heißt etwa die Hälfte der zahlreichen Kinder des Friedrich I., der hier allerdings irrtümlich Burchard genannt ist. Auf dieser Quelle basiert die Stammtafel 1 im Anhang; sie ist aus Zwiefalter und anderen Quellen ergänzt.

Im ahnenstolzen mittelalterlichen Adel herrschte oft eine ausgeprägte Neigung, Kinder nach Vorbildern in früheren Generationen zu benennen. Ganz besonders deutlich wird dies, wenn die Ahnenreihe von Mutterseite her die vornehmere war. Auch hierfür ist ein gutes Beispiel das schon oben genannte Haus der Ezzonen: für alle zehn der Ehe des Pfalzgrafen Ezzo mit der Ottonin Mathilde entsprossenen Kinder läßt sich das Namensvorbild fassen.[18]

Die Heiratsverbindungen der frühen Zollern zeigen Konnubium mit dem Hochadel in Schwaben: unter anderen mit den Riesgaugrafen, den Grafen von Tübingen und den Grafen von Alt-Homberg, die Vögte der Baseler Kirche waren. Dies läßt sich an Hand der Übernahme des staufisch-zollerischen Leitnamens Friedrich in letztere Häuser erkennen.[19] Wenn der Zoller Ulrich (†1135) Abt der Reichenau wurde, spricht auch dies für hochadelige Herkunft.

Bei Zollern und Hohenbergern haben im Mittelalter die Leitnamen – Friedrich beziehungsweise Burchard – eine sehr starke Rolle gespielt. Die Aufstellung zeigt –

---

[15] Zu Alpirsbach vgl. Hans Harter, Adel und Burgen im oberen Kinziggebiet (Forschungen zur oberrheinischen Landesgeschichte 37), München 1992. Neuerdings sieht Hans Harter mit Thomas Zotz Entwicklungsstörungen in der Anfangszeit von Alpirsbach durch den Versuch der Zollern bedingt, dieses Reformkloster zu ihrem Hauskloster zu machen in: Landesdenkmalamt Baden-Württemberg (Hg.), Alpirsbach. Zur Geschichte von Kloster und Stadt – Textband 1, Stuttgart 2001, S. 62f. mit hier Anm 406. Dennoch – zollerische Hausgeschichte wurde in Alpirsbach nicht aufgeschrieben.

[16] Luitpold Wallach, Erich König, Karl Otto Müller, Die Zwiefalter Chroniken Ortliebs und Bertholds. Schwäbische Chroniken der Stauferzeit 2, 1941 (Neudruck 1978).

[17] Wie Anm. 6, S. 142. Zur Sayn'schen Genealogie vgl. Rudolf Seigel, Die Entstehung der schwäbischen und fränkischen Linie des Hauses Hohenzollern, in: ZHG 5, 1969, S. 9–44, bes. S. 20ff.

[18] Lewald, Ezzonen (wie Anm. 14). Zur Nachbenennung nach berühmten Vorfahren in mütterlicher Linie im 10. und 11. Jahrhundert vgl. Karl Schmid, Zur Problematik von Familie, Sippe und Geschlecht, Haus und Dynastie im mittelalterlichen Adel, in: ZGO 105, 1957, S.1–62.

[19] Zur Heirat der Gemma mit Hugo von Tübingen vgl. Eugen Schneider (Hg.), Codex Hirsaugiensis (Württembergische Geschichtsquellen I), Stuttgart 1887, Anhang S. 26. Zur Heirat der Kunigunde mit Graf Werner von Alt-Homberg vgl. Hans-Dieter Lehmann, Eine Randbemerkung zu den frühen Grafen von Zollern, in: ZHG 35, 1999, S. 105f.

wie für das Haus Urach mit dem Leitnamen Egino dort – eine starke Tendenz zur Nachbenennung. Dies legt nahe, zu untersuchen, ob sich daraus nicht Anhaltspunkte für die unbekannte Herkunft der Mutter der zollerischen Stammmutter Udilhild erschließen lassen. Als Ausgangspunkt hierfür eignet sich vor allem der recht seltene Name Alberada ihrer Schwester. Er führt eindeutig in das Haus der Markgrafen von Schweinfurt und darüber in weiblicher Linie zurück nach Lothringen.[20] Die Verwandtschaftstafel 2 für das Haus Schweinfurt zeigt mit der der frühen Zollern mehrere Überschneidungen – nicht nur bei häufigen und damit wenig aussagekräftigen wie Berthold, sondern speziell bei eher seltenen Namen wie Gerberga (Gemma), Gottfried und Alberada.

Da Gemma eine Kurzform für Gerberga darstellt, finden sich im Umkreis der Udilhild diese drei über eine Gerberga aus dem Haus Lothringen in das Haus Schweinfurt übergegangene Namen. Bucco ist eine Kurzform für Burchard. Ob Berthold bei einem Enkel der Udilhild auf den Spitzenahn der Schweinfurter Markgrafen zurückgeht, sei dahingestellt. Berthold und Burchard sind so häufig, daß diese Gemeinsamkeiten nicht überinterpretiert werden dürfen. Bei den Zollern wird ein Burchard bereits 1061 in der Reichenauer Weltchronik genannt: „Burchardus et Wecil de Zolorin occiduntur".[21] Der zum Leitnamen der älteren Linie Hohenberg gewordene Name Burchard ist in der Familie somit älter als die hier vermutete Verbindung zum Haus Schweinfurt und hat sein Vorbild wohl tatsächlich im Umkreis der älteren Nellenburger Grafen, die auf die Burchardinger als Herzöge von Schwaben zurückgehen sollen. Der staufische und zollerische Leitname Friedrich dürfte den Zollern über eine Dame aus dem Haus der Riesgaugrafen vermittelt worden sein, aus welchen die Staufer hervorgingen. Besitzgeschichtlich ist dies aus der Verzahnung von zollerischen Rechten mit Besitz des Stiftes St. Maria zu Lorch in Löpsingen im Ries nahegelegt. Der Name einer jüngeren Adelheid (siehe Stammtafel 1) könnte dem der frühstaufischen Mutter des Grafen Friedrich I. entsprechen.

Es stellt sich die Frage: wie könnten Namen aus dem Haus Schweinfurt an die Zollern gekommen sein? Der Name Alberada der Schwester der Udilhild legt nahe, daß diese Namen über die Gemahlin des Grafen Egino II. von Urach eingebracht worden sind. Von den Lebensdaten des Otto von Schweinfurt her – geboren um die Jahrtausendwende übernahm er 1017 das Erbe seines Vaters und starb 1058 – dürfte diese mit dem Uracher verheiratete Kunigunde seine Enkelin gewesen sein.

Otto von Schweinfurt hat 1035, das heißt erst in schon vorgerücktem Alter, die Tochter des Markgrafen von Susa geheiratet, nachdem ihm im gleichen Jahr eine Ehe mit einer Tochter des Herzogs von Böhmen von der Synode zu Ingelheim untersagt worden war.[22] Da sein Bruder Bucco Geistlicher war, ist es wenig wahrscheinlich, daß der einzige männliche Laie im Hause Schweinfurt erst so spät erstmals geheiratet haben soll. Wenn seine Tochter Judith aus einer frühen Ehe stammte – geschlossen vor 1020 –, dann könnte sie ohne weiteres die Mutter einer Tochter gewesen sein, die

---

[20] Rudolf Endres, Die Rolle der Grafen von Schweinfurt in der Besiedlung Nordostbayerns, in: JfL 32, 1972, S. 1–43. Zu den Namen aus der Ahnenreihe der Mutter des Otto von Schweinfurt vgl. Emil Kimpen, Rheinische Anfänge des Hauses Habsburg-Lothringen, in: Annalen des historischen Vereins für den Niederrhein 123, 1933, S. 1–49.

[21] Hans Jänichen, Zur Geschichte der ältesten Zollern, in: Hohenzollerische Jahreshefte 21, 1961, S. 10–22.

[22] Endres, Besiedelung (wie Anm. 20), S. 19.

– dem frühen Heiratsalter der Frauen in mittelalterlichen Hochadel gemäß – um 1050 bereits selber geheiratet hat. Nach Ursula Lewald soll die Judith „von Schweinfurt" 1036 einen Konrad („Cuno"), den ältesten Sohn des Ezzonen Ludolf, geheiratet haben.[23] Ihn hat 1049 Kaiser Heinrich III. zum Herzog von Bayern erhoben. Wilhelm Störmer nennt ihn Konrad von Zütphen und hat Aufstieg und Untergang dieses letzten Ezzonen skizziert. Die Quellen des 11. Jahrhunderts berichten nicht von Kindern aus dieser Ehe. Die hier vorgelegte These unterstellt, daß eine Tochter Kunigunde daraus hervorgegangen ist, und versucht, diese mit der gleichnamigen Stifterin des Klosters Ottmarsheim einerseits und andererseits mit der aus den Zwiefalter Chroniken bekannten Gemahlin des Grafen Egino II. von Urach zu identifizieren. Die Kunigunde wäre somit als eine bislang unbekannte Tochter der Judith „von Schweinfurt" und des Herzogs Konrad/Cuno von Bayern (1049–1053) zu vermuten, geboren bald nach 1036. Da die Mutter nach dem Tod des Konrad 1055 eine zweite Ehe mit einem Grafen Botho in Kärnten einging und damit aus dem Familienverband ausschied, ist verständlich, daß der Name Judith bei den Kindern der Kunigunde beziehungsweise der Udilhild nicht wieder aufgegriffen wurde.[24]

Lassen sich sonst noch Namen aus den ersten Zollerngenerationen auf mögliche Vorbilder zurückführen? Der Name Ulrich für einen Sohn der Udilhild, der für den Dienst in der Kirche bestimmt war, geht auf den Heiligen Ulrich zurück. Der Bischof von Augsburg war mit der Mutter Heilwig des Pfalzgrafen Erenfried/Ezzo verwandt; ihm war Ezzo als Kind zur Erziehung anvertraut gewesen. Ezzo war der Großvater, Heilwig die Urgroßmutter des Cuno von Bayern. Luitgard könnte aus dem Uracher oder aus dem Burchardingisch-Nellenburgischen Personenverband kommen. Jeweils eine Luitgard aus diesen Kreisen brachte den Namen auch an die Zähringischen Bertholde und an die Lorscher Vögte mit gleichem Namen; eine Udilhild paßt hier aber nicht hinein. Diesem Namen fehlt bislang das Vorbild. Sollte er aus der Familie der unbekannten ersten Gemahlin des Otto von Schweinfurt stammen?

Schwer verständlich ist allerdings, warum der Name des Markgrafen Otto von Schweinfurt, von 1047 bis 1058 als Otto III. Herzog von Schwaben, bei den Zollern nicht vorkommt. Ein Graf „Ortten von Zoler" und ein „Otto von Zollern" in der Turnierchronik des Jörg Rugen und in dem Turnierbuch des Georg Rüxner, der auch in der Zimmern'schen Chronik erscheint, würden allerdings in diese Richtung weisen, sollten aber nicht überbetont werden.[25] Von weit mehr Gewicht erscheint, daß die Namen „Otto" und „Rudolf" für fiktive Urahnen tatsächlich in der zollerischen Haus-

---

[23] Lewald, Ezzonen (wie Anm. 14) S. 121. Älteren Überlegungen gibt Wilhelm Störmer Raum beim Versuch, die Übergabe des bayerischen Herzogamtes an den Ezzonen zu begründen in: Bayern und der bayerische Herzog im 11. Jahrhundert, in: Stefan Weinfurter (Hg.), Die Salier und das Reich 1, Sigmaringen 1992, S. 503–547, bes. S. 531ff.

[24] Eine Tochter Adelheid aus der zweiten Ehe der Judith mit Botho von Kärnten heiratete den Grafen Heinrich von Limburg, den späteren Herzog von Niederlothringen. Die Judith machte Schenkungen an Kloster Banz in Franken. Im Haus Schweinfurt findet sich der Name Judith zuvor schon bei einer Schwester des Markgrafen Otto; sie war mit Herzog Wretislaw von Böhmen verheiratet (vgl. Anm. 22).

[25] Die Turnierchronik, das heißt der Bericht vom Beginn des Turnierwesens im hochmittelalterlichen Reich, ist ein Machwerk des 14. Jahrhunderts, in welchem allerdings Spuren von Vorlagen des 11. Jahrhunderts nachweisbar sind. Vgl. Hans-Dieter Lehmann, Der Beginn des Turnierwesens am deutschen Königshof, in: Blätter für deutsche Landesgeschichte 130, 1994, S. 65–73, bes. S. 70f.

Chronik im Umkreis der Familie erscheinen – zwar nicht bei nachweisbaren frühen Zollern selber, wohl aber in deren vermuteter Verwandtschaft als Herzöge Otto II. und III. von Schwaben einerseits und als der Frühhabsburger Rudolf von Ottmarsheim andererseits. Manchmal ist zu beobachten, daß bestimmte Namen nur in einem Zweig einer Familie weitergegeben worden sind – so wie zum Beispiel bei dem hier untersuchten Familienverband der Name Burchard nur bei den Hohenbergern. Wohin könnte der Name Otto weitergereicht worden sein? Hansmartin Decker-Hauff hatte vermutet, daß die Ezzonennamen Otto und Richinza durch die Ehe einer Kunigunde mit dem oben genannten Rudolf, Stifter von Ottmarsheim, in die Häuser Habsburg und Lenzburg gekommen seien.[26] Diesen Thesen wurde mit guten Gründen widersprochen.[27] Oder sollte es doch gewisse, bislang ungeklärte Querverbindungen auch zwischen frühen Habsburgern und Zollern gegeben haben?

Daß auf eine Nachbenennung nach dem hier als Zollernahn vermuteten Herzog Konrad/Cuno von Bayern verzichtet worden wäre, erschiene leicht erklärlich: der 1053 von Heinrich III. als Empörer seines Amtes entsetzte Ezzone Konrad starb am 12. Dezember 1055 geächtet und unversöhnt mit dem Kaiser im ungarischen Exil.[28] Dieser Konrad/Cuno ist nach der hier vertretenen These der Großvater der zollerischen Stammutter Udilhild. Als „Cuno dux Bauwarorum de Norenberch" – wie er im Totenbuch von St. Mariengraden zu Köln genannt wird – ist er der vermutete, im Hochmittelalter als Reichsfeind nicht vorzeigbare Spitzenahn der Zollern.[29]

Taucht der Name Cuno ihres Großvaters vielleicht doch bei den Kindern der Udilhild auf? Ein Kuno unter diesen wurde im 19. Jahrhundert diskutiert, aber verworfen. Unmittelbar vor dem Egino von Zollern und seinem Bruder Gottfried steht in den Zwiefalter Chroniken ein Mönch Kuno von Hechingen, der dem Kloster hier eine Hofstatt mit steinernem Haus und Ländereien übergeben hatte.[30] Der Besitz in unmittelbarer Nähe der Burg Hohenzollern erschien den Mönchen allzu gefährdet und wurde deshalb verkauft – vermutlich an Friedrich von Zollern.

Der Name Kuno war damals sehr häufig – in den Zwiefalter Chroniken tragen ihn mehrere Mönche; er taucht aber auch in den späten Zwiefaltener Annalen des Abtes Sulger in der Zeit vor der Abschichtung der Hohenberger Grafen von den Zollern auf.[31] Sulger nannte diesen Cuno († 1119) einen „vir illustrissimus" und Herrn auf Böttingen und Bühl. Bühl als sehr häufige Ortsbezeichnung sagt wenig; Böttingen gibt es auf der Schwäbischen Alb sowohl bei Münsingen als auch auf der Westalb im Bereich der Herrschaft Hohenberg, hier noch 1391 beim Verkauf an das Hochstift

---

[26] Zum Namen Otto im Haus Habsburg vgl. Hansmartin Decker-Hauff, Burgfelden und Habsburg, in: ZWLG 11, 1952, S. 55–74, bes. S. 65 mit hier Anm. 51. Die nicht belegten Vermutungen von Decker-Hauff sind mit Vorsicht zu betrachten.

[27] Paul Kläui, Beitrag zur ältesten Habsburger Genealogie, in: Argovia 72, 1960, S. 26–35.

[28] Störmer, Herzog (wie Anm. 23); vgl. Egon Boshof, Das Reich in der Krise. Überlegungen zum Regierungsausgang Heinrichs III., in: Historische Zeitschrift 228, 1979, S. 265–287, bes. S 281 ff.

[29] Theodor Josef Lacomblet, Auszug aus dem Memorienbuch des Mariengradenstifts aus der 2. Hälfte des 13. Jahrhunderts, in: Archiv für die Geschichte des Niederrheins 2, 1932 (Neudruck 1968), S. 49–56, bes. S. 50 (Richeza von Polen) und S. 53 (Cuno dux Bauwarorum de Norenberch).

[30] Zwiefalter Chroniken (wie Anm. 16).

[31] Georg Philip (Pater Arsenius) Sulger, Annales imperialis Monasterii Zwifaltensis Ordinis S. Benedicti in Suevia, Augsburg 1698, I 52.

Konstanz als zollerisches Allod bezeichnet. Zu einem „Grafen von Hohenberg" hat wohl erst Sulger diesen Cuno gemacht, weil ihn die Lage von Böttingen im Bereich der Hohenberger Herrschaft dazu verführt hat. Daß jedoch schon der vermutete Vater des Mönches Kuno starke Interessen auf der Westalb verfolgt hatte, bezeugt der Codex Hirsaugiensis mit dem Erwerb von Gütern des Klosters in Deilingen am Fuß des Oberhohenberges.[32] Die Zuordnung Sulgers haben Riedel akzeptiert, Freiherr von Stillfried und Maerker jedoch strikt abgelehnt, weil der Name Kuno bei den Hohenbergern nicht geläufig war.[33] Sein „Kuno von Hohenberg" kann mit dem „Kuno von Hechingen" der Zwiefalter Chroniken identisch sein. Er war vermutlich ein jüngerer Bruder des Stammvaters Burchard der Grafen von Hohenberg. Bei seinem Klostereintritt übergab Kuno mütterliches Erbe in Hechingen, nicht aber zollerisches Allod auf der Westalb. Als Besitzer eines Steinhauses am Fuß der Burg Hohenzollern war er sicherlich nicht von einfacher Herkunft. Dennoch ist er als Zoller in Stammtafel 1 bis auf weiteres mit dickem Fragezeichen zu versehen – auch wenn die Nachbenennung nach dem Urgroßvater von Mutterseite her sehr passend wäre.

2. Zu den Herkunftsfabeln der Habsburger und der Zollern mit behaupteter Abkunft aus dem römischen Haus Colonna

Urkundliche Beweise für die aus namenkundlichen Überlegungen gewonnenen Vermutungen fehlen. Sie sollen deshalb nachfolgend durch zollerische Haustraditionen und durch besitzgeschichtliche Betrachtungen untermauert werden.

Die Fabel von der angeblichen Herkunft aus dem römischen Haus Colonna findet sich sowohl für Zollern als auch für Habsburg. Alphons Lhotsky hat die Herkunftssagen des Hauses Österreich untersucht.[34] Wenige Jahre nach dem Tod Königs Rudolf I. von Habsburg (1273–1291) hatte in Rom erstmals der Italiener Tolomeo di Lucca für dessen Vorfahren eine Herkunft aus Italien behauptet.[35] Dies blieb bis 1507 eine von verschiedenen Autoren vertretene Ansicht; damals allerdings gab der an der Herkunft seines Hauses stark interessierte und diesbezüglich Nachforschungen intensiv fördernde Kaiser Maximilian I. neuen Vorstellungen seiner Hofhistoriographen den Vorzug. Kurz zuvor waren deutsche Vorfahren ins Auge gefaßt worden: Jakob Mennel ging von den Gründern des Schwarzwaldklosters St. Trudpert aus. Den aus dessen Gründungslegende bekannten Grafen Otpert sippte er an die Merowinger an mit der Assoziation Otpert/Theotpert/Theutebert. Er hatte so die Möglichkeit entdeckt, die Vorfahren Maximilians I. über bekannte und unbekannte Könige der Franken und der Trojaner bis auf Hektor aus Troja zurückzuführen.[36] Die ältere Herkunftsfabel, die eine Abstammung von stadtrömischen Geschlechtern – vornehmlich von den Colonna, zuletzt von den Pierleoni – behauptet hatte, war damit für Habsburg obsolet geworden.

---

[32] Schneider (Hg.), Codex Hirsaugiensis (wie Anm. 19), fol. 35b.
[33] Adolph Friedrich Riedel, Die Fürsten von Hohenzollern, Berlin 1861, S. 40; Rudolf Freiherr von Stillfried/Traugott Maerker, Hohenzollerische Forschungen I, Schwäbische Forschung. 1847, S. 95 mit hier Anm. 6; vgl. zu „Kuno" bei Zollern Anm. 6, S. 143, sowie Anm. 16, S. 243.
[34] Lhotsky, Apis Colonna (wie Anm. 8), S. 186.
[35] Ebenda, S. 180.
[36] Ebenda, S. 238f.

Wegen der Parallele bei den Zollern interessiert hier gerade die älteste dieser Vorstellungen, nach welcher das Haus Colonna in Rom der Ursprung der Habsburger gewesen sein soll. Auch die Zollern sollen nach eigener Tradition auf die Colonna zurückgehen: 1466 schrieb Markgraf Albrecht Achilles seinem Bruder, Kurfürst Friedrich II. von Brandenburg, daß die Zollern aus Troja in der Türkei nach Rom und von dort aus dann in das Reich gekommen seien.[37] Mit der Zwischenstation Rom dürfte Albrecht Achilles auf die Colonna-Fabel angespielt haben. Schon ein Jahrhundert später hatte dann allerdings Graf Froben Christoph von Zimmern erkannt, daß die Colonna in Rom jünger als die Zollern sind.[38] Tatsächlich haben die ältesten als Habsburger und Zollern bekannten Personen vor dem Zeitpunkt gelebt, zu welchem sich im 11. Jahrhundert in Rom die Colonna vermutlich von den Grafen von Tusculum abgespalten hatten.[39] Warum, wann und wie ist dennoch die Fabel von der Abkunft der Häuser Habsburg und Zollern aus diesem stadtrömischen Geschlecht entstanden? Lhotsky hatte als Entstehungsgrund angenommen, daß König Rudolf I. aus politischen Gründen hätte vermeiden müssen, an ältere Herrscherhäuser – etwa an die Staufer – anzuknüpfen und deshalb die neutrale, aber vornehme Abkunft aus Rom gewählt habe. Er hat aber auch gezeigt, daß die Colonna-Fabel den Zeitgenossen Rudolfs I. – Konrad von Mure, dem König selber eng verbunden, und Heinrich von Klingenberg – noch unbekannt war.[40]

Im Zusammenhang mit Habsburg wurde von Matthias von Neuenburg – vor der Mitte des 14. Jahrhunderts – eine Abkunft „aus angesehenem römischem Haus" behauptet. Den Namen Colonna nennt erst ein Jahrhundert später dann Thomas Ebendorfer in seiner Cronica Austrie.[41] Nach Lhotsky soll Ebendorfer diese Erkenntnis 1452 in Rom zugekommen sein. Seine merkwürdige Bezeichnung „Apis Colonna" erklärte einige Jahrzehnte später 1508 ein Italiener aus dem Namen Habsburg: dieser werde italienisch „Apsburg" ausgesprochen.[42] Diese Erklärung leuchtet weit eher ein

---

[37] Hermann, Phantasie (wie Anm. 9), S. 53 und 57f.

[38] Karl August Barack (Hg.), Zimmern'sche Chronik, Stuttgart ²1881; vgl. Hansmartin Decker-Hauff/Rudolf Seigel (Hg.), Die Chronik der Herren von Zimmern (Handschriften 580 † 581 der Fürstl. Fürstenberg. Hofbibliothek Donaueschingen, Sigmaringen 1978. – Zu der Colonna-Fabel der Zollern vgl. Zimmern'sche Chronik I 16, 2 und 7ff., zu den angeblichen Colonna-Ahnen der Grafen von Henneberg ebenda IV 19, 10.

[39] Daß ein angeblicher Zollernahn Ferfridus zur Zeit Kaiser Heinrichs III. dem römischen Hause Colonna nicht angehört haben kann, hatte schon der Zimmerner Chronist erkannt und begründet: „... das der Coloneser nam der Zeit in Rom unerkannt oder doch in kainer besondern achtung gewesen." Zimmern'sche Chronik (wie Anm. 38), I 16, 7. Tatsächlich ist ein erstes Familienmitglied erst zu Beginn des 12. Jahrhunderts mit Petrus de Columna, Herr von Colonna und Zagarola, faßbar – auch wenn die ältere Literatur die Abzweigung der Colonna von den Grafen von Tusculum noch für das 11. Jahrhundert angenommen hat. Vgl. Stichwort „Colonna" in LMA 3, 1986, Sp. 52f. (Fiorella Simoni-Balis-Crema) sowie in Encyclopedia of the Middle Ages I, 2000, S. 233 (Agostino Paravicini Bagliani); ältere Literatur nach Brockhaus' Konversationslexikon 4, 1894, Sp. 333f: Coppi, Memorie Colonnesi, Rom 1855.

[40] Lhotsky, Apis Colonna (wie Anm. 8) S. 174ff.; vgl. Jörg W. Busch, Mathias von Neuenburg, Italien und die Herkunftssage der Habsburger, in: ZG0 142, 1994, S. 103–116. Die von Busch unterstellte politisch motivierte Propaganda oberitalienischer Städte als Anlaß überstrapaziert die dürftigen Bemerkungen des Tolomeo di Lucca und des Matthias von Neuenburg.

[41] Lhotsky, Apis Colonna (wie Anm. 8), S. 171 und S. 222.

[42] Ebenda, S. 223.

als die Phantastereien, die aus „Apis" abgeleitet auf den Apis-Stier, den Sohn des ägyptischen Gottes Osiris zurückgriffen.

Der wissenschaftlich korrekte und bereits an Urkunden interessierte Ladislaus Sunthaym scheint von der Apis-Colonna-Fabel der Habsburger wenig gehalten zu haben. Als noch 1505 König Maximilian I. seinem Sekretär alles aufzuschreiben auftrug, was Sunthaym zusammengetragen habe über den Fabi Albrecht, „des mechtigen Apis von Rom sun", konnte ihm sein gewissenhafter Historiograph wenig bieten.[43] In Klöstern in Süddeutschland und Burgund hat Sunthaym vor allem nach Hinweisen auf deutsche Habsburger-Ahnen gesucht.

Dennoch – aus mehreren Beispielen konnte Lhotsky belegen, daß die Colonna-Fabel im 14. Jahrhundert im Haus Österreich selber geläufig war: für 1306 aus einem Briefentwurf Friedrichs des Schönen an einen Colonna-Kardinal, für 1365 aus einer Urkunde, in welcher Albrecht II. den vornehmsten Zeugen – einen Colonna-Bischof – seinen Verwandten nannte.[44] Von Königin Agnes von Ungarn wurde überliefert, sie habe eine Ehe mit einem Colonna als kirchlich verbotene Verwandtenehe abgelehnt; die Zimmernsche Chronik gibt allerdings andere Beweggründe für ihre Ablehnung an.[45] In das 14. Jahrhundert geht auch die merkwürdige Behauptung Petrarcas zurück, die Colonna seien gar keine Römer, sondern würden von Rhein oder Rhône oder – zumindestens jedenfalls für diesen Sekretär eines Colonna-Kardinals und Freund eines anderen – von sonst einem finsteren Erdenwinkel nördlich der Alpen nach Rom gekommen sein.[46] Erst viel später haben sogar die Colonna selber eine Herkunft von einem merkwürdigen „Herzog Konrad von Sulgau" behauptet – wohl in Anlehnung an Johannes Herold.[47] Wie hat es zu verschiedenen Zeiten immer wieder zu derartig widersprüchlichen Behauptungen kommen können, die immer um den gleichen Fragenkomplex kreisten?

Dieser kurze Abriß der recht umfangreichen Forschung zu der Habsburgischen Herkunftfabel erleichtert das Verständnis der Parallele, die für das Haus Hohenzollern vorliegt. Über sie hat Alphons Lhotsky wie folgt geurteilt: „Jedenfalls erst im Laufe des XVI. Jahrhunderts haben gefällige Genealogen auch dem Hause Hohenzollern römische Abkunft, und zwar von den Colonna verschafft. Die älteste Fassung, die ich bisher kenne, findet sich 1565 beim Pantaleon, wonach Ferfried Graf von Zollern ein gebürtiger Colonna gewesen wäre, der 1040 zu Kaiser Heinrich III. floh, Deutsch erlernte und auf Wunsch des Herrschers in Schwaben blieb, wo er die Burg Zollern erbaute und umliegende Gebiete zum Geschenk erhielt" sowie „Die von den Habsburgern aufgegebene Colonna-Sage war gewissermaßen verfügbar geworden, so daß sich ihrer im XVI. Jahrhundert die Hohenzollern zu versichern vermochten".[48]

---

[43] Ebenda, S. 189ff.
[44] Ebenda; vgl. dazu Zimmern'sche Chronik (wie Anm. 38), I 190, S. 37.
[45] Zimmern'sche Chronik (wie Anm. 38), I, S. 37.
[46] Lhotsky, Apis Colonna (wie Anm. 8), S. 194. Petrarca war 1330 in die Dienste des Kardinals Giovanni Colonna getreten und kam 1337 erstmals nach Rom.
[47] Ebenda, S. 194 mit hier Anm. 80. Vgl. oben Anm. 11.
[48] Ebenda, S. 186. Von einer Nachahmung Habsburgischen Selbstverständnisses durch Zollern geht auch Jean-Marie Moeglin aus in: Dynastisches Bewußtsein und Geschichtsschreibung. Zum Selbstverständnis der Wittelsbacher, Habsburger und Hohenzollern im Spätmittelalter, in: Historische Zeitschrift 256, 1993, S. 593–635, bes. S. 633.

Diese Sicht von Lhotsky ist mit Sicherheit nicht zutreffend, denn die Zollern-Fabel ist schon in einer Zeit belegbar, zu welcher die Habsburger-Fabel noch keineswegs als abgelegt und aufgegeben gegolten hatte. Bald nach 1421 hatte der Colonna-Papst Martin V. (1417–1431, vormals Oddone Colonna) seine eigene Verwandtschaft zu den Hohenzollern in einem Brief an den König Jagiello von Polen betont, dessen Tochter mit dem Sohn des Kurfürsten Friedrich I. von Brandenburg aus dem Haus Hohenzollern verlobt war.[49]

Der briefliche Anbiederungsversuch Papst Martins V. beim polnischen König dürfte den süddeutschen Zollern nicht zu Kenntnis gekommen sein. Aber auch in Süddeutschland liegen klare Beweise dafür vor, daß die Colonna-Fabel lange vor dem Heldenbuch des Pantaleon und dessen Quelle, Sebastian Münsters Kosmographie von 1544, bekannt war.[50] Graf Eitelfriedrich III. von Zollern (1494–1525), der Haushofmeister Kaiser Maximilians I., hatte seinen zweitgeborenen, aber jung gestorbenen Sohn nach dem angeblichen Colonna-Spitzenahn aus Rom „Ferfried" genannt. In der Folgegeneration gab Graf Karl I. von Zollern diesen Namen seinem ältesten Sohn.[51] Der sonst völlig ungebräuchliche Name taucht dann allerdings erst wieder im 20. Jahrhundert bei einem Zollernsprößling auf.

3. Vermutungen zur gemeinsamen Basis der Colonna-Fabel für Habsburg und Zollern

Es fällt auf, daß alle diese frühen Hinweise – sowohl auf Verwandtschaft der Colonna mit Zollern als auch mit Habsburg – durchweg kirchliche Würdenträger des Hauses Colonna betreffen: Bischof, Kardinäle, Papst. Dies legt den Verdacht nahe, daß die Ursache für alle diese zu verschiedenen Zeiten getroffenen Feststellungen – irgendwie schriftlich fixiert – ursprünglich in einem kirchlichen Archiv gelegen hatte. Diese obskure Schriftquelle könnte sowohl für die Herkunftsfabeln als auch für

---

[49] Ernst Berner, Die Abstammung und älteste Genealogie der Hohenzollern. In: Forschungen zur brandenburgischen und preußischen Geschichte VI/1, o. J. (1893), S. 4 mit hier Anm. 1; vgl. Anm. 6 und Anm. 3 S. VIII.

[50] Heinrich Pantaleon, Prosographia heroum atque illustrium virorum totius Germaniae 2, Basel 1565, S. 115f. Heinrich Pantaleon nennt als Quelle für seine Notiz über die Zollern-Herkunft aus Rom die Kosmographie des Sebastian Münster (1544). Nach freundlichem Hinweis von Prof. Rudolf Seigel vom 22.12.2001 ist schon bei Münster als Zeitangabe für die Flucht des Ferfried die Regierungszeit Heinrichs III. genannt – allerdings ohne Jahreszahl. Der als Ferfried-Urbild vermutete Pfalzgraf Ezzo ist 1035 gestorben und kann deshalb wohl kaum 1040 von Heinrich III. beschenkt worden sein. Von Bedeutung bleibt aber der Hinweis auf Heinrich III. Wie Münster hat sich auch Pantaleon seine Informationen entweder über Beiträger und brieflich oder persönlich durch Selbstauskünfte der Adelshäuser eingeholt. Für Münster ist als ein Beiträger Graf Wilhelm Werner von Zimmern bekannt. Ihm verdankte er unter anderem Nachrichten über die Grafen von Hohenberg/Haigerloch/Rottenburg/Horb und über die Herzöge von Teck. Die Herren von Zimmern standen mit den süddeutschen Zollern in Kontakt und waren mit ihnen sogar verwandt durch die Ehe der Anna von Zimmern mit Graf Jos Niklas II. von Zollern. Wegen Mitgiftstreitigkeiten waren die häufigen Kontakte mehr oder weniger herzlich, vgl. Beat Rudolf Jenny, Graf Froben Christoph von Zimmern. Geschichtsschreiber – Erzähler – Landesherr, Lindau 1959. Heinrich Pantaleon hat eifrig Kontakte zu Adelskreisen gepflegt und rühmte sich der Bekanntschaft mit Angehörigen des Hauses Hohenzollern, vgl. Hans Buscher, Heinrich Pantaleon und sein Heldenbuch (Basler Beiträge zur Geschichtswissenschaft 26), Basel 1946, S. 22 und 37 sowie 114ff.

[51] Genealogie des Gesamthauses Hohenzollern (wie Anm. 6), S. 71ff. Nr. 500 und 508.

die gegenteiligen Ansichten Petrarcas und später der Colonna selber der Anlaß gewesen sein. Die Widersprüche in ihrer Deutung zeigen, daß die Quelle weder eindeutig noch Außenstehenden ohne Kommentar verständlich war. Urkunden aus der Mitte des 11. Jahrhunderts und Namen in dieser Zeit lassen auf den folgenden Erklärungsversuch schließen.

Bekanntlich hatte Maximilian I. allenthalben nach Habsburgerahnen fahnden lassen – etwa in Burgund, aber auch in Rom. Letzteres ist angesichts der behaupteten Herkunft von dort eine Selbstverständlichkeit. Noch 1505 hatte der König seinen Sekretär diesbezügliche Informationen des Ladislaus Sunthaym abschreiben lassen.[52] Es liegt auf der Hand, daß solche Informationen Graf Eitelfriedrich III. in seiner Stellung am Hof zugänglich waren. In Rom war man offensichtlich auf altes Material gestoßen – entweder in einem kirchlichen Archiv oder ihm entfremdet vielleicht sogar im Besitz des Hauses Colonna.[53] Es dürfte folgende Orts- und Personennamen enthalten haben, ohne einen exakten Zusammenhang zwischen ihnen erkennen zu lassen: Heinrich III. – Colonna – Ferefridus – Konrad – Zollern – Ottmarsheim und Habsburg. Ein zusammenhängender Text kann nicht vorgelegen haben, denn sonst wären nicht über lange Zeiten hinweg unterschiedliche und widersprüchliche Folgerungen daraus gezogen worden.

Aus der Nennung Heinrichs III. drängt sich folgender Verdacht auf: der deutsche Herrscher hatte 1046 das Schisma dreier Päpste in Rom beendet und – nach dem frühen Tod des vorhergehenden deutschen Papstes Damasus II. – Bruno von Egisheim als Leo IX. (1048–1054) zum Papst wählen lassen. Dem Grafensohn aus dem Elsaß waren die hochadeligen Erbauer der Burgen Zollern, Habsburg und Budenheim am Rhein sowie die Stifter des Klosters Ottmarsheim wohl persönlich bekannt, insbesondere aber auch die Ezzonen Pfalzgraf Erenfried (Ezzo) von Aachen (†1035), Herzog Otto II. von Schwaben (1045–1047), Erzbischof Hermann II. von Köln (1036–1056) und Herzog Konrad von Bayern (1049–1053). Letzterer war der Neffe der beiden vorstehenden, der Sohn ihres 1031 verstorbenen älteren Bruders Ludolf, der Vogt der Kölner Kirche gewesen war. Ludolf starb vor dem Vater Ezzo; dessen Erbe im Rheinland und in Franken fiel 1035 an den späteren Herzog Otto II. von Schwaben.[54]

Noch als Bischof von Toul hatte 1047 Bruno selber den auf seiner Tomburg im Rheinland überraschend gestorbenen Herzog Otto II. von Schwaben in der Ezzonen-

---

[52] Lhotsky, Apis Colonna (wie Anm. 8), S. 222.
[53] Nach Andreas Rehberg, Colonna, in: Volker Reinhardt (Hg.), Die großen Familien Italiens, Stuttgart 1992, S. 171–188, waren seit dem Spätmittelalter Colonna-Kardinäle für ihre reichhaltigen Bibiliotheken bekannt: Pietro Colonna († 1326), Prospero Colonna († 1463) und Ascanio Colonna († 1608). Beim Sacco di Roma 1527 dürfte die Colonna-Bibiliothek nicht gefährdet gewesen sein, da damals die Familie auf Seiten der Sieger gestanden hatte.
[54] Lewald, Ezzonen (wie Anm. 14). Ein dem Brauweiler Chronisten unbekannter alter Ezzonenbesitz in Südwestdeutschland war Alzey. Ludolf hatte ihn als Heiratsgut seiner dem Mönch ebenfalls unbekannten Tocher Adelheid in ihre Ehe am Niederrhein mitgegeben. Ihr Sohn – Otto von Zütphen – vertauschte sein Alzeyer Erbe gegen Grafschaften in den Niederlanden. Wilhelm Störmer, Herzog (wie Anm. 23) nennt den Bruder der Adelheid, Cuno/Konrad, irrtümlich Konrad von Zütphen. Vgl. dazu Erich Wisplinghoff, Beiträge zur Geschichte Emmerichs, Eltens und der Herren von Zütphen im 11. Jahrhundert, in: Rheinische Vierteljahrsblätter 50, 1986, S. 59–79, bes. S. 65 ff.

grablege im Kloster Brauweiler bei Köln bestattet. Um die Jahrhundertmitte hatte er, schon als Papst, die Klosterkirche des Nonnenklosters Ottmarsheim geweiht, das von dem Bruder des Erbauers der Habsburg mit seiner Gemahlin Kunigunde gemeinsam am Oberrhein gestiftet und mit Gütern u. a. auf der fernen Schwäbischen Alb ausgestattet worden war. Die Klosterkirche von Ottmarsheim ist merkwürdigerweise nach dem Muster der Pfalzkapelle Karls des Großen in Aachen als Oktogon erbaut.[55] Der wohl schon ältere Rudolf kontrollierte auf seiner Niederungsburg Budenheim am Rhein oberhalb von Ottmarsheim den Verkehr zwischen den Bischofsstädten Basel und Straßburg zu Wasser und zu Land und gehörte offensichtlich zu den Mächtigen in Schwaben auch ohne Grafenamt. Mit der noch sehr jungen Kunigunde hatte er eine Frau geheiratet, deren Vater und Onkel als Herzöge von Bayern und Schwaben Führungsfunktionen im Reich hatten beziehungsweise gehabt hatten.

Leo IX. ließ für das Kloster Ottmarsheim ein Privileg ausstellen und nahm es unter päpstlichen Schutz. Die Urkunde ist verloren, ihren Text konnte Hans Hirsch aus einem Diplom Heinrichs IV. rekonstruieren.[56] Mit der Königsurkunde von 1064 versuchte die söhnelos verwitwete Kunigunde das Stiftungsgut für Ottmarsheim gegen Erbansprüche der Verwandtschaft ihres verstorbenen Mannes wie ihrer eigenen Nachkommen aus zweiter Ehe abzusichern. Eine andere Urkunde Leos IX. ist im Original erhalten: am 7. Mai 1052 bestätigte der Papst der Kölner Kirche unter Erzbischof Hermann II. das Ezzonenerbe im Rheinland und in Ostfranken.[57] Es fiel von dem verstorbenen Schwabenherzog über dessen Schwester Richeza, Königin von Polen, an die Kirche – zum größten Teil an Köln. Mit einer zweiten Urkunde vom gleichen Tag – ebenfalls in Rom ausgestellt – verlieh der Papst dem Erzbischof von Köln hohe Privilegien.

Folgender Verdacht drängt sich auf: wenn diese Papsturkunden in Rom ausgefertigt wurden – lange nach den ihnen zu Grunde liegenden Ereignissen und Absprachen – dann müssen hierfür in Rom Botenlisten oder sogar persönliche Notizen des Papstes aus Deutschland vorgelegen haben. Erst um etwa 1200 wurde mit der systematischen Archivierung und Registrierung päpstlicher Urkunden in Rom begonnen. Da aber schon auf Leo IX. eine Neuordnung des päpstlichen Archivwesens zurückgeht, dürften diese frühen Bestände im Archivgrundstock Benutzern zu unterschiedlichen Zeiten immer wieder ins Auge gefallen sein.[58] Ihr innerer Zusammenhang war Mitte des 11. Jahrhunderts Bruno von Egisheim noch klar gewesen, weniger wohl schon dem zeitgenössischen Urkundenschreiber im fernen Rom, der aber den Papst noch befragen konnte. Späteren Lesern waren diese Notizen Hekuba. Auf jeden Fall haben sie sich nicht mit Angelegenheiten des römischen Hauses Colonna befaßt, denn die-

---

[55] Decker-Hauff, Burgfelden (wie Anm. 26).

[56] Monumenta Germaniae Historica, DD H IV Nr. 126 zum 1.3.1064 sowie Württembergisches Urkundenbuch V, S. 370; vgl. Hans Hirsch, Die Papsturkunden und das Diplom Heinrichs IV. (St. 2618) für Ottmarsheim, in: Studien über die Privilegien süddeutscher Klöster im 11. und 12. Jahrhundert (MIÖG 7. Ergänzungsband), Wien 1907, S. 471–612.

[57] Heinz Wolter, Das Privileg Leos IX für die Kölner Kirche vom 7. Mai 1052 (JL 4271), in: Egon Boshof/Heinz Wolter (Hg.), Rechtsgeschichtlich-diplomatische Studien zu frühmittelalterlichen Papsturkunden (Studien und Vorarbeiten zur Germania Pontifica 6), Köln u.a. 1976.

[58] Leo IX. (Rudolf Schieffer) LMA 5, 1991, Sp. 1880f.

ses Haus hat es zur Zeit Leos IX. in Rom noch nicht gegeben. Der Name Colonna ist in diese Notizen später erst hineininterpretiert worden – vermutlich mißverstanden aus dem Stadtnamen Köln (Colonia), der hier im Zusammenhang mit den Ezzonen, insbesondere mit dem Erzbischof Hermann II. und den Rechten der Kölner Kirche gestanden haben muß.

Ein anderes Mißverständnis aus diesen Handakten oder Notizen des Papstes Leo IX. geht erst auf die Ahnenforscher Maximilians zurück: der Name Ferefridus. Mit großer Wahrscheinlichkeit hatte in den Aufzeichnungen Brunos auch der Name des Pfalzgrafen Erenfried (Ezzo), des Vaters der Brüder Ludolf, Hermann und Otto gestanden. Wenn 1452 oder um die Wende vom 15. zum 16. Jahrhundert der Er(e)nfridus – der Gewohnheit dieser Zeit entsprechend – in Rom von Ebendorfer oder später dann von Ladislaus Sunthaym mit einem schwungvollen Nasalstrich für das „n" über der Zeile geschrieben worden war, dann wurde dies vom Abschreiber am Hof Maximilians I. zu einem „Fer(e)fridus" verlesen. Bei Johann Herold findet sich der verlorene Buchstabe noch in der Namensform „Fernfrid".[59]

Der Verdacht auf verlorene Aufzeichnungen Leos IX. als Ursprung der Habsburg und Zollern gemeinsamen Colonna-Fabel beruht nur auf Indizien. Es wäre zu schön, wenn die vermutlich über lange Jahrhunderte immer wieder gesichteten Handakten oder Notizzettel noch in einem römischen Archiv existieren würden. In Frage käme dafür vor allem das der Colonna mit seinem ältesten Bestand.

4. Besitzgeschichtliche Betrachtungen

Dem Mönch in Brauweiler, der die Geschichte seines Klosters bei Köln und die der Stifterfamilie schrieb, war das Erbe des Ezzo gut bekannt: im Rheinland, an der Mosel und in Ostfranken die Güter der Mutter, der Ottonin Mathilde († 1024). Es war über den Sohn Otto († 1047) und dessen Schwester Richeza, Königin von Polen († 1063), an die Kirche gefallen. Von Besitz der Ezzonen in Süddeutschland wußte er aber nichts – so wenig wie vom Ezzonen-Erbe Alzey, welches an die ihm ebenfalls unbekannte Tochter Adelheid des Ludolf gefallen war.[60] Die Mutter des Ezzo war als eine nahe Verwandte des Bischofs Ulrich von Augsburg aus Süddeutschland an den Rhein gekommen. Es ist aber wenig wahrscheinlich, daß sie dem rheinischen Pfalzgrafen Besitz an der Zollernalb als Heiratsgut mitgebracht hätte. Wahrscheinlich ist dagegen ein Tauschgeschäft ihres Enkels Otto mit König Heinrich III. Daß der Ezzone – wie der Brauweiler Mönch vermutet hat – dem König die Herzogswürde in

---

[59] Zur Abschrift von Notizen des Ladislaus Sunthaym – u. a. von dessen Handzetteln zur Genealogie der Hohenzollern und der Markgrafen von Brandenburg in der Stuttgarter Handschrift 249 (612–620) vgl. Fritz Eheim, Ladislaus Sunthaym – Ein Historiker aus dem Gelehrtenkreis um Maximilian I., in: MIÖG 67, 1959, S. 53–91, bes. S. 77. Im Kommentar zum nicht erhaltenen Stammbaum der Zollern schreibt Johannes Herold – zu einem „Fritz von Zor zu Hechingen" des Thomas Lirer: „Dieser Fritz würdt dargeben, als ob er ein Columneser gewesen, Fernfrid gehaissen." (freundlicher Hinweis Prof. Rudolf Seigel mit Schreiben vom 22.12.2001). Offensichtlich hatte Herold den Nachlaß von Eitelfriedrich III. gesehen: „Ain anzall vass und truchen mit briefen ... insonderhait von rathschlegen und anderen haimlichen sachen, die kaiser Maximilianus mit dem alten Graf Itelfriderrichen ... zu verrichten gehapt." (Zimmern'sche Chronik, wie Anm. 38, 5, 500, S. 35). Herold hat vermutlich die von der Namensform bei Münster und Pantaleon abweichende Version gekannt, ist aber letzterer gefolgt.

[60] Lewald, Ezzonen (wie Anm. 14).

Schwaben mit seinem Muttererbe am Rhein bezahlt hätte, erscheint angesichts seiner Stellung im Reich völlig ausgeschlossen. Aus der Machtposition der ezzonischen Brüder in Westdeutschland – Otto Pfalzgraf von Aachen und Hermann Erzbischof von Köln – wurde Otto vom König nach Schwaben weggelobt mit der Ernennung zum Herzog. In seinem neuen Wirkungsbereich wurde er für sein ursprünglich aus Königgut stammendes Erbe entschädigt, welches Kaiser Otto III. seiner Schwester Mathilde in die Ehe mit Pfalzgraf Ezzo mitgegeben hatte. Gibt es irgend einen Hinweis darauf, daß diese Entschädigung durch Eigentumsübertragung im Raum vor der Zollernalb erfolgt sein könnte?

Die Annahme läßt sich mit einem für Südwestdeutschland völlig einmaligen Kirchenpatrozinium untermauern. Auf alt-zollerischem Boden, der allerdings nach der Zerstörung der ersten Burg in der großen Krise der Grafschaft Zollern an Württemberg hatte abgetreten werden müssen, liegt etwa neun Kilometer von der Burg entfernt auf einem Hügel am Fuß der Schwäbischen Alb bei Belsen die merkwürdige „Heidenkapelle". Am alten Weg hierher von der Burg Hohenzollern ist vor Belsen eine Kapelle St. Johann abgegangen. Der romanische Bau der heutigen Heidenkapelle ist von Hirsauer Prägung. Er ist über einem kleineren Vorgängerbau errichtet, der ebenfalls dem 11. Jahrhundert zugeschrieben wird.[61] Der aufwendige, als Chorturmkirche gestaltete Bau war niemals Pfarrkirche, sondern immer Filiale der nahen Mössinger Urkirche. Er kann keinem der mittelalterlichen Adelshäuser der Umgebung als Eigenkirche zugewiesen werden. Die eigenartigen Skulpturen der Westfassade und Merkwürdigkeiten des heutigen Baues haben viel Anlaß zu Vermutungen geboten. Sie sollen hier außer Betracht bleiben; hier interessiert nur das merkwürdige, nach Trier weisende Kirchenpatrozinium Maximin und Johannes der Evangelist – die gleichen Patrone wie die des alterwürdigen Reichsklosters bei Trier. Das in der Trierer Diözese verbreitete Patrozinium kommt in Schwaben nur hier vor. Wie hatte es dazu kommen können?

Pfarrer Josenhans von Belsen hatte 1891 darauf hingewiesen, daß mehrere Erzbischöfe von Trier im Mittelalter – und auch ein Kandidat für dieses Amt – aus Schwaben gekommen waren.[62] Manfred Eimer hatte 1936 vermutet, daß der 1078 vor Tübingen gestorbene Erzbischof Udo aus dem Haus der Grafen von Nellenburg hier in Belsen bis zur Überführung des Leichnams nach Trier aufgebahrt gewesen sei – wegen der Entweihung und Verwüstung der Kirchen um Tübingen durch das Heer der Belagerer.[63] Gegen die Vermutung, daß damals die Kirche hier verschont geblieben sei, spricht die Existenz des ebenfalls dem 11. Jahrhundert zugewiesenen Vorgängerbaues. Der heute bestehende Bau entstand wohl nach der für 1078 ebenfalls anzunehmenden Zerstörung. Vor kurzem hat der Verfasser dieser Zeilen selber den Trierer Heiligen hier als eifrigen Kämpfer gegen Häresie und Heidentum bemüht zur Erklärung des merkwürdigen Skulpturenschmuckes an der Westfassade von Belsen.[64]

---

[61] Oskar Heck, Die evangelische Kirche in Belsen (Kr. Tübingen), in: Denkmalpflege in Baden-Württemberg 3, 1960, S. 86–89.

[62] Theodor Josenhans, Die Kapelle von Belsen im württembergischen Oberamt Rottenburg, in: Reutlinger Geschichtsblätter 11, 1891, S. 93f.

[63] Manfred Eimer, St. Maximin und Johannes Ev. in Belsen, in: Tübinger Blätter 27, 1936, S. 14–16.

[64] Hans-Dieter Lehmann, Vorchristliche Vorstellungen im Raum der Schwäbischen Alb und ihrem Vorland, in: Blätter für württembergische Kirchengeschichte 95, 1995, S. 9–18.

Das Doppel-Patrozinium Maximin und Johannes läßt sich jedoch viel einfacher erklären aus den Beziehungen des Gründers der ersten Burg Hohenzollern zum Trierer Reichskloster: zusammen mit dessen Vogt aus dem Haus Luxemburg – dem eigenen Schwager – hatte Kaiser Heinrich II. dem Pfalzgrafen Ezzo und dessen Sohn Otto große Ländereien des Reichsklosters überlassen. Die Beziehungen der Ezzonen zum dortigen Reformabt Poppo von Stablo waren ausgezeichnet: aus St. Maximin holten sie sich die Mönche zur Besiedlung des eigenen Hausklosters Brauweiler bei Köln. Dort gab es Maximin und Johannes als Altarpatrozinien; vor dem Altar des letzteren wurde der Ezzone Herzog Otto II. beigesetzt. Sein überraschender Tod 1047 hatte sicherlich manche seiner Pläne für Schwaben durchkreuzt. Es ist zu unterstellen, daß er es war, der die erste Burg Hohenzollern geplant und zu bauen begonnen hat. Es ist denkbar, daß zu diesen Plänen auch ein neues Hauskloster in der Nachbarschaft der neuen Burg gehört hatte. Es liegt auf der Hand, daß ein solcher Plan nach dem Tod des Ezzonen Otto nicht weitergeführt wurde, denn sein unmittelbarer Erbe hatte sein eigenes Interessensgebiet im fernen Bayern. Erst dessen Tochter und Enkelin – beide in Schwaben verheiratet – können sich der Kirche auf dem Hügel bei Belsen wieder angenommen haben nach der Zerstörung von 1078. Als Besitzerinnen der zerstörten Eigenkirche konnten sie auch über den Verbleib der Altarreliquien verfügen.

Als Altarpatrozinium ist Maximin in Südwestdeutschland in Petershausen, in Hirsau und in Zwiefalten nachweisbar. Während das erste noch auf Herzog Otto II. selber zurückgehen könnte – er war von Amts wegen Vogt des bei Konstanz gelegenen Klosters –, hatte später Udilhild, die Nacherbin des Ezzonen, enge Beziehungen zu Hirsau und Zwiefalten. Über sie könnten Reliquienpartikel aus dem Altar der zerstörten Belsener Urkirche in die Reformklöster gelangt sein. Die Ezzonenbeziehungen zu Trier machen das Belsener Kirchenpatrozinium wie die genannten Altarpatrozinien verständlich.

Die zollerische Colonna-Fabel wäre demnach dahingehend umzuinterpretieren, daß König Heinrich III. 1045 mit dem aus Köln stammenden Amtsherzog in Schwaben ein Tauschgeschäft gemacht hat. Unrichtig ist die Behauptung des Pantaleon in seiner Version der Zollern-Fabel von einer Schenkung des Königs an den Flüchtling Ferfridus aus Rom und die Jahreszahl 1040: Erst der Sohn des Erenfridus/Ezzo hat 1045 Berg und Umgebung von dem Salier erworben im Tausch gegen sein eigenes Muttererbe am Rhein. Hier hatte er damals dem König den Hof Duisburg und die Suitbertinsel überlassen, auf welcher Heinrich III. die Pfalz Kaiserswerth hat erbauen lassen. Der Zimmerner Chronist, der die Colonna-Fabel bezweifelt, aber aus familiären Gründen gute Kenntnisse über zollerische Haustraditionen gehabt hat, spricht hier von einem „Geschäft eines Kaisers".[65] Für den Tausch hatte Heinrich III. auf Besitz der Reichskirche vor der Schwäbischen Alb – zwischen Steinlach- und Eyachtal – zurückgegriffen und ihn den Reichsklöstern St. Gallen, Reichenau und Lorsch entfremdet. Dies hat ihm in den Augen seiner Biographen aus Kreisen der

---

[65] Zimmern'sche Chronik (wie Anm. 38). Zu der Verwandtschaft und den persönlichen Beziehungen des Zimmerner Chronisten zu den Hohenzollern vgl. Jenny, Graf Froben Christoph von Zimmern (wie Anm. 50). Diesem Werk sind auch die Lebensdaten der Zimmern und ihre Beziehungen zu Herold, Waldburg u. a. entnommen.

Kirche den Vorwurf der Habgier eingetragen.⁶⁶ Heinrich II. und Konrad II. hatten nach Gutdünken noch über Besitz der Reichskirche verfügen können. Beispielsweise erhielten die Ezzonen von ersterem große Güter des Trierer Reichsklosters St. Maximin. Besitzungen des Klosters Weißenburg gab Heinrich II. an Herzog Otto von Kärnten († 1004) als Entschädigung für Worms, als dieser Sitz des Saliers an den Bischof der Stadt ging.⁶⁷ Mit großer Mühe nur konnte Abt Bern von der Reichenau am Hof Konrads II. die Vergabe von Gütern des Inselklosters am Neckar an den Grafen Wolfrat von Altshausen abwehren.⁶⁸ In deren Nähe – zwischen den Tälern der Steinlach und der Eyach, zwischen Belsen und Burgfelden – lagen die Besitzungen der Klöster Reichenau, St. Gallen und Lorsch, mit welchen wahrscheinlich Heinrich III. den Ezzonen entschädigt hat, um ihm so in seinem neuen Wirkungsbereich allodialen Besitz zu verschaffen. Heinrich III. war sicherlich der letzte der Herrscher, die sich derartigen Umgang mit Reichskirchenbesitz hatten erlauben können.

Wenn in der Colonna-Fabel der Zollern – in ihrer Ausformung bei Pantaleon – Heinrich III. dem Ferfridus den Berg samt seiner Umgebung geschenkt haben soll, auf dem später die Burg Hohenzollern erbaut wurde, dann liegt tatsächlich nahe, als Gründer einer ersten Burg Hohenzollern Herzog Otto II. von Schwaben zu sehen. Daß er sich 1045 auch in seinem neuen Wirkungsbereich Schwaben einen repräsentativen Sitz hatte bauen lassen wollen, liegt deshalb nahe, weil er auch im Rheinland (Tomburg), an der Mosel (Cochem) und in Ostfranken (Coburg) bereits Burgen besaß. Gegenüber den bereits bestehenden Gipfelburgen des Hochadels an der Schwäbischen Alb – Achalm und Limburg – brauchte sich eine Burg auf dem Zollerberg nicht zu verstecken. Hans Jänichen hat auf den großen Aufwand hingewiesen, den der Bau einer Burg auf dieser Höhe im 11. Jahrhundert bedeutet haben muß.⁶⁹ Für den Ezzonen Otto war dies sicherlich kein finanzielles Problem. Für ihn als neuen Amtsherzog von Schwaben war es auch kein Problem, die Einwilligung des Königs zum Burgbau zu erhalten: damals – vor der Krise des Königtums nach dem Tod Heinrichs III. – konnte der König noch allein das Recht dazu verleihen.⁷⁰

Wie aber ist der dem Brauweiler Mönch unbekannte Besitz des verstorbenen Schwabenherzogs Otto II. an der Schwäbischen Alb an die Zollern gekommen? Wie kam der Zusammenhang zwischen Ezzonen (Colonna/Köln) mit Habsburg sowie mit Zollern zu Stande in den Jahren zwischen den Jahren 1047 bis 1052, zwischen dem Tod Herzog Ottos II. und der Ausfertigung der Urkunden für Ottmarsheim und für die

---

⁶⁶ Zur Kritik an Heinrich III. bei Otloh von St. Emmeram und Hermann von Reichenau vgl. Friedrich Prinz: Kaiser Heinrich III. Seine widersprüchliche Beurteilung und deren Gründe, in: Historische Zeitschrift 246, 1988, S. 529–548 bes. S. 531 und 539.

⁶⁷ Zu Maßnahmen Heinrichs II. vgl. Anm. 14 sowie Hermann Graf, War der Salier Graf Otto von Worms, Herzog von Kärnten (955–1004), unter Ausnutzung der Schwäche der Reichsregierung ein Raffer von Reichsland und ein Räuber von Kirchengut?, in: Blätter für pfälzische Kirchengeschichte und religiöse Volkskunde 28, 1961, S. 45–60.

⁶⁸ Franz-Josef Schmale, Die Briefe des Abtes Bern von Reichenau (Veröffentlichungen der Kommission für geschichtliche Landeskunde in Baden-Württemberg A/6), Stuttgart 1961.

⁶⁹ Jänichen, Älteste Zollern (wie Anm. 21).

⁷⁰ Hans-Martin Maurer, Rechtsverhältnisse der hochmittelalterlichen Adelsburg vornehmlich in Südwestdeutschland, in: Hans Patze (Hg.), Die Burgen im deutschen Sprachraum II: Südliche Territorien. Vorträge und Forschungen 19, 1976, S. 89.

Kölner Kirche? Allod des Herzogs Otto II. an der Schwäbischen Alb war höchst wahrscheinlich an seinen Neffen Konrad/Cuno gefallen, an den einzigen männlichen Erben im Laienstand. Er wurde 1049 von Heinrich III. zum Herzog von Bayern erhoben. Vermutlich war er in Süddeutschland bereits schon vorher tätig gewesen; in Nordbayern erbaute er wohl eine Burg im Auftrag des Herrschers: die Burg Nürnberg. Sie wird 1050 erstmals genannt, als Heinrich III. hier mit bayerischen Fürsten zusammenkam. Verheiratet war Cuno mit der Tochter Judith des Markgrafen Otto von Schweinfurt, des mächtigsten Fürsten im bayerischen Nordgau auch nach Einziehung der Reichslehen von dessen Vater Markgraf Hezilo. Der Zusammenhang des Ezzonen Konrad/Cuno mit Nürnberg ist erkennbar aus seiner Zubenennung im Totenbuch des Kölner Mariengradenstifts als „Cuno dux Bauwarorum de Norenberch".[71] Seinen Schwiegervater hatte Heinrich III. 1047 zum Nachfolger des Ezzonen Otto II. in Schwaben gemacht hat. Urkundlich ist dieser dort genausowenig faßbar wie sein Vorgänger.

Die von Heinrich III. eingesetzten landesfremden Amtsherzöge Otto II. und III. haben sicherlich versucht, Verbindungen zum schwäbischen Hochadel aufzubauen. Dem kinderlosen Ezzonen dürfte dies schwerer gefallen sein als dem mit fünf Töchtern gesegneten Schweinfurter. Eine davon (Beatrix † 1104) hatte den Grafen Heinrich von Hildrizhausen geheiratet, der später als Amtsnachfolger seines Schwiegervaters als Markgraf in der bayrischen Nordmark auftrat.[72] Die Heirat in den Familienverband Kräheneck/Hildrizhausen hatte ein ähnliches Ziel verfolgt wie die Verheiratung der als Enkelin des Schweinfurters und Großnichte des Ezzonen vermuteten Kundigunde mit einem Rudolf am Oberrhein aus einer Familie, die im südlichen Schwaben an der Grenze zu Burgund ansässig war. Zwar sind Nachkommen des Ezzonen Cuno und der Schweinfurterin Judith bislang nicht bekannt gewesen, eine Tochter Kunigunde dieses Paares ist aber auch nicht auszuschließen.[73] Die hier vorgelegten Vermutungen gehen von der Existenz dieser Tochter Kunigunde aus und sehen in ihr sowohl die Stifterin von Kloster Ottmarsheim als auch – aus zweiter Ehe mit Graf Egino II. von Urach – die Mutter der Udilhild von Urach, der Stammmutter der Zollern und Hohenberger. Aus der Urkunde von 1064 wird deutlich, daß um 1050 der schon ältere Rudolf von seiner jungen Frau sich noch Nachwuchs erhofft hatte. Die Ehe blieb söhnelos; um 1064 ging die noch junge Witwe Kunigunde eine zweite Ehe mit dem Grafen Egino ein und schenkte ihm noch mindestens vier Kinder, darunter die Udilhild, die spätere Gemahlin des Friedrich I. von Zollern. Bei einer Eheschließung der Kunigunde mit Egino um 1064 könnte deren Tochter Udilhild schon um 1080 geheiratet haben. Auch diese Heirat hatte politische Gründe: Sie besiegelte eine Aussöhnung.

Sein Erbe in Schwaben hatte um 1050 der neue Herzog Konrad/Cuno von Bayern seiner Tochter Kunigunde als Heiratsausstattung gegeben, als sie mit dem am Ober-

---

[71] Lacomblet, Auszug (wie Anm. 29).

[72] Hans Jänichen, Zur Geschichte des Schönbuchs, in: Hermann Grees (Hg.), Der Schönbuch: Beiträge zu seiner landeskundlichen Erforschung (Veröffentlichungen des Alemannischen Institutes Freiburg 27), Bühl 1969, S. 49–64, bes. S. 50f.

[73] Wisplinghoff, Zütphen (wie Anm. 54), S. 64 mit dort Hinweis auf Lewald, Ezzonen (wie Anm. 14), S. 121.

rhein mächtigen Rudolf die Ehe schloß. Rudolf war der Bruder des Gründers der seit circa 1028 bereits bestehenden Habsburg im Aargau. Hieraus ergibt sich zwanglos der Zusammenhang mit der Erwähnung der Habsburger. Die für den in Budenheim am Oberrhein ansässigen Rudolf weit abgelegene und wahrscheinlich noch unvollendete Burg Zollern an der Schwäbischen Alb dürfte samt Umgebung an schwäbischen Adel als Lehen ausgegeben worden sein – an Verwandte der älteren Grafen von Nellenburg, die sich von den Burchardingern ableiten sollen.[74] Die Lehensnehmer stellten die Burg fertig und nannten sich nach ihr „de Zolorin". Einen Teil des Besitzes an der Alb – Burgfelden und seine Umgebung – hatten Kunigunde und Rudolf allerdings abgetrennt und als Erstausstattung an Kloster Ottmarsheim gegeben.

1053 war Konrad/Cuno, der Vater der Kunigunde, als Empörer gegen Kaiser und Reich seines Amtes als Herzog von Bayern entsetzt worden; 1055 ist er geächtet im ungarischen Exil gestorben. Bis zu seinem Tod 1057 dürfte Herzog Otto III. von Schwaben noch seine schützende Hand über den Besitz seiner Enkelin in Innerschwaben gehalten haben. In den unruhigen Zeiten unter dem Kind Heinrich IV. und seiner Mutter Agnes als Regentin an der Spitze des Reiches hat sich der Adel Grundlagen für Territorien geschaffen – entweder durch Heiraten oder mit Gewalt. Trotz ihres kompromittierten Vaters war die reiche Witwe Kunigunde wegen ihres Besitzes am Albrand für den Grafen Egino von Urach von Interesse. In den Auseinandersetzungen um den Raum um die Burg Hohenzollern sind wahrscheinlich die 1061 erwähnten Herren Burchardus et Wecil de Zolorin umgekommen. Aus der äußerst dürftigen Notiz der Reichenauer Weltchronik läßt sich dies allerdings nicht belegen. Später – um 1080 – wurde dann der zwischen Urach und Zollern weiterschwelende Konflikt dadurch gelöst, daß der Sohn des 1061 umgekommenen Burchard die Tochter und Alleinerbin der Kunigunde heiratete und so das einstmals ezzonische Allod zollerisch wurde. Friedrich I. und die Udilhild sind die Stammeltern der Häuser Zollern und Hohenberg. Die hier vorgelegten Annahmen erklären den merkwürdigen Tatbestand, den Wilfried Schöntag zwar feststellen, aber nicht erklären konnte: Daß Burg und Umland Zollern an eine jüngere Linie fielen, der älteste Sohn Burchard aber als Stammvater der Hohenberger sich einen für diesen Zweig des Hauses neuen und namengebenden Sitz auf der Westalb erbaute.[75] Zollern war Frauenerbe der Udilhild von ihrer Mutter Kunigunde und fiel deshalb an den jüngeren Bruder Friedrich II. Der von Schöntag festgestellte Personenverband, der durch Schenkungen an Kloster Zwiefalten zollerischen Territorialinteressen entgegengehandelt hat, waren die nächste Umgebung der Udilhild und sie selber. Die Kinder des Friedrich I. von Zollern haben gegenüber Kloster Zwiefalten sehr unterschiedliche Haltungen eingenommen: Die jüngeren schenkten Besitz, die älteren – die Haupterben – hielten sich hierin sehr zurück. Man hat daraus abzuleiten versucht, daß sie aus einer früheren Ehe des Friedrich I. gekommen seien.[76] Die Zimmern'sche Chronik nennt jedoch – ohne einen Personennamen zu bieten – die Gemahlin des Friedrich I. eine „grefin von Schalz-

---

[74] Adolph Friedrich Riedel, Die Fürsten von Hohenzollern, Berlin 1861, S. 16f.; Ludwig Schmid, Die älteste Geschichte des erlauchten Gesamthauses königlichen und fürstlichen Hohenzollern 1–3, Tübingen 1884–1888.
[75] Schöntag, Herrschaftsbildung (wie Anm. 4).
[76] Grossmann/Berner (Hg.), Genealogie (wie Anm. 6), S. 143.

burg".⁷⁷ Da Burg und Herrschaft Schalksburg erst deutlich spätere Entwicklungen sind, kann sich diese Angabe nur auf das ältere Burgfelden unmittelbar dabei beziehen. Kunigunde hatte ihr Erbe hier in die gemeinsame Stiftung Ottmarsheim eingebracht. Der Hinweis auf Schalksburg/Burgfelden in der Zimmern'schen Chronik spricht dafür, daß alle Kinder des Friedrich I. – fast ein Dutzend – aus seiner Ehe mit der Udilhild, der Tochter der Erbin von Burgfelden hervorgegangen sind.

Bislang war die Herkunft der Kunigunde völlig unbekannt. Sie ist auch durch die hier vorgelegten Überlegungen noch nicht exakt bewiesen, wohl aber plausibel geworden. Die Verbindung zwischen Urach, Habsburg und Zollern war die Ezzonin Kunigunde durch ihre beiden Ehen. Hansmartin Decker-Hauff schon hatte in der Stifterin von Ottmarsheim eine Ezzonin vermutet – ohne dafür allerdings außer der merkwürdigen Gestaltung der Ottmarsheimer Klosterkirche Anhaltspunkte vorzulegen.⁷⁸ Von der früher aus anderen Gründen vermuteten Identität der Ottmarsheimer Stifterin mit einer frühen Zollerin war auch er abgerückt.

5. Schlußfolgerungen

Personennamen, Besitzgeschichte, zollerische Herkunftsfabeln wie die Lösung bislang offen gewesener Probleme der zollerischen Frühzeit – Abschichtung der älteren Linie der Hohenberger Burcharde und der Streit zwischen Zollern und Hohenberg noch im 13. Jahrhundert um Burgfelden und Schalksburg – sprechen für die Identität der Kunigunden, die einerseits Ottmarsheim gegründet und mit Burgfelden ausgestattet und andererseits Zollern vererbt haben. Ein Personenname – Kuno von Hechingen, Mönch in Zwiefalten –, die Form der Ottmarsheimer Kirche und eine weitere Zollernfabel, das heißt von einander völlig unabhängige Gründe sprechen für die These, daß die Kunigunde eine Ezzonin war, die auch Namensgut des Hauses Schweinfurt weitergegeben hat an ihre Kinder und Enkel.

Die Wahrscheinlichkeit für die hier vorgelegten Annahmen wird vergrößert durch die zweite, von der Colonna-Fabel nur scheinbar völlig unabhängige Herkunftsfabel der Zollern: durch den ominösen „Herzog Tassilo von Zollern". Diesen Spitzenahn des zollerischen Hauses hat erst nach 1560 Johannes Herold aus Basel (Basilius) entdeckt, sicherlich aber nicht erfunden. Ihn hatte damals Graf Karl I. von Zollern mit dem Entwurf eines zollerischen Stammbaumes beauftragt. Als Verfechter einer deutschen Herkunft des Hochadels seiner Zeit haben Basilius und andere versucht, die angebliche Colonna-Abstammung des Auftraggebers zu widerlegen. Außer Johannes Herold haben sich auch die mit Zollern durch Verwandtschaft mehr oder weniger eng verbundenen Grafen Wilhelm Werner und Froben Christoph von Zimmern mit diesem Problem befaßt, ohne daß es zu einer gemeinsamen Lösung der beiden Zimmerner Historiographen gekommen wäre. Durchgesetzt und rasch verbreitet hat sich der Tassilo. Seine Entdeckung ging wohl auf Graf Wilhelm Werner in der Diskussion mit Basilius zurück. Sie war für letzteren und dessen Auftraggeber ein Glücksfall. Rudolf Seigel betont zu Recht, daß Tassilo von außen her in die zollerische Ahnenreihe ein-

---

[77] Zimmern'sche Chronik (wie Anm. 38).
[78] Decker-Hauff, Burgfelden (wie Anm. 26).

geführt worden ist.⁷⁹ Sein Hintergrund aber – der Aufrührer gegen Kaiser und Reich – muß in der mündlichen Familienüberlieferung vorgegeben gewesen sein. Basilius und Graf Wilhelm Werner von Zimmern müssen aus zollerischen Haustraditionen etwas von einem Spitzenahn erfahren haben, der als Herzog von Bayern durchaus akzeptabel, als Empörer gegen Kaiser und Reich aber im Hochmittelalter nicht vorzeigbar gewesen war. Mit Einhards Leben Karls des Großen bestens vertraut, verwechselte Zimmern den Ezzonen Konrad/Cuno mit dem Agilulfinger Herzog Tassilo III. von Baiern, der 788 von Karl dem Großen abgesetzt und ins Kloster gesteckt worden war.⁸⁰ Der von Sebastian Münster und Heinrich Pantaleon publizierte Rom-Flüchtling Ferfried wurde so dem Zeitgeist folgend aus der Reihe der Zollernahnen verdrängt. Die neue Sicht hat die Colonna zu einer Seitenlinie der deutschen Zollern werden lassen, die sogar noch für den Stammvater Guntram der Habsburger Platz hatte.

Woher die Vermutung, daß der Tassilo letztlich auf Graf Wilhelm Werner von Zimmern zurückgeht? 1563 hat sich Johannes Herold längere Zeit bei ihm in Oberndorf/Neckar aufgehalten, weil gemeinsam ein großes Geschichtswerk aller Nationen geplant wurde.⁸¹ Aus dem Vorhaben wurde nichts; es liegt aber nahe, daß damals das Problem der zollerischen Anfänge diskutiert und dafür eine Lösung auf Grund der Kenntnisse des erfahrenen Antiquarius erarbeitet wurde – auch wenn sie nur eine Konjektur war. Oder war der Tassilo schon früher aus einer Diskussion des Basilius mit Wilhelm Werner hervorgegangen? Er ist schon in der Chronik der Truchsesse von Waldburg enthalten; ob er auch schon im verloren gegangenen Zollernstammbaum vorkam, den Herold zwischen 1556 und 1560 erstellt hatte, wird wohl ungeklärt bleiben müssen. Zwischen den Grafen von Zimmern und den Truchsessen von Waldburg sind mehrfach Beziehungen nachweisbar; unklar ist, ob gleiches auch für Herold gilt. 1543 war Wilhelm Werner von Zimmern bei der Bischofsweihe des Otto von Waldburg in Augsburg, wo ja auch Matthäus von Pappenheim Domherr war. Ihn hatte schon 1526 der Truchseß Georg III. von Waldburg, der Bauernjörg, um Hilfe bei der Abfassung der Truchsessenchronik gebeten. Der Bitte war der Pappenheim 1527 nachgekommen. 1548 weilte Wilhelm Werner als Anwalt des Jos Niklas von Zollern ein halbes Jahr in Augsburg. Es müßte verwundern, wenn es nicht damals zu Begegnungen und Diskussionen gekommen wäre, denn zwischen 1543 und 1548 hielt sich auch Basilius in Augsburg auf. Daß damals dort genealogische Studien getrieben wurden, belegt Froben Christoph von Zimmern: als er 1548 nach Augsburg reiste, fand er in seiner Herberge den Truchsessen Wilhelm bei der Aufstellung einer Familientafel. Auf enge Beziehungen zu den Waldburg läßt sich auch schließen aus der Übertragung der Vormundschaft für die Kinder des Truchsessen Georg IV. 1556 an den jüngeren Zimmern. Wenn Tassilo von Zollern in der Truchsessenchronik, nicht aber in der Zimmern'schen Chronik erscheint, legt dies nahe, daß die Konjektur „Tassilo von Zollern" nur auf eine Anregung des älteren Zimmern zurückgehen kann – der jüngere hat dort eine andere deutsche Herkunft der Zollern verfochten: Froben Chri-

---

⁷⁹ Rudolf Seigel, Schreiben vom 22.12.2001.
⁸⁰ Alexander Heine (Hg.), Einhards Jahrbücher, übersetzt von Otto Abel und Wilhelm Wattenbach, Essen 1986, S. 61f.
⁸¹ Jenny, Graf Froben Christoph von Zimmern (wie Anm. 50) S. 62, 133 und 139.

stoph wollte in den Welfen die deutschen Vorfahren der Zollern sehen und argumentierte mit Ähnlichkeiten der Helmzier – ganz im Stil der Zeit. Auf dieser Ebene der Helmzier läßt sich vielleicht sogar auch ein Argument für die hier vorgelegte These beibringen. Alle Darstellungen des zollerischen Urvaters Tassilo seit der zollerischen Haus-Chronik weisen eine Merkwürdigkeit auf, deren Bedeutung bislang unbekannt ist: vorn am Helm des Tassilo ist ein nach oben gebogenes Horn befestigt. Mehrfach erscheint auch ein Dorn oder Hörnchen zusätzlich auf dem Brustpanzer (vgl. die Abbildungen 6, 7, 9, 10 und 11 bei Kiel).[82] Sollte vielleicht ein lateinischer Text, der unleserlich geworden war, den Namen Cu(o)no genannt haben und zu „cornu" (lateinisch Horn) verlesen worden sein?

Graf Wilhelm Werner hatte umfassende Geschichtskenntnisse und eine umfangreiche Quellensammlung; Herold will allerdings den Tassilo von Zollern „in einem uhralten stifft – und jarzeitbuech in dem closter und abbtei Murrat" (das heißt in Murrhardt) gefunden haben, in welchem für das Jahr 801, also zur Zeit Karls des Großen, auch Angehörige der Häuser Baden, Calw und Öttingen vermerkt gewesen seien. Diese angebliche Quelle dürfte eine Schutzbehauptung des Basilius sein. Aus der Literaturzusammenstellung des jüngeren Zimmern für seine eigene Haus-Chronik geht hervor, daß Einhards Annalen in der Zimmern'schen Bibliothek vorhanden waren. Der Name Tassilo könnte hier seinen Ursprung gefunden haben – selbst wenn Graf Wilhelm Werner 1539 von Wimpfen aus auch im Archiv des Klosters Murrhardt gestöbert haben sollte. Wenn die Entdeckung erst 1563 erfolgt sein sollte, könnte der Tassilo auch den Annales Boiorum des Aventin von 1554 entnommen sein, die nachweislich ebenfalls in der Oberndorfer Bibliothek vorhanden waren.

Die Verwandtschaftstafel 2 zeigt zwei Rebellen und Hochverräter: den Ezzonen Cuno, Herzog von Bayern, und Hezilo, Markgraf im bayerischen Nordgau. Die zollerische Haus-Chronik nennt merkwürdigerweise ebenfalls zwei Namen, die mit Aufständen gegen Könige zu verbinden sind: Tassilo und Guntram. Nur ersterer hatte etwas mit Bayern zu tun; letzterer – hier als Ahnherr der Colonna – schließt den im 16. Jahrhundert recht verworrenen Kreis zur Herkunftsfabel der Habsburger.

Wenn die zollerische Haus-Chronik des Basilius als Nachkommen des Tassilo – parallel zu den angeblichen direkten Zollernahnen – einen Gottsbold, einen Berchthold und einen Guntram nennt, dann weist auch dies auf alte mündliche Namen- und Geschichtstraditionen in der Familie hin. Bei den frühen Zollern gibt es einen Gottfried und einen Berthold, deren Namensvorbilder bei den Vorfahren des Otto von Schweinfurt auftreten. Es fehlt der Name von dessen Vater Hezilo, dem verwechselten Vorbild für den Guntram. Dieser Markgraf Hezilo von Schweinfurt hatte sich 1003 gegen König Heinrich II., erhoben, als seine Erwartung auf das Herzogtum Bayern enttäuscht worden war. Schon Kaiser Otto III. hatte dem Großvater Berthold des Markgrafen Otto das Herzogsamt zugesagt.[83] Der Aufstand des Hezilo und des mit ihm verbündeten Herzogs von Böhmen wurde niedergeschlagen; Hezilo wurde 1004 auf Burg Giebichenstein in Haft genommen. Die Historiographen des 16. Jahrhunderts haben offensichtlich den Schweinfurter mit dem Habsburger-Vorfahren

---

[82] Kiel, Hauschronik (wie Anm.11).
[83] Endres, Besiedlung (wie Anm. 20), S. 12 f.

Graf Guntram dem Reichen zusammengeworfen, welchem schon anno 952 Otto der Große den Prozeß als Hochverräter hatte machen lassen.[84] Von ihm waren dem Basilius und dem Zimmern Informationen aus Schenkungsurkunden in Straßburg und am Oberrhein zugänglich; die Chronik des Thietmar von Merseburg mit dem Bericht vom Aufstand des Schweinfurters stand zwar nachweislich auch in der Zimmern'schen Bibliothek, ist hier offensichtlich aber nicht herangezogen worden. Graf Guntram der Reiche gilt heute als Vorfahre der Habsburger. Schon im 16. Jahrhundert hatte man sich dieser Vorstellung genähert. Der Tassilo ist sogar als Sohn eines Königs Gunther von Franzien für die Habsburger Herkunftsfabel requiriert worden.[85] Dies war wohl eine Anleihe beim Basilius – völlig zu Unrecht, da die Ehe des Habsburgers Rudolf mit der Ezzonin Kunigunde wohl kinderlos geblieben war und weil diese Ehe am Oberrhein einige Generationen nach dem Guntram geschlossen wurde.[86]

Markgraf Hezilo von Schweinfurt hatte sein angestrebtes Ziel – das Amt des Herzogs von Bayern – nicht erreicht. Nach Strafe und Buße für seinen Aufstand starb er 1017, nach Thietmar von Merseburg auch von Kaiser Heinrich II. betrauert. Der Ezzone Cuno dagegen, abgesetzter Herzog von Bayern, starb unversöhnt mit Kaiser Heinrich III. als Rebell im ungarischen Exil, in der Acht als Reichsfeind. Nur er kann der im Hochmittelalter nicht vorzeigbare Spitzenahn der Zollern gewesen sein, der dann im 16. Jahrhundert mit Herzog Tassilo III. von Bayern verwechselt worden ist.

Der Tassilo als Zollernahn hat sich sehr schnell herumgesprochen. Er taucht schon in der Truchsessen-Chronik derer von Waldburg auf, die älter als die zollerische Haus-Chronik ist. Der Waldburg hatte sein Haus betreffende Materialien bei Historiographen wie Matthäus von Pappenheim und anderen angefragt. Es ist unwahrscheinlich, daß er sich den Kopf über die zollerischen Anfänge zerbrochen hat. Der Tassilo war ihm wahrscheinlich eher nebenbei mit anderen Informationen aus Oberndorf zugegangen. Die Kunde von dem neu gefundenen Zollernahn hat sich dann offensichtlich auch rasch im Haus Hohenzollern verbreitet. Seine Darstellung findet sich schon im 16. Jahrhundert an der Renaissance-Fassade des Schönen Hofes der markgräflich-zollerischen Plassenburg bei Kulmbach – allerdings noch neben dem alt-eingeführten Colonna aus Rom.

Die Verwandtschaftstafel 2 zeigt Verbindungen der frühen Zollern zum hochmittelalterlichen Reichsadel. Sie legt in cognatischer Linie Ludolfingische Wurzeln in doppelter Hinsicht nahe: Zum einen über die Ottonen und Ezzonen, zum andern über die Häuser Lothringen und Schweinfurt. Mit der Anbindung der Zollern in cognatischer Linie an die Ezzonen würden auch die Zollern zu den ältesten heute noch existierenden Adelshäusern gehören. Sie hatten dies im 19. Jahrhundert mit großem Aufwand vergeblich beweisen zu lassen versucht.[87] Die hier vorgelegten Deutungen der

---

[84] Heinrich Büttner, Graf Guntram am Oberrhein, in: Oberrheinische Heimat 28, 1941, S. 122–127.
[85] Lhotsky, Apis Colonna (wie Anm. 8), S. 227.
[86] Vgl. Anm. 26 mit Hinweis auf P. Kläui, der die Vermutungen von Hansmartin Decker-Hauff widerlegt hat.
[87] Wenn man einer Vermutung von Reinhard Wenskus folgen möchte, sollen die Ezzonen letztlich auf die 531 vom Merowinger Theuderich an den Niederrhein verschleppte Familie des Thüringerkönigs Hermenefred (Erenfried) zurückgehen. Vgl. Reinhard Wenskus, Zur fränkischen Siedlungspolitik im Saalegebiet, in: Festschrift für Helmut Beumann zum 65. Geburtstag, hg. v. Karl-Ulrich Jäschke, Sigmaringen 1977, S. 125–136, bes. S. 130.

Colonna-Fabel und des „Herzogs Tassilo" vom letzten Ezzonen Konrad her sprechen dafür. Im Hochmittelalter war der Ezzone zur Unperson geworden; in der frühen Neuzeit dagegen war ein von Karl dem Großen abgesetzter Herzog von Bayern willkommen, um eine lange Vorfahrenreihe belegen zu können. Daß im 15. Jahrhundert die anrüchige Abkunft der Zollern vielleicht doch noch nicht ganz vergessen war, bezeugt ein Ausspruch Herzogs Ludwig des Reichen von Bayern-Ingolstadt. 1460 ging er den Hohenzollern Markgraf Albrecht Achilles von Brandenburg mit der Bemerkung an, man wisse nicht einmal, ob dessen wenig illustre Vorfahren Franken, Bayern, Schwaben oder Niederländer gewesen seien. Der bayerische Herzog könnte hier auf seinen aus dem Rheinland stammenden Vorgänger, den vierhundert Jahre früher abgesetzten Ezzonen Konrad/Cuno angespielt haben.[88] Dieser war in Franken aktiv und verheiratet gewesen, war Herzog von Bayern, hatte in Schwaben geerbt und kam aus Niederlothringen.

Aus zeitgenössischen Quellen sind die zollerischen Anfänge nicht zu fassen. Sie müssen mühsam aus Namen, weit verstreuten, aber von einander unabhängigen Indizien und aus den zollerischen Haustraditionen rekonstruiert werden. Hierfür ist erforderlich, über die Grenzen der Hechinger Gemarkung und sogar weit über die des neuzeitlichen Territoriums Hohenzollern hinaus Ausschau zu halten. In Schwaben kreuzen sich auf der Burg vor der Zollernalb fiktive und reale Verbindungslinien zwischen Köln und Rom, Main und Oberrhein, Bayern und Niederlothringen. Die Hausüberlieferung der Zollern ist uns nur in der Interpretation des Historiographen der frühen Neuzeit überkommen. Alle Mosaiksteinchen sind zu prüfen und müssen gegebenenfalls von älteren Interpretationen gereinigt werden, um ein in sich geschlossenes und plausibles Gesamtbild zu ergeben. Unter der hier vorgelegten Prämisse der Identität von zwei in den Schriftquellen belegten, in ihrer Abstammung aber aus den Schriftquellen nicht faßbaren Kunigunden läßt sich ableiten, daß die Zollern tatsächlich aus dem engen Kreis des hochmittelalterlichen Reichsadels hervorgegangen sind – mit Herzögen, Pfalzgrafen und Markgrafen in der Verwandtschaft. Zwei Ahnenreihen der cognatischen Linie der Zollern brechen unmittelbar vor deren Erstnennung 1061 ab: 1055 starb Konrad (Cuno), 1057 sein Schwiegervater Otto von Schweinfurt. Das Ende des Hochverräters Cuno im Exil hat sein Bild verdunkelt.

Daß die hier vorgelegte Sicht erlaubt, einige bislang ungelöste Fragen der zollerischen Frühzeit zu beantworten, ermutigt mich, diese Vermutungen zur Diskussion zu stellen – trotz der Warnung von Erich Wisplinghoff zu den Ezzonen: „Man hat es in der Genealogie häufig als eine Art Sport betrieben, Töchter des pfalzgräflichen Hauses zu erfinden und überall da einzusetzen, wo eine mehr oder weniger kühne Hypothese es erforderte".[89]

---

[88] Herrmann, Phantasie (wie Anm. 9), S. 58.
[89] Wisplinghoff, Zütphen (wie Anm. 54).

Zusammenfassung

Heinrich III. hatte vor der Mitte des 11. Jahrhunderts in Schwaben Amtsherzöge eingesetzt: 1045 den Ezzonen Otto II. († 1047) und nach dessen unerwartet frühem Tod den Otto III. († 1057) aus dem Haus der Markgrafen von Schweinfurt.

Ersterer hatte von seiner Mutter die Güter Duisburg und Kaiserswerth am Rhein geerbt, die ursprünglich aus Königsbesitz kamen. Kaiser Otto III. hatte sie seiner Schwester Mathilde in die Ehe mit Pfalzgraf Erenfried/Ezzo mitgegeben. Heinrich III. hat den Ezzonen dafür mit Eigen an der Schwäbischen Alb entschädigt. Er hat diese Gebiete aus Reichskirchengut genommen, aus Besitz der Klöster St. Gallen, Reichenau und Lorsch. Da der Ezzone in anderen Reichsteilen bereits Höhenburgen besaß, steht er im Verdacht, auch hier in Schwaben, in seinem neuen Wirkungskreis eine Burg erbaut oder wenigstens zu bauen begonnen zu haben. Die Burg auf dem Zollerberg war als Zentrum geplant für ein Territorium zwischen Steinlach- und Eyachtal, zwischen Belsen und Burgfelden. Der frühe Tod des Ezzonen hat weiterreichende Pläne zunichte gemacht. Dies wird aus dem für Südwestdeutschland einzigartigen Patrozinum der Heidenkapelle über Belsen unfern der Burg Hohenzollern geschlossen. Maximin und Johannes Evangelist weisen auf das Reichskloster St. Maximin zu Trier hin, zu welchem der Ezzone enge Beziehungen unterhielt.

Das Eigen des Otto II. fiel nach dessen Tod an seinen Neffen Konrad/Cuno, den Kaiser Heinrich III. 1049 zum Herzog in Schwaben von Bayern erhoben, 1053 aber als Rebell wieder abgesetzt hat. Er war verheiratet mit einer Tochter des Markgrafen Otto von Schweinfurt, des auf den Ezzonen folgenden Amtsherzogs in Schwaben. Aus dieser Ehe ging vermutlich eine Tochter Kunigunde hervor, welche einerseits als Mitstifterin des Klosters Ottmarsheim am Oberrhein und andererseits mit einer Kunigunde identifiziert wird, aus deren Ehe mit Egino II. von Urach die Stammutter Udilhild der Hohenzollern und Hohenberger hervorging. Konrad/Cuno hatte das Erbe Herzog Ottos II. in Schwaben dieser Tochter Kunigunde vermacht. Den Westteil – Burgfelden und Umgebung – gab sie zur Ausstattung des Klosters Ottmarsheim, welches sie um die Jahrhundertmitte mit ihrem ersten Mann Rudolf, dem jüngeren Bruder des Erbauers der Habsburg im Aargau, gestiftet hatte. Nach dem Tod Herzog Ottos III. 1057, der sicherlich noch seine Hand schützend über das Erbe seiner Enkelin gehalten hatte, kam es mit dem Leheninhabern der Burg Zollern – Nachfahren der Burchardinger wie die mit ihnen verwandten Grafen von Nellenburg – zum Konflikt, in welchem die 1061 erstmals mit dem Namen Zollern auftretenden Personen – Burchardus et Wezil de Zolorin – umkamen. Später wurde dieser Konflikt dadurch gelöst, daß die Nacherbin Udilhild der Kunigunde den Sohn Friedrich des gefallenen Burchard geheiratet hat.

Diese Thesen stützen sich auf Indizien: Auf die Verbindung der Kunigunde mit den Ezzonen weisen die Bauformen der Klosterkirche von Ottmarsheim – ein Oktogon nach dem Vorbild der Pfalzkapelle Karls des Großen zu Aachen – und das Patrozinium der Heidenkapelle bei Belsen. Auf den Zusammenhang mit den Markgrafen von Schweinfurt lassen Namenparallelen schließen: Alberada, Gottfried, Gerberga/Gemma und Berthold haben ihre Vorbilder bei den Vorfahren Herzog Ottos III.

Untermauert werden diese Vermutungen durch den Mönch Kuno von Hechingen in den Zwiefalter Chroniken. Wie seine Mutter und seine jüngeren Geschwister schenkte er in der Umgebung von Burg Hohenzollern an das Kloster. Er ist vermutlich nach dem Großvater der Udilhild von Mutterseite her benannt – nach Herzog Konrad/Cuno von Bayern, der als Reichsfeind 1055 geächtet im ungarischen Exil starb. Diesen vergessenen Ezzonen haben die Historiographen der frühen Neuzeit mit dem von Karl dem Großen abgesetzten Herzog Tassilo III. von Bayern verwechselt und dadurch den obskuren Spitzenahn „Herzog Tassilo von Zollern" geschaffen. Auf die ezzonische Abkunft der Zollern in weiblicher Linie weisen zwei Haustraditionen: Die fabelhafte Herkunft aus dem römischen Haus Colonna, welche auch dem Haus Österreich beigelegt war – eine Verwechslung mit dem Ezzonen-Vorort Köln am Rhein – und der angebliche Spitzenahn Ferfried, dem Heinrich III. den Zollerberg geschenkt haben soll. Letzterer Name geht offensichtlich auf eine Verlesung des alten Namens Erenfried/Ezzo im 16. Jahrhundert zurück.

Da die Häuser der ezzonischen Pfalzgrafen von Aachen und der Markgrafen von Schweinfurt beide in männlicher Linie 1055 beziehungsweise 1057 kurz vor der Ersterwähnung der Zollern 1061 ausstarben und weil der Ezzone Konrad/Cuno von Bayern als Reichsfeind im Hochmittelalter kein vorzeigbarer Spitzenahn war, hatten die Zollern später Probleme, ihre Abkunft aus dem Reichsfürstenstand zu belegen. Indizien aus sehr unterschiedlichen Bereichen und aus dem großen Raum zwischen Köln, Oberfranken, Oberrhein und Rom sprechen dafür. Diese These vermag ungelöste Fragen zu den zollerischen Anfängen zu beantworten wie etwa die, warum die Burg Hohenzollern an die jüngere Linie fiel. Die ältere Linie der Burcharde schuf sich mit Burg Hohenberg auf der Westalb einen neuen Sitz und – mit Anschluß an die Grafen von Haigerloch – auch neue Traditionen. Die für die Friedriche der jüngeren Linie namengebende Burg war Muttererbe. Deshalb konnten hier die Udilhild und ihre jüngeren Kinder dem zollerischen Interesse zuwiderlaufende Schenkungen an Kloster Zwiefalten machen.

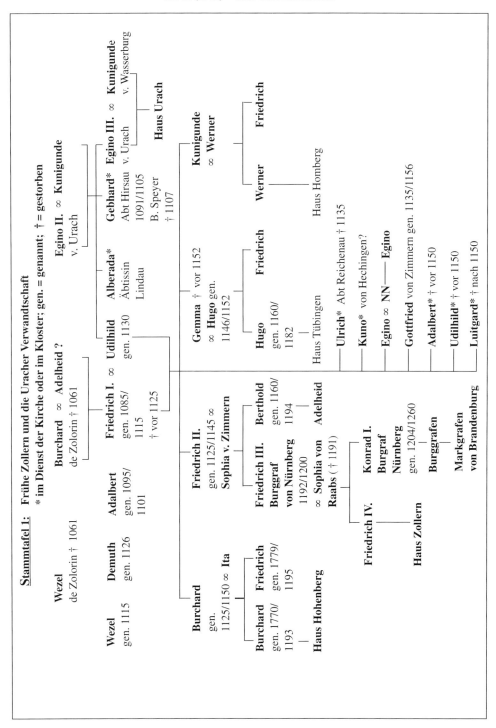

Stammtafel 1: Frühe Zollern und die Uracher Verwandtschaft
* im Dienst der Kirche oder im Kloster; gen. = genannt; † = gestorben

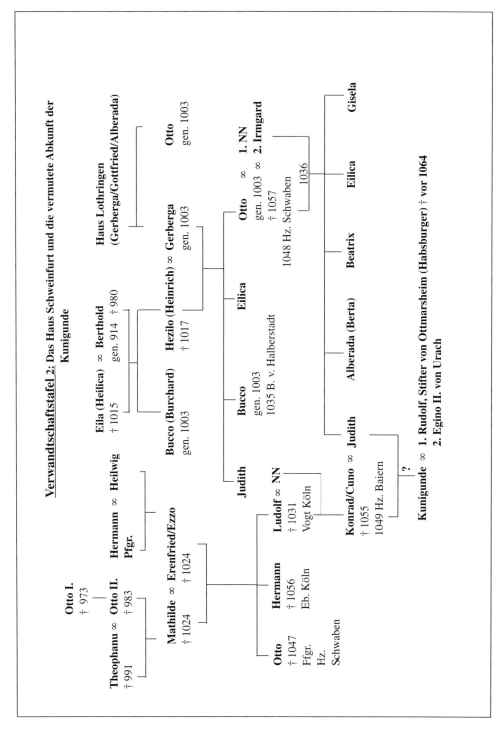

C. Scott Dixon

Die Einführung der Reformation in den ländlichen Pfarreien der Markgrafschaft Brandenburg-Ansbach-Kulmbach
Pfarrkultur und die Grenzen der Konfessionalisierung

Die Markgrafschaften Brandenburg-Ansbach-Kulmbach haben immer schon eine besondere Stellung in der Geschichte der deutschen Reformation eingenommen. Sie waren mit die ersten Fürstentümer, die den evangelischen Glauben einführten. Mit der Publikation der Brandenburgisch-Nürnbergischen Kirchenordnung 1533 lag darüber hinaus eine der frühesten umfassenden Darstellungen des Luthertums für die entstehenden protestantischen Gemeinschaften vor. Angesichts des hohen Entwicklungsstands der Kirchenstruktur, die unter der Herrschaft von Georg dem Frommen und Georg Friedrich etabliert wurde, kann es kaum Zweifel daran geben, daß die Territorialkirche in Brandenburg-Ansbach-Kulmbach zu den wichtigsten protestantischen Kirchen der Reformationszeit gezählt werden muß. Am Ende des Jahrhunderts war das religiöse Profil des Fürstentums einheitlich lutherisch; es war eines der wenigen Territorien in den deutschen Ländern, das keine ernsthafte konfessionelle Trennlinie innerhalb seiner Grenzen zu verkraften hatte. Es scheint gleichsam der Archetyp der territorialen Reformation zu sein, jedenfalls einer der ersten und einflußreichsten Fälle unter den lutherischen Ländern. Bereits vor fast hundert Jahren konstatierte der Historiker Johann Baptist Götz, daß die Markgrafen von Brandenburg eine zentrale Rolle für den Verlauf der deutschen Reformation gespielt haben, und es besteht auch heute kein Grund, diese Einschätzung in Zweifel zu ziehen.[1]

Was sich freilich seit den Tagen eines Johann Baptist Götz verändert hat, ist unser Blick auf die Reformation. Die moderne Geschichtsschreibung legt mehr Wert auf die großen Entwicklungslinien und überlappende Einflußbereiche als auf herausragende Individuen und entscheidende Ereignisse. In der Erforschung der religiösen Bewegungen des sechzehnten Jahrhunderts zeigt sich diese Tendenz am deutlichsten anhand des Paradigmas der Konfessionalisierung, einer Herangehensweise an die Reformation, die nahezu jeden Aspekt ihrer Geschichte in ihren Orbit zieht. Der große Vorteil des Konzepts ist, wie sogar seine Kritiker festgestellt haben, seine heuristische Flexibilität. Es kann methodologischer Ausgangspunkt jeder allgemeinen Geschichte der Frühen Neuzeit sein. Mittlerweile ist es daher zu einem riesigen Themenfeld geworden, das die Erforschung beinahe aller Facetten des Lebens in der Frühen Neuzeit miteinbezieht – von Verfassungs-, Sozial- and Kulturgeschichte bis zur Entstehung der religiösen Konfessionen und, in Verbindung damit, der Mentalitätsgeschichte.[2] Selbstredend können derartige Modelle nicht jedes einzelne Detail

---

[1] Johann Baptist Götz, Die Glaubensspaltung im Gebiete der Markgrafschaft Ansbach-Kulmbach in den Jahren 1520–1535 (Erläuterungen und Ergänzungen zu Janssens Geschichte des deutschen Volkes 5), Freiburg 1907, S. V.

[2] Vgl. zum Thema: Heinrich Richard Schmidt, Konfessionalisierung im 16. Jahrhundert (Enzyklopädie Deutscher Geschichte 12), München 1992; Johannes Wallmann, Lutherische Konfessionalisierung – ein Überblick, in: Hans-Christoph Rublack (Hg.), Die lutherische Konfessionalisierung in Deutschland

der Geschichte in den konzeptuellen Rahmen der Theorie einpassen. Wie Wolfgang Reinhard bemerkt hat, besteht der eigentliche Wert des Konzepts der Konfessionalisierung eher in der Eröffnung neuer Perspektiven als in einem besonderen, in sich stimmigen Erklärungspotential für eine breite Palette von Ereignissen.[3] Das ist zweifellos richtig, doch sogar wenn man sich dieses Caveat bewußt macht, kann man leicht zentrale Aspekte des historischen Prozesses aus den Augen verlieren, wenn die Details gegen ein derart weitreichendes Paradigma gehalten werden. Das Konzept der Konfessionalisierung schenkt beispielsweise den Stimmen der Minderheiten und der kleineren Glaubensgemeinschaften kaum Gehör. Es bildet nicht die Vielfalt der religiösen Bewegungen ab, sondern reduziert Reformation und Gegenreformation auf einen linearen historischen Prozeß. Es vernachlässigt Kontinuitäten vom Mittelalter zur Neuzeit; es entlehnt Konzepte wie Säkularisierung und Modernisierung und riskiert damit eine verzerrte Darstellung der Vergangenheit; und es tendiert dazu, die Stimme des Volkes zu überhören.

Das letztere Thema, die Stimme des Volkes, ist Gegenstand dieser Untersuchung. Ich werde im folgenden analysieren, wie der Prozeß der religiösen Reform auf der Ebene der Pfarreien wahrgenommen und erlebt wurde. Gibt es eine Entsprechung zwischen dem Reformprozeß, wie er vom Paradigma der Konfessionalisierung imaginiert und projiziert wird, und der Bewegung, wie sie von den Gemeindemitgliedern wahrgenommen wurde? Die folgende Untersuchung wird dieser Frage anhand der Geschichte der lutherischen Reformation in den ländlichen Pfarreien in Brandenburg-Ansbach-Kulmbach nachgehen.

Auf den ersten Blick scheint die Reformation in Brandenburg-Ansbach-Kulmbach ein Musterbeispiel des Prozesses lutherischer Konfessionalisierung zu sein. Schon bald nach dem Tod von Kasimir (27. September 1527) kehrte Markgraf Georg aus Schlesien zurück und trat die Herrschaft über Ansbach und Kulmbach an. Im März 1528, unmittelbar nach dem ersten Ansbacher Landtag, erließ er einen Abschied, der sich direkt mit dem religiösen Status des fränkischen Fürstentums befaßte. Wie Georg später in einem Brief an den Kaiser erklärte, sei es die Pflicht des Fürsten, sich auch des Seelenheils seiner Untertanen anzunehmen, nicht allein ihres irdischen Wohlergehens.[4] Als Vormund von Kasimirs Sohn Albrecht (was bedeutete, daß er neben seinen ererbten Ansbachischen Landen auch über Kulmbach zu gebieten hatte) bestätigte Georg Kasimirs frühere Edikte, die das Wort Gottes „lauter und rein" forderten, und befahl, daß alle seine Untertanen dem Wort Gottes folgen. Das war in der Tat die erste Stufe der Reformation. Markgraf Georg stellte klar, daß die Geistlichen unter

---

(Schriften des Vereins für Reformationsgeschichte 197), Gütersloh 1992, S. 33–53; Wolfgang Reinhard, Was ist katholische Konfessionalisierung?, in: Wolfgang Reinhard/Heinz Schilling (Hg.), Die katholische Konfessionalisierung (Schriften des Vereins für Reformationsgeschichte 198), Gütersloh 1995, S. 419–52; Harm Klueting, Die Reformierten in Deutschland des 16. und 17. Jahrhunderts und die Konfessionalisierungsdebatte der deutschen Geschichtswissenschaft seit c. 1980, in: Matthias Freudenberg (Hg.), Profile des reformierten Protestantismus aus vier Jahrhunderten. Vorträge der ersten Emder Tagung zur Geschichte des reformierten Protestantismus (Emder Beiträge zum reformierten Protestantismus 1), Wuppertal 1999, S. 17–47.

[3] Reinhard, Katholische Konfessionalisierung (wie Anm. 2), S. 436.

[4] Reinhard Seyboth, Markgraf Georg von Ansbach-Kulmbach und die Reichspolitik, in: Jahrbuch für fränkische Landesforschung 47, 1987, S. 35–81, hier 45.

seinem Patronat entlassen würden, wenn sie seine Forderungen nicht erfüllten.[5] Im Anschluß daran, nicht zuletzt weil er erkannte, daß hier größere Sorgfalt erforderlich war, beauftragte der Markgraf seine führenden Geistlichen, ein Glaubensbekenntnis zu entwerfen. Gleichzeitig wurden Maßnahmen in die Wege geleitet, um die Institutionen und das Personal der katholischen Kirche zu ersetzen. Mit dieser Initiative war mit drei grundlegenden Elementen des konfessionellen Prozesses der Rahmen für die weitere Entwicklung geschaffen: ein *corpus doctrinae*, der Entwurf einer Territorialkirche und ein evangelischer Klerus.[6]

Die ersten evangelischen Glaubensbekenntnisse in der Region entstanden in Zusammenarbeit zwischen Ansbach und Nürnberg. 1527 arbeiteten beide Obrigkeiten darauf hin, eine Visitation nach sächsischem Muster durchzuführen. Markgraf Georg hatte bereits seine führenden Geistlichen konsultiert, darunter Johann Schopper, Adam Weiß und Andreas Althamer, während Lazarus Spengler und Kasper Nützel in Nürnberg Pläne für eine Visitation in den Pfarreien der Reichsstadt ausarbeiteten. Ungeachtet der traditionellen Feindseligkeit zwischen den beiden Mächten versammelten Lazarus Spengler und Georg Vogler die Geistlichen in Schwabach, um ein gemeinsames Glaubensbekenntnis zu erarbeiten.[7] Als Ergebnis erhielt die evangelische Geistlichkeit nun Visitationsartikel und den ersten Entwurf einer Kirchenordnung. Das war der erste Schritt in Richtung einer territorialen Konfession. Diese war freilich noch provisorisch, und es war allen Beteiligten klar, daß ein umfassenderes Bekenntnis nötig wäre. Nürnberg begann daher bald nach der Visitation von 1528, eine neue Kirchenordnung auszuarbeiten. Das Projekt verzögerte sich jedoch, und erste Fortschritte zeigten sich erst, nachdem der Markgraf 1530 eingeschritten war. Verschiedene Entwürfe wurden zwischen den beiden Obrigkeiten ausgetauscht, die endgültige Beschlußfassung aber bis nach dem Reichstag (1532) aufgeschoben. Im Juli 1532 sandte man schließlich ein Exemplar der Kirchenordnung nach Wittenberg. Luther und die Theologen der Universität empfahlen einige Änderungen, aber schon nach einer kurzen Konsultationsperiode zwischen Andreas Osiander und Johannes Brenz konnte sie komplettiert werden.[8] Das Ergebnis war die Brandenburgisch-Nürnbergische Kirchenordnung von 1533, eine der ersten detaillierten lutherischen Kirchenordnungen, die in Deutschland veröffentlicht wurden. Zusätzliche Mandate und

---

[5] Emil Sehling (Bearb.), Die evangelischen Kirchenordnungen des XVI. Jahrhunderts (Bayern: Franken, II), Teil 1, Tübingen 1961, S. 102–105.

[6] Martin Gernot Meier, Systembruch und Neuordnung: Reformation und Konfessionsbildung in den Markgraftümern Brandenburg-Ansbach-Kulmbach 1520–1594. Religionspolitik – Kirche – Gesellschaft (Europäische Hochschulschriften 657), Frankfurt am Main 1999; Manfred Sitzmann, Mönchtum und Reformation. Zur Geschichte monastischer Institutionen in protestantischen Territorien (Brandenburg-Ansbach/Kulmbach, Magdeburg) (Einzelarbeiten aus der Kirchengeschichte Bayerns 75), Neustadt a.d. Aisch 1999, S. 25–63; Bernard Sicken, Franken, in: Walter Brandmüller (Hg.), Handbuch der bayerischen Kirchengeschichte 2: Von der Glaubensspaltung bis zur Säkularisation, St. Ottilien 1993, S. 123–291; Karl Schornbaum, Zur Politik des Markgrafen Georg von Brandenburg vom Beginn seiner selbständigen Regierung bis zum Nürnberger Anstand 1528–1532, München 1906.

[7] Gerhard Müller/Gottfried Seebaß (Bearb.), Andreas Osiander d. Ä. Gesamtausgabe 3, Schriften und Briefe 1528 bis April 1530, Gütersloh 1979, S. 123–142, 187–248.

[8] Müller/Seebaß, Osiander (wie Anm. 7), S. 468–606; Müller/Seebaß, Osiander (wie Anm. 7), (1981) Bd. 4 Schriften und Briefe Mai 1530 bis Ende 1532, S. 219–256; 373–396; Müller/Seebaß (wie Anm. 7), (1983) Bd. 5 Schriften und Briefe 1533 bis 1534, S. 37–181.

Verordnungen sollten im Laufe des Jahrhunderts folgen, aber das konfessionelle Profil der Markgrafschaft, das bis zum Ende des Jahrhunderts unverändert bleiben sollte, war mit der Veröffentlichung dieser Kirchenordnung etabliert.

Der nächste Schritt im Prozeß des konfessionellen Wandels war der Aufbau einer Territorialkirche. Seit Beginn der Reformation hatten die Ansbacher Reformer eine territoriale Reform unter Führung des Fürsten im Blick. Johann Rurer beispielsweise war ein leidenschaftlicher Verfechter des Eingreifens des Markgrafen in religiöse Angelegenheiten.[9] Das Bedürfnis nach einer irdischen Kirche wurde im Zuge der Visitation von 1528 deutlich, als sich zeigte, daß zur konstanten Überwachung eine eigene Gruppe von Beamten nötig wäre. Von den Ereignissen in Sachsen inspiriert schlug Andreas Althamer die Einrichtung des Amtes eines Superintendenten („Speculatoren oder Superattendentes") vor, damit die Arbeit der Visitation nicht umsonst wäre.[10] In der Folge wurden vom Markgrafen Superintendenten ernannt, die über den Klerus und die Praxis der Religionsausübung in den Pfarreien unter ihrer Jurisdiktion wachen sollten. Mit der Zeit gewann das Amt an Kompetenzen, darunter die Examinierung des Klerus und des Schulpersonals, die Kontrolle über die Pfarrfinanzen und die provisorische Verfügung über das Eherecht in Zusammenarbeit mit den Amtmännern.[11] Damit war die grundlegende Struktur der Territorialkirche geschaffen. Weltliche und geistliche Beamte arbeiteten gemeinsam an der Einführung des Glaubens und an der Durchsetzung des markgräflichen Willens. Dennoch war die Kirchenstruktur in dieser frühen Phase der Reformation roh und ineffizient. Die Superintendenturen in Ansbach und Kulmbach waren beispielsweise ungleich groß, sowohl im Hinblick auf das Territorium als auch auf die Arbeitsauslastung.[12] Dennoch ging die weitere Entwicklung nur langsam voran. 1534 faßte Althamer die Schwächen des Kirchenwesens in einem Brief an den Markgrafen zusammen, schlug vor, daß jährlich eine Synode oder Versammlung des Klerus gehalten werden solle, und riet ihm zur Reform des Systems der Superintendenzen.[13] Doch Althamers Rat stieß auf taube Ohren. Aufgrund der Ereignisse im Reich einerseits und in der Markgrafschaft andererseits sollte es bis zur Jahrhundertmitte dauern, bis hier weitergehende Entwicklungen einsetzten. Erst nach dem Frieden von Augsburg entstand eine entschiedenere lutherische Kirchenstruktur.

---

[9] Bernhard Schneider, Gutachten evangelischer Theologen des Fürstentums Brandenburg–Ansbach–Kulmbach zur Vorbereitung des Augsburger Reichstags von 1530 (Einzelarbeiten aus der Kirchengeschichte Bayerns 62), Neustadt a. d. Aisch 1987, S. 31: „Die Obrigkeit hat nämlich ihr Amt von Gott und deshalb hat sie ihre Gewalt für Gott einzusetzen zum Nutzen, Heil und Seligkeit der Untertanen."; Johann Heinrich Schülin, Fränkische Reformations-Geschichte, Nürnberg 1731, S. 2–10.

[10] Staatsarchiv Nürnberg (künftig StAN), Ansbacher Religionsakten III, Tom. VIII, Fasc. II, fol. 467.

[11] Georg Müller, Verfassungs- und Verwaltungsgeschichte der sächsischen Landeskirche, in: Beiträge zur Sächsischen Kirchengeschichte 9, 1874, S. 96–109; Hans Westermayer, Die Brandenburgisch-Nürnbergische Kirchenvisitation und Kirchenordnung 1528–1533, Erlangen 1894, S. 43; Sehling, Kirchenordnungen (wie Anm. 5), S. 139.

[12] Gustav Bossert, Die ersten Schritte zur Neuordnung der Kapitel in der Markgrafschaft Brandenburg-Ansbach 1528 ff., in: Blätter für bayerische Kirchengeschichte 3, 1887, S. 33–39.

[13] Theodor Kolde, Andreas Althamer: der Humanist und Reformator in Brandenburg–Ansbach, Erlangen 1895, S. 126f.

Ihre endgültige Gestalt verdankt die lutherische Kirche im Fürstentum dem Kleriker Georg Karg und Markgraf Georg Friedrich. Im Jahr 1556 wies Karg in Briefen an den Markgrafen auf die Schwächen und Mißstände in der Kirche sowohl in Ansbach als auch im weiteren Fürstentum hin, um dann detaillierte Reformpläne vorzulegen, deren Umsetzung er für das weitere Gedeihen der Lutherischen Kirche für unumgänglich hielt.[14] Nicht zuletzt durch Kargs Drohung, ins Exil zu gehen, fand der Vorschlag bald Gehör bei Hof. Zwei der Räte kontaktierten Karg und sagten zu, daß die Zustände in der Ansbacher St. Johannis Kirche baldigst reformiert würden. Sie zeigten sich darüber hinaus bereit, die größeren Probleme des Kirchenwesens in Angriff zu nehmen.

Im Oktober 1556 wurde in Ansbach eine Synode gehalten, die der Diskussion der Zukunft der Kirche gewidmet war.[15] Schlußendlich wurden die meisten von Kargs Reformvorschlägen akzeptiert. Das Kirchenterritorium wurde strikt in Kapitel oder Superintendenzen unterteilt, die die administrativen Einheiten für je einen Superintendenten bildeten. Ein Superintendent stand einem Kapitel vor und hatte die Aufgabe, Kleriker einzustellen und die Einheit des Glaubens und der Moral zu erhalten. Die regionalen Amtleute hatten nun in allen kirchlichen Disziplinarangelegenheiten an den Superintendenten zu berichten.[16] Jeder neue Pfarrer wurde in Ansbach, beim Generalkapitel, examiniert, bevor er seine Arbeit in der Pfarrei aufnehmen konnte. 1565 wurden dem Fürstentum Ansbach zwei neue Kapitel hinzugefügt, und jeder Superintendent war angewiesen, eine jährliche Synode zu halten.[17] Die letzte Phase der Schaffung einer Territorialkirche war die Einrichtung des Konsistoriums. Im letzten Jahrzehnt des 16. Jahrhunderts hatten sowohl Ansbach als auch Kulmbach Konsistorien, die ermächtigt waren, Kirchenangelegenheiten im Namen des Markgrafen zu regeln. Die Territorialkirche war damit etabliert.

Die lutherische Kirche, wie sie Georg Karg und Markgraf Georg Friedrich geschaffen hatten, verfügte über die Macht und die Effizienz, um ihre Lehre auch in den ländlichen Pfarreien durchzusetzen. Der Markgraf hatte nun vollständige Gewalt über den Klerus in den Pfarreien. Jeder Pfarrer hatte sich einer Prüfung durch die höhere Geistlichkeit zu stellen, bevor er sein Amt antreten konnte. Sobald ein Pfarrer zugelassen war, wurde er von einem Superintendenten gemeinsam mit einem weltlichen Beamten eingesetzt.[18] Von der Bewerbung bis zu dem Tag, an dem der Pfarrer

---

[14] Karl Schornbaum, Die Ansbacher Synode 1556, in: Beiträge zur bayerischen Kirchengeschichte 27, 1921, S. 106–109; Hans-Martin Weiss, Vom notwendigen Verstand der Lehre (Einzelarbeiten aus der Kirchengeschichte Bayerns 64), Neustadt a. d. Aisch 1991, S. 104–134; Georg Wilke, Georg Karg (Parsimonius), sein Katechismus und sein doppelter Lehrstreit, Scheinfeld 1904, S. 15–40.

[15] Schornbaum, Ansbacher Synode 1556 (wie Anm. 14), S. 10f.

[16] Weiss, Verstand (wie Anm. 14), S. 65.

[17] Corpus Constitutionum Brandenburgico-Culmbacensium, Bayreuth 1746, Bd 1, S. 350f.; Friedrich Vogtherr, Die Verfassung der evangelisch-lutherischen Kirche in den ehemaligen Fürstenthümern Ansbach und Bayreuth, in: Beiträge zur bayerischen Kirchengeschichte 2, 1896, S. 209–221, 269–287; Sehling, Kirchenordnungen (wie Anm. 5), S. 346–359; Wilhelm Löhe, Erinnerungen aus der Reformationsgeschichte von Franken, insonderheit der Stadt und dem Burggraftum Nürnberg ober und unterhalb des Gebirgs, Nürnberg 1847, S. 177–185; Lorenz Kraußold, Geschichte der evangelischen Kirche im ehemaligen Fürstenthum Bayreuth, Erlangen 1860, S. 134–63.

[18] Corpus Constitutionum Brandenburgico-Culmbacensium (wie Anm. 17), S. 358.

seinen zukünftigen Gemeindemitgliedern vorgestellt wurde, bestimmten der Markgraf und die höheren Obrigkeiten das Schicksal des Klerikers. Und sobald er im Amt war, war der Pfarrer unter ständiger Beobachtung durch seine Kollegen. All diese Maßnahmen vergrößerten die Macht des Markgrafen über die Kirche. Gleichzeitig nahm die Kirchenstruktur Gestalt an. Fest in der Hand des Markgrafen, arbeiteten alle Ämter und Institutionen daran, den Willen des Fürsten umzusetzen, während der Fürst seinerseits mit unzweideutigen Formulierungen für sich beanspruchte, zur Verteidigung des Glaubens und zur Durchsetzung von Gottes Willen ins Amt gesetzt worden zu sein. All das, sowohl die theologische Vision als auch die Machtstrukturen, wurde auf der Ebene der Pfarreien von den lutherischen Pfarrern durchgesetzt. Aber wie wirkungsvoll waren das Glaubensbekenntnis und das Herrschaftssystem auf der lokalen Ebene? In welchem Ausmaß wurde die ursprüngliche Idee in der Gemeinde realisiert? Um die historische Anwendbarkeit des Konfessionalisierungsparadigmas bewerten zu können, muß es entlang dieser Achse untersucht werden, ausgehend von den grundlegenden Ideen und Strukturen bis hin zu deren lokaler Realisierung.

Die Durchsetzung des Glaubens

Die Reformation wurde von oben, vom Markgrafen, in Gesetze gefaßt. Das ganze 16. Jahrhundert hindurch wurden weltliche Verordnungen, Kirchenordnungen und Visitationsordnungen, die die Richtung der lutherischen Reform bestimmten, von Ansbach herausgegeben. Indem die Kirche im Fürstentum an Sicherheit gewann und die Regierungsmechanismen effizienter wurden, stieg auch die Zahl der Verordnungen, und ihr Inhalt wurde detaillierter. Das geht klar aus den Visitationsordnungen hervor. Die erste Visitation im Jahr 1528 war eine schlichte Untersuchung der Arbeit des Klerus. Davon ausgehend, daß eine Visitation von Pfarrei zu Pfarrei zu gefährlich wäre, bestellte der Markgraf die Geistlichen nach Ansbach, wo sie im Haus des früheren Bürgermeisters von Johann Rurer und Andreas Althamer befragt wurden.[19] Die zweite Visitation 1536 war mit klassischen kirchlichen Angelegenheiten befaßt, darunter die Qualität der Schulen, die Frömmigkeit der Gemeindemitglieder, das Benehmen der Geistlichen, die Pfarrfinanzen sowie die Natur des örtlichen Gottesdiensts. Bis zur Mitte des Jahrhunderts folgten keine weiteren Visitationen, doch sobald sie dann wieder stattfanden, war der Prozeß deutlich komplexer geworden. Zwischen 1565 und 1600 fanden mit einiger Regelmäßigkeit Visitationen statt.[20] Nach 1565 wurden die Visitationsordnungen auch zusehends detaillierter, und die lutherischen Autoritäten fühlten sich berufen, tiefer und tiefer ins Pfarrleben einzudringen. Die Visitatoren begannen, Fälle von Blasphemie, Magie, Völlerei, Wucher und die Regelmäßigkeit des Gottesdienstbesuchs zu registrieren und zu untersuchen. In der umfangreichen Visitationsordnung von 1578 wurden verdächtige Bräuche und Taten

---

[19] Götz, Glaubensspaltung (wie Anm. 1), S. 128–9; Westermayer, Brandenburgisch Nürnbergische Kirchenvisitation (wie Anm. 11), S. 3.
[20] Gerhard Hausmann, Das Bemühen des Ansbacher Konsistoriums um kirchliche Ordnung und reine Lehre im Zeitalter der Orthodoxie, in: Zeitschrift für bayerische Kirchengeschichte 59, 1990, S. 81, n. 39; Weiss, Verstand (wie Anm. 14), S. 78f.

im Detail aufgelistet (zum Beispiel „…rockenstuben, scheidweg oder letzrocken …"), statt daß sie zusammenfassend als unziemliche Vergnügungen vermerkt worden wären. Die Konsistorialordnung von 1594 erachtete ein breites Spektrum von Aktivitäten als reformbedürftig, von Blasphemie, Entweihung des Sabbath, Herabwürdigung des Wortes Gottes über verdächtige Überzeugungen, Ehebruch und andere sexuelle Vergehen bis hin zu unversöhnlichem Haß, Verletzung von Leib und Leben, Trunksucht, verbotenen Spielen, Diebstahl, Wucher und ungerechten Verträgen.[21]

Mit den lutherischen Visitationen war nun eine klare Befehlskette eingerichtet, die vom Ansbachischen Hof über die Konsistorien und Synoden bis auf die Pfarrebene durchgriff. Sobald jedoch der Visitationsprozeß die Pfarreien erreichte, wurde rasch deutlich, daß er auf beträchtlichen Widerstand stieß. Auf der Führungsebene erkannte man das bereits ganz zu Beginn der Reformationsbewegung. Am 28. Februar 1531 erließ der Markgraf eine an die Gemeindemitglieder gerichtete Erklärung, in der er sie beschuldigte, weder für das Wort Gottes noch für die Reformationsbestrebungen Respekt zu zeigen.[22] Althamer äußerte ähnliche Beschwerden, zunächst in einem Brief nach der ersten Visitation, dann 1534, als er beschrieb, wie wenig Interesse die örtlichen Amtleute und die Gemeindemitglieder der religiösen Reformarbeit entgegenbrachten.[23] Obwohl entsprechende Maßnahmen ergriffen wurden, blieb das Problem das ganze Jahrhundert hindurch bestehen, und es waren nicht nur die Gemeindemitglieder, die gegen den Visitationsprozeß Widerstand leisteten. Trotz aller Versicherungen, daß ihre Vorrechte in der Gerichtsbarkeit unangetastet bleiben würden, weigerten sich viele adelige Familien, mit den Visitatoren zu kooperieren.[24] 1528 wurde es den Klerikern, die den Familien Seckendorff, Castell und Pappenheim unterstanden, untersagt, an der Visitation teilzunehmen.[25] Adam von Künsberg verweigerte den Visitatoren nicht nur den Zutritt, er erlaubte auch seinem Pfarrer nicht die Teilnahme an einer Anhörung in Lindenhardt.[26] Die Herren von Guttenberg richteten ein Schreiben an den Superintendenten, in dem sie festhielten, daß sie eine Visitation in Melkendorf nur unter der Bedingung akzeptieren würden, daß ihr Recht der Investitur des Pfarrers unangetastet bliebe.[27] Obwohl der Markgraf in Wallmersbach die hohe Gerichtsbarkeit und das Patronatsrecht ausübte, berichtete der Visitator 1565, daß die Gemeindemitglieder, die Untergebene von Conrad von Enheim waren, nicht vor den Visitatoren erschienen waren und daß der örtliche Bürgermeister die

---

[21] Sehling, Kirchenordnungen (wie Anm. 5), S. 317–24, 346–59, 352, 386.

[22] Staatsarchiv Bamberg (künftig StAB), C3 49, fol. 13–24 (28.2.1531). Später als Flugschrift veröffentlicht.

[23] StAN, Ansbacher Religionsakten III, Tom. VIII, Fasc. II, fol.467; Kolde, Andreas Althamer (wie Anm. 13), S. 126f.

[24] Gutav Bossert, Der Stand der Reformation in der Markgraffschaft Brandenburg-Ansbach nach den Berichten der Aemter im Jahre 1528 vor abgehaltener Visitation, in: Vierzigster Jahresbericht des historischen Vereins für Mittelfranken 1880, S. 63; Emil Friedrich Heinrich Medicus, Die brandenburg-nürnbergische Kirchenvisitation vom Jahre 1528, in: Blätter für bayerische Kirchengeschichte 4, 1888, S. 53; Corpus Constitutionum Brandenburgico-Culmbacensium (wie Anm. 17), S. 357.

[25] Sehling, Kirchenordnungen (wie Anm. 5), S. 115.

[26] Landeskirchliches Archiv Nürnberg (künftig LKAN), Markgräfliches Dekanat (Superintendentur) Kulmbach (im folgenden zit. als MSK), 157, fol. 6. 1572.

[27] LKAN, MSK, 157, Melckendorf, 14.11.1558.

Visitatoren bei einer öffentlichen Versammlung beschimpft hatte.[28] Doch sogar in den Pfarreien, die direkt dem Markgrafen von Ansbach unterstellt waren, leistete die lokale Obrigkeit manchmal Widerstand. Als die Visitatoren beispielsweise 1567 in einem Ansbacher Dorf ankamen, drang derartiger Lärm aus der Schenke, „als ob es mitten in der Hell were". Kurz darauf kam ein Mann aus dem Wirtshaus, stellte sich vor die Visitatoren und verfluchte sie: „Pfu dich teüffel, friß pfaffen, und scheiß münch".[29] Ähnliche Begrüßungen bekamen sie von den Gemeindemitgliedern in Meinheim und Altheim zu hören, und sogar die Beamten größerer Städte reagierten gelegentlich mit Ablehnung.[30]

Ganz ähnlich gestaltete sich der Widerstand, mit dem sich die Obrigkeit konfrontiert sah, als sie begann, die weltlichen Verordnungen durchzusetzen. Solche Verordnungen, wie die Landes- und Polizeiordnungen, befaßten sich in der Regel mit Mord, Raub- und Eigentumsdelikten. Aber die Grenzen zwischen weltlichen und geistlichen Vergehen waren verschwommen, und die deutschen Fürsten bestraften oftmals Verbrechen, die traditionell der kirchlichen Gerichtsbarkeit unterworfen waren.[31] Im Fürstentum Brandenburg-Ansbach-Kulmbach gab es darüber hinaus im 16. Jahrhundert nicht unbeträchtliche Überschneidungen zwischen der Kirchenordnung und den weltlichen Verordnungen. Die Brandenburgische Halsgerichtsordnung von 1516 (die auf der Bambergensis von 1506 basierte) ermächtigte die weltliche Obrigkeit, die Verbrechen der Blasphemie, des Wuchers, der Häresie, der Magie und des Ehebruchs zu ahnden.[32] Spätere Polizeiordnungen konzentrierten sich auf das Dorfbrauchtum in Verbindung mit religiösen Festen, wie Tauffeierlichkeiten und Hochzeitsfesten, und beliebte Unterhaltungen, wie die Zusammenkünfte in den Spinnstuben. Ansbach gab 1549 und 1566 Polizeiordnungen heraus, die 1572 von einer Polizeiordnung der fränkischen Stände für den gesamten Kreis abgelöst wurden.[33] Die weltlichen wie die kirchlichen Verordnungen dienten der Durchsetzung des lutherischen Glaubens. Wie die Visitationsordnungen unterwarfen beide die Vorgänge in den Pfarreien der Untersuchung durch die höheren Obrigkeiten des Markgrafen.

In der Praxis freilich gestaltete sich die Durchsetzung auf der Gemeindeebene äußerst schwierig. Das lag nur zum Teil an den komplexen Zuständigkeiten in der Gerichtsbarkeit in Franken. Eine einheitliche Verordnung mußte sowohl flächenübergreifend in den Gebräuchen, der Rechtssprechung und in der Praxis der Frömmigkeit

---

[28] LKAN, Markgräfliches Dekanat Uffenheim, 8, 148, fol. 26. Wallmerspach 1565.
[29] LKAN, Markgräfliches Dekanat Gunzenhausen (künftig MDG), 71 Visitationsakten 1567–1619, fol. 6.
[30] LKAN, MDG, 71 Visitationsakten 1567–1619, fol. 68. 1578; Weiss, Verstand (wie Anm. 14), S. 136.
[31] Ernst Schubert, Vom Gebot zur Landesordnung. Der Wandel fürstlicher Herrschaft vom 15. zum 16. Jahrhundert, in: Thomas A. Brady (Hg.), Die deutsche Reformation zwischen Spätmittelalter und Früher Neuzeit, München 2001, S. 39–43; Roland Axtmann, „Police" and the Formation of the Modern State, in: German History 10, 1992, S. 39–61.
[32] Heinrich Zoepfl, Die Peinliche Gerichtsordnung Kaiser Karls V. nebst der Bamberger und der Brandenburger Halsgerichtsordnung, Heidelberg 1842.
[33] Rudolf Endres, Zur wirtschaftlichen und sozialen Lage in Franken vor dem Dreißigjährigen Krieg, in: Jahrbuch für fränkische Landesforschung 28, 1968, S. 38–43. Ein Exemplar der Ordnung befindet sich in LKAN, Markgräfliches Dekanat Feuchtwangen, 1, No. 26.

durchgesetzt werden, was sich als nahezu unmöglich erwies. Nürnberg und Ansbach hatten beispielsweise Untertanen in ein und derselben Pfarrei, die unterschiedlichen Gesetzen folgten. Obwohl der Markgraf an den Nürnberger Rat schrieb und um Anerkennung der Verordnung bat, damit es eine gewisse Einheitlichkeit der Strafen und der Vorschriften gäbe, überwachte Nürnberg Fluchen, Tauffeiern, Hochzeitsfeste, et cetera nach eigenen Maßstäben. Der Nürnberger Rat wollte den Wünschen des Markgrafen nicht nachgeben, weil man fürchtete, ihm dadurch zu viel Macht über die eigenen Untertanen einzuräumen.[34] Doch sogar in den Gebieten von Ansbach und Kulmbach konnten die Ordnungen von Pfarrei zu Pfarrei variieren. In manchen Pfarreien, wie in Schwarzenbach an der Saale, wurde die Verordnung von den Pfarrmitgliedern einfach nicht respektiert. Schwarzenbach war ein verhältnismäßig isoliertes Rittergut, und der Pfarrer verfügte nicht über die nötige Unterstützung durch den örtlichen Herrn.[35] In Hof bemerkten die Visitatoren, daß die adeligen Rabensteiner in Pilgramsreuth die Polizeiordnung nicht respektierten, was unter den Untertanen des Markgrafen, die sie selbstredend zu befolgen hatten, Unmut auslöste.[36] Wie die Beamten von Münchberg den Visitatoren mitteilten, waren sie willens, der Verordnung in ihrem Zuständigkeitsbereich Geltung zu verschaffen, aber sie hatten keinen Einfluß auf Bezirke wie Stockenroth oder Sperneck, wo sie nicht befolgt wurde.[37] 1572 stellten die Kulmbacher Visitatoren fest, daß die Fränkische Polizeiordnung nur in wenigen Orten befolgt wurde. Traditionelles Pfarrbrauchtum, darunter die Einhebung von Kirchengebühren, ausgelassene Hochzeitsfeste und üppige Tauffeiern, blieb über Generationen unverändert.[38] Bis zum Ende des Jahrhunderts beklagten sich die Beamten des Markgrafen über den Mangel an Respekt sowohl gegenüber den staatlichen als auch den kirchlichen Verordnungen.

Für die Obrigkeit und insbesondere den Klerus war die Nichtbeachtung der lutherischen Verordnungen Beweis dafür, daß die Leute in der Hand des Teufels waren. Die Visitationsberichte sind voll von derartigen Beschwerden und Klagen über den allgemeinen Verfall der Moral und den Unglauben. Es gab freilich auch eine nüchternere Erklärung: die Weigerung der lokalen Eliten, mit der Kirche zusammenzuarbeiten. Das Problem existierte schon ganz zu Beginn des Reformationsprozesses. So behauptete Andreas Althamer um 1530, daß in Kulmbach die Mehrheit der Amtmänner katholisch geblieben sei („mer papistisch den Christen") und die Reformation nicht mittragen wollte.[39] Als das Jahrhundert voranschritt, waren nicht die höheren Obrigkeiten das Problem, sondern die ihnen unterstellten lokalen Beamten, die auf Gemeindeebene operierten. Die Visitatoren von Wunsiedel identifizierten die örtliche

---

[34] StAN, 16a B-Laden Akten, Lade 212, No. 25, 1572.
[35] LKAN, Markgräfliches Dekanat Hof, V, 1a, fol. 42, 7.10.1572. Zur Herrschaft der Pfarrei siehe Johann Kaspar Bundschuh, Geographisches statistisch-topographisches Lexicon von Franken 5, Ulm 1802, S. 243f.
[36] StAB, C2 1826, fol. 9.
[37] LKAN, Markgräfliches Dekanat Hof, V, 1a, fol. 52, 13.10.1572.
[38] LKAN, MSK, 157, Mitt was Ordnung die Visitation des 1573 iares vorrichtet, und wie die raisen eingestellt sind worden …'fol. 3 (meine Foliierung); LKAN, MSK, 157, Beschwerung und Ergernüs von Hof (1578/9), Punkt 13. Noch 1589 hatte der Pfarrer von Sparneck nicht einmal eine Polizeiordnung. StAB, 1827, fol. 116: „Die policeyordnung hab er nicht, vil weniger gelesen."
[39] STAN, Ansbacher Religionsakten III, Tom. XI, fol. 402 (Althamers Brief).

Obrigkeit als Kern des Problems, weil diese die Dinge im Sinne der Tradition weiterlaufen ließ statt die Verordnungen zu befolgen.[40] Klagen über den Widerwillen der weltlichen Beamten, die Verordnungen und Erlasse durchzusetzen, tauchen ab Einführung der Reformation bis zum Ende des Jahrhunderts regelmäßig auf.[41]

Fallweise verweigerten die örtlichen Eliten auch die Zusammenarbeit aufgrund einer grundsätzlichen Aversion gegen den Glauben, ihre Hauptmotivation war jedoch ihr Bestreben, das örtliche Brauchtum zu erhalten. Spinnstuben wurden beispielsweise sowohl von den Polizeiordnungen als auch den Visitationsartikeln für ungesetzlich erklärt, von den Beamten des Dorfes aber geduldet. Wie der Visitator von Kulmbach beobachtete, tolerierte die lokale Obrigkeit keine Predigten gegen diesen Brauch und behauptete, daß die jungen Leute ihre Vergnügungen bräuchten.[42] Das gleiche gilt für die Kirchweihen. Obwohl die lutherische Obrigkeit danach trachtete, diesen Brauch einzuschränken und letztendlich abzuschaffen, gingen die örtlichen Beamten nicht dagegen vor. „Es seÿ ein altes herkomen," war die Erklärung in Kulmbach gegenüber einem Visitator im Jahr 1586, „man hab vor hundert Jarn auch Kirchwej gehalten. Es müsse ie im Jar ein mal, ein guter freündt zum andern gehen, und einer bej dem andern freündschafft suchen."[43] Andere zwangen die Gemeindemitglieder nicht zum Kirchgang und erklärten, daß es nicht ihre Aufgabe sei, die Leute in die Kirche zu bringen. Die Beamten in den Dörfern stellten sich blind und erklärten sich für nicht zuständig für die Einhaltung der Disziplin.[44] Diese Konzessionen sind ein allgemeines Merkmal der Herrschaft auf Pfarrebene. Es war gerade diese Art von Großzügigkeit, die die Dynamik des Disziplinierungsprozesses abschwächte und eine gewisse Unverfrorenheit unter den Gemeindemitgliedern beförderte.[45] Es war auch die Art von Toleranz, die es dem Klerus erschwerte, den neuen Glauben auf der Ebene der Pfarrei durchzusetzen. Genau wie im größeren Herrschaftszusammenhang ließ der Widerstand die lutherischen Reformbestrebungen auch auf der Ebene der Gemeinden ins Leere laufen und schwächte den Konfessionalisierungsprozeß. Das wird deutlich, wenn wir uns dem lokalen Kontext zuwenden und die Berührungspunkte zwischen dem lutherischen Pfarrer und der Gemeinde untersuchen.

Pfarrer und Pfarrmitglieder in Brandenburg-Ansbach-Kulmbach

Kaum einer der Ansbacher Reformatoren erwartete, daß die Gemeindemitglieder über Nacht zum lutherischen Glauben konvertiert werden könnten. Die Geistlichen waren sich der Stärke des Volksglaubens und des Dorfbrauchtums durchaus bewußt,

---

[40] STAN, Ansbacher Religionsakten III, Tom. XI, fol. 402; LKAN, MSK, 157, Bericht der Spetial Visitation, in der Superintendentz Beÿrreuth A[nn]o 1572, 6. (meine Foliierung); LKAN, MSK, 157, Weisenstadt 1573; LKAN, MDG 71, fol. 29 (1569); STAB, C2 1823, fol. 26 (1592); STAB, C2 1830, fol. 109.

[41] Sogar nachdem der Fränkische Kreis 1572 eine Polizeiordnung erlassen hatte, unternahm der ansässige Adel kaum Anstrengungen, sie durchzusetzen. Siehe die Berichte in StAN 16a B-Laden Akten, Lade 212, 1572–73; LKAN, Markgräfliches Dekanat Hof, V, 1a, fol. 42, 7.10.1572; StAB, C2 1826, Relation des Visitation Höfer Superi[n]tendents Anno 1576, fol. 9; LKAN, Markgräfliches Dekanat Hof, V, 1a, fol. 52, 13.10.1572.

[42] LKAN, MSK, 157, Acta Visitationis in der Culmbacher Superintendentz 1586, fol. 5.

[43] LKAN, MSK, 157, Acta Visitationis in der Culmbacher Superintendentz 1586, fol. 3.

[44] LKAN, MSK, 157, Weisenstadt 1573; LKAN, MDG, 71, fol. 29 (1569).

[45] StAB, C2 1823, fol. 26, 1592.

und sie erkannten, daß es Jahre des Predigens, Lehrens und Disziplinierens brauchen würde, bevor der neue Glaube auf der lokalen Ebene Spuren hinterlassen würde. Manche Pfarrer waren nachgerade pessimistisch im Hinblick auf Ihre Chancen, die Dorfbewohner zur Konversion zu bewegen. Wie die Kleriker von Schwabach und Roth eingestanden, war es eigentlich gleichgültig, wie viel Zeit sie mit ihren Pfarrmitgliedern verbrachten, wie viele Gelegenheiten zu lernen sie ihnen anboten oder wie viele Visitationen sie durchführten, sie konnten die Leute nicht zum Glauben führen, wenn diese es nicht selbst wollten.[46] Aber selbst die nüchternste und realistischste Erwartung hätte die lutherischen Kleriker nicht auf den Entwicklungsstillstand bis zum Ende des Jahrhunderts vorbereiten können. Nach den lutherischen Wortmeldungen in den späten Dekaden des Jahrhunderts zu urteilen, konnte die Reformation die Hoffnungen der Anfangszeit nicht einlösen. Trotz der ausgefeilten Glaubensbekenntnisse und des komplexen Systems der Kirchenherrschaft hatte der Reformationsprozeß kaum Einfluß auf das Brauchtum und die alltägliche religiöse Praxis in den ländlichen Pfarreien von Ansbach und Kulmbach gewonnen. Das Dorfleben war gegenüber früheren Jahrhunderten mehr oder weniger unverändert geblieben.[47] Die Situation in Ansbach und Kulmbach ist daher jener in vielen anderen deutschen Territorien vergleichbar, wo, wie Gerald Strauss beobachtete, „a century of Protestantism had brought about little or no change in the common religious conscience and the ways in which ordinary men and women conducted their lives."[48] Gemessen an den Anordnungen der lutherischen Kirche erwies sich die Reform der religiösen Kultur in den Pfarreien als Fehlschlag, als ein bloßer Schatten des ursprünglichen Entwurfs. Die Gründe dafür sind auf der Pfarrebene zu finden, dort, wo die Pläne der lutherischen Obrigkeit und die etablierte Pfarrkultur aufeinanderprallten. Je stärker die lutherische Kirche Brauchtum und Tradition bedrohte, desto komplexer und dynamischer wurden die Akte des Widerstands.

Es begann auf der profanen Ebene des Dialogs über Fragen von Einkommen und Unterhalt. Betrachten wir beispielsweise die Ereignisse in der Pfarrei Neudrossenfeld näher. Am 15. September 1568 verfaßte eine Gruppe von Pfarreien unter Federführung der Einwohner von Neudrossenfeld eine Beschwerde über den Pfarrer Kaspar Günther. Unter Betonung ihrer eigenen Armut behaupteten sie, daß Günther, der bereits über eine substanzielles Einkommen verfüge, ein neues Pfarrhaus bauen wollte, das seinen Ansprüchen entsprach. Darüber hinaus benütze Günther ihr Holz für seine Alchemie, beleidige sie von der Kanzel herab, verweigere ihnen das Sakrament und wünsche ihnen die Syphilis („frantzossen kranckheÿdt") an den Hals. Als Reaktion darauf verlangten sie nach einem neuen Pfarrer. In seinem Antwortschreiben beauftragte der Superintendent von Kulmbach den ansässigen Forstmeister mit der Untersuchung der Angelegenheit. Der Beamte freilich wischte den Großteil der Anschuldigungen beiseite und konstatierte, daß sie das Werk einer kleinen, übelwol-

---

[46] StAN Ansbacher Oberamtsakten 1105ᵃ (Oberamt Schwabach), Nr. 195, 3.9.1571.
[47] C. Scott Dixon, The Reformation and Rural Society. The parishes of Brandenburg-Ansbach-Kulmbach, 1528–1603, Cambridge 1996, S. 102–193.
[48] Gerald Strauss, Luther's House of Learning. Indoctrination of the Young in the German Reformation, Baltimore 1978, S. 299.

lenden Gruppe zweifelhaften Glaubens seien.[49] Der zur Unterstützung des Forstmeisters abgestellte Kastner von Wunsiedel, Desiderius Hedler, sprach Günther ebenfalls von allen Vorwürfen frei. Hedler betonte, daß die Pfarrei alles andere als einträglich sei, daß von Günther aber erwartet werde, daß er von seinem Gehalt in der Höhe von nicht einmal 130 Gulden auch einen Kaplan unterhalte. Hedler hielt eine Ausweitung der Untersuchung für angebracht, um dem „Anstifter dieser Verschwörung" Gerechtigkeit angedeihen zu lassen und so ein Exempel für alle anderen zu statuieren. Ein ortsansässiger Adeliger gab seiner Betroffenheit über den „vergifteten" Brief Ausdruck und gab Günther eine exzellente Referenz.[50] Der Superintendent sprach Günther von allen Anschuldigungen frei.

In diesem wie in zahlreichen anderen Fällen hatte das eigentliche Problem weniger mit dem Pfarrer selbst als mit der Tatsache zu tun, daß er seine Präsenz in der Pfarrei sichtbar machte. In einer früheren Aussage (23. Juli 1568) wies Günther auf eine kleine Gruppe von abgelegen wohnenden Dorfbewohnern hin, die sich weigerten, beim Bau des Pfarrhauses zu helfen. Sie gaben diese Trotzhaltung nicht auf, obwohl der Markgraf das Gegenteil angeordnet hatte und die Gemeindemitglieder bereits in der Vergangenheit für eine Weigerung bestraft worden waren. Die Gemeinde stand, in den Worten eines ihrer Mitglieder, als „verschworene Bruderschaft" gegen den Pfarrer.[51] Diese Gruppe glaubte, daß der Bau des Hauses – genauer: die Forderung nach ihre Mithilfe dabei – eine Verletzung ihrer althergebrachten Rechte bedeutete. Eine frühere Beschwerde (9. Dezember 1567) illustriert das Problem.[52] Der „Bund der Verschwörer" beharrte darauf, daß Günther der erste Pfarrer sei, der die Pfarrmitglieder um Hilfe bei der Errichtung des Pfarrhauses bat. Sie fürchteten, daß diese erstmals geäußerte Bitte sich zu einem Anspruch verfestigen könnte und Bestandteil des Zyklus von jährlich fälligen Abgaben und Arbeitsverpflichtungen, die der Kirche bereits geschuldet wurden, werden könnte. Unmut regte sich gegen Günthers Plan, bis sich schließlich einige Gemeindemitglieder im örtlichen Wirtshaus trafen, um den Widerstand zu organisieren. Die Ansbacher Obrigkeiten bestätigten Günthers Darstellung.[53] Zwei bis drei benachbarte Gemeinden, allen voran Neudrossenfeld, hatten sich gegen den Pfarrer gestellt. Sobald die Verschwörer einig waren, daß sie sich Günthers Forderungen widersetzen würden, gewannen sie auch andere Gemeindemitglieder für ihren Plan, nicht ohne freilich auch auf Drohungen zurückzugreifen.[54] Mit der Zeit wurden andere Aspekte der Pfarrbeziehungen in den Streit hineingezogen, bis schließlich Günthers Bemühungen in der Pfarrei als ganze behindert wurden.

In ganz Ansbach und Kulmbach führte die Ankunft eines neuen Pfarrers oftmals zu ähnlich gelagerten Problemen wie in Neudrossenfeld. Der Markgraf hatte zwar gene-

---

[49] StAB, C3 1223, fol. 94–7, 19.10.1568.
[50] StAB, C3 1223, fol. 94–99, 25.10.1568; fol. 100–1, 13.10.1568.
[51] StAB, C3 1223, fol. 107–8.
[52] StAB, C3 1223, fol. 123–6.
[53] StAB, C3 1223, fol. 143–154.
[54] Wie Heinz von Waldau bezeugte: „Er thue nicht gern wieder den Pfarrer, habe sich aber nicht durffen von der gemeinde sondern, dan sie sich gegen ettlichen vernomen laßen, so sich von Ihnen in diesen bösen handel absondern wollen, Ihnen die gemeinde zuverbieten, und Ihre heuser zu vermachen, oder zuverschlagen." StAB, C3 1223, fol. 148.

rell eine effektive Alternative zur katholischen Infrastruktur schaffen können, allerdings nicht ohne Probleme auf der lokalen Ebene. Nach der Demontage des mittelalterlichen Kirchensystems waren die lutherischen Kleriker – die oft große Familien zu ernähren hatten – gezwungen, größere Forderungen an die Pfarreien zu stellen. Es waren genau diese Neuerungen und Veränderungen (von denen die Neudrossenfelder fürchteten, daß sie, eine nach der anderen, zu einem Anspruch würden), die die ersten Widerstandsakte hervorriefen. Geistliche in anderen Pfarreien waren mit ähnlichen Problemen konfrontiert, und es waren immer die gleichen Sorgen, die den Kern des Widerstands bildeten. Die Dorfbewohner wehrten sich gegen die Einmischung des Pfarrers in lokale Finanzangelegenheiten, auch wenn es um Fragen der Deckung seiner elementaren Lebenshaltungskosten ging. Sie empfanden das als Überschreitung der Bräuche und als Verletzung ihrer traditionellen Rechte. Um die Gefahr abzuwenden, hielten manche Pfarreien den Pfarrer einfach von allen lokalen Finanzangelegenheiten fern. Es war durchaus nicht ungewöhnlich, daß ein Pfarrer von den jährlichen Abrechnungen im Dorf ausgeschlossen war, ungeachtet der Anstrengungen des Markgrafen, dieses Vergehens Herr zu werden.[55]

Doch am verbreitetsten war die simple Verweigerung der Zusammenarbeit durch die Pfarrmitglieder, wann immer der Pfarrer neuartige Forderungen an die Pfarrei herantrug. Daniel Langer beispielsweise widerfuhr genau diese Art von Widerstand ab dem Moment seiner Ankunft in Langenzenn. Um sein mageres Einkommen aufzubessern, hatte Langer begonnen, zusätzliche Gebühren für einige seiner Dienste zu verlangen. Vielleicht tat er das, weil die Dorfbewohner ihm die Nutzung des gemeinsamen Waldes für seine Schweine verweigert hatten. Langer hielt dagegen, daß es ein Recht sei, das sein Vorgänger genossen hatte; die Dorfbeamten leugneten es, ebenso wie sie leugneten, daß der Pfarrer Gebühren für Hochzeiten, Taufen und Begräbnisse erwarten konnte. In ihren Augen war es „[eine] Neürung, und khein allte ubliche hergebrachte gerechtigkeit".[56] Diese Verletzung der im Dorf gültigen Normen, die im Zusammenhang mit der Notwendigkeit der Subsistenz des Pfarrers ans Tageslicht kam, entfremdete den Pfarrer letztlich und hielt ihn auf Distanz zu seiner Gemeinde. In der Konsequenz führte das zum Ruf nach seiner Entlassung.

Ganz allgemein war der Antiklerikalismus, dem die lutherischen Pfarrer ausgesetzt waren, durch denselben Kontext von Normen und Erwartungen bestimmt wie die Auseinandersetzungen um ihren Unterhalt. Der Pfarrer wurde zur Zielscheibe des Antiklerikalismus, weil er die Pfarrkultur bedrohte. Die Qualifikation des Klerikers oder eigentlich religiöse Fragen hatten recht wenig damit zu tun. Der Widerstand richtete sich nicht gegen eine abstrakte konfessionelle Reform. Worum es wirklich ging, war die Erhaltung der lokalen Normen. Jede Streitigkeit zwischen Pastor und Pfarrei konnte den Prozeß in Gang bringen, von Angelegenheiten des Unterhalts und der Rechtssprechung bis zu Fragen der Moral. Ein Überblick über lokale Ereignisse mag dies belegen.

---

[55] StAN, Ansbacher Neues Generalrepertorium, Nr. 49, rep. nr. 103e, fol. 13; LKAN, Markgräfliches Dekanat Leutershausen 51, Acta Specialis Visitationis Capituli Leutershüsain 1584; StAB, C2 1831, fol. 1, Visitation Acta der Superinte[n]dents Wonsidel Anno 92; LKAN, MSK, 157, Stammbach, 6.11.1589.
[56] LKAN, MKA, Spez. 527, fol. 107–10, 8.9.1571.

In Wendelstein opponierten zum Beispiel die Gemeindemitglieder gegen den Pfarrer Christoph Popp, weil er sich weigerte, sich dem traditionellen Ehrkodex der Pfarrei zu unterwerfen. Schließlich war Popp seiner Gemeinde entfremdet und wurde seines Amtes enthoben, weil er sich den Forderungen der Pfarrei nicht untergeordnet hatte.[57] Johann Decker aus Rohr und Peter Hochmuther aus Döhlau zerstritten sich mit ihren Gemeindemitgliedern, weil sie lokale Traditionen von Eigentumsrechten im besonderen und der Rechtssprechung im allgemeinen anfochten.[58] Auf ganz ähnliche Weise wurden Pankraz Spitznagel aus Uttenhofen und Johann Stieber aus Weimersheim vor die Obrigkeit zitiert, weil sie die Dorftraditionen von Disziplin und Kontrolle nicht anerkannten.[59] Vom lutherischen Kleriker wurde erwartet, daß er sich in das Wertesystem der Gemeinde fügte, und es erscheint daher wenig überraschend, daß sich die Dorfbewohner oft gegen Pfarrer stellten, die in ihren Augen die moralischen Regeln der Gemeinschaft verletzten. Kleriker, die zuviel tranken, waren offensichtliche Zielscheiben von Vorwürfen, ebenso wie jene, die gewalttätig oder sexuell freizügig waren.[60] Beleidigungen und Entehrungen der Gemeinschaft, Vorschläge für „Neuerungen" oder ungerechtfertigte Forderungen waren gleichwertige Quellen von Zwistigkeiten. Obwohl er ein lutherischer Beamter im Dienste der Territorialkirche war, wurde der Pfarrer, einmal im Amt, entsprechend den Regeln der Gemeinde wahrgenommen und beurteilt. Werner Freitag kommt in seiner rezenten Studie zum Konfessionalisierungsprozeß in Anhalt, Halberstadt und Magdeburg zu einem ähnlichen Schluß: „Erst wenn Habitus des Pfarrers und lokaler Normenkontext übereinstimmten und sich der Pfarrer als Guter Hirte erwies, konnte er die Modifikation lokaler Normen und Werte erfolgreich in Gang setzen."[61]

Die fest verankerten Traditionen in den Pfarreien machten es für den Pfarrer nicht nur schwierig, den Zehnten einzutreiben oder seinen Lebensunterhalt zu sichern; auch die elementarsten Pflichten des lutherischen Klerus wurden von den Gemeindemitgliedern abgelehnt. In der Tat wurde der Disziplinierungsprozeß auf der lokalen Ebene behindert. In der Pfarrei von Leutershausen waren zum Beispiel zwei Pfarrer, zuerst Johann Eberlin von Günzburg und dann Johann Conrad, nicht in der Lage, die Grundsätze der lutherischen Kirche zu vermitteln, weil die Gemeindemitglieder, allen voran die örtliche Elite, den Status quo nicht gestört sehen wollten. Eberlin war mit dem Widerstand der ansässigen Bevölkerung gleichsam ab dem Augenblick seiner Ankunft konfrontiert.[62] Der Kastner zeigte sich besonders aggressiv, beschimpfte

---

[57] LKAN, MKA, Spez 992, fol. 83–86.
[58] LKAN, Markgräfliches Dekanat Schwabach, 131 T. 1., 3.9.1545; LKAN, Markgräfliches Dekanat Hof, XX3, Nos. 5; 13–14; 29–36.
[59] LKAN, Markgräfliches Dekanat Uffenheim, 330, (14.1.1586); LKAN, MDG, 71, fol. 48, 50–53.
[60] LKAN, MDG 71, fol. 88; LKAN, MDG 71, fol. 115–117; StAN, Ansbacher Neues Generalrepertorium, Nr. 49, rep. nr. 103^e, fol. 235; LKAN, MKA 998, fol. 44.
[61] Werner Freitag, Konfliktfelder und Konfliktparteien im Prozeß der lutherischen und reformierten Konfessionalisierung – das Fürstentum Anhalt und die Hochstifte Halberstadt und Magdeburg im 16. Jahrhundert, in: Archiv für Reformationsgeschichte 92, 2001, S. 165–194, hier 192.
[62] Karl Schornbaum, Leutershausen bei Beginn der Reformationszeit und das Ende Eberlins von Günzburg, in: Beiträge zur bayerischen Kirchengeschichte 1, 1905, S. 5–34, 78–92; Christian Peters, „Der Teufel sieht mich hier nicht gern …" Die Zwölf Briefe Johann Eberlins von Günzburg aus seiner Zeit als Pfarrverweser in Leutershausen (1530–1533), in: Zeitschrift für bayerische Kirchengeschichte 59, 1990, S. 23–68; LKAN, Markgräfliches Dekanat Leutershausen, 165, 20.8.1529.

Eberlin öffentlich in den Wirtshäusern und drohte ihm Gewalt an. Schon bald folgten weitere Gemeindemitglieder diesem Beispiel, bis schließlich sogar Kinder in den Straßen Spottlieder auf den Pfarrer und seine Familie sangen. Einmal, als Eberlin und seine Frau die Kirche verließen, ertönten rundum ein derartiges Geschrei und freche Lieder, daß alle Nachbarn zu den Fenstern liefen.[63] Eberlin konnte seine Gegner nicht versöhnen. Das gleiche galt für seinen Nachfolger als Pfarrer von Leutershausen, Johann Conrad. Conrads angebliche Verfehlungen wurden vom Bürgermeister, den Räten und einem Vogt der Ansbacher Obrigkeit vorgetragen. Auf diese Weise versuchten sie, den Pfarrer aus der Pfarrei entfernen zu lassen.[64] In seinem Verteidigungsschreiben erwähnte Conrad die Anstrengungen des Amtmanns, seine Entlastung herbeizuführen und berichtete über die Unmöglichkeit, die örtliche Obrigkeit auch nur zu irgendeiner Form von Kooperation zu bewegen. Pfarrei und Kirche waren völlig über Kreuz.

Sowohl für Johann Eberlin von Günzburg als auch für Johann Conrad begannen die Schwierigkeiten, sobald sie versuchten, die neuen disziplinären Grundsätze in der Pfarrei einzuführen. Das wurde Eberlin schon bei seiner Ankunft vom lokalen Beamten Veit Gattenhofer klar gemacht. Gattenhofer verweigerte Eberlin schlicht die Zusammenarbeit. Als Eberlin sich auf den markgräflichen Befehl berief, hielt Gattenhofer dagegen, daß der Pfarrer den territorialen Verordnungen zu viel Gewicht beimaß.[65] Aber der Widerstand endete hier nicht. Der Amtmann Wolf von Heßberg war ebenfalls gegen Eberlins Anwesenheit in der Pfarrei und ging sogar so weit, eine Liste von Beschwerden über den Pfarrer einzureichen. Im wesentlichen resultierten alle Schwierigkeiten, die der Pfarrer mit den weltlichen Beamten hatte, aus deren Ablehnung der neuen disziplinären Maßstäbe. Laut Eberlin widersetzte sich die Elite seinen Bemühungen, weil sie das traditionelle Machtgefüge in der Pfarrei weder reformiert noch erneuert sehen wollte.[66] Jahre später erlebte Johann Conrad ähnliche Schwierigkeiten – aus ähnlichen Gründen. Conrad wurde von den Pfarrmitgliedern und den Beamten wegen seines unnachgiebigen Festhaltens an den lutherischen Verordnungen richtiggehend gehaßt. Er war als frommer Mann, der sich mit großem Ernst der moralischen Reform verschrieben hatte, weithin bekannt. Conrad berief sich auf Luthers Rat, als er darauf beharrte, daß Pfarrer, die Sünden unbestraft ließen, zum Teufel gehen würden.[67] Letztendlich waren es freilich die Pfarrmitglieder, die ihren Willen durchsetzten, und es war der Pfarrer mit seinen Reformbestrebungen, der aus der Pfarrei vertrieben wurde. Das war ein nur allzu geläufiges Szenario in Ansbach und Kulmbach: Pfarrer und Pfarrei stehen einander verständnislos gegenüber, bis hin zur offenen Konfrontation. Ob es um den Unterhalt des Pfarrers ging oder dessen Versuche, strengere moralische Standards durchzusetzen, die Gemeindemitglieder widersetzten sich dem Pfarrer oftmals, weil sie die Position der Kirche als Bedrohung ihrer traditionellen Freiheiten empfanden.

[63] Schornbaum, Leutershausen (wie Anm. 62), S. 22f.; LKAN, Markgräfliches Dekanat Ansbach, Spez. 500, fol. 48–50.
[64] LKAN, Markgräfliches Dekanat Ansbach, Spez. 500, 8.12.1589.
[65] Peters, Teufel (wie Anm. 62), S. 54–56
[66] LKAN, Markgräfliches Dekanat Ansbach, Spez. 500, fol. 58.
[67] LKAN, Markgräfliches Dekanat Ansbach, Spez. 500, 10.11.1589, 8.12.1589.

Sobald der Reformationsprozeß die Gemeinden erreichte, stieß er auf ein festgefügtes System von Bräuchen und Regeln und eine unflexible lokale Herrschaftsstruktur. Beides führte zum Konflikt mit den Intentionen der lutherischen Obrigkeit. Daraus erwuchs ein Machtkampf, bei dem sich meist der Pfarrer und die lokalen Eliten als Kontrahenten gegenüber standen. Jede Pfarrei hatte ihre eigene, einzigartige Geschichte, aber die grundlegende Dynamik blieb mehr oder weniger gleich und der Grund für den Konflikt war klar. Der lutherische Pfarrer stellte eine fundamentale Bedrohung der Freiheiten in der Gemeinde dar. Wie die Visitationsanweisungen für Bayreuth deutlich machen, wurde von jedem Pfarrer ein detaillierter Bericht erwartet, der die Aussagen von allen Beamten und Räten sowohl in den Städten als auch auf dem Land protokollierte und das Verhalten aller Kirchgänger in der Pfarrei erfaßte und bewertete.[68] Vor diesem Hintergrund ist es verständlich, daß die Gemeinden der Ankunft eines lutherischen Pfarrers einigermaßen reserviert gegenüberstanden, weil sie fürchteten, daß er in die lokalen Traditionen von Ordnung und Herrschaft eingreifen würde. Der Kastner von Leutershausen agierte vor genau diesem Hintergrund, als er Johann Eberlin von Günzburg beschimpfte, weil dieser die Ansbacher Obrigkeit in einen lokalen Disput verwickelte.[69] In Hechlingen zog sich Pfarrer Christoph Planck den Zorn der Dorfelite zu, als er versuchte, deren System der erblichen Herrschaft zu unterwandern.[70] Einige der weltlichen Beamten schlossen den Pfarrer einfach von allen Gemeindeaktivitäten aus, um sich selbst vor dessen Einmischung zu schützen. Peter Meckel aus Großhabersdorf beobachtete 1586, daß der Richter Wolf Fürst die Kiste mit den Akten der Kirche an sich genommen und so dem Pfarrer den Zugriff auf die örtlichen Angelegenheiten verunmöglicht hatte.[71] In Weidelbach konnte der Pfarrer Georg Jung die Disziplinarmaßnahmen der lutherischen Kirche nicht umsetzen, weil der lokale Vogt, Michael Schmidt, sich weigerte, die Autorität des Pfarrers anzuerkennen.[72] Jung hatte Schmidts Benehmen an einen höheren Beamten in Dinkelsbühl gemeldet, aber dieser zeigte sich außer Stande, einzugreifen. Jung wandte sich daraufhin an den Amtmann des Markgrafen in Feuchtwangen mit dem Ergebnis, daß Schmidt für dreizehn Tage eingesperrt wurde. Das führte freilich nur zu noch größerer Bitternis, wie Jung feststellen mußte, denn nachdem Schmidt aus dem Gefängnis entlassen war, zeigte er sich noch unkooperativer als zuvor.[73]

Die Ereignisse in der Pfarrei von Ahornberg mögen als letztes Beispiel dafür dienen, wie althergebrachte Herrschaftssysteme die Tätigkeit des lutherischen Klerus behindern konnten. In Ahornberg ernannte der Pfarrer – in Übereinstimmung mit den Erfordernissen der Kirchenordnungen – 1584 einen Schulmeister. Das rief sofort den Zorn der lokalen Elite hervor, sowohl der Dorfelite wie eines benachbarten Kastners, der sogleich einen Beschwerdebrief verfaßte. Wenn irgendetwas mit dem alten Schulmeister nicht gestimmt hätte, schrieb er, hätte sich der Pfarrer mit der lokalen Obrig-

---

[68] LKAN, MSK, 157: Bericht der Spetial Visitation, In der Superintendentz Beÿrreuth A[nn]o 1572, fol. 4 (meine Foliierung).
[69] Schornbaum, Leutershausen (wie Anm. 62), S. 23.
[70] Dixon, Reformation and Rural Society (wie Anm. 47), S. 135–37.
[71] LKAN, Markgräfliches Dekanat Ansbach, Spez. 348, 6.6.1586.
[72] LKAN, Markgräfliches Dekanat Ansbach, spez. 1015, fol. 108–110 (8.4.1580).
[73] LKAN, Markgräfliches Dekanat Ansbach, Spez. 1015, 3.3.1580.

keit beraten müssen. Denn der alte Schulmeister, Hans Fischer, hatte gegenüber dem Rat und, wichtiger, gegenüber dem Kastner selbst den Amtseid geschworen.[74] Als der Streit eskalierte, verfaßte der Superintendent von Hof, Aurelius Streitberger, einen Bericht an den Generalsuperintendenten.[75] Der Kern der Auseinandersetzung wurde nun sichtbar. Hans Fischer, war in dem Bericht zu lesen, war ein fauler, gewalttätiger Mann, dessen Name zuvor mehrmals in den Visitationsberichten aufgetaucht war. In der Tat hatten der Pfarrer und Fischer bereits zuvor bei Streitberger vorgesprochen, und man hatte sich geeinigt, daß Fischer die Pfarrei verlassen würde, während dem Konsistorium ein Kandidat für das vakante Schulamt vorgeschlagen würde.[76] Nachdem das Konsistorium diese Vorgangsweise genehmigt hatte, handelte der Pfarrer keineswegs auf eigene Faust, wie die weltlichen Beamten behaupteten, sondern vielmehr gemäß den Vorgaben des Kulmbacher Konsistoriums. Streitberger bemerkte, daß der Streit in Ahornberg im wesentlichen ein Machtkampf zwischen dem Kastner und der Kirche war. War der Schulmeister den weltlichen oder den kirchlichen Beamten unterstellt? Streitberger widmete dem Problem keine übermäßige Aufmerksamkeit, weil er überzeugt war, daß der Schulmeister ein kirchlicher Beamter war. Nachdem aber so viele lokale Beamte (wie der Kastner von Ahornberg) nach wie vor Einfluß auf die Kirchen, die Kanzeln und die Schulen nahmen, riet er dem Generalsuperintendenten, den Fall zugunsten des Konsistoriums zu entscheiden, damit die Beamten „an den und andern örthen erfahren und lernen mögen, wie weit in sollichen fellen Ihr ambt erstrecket…."[77] Fischer wurde entlassen, und letztendlich platzte auch der Plan des Kastners, „Superattendenten Suffraganeus oder gar Ertzbischoff" zu werden.[78] Die Ereignisse in Ahornberg illustrieren, daß sogar so elementare Entscheidungen wie jene im Bereich des Schulwesens auf erbitterten Widerstand stoßen konnten.

Ein paar abschließende Worte seien noch über den Charakter des politischen Systems gesagt, das gegen die Pfarrer opponierte. Zweifellos beherbergten manche der ländlichen Gemeinden in Ansbach recht ausgefeilte Herrschaftssysteme. Die meisten Gemeinden in Franken waren nach wie vor den lokalen Obrigkeiten (Amtmann, Vogt, Verwalter, Richter, Kastner) unterstellt, aber auf der Ebene der Pfarrei war die Herrschaft, insbesondere in Ansbach, weitgehend in den Händen von Dorfbeamten und -institutionen (Dorfmeister, Vierer, Gemeindeversammlungen). Die ländlichen Gemeinden konnten einen gewissen Grad an Autonomie beanspruchen, und die meisten lokalen Angelegenheiten – von der Pfarrdisziplin über die Dorffinanzen und die örtliche Rechtsprechung bis zur Erhaltung der Kirche – waren den Gemeindebeamten

---

[74] StAB, C2 1858, 30.3.1584.
[75] StAB, C2 1858, 3.4.1584.
[76] StAB, C2 1858, 3.4.1584.
[77] StAB, C2 1858, 3.4.1584.
[78] StAB, C2 1858, 8.4.1584.

anvertraut.⁷⁹ Die Dorfangelegenheiten wurden von den Dorfbewohnern organisiert, weitgehend unbeeinflußt vom Markgrafen und seinen Beamten. Nahezu immer aber, wenn in einer Untersuchung den Details der politischen Opposition nachgegangen wurde, stieß man auf Widerstandsakte der herrschende Elite. Die Mehrheit der Pfarrmitglieder spielte keine Rolle. Abgesehen von allfälligen Auftritten vor einer Kommission waren sie kaum in die Vorgänge involviert. In einigen der oben diskutierten Fälle behaupteten die Pfarrer, daß der politische Widerstand gegen sie in den Händen einer Minderheit lag, die aber für sich beanspruchte, für die gesamte Pfarrei zu sprechen. In Leutershausen beschuldigte Johann Conrad die herrschende Elite, die Lokalpolitik in ihrem Sinne zu manipulieren. Sogar wenn die Pfarrmitglieder befragt wurden, wurden sie gezwungen, die Meinung des Rats zu bestätigen. In Langenzenn wurden die Beschwerdebriefe über den Pfarrer im Namen von „Burgermeister rhate und gantze Gemain" gezeichnet, aber spätere Untersuchungen enthüllten, daß die Mehrheit der Dorfbewohner nicht einmal über das Schreiben informiert war. Das vielleicht eindeutigste Beispiel für diese Art von politischer Intrige findet sich in der Pfarrei von Hechlingen, wo der Pfarrer Christoph Planck sich gegen eine ganze Reihe von Beschwerden über seine vermeintliche Nichteignung für das Amt verteidigen mußte. Die Untersuchung brachte schließlich den Grund für den Widerstand ans Licht und machte insbesondere deutlich, daß er von der herrschenden Elite betrieben wurde, die weiterhin ihre Briefe im Namen der „ganzen gemaindt semblich und einhellig" unterzeichnete. Einmal mehr widersetzte sich eine Pfarrei dem Pfarrer, weil sie das althergebrachte Herrschaftssystem gefährdet sah. Planck verglich es mit einem dynastischen Erbe, das von Vater und Mutter an Tochter und Sohn weitergegeben wurde.⁸⁰ Ein Pfarrer wie Christoph Planck hatte kaum eine Handhabe gegen Widerstand dieser Art.

Schluß

Die Einführung der Reformation in Brandenburg-Ansbach-Kulmbach machte die Pfarrkultur zu einem bis dahin nicht gekannten Gegenstand des Interesses und der Untersuchung. Lokale Gebräuche, Moralvorstellungen und Glaubenshaltungen waren für die Obrigkeit von ungleich größerer Wichtigkeit als jemals zuvor. Und doch besteht trotz der veränderten Herrschaftsintention kein Zweifel, daß der Reformprozeß kaum Einfluß auf das Gemeindeleben hatte. Trotz der verstärkten Überwachung im Sinne des Konfessionalisierungsprozesses erlitten die moralischen Freiheiten der Landbevölkerung nur sehr wenige Einschränkungen. Weder konnten öffentliche Rituale, die unter die Zuständigkeit von sowohl Staat als auch Kirche fielen, aus

---

⁷⁹ Heide Wunder, Die bäuerliche Gemeinde in Deutschland, Göttingen 1986, S. 64–76; Hanns Hubert Hofmann, Bauer und Herrschaft in Franken, in: Günther Franz (Hg.), Deutsches Bauerntum im Mittelalter, Stuttgart 1976, S. 424–464; Karl Siegfried Bader, Dorfgenossenschaft und Dorfgemeinde, Weimar 1962, S. 266–383; Karl-Sigismund Kramer, Volksleben im Fürstentum Ansbach und seinen Nachbargebieten 1500–1800, Würzburg 1961, S. 126–136; Ingomar Bog, Dorfgemeinde Freiheit und Unfreiheit in Franken, Stuttgart 1956, S. 59–65; Karl-Sigismund Kramer, Die Nachbarschaft als bäuerliche Gemeinschaft, München 1954; Heinrich Rauschert, Dorfordnungen in der Markgrafschaft Ansbach, Diss. phil. Erlangen 1952.
⁸⁰ LKAN, MKA spez. 394, fol. 239.

ihren traditionellen Kontexten gelöst werden, noch konnte sich die Reform ihren Weg durch das Dickicht der Dorfbeziehungen bahnen. Das Problem lag im Charakter der lokalen Herrschaft begründet. Örtliche Eliten wie Pfarrbeamte vernachlässigten oft ihre grundlegendsten Pflichten im Hinblick auf Disziplin und Bestrafung, mit dem Ergebnis, daß es dem lutherischen Pfarrer unmöglich wurde, seinen Einfluß auf die lokale Matrix von Disziplin, Bestrafung, Überwachung und Herrschaft geltend zu machen. Sobald die lokale Elite gewahr wurde, daß der Pfarrer eine Bedrohung ihrer traditionellen Freiheiten darstellte, begann sie in vielen Fällen, ihn zu diskreditieren und seine Stellung in der Pfarrei zu schwächen. Konflikte, die aus den Versuchen der Kleriker, strengere disziplinäre Maßstäbe einzuführen, erwuchsen, verwandelten sich rasch in Streitigkeiten zwischen Pfarrer und Pfarrei über grundlegende Rechte. Ein Dialog zwischen den örtlichen Beamten und der im Entstehend begriffenen lutherischen Kirche entspann sich. Dieser Dialog – mit all seinen rhetorischen Strategien – veränderte sich mit der Zeit, und am Ende des Jahrhunderts war die lutherische Kirche mit Verteidigungsstrategien der Dörfer konfrontiert, die im Ton dezidiert lutherisch waren.[81] Das war nur eine Folge unter vielen, die die Verschmelzung von Kirche und Staat im 16. Jahrhundert nach sich zog. Das widerspricht zwar nicht der Idee der Konfessionalisierung, aber es legt nahe, daß der Reformprozeß auf der lokalen Ebene komplexer war, als es ein etatistisches Reformmodell nahelegen würde.

Die Bedeutung eines historischen Paradigmas wie der Konfessionalisierung liegt eher in der Perspektive, die es für Historiker eröffnet, denn in seiner Fähigkeit, ein breites Spektrum historischer Details zu versöhnen. Um Wolfgang Reinhard zu zitieren: „Es ist aber kein Umweg zum Erkenntnisziel, zunächst die allen gemeinsamen Dimensionen des Gesamtprozesses Konfessionalisierung und dessen weitreichende generelle Konsequenzen zu identifizieren, denn nach dieser Operation wissen wir mehr und sind vor allem in der Lage, mehr wissen zu wollen, indem wir ganze neue Fragen an unsere Befunde zu stellen gelernt haben."[82] Historiker der Reformation und der Gegenreformation haben immens von dem Konzept profitiert, aber der Prozeß seiner Umdeutung ist bereits im Gang, und neue Perspektiven setzen die ursprüngliche Idee von verschiedenen Seiten unter Druck.[83] Doch vor allem anderen ist es die

---

[81] Die politische Dynamik und den Sprachgebrauch in lokalen Auseinandersetzungen habe ich diskutiert in C. Scott Dixon, Die religiöse Transformation der Pfarreien im Fürstentum Brandenburg-Ansbach-Kulmbach. Die Reformation aus anthropologischer Sicht, in: Norbert Haag / Sabine Holtz / Wolfgang Zimmermann (Hg.), Ländliche Frömmigkeit. Konfessionskulturen und Lebenswelten 1500–1800, Stuttgart 2002, S. 27–41.

[82] Reinhard, Katholische Konfessionalisierung (wie Anm. 2), S. 436.

[83] Eine Diskussion von rezenten kritischen Stellungnahmen zur Konfessionalisierung findet sich in Heinz Schilling, Die Konfessionalisierung von Kirche, Staat und Gesellschaft – Profil, Leistung, Defizite und Perspektiven eines geschichtswissenschaftlichen Paradigmas, in: Reinhard/Schilling (Hg.), Die katholische Konfessionalisierung (wie Anm. 2), S. 419–52. Kritische Beurteilungen und Rekonzeptualisierungen der Idee bieten u.a.: Walter Ziegler, Altgläubige Territorien im Konfessionalisierungsprozeß, in: Anton Schindling/Walter Ziegler (Hg.), Die Territorien des Reichs im Zeitalter der Reformation und Konfessionalisierung 7, Münster 1997, S. 67–90; Anton Schindling, Konfessionalisierung und Grenzen von Konfessionalisierbarkeit, in: Schindling/Ziegler (Hg.), Die Territorien des Reichs 7, S. 9–44; Heinrich Richard Schmidt, Sozialdisziplinierung? Ein Plädoyer für das Ende des Etatismus in der Konfessionalisierungsforschung, in: Historische Zeitschrift 265, 1997, S. 639–682; Norbert Haag, Zum Verhältnis

Dynamik der Vergangenheit – die individuellen Biographien und die lokalen Geschichten – der die Idee am wenigsten gerecht wird. Die zukünftige Historiographie der Konfessionalisierung wird diese diachronische Dimension zu berücksichtigen haben. Historiker werden Untersuchungen der großen Entwicklungslinien des religiösen Wandels mit den vielfältigen lokalen Geschichten abgleichen müssen. Der Reformationsprozeß ereignete sich auf vielen verschiedenen Ebenen und wurde von Individuen mit verschiedensten persönlichen Interessen getragen oder bekämpft. Es sind diese unterschiedlichen Interessenslagen und Machtkonstellationen, die die elementare Matrix für den Reformprozeß darstellen.[84] In Brandenburg-Ansbach-Kulmbach zeigte sich das deutlich, sobald die Reformation die Ebene der Pfarreien erreicht hatte. Das war der Zeitpunkt, zu dem die Vision der lutherischen Kirche auf die Realität des Lebens im 16. Jahrhundert traf.

von Religion und Politik im konfessionalen Zeitalter – system- und diskurstheoretische Überlegungen am Beispiel der Lutherischen Erneuerung in Württemberg und Hessen, in: Archiv für Reformationsgeschichte 88, 1997, S. 166–198; Rudolf Schlögl, Differenzierung und Integration: Konfessionalisierung im frühneuzeitlichen Gesellschaftssystem. Das Beispiel der habsburgischen Vorlande, in: Archiv für Reformationsgeschichte 91, 2000, S. 238–284; Freitag, Konfliktfelder und Konfliktparteien (wie Anm. 61), S. 165–94.

[84] Siehe ähnliche Beobachtungen bei Freitag, Konfliktfelder und Konfliktparteien (wie Anm. 61), S. 191–193.

Gerhard Philipp Wolf

Johannes Cochlaeus (1479–1552) zwischen Humanismus und Reformation – Zu seinem 450. Todestag

Im Jahre 1980 hat der katholische Reformationshistoriker Remigius Bäumer im Anschluß an die Wiederkehr des 500. Geburtstages von Johannes Cochlaeus eine Würdigung über diesen „bedeutenden und selbstlosen Verteidiger der Kirche im 16. Jahrhundert" mit dem Untertitel „Leben und Werk im Dienst der katholischen Reform" vorgelegt.[1] Er verband mit dieser Veröffentlichung – wie er im Vorwort zur Sprache brachte – die „Dankesschuld [...], die der deutsche Katholizismus Cochlaeus gegenüber abzutragen hat".[2] Daß dieser Dank erst so spät erfolgte, hat im wesentlichen historische Gründe, die mit seiner Einschätzung als Verfechter der Kirche in der Frontstellung zu den reformatorischen Schriften Luthers und anderer Reformatoren zu tun hat. Abgesehen davon, daß erst in neuester Zeit die altgläubigen Theologen als Kontrahenten des Wittenberger Reformators genauer erforscht werden,[3] blieb ihm wie seinen kontroverstheologischen Mitstreitern aus der ersten Hälfte des 16. Jahrhunderts die gebührende Anerkennung durch die römische Kurie verwehrt, erst recht nach dem Durchbruch der katholischen Reform, die unter Papst Paul IV. (1555–1559) einen Bruch mit den Vertretern der katholischen Reform auf erasmisch-humanistischer Grundlage vollzog.[4] Zwei Hauptmotive lassen sich im wesentlichen angeben, warum diesen Theologen die adäquate Beachtung zu ihren Lebzeiten versagt geblieben ist: Zum einen wurde in Rom – ganz abgesehen von den politischen Verstrickungen des Papsttums – die ernsthafte Auseinandersetzung mit Luther und die Abgrenzung gegen die reformatorische Lehre erst im Vorfeld des Trienter Konzils (1545–1563) aufgegriffen, damit der Kampf um den katholischen Glauben und die katholische Lehre nördlich der Alpen unterschätzt. Zum andern waren die vom Humanismus geprägten Kontroverstheologen vom Schicksal ihrer kurialen „Gönner" (Aleander für Cochlaeus) abhängig, die mehr an ihre eigene Karriere am päpstlichen Hof dachten und in innerkuriale Konflikte einbezogen waren, folglich die Schriften

---

Erweiterte Fassung eines Vortrags, den ich am 19. April 2002 auf Einladung der Marktgemeinde Wendelstein und des Heimatvereins Unteres Schwarzachtal e.V. in der dortigen Jegel-Scheune gehalten habe.

[1] Remigius Bäumer, Johannes Cochlaeus (1479–1552) – Leben und Werk im Dienst der katholischen Reform (Katholisches Leben und Kirchenreform im Zeitalter der Glaubensspaltung, künftig: KLK 40), Münster 1980.

[2] Ebd., S. 3.

[3] Hier genügt es, auf die biographischen Beiträge in dem fünfbändigen Werk „Katholische Theologen der Reformationszeit" (KLK 44–48), Münster 1984–1988, hier Bd. 1 (²1991) hinzuweisen. Vgl. dazu auch den instruktiven Aufsatz von Otto Hermann Pesch zu Entwicklungen und Tendenzen in der katholischen Lutherforschung der Gegenwart: „Nun fühlte ich mich neugeboren" – Luthers Weg zur Reformation: Rückblick und ein Urteil aus katholischer Sicht, in: Josef Freitag (Hg.), Luther in Erfurt und die katholische Theologie (Erfurter Theologische Schriften 29), Leipzig 2001, S. 29–58, bes. S. 45f.

[4] Vgl. dazu: Gottfried Maron, Das Schicksal der katholischen Reform im 16. Jahrhundert – Zur Frage nach der Kontinuität in der Kirchengeschichte, in: ders., Die ganze Christenheit auf Erden – Martin Luther und seine ökumenische Bedeutung. Zum 65. Geburtstag des Verfassers, hg. v. Gerhard Müller/Gottfried Seebass, Göttingen 1993, S. 123–135 (Erstabdruck in: Zeitschrift für Kirchengeschichte, künftig: ZKG, 88, 1978, S. 218–229).

der deutschen Theologen eher nach den Kriterien der *bonae litterae* beurteilten als in ihnen „Waffen im erbitterten Kampf um die Gesinnung und das Denken des gemeinen Volkes" sahen.[5] Teilweise mag dabei auch Überheblichkeit gegen die barbarische Kultur der „Nordlichter" eine Rolle gespielt haben.

Außerdem hat die kirchengeschichtliche Forschung nicht erst seit dem ausgehenden 19. Jahrhundert das Cochlaeus-Bild einer Einseitigkeit preisgegeben, die erst seit dem ausgehenden 20. Jahrhundert wieder aufgehoben wird. So fragen wir zunächst in einem forschungsgeschichtlichen Abriß nach den Spuren, die zur Engführung des Cochlaeus-Bildes, aber auch zu dessen Korrektur geführt haben.

1. Zum Cochlaeus-Bild in Geschichte und Forschung (18.–20. Jahrhundert)

Bereits im ausgehenden 17. Jahrhundert scheint Cochlaeus nur als Polemiker gegen Luther bekannt gewesen zu sein. So erwähnt Gottfried Arnold (1666–1714) in seiner den konfessionellen Standpunkt ausblendenden „Unparteyischen Kirchen= und Ketzer-Historie" von 1699 lediglich unter dem Stichwort „Lutheri hefftigkeit", daß der Wittenberger den „Papisten Cochlaeum" nur D. Rotzlöffel genannt habe.[6] In Johann Heinrich Zedlers „Grossem vollständigen Universal Lexicon Aller Wissenschafften und Kuenste" von 1733[7] wird sein Geburtsjahr mit „ums Jahr 1503" angegeben. Neben der falschen Vermutung, Cochlaeus habe es vorgezogen, seinen richtigen Namen „Dobneck" gegen die latinisierte Form seines Heimatortes Wendelstein auszutauschen, wird seine Tätigkeit lediglich auf den Kampf gegen Luther eingegrenzt – kein Wort über seine humanistischen Studien und seine Wirksamkeit als Rektor in Nürnberg. Lapidar heißt es, daß er „sein äusserstes angewandt [hat], die Lehre Lutheri zu hindern".

Das gleiche Votum übernimmt 1750 Christian Gottlieb Jöcher in seinem „Allgemeinen Gelehrten = Lexicon"[8]. Besonderes Gewicht erhalten bei ihm die zahlreich aufgeführten Schriften gegen die Reformatoren (neben Luther Melanchthon, Zwingli, Calvin, Bucer, Osiander und Bullinger), nur kurz wird seine kirchliche Tätigkeit angesprochen, bevor der Verfasser die Polemik des Cochlaeus abschließend charakterisierte: „Er provocirte insgemein seine Adversarios auf eine Disputation, und wollte seinen Kopff zum Pfande setzen, wenn er nicht victorisirte".

Gotthold Ephraim Lessing (1729–1781) kommt im dritten Teil seiner „Schriften" (1754), in denen sich seine Vorliebe für die neologische Strömung innerhalb der deutschen Theologie ablesen läßt, kurz auf Cochlaeus – im Kontext der drei theologi-

---

[5] Diesen Aspekt hat besonders David V.N. Bagchi in seiner Studie: Luther's Earliest Opponents – Catholic Controversialists, 1518–1525, Minneapolis 1991, hervorgehoben, bes. S. 219f.

[6] Gottfri(e)d Arnold, Unparteyische Kirchen= und Ketzer-Historie/von Anfang des Neuen Testaments biß auff das Jahr Christi 1688, Frankfurt am Main 1699, Theil II, B. XVI. C.V., S. 27f.

[7] Johann Heinrich Zedler, Grosses vollständiges Universal Lexicon Aller Wissenschafften und Kuenste 6, Halle/Leipzig 1733, Sp. 546f.

[8] Christian Gottlieb Jöcher, Allgemeines Gelehrten=Lexicon, Darinne die Gelehrten aller Stacnde sowohl maenn= als weiblichen Geschlechts, welche vom Anfange der Welt bis auf ietzige Zeit gelebt, und sich der gelehrten Welt bekannt gemacht, Nach ihrer Geburt, Leben, merckwuerdigen Geschichten, Absterben und Schrifften aus den glaubwuerdigsten Scribenten in alphabetischer Ordnung beschrieben werden. Erster Theil (A – C), Leipzig 1750, Sp. 1985f.

schen „Rettungen" – zu sprechen. Die „Rettung des Cochläus, aber nur in einer Kleinigkeit"⁹ entspricht einem Angriff auf das orthodoxe Luthertum, weil darin der Verabsolutierung Luthers Einhalt geboten wird. Lessing weist nach, daß nicht Cochlaeus, sondern Alfonso Valdès (in dessen Brief an Petrus Martyr vom 31. August 1520) der Urheber der Behauptung war, Luthers Reformation sei aus dem Neid der Augustiner gegen die Dominikaner, mit dem Ablaßhandel betraut worden zu sein, entstanden. Lessing benutzte diese Korrektur zur weitergehenden Aussage, daß Luthers Bedeutung keinen Abbruch erleidet, hätte man ihm Rivalenneid nachweisen können. „Genug, daß durch die Reformation unendlich viel Gutes ist gestiftet worden, welches die Katholiken selbst nicht ganz und gar leugnen [...]. Mag doch also die Reformation den Neid zur Quelle haben; wollte nur Gott, daß jeder Neid ebenso glückliche Folgen hätte!"¹⁰

Um die Mitte des 18. Jahrhunderts kolportierte auch der Philosoph und Polyhistoriker Georg Andreas Will (1727–1798) in seinem „Nürnbergischen Gelehrten-Lexicon"¹¹ das Urteil über den hartnäckigen Polemiker Cochlaeus, schwächt allerdings den Vorwurf ab, daß ihn der Erwerb des theologischen Doktorgrades in Ferrara (1517) zum Hochmut verleitet habe. Immerhin hob er heraus, daß der Wendelsteiner ein „grundgelehrter Mann" in der lateinischen und griechischen Literatur, in Musik, Historie, Geographie und Mathematik sowie ein guter Freund des Erasmus von Rotterdam gewesen sei, „und ist schade, daß er sich so bißig in die Religions = Streitigkeiten gemengt hat, und nicht in der Schule geblieben ist". Außerdem widerlegte Will die Ableitung von Cochlaeus' Namen von dem lateinischen Wort „cochlear".

Sieht man von panegyrischen Glorifzierungen ab, so konnte der humanistisch Gebildete am Ende des 18. Jahrhunderts umfangreiche und ausgewogene Informationen zu Cochlaeus, die in gleicher Weise dessen Tätigkeit als Rektor der Lorenz Schule in Nürnberg und als Kontroverstheologe berücksichtigen, mit Gewinn aus dem Eichstätter Gelehrten-Lexikon entnehmen, das Andreas Straus 1799 herausgab.¹² Der Verfasser unterstreicht vor allem den kontinuierlichen Fleiß des Rektors sowie den besonderen Wert der von ihm verfaßten Schulbücher und seine tiefe Frömmigkeit.¹³ Bei der Entscheidung des Cochlaeus, 1515 die Rektorenstelle zugunsten eines

---

⁹ Die „Rettung des Cochläus" ist nicht in der von Paul Rilla besorgten Gesamtausgabe abgedruckt, sondern nur über die von Boxberger hg. Werke Lessings, Berlin/Stuttgart 1883–1890, Bd. 6, S. 389–405 zugänglich. Vgl. dazu: Monique Samuel-Scheyder, Johannes Cochlaeus – Humaniste et adversaire de Luther (Collection „Germaniques), Nancy 1993, S. 9f. (künftig: Samuel-Scheyder, Cochlaeus).

¹⁰ Zitiert nach Karl Aner, Die Theologie der Lessingzeit, Halle 1929, S. 178f., Anm. 1 (ND Hildesheim 1964).

¹¹ Georg Andreas Will, Nürnbergisches Gelehrten-Lexicon 1, Altdorf 1755, S. 35. Siehe zu Will den Art. von Christine Sauer, in: Michael Diefenbacher/Rudolf Endres (Hg.), Stadtlexikon Nürnberg, Nürnberg 1999, S. 1181f. Vgl. auch: Dietrich Blaufuß, „Jöcher specialis". Das Nürnbergische Gelehrten-Lexikon von Georg Andreas Will 1755–1758, in: Mitteilungen des Vereins für Geschichte der Stadt Nürnberg (künftig: MVGN) 73, 1986, S. 77–93.

¹² Andreas Straus, Viri scripsti, eruditione ac pietate insignes quos Eichstadium vel genuit vel aluit, Eichstätt 1799; zu Cochlaeus ebd., S. 70–84.

¹³ Ebd., S. 71: „Continua studia hoc in munere [sc. als Rektor der Lorenzer Lateinschule] cum pietatis ardore coniungens vix integrum elabi annum passus est, cum diuersa iamiam ad vsum & informationem studiosae iuuentutis, & amicorum suorum gloriam opuscula, de Regulis grammaticalibus, aliis bonis artibus conscripsit, & edidit, indubita certe & sedulitatis, & feruoris testimonia [...]".

Aufenthalts in Italien aufzugeben und als Reisebegleiter der drei Neffen von Willibald Pirckheimer zu fungieren, läßt der Autor offen, ob der berühmte Nürnberger Humanist oder der Verdruß über die Lehrtätigkeit den Ausschlag gegeben hat.[14] Dem beständigen Fleiß und der Ausdauer des Cochlaeus ist es zu verdanken, daß Willibald Pirckheimer nach der Rückkehr des Wendelsteiners aus Italien (1519) die Fulgentius-Ausgabe zu einem guten Ende führen könnte. Sein „eiserner Fleiß" hat auch später zur Veröffentlichung von Werken zur Verteidigung des katholischen Glaubens geführt.[15] Übertrieben nimmt sich dagegen das Schlußurteil über den „Theologus absolutissimus" aus, der seit seiner frühesten Jugend theologische Studien betrieben habe. Richtig, aber undifferenziert ist allerdings die Beobachtung, daß er seine Freunde im Kampf gegen Luther Unterstützung widerfahren ließ.[16] Die im Anhang abgedruckten Briefe von Cochläus aus seiner Eichstätter Zeit illustrieren unter anderem seine Schwierigkeiten mit Druckern seiner Zeit (zum Beispiel Alexander Weyssenhorn) und – wie sein weiterer Briefwechsel offenbaren wird – seinen chronischen Geldmangel im Zusammenhang mit der Drucklegung seiner Schriften.

Aus „Wetzer und Welte's Kirchenlexikon" (1884) erfahren wir das bis heute nicht durch Quellen gesicherte Geburtsdatum von Cochlaeus (10. Januar 1479), demzufolge er 73 Jahre später genau an seinem Geburtstag gestorben wäre.[17] Ansonsten findet Cochlaeus ausgewogen Beachtung als einer der „vorzüglichsten Humanisten seiner Zeit" und als „allezeit schlagfertiger Schriftsteller" (etwa 190 Schriften werden ihm zugeschrieben!), der nach Eck „der bedeutendste Vorkämpfer der katholischen Kirche in Deutschland" gewesen sei.[18] Zu Recht wird daneben Cochlaeus' „Geschichte der Hussiten" von 1549 in ihrem bleibenden Wert herausgehoben, weil er darin inzwischen verloren gegangene Quellen verarbeitet hat[19].

Die Voraussetzungen für eine objektive, den vielseitigen Tätigkeiten des Cochlaeus als Historiker, Pädagoge und Theologe gerecht werdende Einschätzung waren in den letzten Jahrzehnten des 19. Jahrhunderts nicht schlecht, hat doch Carl Otto in sei-

---

[14] Ebd., S. 71: „Interea Cochlaeus vel Pirkheimeri hortatu, vel scholae fastidio satiatus [...], consilium, italiam nempe visitandi, mente sua reuoluebat, tandem illum amplexus est".

[15] Ebd., S. 73: „Edidit ferrea plane diligentia plura opuscula, antiqua Patrum suorum dogmata stabilitentia, omnesque vires conseruandae religioni catholicae consecrauit [...].

[16] Ebd., S. 75 (zum Tod des Cochlaeus): „Ita obiit Theologus absolutissimus, qui cum a prima iuuentute studiis theologicis sese impendisset, semper Luthero aduersabatur, aderatque omnibus, quae in eius causa celebrantur, comitiis [...]. Seine Eichstätter Zeit resümiert der Verfasser folgendermaßen: „[...] sed & hac in vrbe strenuum propugnatorem, intrepidumque catholicae religionis pugilem agere minime cessauit"; ebd., S. 74.

[17] Wetzer und Welte's Kirchenlexikon 3, Freiburg/Br. ²1884, S. 619–622. – Das ungesicherte Geburtsdatum wird bis ins 20. Jh. hinein in den verschiedenen Musiklexika weitertradiert; z.B. Alfred Baumgartner, Propyläen Welt der Musik: die Komponisten – Ein Lexikon in 5 Bänden, Bd. 1, Berlin/Frankfurt am Main 1989, S. 602f. (bearbeitete Ausgabe); Clement A. Miller, Art. Cochlaeus, in: Stanley Sadie (Hg.), The New Grove Dictionary of Music and Musicians 4, London/New York 1980, S. 512 (ND 1995).- Erst in dem neuesten Artikel zu Cochlaeus von Klaus-Jürgen Sachs, in: Ludwig Finscher (Hg.), Die Musik in Geschichte und Gegenwart – Allgemeine Enzyklopädie der Musik, Personenteil 4, Kassel u.a. ²2000, Sp. 1297–1300 wird das genaue Geburtsdatum offen gelassen. – Neuerdings wird als Geburtsdatum wieder der 10. Januar 1479 postuliert; siehe dazu: Udo Sautter, Biographisches Lexikon zur deutschen Geschichte, München 2002, S. 88 (Art. Cochläus).

[18] Wetzer und Welte's Kirchenlexikon 3, S. 621.

[19] Historiae Hussitarum libri XII, Mainz 1549.

ner Veröffentlichung von 1874 Cochlaeus als Humanisten gewürdigt,[20] die auf fundierten Kenntnissen zu seinem ersten Wirkungsbereich als Rektor der Lateinschule von St. Lorenz in Nürnberg basierte. Auf Ottos Vorarbeiten stützte sich kurz vor der Jahrhundertwende der damalige Berliner Privatdozent Martin Spahn, von dessen bis in die neueste Zeit hinein umfangreichster Biographie – „Johannes Cochläus – Ein Lebensbild aus der Zeit der Kirchenspaltung"[21] – die Forschung eine längst fällige Würdigung des Theologen Cochlaeus erwartete. In ihrer Entstehungsphase verdankte diese Veröffentlichung wertvolle Anregungen durch den nachmals berühmt gewordenen Verfasser der Papstgeschichte, Ludwig von Pastor (Ordinarius in Innsbruck).[22] Spahns enttäuschende Arbeit entspricht aber eher einer Charakterstudie als einer theologischen Abhandlung, weil er – wie mehrere Rezensenten unmittelbar nach Veröffentlichung des Buches betonten –, das theologische Werk des Wendelsteiners sträflich vernachlässigt hat. Mit seiner Charakterisierung der Persönlichkeit des Cochlaeus, den er als „kleines, hageres Männlein von unansehnlicher, nicht zur Geltung kommender Gestalt, von raschen Bewegungen und heftigem Gebärdenspiel" einführte,[23] hat er tiefe Schatten auf den Wendelsteiner gelegt. Neben einer Reihe positiver Schilderungen, die letztlich aber nicht ins Gewicht fallen, ergänzt durch eine verdienstvolle Auflistung seiner über 200 Schriften,[24] finden sich zahlreiche widersprüchliche Aussagen über den Theologen. Der Verfasser konstruiert den Verdacht, daß Cochlaeus dem „Kreise der sich immer weiter vom Christentume entfernenden Humanisten" treu geblieben sei, um daraus direkt ableiten zu können, daß „er sich dem theologischen Studium auch nicht aus Beruf und aus Liebe zur Kirche gewidmet" habe, „sondern um sich gleich so vielen deutschen Gelehrten durch den Eintritt in den geistlichen Stand die Anwartschaft auf eine Pfründe zu sichern".[25] In Nürnberg soll Cochlaeus lediglich durch seine Kontakte mit Künstlern religiöse Anregungen erhalten haben, während Erasmus und Willibald Pirckheimer immer stärkere Neigungen zum Unglauben an den Tag gelegt hätten. Mit der Begründung, daß Cochlaeus „keine Seelsorgernatur" gewesen sei, tradiert der Autor das haltlose Vor-

---

[20] Carl Otto, Johannes Cochlaeus der Humanist, Breslau 1874.
[21] Berlin 1898.
[22] Spahn war zunächst Dozent in Bonn, hatte dann (neben dem Protestanten Friedrich Meinecke) eine Geschichtsprofessur in Straßburg inne und geriet in der katholischen Gelehrtenwelt in Mißkredit, als er den „Ultramontanismus im Katholizismus" anprangerte. Siehe dazu: Ludwig Freiherr v. Pastor (1854–1928), Tagebücher – Briefe – Erinnerungen, hg. v. Wilhelm Wühr, Heidelberg 1950, S. 364f., 491. – Ludwig (v.) Pastor ist der Verfasser der in der älteren Forschung maßgebenden Untersuchung „Die kirchlichen Reunionsbestrebungen während der Regierung Karls V., Freiburg i. Br. 1879 (Cochlaeus passim).
[23] Otto, Cochlaeus (wie Anm. 20), S. 1.
[24] Ebd., S. 341–372. Wilbirgis Klaiber verweist in seinem Buch „Katholische Kontroverstheologen und Reformer des 16. Jahrhunderts" (Reformationsgeschichtliche Studien und Texte 116), Münster 1978, S. 68 lediglich auf Spahns Auflistung. Aus jüngster Zeit stehen zur Verfügung: Verzeichnis der im deutschen Sprachbereich erschienenen Drucke des XVI. Jahrhunderts – VD 16, hg. v. der Bayerischen Staatsbibliothek in München in Verbindung mit der Herzog August Bibliothek in Wolfenbüttel, I. Abteilung: Verfasser-Körperschaften-Anonyma 4, Stuttgart 1985; zu Cochlaeus: S. 468–492 [C 4238–C 4428] und das Schriftenverzeichnis (mit Ergänzungen zu Spahn) bei Samuel-Scheyder, Cochlaeus (wie Anm. 9), S. 717–729.
[25] Otto, Cochlaeus (wie Anm. 20), S. 10f.

urteil weiter, er sei lediglich auf Pfründen aus gewesen, um seine gelehrten Studien weiterpflegen zu können. Zu allem Übel wird ihm mangelnde Rednergabe vorgeworfen, die bei ihm nicht einmal den Versuch ergeben habe, „sich auf der Kanzel hervorzuthun", sein Stil habe vielfach seit seinem Romaufenthalt „der schlichten Wahrheit und Innerlichkeit" entbehrt.[26] Spahns Gesamturteil über Cochlaeus läßt wenig Erhellendes erkennen, weil er nicht einmal dem Humanisten Cochlaeus gerecht wird. Seine „für seine Zeit vergebliche Lebensarbeit" habe erst in den folgenden Generationen Früchte getragen, „er hat ihr [sc. der Kirche] Priester herangebildet, Druckereien verschafft, durch seine Commentaria den Groll wider das Luthertum ihr lebendig erhalten und durch seinen Fleiss ihre Hingabe angestachelt. Dennoch starb er in Angst und ohne Hoffnung!"[27] Damit hätte der Kontroverstheologe eigentlich über 30 Jahre gegen seine religiösen Überzeugungen gewirkt und geschrieben!

Im gleichen Jahr 1898 erschien ein längerer Cochlaeus-Artikel in der renommierten „Realencyklopädie für protestantische Theologie und Kirche" aus der Feder des Erlanger Kirchenhistorikers Theodor Kolde (1850–1913).[28] Positiv würdigt er darin die Leistungen des Cochlaeus als Schulmeister an der Lateinschule von St. Lorenz in Nürnberg, rühmende Erwähnung finden die in seiner Zeit „hochgeschätzte[n] Lehrbücher". Daneben unterstreicht er das Zerwürfnis mit Eck anläßlich von dessen Disputation über den Wucher in Bologna, die Cochlaeus als Zuhörer erlebte, die mit einer Reihe von Humanisten (Ulrich Hutten, Crotus Rubeanus) geteilte, während seines Romaufenthalts angeblich geweckte Abneigung gegen die oberflächliche und zügellose italienische Lebensart und die daraufhin erfolgte Hochschätzung des eigenen „von den Wälschen verachtete[n] Vaterland[es]".[29] Kolde teilt auch die Wertschätzung des Historikers Cochlaeus, die sich vor allem an seiner Geschichte der Hussiten ablesen lasse – mit der mißverständlichen Einschränkung, daß ihm „die Leidenschaftslosigkeit des echten Historikers" gefehlt habe. Allerdings habe die „persönliche Eitelkeit" bei ihm keine „geringe Rolle" gespielt.[30] Der Polemiker habe schließlich in ihm die Oberhand gewonnen, im Falle Luthers sei sie darin kulminiert, „durch Herausreißen einzelner Aussprüche aus dem Zusammenhange Luther Widersprüche nachzuweisen und Abscheu und Verachtung gegen den Seelenverderber, Volksverführer und Nonnenschänder zu wecken", wie sein „Siebenköpfiger Luther" (von 1529) zur Genüge darlege. Haß gegen Luther sei die „Triebfeder seiner Historik" gewesen.

---

[26] Ebd., S. 29.- Das gleiche Urteil über Cochlaeus findet sich noch in der sechsten, unveränderten Auflage (in einem Band) der bekannten Darstellung von Joseph Lortz, Die Reformation in Deutschland, 2 Bde., Freiburg/Br. 1939/40; Freiburg ⁶1982, S. 261f. (Bd. 1).: „Er [sc. Cochläus] hatte das theologische Studium nicht aus innerem Beruf gewählt wie Eck, oder etwa aus Liebe zur Kirche. Es ging ihm, wie so vielen, um die Pfründen". Allerdings hält er ihm zugute, daß er eine innere Wandlung vollzogen und als erster bedeutender Humanist, „der sich zur Kirche zurückwendet", gegen Luther aufgetreten sei.
[27] Ebd., S. 329.
[28] Theodor Kolde, Art. Cochläus, in: Albert Hauck (Hg.), Realencyklopädie für protestantische Theologie und Kirche (RE) 4, ³1898, S. 194–200.
[29] Ebd., S. 195.
[30] „Das Streben, die nicht genügend anerkannte Bedeutung der eigenen Person in den Vordergrund zu rücken, ist allenthalben unverkennbar [...], ebd., S. 196.

Bereichert wurde die Forschung durch die Teiledition von Cochlaeus-Briefen, der sich Walter Friedensburg 1898 in mehreren Heften der „Zeitschrift für Kirchengeschichte" angenommen hatte.[31] Zum ersten Mal wird damit deutlich, wie intensiv der Wendelsteiner Kontakt mit anderen Kontroverstheologen seiner Zeit pflegte, mit welchen Problemen er zeit seines Lebens zu kämpfen hatte, wie tief aber auch seine Sorge um die Erhaltung der Kirche war. Leider ist diese verdienstvolle Arbeit ohne Fortsetzung geblieben.

Entscheidende Bedeutung für die Ausrichtung der Cochläus-Forschung kam nach der Jahrhundertwende den Veröffentlichungen von Adolf Herte (1887–1970) zu, der sich zunächst in seiner kirchengeschichtlichen Dissertation von 1915 mit den Quellen zur „Lutherbiographie des Johannes Cochläus" beschäftigte, die 1549 unter dem Titel „Commentaria de actis et scriptis Martini Lutheri Saxonis" in Mainz erschienen war.[32]

1943 legte der gleiche Verfasser sein dreibändiges Werk „Das katholische Lutherbild im Bann der Lutherkommentare des Cochläus" vor.[33] Der Nachweis, daß über Generationen hinweg katholische Theologen von diesem Buch abgeschrieben haben, ohne sich direkt mit den Schriften Luthers auseinanderzusetzen, wurde von evangelischer Seite als atmosphärische Reinigung im konfessionellen Dialog gewertet.[34] Andererseits hat der Kirchenhistoriker Hubert Jedin mit Recht die Einseitigkeit Hertes herausgestellt und darauf hingewiesen, „daß das katholische Lutherbild in den Jahrhunderten des Konfessionalismus durchaus nicht so stereotyp gewesen ist", wie der Autor vorgab.[35] Mit dieser akribischen Arbeit hat Herte ungewollt dazu beigetragen, daß in der Folgezeit das Interesse an Cochlaeus (vor allem bei protestantischen Kirchenhistorikern) einseitig dem Bann des Luthergegners verhaftet blieb.

Dem Breslauer Kirchenhistoriker Hubert Jedin ist es zu verdanken, daß er 1931 mit einem kurzen Lebensbild den Theologen Cochlaeus von einer Reihe übertriebener Vorurteile befreite und somit den Grundstein zu einer objektiveren Sicht legte.[36] Nach ihm vereinigte Cochlaeus in sich zwei „Bildungsströme" – die scholastisch-theologische Bildung des Spätmittelalters und den Humanismus, ohne dabei genauere Zusammenhänge entdecken zu können. Mit Recht unterstreicht er, daß man von einem „Gesinnungswandel" des Cochlaeus während seines Romaufenthaltes, schon

---

[31] Siehe dazu unten Abschnitt 5.

[32] Adolf Herte, Die Lutherbiographie des Johannes Cochläus – Eine quellenkritische Untersuchung, Münster 1915.- Die „Commentaria" wurden 1565 in einer zweiten Auflage in Paris und in dritter Auflage in Köln gedruckt. Die von Cochlaeus offensichtlich geplante Übertragung ins Deutsche scheint nicht verwirklicht worden zu sein.

[33] Adolf Herte, Das katholische Lutherbild im Bann der Lutherkommentare des Cochläus, 3 Bde., Münster 1943.

[34] Siehe dazu (neben vielen anderen Forschungsberichten) Gottfried Maron, Das katholische Lutherbild der Gegenwart (Bensheimer Hefte 58), Göttingen 1982, S. 17f.

[35] Hubert Jedin, Wandlungen des Lutherbildes in der katholischen Kirchengeschichtsschreibung, in: Karl Forster (Hg.), Wandlungen des Lutherbildes (Studien und Berichte der katholischen Akademie in Bayern 36), Würzburg o.J. [1966], S. 77–101, Zitat: S. 85.- Zu Hubert Jedin siehe jetzt: Heribert Smolinsky (Hg.), Die Erforschung der Kirchengeschichte – Leben, Werk und Bedeutung von Hubert Jedin (1900–1980) (KLK 61), Münster 2001.

[36] Hubert Jedin, Johannes Cochlaeus, in: Schlesische Lebensbilder 4, 1931, S. 18–28.

gar nicht von einer religiösen Krise sprechen könne, weil die Quellen dazu keine Anhaltspunkte hergeben. Die letzten seelischen Triebfedern zur Frontstellung gegen Luther können bei Cochlaeus – nach Jedin – nicht zweifelsfrei ergründet werden, Eitelkeit, Großmannssucht oder die Hoffnung auf reiche Pfründe sind bei ihm aber niemals bestimmende oder gar einzige Motive seiner Entscheidung gegen den Reformator gewesen, wie der Verfasser überzeugend hervorhebt.[37] Nach Jedin haftet an Cochlaeus eine gewisse Tragik, weil die Kurie wie die Nuntien seine Dienste in Anspruch genommen haben, „ohne doch wirklich seine Sache zu der ihrigen zu machen".

Im Bild von Dürers „Hieronymus im Gehäuse" verdichtet der Kirchenhistoriker letztlich die Gesamtcharakteristik von Cochlaeus, der als Gelehrter und Schulmeister volle Anerkennung gefunden hätte, wäre er dabei geblieben. Entsprechende Einschränkung erlebt das Urteil über den theologischen Publizisten, dem „das Charisma hinreißender Überzeugungskraft" gefehlt habe. So siedelt er den Wendelsteiner auch nur an der „Wende zur katholischen Reformation" an, der er eigentlich nicht angehört habe, wobei ebenso Erwähnung findet, daß Papst Paul IV. und Sotomayor fünf seiner Schriften auf ihre Indices gesetzt haben. Positiv läßt Jedin jedoch gelten, daß er mit der Unterstützung von zeitgenössischen Druckern entscheidender „Förderer der katholischen Publizistik" im 16. Jahrhundert gewesen ist.

Schwankend zwischen dem unermüdlichen arbeitenden Humanisten sowie dem glücklosen Kontroverstheologen, teilweise geprägt von der Wiederholung älterer Meinungen, bleiben auch die Charakteristiken über Cochlaeus in den wichtigsten theologischen Enzyklopädien des 20. Jahrhunderts. So wird ihm in der ersten Auflage des „Lexikons für Theologie und Kirche"[38] bescheinigt, daß seiner rastlosen Schaffenskraft der entsprechende Erfolg versagt geblieben sei, und den „stille[n] Schulmeister" nicht „innere Neigung, sondern äußere Umstände" zum theologischen Kämpfer gemacht haben. Seinem Wissen habe es an Tiefe gefehlt, seine Darstellung sei mehr rhetorisch als sachlich gewesen. Seine Mißerfolge hätten ihn mit der Zeit verbittert, obwohl er bei der Kurie wie auch im katholischen In- und Ausland höchstes Ansehen genossen habe. Der völlig integere, „wahrheitsliebende und stets opferbereite Priester" habe sein Leben der Verteidigung der Kirche geweiht.

In der zweiten Auflage des „Lexikons für Theologie und Kirche" macht Remigius Bäumer zwar den großen Einfluß von Cochlaeus' Schriften geltend, er spricht ihm jedoch die Qualitäten eines überragenden Theologen ab.[39] In einem weiteren biographischen Abriß geht der gleiche Verfasser vor allem auf die kontroverstheologische

---

[37] Mit dem Vorwurf der Geldgier waren im 16. Jahrhundert auch lutherische Theologen konfrontiert. So wurde in dem lateinischen Schmähgedicht „Speculum Andreae Osiandri predicatoris Norimbergensi" (1544) behauptet, Osiander habe dem Nürnberger Rat ein überhöhtes Gehalt von jährlich 375 Gulden abgetrotzt. Der tief getroffene Theologe wehrte sich daraufhin in seiner Apologie („Apologia Andreae Osiandri") mit dem Hinweis, daß katholische Theologen (allen voran Eck) weit mehr Pfründengelder einstrichen. Cochlaeus beziehe seit 1537 ein Jahresgehalt von 100 Gulden aus der Würzburger Propstei, habe seit 1539 die Domherrenwürde in Breslau und seit 1543 ein Kanonikat in Eichstätt inne. Siehe dazu: Andreas Osiander d. Ä. – Gesamtausgabe der Schriften und Briefe (künftig: OGA) 8: Schriften und Briefe April 1543 bis Ende 1548, hg. v. Gerhard Müller/Gottfried Seebass, Gütersloh 1990, S. 293, Anm. 33.

[38] Adolf Herte, Art. Cochläus, in: LThK 2, hg. v. Michael Buchberger, Freiburg/Br. 1931, S. 998f.

[39] Remigius Bäumer, Art. Cochlaeus (Dobeneck), in: LThK 2, ²1958, Sp. 1243f.

Methode von Cochlaeus näher ein, dessen Ziel es gewesen sei, Widersprüche in Luthers Denken und seinen Schriften nachzuweisen und in den gegen Melanchthon gerichteten „Philippica" Verschleierung der lutherischen Irrtümer aufzudecken. Angesichts der „Sprache und der Kampfesweise Luthers" konnte man von Cochlaeus kein objektives Lutherbild erwarten. Enthält sich der Autor, Cochläus als Theologen näher zu qualifizieren, so hält er ihm reichlich unscharf zugute, daß er sich zu einem „lebendigen Christentum" durchgerungen und durch ein tugendhaftes Leben versucht habe, die Verirrten zur Einheit der Kirche zurückzuführen. Letztlich sei er in der Hoffnung gestorben, daß das Trienter Konzil die religiöse Einheit wieder herbeiführen werde.[40]

Noch weniger Originalität räumt Remigius Bäumer dem Wendelsteiner im Artikel der dritten Auflage des Lexikon für Theologie und Kirche ein:[41] in einer Reihe dogmatischer Anschauungen könne er als „repräsentativer Zeuge für die Ansichten der vortridentinischen Theologie des 16. Jh." bezeichnet werden.[42]

Eine beachtliche Aufwertung erfährt der Humanist Cochlaeus, mit einer differenzierten Einschätzung seiner musikgeschichtlichen Bedeutung, in dem Beitrag von Heinrich Grimm in dem Lexikon „Neue Deutsche Biographie".[43] Nach dem Autor entwickelte sich Cochlaeus unter dem Einfluß Willibald Pirckheimers zu einem „entschiedenen Exponenten des Humanismus Nürnberger Prägung". Seine Tätigkeit als historischer Forscher während seines Italienaufenthaltes findet große Beachtung, vor allem seine Bemühungen um altlangobardische Handschriften und um die Herausgabe von Schriften über die Goten und Theoderich den Großen. Er habe damals als „ausgesprochener Humanist" gegolten, der zum engen Kreis der Reuchlinisten gehörte und eine bewußt nationaldeutsche Einstellung an den Tag gelegt hat. Dagegen fällt der von persönlicher Schmähsucht und Oberflächlichkeit geprägte Kontroverstheologe ab, so daß selbst Rom im Hinblick auf seine „eilends und massenhaft produzierten ‚Flugschriften'" auf Distanz ging. Mit seiner „hölzernen Schreibart" konnte er kaum auf das Volk einwirken, so daß auch die Wirkung seiner Polemik relativ gering gewesen sei – abgesehen von seinen „Commentaria".[44]

Wie unsicher die Beurteilung zwischen dem Humanisten und dem Theologen Cochlaeus bis in die jüngste Zeit ausfallen konnte, können zwei biographische Artikel verdeutlichen: Ohne genauere Nachweise stellt das „Biographisch-Bibliographische Kirchenlexikon"[45] Cochlaeus als Persönlichkeit vor, die sich „aus einem huma-

---

[40] Remigius Bäumer, Johannes Cochlaeus, in: Erwin Iserloh (Hg.), Katholische Theologen der Reformationszeit 1 (KLK 44), Münster 1984, S. 73–81.

[41] Remigius Bäumer, Art. Cochlaeus, in: LThK 2, Freiburg/Br. u.a. ³1994, Sp. 1239f.

[42] Ähnlich: Christoph Burger, Art. Cochlaeus, in: Religion in Geschichte und Gegenwart (RGG) 2, Tübingen ⁴1999, Sp. 409. – In der Forschung hat sich die summarische Zusammenfassung der katholischen Theologen aus der ersten Hälfte des 16. Jahrhunderts unter der Kategorie „vortridentinisch" seit dem bekannten Werk von Hugo Laemmer eingebürgert: Die vortridentinisch-katholische Theologie im Reformations-Zeitalter, Berlin 1858 (ND Frankfurt/M. 1966).

[43] Heinrich Grimm, Art. Cochlaeus, in: Neue Deutsche Biographie (NDB) 3, hg. v. der Historischen Kommission bei der Bayerischen Akademie der Wissenschaften, Berlin 1957 (ND 1971), S. 304–306, Zitate S. 304f.

[44] Alle Zitate ebd.

[45] Art. Cochläus, in: Biographisch-Bibliographisches Kirchenlexikon (künftig: BBKL) 1, hg. v. Friedrich Wilhelm Bautz, Hamm 1976, Sp. 1072–1074 (ohne Angabe des Verfassers).

nistisch gesinnten Theologen zu einem entschiedenen Gegner der Reformation" entwickelt habe.[46] Der Kieler Kirchenhistoriker Johannes Schilling erkennt in seinem Beitrag[47] eher den Humanisten und Philologen Cochlaeus, während der Theologe den Rang eines Johannes Eck niemals erreichen konnte.

Nicht unerwähnt kann bleiben, daß der Kirchenhistoriker Erwin Iserloh in seinem großen Beitrag zum vierten Band des von Hubert Jedin herausgegebenen „Handbuchs der Kirchengeschichte"[48] Cochlaeus (neben Emser, Schatzgeyer, Fabri oder Nausea) unter die Verteidiger der Kirche einreihte, die als Humanisten (Literaten, Männer der Schule oder praktische Seelsorger) keine Theologen gewesen sind.[49] Er war zu sehr Humanist, um als Volksschriftsteller zu gelten und habe seine Schriften mit zuviel Gelehrsamkeit überfrachtet.

Der bisherige rasche Durchgang durch die Cochlaeus-Literatur läßt drei unbefriedigende Ergebnisse aufscheinen, die – auch unabhängig von einem betont konfessionellen Standpunkt – die Einschätzung des Wendelsteiners begleiten: 1. Der Humanist und der Kontroverstheologe Cochläus werden unausgewogen und einseitig gegeneinander gestellt oder akzentuiert. Die ungenaue Differenzierung zu den von Cochlaeus aufgenommenen humanistischen Traditionen führt nebenbei zur „konstruierten" Annahme einer „Konversion" des Wendelsteiners zur Kirche. 2. Die kirchengeschichtliche Forschung beurteilt ihn reichlich vorschnell im Hinblick auf die dem Tridentiner Konzil zuarbeitenden Vorleistungen. Unter dieser Prämisse kann dann leicht seine sekundäre Bedeutung als Kontroverstheologe einfließen. 3. Der Theologe Cochlaeus ist in seiner Eigenart und Singularität noch kaum ins Blickfeld der Forschung geraten.

Nachdem sich wenigstens ansatzweise jüngere Kirchenhistoriker um die Profilierung des Theologen Cochlaeus gekümmert haben, wie in Abschnitt 4 näher dargelegt werden soll, legte Franz Machilek 1978 in den „Fränkischen Lebensbildern" – fast 50 Jahre nach Hubert Jedins Aufsatz – eine sorgfältig dokumentierte und ausgewogene biographische Skizze vor, die vor allem den Humanisten wieder in den Vordergrund rückt und ihren besonderen Wert in den Ausführungen zum Cochlaeus während seiner Nürnberger Zeit hat.[50] Der Verfasser stellt vor allem die Beziehungen des Cochlaeus zum Freundeskreis von Willibald Pirckheimer heraus (Benedikt Chelidonius von St. Egidien und auch Albrecht Dürer) und würdigt seine beachtlichen Elementarbücher als Rektor der Lorenzer Lateinschule. Anschließend verfolgt er seine historischen und exegetischen Studien während seines Italienaufenthaltes (1515–1519), wo er unter anderem die Schrift des italienischen Humanisten Lorenzo Valla gegen die

---

[46] Ebd., Sp. 1073.
[47] Johannes Schilling, Art. Cochläus, in: Deutsche Biographische Enzyklopädie 2, hg. v. Walther Killy, München 1999, S. 349.
[48] Erwin Iserloh, Die protestantische Reformation, in: Hubert Jedin (Hg.), Handbuch der Kirchengeschichte IV: Reformation – Katholische Reform und Gegenreformation, Freiburg/Br. u.a. 1967, S. 3–446; bes. 16. Kapitel: Die katholischen literarischen Gegner Luthers und der Reformation, S. 197–216.
[49] Ebd., S. 203; zu Cochlaeus noch pointierter: „Er war kein Theologe und ist nie einer von Bedeutung geworden" (ebd., S. 206).
[50] Franz Machilek, Johannes Cochlaeus, in: Fränkische Lebensbilder – Neue Folge der Lebensläufe aus Franken 8, hg.v. Gerhard Pfeiffer/Alfred Wendehorst (Veröffentlichungen der Gesellschaft für fränkische Geschichte VIIa/8), Neustadt/Aisch 1978, S. 51–69.

Echtheit der sog. „Konstantinischen Schenkung" wiederentdeckt und an Ulrich von Hutten weitergegeben hat. Nach der anfänglichen Begeisterung für Luther im Umkreis von Willibald Pirckheimer manifestierte sich um die Jahreswende 1520/21 (im Anschluß an Luthers programmatische Schriften) die Abkehr des Cochlaeus vom Wittenberger Reformator. Positiv charakterisiert er das Eingreifen des Humanisten in der Auseinandersetzung mit dem „neuen Glauben" als ein Opfer, das er um des Glaubens willen auf sich genommen habe. Die Tragik des Cochlaeus sieht der Autor vor allem darin, daß er in seinen literarischen Bemühungen mit gehörigen Schwierigkeiten bei der Drucklegung seiner Schriften, noch mehr aber durch die Teilnahmslosigkeit der deutschen Bischöfe gegenüber der Ausbreitung der reformatorischen Lehre hatte. „Die seit Spahns Biographie von verschiedenen neueren Autoren mehr oder minder geübte Abwertung der theologischen Leistung des Cochlaeus wird seinem Werk und der damaligen Situation der Theologie auf katholischer Seite nur zum Teil gerecht".[51]

Die bisher beachtlichste und umfangreichste Veröffentlichung zu Cochlaeus hat 1993 die Germanistin Monique Samuel-Scheyder mit ihrer (bereits 1989) an der Universität Nancy verteidigten Habilitationsschrift unter dem Titel „Johannes Cochlaeus – Humaniste et adversaire de Luther" vorgelegt.[52] Auf 770 Seiten hat sie die Gewichte neu verteilt und damit richtungweisend die lange Zeit verschütteten Facetten von Wirken und Leben des Cochlaeus deutlich herausgearbeitet. Zu Recht stellt die Verfasserin einleitend fest, daß weder das pädagogische Werk von Cochlaeus bis jetzt eine Gesamtwürdigung erfahren hat noch die Argumentationsformen des Humanisten in seinem Kampf gegen Luther gebührend zur Kenntnis genommen worden sind. Von dieser Grundthese aus, daß Cochlaeus zeit seines Lebens auch als Theologe Humanist geblieben ist,[53] sucht die Arbeit von Samuel-Scheyder in ideen- und mentalitätsgeschichtlicher Perspektive Cochlaeus im Konfliktfeld von Humanismus und Reformation auf und fragt nach seiner persönlichen Lösung in diesem Konfliktfeld. Das intellektuelle und religiöse Umfeld wird detailliert beleuchtet (damit die Quellen, die zur Originalität und Einzigartigkeit von Cochlaeus' Denken führen), die – etwas unscharf formuliert – in der Tatsache bestehen, „daß sie ihren Endpunkt eben nicht in der lutherischen Reformation findet".[54] Als eine Art Leitthese verfolgt die Autorin den Nachweis, daß der Kampf des Cochlaeus gegen Luther die Kontinuität seiner geistigen, philosophischen und religiösen Entwicklung widerspiegelt und in der „Konformität mit seinen ursprünglichen Überzeugungen geführt" wurde.

Entsprechend diesem Forschungsansatz gliedert sich dieses Werk in folgende Teile: Nach einem soliden Forschungsbericht stellt die Verfasserin Cochlaeus in einer umfangreichen biographischen Skizze vor – unterstützt durch einen nahezu erschöp-

---

[51] Ebd., S. 59.
[52] Coll. „Germaniques" (vgl. Anm. 9).- Eine deutsche Übersetzung ist in Planung (freundliche Mitteilung der Autorin vom 27. April 2002).
[53] Samuel-Scheyder, Cochlaeus (wie Anm. 9), S. 12: „L'humaniste qu'il a été à part entière jusqu'à l'âge de quarante ans et qu'il est toujours resté d'une certaine manière, même comme théologien, est tombé dans l'oubli".
[54] Ebd., S. 12f.: [...] le présent travail étend son champ d'investigation à l'environnement intellectuel et religieux qui a contribué à forger ce mode de pensée, dont l'originalité et l'exemplarité résident dans le fait qu'il ne trouve pas son accomplissement dans la Réforme luthérienne".

fenden Anmerkungsteil, um dann in einem großen II. Teil (von über 200 Seiten!) den Humanisten Cochlaeus ausgiebig zu Wort kommen zu lassen. Der III. Teil beschäftigt sich mit dem „religiösen Umfeld" von Cochlaeus (S. 273–256), bevor im IV. Teil die Auseinandersetzung mit Luther im Rahmen der Ekklesiologie und Anthropologie des Cochlaeus nachgezeichnet wird (S. 357–447). Im abschließenden V. Teil versucht die Verfasserin, ihre Ausgangsthese mit der Vergegenwärtigung der „humanistischen Argumente im Dienst der antilutherischen Kontroverse" (S. 449–556) zu erhärten. Nach einem Epilog (S. 557–573) und einer knappen Schlußbetrachtung (S. 575–591) beschließt ein umfangreicher Anmerkungsteil (S. 593–712) und eine fast erschöpfende Bibliographie (S. 717–749) diese für die Forschung äußerst anregende Veröffentlichung.

2. Die Vita des Cochlaeus

Als jüngster Sohn (von vier Kindern) von Kunz und Kunigunde Dobeneck wurde Johannes Cochlaeus 1479 zu Raubersried bei Wendelstein geboren.[55] Der Vater arbeitete nach 1450 als Meister in einem Steinbruch auf dem Kornberg und versah noch 1478 das Amt eines Dorfpflegers im Heimatort des Humanisten.[56]

Wie kam Cochlaeus zu seinem Namen? In einem aufschlußreichen Brief vom 13. März 1529 an Erasmus von Rotterdam gibt er darüber Auskunft:[57] Nach dem Hinweis auf die richtige Schreibweise seines Namens (Cochlaeus) gibt er zu erkennen, daß ihm – wegen der Affinität zu seinem Heimatort – der Beiname *Wendelstinus* lieber gewesen wäre, er wisse aber nicht, wie er den seit seiner Kölner Studienzeit eingebürgerten Namen abändern könne, der ihm (in leicht gewollter latinisierter Form) von dem Dichter Remaclus beigelegt und von „cochlea" (Schnecke, Wendeltreppe) abgeleitet worden sei.

Sein späterer Hauptkontrahent Martin Luther griff in polemischer Absicht zum nächstliegenden Wort im lateinischen Wörterbuch: „cochlear" in der Bedeutung

---

[55] Diese biographische Skizze orientiert sich im wesentlichen an dem zuverlässigen Beitrag von Franz Machilek, Cochlaeus (wie Anm. 50). An einigen Stationen seines Lebens werden Ergebnisse neuerer Forschungsarbeiten eingearbeitet.

[56] Offensichtlich sind die Dob(e)neck aus dem Vogtland in den Wendelsteiner Gerichtsbezirk eingewandert. Als Stammvater des Geschlechts der Dobeneck ist 1350 ein Heinrich „Tobnegk von Redwizzreut=Raubersried" bezeugt. Zu den genaueren genealogischen Verhältnissen siehe: Heinrich Schlüpfinger, Wendelstein – Geschichte eines Marktes mit altem Gewerbe und moderner Industrie, Nürnberg 1970, S. 184–190, bes. S. 184–186.

[57] Allen, Opus Epistolarum Des. Erasmi Roterodami, denvo recognitvm et avctum VIII (1529–1530), hg. v. P.S. Allen/H.M. Allen, Oxford 1934, S. 81–85 (Brief Nr. 2120: Dresden, 13. März 1529). Nach dem Tod von Emser (im Jahre 1528) hat Cochlaeus als dessen Nachfolger die Stelle eines Hofpredigers bei Herzog Georg von Sachsen angetreten. In diesem Brief (S. 83, Z. 79–88) schreibt er: „Caeterum quod plaerumque scribis nomen meum *Cochleius*, suspicor erratum esse in orthographia, dum scribo *Cochlaeus*. Et certe nomen hoc non amo: neque tamen video quomodo mutare queam. Inditum est mihi Coloniae olim a Remaclo poeta, quem tibi notum esse arbitror. Harrisius autem Anglus vocabat me Wendelstinum: quod gratius esset, nam patria mea prope Nurenbergam vocatur Wendelstin, hoc est cochlca. [...] Alioqui nulla mihi de nomine cura est, nisi eo quod in Libro vitae scribitur". (Anspielung auf Lk. 10, 20/Offb. 3,5). – Zum Briefwechsel zwischen Erasmus und Cochlaeus vgl. Ilse Guenther, Johannes Cochlaeus of Wendelstein, in: Peter G. Bietenholz (Hg.), Contemporaries of Erasmus – A Biographical Register of the Renaissance and Reformation 1, Toronto u.a. 1985, S. 321f.

„Löffel". Damit bereitete er reichlich hinterhältig die bei ihm vor allem in der Schrift „Von den Conciliis und Kirchen" aus dem Jahre 1539 verwendete Apostrophierung von Cochlaeus als „Dr. Rotzleffel" vor.[58] Auch der Nürnberger Reformator Andreas Osiander (1496–1552) bediente sich dieser Verunglimpfung durch Luther in seiner Satire „Von den Spöttern des Wortes Gottes" (1545). Er zieht darin gegen die altgläubigen Luthergegner zu Feld, nach denen das Lutherlied „Es ist das Heil uns kommen her" nicht mit „aus lauter Gnad und Güte", sondern „aus lauter guten Werken" weitergesungen werden müßte. „Und dieser art sein auch fast alle die drectetlein [Traktätlein], die doctor Geckschmid [=Eck], Rotzlöffel [=Cochlaeus] und irsgleichen wider das euangelion gegeifert haben und noch geifern".[59]

Über die Jugendzeit von Cochlaeus sind wir nur unzureichend unterrichtet. Sicher ist, daß er von seinem in den niederbayerischen Pfarreien Pfarrkirchen und Landau wirkenden Onkel Johann Hirspeck in die wissenschaftlichen Elementarkenntnisse eingeführt worden ist. Erst als 25jähriger (1504) war Cochlaeus in der Artistenfakultät der Kölner Universität eingeschrieben, die damals neben Paris und Löwen zu den Hochburgen des scholastischen Denkens zählte und auch unter dem Einfluß des Humanismus stand. Der Student erhielt einen Platz in der ältesten der Kölner Bursen, der angesehenen „Bursa Montis". Prägend für seine Ausbildung war die dort gelehrte Interpretation des Aristoteles nach der Lehre des Thomas von Aquin. Bereits 1505 war er Baccalaureus, zwei Jahre später Magister Artium, 1509 gehörte er dem Professorenkollegium der Kölner Universität an.

Bereits im Frühjahr 1509 bemühte sich Cochlaeus um eine (noch nicht freie) Stelle als Lehrer an einer der beiden Nürnberger Lateinschulen an St. Sebald oder St. Lorenz. Sein besonderer Förderer war Dr. Anton Kreß (1478–1513), der seit 1504 Propst an St. Lorenz gewesen ist und in dieser Zeit seine volle Aufmerksamkeit der Reform des Schulwesens gewidmet hat. Auf seine und Willibald Pirckheimers Bemühungen hin hat der Rat der Stadt Nürnberg 1509 an den beiden Lateinschulen St. Sebald und St. Lorenz besondere Kurse für die „neue compilirte Grammatica und Poësie oder arte oratoria" eingeführt, die das lebhafte Interesse von Cochlaeus gefunden haben. Dafür sollte jedem Schulmeister der jährliche Sold um 20 Gulden auf ein Jahr aufgebessert und Willibald Pirckheimer anfänglich als Visitator der beiden Schulen bestellt werden. Nachdem Johann Rumpfer als damaliger Rektor die Absicht bekundete, sich nach einer anderen Lebensstellung umzusehen, brachte der Sekretär des Propstes (Georg Hallstadt) den in Köln weilenden Cochlaeus als möglichen Nachfolger ins Spiel. Mehr als die Zusicherung, daß sich der Propst intensiv für Cochlaeus einsetzen werde, war zunächst jedoch nicht zu erreichen. In dieser Ungewißheit wandte er sich reichlich selbstbewußt an den Propst. Er wolle wissen, woran er sei, damit er nicht andere günstige Gelegenheiten zu einer Anstellung ungenützt

---

[58] Weimarer Luther-Ausgabe (künftig: WA) 50, 630, 10; auch: WA 38, 141, 7 u.ö.
[59] OGA (wie Anm. 37) 8, 409, 10–14, Anm. 275. An anderer Stelle (OGA 7, 1988, 99, 4) bezeichnet er Cochlaeus als „eselsophist".

vorüber gehen lasse.⁶⁰ In einem weiteren Brief an Kreß ließ er jedoch keinen Zweifel daran, daß er – trotz der Aussicht auf andere Stellenangebote – am liebsten nach Nürnberg komme, wohl vor allem auch zur intensiveren Kontaktpflege mit den Vertretern des Nürnberger Humanismus. Als Hauptbegründung gibt er allerdings die Sorge um seine inzwischen verwitwete Mutter an.⁶¹ Von seiner Seite her stand vor einem raschen Umzug nach Nürnberg noch die Frage nach dem Abschluß des theologischen Bakkalaureats im Raum, der ihm an der Kölner Fakultät empfohlen worden ist. Obwohl darüber im Briefwechsel keine weiteren Nachrichten auffindbar sind, hat Cochlaeus dort die wesentlichen Grundlagen für die später während seines Aufenthaltes in Ferrara in relativ kurzer Zeit erfolgte Promotion zum Doktor der Theologie (1517) gelegt. Am 7. März 1510 konnte ihm Anton Kreß mitteilen, daß ihn der Rat der Stadt Nürnberg auf seine energische Fürsprache (gegen mehrere Mitbewerber und trotz versuchter Intrigen) zum Rektor der Lateinschule an St. Lorenz ernannt habe. Sein Gehalt wurde auf 100 Gulden rheinisch (einschließlich der Zulage für den Unterricht in humanistischen Fächern) festgesetzt. Kreß empfiehlt ihm auch, zur Abfassung seines Schreibens an den Rat der Stadt, das eine Art „Visitenkarte" darstelle, einen im Kanzleistil bewanderten Skribenten zu Rate zu ziehen und ihm vorher sein Antwortschreiben vorzulegen.⁶² In seinem letzten Schreiben an Kreß macht Cochlaeus unmißverständlich klar, daß ihn die Höhe des Verdienstes weniger verlockt als die Aussicht, seiner Mutter von Nürnberg aus zu Diensten sein zu können. Er werde mit allen Kräften und Ernsthaftigkeit die Rektorenstelle mit dem Ziel antreten, das große Entgegenkommen des Propstes nicht zu enttäuschen und den Machenschaften der Intriganten nicht den geringsten Vorwand zu liefern.⁶³

---

⁶⁰ Die Briefe des Cochlaeus an den Propst sind aus dessen Nachlaß in das Kressische Familienarchiv gelangt, deren Edition Georg Freiherr v. Kress besorgte; siehe dessen Aufsatz: Die Berufung des Johannes Cochläus an die Schule bei St. Lorenz in Nürnberg im Jahre 1510, in: MVGN 7, 1888, S. 19–38. Cochlaeus schrieb in seinem Brief vom 6. Juni 1509 an Anton Kreß: „At si frustra speraturus essem, rogo dominationem vestram, ut manifestetur id praesentium labori litterarum, qui mihi sine mora diem significet, ne posthac ullam conditionem honestam mihi oblatum recusem [...]. Atvero apud vos cupio esse imprimis ac perquam maxime, si fieri queat, sive in ecclesia vestra sive sancti Sebaldi [...]. – Cochlaeus unterschrieb mit „Joannes Wendelstein", in seiner Antwort auf die definitive Bestellung durch den Rat der Stadt Nürnberg (18. März 1510) mit „Johann Dobeneck von Wendelstein", ebd. S. 27/38.

⁶¹ Brief vom 23. September 1509 an Kreß, ebd., S. 29f.: „Cupiunt nonnulli amicorum in Misnia pro me invigilare, apud quos ego ipse scolam vestram praefero magisque desidero, eam ob causam praecibue, ut matri meae anui jam ac viduae omnino desertae commodius benefacere possim. Nec profecto hinc discedere conatus fuissem unquam, nisi pietas illa (quam parenti debeo) me id hortaretur attentare". Die Sorge um seine betagte Mutter begleitete ihn noch in den 20er Jahren des 16. Jahrhunderts, als er nicht gerade begeistert nach Dresden berufen worden ist. Auf dem Weg dahin schrieb er von Aschaffenburg aus am 8. Januar 1528 an Erasmus: „[...] Ego quidem, opt<ime> Er<asme>, mallem residere domi apud matrem decrepitam; non audeo tamen repugnare sanctae (vti videtur mihi) Principis illius et intentioni et vocationi". Allen, Opus Epistolarum Erasmi Roterodami (wie Anm. 52) VII (1527–1528), Oxford 1928, S. 287, 9–11 (Brief Nr. 1928).

⁶² Brief von Anton Kreß an Cochlaeus vom 7. März 1510 (wie Anm. 60), S. 33f.: „[...] si ad dominos senatores scribere volueritis, consulite aliquem, qui stilum nostrarum partium noscat, quoniam ex litteris vestris senatus non parvum judicium sumet, quid de vobis sperandum sit [...].

⁶³ Brief vom 18. März an Kreß, S. 36f.: „Quod autem de salario scribitis, non tamen vehementer me allicit [...] quam etiam erga matrem meam servanda mihi pietas. [...] Studebo enim totis viribus, vestram in nulla charitatem offendere ac rem ita serio aggredi, ut detractorum spiculi nulla sit opportunitas futura.

Cochlaeus fand in Nürnberg raschen Anschluß an den Freundeskreis von Willibald Pirckheimer, vor allem bei dem literarisch vielseitigen Benediktinermönch Benedikt Chelidonius von St. Egidien, der seinen bürgerlichen Namen Schwalbe zunächst latinisierte (Hirundo) und dann gräzisierte, wie auch bei Albrecht Dürer.[64] Als Frucht seiner gegen den sterilen scholastischen Lehrbetrieb gerichteten und auf Anschaulichkeit bedachten Lehrmethode gab Cochlaeus in den Jahren 1511 und 1512 vier Elementarbücher für den Trivialunterricht in Druck[65], die ihm einen herausragenden Platz in der Geschichte der Didaktik sicherten.[66]

Nach fünfjähriger Tätigkeit gab Cochlaeus seine Rektorenstelle auf und zog als Mentor der drei Neffen seines Gönners Willibald Pirckheimer (Johannes, Georg und Sebald Geuder) und zur Fortsetzung seiner Studien nach Italien (1515–1519). In diesen vier Jahren, die er zur Hälfte in Bologna verbrachte, widmete er sich historischen, juristischen und theologischen Studien. Seine Promotion zum Doktor der Theologie erfolgte am 26. März 1517 in Ferrara, die er ohne besondere geistige Anstrengung und geringe finanzielle Aufwendung erhielt.[67] Während seines Aufenthaltes in Bologna traf Cochlaeus mit Johannes Eck (1486–1543), Johann Fabri (1478–1541), dem späteren Generalvikar von Konstanz und Wiener Bischof, Ulrich von Hutten und dem Nürnberger Johannes Heß zusammen.

Die guten Beziehungen zwischen Cochlaeus und Eck wurden gestört, als sich Eck in einer Bologneser Disputation mit Fabri gegen das traditionelle Zinsverbot der Kirche stellte und Cochlaeus nicht nur die Position Fabris vertrat, sondern auch polemisch gegen Eck vorging.[68] Angesichts des aus dem Hochmittelalter überkommenen Zinsverbotes und der öffentlichen Kritik an den reichen „Pfeffersäcken" gerieten

---

[64] Über die wesentlichen Vertreter und Förderer dieses Humanistenkreises in Nürnberg seit dem ausgehenden 15. Jahrhundert siehe den instruktiven Aufsatz von Franz Machilek, Klosterhumanismus in Nürnberg um 1500, in: MVGN 64, 1977, S. 10–45. Es ist Berndt Hamm zu verdanken, daß er in einer richtungweisenden Studie das Ineinander von Kirchlichkeit, Frömmigkeit und Humanismus bei der Nürnberger Gelehrtenschicht in seinen zahlreichen Schattierungen – über alle mit dem Humanismus verbundenen Klischeevorstellungen hinweg – aufgezeigt hat; siehe dessen Aufsatz: Humanistische Ethik und reichsstädtische Ehrbarkeit in Nürnberg, in: MVGN 76, 1989, S. 65–147. – In einer vorsichtigen „Klassifizierung" im Zusammenhang mit dem Verhältnis von Frömmigkeitstheologie und Humanismus ordnet er Cochlaeus neben Chelidonius, Lazarus Spengler oder Christoph Scheurl den Personen zu, „bei denen Frömmigkeitstheologie und Humanismus völlig zur Deckung kommen", ebd., S. 127, Anm. 256a.

[65] Zu den Nürnberger Druckern des 15. und 16. Jahrhunderts immer noch lesenswert: Karl Schottenloher, Die Entwicklung der Buchdruckerkunst in Franken bis 1530 (Neujahrsblätter, hg. v. der Gesellschaft für fränkische Geschichte V), Würzburg 1910. – Cochlaeus' lateinische Grammatik wurde bei Johann Stüchs in 1000 Exemplaren gedruckt und erlebte schon zwei Jahre später eine Neuauflage bei Thomas Anshelm in Tübingen, ebd., S. 61f.

[66] Siehe dazu näher: unten Abschnitt 3.

[67] In seinem Brief vom 25. März 1517 aus Bologna schreibt er an Willibald Pirckheimer: „Cras ibo Ferariam, ut theologiae gradus omnes per octiduum adipiscar labore exiguo sumptibusque non magnis festinandi causa", zitiert n. Helga Scheible/Dieter Wuttke (Hg.), Willibald Pirckheimers Briefwechsel 3, München 1989, S. 88, 34–36 (Brief Nr. 429). – Nach der Promotion firmierte er fast durchgehend mit „Ioannes Cocleus sanctae theologiae doctor", z.B. Brief vom 3. April 1517: ebd., S. 95, 55 (Brief Nr. 434).

[68] Diesen Streit hat Johann Peter Wurm in seiner Münsteraner Dissertation systematisch und kenntnisreich aufgearbeitet: Johannes Eck und der oberdeutsche Zinsstreit 1513–1515 (Reformationsgeschichtliche Studien und Texte 137), Münster 1997; zur Rolle von Cochlaeus in diesem Streit vor allem S. 189–200. Zum Zinsstreit vgl. auch: Niklas Holzberg, Willibald Pirckheimer – Griechischer Humanismus in Deutschland (Humanistische Bibliothek I/ 41), München 1981, S. 186–200.

gegen Ende des 15. Jahrhunderts vor allem Augsburger Kaufherren und Vertreter der großen Fernhandelsgesellschaften in große Gewissensnöte. Die grundsätzliche Frage bestand darin, wie sich große Gewinne mit dem Seelenheil und der Wahrung des gesellschaftlichen Ansehens vereinbaren ließen. Spätestens 1513 kam es darüber zur ersten großen Auseinandersetzung zwischen den Augsburger Juristen (Sebastian Ilsung, Konrad Peutinger) und dem Humanistenkreis um die Nürnberger „Sodalitas Staupitziana". Die entscheidende Phase des Streits begann, als Jakob Fugger der Reiche im Frühjahr 1514 den Ingolstädter Theologieprofessor Johannes Eck mit der Abfassung eines theologischen Gutachtens über die Frage der damals in Augsburg üblichen Kapitalaufnahme zu festen 5% beauftragte. Auf Ecks im September 1513 vorliegende Schrift „Consilium in casu quinque de centenario" verfaßte Cochlaeus zwei ablehnende Stellungnahmen, in denen es um die theologische Beurteilung von Gesamt-, Teil- und Gesellschaftsverträgen ging.

Nach Wiederauffindung von Cochlaeus' Augenzeugenbericht (Universitätsbibliothek Freiburg)[69] der Bologneser Disputation vom 12. Juli 1515 lassen sich die Gegenargumente genauer erkennen: Hauptstreitpunkt war dabei die von Fabri geforderte strikte Unterscheidung zwischen einer partiellen und einer totalen Kapitalversicherung. Weder Theologen noch Kanonisten und Legisten haben eine einheitliche Stellung zu den Eckschen Zinsthesen bezogen. Eck hat folglich weder den sich selbst zugeschriebenen ruhmreichen Sieg errungen noch hat er die empfindliche Niederlage erlitten, wie man es in Nürnberg ihm gern angedichtet hätte.

Cochlaeus bestand auf einer spontan organisierten Folgedisputation, die allerdings nicht zustande kam. Er war mehr als enttäuscht, daß er in Bologna keine Gelegenheit mehr hatte, persönliche Revanche auf Ecks Angriffe gegen die Zinslehre seines großen Gönners und menschlichen Vorbildes Anton Kreß zu nehmen.[70] Cochlaeus war somit seit Beginn des Zinsstreites entschieden in der Partei der Zinsgegner integriert und sein Verhältnis zu Eck von Anfang an gespannt, das sich zwischen den beiden Theologen erst wieder im Zusammenhang mit ihrer kontroverstheologischen Tätigkeit aufhellte. Cochlaeus beabsichtigte in seinem Disputationskonzept („De contractu centenario") den Nachweis zu erbringen, daß Ecks dreifacher Vertrag ungerecht, wucherisch, monopolverdächtig und Habgier schürend sei. Daß Geldanlage Wucher ist, unterstreicht Cochlaeus mit der Argumentation, daß angelegtes Geld 5% Zins niemals aus sich heraus gewinnt. Es ist in Übereinstimmung mit der scholastischen Anschauung an sich unfruchtbar, weil „eine Münze keine Münze zeugt". Es vermehrt sich lediglich in den Geschäften des Kaufmanns, niemals aber in der Truhe seines Eigentümers.

Ecks Ansehen hatte in der Folgezeit durch die Verunglimpfungen in satirischen Schriften sehr gelitten. In der 1520 anonym erschienenen satirischen Komödie „Eckius dedolatus", deren hauptsächlicher Verfasser Willibald Pirckheimer gewesen ist, kommt auch der Streit mit Cochlaeus ausgiebig zur Sprache.

Zum Italienaufenthalt des Cochlaeus gehört auch die Wiederentdeckung der Schrift des italienischen Humanisten Lorenzo Valla gegen die Echtheit der sogenann-

---

[69] Ebd., S. 180f.
[70] Das Zinsgutachten von Anton Kreß gegen den Augsburger Ilsung war eines seiner letzten Werke vor seinem frühen Tod (8. September 1513).

ten „Konstantinischen Schenkung", der zufolge Kaiser Konstantin Papst Silvester I. und dem Römischen Stuhl die weltliche Herrschaft über das Abendland übertragen habe. Cochlaeus hat diese Schrift an Ulrich von Hutten weitergegeben, der sie dann nach seiner Rückkehr nach Deutschland veröffentlichte.[71] Cochlaeus selbst hat die Schenkungsurkunde zwar als Fälschung bezeichnet, er hielt aber trotzdem an dieser Schenkung fest und erklärte, daß der Primat des römischen Bischofs vom Bestand des Kirchenstaates unabhängig sei.

Sein Aufenthalt in Rom galt dem intensiven Studium der Kirchenväter, dort trat er auch in Verbindung mit dem an der Kurie tätigen Humanisten Girolamo Aleander (1480–1542), der später als Legat in Deutschland wirkte. 1518 wurde Cochlaeus in Rom zum Priester geweiht.

Aus den 19 Briefen, die Cochlaeus in den Jahren 1516 und 1517 an Pirckheimer geschrieben hat, erfahren wir interessante Einzelheiten zu seinem Italienaufenthalt: Er informiert seinen Nürnberger Gönner genauestens über das Studium der klassischen Autoren seiner Schutzbefohlenen, über politische Ereignisse, den Studienbetrieb im allgemeinen und die italienische Lebensart. Bei seinen eigenen Rhetorik-Studien sind ihm Cicero, Chrysostomos, Origenes und Augustin, aber auch Jesaia und Paulus die wesentlichen Vorbilder. Juristische Studien behagen ihm schon deswegen nicht, weil seine Italienisch-Kenntnisse zu rudimentär sind. Sein intensives Studium der Evangelien macht er für die Lektüre der Kirchenväter fruchtbar. Beim eigentlichen Theologiestudium fühlt er sich allein gelassen, weil die von Mönchen abgehaltenen Vorlesungen zu schlecht sind.[72] Er sehnt sich, wie mehrfach anklingt, nach der Fortsetzung seiner theologischen Studien in Deutschland. Die Fastenpredigten will er in Bologna nicht mehr hören, weil sie ihm keinen persönlichen Gewinn bringen und auf der Kanzel eher Schauspieler als Prediger zu finden sind.[73] Sicht man von der Trunksucht der Deutschen ab, so sind sie beileibe nicht schlechter als die Italiener – wie Cochlaeus meinte –, deren Zügellosigkeit, kalte Frömmigkeit und Gewaltbereitschaft ihm zuwider sind.[74] Noch mehr klagt er über das lockere Leben in Rom, die hohen Kosten zwingen ihn zu großer Sparsamkeit.

Die grundsätzliche Unzufriedenheit des Cochlaeus über den italienischen Lehrbetrieb und die dortigen Lebensverhältnisse brachte ihm den Vorwurf auf Unstetigkeit von Pirckheimer ein. Er schrieb ihm um die Jahreswende 1517/1518 im Namen der Eltern seiner Schutzbefohlenen (neben der Familie Geuder auch der Familie Holz-

---

[71] Vgl. Pirckhheimers Briefwechsel 3 (wie Anm. 67), S. 128, 11–24 (Brief Nr. 454).

[72] „Incepi igitur magno cum desyderio textum percurrere evangeliorum. Percurri. Nunc memoriae generatim per capita commendo, ut sciam, quando vel Originem lego vel Augustinum, ubi sit locus, quem citant. Sed miserum est, mi domine Bilibalde, hic sacris operam dare literis sine praeceptore, sine libris, sine refugio. Legunt cucullati [...]. Nolo igitur meum cum ipsis perdere tempus". Pirckhheimers Briefwechsel 3 (wie Anm. 67), S. 73, 21–27.

[73] „Neque sermones nunc audio quadragesimae, quoniam verba non satis intelligo et fructum nullum video. Agunt plerique ex pulpito magis histrionem (si fas est dicere) aut tragoedum clamosum quam praedicatorem [...]". Pirckhheimers Briefwechsel 3 (wie Anm. 67), S. 73, 30–33, Brief Nr. 422.

[74] „Crede mihi, non totum est aurum, quod rutilat in Italia. Tolle a Germanis crapulam, nihilo erunt Italis inferiores. Sunt hic sumptus gravissimi, summa licentia vitae, religio frigidissima, armorum mille pericula, homicidia crebra [...], hominum contemptus."; ebd., S. 74, 58–61. Vgl. zu den Urteilen des Cochlaeus über die Italiener auch: Otto, Cochlaeus (wie Anm. 20), S. 67f.

schuher, von denen er Abkömmlinge betreute), die in Sorge waren, daß die Jugendlichen die Unbeständigkeit des Humanisten übernehmen könnten. Dem dringenden Wunsch des Cochlaeus, au eine deutsche Universität zurückzukehren, hält Pirckheimer entgegen: [...] dan nit alleyn sind discipuli vestri in Italiam geschikt <des> lernes wegen, sonder das sy sehen die gewonheyt und leuff der welt, auch eyn frembde sprach lernen. Darumb auch Homerus Ulixem lob, quod mores viderit multorum et urbes".[75]

Die gelegentlich an Pirckheimer herangetragene Bitte, er möge sich um eine bescheidene Pfründe für ihn einsetzen, und seine Sorge um Verwandte, die sich später auch auf seine Mitstreiter in der Auseinandersetzung mit der reformatorischen Lehre ausweitete, sind erste Hinweise auf zwei Konstanten in seinem Leben.

Die Briefe des Cochlaeus lassen an keiner Stelle eine persönliche Krise vermuten. Weder ist an seiner Begeisterung für die antiken Schriftsteller zu zweifeln noch an der Ernsthaftigkeit seiner theologischen Studien, noch weniger an seiner religiösen Grundhaltung. So erweist sich die in der älteren Forschung öfter vorgetragene Meinung, er habe in Italien eine „Bekehrung" zum Christentum erlebt, als unhaltbare Konstruktion!

Im Sommer 1519 kehrte er nach Deutschland mit der Absicht zurück, in Frankfurt am Main das Dekanat am dortigen Liebfrauenstift zu übernehmen. Auf die ihn unterwegs ereilende Nachricht hin, daß in Frankfurt die Pest ausgebrochen sei, begab er sich für sechs Monate nach Nürnberg, wo er Willibald Pirckheimer wertvolle Dienste bei der Edition der Werke des nordafrikanischen Bischofs Fulgentius von Ruspe (462/468–527/533)[76] und des Johannes Maxentius leistete. Bei der Edition der Fulgentius-Werke, die 1520 bei Thomas Anshelm in Hagenau erschienen, hatte Cochlaeus entscheidenden Anteil: auf ihn gehen die Kapiteleinteilung, die Inhaltsangaben, die Randglossen und der Nachweis der Bibelstellen zurück.[77]

In den Jahren zwischen 1521 und 1524 trübte sich das Verhältnis zwischen Cochlaeus und dem über Georg Spalatin in enger Verbindung mit den Wittenberger Theologen stehenden Pirckheimer. Beide nahmen aber danach den Briefkontakt wieder auf (bis 1530 sind 21 Briefe von Cochlaeus an Pirckheimer bekannt)[78] und Cochlaeus sah regelmäßig die Konzepte zu den Gregor von Nazianz-Übersetzungen des Humanisten durch.[79]

---

[75] Brief Nr. 511 (nicht genau datierbar): Pirckheimers Briefwechsel 3 (wie Anm. 67), S. 267, 30–33.
[76] Über ihn: Horst Schneider, Art. Fulgentius von Ruspe, in: Siegmar Döpp/Wilhelm Geerlings (Hg.), Lexikon der antiken christlichen Literatur, Freiburg/Br. u.a. 1998, S. 241–244. Pirckheimer entdeckte einen Codex mit Werken des Fulgentius in der berühmten Sammlung des 1516 gestorbenen Johannes Trithemius.
[77] Vgl. dazu: Holzberg, Willibald Pirckheimer (wie Anm. 68), S. 291f.
[78] In dem von Scheible/Wuttke hg. 4. Band des Pirckheimer-Briefwechsels, der die Zeit bis 1525 abdeckt, München 2001, sind nur 3 Briefe von Cochlaeus an den Nürnberger Humanisten abgedruckt. – Zu den wieder aufgenommenen Beziehungen von Cochlaeus zu Pirckheimer nach 1524 siehe: Otto, Cochlaeus (wie Anm. 20), S. 138–148.
[79] Vgl. dazu: Holzberg, Willibald Pirckheimer (wie Anm. 68), S. 265f. Eck erreichte (wohl als Racheakt wegen der Verunglimpfungen im „Eckius dedolatus"), daß Pirckheimer in die Bannandrohungsbulle gegen Luther einbezogen worden ist. Seine Abkehr von der reformatorischen Lehre wurde mit der offiziellen Einführung der Reformation in Nürnberg (1525) vorbereitet, weil damit seine Familie (Pirckheimers

Anfänglich teilte Cochlaeus auch die positive Haltung seines Mäzens Luther gegenüber. Allerdings ermahnte er den Wittenberger brieflich zur Mäßigung in seinem Handeln – um „der Ruhe für die Studien" und des Gemeinwesens willen. Er lobte sogar Luthers entschiedene Antwort auf die gegen diesen gerichtete Stellungnahmen der Universitäten Köln und Löwen.

Unter dem Eindruck von Luthers reformatorischen Schriften aus dem Jahr 1520 bezog Cochlaeus allmählich seine Position auf der Seite der Luthergegner. Mit seiner polemischen Schrift „Die Antwort auf Martin Luthers frevenliche Appellation vom Papst an das zukünftige Konzil" sowie zwei bisher nicht aufgefundenen Schriften als Replik auf Luthers „An den christlichen Adel deutscher Nation" und „Von der babylonischen Gefangenschaft der Kirche" wurde Cochlaeus zum ersten bedeutenden Vertreter aus dem Kreis der älteren Humanisten, der offen gegen Luther auftrat, und blieb schließlich der einzige aus jenem Kreis, der auf altgläubiger Seite die Entwicklungen bis zum Durchbruch der katholischen Reform um die Jahrhundertmitte erlebte. Damit gab Cochlaeus das beschauliche Gelehrtendasein eines Humanisten auf – ein Opfer, das nur aus seiner religiösen Grundüberzeugung verständlich wird! Von 1520 bis 1550 brachte der rastlos agierende Cochlaeus über 130 eigene Schriften zum Druck, daneben über 70 von ihm besorgte Editionen und Übersetzung von Werken anderer Autoren.

Fast die Hälfte aller 1763 kontroverstheologischen Werke sind in den Jahren von 1525 bis 1529 entstanden, deren Anteil dann kontinuierlich auf 25% in dem Jahrzehnt nach 1540 zurückging.[80] Dabei ist zu berücksichtigen, daß deutsche Schriften von protestantischen Theologen weit größeren Absatz fanden als katholische Schriften, entsprechend klar das verlegerische Risiko bei den Buchdruckern erkannt wurde, Werke gegen Luther auf den Markt zu bringen. In den Entscheidungsjahren 1518 bis 1524 wurden die katholischen kontroverstheologischen Schriften in einer ganzen Reihe von Druckerzentren des Deutschen Reiches publiziert, allen voran Köln und Mainz, im Osten Leipzig und Dresden. Von 1525 bis 1539 entstanden 53% aller kontroverstheologischen Werke in diesen beiden sächsischen Städten. Nachdem 1539 das Herzogtum Sachsen protestantisch geworden war, standen den katholischen Autoren nur noch drei Zentren zur Verfügung: Köln, Mainz und Ingolstadt. Im Zeitraum von 1518 bis 1539 nahm Cochlaeus mit 67 Schriften und einem Anteil von 12,4% aller deutschsprachigen Kontroversschriften eine Spitzenstellung ein. Das Ungleichgewicht im Kampf um die Beeinflussung der öffentlichen Meinung in den ersten Jahrzehnten der Reformation wird im Vergleich mit der Schriftproduktion Luthers deutlich: Von 1518 bis 1544 hat dieser (einschließlich der verschiedenen Auflagen) und abgesehen von den Bibelübersetzungen mindestens 2551 deutsche Schriften verfaßt, während die katholischen Kontroverstheologen insgesamt nur 514 Werke vorlegen konnten, d.h. auf fünf Schriften Luthers kam ein katholisches Werk. Erfuh-

---

Schwester Caritas) direkt von der Auflösung der Nürnberger Klöster betroffen war. 1526 ermahnte Cochlaeus seinen Gönner, die von den Lutheranern vertretene Konsubstantiationslehre (beim Abendmahl) aufzugeben. Nach ähnlicher Vorstellung des Erasmus kehrte er dann zur altkirchlichen Lehre zurück.

[80] Vgl. dazu den aufschlußreichen Aufsatz von Mark U. Edwards, Catholic Controversial Literature, 1518–1555: Some Statistics, in: Archiv für Reformationsgeschichte (ARG) 79, 1988, S. 189–205.

ren die altgläubigen Autoren in den ersten Jahrzehnten kaum Unterstützung bei höheren kirchlichen Autoritäten, so fand auch der Versuch des Legaten Aleander im Jahre 1523 kaum ein Echo, für jede Diözese eine Aufstellung aller katholischen Autoren zu erreichen, die mit einer Pfründe oder anderen Entschädigungen bedacht werden sollten. Erst auf Anregung von Nuntius Vergerio (Ende 1534) bewilligte Papst Paul III. Unterstützungen für Eck, Cochlaeus und Witzel in Form von Pfründen oder Pensionen.[81] Auf diesem Hintergrund wird auch die negative Abqualifizierung von Cochlaeus als „Pfründenjäger" entdramatisiert.

Auf dem Wormser Reichstag von 1521 kam es zur einzigen Begegnung zwischen Cochlaeus und Luther.[82] In gedankenlosem Übereifer versuchte er am 24. April, Luther zur Umkehr zu bewegen. Er bot ihm unter der (leicht durchschaubaren) Bedingung, auf das freie Geleit zu verzichten, eine öffentliche Diskussion an. Nach der Entrüstung von Luthers Begleitern zog er aber offenbar diese Bedingung wieder zurück. Dieses voreilige und unbedachte Auftreten in Worms trug Cochlaeus auf beiden Seiten Tadel ein. Nach diesem Mißerfolg in Worms war er von der Abwendung einer Reihe seiner bisherigen Freunde betroffen, noch mehr von den mangelnden Gelegenheiten zum Druck seiner Schriften, vor allem aber von der weithin teilnahmslosen Haltung der deutschen Bischöfe gegenüber dem Vordringen reformatorischer Lehren.

1523 rief der letzte deutsche Papst Hadrian VI. Cochlaeus zu Reformberatungen nach Rom, die jedoch wegen des überraschenden Todes des Pontifex nicht zustande kamen. Als Berater des Kardinallegaten Lorenzo Campeggio (1474–1539) und des Mainzer Erzbischofs Albrecht von Brandenburg nahm er 1524 am Nürnberger Reichstag teil, bei dem auch sein fränkischer (aus Waischenfeld in Oberfranken stammender) Gesinnungsfreund Friedrich Nausea anwesend war. Einige Monate später organisierte Cochlaeus auf dem Regensburger Konvent mit Eck, Fabri und Nausea das erste deutsche Fürstenbündnis gegen Luther. 1526 finden wir Cochlaeus als Berater des Mainzer Erzbischofs auf dem Speyerer Reichstag. Zwei Jahre später (1528) folgte er für sieben Jahre als Hofkaplan in Dresden bei Herzog Georg von Sachsen auf seinen Freund Hieronymus Emser. 1530 begleitete er den Herzog auf den Augsburger Reichstag. Er war dort zusammen mit Eck und Fabri maßgeblich an der Ausarbeitung der „Confutatio", der offiziellen Antwort Kaiser Karls V. auf die „Confessio Augustana", beteiligt.[83] Das Scheitern dieser Verhandlungen, die eine Annäherung der Parteien wie nie mehr nachher mit sich brachten, gab Cochlaeus neuen Auftrieb in seinen polemischen Aktivitäten. Jetzt wurde Melanchthon zur Zielscheibe seiner Angriffe. Der einst von ihm gepriesene Humanist wurde für Cochlaeus zum gefährlicheren Gegner als Luther. Melanchthons Bemühungen in Augsburg apostrophierte er als geschickte Heuchelei, weil er die theologische Ansichten Luthers verschleiert habe.

Seit 1534 arbeitete Cochlaeus an seiner schon früher begonnenen Geschichte über Luthers Taten und Schriften und gleichzeitig an seiner Hussitengeschichte, die noch

---

[81] Siehe zu den Schwierigkeiten der katholischen Kontroverstheologen die plastischen Beispiele bei Hubert Jedin, Die geschichtliche Bedeutung der katholischen Kontroversliteratur im Zeitalter der Glaubensspaltung, in: Historisches Jahrbuch (HJb) 54, 1933, 70–97.

[82] Näheres dazu bei Martin Brecht, Martin Luther 1: Sein Weg zur Reformation 1483–1521, Stuttgart 1981, S. 444–446.

[83] Siehe dazu: Herbert Immenkötter, Der Reichstag zu Augsburg und die Confutatio – Historische Einführung und neuhochdeutsche Übertragung (KLK 39), Münster 1979.

im gleichen Jahr auf den Markt kam. Nach mehreren Unterbrechungen, teilweise bedingt durch seinen Einsatz für die Edition der Werke anderer Theologen, brachte er erst drei Jahre nach dem Tod des Wittenbergers seine „Lutherkommentare" heraus.

Die seit der Wahl Pauls III. gestiegenen Hoffnungen auf die Einberufung eines allgemeinen Konzils beflügelten noch einmal seine schriftstellerischen Bemühungen. In vielen Briefen wollte er die Kurie über den Stand der Auseinandersetzungen der Religionsparteien in Deutschland informieren, bis der Tod Georgs von Sachsen im Frühjahr 1539 die Katholiken in Sachsen ihres Schutzherren beraubten. Vergeblich versuchte er neben Julius Pflug und Georg Witzel den Einbruch der Reformation abzuwehren, indem sie dem Meißener Bischof zur Nachgiebigkeit in der Frage des Laienkelches und der Priesterehe rieten. Nachdem Cochlaeus auch den von ihm geförderten, mit ihm verwandten Drucker Nikolaus Wolrab verlor, nahm er als inzwischen 60jähriger schließlich das Angebot eines Kanonikats an der Breslauer Domkirche an.[84]

Bei den Religionsgesprächen in Hagenau, Worms und Regensburg in den Jahren 1540/1541 konnte Cochlaeus keinen entscheidenden Einfluß mehr verbuchen.[85] Bischof Moritz von Hutten verschaffte ihm 1543 neben seinem Breslauer Kanonikat eine Stiftsherrenpfründe an St. Willibald in Eichstätt, wo er den Höhepunkt seiner Schreib- und Editionstätigkeit erlebte.

Zu seiner großen Enttäuschung konnte Cochlaeus trotz mehrfacher Beauftragung durch die Bischöfe von Eichstätt, Würzburg und Breslau nicht an dem im Dezember 1545 in Trient eröffneten Generalkonzil teilnehmen, weil er als Ratgeber von Moritz von Hutten auf dem zweiten Regensburger Religionsgespräch (1546) als unentbehrlich erachtet wurde, wenn er auch dort schließlich nicht als entscheidender Diskussionsteilnehmer auftrat. Im Spätsommer verzichtete er auf sein Eichstätter Kanonikat.

In der Nacht vom 10. auf 11. Januar 1552 starb Cochlaeus über seinen Büchern. Sein Grab, ursprünglich in der St. Barbara Kapelle des Breslauer Doms, wurde im 17. Jahrhundert zweimal erneuert und 1817 in den Domchor verlegt. Auf der Grabesinschrift wird schonungslos, aus heutiger Sicht jedoch befremdend festgehalten, daß er „sein ganzes Leben lang als ein leidenschaftlicher Gegner jenes großen Luther, Melanchthons und darüber hinaus des orthodoxen evangelischen Glaubens […] mit höchstem und unüberwindlichen Haß auf den Reichstagen und bei den Religionsgesprächen zu Worms, Augsburg und Regensburg" gekämpf habe.

---

[84] Zu Cochlaeus' Beziehungen zum Breslauer Domkapitel siehe: Gerhard Zimmermann. Das Breslauer Domkapitel im Zeitalter der Reformation und Gegenreformation (1500–1600) – Verfassungsgeschichtliche Entwicklung und persönliche Zusammensetzung (Historisch-Diplomatische Forschungen 2), Weimar 1938, S. 208–211; eine Auflistung seiner weiteren Pfründen: ebd., S. 209. In der Kapitelssitzung vom 21. August 1539 wurde der Beschluß gefaßt, dem Breslauer Bischof Jakob von Salza (1520–1539) den Vorschlag zu unterbreiten, den aus seinem Meißener Kanonikat vertriebenen Cochlaeus die vakant gewordene Dompräbende zu verleihen, in deren Besitz er am 15. September 1539 unter der Bedingung eingeführt wurde, innerhalb Semesterfrist den Nachweis eines dreijährigen Studiums und ehelicher Geburt zu erbringen.

[85] In Regensburg schlug ihn Contarini als Vertreter des zwischenzeitlich erkrankten Eck vor, er wurde aber von Granvella abgelehnt. Siehe dazu: Jacques V. Pollet, Julius Pflug (1499–1564) et la crise religieuse dans l'Allemagne du XVIe siècle – Essai de synthèse biographique et théologique (Studies in Medieval an Reformation Thought 45), Leiden u.a. 1990, S. 137.

3. Cochlaeus als Humanist

In diesem Abschnitt sollen zunächst die methodischen Prinzipien nachgezeichnet werden, die der Humanist Cochlaeus im Kontext der vor allem von Anton Kreß und Willibald Pirckheimer geförderten Reform des Schulunterrichts in Nürnberg aufgriff und dann als Autor von Lehrbüchern zur Anwendung brachte, bevor exemplarisch seine berühmt gewordene „Germania" näher vorgestellt wird.

Seit Antritt er Rektorenstelle (1510) lebte Cochlaeus zwei Jahre lang in der Hausgemeinschaft von Anton Kreß (1478–1513), dessen umfassende humanistische Bildung, tiefe Frömmigkeit sowie dessen überzeugendes moralisches Verantwortungsgefühl im Dienst der Kirche und der Stadt Nürnberg starken Eindruck auf den Schulmeister ausübten. Entsprechend groß ist seine Dankbarkeit gegenüber seinem Gönner, den er im Vorwort zu seinem Grammatik-Lehrbuch (das er Anton Kreß gewidmet hat) wie Horaz gegenüber Vergil als „dulce decus meum" rhetorisch in höchsten Tönen lobte.

Bereits mit 15 Jahren (also 10 Jahre früher als Cochlaeus) bezog er die Universität in Ingolstadt (von 1493 bis 1498), bevor er seine juristische Ausbildung in Pavia fortsetzte und abschloß. Aufgrund seines Studiengangs wollte er sich im römischen Recht spezialisieren oder als Diplomat an einem Fürstenhof fungieren. Seine Ernennung zum Prediger an St. Lorenz traf ihn völlig überraschend, weil er sich zum damaligen Zeitpunkt nicht um die niederen Weihen gekümmert hatte. Auf Anraten von Sixtus Tucher, dem früheren Prediger von St. Lorenz, begab er sich nach Siena, um dort (am 20. November 1503) den Doktorgrad in iure canonico et civili zu erwerben. Unter Umgehung der vom Decretum Gratianum vorgeschriebenen Fristen wurde er am 25. Februar 1504 zum Priester geweiht und konnte weniger als drei Monate nach seiner Ernennung seine Tätigkeit als Prediger an St. Lorenz antreten.

In der Bibliothek von Anton Kreß waren an erster Stelle Werke des kanonischen und römischen Rechts vertreten, dann eine solide Auswahl antiker Schriftsteller mit den Werken von Cicero, Vergil, Juvenal, Sallust, Plutarch, den Komödien von Plautus und den Tragödien von Seneca. Daneben fielen die Schriften des in Nürnberger Humanistenkreisen bekanntesten italienischen Humanisten – Pico della Mirandola – auf.

Zum überraschenden Tod des Lorenzer Propstes (1513) verfaßte Cochlaeus in aufrichtiger Dankbarkeit ein Gedicht mit 168 Hexameter-Versen, in dem er die christlichen Tugenden des Verstorbenen, dessen intellektuelle und moralische Integrität sowie dessen großes Wissen rühmte. Die Großzügigkeit und Mildtätigkeit von Anton Kreß bringt er darin im Zusammenhang mit der Verarmung breiter Bevölkerungsschichten in Nürnberg zur Sprache. Christliche Frömmigkeit und intellektuelle Weite, die durch die Lektüre der Klassiker genährt wurde, Verankerung des Glaubens in den liturgischen Traditionen der Kirche sowie persönliches Pflichtgefühl sind Facetten der Persönlichkeit von Anton Kreß, die Cochlaeus teilte und die tiefe Wesensverwandtschaft beider Männer verdeutlichen.

Entscheidenden Einfluß auf den Fortschritt der studia humanitatis in Nürnberg, damit auch auf Cochlaeus' Lehrtätigkeit, hatte Willibald Pirckheimer, der von den humanistischen Neigungen seines Vaters (Johann Pirckheimer) stark geprägt war. Willibald Pirckheimer fand Bewunderung durch seine universelle Bildung. Er galt als

Experte auf dem Gebiet der Rechtswissenschaften, der Philosophie, Theologie, Astronomie, Geschichte, Geographie und Numismatik. Ihm kam das große Verdienst zu, durch seine zahlreichen Veröffentlichungen oder lateinischen Übersetzungen die griechischen Autoren in Deutschland bekannt gemacht zu haben. Die vertrauensvolle Zusammenarbeit zwischen Pirckheimer und Cochlaeus bezog sich auf die pädagogischen Tätigkeiten des Rektors und die philologischen Arbeiten des hellenistischen Humanisten. Willibald Pirckheimer förderte bei Cochlaeus das Interesse an Italien, wenn dieser auch später die Begeisterung für die italienische Lebensart niemals teilen konnte, und an der Philosophie des Pico della Mirandola.

Die humanistische Pädagogik kritisierte vor allem den starren Formalismus in den an den Universitäten des ausgehenden Mittelalters praktizierten Lehrmethoden, nicht jedoch das auf die Achtung der antiken Kultur gerichtete Wertesystem. Die „Rückkehr zu den Quellen" hatte im Schulunterricht zunächst philologischen Charakter: antike Texte sollten erklärt und verständlich gemacht werden, bevor sie nach ihrem Nutzen in philosophischer und moralischer Hinsicht zur Sprache kommen, den Erwerb von Weisheit, Tugend und Eloquenz. Alle schulischen Disziplinen sind diesen Zielen untergeordnet.

Der Rektor der Lorenzer Lateinschule sah sich vor die Schwierigkeit gestellt, daß auf dem Nürnberger Buchmarkt kein seinen angestrebten Lehrmethoden entsprechendes Schulbuch vorhanden war. Die bis dahin geltenden humanistischen Erziehungstheorien beharrten auf dem Wert der Nachahmung („imitatio"), über die sich der Jugendliche intellektuell und moralisch die antike Kultur aneignen sollte. Das von Cochlaeus aufgegriffene und neu durchdachte Auswahlprinzip, das der Nachahmung zugrunde lag, illustriert das Bild von den Bienen, die von allen Seiten Blumen ansteuern, um daraus ihren Honig zu bereiten. Bei der Konzeption seiner Schulbücher legte der Rektor vor allem darauf Wert, keinerlei Überfrachtung aufkommen zu lassen. Er folgte den drei Grundsätzen: „brevitas" (kurze, prägnante Erklärungen), „facilitas" (leichte Verständlichkeit) und „varietas" (Abwechslung).

Im Vergleich zu früheren Schulbüchern gewinnt das Grammatik-Lehrbuch von Cochlaeus durch seine der Übersichtlichkeit dienenden typographischen Präsentation: größere, damit besser lesbare Buchstaben, häufiger Typenwechsel, Hervorhebung der zum Auswendiglernen bestimmten Passagen und Einfügung von Tabellen. Bei der Abfassung seiner Schulbücher räumt Cochlaeus der Verbindung von sprachlicher und moralischer Bildung oberste Priorität ein.

Nach überkommener Tradition hatten die Rektoren der Nürnberger Lateinschulen auch den Musikunterricht zu übernehmen.[86] So erinnert Cochlaeus in seiner Widmung an Anton Kreß, die am Anfang des „Tetrachordum musices" (1511) steht, an die Aufgabenbereiche, die ihm bei seiner Ernennung aufgetragen worden waren: Förderung der studia humanitatis (Literatur und Moral) und Pflege des liturgischen Gesangs, aber auch der polyphonen Musik. In der Verbindung von Musik und Poesie erkannte er den besonderen erzieherischen Werk der auf Ambrosius zurückgehenden

---

[86] Siehe dazu: Klaus Wolfgang Niemöller, Untersuchungen zur Musikpflege und Musikunterricht an den deutschen Lateinschulen vom ausgehenden Mittelalter bis um 1600 (Kölner Beiträge zur Musikforschung 54), Regensburg 1969, zu Cochlaeus: S. 330/337–341.

religiösen Hymnen. Daneben machte er als erster die Entlehnung der sapphischen (von Horaz übernommenen) Strophe für die religiöse Hymnendichtung fruchtbar.

Die erste Auflage des Tetrachordum musices entspricht einer Bearbeitung der für den Unterricht an der Kölner Universität bestimmten Abhandlung „Musica" (in 3. Auflage 1507 erstmals datiert). Das Schulbuch von 1511 behandelt in vier Büchern die Grundlagen der Musik, den einstimmigen Gesang (musica plana), die Natur und Bedeutung der Tonarten beziehungsweise die Prinzipien der alten Mensuralmusik. In Fachkreisen wird die Leistung des Cochlaeus auf dem Gebiet der musikalischen Transkription anerkannt, vor allem aber seine Neuerungen bei der Darstellung der antiken Mensuralmusik.

Als Pädagoge hat Cochlaeus die vielfachen Funktionen der Musikkunst erkannt und in der Praxis umgesetzt: Die Kirchenmusik hat die Aufgabe, den Gottesdienst zu bereichern, der Chorgesang fördert die Frömmigkeit und spielt eine gesellschaftliche Rolle im weltlichen Bereich.[87] Schließlich soll die musikalische Kunst in ihrer Verbindung mit der Dichtkunst zum Ruhm der bonae litterae beitragen.

Für seine exemplarische Auswahl der „Meteorologia" aus den Werken des Aristoteles stützt sich Cochlaeus auf die von Lefèvre d'Etaples (Faber Stapulensis) vorgelegte Textversion, der in den Jahren 1492 bis 1497 eine neue lateinische Ausgabe der gesamten wissenschaftlichen Schriften des Stagiriten besorgte. Cochlaeus versah diese Ausgabe mit einem Kommentar, der sich auf die Klärung philosophischer und naturwissenschaftlicher Begriffe konzentrierte. In rein pädagogischer Perspektive interessierte sich Cochlaeus nicht (wie etwa Regiomontanus) um die Diskussion naturwissenschaftlicher Phänomene, ihm ging es in erster Linie um Information über physikalische Vorgänge – unter Ausblendung der metaphysischen Axiome des Stagiriten und der späteren „Lehrmeinungen". Damit deutet er an, daß für ihn die Naturwissenschaften zu den Grundkenntnissen des gebildeten Menschen im 16. Jahrhundert gehören. Mit der Wahl der Meteorologia entschied sich Cochlaeus für die auf rationalen Fakten beruhende Erklärung von Naturphänomenen. Daneben läßt er in mittelalterlich-christlicher Tradition aber eine andere Betrachtungsweise gelten: die göttliche Allmacht durchbricht mit himmlischen Zeichen und astronomischen Phänomenen die natürliche Ordnung der Dinge. Daneben streut er zur Auflockerung des Unterrichts historische Anekdoten ein, die von Seneca im Zusammenhang mit himmlischen Zeichen berichtet wurden, oder zahlreiche Beispiele für natürliche „Wunder" nach Plinius.

Das dritte, von Cochlaeus 1512 erschienene Schulbuch besteht aus drei Teilen: der Kosmographie oder Beschreibung der Welt mit der Wiedergabe der Abhandlung „De situ orbis" von Pomponius Mela (Erstausgabe: Mailand 1471),[88] einem chorographischen Teil oder der speziellen Beschreibung einer Provinz oder eines Landes, für die

---

[87] Nicht ohne Stolz verweist Cochlaeus in seiner „Brevis Germaniae Descriptio" (wie Anm. 89) am Ende seiner Darstellung über Nürnberg (Kap. IV, 35), S. 92f. auf den jährlich zwischen den drei Nürnberger Lateinschulen am St. Katharinentag (25. November) stattfindenden musikalischen Wettstreit („certamen musicum").

[88] Offensichtlich hat Cochlaeus die erste bekannte Ausgabe in Frankreich vom Jahre 1507 zu Rate gezogen. Aufbau und formale Eigenschaften dieser Schrift entsprechen den humanistischen Qualitätskriterien: Kürze des Textes, Korrektheit und Eleganz der Sprache, Lebhaftigkeit der Erzählung.

der Humanist seine „Brevis Germanie descriptio" wählte,[89] und schließlich einem topographischen Teil, der sich auf Nürnberg und seine Region konzentriert. Mit dieser Kombination von allgemeiner, regionaler und lokaler Geographie betrat Cochlaeus Neuland und wertete die Geographie als neues Unterrichtsfach auf. Dabei ist die Abklärung geographischer Begriffe eingebunden in die Perspektive des Historikers. Bereits in seiner Widmung an Willibald Pirckheimer zitiert er Augustinus, für den geographische Kenntnisse in den Dienst eines besseren Verständnisses der biblischen und antiken Texte gestellt werden sollten: „Die Geographie ist für die historischen Berichte das, was die Sonne für die Erde ist".

Die „Kurze Beschreibung Deutschlands" entspricht dem dritten Teil des Lehrbuchs „Cosmographia" und verknüpft in acht Kapiteln historische, ethnographische und geographische Informationen, wobei er ein bereits von Konrad Celtis geplantes Projekt wieder aufgreift und auf dem Hintergrund nationaler Begeisterung ein Loblied auf die Heimat anstimmt – im Bezug zu den Informationen in der „Germania" von Tacitus.

Zunächst wird in diesem Werk die Geschichte des deutschen Volkes in ihren großen Etappen auf dem Weg zur nationalen Einheit geschildert – ausgehend von der Existenz und Verteilung der germanischen Stämme in den Regionen auf der rechten Seite des Rheins, wie sie von den antiken Historikern beschrieben worden sind (Kap. I). Einige Jahrhundert später haben diese Volksstämme ihre kriegerische Überlegenheit bewiesen und ihre politische Autonomie zur Zeit der großen Völkerwanderungen erlangt (Kap. II). Einen wichtigen „Kulturfaktor" repräsentierte dann das Christentum: Die Seßhaftigkeit und die vom Christentum ausgehende Verfeinerung der Sitten haben eine gesellschaftliche Ordnung gefördert, die wiederum die Entwicklung einer hochstehenden, von technischen Erfindungen geprägte Kultur hervorbrachte (Kap. III). Die vollkommenste Form des hohen Zivilisationsgrades, den dieses Land erreicht hatte, wird am Beispiel der Stadt Nürnberg aufgezeigt. Das von Cochlaeus seiner Heimatstadt gezollte Lob steht im Mittelpunkt des ganzen Werkes (was schon in der Kapitelzuweisung ersichtlich wird) und ist die Krönung seiner Verherrlichung des deutschen Vaterlandes (Kap. IV).[90] Die folgenden vier Kapitel informieren über die physische Geographie, die natürlichen Ressourcen, die Hauptstädte mit ihren Sehenswürdigkeiten und bemerkenswerten Gebäuden. Nacheinander werden die südlichen (Kap. V), östlichen (Kap. VI), nördlichen (Kap. VII) und westlichen Regionen (Kap. VIII) vorgestellt, die sich wie ein Kranz um die Noris gruppieren.

Das Werk ist besonders in den ersten beiden Kapiteln der pädagogischen Regel der „brevitas" verpflichtet. Dabei kommen die antiken Schriftsteller ausgiebig zu Wort, deren Informationen über germanische Wesensart und Sitten exakt und ohne jede Kommentierung wiedergegeben werden. Die Zitate aus der „Germania" des Tacitus dienen dem Nachweis, daß die darin gerühmten Tugenden der nordischen Volksstämme immer noch Gültigkeit haben.

---

[89] Die „Brevis Germanie Descriptio" (1512) von Johannes Cochlaeus wurde (zweisprachig/lateinisch-deutsch) herausgegeben, übersetzt und kommentiert von Karl Langosch, Darmstadt 1960; ³1976 (Ausgewählte Quellen zur deutschen Geschichte der Neuzeit – Freiherr vom Stein-Gedächtnisausgabe 1, hg. v. Rudolf Buchner); (im Folgenden abgekürzt: Cochlaeus, Descriptio).

[90] Cochlaeus, Descriptio (wie Anm. 89), S. 74–93: „De Norinberga, Germanie Centro".

Für die verschiedenen Volksstämme nördlich der Alpen fordert Cochlaeus die gemeinsame Zugehörigkeit zur germanischen Nation ein. Die Kriterien für diese Einheit sind: Ansiedlung auf dem „nationalen" Boden, gemeinsame Sprache und gemeinsame physische wie moralische Merkmale.

Die Beschreibung Deutschlands durch Cochlaeus ist in eine große „europäische" Vision eingebunden:[91] die Europäer besitzen gemeinsam das gleiche kulturelle Instrument (die lateinische Sprache), die gleichen geistigen und philosophischen, auf das antike Denken zurückgehenden Traditionen und die gleichen religiösen wie moralischen Beziehungen zum christlichen Glauben. Wenn auch nach Cochlaeus die militärischen Tugenden der Deutschen offensichtlich der Vergangenheit angehören, so zeichnet dieses Volk in seiner Gegenwart ganz spezifische Fähigkeiten gegenüber anderen Nationen aus, weil ihre Erfindungen und technischen wie kulturellen Errungenschaften Ausdruck eines besonders fleißigen und eifrigen Geistes sind. Allen voran erwähnt Cochlaeus die beiden großen Erfindungen, die Europa den Deutschen verdankt: die Bombarde als Vorläuferin der Kanone und den Buchdruck, dessen Nutzen der Autor jedoch als unendlich größer einstuft. Auch auf dem Gebiet der Architektur, der Malerei und Bildhauerkunst kann Deutschland mit den glänzendsten Leistungen aller Zeiten konkurrieren.

Als Zeichen seiner Dankbarkeit will Cochlaeus in besonderer Weise der Reichsstadt Nürnberg ein Denkmal setzen, wobei auch hier – wie im gesamten Lehrbuch – die Darstellung auf präzise Informationen beschränkt bleibt, nüchtern im Ton und frei von jedem rhetorischen Pathos. Nürnberg liegt für ihn nicht nur im Mittelpunkt Deutschlands, sondern sogar im Zentrum Europas, auf halbem Weg zwischen Wien und Antwerpen, Kärnten und Lübeck. Die von Cochlaeus über die Noris gebotenen Informationen würden selbst noch einem Wirtschaftsgeographen der Gegenwart alle Ehre machen. Der wenig fruchtbare, sandige Boden und die zum Großteil von Wäldern überzogene Region haben die Bewohner frühzeitig gezwungen, sich in ihren Aktivitäten nach „draußen" zu wenden, um ihr Überleben zu sichern. Folglich hat sich in Nürnberg eine „Klasse" von Kaufleuten mit internationalen Handelsbeziehungen herausgebildet, über die Nürnberg zum bedeutendsten Handelszentrum geworden ist. Die soziale Struktur der Stadtbevölkerung basiert nach dem Verfasser auf einer strengen Verteilung der Funktionen innerhalb der „societas": die Kaufleute sorgen für den wirtschaftlichen Reichtum, die Patrizier übernehmen die Regierung und das Volk erfüllt die übrigen Aufgaben. Cochlaeus lobt die harmonische Umsetzung der christlichen Idee des Gemeinwohls als wesentlichen Bestandteil des politischen Lebens. So erstellt er eine lange Liste der karitativen Institutionen und Vereine, die ein Beleg für die humanitären Leistungen der Bürger sind: Hospize für Alte, fromme Stiftungen, Herbergen für Pilger.

Im letzten Teil seiner Schilderung würdigt er zahlreiche Persönlichkeiten der Reichsstadt. Neben Dürer erwähnt er Johannes Neuschel als berühmten Hersteller von Blasinstrumenten, den Bronzegießer Peter Vischer, den Astronomen und Karto-

---

[91] Diese Perspektive ist bereits 1471 bei dem Nürnberger Astronomen Johannes Regiomontanus belegt. Siehe dazu die große Sonderausstellung „Quasi Centrum Europae" im Jubiläumsjahr des Germanischen Nationalmuseums (20. Juni–6. Oktober 2002).

graphen Erhard Etzlaub[92] und schließlich den Uhrmacher Peter Henlein als Erfinder der Taschenuhr.

Trotz der Kürze und gewollt straffen Form seiner Darstellung ist es Cochlaeus gelungen, ein lebendiges Gemälde seiner Heimatstadt entstehen zu lassen. Konfliktgeladene Aspekte werden dabei bewußt ausgelassen, weil der Pädagoge in seinen Lehrbüchern den Schülern eine heile Sicht der Welt des Geistes vermitteln wollte. Gerade am Beispiel von Nürnberg beabsichtigt er zu demonstrieren, daß sich das Individuum in allen Lebensbereichen harmonisch in die Stadt als organische Einheit integriert. In diesem Rahmen kommt dem religiösen Leben nach Cochlaeus in erster Linie kollektive Dimension zu, Frömmigkeit zielt auf die Unterstützung der sozialen Strukturen.

Teilweise referiert Cochlaeus – manchmal ungeprüft – liebevolle bis kuriose Details bei der Vorstellung einzelner Landschaften, Regionen und Städte. So fällt ihm auf, daß die Steirer und Kärntner mit Kröpfen behaftet sind, „und zwar mit so ungeheuren Kröpfen, daß sie nur sehr beschränkt sprechen können und bisweilen mit einem solch langen, wenn das Gerede wahr ist, daß die Mutter, wenn sie ihr Kleinkind stillt, den Kropf wie einen Sack auf den Rücken wirft, damit er der Brust nicht hinderlich ist".[93] In Franken macht er Schwabach aus, „wo kräftiges Bier gebraut wird"[94] und das reiche Kloster Heilsbronn. Dabei bleibt er wohltuend nüchtern und enthält sich ganz persönlicher Impressionen.

Interessant ist seine Vorstellung von Wittenberg (S. 127) – also noch vor der Zeit seiner Auseinandersetzung mit Luther. Dort befindet sich die von Friedrich dem Weisen „jüngst errichtete öffentliche hohe Schule für die Wissenschaften, die er mit von überall herbeigerufenen Gelehrten schmückte und mit reichen Mitteln und Einkünften vortrefflich und freigiebig ausstattete".[95] Später (nach 1524) wird er dort nur noch die „Brutstätte des Satans" ausmachen.

4. Der Theologe Cochlaeus und die Reformation

Die erste von Cochlaeus gegen den Wittenberger gerichtete Schrift trägt den Titel: „Antwort auf den gottlosen Appell Luthers gegen den Papst des Jahres 1520" und verrät eher juridisches als theologisches Denken. Hier steht das Wohl der Gesellschaft auf dem Spiel, das durch Gesetze gefördert werden muß. Der Begriff „Gemeinwohl" findet sich auch in den meisten seiner späteren Schriften als ein fundamentales Kriterium bei der Bewertung sozialer und religiöser Fakten. Luther stellt sich für Cochlaeus an den Rand des Reichsgesetzes und des kirchlichen Rechts. Die Taktik des Wendelsteiners besteht darin, Argwohn auf den Reformator zu lenken, um damit seine Glaubwürdigkeit zu untergraben. Im Anschluß an Luthers Schrift „Von der Babylonischen Gefangenschaft der Kirche" steht sein Urteil fest: das Verhalten Luthers gegenüber dem Papst ist aufrührerisch, weil er den Kaiser und die deutschen Fürsten aufruft, sich gegen die geistliche Gewalt aufzulehnen.

---

[92] Im Anhang der „Descriptio" wird die von Etzlaub 1512 zum Druck gebrachte Deutschlandkarte aufgenommen. In seiner Darstellung weicht Cochlaeus nicht selten von den Vorgaben des Kartographen ab.
[93] Cochlaeus, Descriptio (wie Anm. 89), S. 103.
[94] Ebd., S. 125.
[95] Ebd., S. 127.

Auf Luthers Einschätzung als Häretiker muß nach Cochlaeus seine Bestrafung folgen, weil sein wachsender Einfluß auf das Volk zu befürchten ist. Der Appell Luthers „vom Papst an ein Konzil" repräsentiert einen Akt des Treuebruchs. Cochlaeus erhebt gegen Luther Klage, denn durch ihn droht Deutschland Aufruhr, Schisma und Barbarei. Damit bewegt sich Cochlaeus im Rahmen der Grundgedanken des Humanismus über das gedeihliche Zusammenwirken von staatlicher und kirchlicher Ordnung. Fehlt in seiner ersten Schrift von 1520 noch der ausdrückliche Vorwurf der Häresie, so argumentiert er mit dem negativ besetzten Begriff des „Hussitentums", der damals zum Synonym für bewaffnete Rebellion gegen die bestehende Ordnung geworden ist. Ist der Humanist Cochlaeus an der Förderung des sozialen Lebens, der Verfeinerung der Sitten und der Entfaltung geistiger Kultur interessiert, so erkennt er früh in Luthers Agitation die negativen Folgen eines Bruchs in dieser Entwicklung. Er fürchtet, daß aus blühenden Städten bald „Räuberhöhlen" entstehen könnten und das Land verwüstet werde. Daran schließt Cochlaeus den grundlegenden Gedanken, der ihn als Pädagogen und Historiker zeit seines Lebens verfolgt: es kann keine Zivilisation für ein abendländisches Land ohne die Verbindung mit der römischen Kirche geben.

Cochlaeus ging es in seinem Abwehrkampf gegen Luther und die reformatorischen Lehren vor allem um die Verteidigung der Eucharistielehre, des Priestertums und der altgläubigen Ekklesiologie.[96] Seine ersten theologischen Schriften (eine Art Trilogie) sind betitelt: „De gratia sacramentorum" (Dezember 1522), „De baptismo parvulorum" (Februar 1523) und „De fomite peccati" (Februar 1524). Die letztgenannte Schrift war eine Absage an die radikale Auffassung der Erbsündenlehre Luthers, verstanden als grundsätzliche Verdorbenheit des Menschen auch nach der Taufe. Dem setzt der Wendelsteiner entgegen, daß nach der Taufe nur noch vom „Anreiz" zur Sünde (Fomes = Zunder) gesprochen werden könne, zu der dann die willentliche Entscheidung des Menschen hinzukommen muß.

Luther beantwortete den Traktat „Über die Gnade der Sakramente" mit seiner groben Schrift „Wider den gewappneten Mann Cochleus".[97] Darin spottet er über den Auftritt seines Gegners in Worms (1521) und apostrophiert ihn – in Anspielung auf seinen Namen – als „Schnecke". In seiner Replik, „Gegen den Wittenberger Minotaurus in der Mönchskutte",[98] blieb er seinem Kontrahenten an derben Verunglimp-

---

[96] Die theologische Argumentation von Cochlaeus soll hier an einigen ausgewählten Schriften aufgezeigt werden. Bis heute fehlt eine umfassende Gesamtdarstellung seiner Theologie, einzelne Aspekte (z.B. seine Stellungnahme zur Konzilsfrage) sind bisher unberücksichtigt geblieben. Einen ersten größeren Überblick verdanken wir Remigius Bäumer, Johannes Cochlaeus (wie Anm. 1), S. 67–100. Bäumer bescheinigt Cochlaeus überragende Kenntnis der theologischen Quellen und zählt ihn zu den „einflußreichsten katholischen Flugschriften-Theologen in der ersten Hälfte des 16. Jahrhunderts", ebd. S. 69.

[97] Adversus armatum virum Cokleum; WA 11 (wie Anm. 58), S. 292ff.

[98] Adversus cucullatum Minotaurum Wittenbergensem de sacramentorum gratia iterum (1523), hg. v. Joseph Schweitzer (Corpus Catholicorum – Werke katholischer Schriftsteller im Zeitalter der Glaubensspaltung 3), Münster 1920. – Wie aufgeheizt und giftig die Stimmung im Umkreis Luthers auf diese Schrift des Cochlaeus war, zeigt ein Brief des Lutherschülers Johann von Glauburg an seinen Vetter Dr. jur. Arnold von Glauburg in Frankfurt am Main: Cochlaeus habe diese Schrift aus Geldgier geschrieben und schmeichle den Frankfurter Persönlichkeiten mit historischen Reminiszenzen. Die Wittenberger seien verstimmt, daß man Cochlaeus in Frankfurt gewähren lasse. Siehe dazu: Rudolf Jung, Die Aufnahme der Schrift des Cochlaeus Adversum cucullatum Minotaurum Wittenbergensem in Wittenberg 1523, in: ARG 11, 1914, S. 65–68.

fungen nichts schuldig. Auf Luthers aggressive Argumentationsweise und hemmungslose Angriffslust schärft Cochlaeus seine Waffen, die ihm aus der klassischen Rhetorik, seiner humanistischen Bildung und seinen guten Kenntnissen biblischer wie klassischer Texte zur Verfügung standen. Er griff dabei auf die Gestalt des Minotaurus aus der griechischen Argonautensage zurück und wandte in seiner Darstellung verschiedene Tierbezeichnungen wie animalische Verhaltensformen auf Luther an. Obwohl als Gelegenheitsschrift konzipiert, setzt sich hier Cochlaeus inhaltlich mit Luthers Rechtfertigungslehre „sola fide" auseinander und verteidigt die vom Wittenberger beanstandeten Axiome: durch Christus werden die Sünden getilgt – die Sakramente verleihen die göttliche Gnade. Stützt sich Luther bei der Ablehnung der Werkgerechtigkeit auf Bibelstellen aus dem Römerbrief (Röm. 2/3), so verlegt sich Cochlaeus auf den Nachweis, daß Paulus nur die Werke des (jüdischen) Gesetzes, nicht aber die nach dem Evangelium geforderten (verdienstvollen) Werke abgelehnt habe. Mit Augustin argumentiert Luther, daß nicht das Sakrament rechtfertigt, sondern „fides sacramenti", das heißt der auf das Sakrament bezogene Glaube. In der Folgezeit lehnt es Luther ab, die literarische Fehde mit Cochlaeus weiterzuführen, weil er ihm schlichtweg theologische Kompetenz abspricht.

Als die Bauern 1525 im Namen der „Freiheit eines Christenmenschen" das Joch der Knechtschaft abschütteln wollen, erkennt Cochlaeus in Luther den Anstifter dieser Bewegung.[99] Er ist für ihn der Hauptverantwortliche für die Revolten, mit seinem „revolutionären Evangelium" habe er die Grundfesten der religiösen und weltlichen Obrigkeit untergraben. Fehlte bei Luther das sensible Gespür für die soziale Notlage der Bauern, so wird Cochlaeus dem Reformator insofern nicht gerecht, weil dieser während des Bauernkrieges immer davor gewarnt hat, die Freiheit im Glauben nicht mit weltlichen Freiheiten zu verwechseln. Die letztlich gescheiterten Vermittlungsversuche Luthers zwischen Bauern und Adeligen dienen Cochlaeus als Beweis für sein polemisches Hauptargument, das heißt der Unbeständigkeit in den Positionen des Reformators. Daß Luther in der Zeit des Bauernkrieges geheiratet hat, kann er ihm aus zwei Gründen nicht verzeihen: zum einen war dies ein klarer Verstoß gegen die von Klerikern geforderten Gelübde, zum andern eine tiefe Mißachtung der Not des Nächsten.

Weitschweifig befaßt sich Cochlaeus mit der Deutung der „Konkupiszenz" auch in seiner Streitschrift „De libero arbitrio hominis" (1525):[100] Ohne Willenskonsens sind die Regungen der Konkupiszenz („Begierde") im Getauften keine Sünde. Die Taufe tilgt völlig die Schuld der Erbsünde und vermittelt die Rechtfertigungsgnade – eben nicht nur der Glaube wie bei Luther. Cochlaeus berücksichtigt in dieser Schrift durchwegs nur lateinische Schriften der Kirchenlehrer, weil er des Griechischen kaum mächtig ist, seine Darstellung ist schwerfällig und langatmig. „Cochlaeus neigte zur

---

[99] Für Cochlaeus war Luther „omnium istorum malorum certissimus autor". Vgl. dazu: Hubert Kirchner, Der deutsche Bauernkrieg im Urteil der frühen reformatorischen Geschichtsschreibung, in: ZKG 85, 1974, Nr. 2: Sonderheft: Deutscher Bauernkrieg 1525, hg. v. Heiko A. Oberman, S. 95–125 [S.239–269]; bes. S. 114f.

[100] Siehe dazu die theologische Dissertation von Hubert Jedin, Des Johannes Cochlaeus Streitschrift de libero arbitrio hominis (1525) – Ein Beitrag zur Geschichte der vortridentinischen katholischen Theologie (Breslauer Studien zur historischen Theologie 9), Breslau 1927.

Kleinlichkeit, das Erfassen der großen Zusammenhänge war nicht seine Sache", stellenweise verlegte er sich auf „unerträgliche Silbenstecherei".[101] Bei der Frage nach dem freien Willen des Menschen bleibt er der scholastischen Auffassung treu, daß Philosophie und Theologie, Vernunft und Glaube, Natur und Gnade nicht im Gegensatz zueinander stehen. Er entwickelt in dieser Schrift drei Hauptgedanken: 1. Der menschliche Wille ist von der Vernunft geleitet. 2. Unvereinbarkeit der Willensunfreiheit mit dem christlichen Gottesbegriff. 3. Das Ineinanderwirken von Natur und Gnade. Allerdings fehlt ihm die klare Gedankenführung, sie wird von einem „Wust von Erörterungen, exegetischen Belegen und persönlichen Invektiven" überlagert.[102]

In seiner Herzog Johann von Sachsen gewidmeten, auf der Leipziger Messe präsentierten Schrift „Sieben Köpffe Martin Luthers – Vom Hochwirdigen Sacrament des Altars"[103] von 1529 geht es Cochlaeus nicht nur darum, den mehrfachen Abfall Luthers von der Kirche nachzuweisen, sondern vor allem (in Anspielung an den siebenköpfigen Drachen der Apokalypse) um die Demonstration von dessen – mit einem bekannt gewordenen Holzschnitt[104] unterlegte – Uneinigkeit mit sich selbst. Einleitend bemerkt er polemisch übertreibend, daß alle Christen 1500 Jahre lang einerlei Gesinnung gehegt hätten, Luther aber habe sich nach dem Urteil Gottes „geteylt und abgesondert": von der allgemeinen Kirche des Papstes, dann von den Schultheologen, von den Konzilien, von den „heyligen lerern", von etlichen Büchern der Hl. Schrift, von seinen eigenen Anhängern und schließlich (zum siebten) von sich selbst. Die im Halbkreis angeordneten Köpfe illustrieren von links nach rechts den ansteigenden Grad seiner Abkehr von der Kirche: der *Doktor* und *Martinus* weniger stark, dann *Luther*, der seinem richtigen Namen nach „ludert", der *Ecclesiastes* predigt, was der „pöfel" gern hört, als *Schwirmer* schwärmt er gegen sich und andere, der *Visitierer* will eine neue Ordnung in der Kirche einführen und schließlich der keulenschwingende *Barrabas*. Aus heutiger Sicht ist das Bild als diabolisierende Antwort auf die evangelische Verklärung des Wittenberger Mönches und Doktors zu verstehen. Satirisch mutet die Konzentrierung auf die protestantische Bibelbezogenheit an, weil alle zum Körper eines Mönches gehörenden Köpfe aus der Hl. Schrift lesen.[105]

Cochlaeus vertritt die Auffassung, daß Luther wegen seiner „siebenfachen Zunge" leicht zu widerlegen sei. Als Beleg für dessen Unbeständigkeit, die zur Zwietracht unter den Protestanten geführt hat, wählt er in dieser Schrift die Abendmahlslehre. Die ersten beiden Köpfe wollen, daß sich das Volk beim Sakramentsempfang „in alte

---

[101] So das Urteil von Hubert Jedin, ebd., S. 61.
[102] Ebd., S. 80.
[103] Leipzig 1529 (gedruckt bei Valentin Schumann). Unkommentierte Faksimile-Ausgabe in: Ohn' Ablass von Rom kann man wohl selig werden – Streitschriften und Flugblätter der frühen Reformationszeit, hg. v. Germanischen Nationalmuseum Nürnberg, Nördlingen 1983, o. S.
[104] Der Holzschnitt mit dem Titel „Martin Luther Siebenkopf" wird Hans Brosamer zugeschrieben.
[105] Die Aussagen des Holzschnittes stimmen nicht ganz mit der Deutung von Cochlaeus überein: Doktor, neuer Heiliger Martin, Türke, Priester, Schwärmer, Visitierer und Barrabas. – Vgl. dazu: Harry Oelke, Die Konfessionsbildung des 16. Jahrhunderts im Spiegel illustrierter Flugblätter (Arbeiten zur Kirchengeschichte 57), Berlin/New York 1992, S. 263f., Abb. 16 (im Anhang); vgl. dazu auch: Martin Brecht, Martin Luther 2: Ordnung und Abgrenzung der Reformation (1521–1532), Stuttgart 1986, S. 263–265; zu Cochlaeus auch: ders., Martin Luther 3: Die Erhaltung der Kirche (1532–1546), Stuttgart 1987, S. 77f. – Dieser Holzschnitt findet bald darauf (1530) noch größeres Echo auf evangelischer Seite im illustrierten Flugblatt „Das siebenköpfige Papsttier" (von unbekannter Hand).

andacht richtet" mit Beichte, Buße und Gottesfurcht, die anderen fünf Köpfe jedoch „schwermen" wider die Gewohnheit der Kirche. Methodisch geht Cochlaeus so vor, daß er Textstellen aus Schriften Luthers und seiner Anhänger ohne genaue Kontextualisierung aufnimmt und gegeneinander auftreten läßt, eine streng exegetische oder theologische Widerlegung erfolgt nicht.

In der neueren Kirchengeschichtsforschung rückten auch die Auseinandersetzungen der katholischen Kontroverstheologen mit den Täufern ins Blickfeld.[106] In Worms erreichte die Täuferbewegung ihren Höhepunkt und Umschwung, als Jacob Kautz am 9. Juni 1527 (Pfingstfest) seine von Hans Denck beeinflußte „Syben Articel" an die Tür der dortigen Predigerkirche anschlug. Im ersten Artikel wird die Behauptung aufgestellt, daß das „äußerliche" Wort nicht das ewige Wort sein könne, sondern auf das „innere" Wort verweise. Nichts Äußerliches (Worte, Zeichen, Sakramente) sei imstande, dem inneren Menschen Trost zu spenden. Diese Ansicht war eindeutig gegen Luther gerichtet, der das Sakrament als Verbindung eines äußeren Zeichens und einer göttlichen Verheißung definierte. Diese Artikel verwerfen unter anderem die Kindertaufe und die Realpräsenz Christi beim Abendmahl. Außerdem werden Forderungen nach den sichtbaren Früchten des Glaubens gestellt.

Zunächst werden diese täuferischen Artikel von den lutherischen Prädikanten Preu und Freiherr Punkt für Punkt widerlegt, bevor Cochlaeus in seiner Erwiderung unterschiedslos den Täufer Kautz und die beiden Prädikanten angreift.[107] Die Ungereimtheiten in der Argumentation des Cochlaeus liegen von vornherein auf der Hand, weil er zwei einander widerstreitende Positionen mit einem Streich treffen will. Für ihn sind beide Thesenreihen „zwyspaltig" und verleiten zu Aufruhr, womit Cochlaeus sofort auf seine Grundanschauung von den Spaltungen im reformatorischen Lager einschwenken kann, die sich von der idealen Einheit der römischen Kirche abheben. Die Wormser Artikel dienen folgerichtig Cochlaeus erneut zur Untermauerung seiner Grundthese, daß Luther der Urheber aller Zwietracht und Häresie sei.

Cochlaeus hat als erster der altgläubigen Theologen des 16. Jahrhunderts die Auseinandersetzung mit den Münsteraner Täufern gesucht.[108] Er wendet sich in seiner Streitschrift einerseits an die Obrigkeit, die über Machtmittel verfügt, diese Ketzer zu bekämpfen. Andererseits versucht er den wankelmütigen und leicht verführbaren gemeinen Mann anzusprechen. Auch hier trifft Luther die Wucht von Cochlaeus' Haß, weil in seiner Lehre die Wurzel der „Rottengeister" zu finden sei. Damit bestätigt sich das Schlußvotum von Dittrich: „Sämtliche Schriften gegen die Täufer sind, genau genommen, Anti-Luther-Pamphlete".[109]

Mit der Schrift „Von der heiligen Mess und Priesterweihe" wendet sich Cochlaeus 1534 gegen Luthers Schrift „Von der Winkelmesse und Pfaffenweihe" von 1533.[110] Er

---

[106] Siehe dazu: Christoph Dittrich, Die vortridentinische katholische Kontroverstheologie und die Täufer. Cochläus – Eck – Fabri (Europäische Hochschulschriften III/473), Frankfurt/M. u.a. 1991; zu Cochläus: S. 4–106.
[107] Cochlaeus: „Syben Articel zu Wormbs von Jacob Kautzen angeschlagen und gepredigt. Verworfen und widerlegt mit Schrifften unnd ursachen auff zwen weg" (1527).
[108] Siehe dessen Schrift: „XXI Articel der Widderteuffer zu Munster durch Doctor Johan Cocleum widerlegt mit Anzeigen des Ursprungs, daraus sie herfliessen" (1534).
[109] Ebd., S. 263.
[110] Vgl. WA 38 (wie Anm. 58), S. 195–256.

greift darin die von Emser und Eck her bekannten Argumentationsmuster auf. Meistens führt er zur Verteidigung des Priestertums einen ausgiebigen neutestamentlichen Schriftbeweis, der sich jedoch oft mit den Nachweis begnügt, daß kein Gegenbeweis aus der Schrift gegen eine bestimmte kirchliche Tradition vorliegt.[111] Gegen Luthers Betonung des *sola scriptura* sieht er bereits einen ketzerischen Grundsatz vorliegen, daß etwas nur Geltung haben soll, was in der Hl. Schrift steht. Paradebeispiel für die Notwendigkeit der traditionsbewahrenden Kirche ist für ihn die Trinitätslehre. Dieser hohe Glaubensartikel findet sich nicht in der Hl. Schrift, gehört aber zur umfassenden Tradition der Kirche. Daraus folgert er, daß die Wahrheit nicht von der Kirche losgelöst werden kann.

Cochlaeus verteidigt ein zweifacher Priestertum:[112] das allgemeine Priestertum aller Christen und das besondere, vom Bischof in der Ordination übertragene Priestertum (nach Hebr. 5 / Num. 18, 17). Vehement hält er am Geheimnischarakter des priesterlichen Amtes fest und an der Salbung („Cresem") als Zeichen der Priesterweihe. Beim Zusammenhang zwischen Meßopfer und Priestertum greift Cochlaeus auf die Melchizedek-Typologie (Gen. 14,18) als Präfiguration für das Priestertum Christi zurück.[113] Christus ist Priester und Opfer, allein Mittler und Versöhner. Und trotzdem hält Cochlaeus an der Mittlerfunktion des Priesters zwischen Gott und Mensch fest. Wenn Cochlaeus auch den Lutheranern zugesteht, daß sie die rechte Taufe und den wahren Leib und Blut Christi haben, so geht von ihren Sakramenten aufgrund der negierten Einigkeit (nach 1. Kor. 14, 33) nicht die gleiche Wirkung aus. Das unwürdig begangene Sakrament des Altars wird bei ihnen in „zwyspalt und uneynigkeyt" mißbraucht und gerät „zum gericht und ewiger verdamnis". Ihr Predigtamt verkommt zum ketzerischen Mißbrauch des göttlichen Wortes, ihre Pfaffenweihe zur „Huntzweihe". Da sich die Lutheraner nicht an Ordnung und Brauch der Kirche halten, können ihre „Ketzerweihen" nicht anerkannt werden. Für Cochlaeus erweist sich Luther in seinen Äußerungen zu Messe und Opfer als „zwinglischer" Ketzer, gegen den die christliche Obrigkeit nur mit dem Schwert vorgehen kann.[114]

Auch hier zeigt sich die Schwäche des Cochlaeus, daß er Detailprobleme nicht ausdiskutiert, sondern ausführlich auf Belegstellen aus der kirchlichen Tradition zurückgreift. Weil Cochlaeus das Priesteramt in der theokratischen Ordnung der Kirche verankert weiß, steht für ihn von vornherein der Irrtum der Gegner fest. Mit dieser Methode erkennt Benedikt Peter in Cochlaeus einen „frühen Exponenten einer konfessionalistisch geprägten Theologie".[115]

---

[111] Siehe dazu: Benedikt Peter, Der Streit um das kirchliche Amt – Die theologischen Positionen der Gegner Martin Luthers (Veröffentlichungen des Instituts für Europäische Geschichte Mainz, Abt. Abendländische Religionsgeschichte 170), Mainz 1997; zu Cochlaeus: S. 46f./191–205.

[112] Vgl. dazu auch: Karl Kastner, Cochläus und das Priestertum – Ein Gedenkblatt zur 400. Wiederkehr seines Todestages, in: Archiv für schlesische Kirchengeschichte 10, 1952, S. 84–105. Kastner weist nach, daß Cochlaeus in seinen Hauptschriften über das Priestertum die Bedeutung des Zölibats ausblendet.

[113] Gegen die Opfervorstellung im Zusammenhang mit Gen. 14,18 hat Andreas Osiander mehrfach exegetisch dagegen gehalten, daß nach dem hebräischen Wortsinn nicht Brot und Wein „geopfert", sondern „hinausgetragen" werden; siehe etwa dessen Schrift „Grund und Ursache" von 1524, in: OGA (wie Anm. 37) 1, Gütersloh 1975, S. 201ff., bes. S. 220–227.

[114] Vgl. Peter (wie Anm. 111), S. 202.

[115] Ebd., S. 204.

Die zum großen Teil zwischen 1532 und 1534 verfaßten „Commentaria de actis et scriptis Martini Lutheri" haben zum wesentlichen Ziel, die katholische Öffentlichkeit und die zukünftigen Teilnehmer auf dem Konzil über die religiösen Ereignisse in Deutschland zu informieren. Allerdings hatte er erst 1549 die Möglichkeit, dieses Werk in der Mainzer Werkstatt seines Verwandten Franz Behem drucken zu lassen, nachdem er sich vorher intensiv um die Herausgabe der Schriften von Konrad Braun gekümmert hatte.[116] Die chronologische Darstellung und die historischen Abschweifungen lassen die Hauptperson häufig aus dem Blickwinkel geraten und schaden der Geschlossenheit des ganzen Werkes. Nebenbei spiegeln die „Commentaria" die parallelen Schicksale von Luther und Cochlaeus. Nicht ohne Selbstgefälligkeit erinnert Cochlaeus an seine literarischen Kämpfe und seine diplomatischen Interventionen. Seine persönliche Rolle wächst in dem Maße, wie Luthers Platz in der Öffentlichkeit schwindet.

Man kann dem belesenen Cochlaeus bescheinigen, daß er einen guten Überblick über das Schrifttum der reformatorischen Theologen hatte, darauf aber ohne gründliches Studium häufig zu schnell reagierte und mit ermüdenden Argumentationsmustern aus seinen ersten Schriften operierte. Damit mußte er sich den Vorwurf gefallen lassen, in den theologischen Auseinandersetzungen mit seinen Gegnern – vor allem in der Zeit nach Ecks Tod (1543) – nicht ernst genommen zu werden. So war Cochlaeus 1533 bei der Lektüre von Sebastian Franks Weltchronik auf den Namen Heinrich Bullingers gestoßen, er fühlte sich aber erst fünf Jahre nach dem Erscheinen von Bullingers Schrift über die Autorität der Heiligen Schrift (1538) zur Abfassung einer Gegenschrift und (im gleichen Zeitraum) zur Auseinandersetzung mit Wolfgang Musculus in Augsburg berufen.[117]

Wie Monique Samuel-Scheyder zu Recht betont, blieb Cochlaeus auch im Kampf gegen Luther den großen humanistischen Prinzipien treu: der besonderen Würde des Menschen, dem Glauben an dessen Vernunftbegabung und dem Vertrauen in dessen moralische Fähigkeiten. Luther dagegen bestreitet in seiner Anthropologie diese Fähigkeiten durch die radikale Betonung, daß der Mensch auf die Gnade Gottes angewiesen ist und bleibt. Das Wissen um die bleibende Sünde des Menschen und die Last der Erbsünde, das heißt die Vorstellung, daß der Mensch grundsätzlich gegen Gott gerichtet ist, durchzieht Luthers theologisches Denken wie die Auffassung, daß das Seelenheil des Menschen allein der Initiative Gottes vorbehalten bleibt. Für den Humanisten ist die Gnade Basis für die Tugenden. In guter scholastischer Manier ergänzen sich auch nach dem Verständnis des Cochlaeus Gnade und Natur. Gott und Mensch wirken jedes Mal zusammen, wenn der Mensch das Gute tut, während die Reformatoren hier nur die Gnade Gottes walten lassen.

---

[116] Zu ihm: Maria Barbara Rössner, Konrad Braun (ca. 1495–1563) – ein katholischer Jurist, Politiker, Kontroverstheologe und Kirchenreformer im konfessionellen Zeitalter (Reformationsgeschichtliche Studien und Texte 130), Münster 1991.

[117] Vgl. dazu: Conradin Bonorand, Die Reaktion Bullingers, Joachim Vadians und anderer evangelischer Schweizer auf die antireformatorische Tätigkeit des Johannes Cochläus, in: Ulrich Gäbler/Erland Herkenrath (Hg.), Heinrich Bullinger 1504–1575 – Gesammelte Aufsätze zum 400. Todestag, Bd. 2: Beziehungen und Wirkungen (Zürcher Beiträge zur Reformationsgeschichte 8), Zürich 1975, S. 215–230.

Es gilt mit Monique Samuel-Scheyder festzuhalten,[118] daß Cochlaeus als Pädagoge, Polemiker, Kontroverstheologe und Unterhändler bei Gesprächen mit den Lutheranern immer auf dem Hintergrund der vom Zusammenwirken der weltlichen und geistlichen Obrigkeit bestimmten Ordnung und den von Humanisten erkannten Werten (im Rahmen der gegenseitigen Ergänzung von philosophischen und christlichen Tugenden) argumentiert. Bei Cochlaeus überwiegt die Treue zur römischen Kirche als einer Ordnungsstruktur, die unlösbar mit der christlichen Botschaft verbunden ist. In wieweit sich die von Samuel-Scheyder konstatierte „Originalität" und „Exemplarität" des Cochlaeus in der Beurteilung der Reformation auf der Basis humanistischen Denkens aufrecht erhalten läßt, wird sich allerdings erst dann abzeichnen, wenn das theologische Profil seiner Mitstreiter in der Forschung noch deutlicher herausgearbeitet ist. Oder pointierter gefragt: Gilt diese „Originalität" des Cochlaeus nicht auch (nuanciert) für die anderen humanistisch gebildeten Kontroverstheologen aus der ersten Hälfte des 16. Jahrhunderts?

5. Cochlaeus in seinen Briefen

Unabdingbar für das Persönlichkeitsbild von Cochlaeus sind die von ihm geschriebenen Briefe. Da zu einer endgültigen Beurteilung weiterhin das dringende Desiderat einer kritischen Gesamtausgabe des Briefwechsels der wichtigsten Kontroverstheologen des 16. Jahrhunderts bestehen bleibt, sind wir nach wie vor auf die verstreute Edition seiner Briefe angewiesen – entsprechend vorläufig bleiben unsere Erkenntnisse. Walter Friedensburg hat Ende des 19. Jahrhunderts immerhin 97 Briefe von und an Cochlaeus gesammelt und ediert.[119]

Bereits 1521 klagt Cochlaeus in einem Brief aus Frankfurt an Aleander über seine bescheidenen finanziellen Verhältnisse, die mit der Unterbringung seiner bei ihm lebenden betagten Mutter zusammenhängen, so daß ihm die Reisekosten zum Wormser Reichstag hart ankommen. Nebenbei läßt er einfließen, daß nur wenige Freunde dem Papst gegenüber gehorsam sind.[120] In einem weiteren Brief an Aleander verwehrt er sich gegen die Verleumdungen und den Spott im Anschluß an sein unrühmliches Verhalten in Worms, Luther zu einer Privatdisputation aufzufordern. Außerdem sucht er für eine Schrift gegen die Waldenser – wie später des öfteren – einen Drucker.[121]

---

[118] Vgl. den Abschnitt über die „theologische Anthropologie von Cochlaeus" und die Zusammenfassung in Samuel-Scheyders Habilitationsschrift (Cochlaeus, wie Anm.9), S. 492–556 und S. 575–591.

[119] Walter Friedensburg, Beiträge zum Briefwechsel der katholischen Gelehrten Deutschlands im Reformationszeitalter; zu Cochlaeus, in: ZKG 19, 1898, S. 106–131, 233–297, 420–463, 596–636. Diese Edition steht im Zusammenhang mit seiner Bearbeitung und Herausgabe der in italienischen Archiven gehobenen Quellen – Nuniaturberichte aus Deutschland. Es handelte sich dabei um die Nuntien Paolo Vergerio (1533–1535), Girolamo Aleandro (1520/21 und 1531/32; apostolischer Legat 1538/39) und Giovanni Morone (1536–1542). Cochlaeus hatte daneben Beziehungen zu den Kardinälen Gasparo Contarini, Alessandro Farnese und Marcello Cervini, die mehrfach als päpstliche Legaten fungierten. Nach Friedensburg war Cochlaeus „derjenige unter den deutschen Katholiken gewesen, welcher die Beziehungen zur Kurie und deren Vertretern am eifrigsten gepflegt hat": ZKG 16, 1896, S. 475.

[120] Brief Nr. 17: Frankfurt, 25. März 1521 an Aleander: „[...] grave foret meae tenuitati matrem cum familia sustentare sine ulla participatione, accedentibus etiam itineris (quod lubentissime suscipiam) sumptibus. [...] omnes amici mei sunt et pontifici obedientes et numero pauci." ZKG 18, 1898, S. 109.

[121] Brief Nr. 18, Frankfurt/M., 5. Mai 1521, ebd., S. 109–111.

Er unterrichtet den Legaten über seine literarischen Projekte im Kampf gegen die ketzerischen Artikel der Anhänger Luthers, den er als „unseren Gegenpapst" apostrophiert, und gibt ungefiltert die dramatische Gefangennahme Luthers im Thüringer Wald weiter, die er gerüchteweise vernommen hat.[122]

Nachdem er die von Luther und seinen Anhängern ausgehende Gefahr für die Kirche erkannt hat, will er – auch nach dem Verlust vieler Freunde – sein Leben für die Verteidigung der Kirche einsetzen und vor allem Kontakte mit katholischen Hochschulen knüpfen. Er beklagt allerdings die ausweichende Haltung der kirchlichen Vorgesetzten.[123]

Rechtzeitig informiert Cochlaeus den ahnungslosen Papst (Leo X.), daß der als „novus Hussita" apostrophierte Luther in einer Schrift gegen Emser „mit verderblichem Ungestüm" („ferali rabie") die päpstliche Herrschaft anzugreifen wagte. Um noch größeren Schaden abzuwenden, müsse den „canes Lutheri" Einhalt geboten werden. Über seine eigene (unerfreuliche) Tätigkeit läßt er den Pontifex nicht im Unklaren: die Drucker sind unzuverlässig und perfide, vom Treiben der Sektierer infiziert, das Volk tobt, die Lutheraner stoßen Schmähungen aus. Hätte er genügend Geldmittel, würde er seine Schriften auf eigene Kosten herausbringen! An der seit Worms spürbaren Verachtung trägt er schwer, überall sieht er sich von Feinden umgeben. Im Kielwasser seiner schon vom Italienaufenthalt her bekannten Unrast und Unstetigkeit möchte er am liebsten nach Köln übersiedeln, weil in Frankfurt und Mainz die Oberschicht lutherisch gesonnen ist („nobilitas lutherizat"). In Köln könnte er bei entsprechender Anstellung oder einer hinreichenden Pfründe den Gedankenaustausch mit den Gelehrten weiterpflegen.[124]

Drei Monate später beschwert er sich bei Aleander,[125] daß sein Einsatz für den Papst in Wort und Schrift von Rom aus nicht einmal mit einer Antwort belohnt werde. Ihm gehe es um die Sache, nicht um Ruhm.[126] In seiner Enttäuschung über die mangelnde Unterstützung äußert er gereizt, daß er sich mit Leichtigkeit mit den Lutheranern aussöhnen könnte, er kann aber auch in der Kirche bleiben und wie die anderen (Bischöfe, Prälaten) Ruhe geben. Wenn die Kirche schon nicht um ihn Sorge tragen will, so möge sie wenigstens den unermüdlichen Mitstreiter Emser mit einer Unterstützung bedenken.[127] Aleander kann ihn nur vertrösten.[128] Überall fehlt es an

---

[122] Brief Nr. 19, Frankfurt/M., 11. Mai 1521: „[...] iam coepi transferre in linguam nostram articulos hereticorum, quos approbat noster antipapa. [...] hic nuncius confirmat mihi rumorem, quem hodie audivi, quod Lutherus certissime captus est circa Eysenach in terra proprii ducis sui, a quinque equitibus, pluribus in saltu tenentibus, ejectus e curru et ligatus manibus ductus est pedester inter duos equites absque misericordia [...]. putatur ductus esse in Franconiam. [...]; ebd., S. 112.

[123] Brief Nr. 20: Cochlaeus an Aleander, Frankfurt/M., 22. Mai 1521: „[...] non satis est scribere et imaginari, oportet quaerere adhaerentiam [...]. tergiversantur etiam superiores nostri; ego pene neminem habeo cui possim in hac causa confidere"; ebd., S. 113.

[124] Brief Nr. 22, Frankfurt/M., 19. Juni 1521: „[...] nihil tamen edidi adhuc, quia multa me impediunt; fraus et perfidia impressorum, furor populi, convicia Lutheranorum atque vulgaris contemptus. [...] Coloniae comodissime forem, si quam condicionem aut beneficium illic haberem, ibi enim cum doctis conferre liceret ac impressoribus adesse coram [...]; ebd., S. 117f.

[125] Brief Nr. 23, Frankfurt/M., 27. September 1521; ebd., S. 119–126.

[126] „[...] rem desydero, non famam"; ebd., S. 122.

[127] „[...] si non curatis de me, de illo saltem curate"; ebd., S. 124.

[128] Brief Nr. 24, Aleander an Cochlaeus, vom Oktober 1521; ebd., S. 126–131.

Geld. Er erwähne zwar oft Emser und Cochlaeus in seinen Briefen nach Rom, könne aber erst nach seiner Rückkehr aus Deutschland beim Pontifex vorstellig werden. Die kriegerischen Auseinandersetzungen in Italien bewirken, daß auch dem Papst wenig Geldmittel zur Verfügung stehen. Er möge den Mut nicht verlieren, sondern in Ruhe weiter publizieren.

Auch von Dresden aus verstummen nicht die Jeremiaden des Cochlaeus wegen geringer finanzieller Unterstützung.[129] Dazu kommen Aufwendungen für das Studium seiner Neffen. Wie auch spätere Briefe zur Genüge belegen, geht es ihm nicht nur um die Drucklegung seiner eigenen Werke, sondern um die Schriften von Konrad Braun, Friedrich Nausea oder den zur katholischen Kirche zurückgekehrten Georg Witzel. Beharrlich kehrt die Lamentatio in seinen Briefen wieder, daß die Häretiker weit mehr Unterstützung erfahren als die altgläubigen Theologen, deren Werke nur geringen Absatz erleben.[130]

Leicht resigniert und nicht ohne Untertreibung offenbart Cochlaeus dem Wiener Bischof Johann Fabri im Jahre 1534, daß er ein „nutzloses" Leben führe und die Abgeschiedenheit großer Öffentlichkeit vorziehe.[131] Im gleichen Brief empfiehlt er dem Bischof Nausea wegen dessen Fleiß und aufrichtiger Gesinnung. Cochlaeus erwähnt die nachlassende Kraft seiner Augen im Zusammenhang mit seiner Arbeit an den schwer zu entziffernden und ungeordneten Quellen zur Hussitengeschichte. Interessant ist sein Hinweis, daß er mit dieser Veröffentlichung die Hoffnung verknüpft, nicht nur die böhmischen Hussiten, sondern auch einen Großteil der Lutheraner zur Rückkehr in die alte Kirche bewegen zu können.[132]

Aleander gegenüber hegt er wenig Hoffnung im Hinblick auf die Teilnahme der Lutheraner an dem geplanten Generalkonzil. Haben sie in Augsburg weder den Kaiser noch die Fürsten geschont, wie sollten sie dann den Papst, Kardinäle und Bischöfe schonen?[133] Er kann nicht verstehen, daß der apostolische Stuhl der Wittenberger Universität nicht die Approbation entzieht oder wenigstens Melanchthon, Justus Jonas oder den Pomeranus zur Verantwortung zieht. An anderer Stelle bezeichnet der Wendelsteiner Justus Jonas als dritten der „vier neuen Evangelisten" bei den Wittenbergern.[134]

Große Erwartungen setzte Cochlaeus zwischenzeitlich auf den von ihm unterstützten Verwandten Nikolaus Wolrab (Ehemann seiner Nichte), der in Leipzig seine Druckerei in den Dienst der Verbreitung katholischer Schriften stellte.[135] Und trotzdem werden seine Hoffnungen auf den Erfolg des antilutherischen Kampfes immer

---

[129] Brief Nr. 25 an Aleander, 28. Juni 1532; ebd., S. 233f.

[130] Brief Nr. 30, Cochlaeus an Vergerio, Dresden, 24. Dezember 1533; ebd., S. 241–243; [...] ita res habet nunc in Germania ut haeresibus faveant plurimi, catholicis vero institutis paucissimi. unde fit ut multo citius vendantur haeretici quam catholici libri"; ebd., S. 243.

[131] Brief Nr. 39 Dresden, 28. Oktober 1534: „[...] ego inutilis existo, ideo angulos potius quam aulas amo"; ebd., S. 258.

[132] „[...] non modo Hussitas in Bohemia, sed et Lutheranorum magnam partem in Germania ad pacem et unitatem ecclesiae reduci posse'" ebd., S. 259.

[133] „[...] quomodo parcant papae, cardinalibus et episcopis, quod quotidie ad populum voce scriptisque lapidant [...]". Brief Nr. 41, Cochlaeus an Aleander/ Dresden, 25. Juni 1535; ebd., S. 264f.

[134] „[...] qui tercius habetur apud Wittenbergenses inter quatuor novos evangelistas"; Brief Nr. 36 Cochlaeus an Vergerio, 29. Mai 1534; ebd., S. 252.

[135] Vgl. Brief Cochlaeus an Morone, Meißen, 31. August 1537; ebd. S. 272.

gedämpfter, seine geringe Ausstrahlungskraft läßt ihn immer mehr an seinen eigenen Fähigkeiten zweifeln. Selbst die Aussicht auf die Zubilligung einer Pension von 100 rheinischen Gulden kann ihn nicht besonders motivieren. Sie reicht für seine „Niedrigkeit" aus, wie er sich in seinem Brief an Aleander vom 7. Oktober 1537 mit dem Gedanken anfreundet, „den Geringen gleich zu sein".[136] Im gleichen Brief bezeichnet er Melanchthon als den gefährlichsten Feind der römischen Kirche, der zwar zunächst geistreiche Schriften verfaßt habe, in Augsburg jedoch durch die „listige Verstellung seiner Boshaftigkeit"[137] sehr viele der Kirche entfremdet habe.

Skeptisch äußert sich Cochlaeus 1538 über die Möglichkeiten einer friedlichen Verständigung mit den Lutheranern auf dem Konzil.[138] Sie lassen sich weder locken noch überzeugen, sondern können nur mit Schrecken oder Waffengewalt in Schranken gehalten werden.[139] Bereits im Juli 1538 informiert Cochlaeus über die großen finanziellen Schwierigkeiten des Leipziger Druckers Wolrab.[140] Nach dem Tod von Herzog Georg konnte Cochlaeus nicht mehr gefahrlos mit den Diensten seines Leipziger Druckers rechnen, nachdem sich auch im Herzogtum Sachsen die lutherische Häresie weiter ausgebreitet hatte und in vielen Städten die Jugend bereits in der Grundschule mit „dieser Pest" infiziert worden war.[141]

Zum großen Nachteil von Cochlaeus, Nausea und Witzel ist Wolrab notgedrungen ins Lager der Lutheraner übergegangen, so daß Cochlaeus seine schwindenden Hoffnungen auf einen anderen Verwandten (Franz Behem) setzt, der in Mainz fast mittellos eine neue Druckerwerkstatt eröffnet hat. In einem Brief an Kardinal Contarini[142] sinniert Cochlaeus, daß er den verlorenen Drucker Wolrab als Toten leichter beklagen könnte, weil er für ihn nun im Dienst an der lutherischen „Sekte" seelisch tot sei.

Zum Religionsgespräch nach Hagenau reiste Cochlaeus über Umwege durch Schlesien und Böhmen, nachdem man ihn gewarnt hatte, durch das Herzogtum Sachsen zu ziehen. Vom elsässischen Tagungsort aus bat er Kardinal Farnese um eine weitere Pension, die er zur Unterstützung seines neuen Druckers einsetzen wollte.[143]

---

[136] Brief Nr. 49: „[...] animus gaudet in parvis, quibus par esse queat. quod si pensio haec persolvetur mihi, sufficiet parvitati meae"; ebd., S. 274.
[137] „[...] subdola dissimulatione indignitatis"; ebd., S. 275.
[138] Siehe Brief Cochlaeus an Morone, Meißen, 10. Juli 1538; ebd., S. 287f. – Im Jahre 1544 ruft er in einem Brief an König Ferdinand I. Gott zum Zeugen an, daß seine lauterste Absicht darin gelegen habe, „eintrechtigkeyt im glauben und christlicher religion" zu fördern, „und wo sie mit blut zu erkauffen were, so wolt ich mich darumb gar durchädern lassen". Seine Hoffnung auf Einigkeit bleibt aber gering, so lange Krieg zwischen dem Kaiser und dem französischen König herrscht, „welcher auch ein gemeyn concilium und eine christliche reformation verhindert [...]"; Brief vom 21. September 1544, Eichstätt, in: Acta Reformationis Catholicae 3 (1538 bis 1548), hg. v. Georg Pfeilschifter, Regensburg 1968, S. 429, Z. 21–27.
[139] „[...] neque lutheranos principes reductum iri ad rectam fidem ullis blandiciis aut persuasionibus, nisi compellantur timore aut armorum terrore, qui a religionem et pietatem omnem exuerunt"; ebd., S. 288.
[140] Vgl. Brief Nr. 58, Cochlaeus an Aleander, Meißen, 16. Juli 1538; ebd., S. 290f.
[141] Brief Nr. 61: Cochlaeus an Bischof Giberti von Verona, Breslau, 31. Januar 1540; ebd. S. 420–423: „[...] non potest mihi sine summo periculo amplius excudere quicquam. [...] in magnis civitatibus tota juventus in scholis mox in primis rudimentis ea peste imbuitur"; ebd., S. 421.
[142] Brief Nr. 64, Hagenau, 18. Juni 1540; ebd., S. 430–432.
[143] Brief Nr. 65, Hagenau, 18. Juni 1540; ebd., S. 432f.

Morone hat sich damals zwar lobend über Cochlaeus ausgesprochen, mehr als eine Empfehlung an Kardinal Farnese konnte aber auch er nicht leisten.[144]

Immer dramatischer schildert Cochlaeus das Schicksal der katholischen Drucker, nachdem weder in Köln, Mainz, Straßburg, Leipzig oder Augsburg noch Druckmöglichkeiten bestehen. Zunehmend hat er obendrein Schwierigkeiten, die Kosten für Reisen, seine Diener sowie seine Pferde aufzubringen.[145] Von Regensburg aus plant er, sein Breslauer Kanonikat aufzugeben und nach Würzburg überzusiedeln, um dort der Kirche besser dienen zu können,[146] einige Zeit später denkt er an Speyer, Worms, Mainz oder Köln, „ubi propinquior essem typographis".[147]

Schließlich zog er 1543 von Breslau nach Eichstätt, wo er die Nähe des seit 1539 in Ingolstadt wirkenden Buchdruckers Alexander Weißenhorn suchte, dem er später über 300 Gulden lieh, aber nicht mehr zurückerhielt.[148] Nach dem Tod Ecks hatte dieser keine Aufträge mehr, so daß ihn Cochlaeus – nach seiner Darstellung – mit zwei Arbeitsaufträgen zum Bleiben bewegen konnte. Ansonsten wäre er sicher wieder zu den „Zwinglianern" nach Augsburg zurückgekehrt.[149] Cervini macht er im Oktober 1543 darauf aufmerksam, daß er nun – nach dem Tod von Fabri, Eck, Pigge (Pighius) – fast der einzige aller noch lebenden Kontroverstheologen sei, die über 20 Jahre ihre Kräfte für den Kampf gegen die „neuen Häresien" eingesetzt haben. Er könnte jetzt eigentlich mit mehr Unterstützung vom apostolischen Stuhl rechnen, wenn ihm nicht diese Vergünstigungen von Pfründenräubern (Kurtisanen) streitig gemacht würden.[150]

Auf die Enttäuschung hin, nicht zum Trienter Konzil gesandt worden zu sein, und in Anbetracht seines hohen Alters, plante Cochlaeus noch eine lateinische Gesamtausgabe seiner Schriften – in Sorge darüber, daß niemand nach seinem Tod diese Aufgabe übernehmen wollte. Diese Edition wollte er als sein „nützlichstes" Vermächtnis an die römische Kirche verstanden wissen.[151] Er ahnte aber, daß ihm dazu sowohl Kräfte als auch finanzielle Mittel fehlten.

Von Eichstätt aus erlebte Cochlaeus die Niederlage der Protestanten im Schmalkaldischen Krieg von 1546/1547.[152] Erneut mobilisierte er seine Kräfte in Streitschriften und regem Briefwechsel mit in- und ausländischen Freunden, die er über die politischen Vorgänge informierte. Einer seiner Korrespondenten war Valentin von Teutleben (seit 1537 Bischof in Hildesheim). Weit von ungetrübter Siegesfreude ent-

---

[144] Brief Morone an Cervini, Hagenau, 11. Juni 1540: „Qui è venuto il Cocleo, homo da ben et dotto, quale [...] ha scritto et travagliato assai per la vera religione [...]. Quando Mons. R^{mo} Farnese potesse darli qualche aiuto, come ha fatto ad altri, sarebbe cosa laudabile [...]"; zit. nach: ZKG 3, 1879, S. 643.
[145] Vgl. Brief Nr. 72: Cochlaeus an Vergerio, Regensburg, 13. März 1541; ebd., S. 445f.
[146] Vgl. Brief Nr. 74: Cochlaeus an Cervini, Regensburg, 15. Juni 1541; ebd., S. 448f.
[147] Brief Nr. 75: Cochlaeus an Contarini, Breslau, 23. Februar 1542; ebd., S. 449–451.
[148] Vgl. Brief Nr. 81: Cochlaeus an Cervino, Eichstätt, 24. September 1545; ebd., S. 459–463; bes. S. 461.
[149] Vgl. Brief Nr. 76: Cochlaeus an Farnese, Eichstätt, 23. August 1543; ebd., S. 453.
[150] Vgl. Brief Nr. 77, Eichstätt, 29. Oktober 1543; ebd., S. 453–455.
[151] Vgl. Brief Nr. 103: Cochlaeus an Farnese, Eichstätt, 21. Januar 1547; ebd., S. 618f.
[152] Siehe dazu: Walter Friedensburg, Johannes Cochlaeus im Schmalkaldischen Kriege (1546), in: Zeitschrift für Bayerische Kirchengeschichte (künftig: ZBKG) 10, 1935, S. 151–156; vgl. dazu auch: Remigius Bäumer, Die Religionspolitik Karls V. im Urteil der Lutherkommentare des Johannes Cochlaeus, in: Politik und Konfession – Festschrift für Konrad Repgen zum 60. Geburtstag, hg. v. Dieter Albrecht u.a., Berlin 1983, S. 31–47.

fernt, hängt Cochlaeus im dritten Brief an den Bischof trübsinnigen Betrachtungen über die Zukunft der Kirche nach, weil der Sieg des Kaisers einem neuen Geist Bahn gebrochen habe. Überall wittert er Stolz und Hochmut, „qua omnes non solum literati, sed etiam indocti laici arrogant sibi peritiam sacrarum rerum et de fide ac religione judicium".[153]

6. Cochlaeus und Nausea

Wie notwendig die kritische Gesamtedition zum Briefwechsel der katholischen Kontroverstheologen zu deren gerechter Einschätzung und vor allem zur Erhellung ihrer gegenseitigen Beziehungen ist,[154] kann ein skizzenhafter Vergleich zwischen den beiden aus Franken stammenden Theologen erhellen: zwischen Cochlaeus und dem um 17 Jahre jüngeren Friedrich Nausea (1496–1552) aus Waischenfeld in Oberfranken.[155]

Cochlaeus war im 16. Jahrhundert der bekanntere, war er doch Teilnehmer an den großen offiziellen Religionsverhandlungen zwischen Altgläubigen und Lutheranern war, während Nausea kaum im Rampenlicht entscheidender theologischer Diskussionen stand. Auch die damals publik gewordene Qualifizierung der Kontroverstheologen Fabri, Eck, Cochlaeus und Nausea als die „vier Evangelisten" des päpstlichen Nuntius Aleander dürfte in der Reihenfolge der Genannten ein genaues Spiegelbild für die relative (!) Wertschätzung dieser Theologen in Rom repräsentieren.[156]

Waren für Cochlaeus ziemlich früh Geburtsjahr und Umfang seiner Schriften einigermaßen gesichert, so fand erst um die Mitte des 19. Jahrhunderts Nauseas oberfränkischer Geburtsort Waischenfeld allgemeine Anerkennung. Erst in jüngster Zeit konnten die schwankenden Angaben zu dessen Geburtsjahr – in der kirchengeschichtlichen Forschung operierte man lange Zeit mit den Jahreszahlen 1480, um 1490 und 1496 – aufgegeben werden, nachdem Irmgard Bezzel 1986 in einem sehr gründlichen Aufsatz Nauseas biographische Notizen in einer pädagogischen Frühschrift von 1521 genauer untersucht und die Spätdatierung eindeutig nachgewiesen hatte.[157] Bis heute ist nicht einmal der genaue Umfang von Nauseas Schrifttum bekannt, wie auch Schwerpunkte und Entwicklung seiner Theologie, vor allem aber

---

[153] Zitat: ebd., S. 156.
[154] Unter vielen anderen etwa zu Julius Pflug, den Cochlaeus seit seiner Zeit in Bologna kannte. Aus späterer Zeit ist z.B. bekannt, daß Pflug der Argumentation von Cochlaeus in dessen Stellungnahme zur Scheidung des englischen Königs Heinrich VIII. („De matrimonio serenissimi Regis Angliae Henrici Octavi...", Leipzig 1535) zustimmte. Siehe den Brief von Pflug an Cochlaeus vom April 1535, in: Jacques V. Pollet, Julius Pflug – Correspondance I (1510–1539), Leiden 1969, S. 359–363 (Brief Nr. 103).
[155] Zu Nausea: Remigius Bäumer, Friedrich Nausea (um 1495–1552), in: Fränkische Lebensbilder 14 (Veröffentlichungen der Gesellschaft für fränkische Geschichte VIIa/14), Neustadt a.d. Aisch 1991, S. 65–83; Gerhard Philipp Wolf, Friedrich Nausea (1496–1552) – Prediger, Kontroverstheologe und Bischof, in: ZBKG 61, 1992, S. 59–101; ders., Art. Nausea, in: BBLK (wie Anm. 45) 6, 1993, Sp. 506–513; ders., Cochläus und Nausea, in: Jörg Haustein/Gerhard Philipp Wolf (Hg.), Kirche an der Grenze – Festgabe für Gottfried Maron zum 65. Geburtstag, Darmstadt 1993, S. 45–58.
[156] Siehe dazu den Brief von Johannes van Kampen an Dantiscus vom 12. Juni 1537, zit. nach Paul Kalkoff, Zur Charakterisierung Aleanders, in: ZKG 43, 1924, S. 217.
[157] Irmgard Bezzel, Das humanistische Frühwerk Nauseas (1496–1552), in: Archiv für Geschichte des Buchwesens 26, 1986, S. 216–237.

auch der Einfluß des Humanismus auf sein Denken, unerforscht sind. Außerdem ist die Korrespondenz des Waischenfelders lückenhaft, weil in die von Taurellus (Öchsle) aus Schlettstadt im Elsaß besorgte Edition lediglich an ihn gerichtete Briefe aufgenommen wurden.[158]

Aufschlußreich sind die Wegkreuzungen und Parallelitäten im Leben der beiden Franken, die sich teilweise an Hand der 49 Briefe aus der Feder von Cochläus (im Zeitraum von 1524 bis 1549) ablesen lassen.

Als Begleiter von Karl Schenk von Limpurg, einem Neffen des Bamberger Bischofs Georg Schenk von Limpurg, und Paul von Schwarzenberg, einem Sohn des Bamberger Hofmeisters Johann Freiherr von Schwarzenberg, hielt sich Nausea zunächst in Pavia (in den Jahren 1518–1520) auf. In Padua intensivierte er das Studium der lateinischen und griechischen Schriftsteller, während theologische Interessen damals bei ihm nicht im Vordergrund standen. 1523 schloß Nausea sein Studium mit der Promotion zum Doctor iuris utriusque ab. Seine Einführung in die Dialektik („Gorgias") widmete er im gleichen Jahr Kardinal Lorenzo Campeggio, der in jenen Jahren wie sein jüngerer Bruder Tommaso auf ihn aufmerksam geworden war. Obwohl er kein abgeschlossenes Theologiestudium vorweisen konnte, erhielt er den Vorzug, Kardinal Campeggio im Frühjahr 1524 nach Deutschland zu begleiten – nach über fünfjähriger Abwesenheit von seinem Heimatland. Damit war er im Gegensatz zu Cochlaeus kein direkter Zeuge der Anfänge reformatorischer Bewegungen in Deutschland, noch weniger hatte er sich mit den Hauptschriften Luthers bis 1521 genauer auseinandergesetzt.

Cochlaeus und Nausea haben sich wohl im Umkreis von Kardinal Campeggio in Rom kennengelernt und konnten ihren Gedankenaustausch auf dem Nürnberger Reichstag (März 1524) und auf dem Regensburger Konvent (Juni/Juli 1524) vertiefen. Im Auftrag Campeggios wandte sich Nausea im Sommer 1524 von Stuttgart aus an den in seiner Heimatstadt Bretten weilenden Melanchthon mit der Absicht, diesen zur Rückkehr in die alte Kirche zu gewinnen. Nach erfolgloser Mission reiste er mit dem Kardinallegaten über Wien und Budapest wieder nach Rom. Zur gleichen Zeit erlebte Cochlaeus unmittelbar die Bemühungen des Frankfurter Rates um die Einführung der reformatorischen Lehre in der Mainmetropole. Heftige Auseinandersetzungen ließen es dem Theologen ratsam erscheinen, im April 1525 Frankfurt wieder zu verlassen. Fast ein Jahr später (1526) bezog Nausea die Pfarrstelle bei St. Bartholomäus in Frankfurt, nachdem er sich im Anschluß an seine Deutschlandreise mit der an den Nürnberger Rat adressierten Schrift „Crisis" gegen die Verwendung der Volkssprache bei der Meßfeier ausgesprochen[159] und Kaiser Karl V. in einer weiteren

---

[158] Epistolarum Miscellanearum ad Fridericum Nauseam Blancicampianum, Episcopum Viennensem, & c. singularium personarum, Libri X, Basel 1550; (im Folgenden zitiert als: Ep. misc.) (ein Exemplar: Stadtarchiv Nürnberg: Solg. 1710 2⁰).

[159] Am kompetentesten erwies sich in dieser Frage von allen deutschen Kontroverstheologen in der ersten Hälfte des 16. Jahrhunderts Georg Witzel, der über gute Griechisch- und Hebräischkenntnisse verfügte. Siehe dazu: Heribert Smolinsky, Sprachenstreit in der Theologie? Latein oder Deutsch für Bibel und Liturgie – ein Problem der katholischen Kontroverstheologie des 16. Jahrhunderts, in: Bodo Guthmüller (Hg.), Latein und Nationalsprachen in der Renaissance (Wolfenbütteler Abhandlungen zur Renaissanceforschung 17), Wiesbaden 1998, S. 181–200. Zu Witzel: Barbara Henze, Aus Liebe zur Kirche Reform – Die Bemühungen Georg Witzels (1501–1573) um die Kircheneinheit (Reformationsgeschichtliche Studien und Texte 133), Münster 1995. Cochlaeus bekannte später in einem Brief vom 14. November 1545: „Ego non habeo vsum scribendi hebraice", zitiert nach Andreas Straus, Viri (wie Anm.12), S. 83.

Schrift von 1525 zum gewaltsamen Einschreiten gegen die aufständischen Bauern aufgefordert hatte. Unter dem Einfluß der lutherischen Prädikanten und der Tatenlosigkeit des Frankfurter Rates konnte aber Nausea sein Amt nicht antreten. Von den Störungen während seiner ersten Predigt vom 25. Februar (Reminiscere) entmutigt, hat Nausea ohne erkennbares Durchhaltevermögen Frankfurt verlassen. Bereits am 16. März 1526 wurde er in Mainz als Domprediger präsentiert, wo er dann auch wenig später Cochlaeus als Stiftsherrn von St. Viktor wiederbegegnen sollte.

Bereits in seinem ersten Schreiben vom 19. September 1524 versucht Cochlaeus als väterlicher Ratgeber, Nauseas Klagen über erfolglose Bemühungen um Pfründen mit dem Hinweis auf Gottes Prüfungen aufzufangen.[160] Cochlaeus dürfte den wesentlichen Anstoß zur Gewinnung Nauseas für die Frankfurter Predigerstelle gegeben haben. Es war ihm jedenfalls sehr daran gelegen, daß Nausea seine Tätigkeit an St. Bartholomäus noch im Herbst 1525 antrat, um den Einfluß der lutherischen Prediger in Grenzen zu halten. Möglicherweise hängt die Unentschlossenheit Nauseas mit der Furcht zusammen, diesen hohen Erwartungen nicht gerecht zu werden. In jedem Fall war er ausreichend über die schwierige Situation informiert. Außerdem hat ihn Cochlaeus – auf dem Hintergrund seiner eigenen leidvollen Erfahrungen – bestärkt, vor herben Enttäuschungen in der Anfangszeit nicht zu kapitulieren.[161] Er solle sich nur gut auf den Predigtdienst vorbereiten. Bei seiner umfassenden humanistischen Bildung und seinen vielfältigen Begabungen prophezeit er ihm, ein hervorragender und für die Kirche wertvoller Prediger zu werden. Cochlaeus ermutigt seinen Mitstreiter auch drei Tage nach der auf ihn schockierend wirkenden Störung seines Antrittsgottesdienstes, er möge über die bescheidene Wirkung seiner ersten Predigten nicht verzweifeln. Derlei hätten schon Augustin und die anderen Kirchenlehrer erfahren.[162] In bester seelsorgerlicher Manier tröstet ihn Cochlaeus nach seiner Flucht aus Frankfurt, daß er seinen Mut „im Feuerofen der Trübsale" unter Beweis gestellt habe und versichert ihn des Beistandes Gottes wie seiner Freunde.

Ende September 1530 zeigt sich Cochlaeus enttäuscht über die Religionsverhandlungen auf dem Augsburger Reichstag und scheint mit der Möglichkeit kriegerischer Konfliktlösung zu rechnen.[163] Ein Jahr später bestätigt Cochlaeus die Wertschätzung von Nauseas Homilien im Klerus des sächsischen Herzogtums, er warnt ihn aber gleichzeitig vor möglicher Überheblichkeit.[164]

Uneigennützig wünscht Cochlaeus dem inzwischen (im Jahre 1534) zum königlichen Hofprediger nach Wien berufenen Freund, daß ihm noch höhere kirchliche

---

[160] Ep. misc. (wie Anm. 158), S. 27.
[161] „Grave tibi, scio, erit initium: sed sic esse solet. Superatis primis difficultatibus, perpetuus victor eris". Brief vom 20. Dezember 1525: Ep. misc. (wie Anm. 158), S. 33f.
[162] Brief vom 28. Februar 1526: „Neque igitur mirari debes, aut pusillanimis inde fieri, si nondum fuerit sermo tuus tam gratus inescatae plebi, quam est apostatarum. Nam et Augustino, et omnibus nominatis doctoribus, ita contigit"; Ep. misc. (wie Anm. 158), S. 35.
[163] Ep. misc. (wie Anm. 158), S. 90f.: „In causa fidei nil effectum est. [...] Et quidem fortassis utilius est certum bellum, quam pax simulata incertaque".
[164] Brief vom 1. Juli 1531: „Noli ob hoc superbi re. Dei donum est, non ex te"; Ep. misc. (wie Anm. 158), S. 115.

Ehren zuteil werden mögen, während er nach der Verleihung eines Kanonikats am Meißner Dom (1535) sein Auskommen habe und keine weiteren Ambitionen hege.[165] Nach wie vor ungeschmälert ist in der Folgezeit seine Bewunderung für Nauseas Beredsamkeit – eine Gabe, die ihm weit weniger zuteil worden war – und seine umfassende Bildung. Mehrmals beschwor er seinen Freund, nachdem er 1538 zum Koadjutor von Bischof Fabri in Wien ernannt worden war, mit seinen Kräften hauszuhalten und seine theologischen Arbeiten auf ruhigere Zeiten zu verschieben.

Auf die Mitteilung vom Tod des Wiener Bischofs Fabri im Jahre 1541 sinniert Cochlaeus darüber, daß die Verteidiger des katholischen Glaubens täglich weniger werden, andere (wie Eck und Mensing) von gefährlichen Krankheiten heimgesucht sind und er selbst von Erstickungsanfällen geplagt werde. Und trotzdem hält er an seiner Überzeugung fest: „Sed Domini sumus, sive subito, sive lente moriamur".[166] Wenn er auch mit fortschreitendem Alter Nausea seinen angeschlagenen Gesundheitszustand anvertraute, so war er nicht weniger um das Wohl seines Freundes besorgt. Wie bereits bekannt, hat Cochlaeus 1545 die ersehnte Reise zum Trienter Konzil nicht antreten können (allerdings nicht nur aus Altersgründen!), während es Nausea vergönnt war, als Orator König Ferdinands an der zweiten Tagungsperiode (1551/1552) teilzunehmen. Resigniert schreibt er am 30. Januar 1547 an Nausea: „Ego homuncio inutilis! – „ich bin ein unnützer Schwächling!"'[167]

Nachdem sich Nausea in den Jahren nach 1542 großen Schwierigkeiten in seiner Amtsführung gegenüber sah und sein Ansehen bei König Ferdinand abnahm, trug er sich mit dem Gedanken, das Bischofsamt aufzugeben. Beeindruckend schlicht und aufrichtig warnte ihn Cochlaeus vor diesem schwerwiegenden Schritt: er könne in diesen gefahrvollen Zeiten – womit er auf den wachsenden Einfluß der Lutheraner in Wien anspielte – gerade als Seelsorger seine Gemeinde nicht im Stich lassen noch dereinst vor dem göttlichen Richterstuhl bestehen.[168] Je mehr die offizielle Anerkennung der katholischen Theologen durch die Kurie in Rom ausblieb und Cochlaeus über dem Bewußtsein seiner schwindenden Kräfte die Bedeutung seines eigenen Wirkens in den Hintergrund rückte, um so mehr wuchs seine Bewunderung für die bis an die Grenzen der Selbstaufgabe reichende Tätigkeit des Wiener Bischofs, aber auch die Befürchtung um dessen vorzeitiges Ableben.

Im Gegensatz zu Cochlaeus hat sich Nausea in seinen Schriften eher summarisch über die „Lutheraner" geäußert und am deutlichsten wohl nur in der Meßopferlehre Position gegen Luther bezogen. So lieferte er zum Beispiel in seiner Schrift „Pro sacrosancta missa adversus Haereticos et Schismaticos miscellaneae" (1527) einen ausführlichen Schrift- und Traditionsbeweis für die Meßopferlehre. Luther wird dar-

---

[165] Ep. misc. (wie Anm. 158), S. 185: „Dignus es qui crescas. Ego in terris ad maiora crescere non cupio. Habeo canonicatum beneficio Principis mei, qui me alere potest, si non supervenerit nova aliqua calamitas".

[166] Ep. misc. (wie Anm. 158), S. 311f.

[167] Ep. misc. (wie Anm. 158), S. 413.

[168] Brief vom 9. Mai 1547: „Nec ego pro mea simplicitate videre possum, id a te salva conscientia fieri posse, ut tam multas oves tu pastor velis derelinquere in tantis periculis, quae a lupis protinus imminerent. Quid enim posses respondere Deo, si animas earum, quas lupi rapturi essent, de manu pastoris requireret? [...]. Non decet nos fieri desertores sanctae et necessariae militiae, cuius characterem semel suscepimus"; Ep. misc. (wie Anm. 158), S. 418.

in lediglich mit der neulateinischen Wortschöpfung „canonemastix" („Meßtöter")
apostrophiert. In seiner Veröffentlichung „De reformanda ecclesia" (1527) fehlt jeder
Hinweis auf die reformatorische Lehre. Detailliert deckt er zwar die Mißstände in den
verschiedenen kirchlichen Ständen auf, sieht aber die Reform der Kirche ausschließlich auf die Abstellung dieser Mißbräuche beschränkt. Reichlich pauschal beurteilt er
zudem die reformatorischen „Sektierer" als Glieder in einer langen Reihe der in der
Kirchengeschichte wirksam gewordenen Häresien in der Schrift „Contra universos
catholicae fidei adversarios in symbolum apostolorum" von 1529. Er verteidigt dort
nicht nur die Verbrennung des „Häresiarchen" Hus in Konstanz, sondern sieht in
Luther und den anderen Reformatoren nichts anderes als eine verschärfte Neuauflage
der hussitischen Ketzerei. Bemühte sich Cochlaeus in den theologischen Debatten
um die Abgrenzung wichtiger Begriffe (so zur Kirche, der Erbsünde oder der Rechtfertigungslehre) unter Zuhilfenahme des Traditionsbeweises und eines nicht immer
stichhaltigen Schriftbeweises, so sah Nausea in diesen Streitigkeiten nichts anderes
als Wortglauberei und unnötige Spitzfindigkeiten – wohl auch ein Indiz dafür, daß er
in theologischen Detailfragen weit weniger als sein älterer Mitstreiter bewandert war.

6. Zusammenfassung

Der Gang durch die Forschungsgeschichte zu Cochlaeus im Rahmen der Kontroverstheologie des 16. Jahrhunderts und der Reformationsgeschichte ergibt, daß erst
im 20. Jahrhundert lange Zeit tradierte und noch Ende des 19. Jahrhunderts intensivierte Vorurteile über den Werdegang des Wendelsteiners ihre Wirkungskraft verloren haben. Diese Vorurteile haben sich vor allem auf den Stellenwert seines Romaufenthalts (mit einer angenommenen religiösen Krise), auf sein Berufsverständnis
(Pfründenjäger) und auf die einseitige Gewichtung zwischen dem Humanisten und
Theologen wie Seelsorger Cochlaeus bezogen.

Das genauere Studium gerade des Briefwechsels von Cochlaeus (mit Pirckheimer,
päpstlichen Legaten und anderen katholischen Kontroverstheologen) hat klar
gemacht, daß es keinerlei Anzeichen für eine religiöse Krise während seines Italienaufenthaltes gibt. Seine angebliche „Geldgier" wie seine „Pfründenjägerei" werden
im Kontext der Schwierigkeiten entdramatisiert, mit denen katholische Kontroverstheologen des 16. Jahrhunderts bei zunehmender Ausbreitung de reformatorischen
Lehre zur Gewinnung von Druckern für ihre Werke zu kämpfen hatten. Die Förderung der beiden katholischen Drucker Wolrab und Behem offenbart nicht nur seine
Fürsorge für seine Verwandten, sondern auch sein uneigennütziges Engagement bei
der Drucklegung von Werken befreundeter Theologen und Mitstreiter. Seine Briefe
an Nausea entreißen den Seelsorger Cochlaeus der Vergessenheit, der bisher kaum in
der Forschung Berücksichtigung gefunden hat.

Die in den letzten Jahrzehnten beginnende und überraschende Ausdifferenzierung
der Humanismusforschung („Nürnberger Humanismus") verleiht auch dem Humanisten Cochlaeus stärkeres Profil, der vor allem in der protestantischen Kirchengeschichtsschreibung lange von dem Lutherpolemiker verdeckt war – vor allem im
„Bann" der Forschungsergebnisse von Adolf Herte. War sein Leben von Unsteigkeit
und Rastlosigkeit geprägt, so kann man auch seinen theologischen Streitschriften allzu rasche Reaktion, damit oberflächlich-summarische und wenig stringente Argu-

mentation nachsagen – ganz abgesehen von den Pauschalierungen und den Abqualifizierungen der Reformatoren sowie dem aggressiv-polemischen Ton, den er mit seinen Gegnern teilte. Bedeutsam ist daher der mentalitätsgeschichtliche Ansatz von Monique Samuel-Scheyder, den Humanisten Cochlaeus auch in seiner theologischen Gedankenführung zu erkennen. Sind eine Reihe von Teilaspekten seiner Theologie noch gar nicht erforscht (Exegese, Stellungnahme zur Konzilsfrage, Eschatologie), so zeigt sich die katholische Forschung noch reichlich schwankend in der differenzierten terminologischen Zuordnung des Wendelsteiners innerhalb der „Kontroverstheologie" (Flugschriften-Theologe, vortridentinischer oder konfessionalistischer Theologe). Außerdem fehlt es noch an einer gründlichen Erhellung der Beziehungen dieser Theologen zu Erasmus sowie deren Verhältnis untereinander. Diese Leistung kann erst nach Abschluß einer kritischen Gesamtausgabe zum Briefwechsel der Kontroverstheologen erbracht werden. Dann wird sich auch klären, ob die von Monique Samuel-Scheyder postulierte „Originalität" und „Exemplarität" des Cochlaeus Bestand haben wird oder nuanciert werden muß.

In jedem Fall wird das genaue Eingehen auf die verschiedenen Facetten (und deren Zuordnung) des Wendelsteiners – als Historiker, Pädagoge, Philologe, Musiktheoretiker und Theologe –, ohne den Polemiker verschweigen zu müssen, das Cochlaeus-Bild noch farbiger gestalten.[169]

---

[169] Auf diesem Hintergrund kann die Marktgemeinde Wendelstein, ohne konfessionalistische Berührungsängste ausloten zu müssen, das Vorhaben zielstrebig weiterverfolgen, ein öffentliches Gebäude im Ort nach ihrem berühmten Sohn zu benennen.

Peter Zahn

Inschriften als sozialgeschichtliche Quellen zur Nürnberger Geschichte
Die Grab-Epitaphien der 110 reichsten Bürger von 1579

Walter Bauernfeinds minutiöse Interpretation von siebzehn Quittungszetteln aus den Nürnberger Stadtrechnungsbelegen über Wechselgeschäfte für die Losungszahlung des Steuerjahres 1579 („was für Goldt den Personen So die Losung gegeben aus der Schau ist geraicht worden") hat die reichsstädtischen Wirtschaftseliten der Zeit zwischen 1550 und 1630 in ein helleres Licht gerückt.[1] Die biographischen Erläuterungen zu den rund 215 im Zusammenhang mit der Quelle genannten Personen sind eine ergiebige Fundstelle zur Sozialgeschichte Nürnbergs und durch die im Anhang mitgegebene Namensliste gut erschlossen. Für die vor geraumer Zeit wieder aufgenommene Arbeit an den Folgebänden der Nürnberger Friedhofsinschriften – ein erster Band ist vor genau dreißig Jahren erschienen – kam die Veröffentlichung der Steuerliste von 1579 gerade zum richtigen Zeitpunkt.[2] Ein Vergleich der Namen in der Steuerliste mit jenen im Nürnberger Inschriftenband bis 1580 (DI 13) hat für 49 Nummern identische Personen ergeben. Die Einträge hierzu sind inzwischen in die digitale Datei der „Biographischen Nachträge und Ergänzungen"[3] zu diesem ersten Band der Friedhofsinschriften eingefügt.[4] Für das in Arbeit befindliche Manuskript der beiden Folgebände konnten aus der Steuerliste zu 71 Nummern die Kurzbiographien ergänzt werden. Zu 120 der 215 Personen, die in der Veröffentlichung von Bauernfeind genannt sind, sind demnach Inschriftentexte auf den Nürnberger Friedhöfen überliefert, entweder handschriftlich, in älteren Druckwerken, oder im Original.

Es liegt nahe, hier einen kurzen Exkurs zur Inschriften-Editionsreihe der Akademien der Wissenschaften einzufügen. Unter dem Namen „Die Deutschen Inschriften" wurde sie vor inzwischen rund sechzig Jahren begonnen.[5] Rudolf M. Kloos und Isol-

---

[1] Walter Bauernfeind, Die reichsten Nürnberger Bürger 1579 und ihre Stellung in der reichsstädtischen Gesellschaft, in: Jahrbuch für fränkische Landesforschung (künftig JfL) 60, 2000 (Festschrift Rudolf Endres, hg. v. Charlotte Bühl / Peter Fleischmann), S. 200–253.

[2] Die Inschriften der Friedhöfe St. Johannis, St. Rochus und Wöhrd zu Nürnberg [bis 1580], ges. und bearb. v. Peter Zahn (Die deutschen Inschriften 13, Münchener Reihe 3), München 1972 (künftig DI 13).

[3] Peter Zahn, Die Inschriften der Friedhöfe zu Nürnberg. Biographische Nachträge und Ergänzungen (bis 1580). Im Gedenken an Gerhard Hirschmann, München 2000.

[4] (Wie Anm. 3) Disketten-Ausgabe (1 Diskette), 2. Aufl. München 2002.

[5] Rudolf M. Kloos, Die Deutschen Inschriften. Ein Bericht über das deutsche Inschriftenunternehmen, in: Studi Medievali 3a Serie XIV, I (Spoleto 1973) S. 335–362; Rudolf M. Kloos, Inschriften – beredte Zeugen der Geschichte, in: Fachtagung für lateinische Epigraphik des Mittelalters und der Neuzeit. Landshut 18.–20.7.1980 (Münchener Historische Studien, Abt. Geschichtliche Hilfswissenschaften 19), Kallmünz, 1982, S. 5–32; Walter Koch, 50 Jahre deutsches Inschriftenwerk (1934–1984). Das Unternehmen der Akademien und die epigraphische Forschung, in: Deutsche Inschriften, Fachtagung für mittelalterliche und neuzeitliche Epigraphik, Lüneburg 1984 (Abhandlungen der Akademie der Wissenschaften in Göttingen, Philol.-Hist. Klasse, 3. Folge, 151), Göttingen 1986, S. 15–45.

de Maierhöfer haben 1964 und 1984 über die Inschriftenarbeit in Franken berichtet.[6] Die epigraphischen Veröffentlichungen von 1976 bis 1997 werden inzwischen in drei kommentierten Bibliographien referiert.[7] Jüngst sind die Bände 52 bis 56 aus der Reihe „Die Deutschen Inschriften" erschienen.[8] Unmittelbar vor der Veröffentlichung stehen weitere sechs.[9] Sie alle sind nach einem einheitlichen Schema chronologisch aufgebaut und erlauben den Zugang zu den Texten über differenzierte Register: nach Standorten, Orts- und Personennamen, Institutionen, Initialen und Monogrammen, Künstlern und Meistern, Wappen, nach Berufen, Ständen und Epitheta, Initien, Formeln, Text- und Inschriftenarten, Bibel- und anderen Zitaten, biblischen Personen und Heiligen, Art der Inschriftenträger (Material und Ausführung), Schriftarten und Sachen. Ein jeder Band enthält Abbildungen, zum Teil annähernd zur Hälfte der Beschreibungen. Mikrofiches für die Wiedergabe aller Abbildungen (etwa ab 1973 möglich) wurden nicht verwendet. Auch ist bisher die Speicherung digitalisierter Bilder und ihre Wiedergabe (in Form von CD-ROM-Scheiben etwa ab 1995 möglich) noch nicht in das Editionsprogramm aufgenommen worden. Dies scheint privater Initiative vorbehalten zu sein.[10]

Der Verfasser und seine Frau arbeiten seit einigen Jahren an der Edition der Nürnberger Friedhofsinschriften weiter. Die Nummernfolge des ersten Bandes (von 1972) wird dabei fortgeführt: Band II (mit den Jahren 1581 bis 1608) wird von Nr. 1419 bis 2969 reichen und 878 im Original und 631 kopial überlieferte Inschriften enthalten, im ganzen 1509 Beschreibungen; Band III (mit den Jahren 1609 bis 1650) wird von Nr. 3000 bis 4481 reichen und 738 im Original und 748 kopial überlieferte Inschrif-

---

[6] Rudolf M. Kloos, Das deutsche Inschriftenunternehmen und seine Arbeiten in Franken, in: Würzburger Diözesangeschichtsblätter 26, 1964, S. 3–12; Isolde Maierhöfer, Das deutsche Inschriftenunternehmen in Franken, in: Frankenland. Zeitschrift für fränkische Landeskunde und Kulturpflege 36, 1984 S. 356–358.

[7] Walter Koch, Literaturbericht zur mittelalterlichen und neuzeitlichen Epigraphik (1976–1984) (Monumenta Germaniae Historica, Hilfsmittel 11), München 1987; Walter Koch (u. Mitarbeiter), Literaturbericht zur mittelalterlichen und neuzeitlichen Epigraphik (1985–1991) (Monumenta Germaniae Historica, Hilfsmittel 14), München 1994; Walter Koch / Maria Glaser / Franz Albrecht Bornschlegel, Literaturbericht zur mittelalterlichen und neuzeitlichen Epigraphik (1992–1997) (Monumenta Germaniae Historica, Hilfsmittel 19), Hannover 2000.

[8] Die Inschriften der Stadt Zeitz. Ges. u. bearb. von Martina Voigt (Die Deutschen Inschriften 52, Berliner Reihe 7), Wiesbaden 2001; Die Inschriften der Stadt Siegburg. Ges. u. bearb. von Clemens Bayer (Die Deutschen Inschriften 53, Düsseldorfer Reihe 5), Wiesbaden 2001; Die Inschriften des ehemaligen Landkreises Mergentheim. Ges. u. bearb. von Harald Drös (Die Deutschen Inschriften 54, Heidelberger Reihe 14), Wiesbaden 2001; Im Erscheinen: Die Inschriften des Landkreises Rügen. Ges. u. bearb. von Joachim Zdrenka (Die Deutschen Inschriften 55, Berliner Reihe 8), Wiesbaden 2002; Die Inschriften der Stadt Braunschweig von 1529 bis 1671. Ges. u. bearb. von Sabine Wehking (Die Deutschen Inschriften 56, Göttinger Reihe 9), Wiesbaden 2002.

[9] Die Inschriften der Stadt Lemgo, ges. von Hans Fuhrmann, bearb. von Kristine Weber u. Sabine Wehking; Die Inschriften der Stadt Hildesheim, ges. u. bearb. von Christine Wulf; Die Inschriften der Stadt Pforzheim, ges. u. bearb. von Anneliese Seeliger-Zeiss; Die Inschriften der Städte Boppard, Oberwesel und St. Goar (Rhein-Hunsrück-Kreis I), ges. u. bearb. von Eberhard J. Nikitsch; Die Inschriften des Landkreises Weißenfels, ges. u. bearb. von Franz Jäger; Die Inschriften der Stadt Freising, ges. u. bearb. von Sabine Ruye.

[10] Peter Zahn, Die Inschriften der Friedhöfe zu Nürnberg: Abbildungen zu Teil I (bis 1580), CD-ROM-Edition. München, ODONTVS-Verlag, ca. 3 CD-ROM (in Vorbereitung für ca. 2003), vgl. die Internetseite http://www.odontus.de.

ten beschreiben, zusammen 1486 Nummern. Die Bände II und III werden somit nahezu 3000 Inschriftenbeschreibungen enthalten; mit dem 1972 erschienenen Band I (der 831 Originale und 586 kopial überlieferten Inschriften enthält) werden am Ende rund 4470 Inschriften der Nürnberger Friedhöfe St. Johannis, St. Rochus (und der dort befindlichen Kirchen und Kapellen) sowie des Friedhofes der Vorstadt Wöhrd beschrieben sein. Die Texte zu diesen Folgebänden sind weitgehend übertragen (zum Teil aber noch handschriftlich oder in älterer Maschinenschrift) und mit den Abzügen der in den 60er Jahren vom Verfasser angefertigten Fotografien in chronologischer Folge zusammengelegt. Kopien der Fotoabzüge befinden sich bei der Friedhofsverwaltung St. Johannis und St. Rochus in Nürnberg (im ehemaligen „Steinschreiberhaus" Johannisstraße 55) und im Stadtarchiv Nürnberg. Findbücher und Karteien (beim Verfasser und zum Teil in Kopie im Stadtarchiv Nürnberg) erlauben den Zugang nach Personennamen, Grabnummern und nach Jahren. Eine Datei, die diese Kurz-Informationen recherchierbar macht, ist in Arbeit und wird demnächst im Internet zugänglich sein.

Es verwundert nicht, daß zu den Personen der eingangs genannten von Walter Bauernfeind vorgelegten Steuerliste von 1579 die Inschriften der Nürnberger Friedhöfe nicht wenige ergänzende Nachrichten liefern. Denn selbst die Handwerker und Gewerbetreibenden mittlerer Einkommen haben beträchtlichen Aufwand für ihr Sterbegedächtnis betrieben. Neben einer in Messing gegossenen Grabtafel wurde vor allem der Aufwand für das Totengeläut in einer der beiden Hauptkirchen St. Sebald und St. Lorenz bezahlt.[11] Das dritte Totengeläutbuch St. Sebald (1517–1572) hält das Sterbegeläut für annähernd 7000 Personen fest, der erste Teilband der Nürnberger Friedhofsinschriften (erschienen 1972, er reicht von ca. 1500–1580), und sein ergänzender Nachtrag (Anm. 2 und 3) nennen etwa 3400 Personen in den biographischen Artikeln zu rund 1420 Inschriften-Beschreibungen. Rund 950 dieser Personen, zu denen ein Messing-Epitaph nachweisbar ist, ließen über ihre Nachkommen auch die Gebühr für das Totengeläut entrichten.[12] Beide Quellengattungen, Totengeläutbücher und Inschriften, liefern daher signifikante Aussagen zum Aufwand, den ein bedeutender Anteil der Bevölkerung dem Totengedenken gewidmet hat, und läßt Rückschlüsse auf seine Vermögensverhältnisse zu.

Man kann sich jedoch darüber wundern, daß die beiden seit 1972 verfügbaren Quelleneditionen, Totengeläutbücher und der Band I der Nürnberger Friedhofsinschriften, nur wenig Eingang gefunden haben in die historischen Veröffentlichungen, insbesondere in Dissertationen, die sich mit der Kunst-, Handwerks- und Bevölkerungsgeschichte Nürnbergs im 16. Jahrhundert befaßt haben. Dies gilt etwa für Kurt

---

[11] Nürnberger Totengeläutbücher. I. St. Sebald 1439–1517. Bearb. v. Helene Burger (Freie Schriftenfolge der Gesellschaft für Familienforschung in Franken 13), Neustadt a. d. Aisch 1961 (künftig TgBS). – Nürnberger Totengeläutbücher. II. St. Lorenz 1454–1517. Mit Gesamtregister. Bearb. v. Helene Burger (Freie Schriftenfolge der Gesellschaft für Familienforschung in Franken 16), Neustadt a. d. Aisch 1967 (künftig TgBL). – Nürnberger Totengeläutbücher. III. St. Sebald 1517–1572. Bearb. v. Helene Burger (Freie Schriftenfolge der Gesellschaft für Familienforschung in Franken 19), Neustadt a .d. Aisch 1972 (künftig TgBSe).
[12] Peter Zahn, Die Epitaphien der alten Nürnberger Friedhöfe: Quellen zur Sozialgeschichte, in: Mitteilungen des Vereins für Geschichte der Stadt Nürnberg (künftig MVGN) 88, 2001, S. 203–211.

Kellers Arbeit über das Messer- und schwertherstellende Gewerbe: in den Totengeläutbüchern kommen nicht weniger als 247 Messerer, Schermesserer und Messerschmiede vor; im Inschriftenband, den er nicht kannte, immerhin auch 28 Messerer.[13] Dies gilt auch für Hironobu Sakumas Dissertation über das Nürnberger Tuchgewerbe. Band III der Totengeläutbücher (1972) ist darin nicht aufgeführt, und mit ihm blieben auch die Totengeläuteinträge für sechs Arrasweber, 19 Barchentweber, 37 Deckweber, 141 Färber, 48 Gewandschneider, 17 Leinenweber und 13 Tuchmacher unberücksichtigt, insgesamt also 281 Angehörige des Textilgewerbes (ohne die 20 Tuchscherer), für die in der Zeitspanne von 1517 bis 1572 Totengeläut gehalten wurde. Alle ihre Namen wären dort aber über das Berufs- und Standesregister leicht zugänglich gewesen. Da verwundert es nicht weiter, daß Sakuma auch den Inschriftenband ignoriert und damit die zwanzig darin genannten Tuchmacher, Weber und Färber samt ihren Grabschriften.[14] Auch die in Bamberg entstandene Dissertation von Rainer Zittlau über die „Heiliggrabkapelle (des Nürnberger Johannisfriedhofs) und Kreuzweg" kommt ohne die Kenntnis der im Inschriftenband (unter Nr. 6 mit Abb. 2) wiedergegebenen Inschrift von 1490 aus, die ehemals am Fuß der alten Kreuzigungsgruppe angebracht war.[15] Dies gilt ebenso für die als Zusammenfassung gedruckte Magisterarbeit von Susanne Wegmann von 1994, in der diese Inschrift noch nach einer Veröffentlichung von 1905 zitiert wird.[16]

In der zu Recht als meisterlich beurteilten Dissertation von Lambert F. Peters über Unternehmen und Unternehmer Nürnbergs zu Beginn des Dreißigjährigen Krieges[17] steht die Edition der Friedhofsinschriften zwar im Literaturverzeichnis, sie wurde aber nicht benutzt. Wenigstens an drei Stellen beschreibt Peters Grabdenkmäler von Mitgliedern der untersuchten 20 umsatzstärksten Nürnberger Unternehmen, jedoch ohne Hinweis auf die Edition der Inschriften. Zu Heinrich Pilgram (Pilgrum, † 24. Juni 1581, S. 294–299) ist in einer Fotoaufnahme von Peters sogar das Epitaph abgebildet (nach S. 573), die Beschreibung in DI 13 Nr. 1264 (mit Abb. 116) aber nicht angemerkt. Dasselbe gilt für die Vertreter der bedeutenden italienischen Handelsfirmen Odescalco (Peters S. 468–481) und Turrisani: das Epitaph von Bartolomeo Odescalco († 11. Juni 1580) ist (Peters S. 468 Anm. 4) genannt, jedoch ohne die Kenntnis der Beschreibung in DI 13 Nr. 1376 (mit Abb. 138). Das Grab von Endres Turrisani (Andrea Turrisiano, † 24. April 1552) wird nicht nach der Edition DI 13 Nr. 736 zitiert (Peters S. 532 Anm. 9). Auch sind zahlreiche Mitglieder der Nürnberger

---

[13] Kurt Keller, Das messer- und schwertherstellende Gewerbe in Nürnberg von den Anfängen bis zum Ende der reichsstädtischen Zeit (Nürnberger Werkstücke zur Stadt- und Landesgeschichte 31), Nürnberg 1981.

[14] Hironobu Sakuma, Die Nürnberger Tuchmacher, Weber, Färber und Bereiter vom 14. bis 17. Jahrhundert (Nürnberger Werkstücke zur Stadt- und Landesgeschichte 51), Nürnberg 1993.

[15] Reiner Zittlau, Heiliggrabkapelle und Kreuzweg. Eine Bauaufgabe in Nürnberg um 1500 (Nürnberger Werkstücke zur Stadt- und Landesgeschichte 49), Nürnberg 1992. – Rezension in: MVGN 80, 1993, S. 261–264.

[16] Susanne Wegmann, Der Kreuzweg von Adam Kraft in Nürnberg, in: MVGN 84, 1997, S. 93–117, hier S. 99 Anm. 26.

[17] Lambert F. Peters, Der Handel Nürnbergs am Anfang des Dreissigjährigen Krieges. Strukturkomponenten, Unternehmen und Unternehmer (Vierteljahrsschrift für Sozial- und Wirtschaftsgeschichte, Beihefte 112), Stuttgart 1994.- Vgl. Rezension von Rolf Walter, in: MVGN 81, 1994, S. 290–229.

Handelsfirmen, deren Kontenbewegungen an der Nürnberger Giro- und Wechselbank, dem „Banco Publico", Peters so erfolgreich analysiert hat, unter den Inschriften der beiden Nürnberger Friedhöfe vertreten, insbesondere die Firmengründer. So etwa, um nur einige herauszugreifen, Hans Schleemüller (Peters S. 305; DI 13 Nr. 599), Lorenz und Sebald Staiber (Peters S. 312f.; DI 13 Nr. 343), Wolff Krabler (Peters S. 391f.; DI 13 Nr. 1130), die Firma Esaias und Joachim Klewein (Peters S. 426f.; vgl. DI 13 Nr. 1159), die Firma Hieronymus d.Ä. Marstaller (Peters S. 492–508; DI 13 Nr. 580), die Firmen Adelberger (Peters S. 451; DI 13 Nr. 700 u. 937), Gilg Ayrer (Peters S. 393; DI 13 Nr. 724), Leonhard Schwendendörfer d. Ä. (Peters S. 384–405; DI 13 Nr. 1298), die aus Plurs in Graubünden stammende Firma Alois, Carl, Wilhelm und Johann Baptist Werdemann (Peters S. 158, 161f., 197, 199, 261, 308, 341, 500, 548; DI 13 Nr. 1338, 1339), Lucas und Ludwig von Werden (Peters S. 268f., 367; DI 13 Nr. 761), Erasmus Schlumpff aus St. Gallen (Peters S. 498f.; DI 13 Nr. 1017, 1339), Mitglieder der Firma Schlauerspach (Peters S. 188f., 371, 400, 434, 437, 521, 571; DI 13 Nr. 487, 799, 1409), der Firma Scherl (Peters S. 121, 293f., 387, 450, 487, 543 – die Firma selbst S. 433–447; DI 13 Nr. 961) und der Firma della Porta (Peters S. 134, 158, 176, 180, 306f., 428, 452, 473, 476, 501, 538, 564 – wahrscheinlich identisch mit den de Perto / de Porta aus Chiavenna DI 13 Nr. 848). Dessen ungeachtet liefert aber ohne Zweifel die entsagungsvolle und in ihrer Materialfülle bewundernswerte Arbeit von Lambert F. Peters höchst wertvolle Nachrichten zu einer Fülle von Personen, deren Inschriften in den zukünftigen Inschriftenbänden 2 und 3 verzeichnet sein werden. Die mangelnde Beachtung der genannten inschriftlichen Quellen darf aber nicht allein den Dissertanten angelastet werden. Auch die Betreuer der wissenschaftlichen Arbeiten und die Herausgeber wären in der Pflicht gestanden. Das nahezu völlige Übergehen der Inschriftenedition in der Literaturliste und in den Beiträgen zum „Stadtlexikon Nürnberg", deutlich etwa an den Artikeln „Epitaphien", „Johannisfriedhof" und „Rochusfriedhof", ist schon in der Sammelrezension der Veröffentlichungen zum Stadtjubiläum angesprochen worden.[18]

Es erschien daher angebracht, nachdrücklich an den Wert der Nürnberger Memorialquellen zu erinnern: an die Totengeläutbücher und an die vor dreißig Jahren begonnene Publikation der Friedhofsinschriften, an deren Fortsetzung gegenwärtig gearbeitet wird. Als Anknüpfungspunkt bietet sich die anfangs genannte Studie über „Die reichsten Nürnberger Bürger 1579 …" an, gerade auch, weil darin mit Hilfe archivalischer Quellen das Lebensumfeld und die Vermögensverhältnisse der genannten Personen zum Teil eingehend beschrieben wurden. Ausführlich herangezogen wird darin ja neben anderem eine Quellengattung, die den Totengeläutregistern und den Inschriften sehr nahe steht. Neben den Tauf-, Proklamations- und Heiratsbüchern sind es die Bestattungsbücher der Nürnberger Pfarreien St. Sebald und St. Lorenz, heute im Landeskirchlichen Archiv Nürnberg.[19] Grabschriften aber werden auch hier nicht genannt, sie wären jedoch in manchen Fällen eine sinnvolle Ergänzung gewesen.

---

[18] Peter Zahn, Nürnberg im 950. Jahr. Historische Publikationen zum Stadtjubiläum, in: MVGN 87, 2000, S. 119–157, hier S. 124f.
[19] Bauernfeind, Nürnberger Bürger (wie Anm. 1), S. 205, dort Anm. 27.

Nur in einem Fall wird das älteste der beiden gedruckten Inschriften-Inventare (von Gugel 1682 veröffentlicht) zitiert: beim Kaufmann Thomas Irtenberger, der 328 fl. Losung bezahlt hat.[20] Nicht erwähnt ist, daß sein Messing-Epitaph, ehemals in der Mauer über Grab 25 des Johannisfriedhofs, im Germanischen Nationalmuseum aufbewahrt wird.[21] Es ist Teil der qualitätvollen Arbeiten einer Werkgruppe von mehr als 115 Beispielen zwischen 1547 bis 1593, deren Meister vorläufig noch mit dem Notnamen „G" bezeichnet ist, Epitaphien, die sich unter anderem auch durch kalligraphische Schriftformen auszeichnen.[22] Ursprünglich gehörte Irtenbergers Epitaph zur Gräberreihe mit den Nummern 1–46, an deren Kopfende die Westmauer des Friedhofs verlief. Es war, wie viele in dieser Reihe, mit einem Portalaufsatz zur Mauer hin abgeschlossen. Diese durch Bogen-Architekturen gegliederte Mauer trennte den älteren östlichen Teil des Friedhofs vom sogenannten „kleinen Pfarrgarten", dessen Fläche erst 1855 in den Friedhof eingefügt wurde. Die Mauer verlief entlang des Nord-Süd-Weges, der heute aus der Achse des Steinschreiberhauses bis zu jenem (neuen südlichen) Teil des Friedhofs führt, auf welchem sich bis 1856 der Schießplatz der Schützengesellschaft befand. Mit der Mauer wurden auch die darin eingefügten „Portalaufsätze" abgetragen, und damit ihre zum Teil hinter Holzläden geschützten gemalten oder gegossenen Epitaphien. Nach der Beschreibung Trechsels befand sich in dieser Reihe über Grab 37/38 auch ein Werk des größten Sohnes der Stadt: „ein nettes Gemählde von Albrecht Dürer verfertiget, so die Erschaffung der Welt vorstellig gemacht, weilen es aber ohne Dach und Fach so zu sagen gestanden, so ist auch solches in Zeiten, samt den dabey gestandenen Versen, von dem Wetter getilgt und ausgelöschet worden."[23] Einige der dort abgenommenen Messing-Epitaphien gelangten in das gerade neu gegründete Germanische Nationalmuseum: neben Irtenbergers Epitaph auch jenes des Bartolomeo Odescalchi aus Como, der als Kaufmann am 11. Juni 1580 beraubt und ermordet worden war (auch dieser Guß ist vom Meister der Werkgruppe „G").[24] Andere Teile dieser ehemaligen Wandepitaphien sind abschriftlich überliefert.[25] Das größte von allen erhaltenen ist heute in die südliche Außenwand der Johanniskirche eingelassen, das überdachte Messing-Epitaph für Bartholome Viatis d. J. († 18. November 1624) und seine Nachkommen; es war ehemals über

---

[20] Bauernfeind, Nürnberger Bürger (wie Anm. 1), S. 216, dort Anm. 89. – [Christoph Friedrich Gugel,] Norischer Christen Freydhöfe Gedächtnis, … Verzeichnis aller … Epitaphien und Grabschriften … auff und in denen … Kirchhöfen S. Johannis, Rochii und der Vorstadt Wehrd … befindlich, Nürnberg 1682.

[21] Germanisches Nationalmuseum Nürnberg, Depot Gd. 190; Katalog der im Germanischen Museum befindlichen Bronzeepitaphien des 15.–18. Jahrhunderts, hg. von A. v. Essenwein, geordnet von Hans Boesch, Nürnberg 1891, Nr. 51.

[22] Peter Zahn, Beiträge zur Epigraphik des 16. Jahrhunderts. Die Fraktur auf den Metallinschriften der Friedhöfe St. Johannis und St. Rochus zu Nürnberg (Münchener Historische Studien, Abt. Geschichtliche Hilfswissenschaften 2), Kallmünz 1966, S. 126 (Nr. 96).

[23] Martin Trechsel, gen. Großkopf, Verneuertes Gedächtnis des Nürnbergischen Johannis-Kirchhofs … Frankfurt, Leipzig 1736, S. 681.

[24] Zahn, Beiträge (wie Anm. 22), S. 33 Anm. 60, S. 126 (Werkgruppe „G" Nr. 91a; DI 13, Nr. 1376 mit Abb. 138.

[25] Zu den alten Friedhofsgrenzen und Friedhofserweiterungen vgl. DI 13, S. XI mit Anm. 59.

Grab 6 in der genannten Mauer.²⁶ Ausführlich sind die Grabanlagen dieser Mauerreihe im Friedhofsinventar von Trechsel (1736) beschrieben, die Mauerreihe ist auch mehrmals in den beigefügten Kupfern abgebildet.²⁷ Jüngst erst hat Claudia Maué im Zusammenhang mit dem architektonisch ähnlich gegliederten Schlüter-Grabmal von 1646 (in der Nordmauer zur Johannisstraße) auf diese ehemaligen „Bogen-Monumente" hingewiesen.²⁸

Die bisherigen Ausführungen haben schon gezeigt, daß die Inschriften zu den hundertzehn reichsten Nürnberger Bürgern der Steuerquittungen vom Jahr 1579 nicht wenige ergänzende Nachrichten liefern. Im einzelnen wird dies im folgenden Anhang verdeutlicht. Dabei wird die von Walter Bauernfeind gewählte Reihenfolge nach der Höhe der Losungszahlung beibehalten.

Anhang I

Ergänzungen zur Liste „Die reichsten Nürnberger Bürger von 1579 …"

(In der von Walter Bauernfeind gewählten Reihenfolge nach der Höhe der Steuerzahlungen, vgl. Anm. 1). Die in Band I der Nürnberger Inschriften veröffentlichten Inschriften sind mit DI 13 Nr. ? gekennzeichnet, die „Biographischen Nachträge" zu diesem Band (vgl. Anm. 3) mit BN. Für die in Arbeit befindlichen Bände II und II gilt die Sigle DI-N mit der weitergeführten Bearbeitungsnummer. Die folgenden Zeichen werden verwendet: * Geburt, ~ Taufe, ∞ Heirat, † Tod. Abgekürzt werden: Johannisfriedhof Grab (Nr.), Rochusfriedhof Grab (Nr.), Wöhrder Friedhof Grab (Nr.) in „Johannis (Nr.)", „Rochus (Nr.)", Wöhrd (Nr.).

1   Joachim Kraus (1668 fl.) – Genannt ist er in der Inschrift für seine Ehefrau Juliana († 11.8.1569), die Witwe des Handelsmannes Hanns Crai (Groi, Kroy, † 20.12.1565, DI 13 Nr 1146 +BN).

2   Gewandschneider (960 fl.) – Grabinschriften sind für mehrere Mitglieder der Familie überliefert: Hanns d. Ä. Gewandschneider († 24.2.1523) und seine Ehefrau Clara Ayrer († 8.9.1512), ihren Sohn Hanns d. J. Gewandschneider († 3.11.1546) und dessen Ehefrau Margaretha Kerlin († 22.4.1574, DI 13 Nr. 1251 +BN). – Ferner: Georg Gewandschneider († 12.11.1597) und seine 1. Ehefrau Susanna Ayrer († 15.3.1579). Das Todesdatum für die 2. Ehefrau Maria Breuning ist nicht nachgetragen (DI 13 Nr. 1345). – Das ehemals auf Johannis 2128 aus zwei Schrifttafeln und einer Blendnische mit drei Wappenschilden bestehende Epitaph für Dr. iur. utr. Johann Joachim Gewandschneider (1573–1644) und seine zweite Ehefrau Helena Löffelholz, bezeichnet 1612, ist nur abschriftlich überliefert. (Gugel Johannis S. 213; Trechsel S. 24; DI-N 3193; zu den Personen vgl. Erich Mulzer, Das Haus Füll 12, in: MVGN 65, 1978, S. 288f., Abb. 19 nach S. 304).

3   Paulus d. Ä. Fürnberger (900fl.) – Für ihn ist keine Inschrift auf den Friedhöfen überliefert, jedoch ein 1536 bezeichnetes Epitaph für Augustin F.(orenberger, † 1557) DI 13 Nr. 391 + BN. Zu dessen Ehefrau Cäcilia geb. Schütz († 1536) vgl. DI 13 Nr. 381 + BN, zur Tochter Cäcilia F.(ernberger), der ersten Ehefrau von Dr. Melchior Ayrer vgl. DI 13 Nr. 1348 + BN. Auch ein 1629 bezeichnetes Epi-

---

²⁶ Günther P. Fehring / Anton Ress, Die Stadt Nürnberg (Bayerische Kunstdenkmale 10), München 1961, S. 333a; des., 2. Aufl. bearb. v. Wilhelm Schwemmer, München 1977, S. 465b; zu Bartolomeo Viatis zuletzt: Andreas Tacke, Bartholomäus I. Viatis im Portrait, in: MVGN 83, 1996, S. 57–64, die Inschrift S. 57f.; Bauernfeind, Nürnberger Bürger (wie Anm. 1), S. 212 (Losung 500 fl.).

²⁷ Trechsel, Gedächtnis (wie Anm. 23) beschreibt die Mauerreihe S. 676–715, das Irtenberger-Grab S. 690f., die Mauer ist abgebildet im Frontispiz und in den Tafeln nach S. 246 und 722.

²⁸ Claudia Maué, Archivalien und Quellen zu Johann Schlüter, in: MVGN 85, 1998, S. 1–50, hier S. 17f. (mit Abb. 7–8 aus Trechsel); DI 13, Abb. 140–141; Wegmann, Kreuzweg (wie Anm. 16), Abb. 3.

taph im Ohrmuschelstil für Paulus d.J. F.(ornberger) und Ehefrau Magdalena Stras(s) aus Feuchtwangen ist auf Johannis 221 erhalten. (Gugel Johannis S. 39; Trechsel S. 586; Abb. GB 28,1; Kdm 10, 1977, S. 428a; DI-N 4051).

4   Hans Schwab (800 fl.) – Für die Familie sind auf Johannis 912 gleich drei Grabmäler erhalten: 1. für Hans d. Ä. Schwab († 15.8.1586) das „ca. 1585" zu datierende schöne Familienepitaph mit dem lateinischen Text aus Ps. 70,56 in Kapitalis: „DOMINE IN VMBRA ALARVM TV=/ARVM SPERABO DONEC TRANS=/EAT INIQVITAS / Hanns Schwaben Begrebnus." Ein Drittel der Schrifttafel ist für einen Nachtrag freigelassen, der nie ausgeführt wurde. (Gugel Johannis S. 124; Trechsel S. 315; Zahn, Beiträge S. 62 Anm. 31, S. 127 Werkgruppe G Nr. 103; DI-N 1729). – 2. Ebenfalls für Hans d. Ä. Schwab sind die ersten drei Zeilen auf dem Epitaph mit seinem Todesdatum (Gugel Johannis S. 124; Trechsel S. 315; Zahn, Beiträge S. 76 Anm. 131; DI-N 1739), auf die ein dreizeiliger Nachtrag folgt für Erasmus Schwab († 21.7.1616) (DI-N 3336). – 3. Für des letzteren Ehefrau Katharina Pilgram († 6.1.1600) eine achtzeilige Tafel aus der Werkstatt Jacob Weinmanns (Gugel Johannis S. 124; Trechsel S. 315f.; Zahn, Beiträge S. 39 Anm. 137; DI-N 2461). Hans Schwabs Witwe Magdalena († 7.8.1608), Tochter von Erasmus Schlumpf († 29.11.1563, DI 13 Nr. 1017 +BN) erhielt das schöne Epitaph unter dem ihrer Eltern auf Johannis 84. (Gugel Johannis S. 18; Trechsel S. 651; DI-N 2935). Zu nennen ist schließlich das Epitaph auf Johannis 310 für Hans d. Ä. Schwabs Bruder Heinrich d. J. Schwab und seine Ehefrau Catharina Pfinzing, das ihm laut Grabbriefregister am 9. August 1601 zugeschrieben wurde. (LKA KV 19 fol. 25; Gugel Johannis S. 51; Trechsel S. 540; DI-N 2549a).

5   Mathes Fetzer (680 fl.) – Sein zehnzeiliges, mit Roll- und Maskenwerk geschmücktes Epitaph der Werkgruppe G auf Johannis 573 nennt seine und seiner drei Ehefrauen Todesdaten (DI 13 Nr. 788). Auch für seine Schwiegerväter Mang (I.) Dillherr und Hans Sidelmann sind Grabschriften überliefert (DI 13 Nr. 859 und 1413, bei beiden BN).

6   Wolff Furter (600 fl.) – Seine Grabschrift auf Rochus N 128, unter der für seine Mutter Barbara Seldner († 20.11.1578) und deren 2. Ehemann Hans Gutteter († 20.3.1569), enthält seine und seiner Ehefrau Susanna Steffan Todesdaten: er starb am 18. Oktober 1594, seine Ehefrau wenige Tage danach am 26. Oktober 1594. (Gugel Rochus S. 123 Grab 262; Abb. GB 14,2; DI-N 2148).

7   Valentin d. J. Schönborn (588 fl.) – Sein Epitaph auf Johannis 101 nennt sein nachgetragenes Todesdatum († 5.2.1594) und das seiner Ehefrau Maria Schwab († 14.6.1584). Die Inschrift ist vor dem Guß in der Art von Glockeninschriften mit Modelbuchstaben gesetzt. (Gugel Johannis S. 15; Trechsel S. 659; Zahn, Beiträge S. 72 u. Anm. 98, Abb. 11; DI-N 1629).

8   Heinrich Pilgram (520 fl.) – Sein Epitaph der Werkgruppe G auf Johannis 1089 mit Werkdatum 1574 zeigt die nachgetragenen Todesdaten von ihm († 24.1.1581) und seiner Ehefrau († 25.12.1609, DI 13 Nr. 1264 +BN). Zum Handel der Firma Pilgram / Pilgrum mit Österreich und Ungarn zuletzt Gecsényi, Handelsbeziehungen S. 130, 135.

9   Ulrich Rottengatter (520 fl.) – Die Familie ist mit Epitaphien mehrfach vertreten: Ulrich Rottengatter, am 21.November 1579 im Alter von 66 1/4 Jahren verstorben, hatte sein Epitaph auf Johannis 883 (DI 13 Nr. 1354 +BN). Auch Nicolaus Rottengatter († 14.1.1622) hatte mit seinen Ehefrauen Maria Heen/Hoen († 17.7.1568) und Barbara Koler sein Grabmal auf Johannis 883 (DI 13 Nr. 1120 +BN). Das Epitaph von Lienhardt Rothengatter († 18.6.1569) und seiner Ehefrau Margaretha Kurtz († 17.5.1567) ist auf Johannis 593 (DI 13 Nr. 1145 +BN). Die nachfolgende Generation befand sich bereits im sozialen Aufstieg aus dem Kaufmannstand heraus: Georg Rottengatter († 16.4.1604), Sohn von Nicolaus R., im Alter von 20 Jahren verstorben, wird in seiner in lateinischen Distichen gehaltenen Grabschrift (ehemals Johannis 883) ein gebildeter Jüngling („doctus iuvenis") genannt, der nach Reisen durch Frankreich, Holland und England, nach überstandner Pest und zwei Sturmfluten des donnernden Meeres („Oceani fluctus bis resonante mari"), in der Heimat an einem strengen Fieber („tetrica febris") gestorben sei (Gugel Johannis S. 17; Trechsel S. 322; DI-N 2705).

10 Bartholomäus Viatis (500 fl.) – Sein großes Epitaph, ehemals an der Mauer zum Pfarrgarten über Grab Nr. 6, befindet sich heute außen an der Südwand der Johanniskirche. Es zeigt im Relief seine Enkel und Urenkel: „hab ich Bartholome Viatis der Elter Erlebt 31 Enigkhla vnd 19 vhrenigkhla". (Gugel Johannis S. 12; Trechsel S. 705; Andreas Tacke, Bartholomäus I. Viatis im Porträt, in MVGN 83, 1996, S. 57–64, die Inschrift S. 58; Stadtlexikon Nürnberg S. 1140; DI-N 3867).

11 Joachim d. Ä. Finolt (450 fl.) – Sein qualitätvolles Epitaph der Werkgruppe G mit Todesdatum († 14.7.1583) und dem seiner ersten Ehefrau Magdalena Tichtel († 18.6.1564) ist auf Johannis 1250

erhalten (DI 13 Nr. 1046 +BN); ein weiteres auf Johannis 88 nennt auch das Todesdatum der zweiten Ehefrau Ursula Gewandschneider († 28.1.1588); es gehört ebenfalls zu den herausragenden Werken der Gruppe G. (Gugel Johannis S. 17; Trechsel S. 653; GB 53,3; Zahn, Beiträge S. 61f., 125, 127; DI-N 1809).

12 Hans Schäuffelein (Scheufelein) (440 fl.) – Sein Epitaph ist auf Johannis 881 erhalten und nennt sein Todesdatum († 6.8.1588) und das seiner Frau Katharina von Thil († 7.11.1621). Er handelte unter anderem mit Prag („Hans Scheifelin & Comp.") und ist in den 70er Jahren des 16. Jahrhunderts Darlehensgläubiger der französischen Krone. (DI 13 Nr. 1267 +BN).

13 Wolff Rehlein (428 fl.) – In der Leichenpredigt für seine Tochter aus erster Ehe Catharina (Röhle, * 31.10.1563, † 9.5.1618) wird er Wolff Röhle genannt (Roth, Auswertungen von Leichenpredigten R 3908). Sein Epitaph auf Johannis 1173 ist undatiert: „Des E:(rbarn) Wolffen / Rheleins vnd seiner / Erben Begrebtnus". Es gehört in die Werkgruppe K des Rotgießers Georg II. Weinmann († 1604) und wird nach deren Merkmalen um 1595 datiert. (Gugel Johannis S. 155; Trechsel S. 224; Zahn, Beiträge S. 141, Werkgruppe K Nr. 131; DI-N 2241).

14 Sigmund Gamersfelder (400 fl.) – Das Epitaph auf Johannis 1454 besteht aus einer zehnzeiligen Schrifttafel und einem Portalaufsatz mit Wappenallianz Gamersfelder / Harsdörffer. Es ist nach seinem Tod († 8.9.1603) gefertigt und nennt auch das Todesdatum seiner Ehefrau Maria († 23.2.1619). Nach den beigefügten Wappen war Sigmund Gamersfelders Mutter eine Praun, Maria Harsdörfers Mutter eine Lochinger. (Gugel Johannis S. 197; Trechsel S. 56f. mit Blasonierung; DI-N 2653).

15 Georg Gößwein (400 fl.) – Sein schlichtes, undatiertes Epitaph in Form eines Schriftbandes, vor 1582 einzuordnen, war ehemals auf Johannis 94. (Gugel Johannis S. 16; Trechsel S. 655; DI-N 1582).

16 Georg Keilhauer (Keilhaw) (400 fl.) – Sein Epitaph auf Johannis 598 nennt sein Todesdatum († 18.3.1601) und das seiner Ehefrau Maria Magdalena († 28.12.1602). (Gugel Johannis S. 88; Trechsel S. 425, verlesen „1617. den 18. Maij"; DI-N 2546).

17 Franz d. Ä. Gelnauer (384 fl.) – Sein Epitaph war 1682 noch auf Rochus 1412 und nennt nur das Todesjahr († 1589). Außer im Tuchhandel war er auch im Metallhandel tätig, besaß eine Kuxe am Zinnbergbau in Schlaggenwald und war Faktor eines Venezianers. (Gugel Rochus S. 87; Theodor G. Werner, Regesten und Urkunden über Beteiligungen von Nürnbergern an der Zeche Rappolt und an anderen Schneeberger Bergwerks- und Metallhandelsunternehmungen (Zweiter Abschnitt), in: MVGN 60, 1973, S. 164; DI-N 1868).

18 Thomas Irtenberger (328 fl.) – Er starb am 20. September 1589 „zwischen zwey und drey Uhren des kleinen Zeigers, Nachmittags". Sein in Versen zu drei siebenzeiligen Spalten gehaltenes Epitaph, ehemals in einem Portalaufsatz in der Westmauer des Johannisfriedhofs (zum Pfarrgarten) über Grab 25, ist heute im Germanischen Nationalmuseum. Es gehört zu den ausgezeichneten Arbeiten einer der Vischerhütte nahestehenden Werkgruppe. Die im Portalaufsatz ehemals angebrachte Sterbeinschrift ist 1682 noch überliefert. (Gugel Johannis S. 8f.; Trechsel S. 690; Katalog Bronzeepitaphien Nr. 51; Zahn, Beiträge S. 126, Werkgruppe G Nr. 96; DI N 1446 und 1861).

19 Hans Meisinger (308 fl.) – Er ist auf dem verlorengegangenen Epitaph seines Schwiegervaters Gilg Ayrer († 30.1.1573) nur mittelbar bei seiner Witwe Anna Ayrer († 22.3.1588) genannt: „Anna Hans Meisingerin, wittib, ein geborne Airerin, ihres Alters 51. Jar". (Gugel Johannis S. 6; Trechsel S. 680; DI-N 3143).

20 Dr. Melchior Ayrer (272 fl.) – Eine Gedächtnis-Inschrift für ihn († 17.3.1579) ist nur von Michael Rötenbeck überliefert, bei Gugel nicht mehr genannt, sie muß daher zwischen 1623 und 1682 in Verlust gegangen sein. Vom Wortlaut her ist es jedoch fraglich, ob es sich um eine eigene Inschrift gehandelt hat, denn Rötenbeck setzt nach dem Geburts- und Sterbedatum hinzu: „ligt unter seines Vatters Hainrich Airers Grabstein. Hett Ceccilia Förenbergerin, vnd Maria Hopfferin. Denen allen Gott genad." In DI 13 ist die Inschrift daher beim Todesdatum Dr. Melchior Ayrers unter Nr. 1348 eingeordnet. Heinrich Ayrers Grab ist Johannis 43 (DI 13 Nr. 455). Ayrer-Gräber waren auch Johannis 38 und 42–44 an der herausgehobenen guten Lage der ehemaligen Westmauer zum Pfarrgarten (vgl. DI 13 Nr. 112, 318, 455, 456, 645, 724 und 784).

21 Wolff Kern (272 fl.) – Das Epitaph auf Johannis 1060 überliefert sein Todesdatum († 11.4.1582) und das seiner Ehefrau Anna († 22.3.1557). (DI 13 Nr. 844 +BN). Mehr zu ihm im Stadtlexikon S. 530.

22 Paulus Preuning (Breuning) (252 fl.) – Sein Epitaph auf Johannis 41 überliefert sein Todesdatum († 16.1.1593); seine erste Ehefrau war laut Inschrift jedoch Susanna Hofman († 13.5.1558 „Susanna

Paulus Preuningerin am Obsmarckt" TgBSe 6057). Als 2. Ehefrau wird Susanna Gewandschneider genannt, ihr Todesdatum ist aber nicht nachgetragen. Katharina Waldmann war demnach die dritte und Elisabeth Heß die vierte Ehefrau. (DI 13 Nr. 1347 +BN).

23 Caspar Koch (240 fl.) – Sein ehemaliges, undatiertes Epitaph auf Johannis 97 ist 1682 (Gugel) noch vorhanden, 1736 (Trechsel) jedoch nicht mehr. Sein Todesdatum und die Entstehungszeit der Inschrift sind aber überliefert: an Kochs Todestag (26.4.1582) erscheint der Pulverhändler Hermann Heher im Steinschreiberamt und wünscht ein Grab für den Verstorbenen, erhält das hier genannte „hinter dem Bartholme Odescalco" (Johannis 28; DI 13 Nr. 1376) und läßt am 24. Juli 1587 das „Zeichen" (die Inschrift) anbringen. (LKA KV 18a fol. 25v; Gugel Johannis S. 16; Trechsel S. 657; DI-N 1768).

24 Sebald Münsterer (240 fl.) – Zu Angehörigen der Familie (Leonhard d. Ä., „Kaufmann hinter Unser Frauen am Melmarckt", † 29.8.1534. TgBSe 1353) vgl. DI 13 Nr. 347 +BN und 679 +BN („Felicitas Hannßen Münsterers Ehewürthin", † 1.6.1550 „hinter Unnser Frauen Capelln". TgBSe 4161).

25 Dr. Christof Fabius Gugel (228 fl.) – Sein Todesdatum († 10.9.1586) und das seiner Frau Martha Imhof († 10.5.1576) finden sich auf einem Epitaph von vortrefflicher Qualität (Johannis 846), zusammen mit jenen der Eltern Dr. Christoph Gugel († 16.8.1577) und Ursula Saurzapf († 25.5.1559), und der Großeltern Erasmus Gugel († 09.2.1547) und Katharina von Perfal. (Gugel Johannis S. 117; Trechsel S. 349f.; DI-N 1740).

26 Niclas d. J. Gößwein (224 fl.) – Zum gleichnamigen Vater, dem Viehhändler Niclas d. Ä. Gößwein (Geßbein, Goßwein), † 16.12.1556. TgBSe 5679) vgl. DI 13 Nr. 647, zu seinem lateinischen Epitaph mit metrischer Inschrift DI 13 Nr. 833.

27 Wolff Meringer (224 fl.) – Von seinem ehemaligen Epitaph auf Grab Johannis 26 († 20.9.1587), an der Mauer zum Pfarrgarten, ist nur die Messingtafel mit einer fünfzeiligen Inschrift unter einem von Hermen beseiteten Wappenportal erhalten. Das Todesdatum der Ehefrau Barbara Hertz ist nicht nachgetragen. (Trechsel S. 636f.; DI-N 1772).

28 Caspar Burckart (220 fl.) – Sein Epitaph auf Johannis 48 (an der ehemaligen Westmauer zum Pfarrgarten) nennt sein Todesdatum († 27.1.1621) und das seiner ersten Ehefrau Ursula Hentz († 7.9.1591). Das seiner 2. Ehefrau Maria Magdalena Stockhamer ist nicht nachgetragen. (Gugel Johannis S. 3; Trechsel S. 675; DI-N 1946).

29 Georg Petzolt (208 fl.) – Sein aufwendig gestaltetes Epitaph der Werkgruppe G mit fünfzehnzeiliger Inschrift befindet sich auf Johannis 105. Anlaß war der Tod der Tochter Magdalena († 31.12.1587). Er starb am 29. Dezember 1590. (Gugel Johannis S. 15; Trechsel S. 660f.; Zahn, Beiträge S. 62 u. Anm. 31,4, S. 127; DI-N 1776).

30 Joachim d. J. Weiermann (204 fl.) – Zum gleichnamigen Vater, Joachim d.Ä. Weiermann am Weinmarkt († 20.5.1553), der mit Clara Kötzler und Anna Gebißhaupt verheiratet war, vgl. DI 13 Nr. 760.

31 Hans Forstenhauser (Forstenheusser) (192 fl.) – Sein Epitaph auf Johannis 54, aus der Werkgruppe des Rotgießers Georg II. Weinmann, ist 1602 datiert. Er starb am 28.7.1605, das Todesdatum seiner Ehefrau Helena Geiger ist nicht nachgetragen. (Gugel Johannis S. 2; Trechsel S. 671f.; Zahn, Beiträge S. 143 Werkgruppe K Nr. 213; DI-N 2601).

32 Niclas Kronberger (190 fl.) – Ein Epitaph für „Niclas Kronberger, vnd seiner Erben Begrebnuß. 1581" war auf Rochus 466 im Jahr 1682 noch vorhanden. (Gugel Rochus S. 11; DI-N 1451).

33 Hans Hueter (180 fl.) – Sein fünfzeiliges Epitaph in den Merkmalen der Gruppe G mit Wappendreipaß Huter/Stromer befindet sich auf Johannis 301. Beide Todesdaten sind nachgetragen: seines († 30.12.1596) und das seiner Frau Ursula Stromer († 21.12.1591), das Epitaph ist also vor dem letzteren Datum entstanden. (Gugel Johannis S. 50; Trechsel S. 539; Zahn, Beiträge S. 125, Nachtrag Nr. 105a zu Werkgruppe G; DI-N 1949). Es liegt unter dem des Goldschmieds Hans Hueter d.Ä. „am Zotenberg" († 13.1.1535), wohl seinem Vater (DI 13 Nr. 956). Ein drittes Epitaph auf dem Grabstein 301 nennt als letzten „seines Nahmens und Stammens" Julius Hutter († 18.6.1632) (DI-N 4141).

34 Hans d. J. Guteter (170 fl.) – Die Grabschrift für Hans d. Ä. Gutäter († 20.3.1569) und seine Frau Barbara Seldner († 20.11.1578) ist oben Nr. 6 (600 fl.) Wolf Furter (auf Rochus N 128, ehemals Rochus 262), dem Vormund von Hans d. J. Guteter, schon genannt. Letzterer ist nur indirekt als Ehemann der Witwe Clara Maria Hopfer, geb. Ayrer († 13.7.1611) im ehemaligen Epitaph Johannis 38 ihres Vaters Gilg Ayrer († 30.01.1573) genannt (siehe oben Nr. 19). (Gugel Johannis S. 6; Trechsel S. 680; DI-N 3143).

35 Georg Hönning (Hening) (162 fl.) – Sein Epitaph auf Johannis 628 ist nicht datiert; sein und seiner Frau Margaretha (Vischer) Todesdaten sind freigelassen. Er wird „Wirt und Gastgeb zum Radprunnen bey / dem newen Thor" genannt (Radbrunnengasse 3/5 und Neutorstraße 2, unmittelbar bei den „Sieben Türmen", Irrerstraße 20). Nach den Merkmalen der Werkgruppe K (Georg II. Weinmann) ist es ca. 1580 eingeordnet. (DI 13 Nr. 1401 +BN; Fleischmann, Topographische Beschreibung Nürnbergs, S. 48).

36 Lienhart Ammon (160 fl.) – Sein Epitaph befand sich auf Rochus 208 und ist durch eine Abschrift der Steinschreiberei von 1745 überliefert. Er starb nach der Inschrift am 10. Februar 1580, die Ehefrau Barbara (Bair) am 1. Mai 1574. Beide haben testamentarisch in die Findel (das Waisenhaus) gestiftet. (DI 13 Nr. 1373 +BN).

37 Valentin Dörleder (Felta Derleder) (160 fl.) – Sein Epitaph ist 1558 datiert und auf Rochus 713 erhalten. Die 1. Ehefrau wird im Totengeläutbuch „Ursula Durlederin, wirtin bei den Parfusern" genannt (TgBSe 7613; DI 13 Nr. 885).

38 Mathes Schiller (160 fl.) – Sein Epitaph in Form einer Rundtafel mit Umschrift und Wappenallianz Schiller / Baldermann auf Grab Johannis 1216 (ehemals Johannis 1248), ist nach den Merkmalen vor 1590 eingeordnet (Gugel Johannis S. 164; Trechsel S. 191f.; DI-N 1932).

39 Hans d. Ä. Schwender (160 fl.) – Das sechszeilige Epitaph seiner Witwe Barbara Koler mit der Wappenallianz Schwender / Koler befindet sich auf Johannis 272 und ist 1596 bezeichnet. (Gugel Johannis S. 46; Trechsel S. 559; DI-N 2288).

40 Renier Volckart (160 fl.) – Sein nicht erhaltenes Epitaph befand sich nach Gugel noch 1682 auf Johannis 1297. Nach dem Text der Inschrift starb „Reimer Volckard" mit 62 Jahren am 10. August 1597, seine Frau „Catharina, ein geborne von Quittelberg" mit 83 Jahren am 29. Juni 1653. (Gugel Johannis S. 173; DI-N 2300).

41 Cornelius Görtz (148 fl.) – Er stammte aus Meppen (nicht Mersen) und starb am 17. Mai 1579, sein Epitaph befindet sich auf Johannis 484 (Di 13 Nr. 1349 + BN).

42 Hans Engel (144 fl.) – Sein Epitaph mit dem Todesdatum 8. Oktober 1588 und dem seiner 3. Ehefrau ist auf Rochus 883 erhalten. Darin ist auch die Grabschrift für die vorher (12.7.1588) verstorbene Anna, Ehefrau des Joachim Kraus überliefert. (Gugel Rochus S. 41; DI-N 1816).

43 Paulus d. Ä. Harsdörffer (140 fl.) – Sein als Dreipaß mit Umschrift und Wappenallianz gestaltetes, 1606 datiertes Epitaph (zusammen mit seiner Ehefrau Sabina) ist auf Johannis 1497 erhalten. Rötenbeck schreibt den Zusatz: „starb Anno 1613 den 26. Febr.(uar)". (R 166 S. 46; R 488 S. 146; Gugel Johannis S. 210; Trechsel S. 35; DI-N 2847).

44 Simon d. Ä. Steinhauser (128 fl.) – Sein Epitaph (zusammen mit Michael Steinhauser) mit Datum 1563 befand sich auf Johannis 868 und ist nur von Rötenbeck und im Grabregisterbuch überliefert. (DI 13 Nr. 1036 +BN). „Barbara Michel Stainhauserin neben der Gulden Gans" († zwischen 26. 6. und 13.8. 1555. TgBSe 5340); das Wirtshaus „Zur Goldenen Gans" war in Sebald Nr. 33 (Winklerstraße 15). (Fleischmann, Topographische Beschreibung Nürnbergs, S. 42)

45 Erasmus Guteter (120 fl.) – Sein 1582 datiertes Epitaph befand sich auf Johannis 969. (Gugel Johannis S. 132; Trechsel S. 296; DI-N 1511).

46 Dr. Georg Palm (120 fl.) – Seine deutsche Grabschrift, bezeichnet 1572, ist auf Johannis 1151 (DI 13 Nr. 1228) erhalten; ein lateinisches Epitaph, ehemals auf diesem Grab, ist von Michael Rötenbeck mit dem richtigen Todesdatum (20.4.1591) überliefert. Gugel (1682) nennt es nicht mehr, Trechsel (1736) jedoch als ehemals existent. Zur Sterbeinschrift gehören vier Disticha von Nicolaus Taurellus. (R 488 S. 268; Trechsel S. 228; DI-N 1940).

47 Conrad Petz (120 fl.) – Die Inschrift aus der Werkgruppe von Georg II. Weinmann auf Rochus 115 überliefert sein Todesdatum († 15.2.1600), das seiner 2. Ehefrau Margaretha († 6.11.1593) und das der gemeinsamen Tochter Susanna († 20.2.1592), wohl der Anlaß für das Epitaph. (Gugel Rochus S. 118; Zahn, Beiträge S. 139 Werkgruppe K Nr. 65; DI-N 2000).

48 Georg Schnabel (120fl.) – Sein und seiner Ehefrau Dorothea Deinfelder Epitaph von 1595 auf Rochus 1411 zeigt ein reiches Bildprogramm mit dem Gekreuzigten, Maria und Johannes. (Gugel Rochus. S. 86f.; Abb. GB 32,1; Sankt Rochuskirchhof, 1989, S. 18f.; DI-N 2230).

49 Heinrich d. Ä. Mülegg (112 fl.) – Sein nur 13x23 cm großes Grabtäfelchen auf Johannis 13 (an der ehemaligen Westmauer zum Pfarrgarten) ist 1583 datiert und nach dem Modell des Epitaphs des Goldschmieds Elias Lencker gegossen, mit geätzter Inschrift. In der Arkade darüber befand sich auch ein Gemälde mit verschließbaren Läden, Aufschriften mit Texten aus dem Alten Testament,

sowie im Sockel ein kranzförmiges Wappenmedaillon in Messing mit Wappenallianz Müllegg / Preuning. Das Grab ist am 19. Juni 1582 durch den Kirchenpfleger Hieronymus Baumgartner vergeben worden. (LKA KV 18 a fol. 28v–29r; Gugel Johannis S. 10; Trechsel S. 699; GB S. 9; Zahn, Beiträge S. 54, 62 u. Anm. 25–26; Di-N 1612).

50 Hans Trainer (104 fl.) – Sein ehemaliges Epitaph auf Johannis 1400, datiert 1602, bestand aus einem lorbeergerahmten Medaillon mit Wappenallianz Trainer / Oertel und einer Schrifttafel für Magdalena Oertel. (Gugel Johannis S. 186; Trechsel S. 66; DI-N 2635).

51 Ernst Haller (100 fl.) – Seine nur von Rötenbeck überlieferte Grabschrift auf dem Johannisfriedhof (zu jener Zeit gab es noch keine Grabnummern, der Standort ist unbekannt) nennt als Todesdatum den 21. Januar 1618, wie auch Biedermann vermerkt: „starb jählings auf dem Rathause zu Nürnberg anno 1618. den 21. Januar". Bei Roth ist 1618 in 1608 verdruckt. (R 166 S. 46; R 488 S. 140; Biedermann Taf. 127; Roth, Genannte S. 92; DI-N 3426).

52 Wolff Kammerer (von Kemerer, Cämmerer) (100 fl.) – Er starb 1592; sein und seiner Ehefrau Magdalena Holzschuher († 1586) Epitaph von 1560 ist auf Rochus 252 erhalten. (DI 13 Nr. 942 +BN).

53 Melchior Lays (Loys) (100 fl.) – Sein 1576 datiertes Epitaph befindet sich auf Johannis 508. (DI 13 Nr. 1310).

54 Heinrich Pilgram (100 fl.) – Siehe vorne bei Nr. 8 (520 fl.) (Di 13 Nr. 1264 +BN).

55 Hans Stamm (100 fl.) – Das Epitaph auf Johannis 1053 nennt neben seinem Sterbedatum († 14.7.1579), die Todesdaten seiner 1. Ehefrau Sibilla Henin (Han, † 18.5.1560) und seiner 2. Ehefrau Elisabeth Seng († 26.12.1587). (DI 13 Nr. 1352 +BN).

56 Dr. Heinrich Wolff (100 fl.) – Er starb am 21. Dezember 1581. Sein und seiner Frau Rosina Epitaph auf Johannis 1211 ist 1567 angelegt. (DI 13 Nr. 1113 +BN).

57 Martin d. Ä. Gruner (Gruner) (96 fl.) – Das ehemalige Epitaph des Zinngießers und Handelsmannes nennt sein Todesdatum († 23.12.1579) und das seiner Frau Anna (Prünsterer, † 6.5.1577). (Hintze, Nürnberger Zinngießer Nr. 84; NKL-M; DI 13 Nr. 1356).

58 Jacob Köchel (96 fl.) – Sein 1593 datiertes Epitaph der Werkgruppe des Rotgießers Georg II. Weinmann ist auf Johannis 784 erhalten. Darin heißt die zweite Ehefrau „Maria, ein geborne Knöpfin". (Gugel Johannis S. 111; Trechsel S. 353; Abb. GB 43,4; Zahn, Beiträge S. 140 Werkgruppe K 97; DI-N 2119).

59 Dr. Thomas Pregel (96 fl.) – Im aufwendigen sechzehnzeiligen Epitaph auf Johannis 1040, angelegt nach dem Tod seiner Mutter Appolonia, geb. Ernst († 13.10.1567), sind sein Todesdatum († 28.08.1607) und das seiner Ehefrau Clara Tetzel († 28.10.1612) nachgetragen. (DI 13 Nr. 1104 +BN).

60 Hans Kuefueß (92 fl.) – Die Kuefueß waren zuerst Bierbrauer. Hans K's Epitaph von 1565 liegt auf Rochus 377 (DI 13 Nr. 1074; zur älteren Generation vgl. DI 13 Nr. 44 und 737). Die nachfolgende Generation betreibt Handel: auf Johannis 723 ist das zweiteilige Epitaph für den Handelsmann Georg Kuefuß († 22.7.1626) und seine Ehefrau Magdalena Stofl († 26.1.1625) erhalten, er war auch Heffner und 1604 bis 1626 Genannter. (Gugel Johannis S. 103; Trechsel S. 379; Roth, Genannte S. 105; DI-N 3906).

61 Georg Stoffel (92 fl.) – Sein Epitaph ist wahrscheinlich das kleine Medaillon mit der Umschrift „Jorgen Stoffels vnnd seiner Erben Begrebtnus. Anno 1574" und dem Monogrammzeichen auf Rochus 844. (DI 13 Nr. 1273).

62 Endres Schmidt (90 fl.) – Ein von Rochus 406 stammendes Epitaph der Werkgruppe J, 1849 gestohlen, wieder beigebracht und nach 1851 an das neugegründete Germanische Nationalmuseum abgegeben, trägt die Inschrift „Endreas schmidt Tuchmacher vnd / seiner Erben Begrebnus. 1582". Zwei weitere ehemals beschriftete Zeilen sind getilgt, ebenso ein H- Zeichen in der angegossenen Rollwerktartsche, die unter einer Tuchmacher-Kardätsche nur noch Schmidts Hauszeichen trägt. Ob es sich um den hier genannten handelt, dessen erste Ehefrau bei ihrem Tod (1561) „hinter dem Tuchhaus" wohnte, ließe sich nur anhand des Haus- oder Handelszeichens klären: zwei gespiegelte, gekreuzte Maiuskel-F, mit einem Querbalken im Kreuzpunkt. (Gugel Rochus S. 9; Boesch, Katalog GNM Nr. 52, Gd 162; LKA Rep. 10a 51 Nr. 11 mit Diebstahlsvermerk vom 12.12.1849; Zahn, Beiträge S. 34 u. Anm. 80, S. 78 u. Anm. 144, S. 134 Werkgruppe J Nr. 95; DI-N 1564).

63 Erhart Beheim (Beham) (80 fl.) – Sein 1568 datiertes Epitaph in Form eines kreisrunden Medaillons mit Wappen Beham befand sich noch 1682 auf dem Johannisfriedhof (Grab A 49b, Numerierung erst bei Trechsel, von ihm beschrieben, 1736 aber nicht mehr vorhanden). Die erste Ehefrau

Magdalena († 23.3.1580) wird in einer zweiten, ehemals darunter angebrachten Inschrift „ein geborne Duckin von Bamberg" genannt, im Tagebuch des Sebald Welser von 1577 „Magdalena Dick". (Ursula Koenigs-Erffa, Das Tagebuch des Sebald Welser aus dem Jahre 1577, in: MVGN 46, 1955, S. 271 Anm. 48; DI 13 Nr. 1126 und 1374).

64 Wilhelm Boxberger (80 fl.) – Sein rundes Epitaph auf Johannis 1460 (ehemals 1461) mit Vollwappen Boxberger und den Nebenschilden Lindner und Glockengießer ist 1593 datiert. (Gugel Johannis S. 200; Trechsel S, 61; DI-N 2100).

65 Pankratz Henn (80 fl.) – Sein und seiner Ehefrau Sibylla ehemaliges Epitaph, datiert 1591, eine Schrifttafel mit Wappenaufsatz in Form eines Lorbeerkranzes, befand sich noch 1736 auf Johannis Grab 4 (an der Westmauer). Ihre Tochter Magdalena heiratete Caspar Nurmberger, der über dem Grab in der Arkade ein gemaltes Wand-Epitaph mit umfangreichem Bildprogramm und verschließbaren Läden errichten ließ. Erhalten ist nur seine 1609 datierte fünfzeilige Messingtafel mit Wappenmedaillon. (Gugel Johannis S. 13; Trechsel S. 709; DI-N 1960 und 3056).

66 Franz Juncker (80 fl.) – Sein Epitaph befand sich noch 1736 auf Johannis 567, bezeichnet „1565", dem Todesjahr seiner ersten Ehefrau Margaretha (Fridel). Eine weitere Grabschrift ist nicht überliefert, was wohl mit seiner Aufgabe des Bürgerrechts kurz nach 1579 zusammenhängt. (DI 13 Nr. 1073 +BN).

67 Georg Lang (80 fl.) – Sein Epitaph, 1682 noch vorhanden, befand sich auf Rochus 159. Nach der Inschrift starb er am 7.12.1586, seine Frau Barbara am 10.2.1597. Er ist wohl identisch mit dem Zinngießer Georg Lang, 1559 Meister, Geschworner 1569–72, 1576–79 und 1580–81. (Gugel Rochus S. 118; Hintze, Nürnberger Zinngießer Nr. 105; NKL-M; DI-N 2297).

68 Lucas d. J. Sitzinger (74 fl.). – Sein Epitaph „Lucas Sitzinger, vnd seiner Erben Begrebnus. 1592" befand sich 1682 noch auf Johannis 532, im Jahr 1736 war es nicht mehr vorhanden. Er starb vor 1613, Frau und Tochter lebten wegen Sistierung seiner Güter in Armut. Zur vorhergehenden Generation vgl. DI 13 Nr. 422 +BN. (Gugel Johannis S. 79; Trechsel S. 451; Anton Ernstberger, Liebesbriefe Lukas Friedrich Behaims an seine Braut Anna Maria Pfinzing, in: MVGN 44, 1953, S. 349, 354; DI-N 2070).

69 Elias Schweicker (Schweygker) (72 fl.) – Sein Epitaph „1585 / Helias Schweygker wirtt Anna sein / Ehwirtin Vnd Jrer Erben Begrebnus" mit Hauszeichen im Wappenschild ist auf Johannis 148 erhalten. (Gugel Johannis S. 26; Trechsel S. 628; DI-N 1719). – Zu den bei Bauerntend in Anm. 125 genannten Willibald Gebhart und Johann Baptista de Francisci siehe DI 13 Nr. 1014 und 508.

70 Lienhart Strolunz (72 fl.) – Die auf Johannis 79 erhaltene Inschrift „Der erbarn Hanns vnd Lienhard Stroluntz Begrebtnus. Anno Domini 1522." ist nach den Merkmalen der Werkgruppe G um 1560 zu datieren. (DI 13 Nr. 963 +BN).

71 Wenzel Jamnitzer (70 fl.) – Sein zweiseitiges Pultepitaph auf ist auf Johannis 664 (Vorderseite und Kopie der Rückseite) und im Germanischen Nationalmuseum (Original der Rückseite – Gd 334) erhalten. (Gugel Johannis S. 97; Trechsel S. 389–391; Abb. GB 13,1 und Textseite 14; Boesch, Katalog Bronzeepitaphien Nr. 55; Zahn, Beiträge S. 25, 29, 35 und Anm. 114; S. 61 und Anm. 23,3; S. 63, 83, 84; Stadtlexikon S. 486; NKL-M; DI-N 1699).

72 Georg Fastert (Vasstert) (64 fl.) – In seinem zwölfzeiligen Epitaph mit Wappentafel für ihn und seine Ehefrau Barbara sind die Todesdaten freigelassen und nicht nachgetragen. Es ist nach den Merkmalen ca. 1580 datiert. Die Ergänzung des Todesjahrs 1622 durch Michael Rötenbeck stimmt mit dem Eintrag im Verzeichnis der Genannten überein. (DI 13 Nr. 1416).

73 Philipp Scherl (64 fl.) – Er übernimmt (laut Eintrag vom 30.11.1581 im ältesten Grabregister) den Grabstein auf dem Johannisfriedhof von Conrad Pecherer, darf „sein Zeichen" darauf machen, das alte muß aber droben bleiben. Im Nachtrag heißt es, Philipp Scherls Name sei angebracht worden. Beide Inschriften sind schon vor 1682 (Gugel) verlorengegangen und nur von Michael Rötenbeck überliefert (zu Pecherer DI 13 Nr. 1143). Zu Scherl hält er fest: „Philip Scherl, vnd Maria sein Haußfraw, ein geborne Behaimin, Vnd Jhrer Erben Begräbnus. 1593." (R 166 S. 180; R 488 S. 514f.; LKA KV 18a fol. 6; DI-N 1617).

74 Hans d. J. Buchner (60 fl.) – Er ließ seiner Ehefrau Ursula, geb. Gollner († 12.8.1574 „Vrsula Hanns Buchnerin, in der Lauffer gaßen") ein Epitaph auf Johannis 1382 setzen, das nicht mehr erhalten ist (siehe DI 13 Nr. 1255 +BN).

75 Peter Kiener (60 fl.) – Sein Epitaph ist auf Rochus 726 erhalten. Nach der Inschrift starb er am 20.2.1602, und seine Frau Margaretha am 15.9.1600, sein Vater Peter Kienner d. Ä. am 3.3.1563,

seine Mutter Rachel, geb. Cammerer, am 26.3.1584. (Gugel Rochus S. 30; DI-N 1624). Peter Kiener d. Ä. wird beim Totengeläut (zwischen 3. und 13.3.1563) Steinmetz und Wirt beim Spittlertor genannt. (TgBSe 7584; StadtA Handelsvorstand 5137, Mitteilung von Karl Kohn; siehe DI 13 Nr. 499 +BN).

76 Wilhelm Stöckel (56 fl.) – Sein ehemaliges Epitaph, datiert 1610, befand sich 1682 noch auf Johannis 1505. (Gugel Johannis S. 210; Trechsel S. 36; DI-N 3120).
77 Heinrich Humbler (52 fl.) – Zu seinem 1578 datierten ehemaligen Epitaph Rochus 504 siehe DI 13 Nr. 1333 +BN.
78 Jacob Manger (52 fl.) – Zu seinem auf Johannis 983 erhaltenen Epitaph mit Datum 1569 siehe DI 13 Nr. 1153 + BN.
79 Bartholomäus Viatis (52 fl.) – Siehe vorne Nr. 10 (500 fl.).
80 Hasdrubal Rosenthaler (d. Ä.) (50 fl.) – Sein gleichnamiger Sohn Hasdrubal (~ 6.7.1556, † 8.2.1620) hat auf Johannis 636 (vormals Grab 1974) zusammen mit Henoch Lützaw († 23.4.1606) aus Frankfurt am Main ein von Jacob Weinmann signiertes Epitaph, mit zwei Inschriftenfeldern und einer von Fides und Spes flankierten Kreuzigung, datiert 1625. Das Todesdatum der gemeinsamen Ehefrau Magdalena, geb. Wagenseil († 7.10.1632) ist nachgetragen. (Gugel Johannis S. 136; Trechsel S. 280f; DI-N 3932).
81 Hans Stolz (50 fl.) – Sein und seiner Frau Kunigund ehemaliges Epitaph war 1682 noch auf Rochus 329, datiert 1585. (Gugel Rochus S. 127; DI-N 1722).
82 Dr. Philipp Camerarius (48 fl.) – Sein und seiner Ehefrau Helena Pfinzing auf November 1592 datiertes lateinisches Epitaph ist auf Johannis 1364 erhalten. (Gugel Johannis S. 191f.; Trechsel S. 143; DI-N 2003).
83 Paulus Dietherr (48 fl.) – Er starb am 8. September 1604, zu seinem Epitaph auf Johannis 714 siehe DI 13 Nr. 1049 +BN, zu dem seines Vaters siehe DI 13 Nr. 468 +BN.
84 Joachim Kraus (48 fl.) – Siehe vorne Nr. 1 (1668 fl.).
85 Dr. Joachim Camerarius (46 fl.) – Sein lateinisches Epitaph († 1.10.1598) war auf dem Johannisfriedhof und ist nur bei Rötenbeck überliefert. (R 166 S. 16; R 488 S. 82; DI-N 2364).
86 Peter Kiener (46 fl.) – Siehe vorne Nr. 75 (60 fl.).
87 Erasmus Schlauersbach (44 fl.) – Zum aufwendigen Epitaph aus der Werkgruppe J auf Rochus 418 mit seinem Todesdatum († 3.3.1578) und dem seiner Frau Sibilla († 19.11.1579) siehe DI 13 Nr. 1353 +BN.
88 Lorenz Linck (42 fl.) – († 19.7.1588) Zum Epitaph auf Rochus 791 zusammen mit dem Verwandten seiner ersten Ehefrau Anna Endres Loble (Löblein) siehe DI 13 Nr. 1226 +BN.
89 Erhart Hager (40 fl.) – († 1590) Zu seinem 1568 datierten Epitaph, einer kleinen hochrechteckigen Tafel zusammen mit Georg Vischer (Fischer) und Philipp Merckel, 1736 noch auf Johannis 27 (an der Westmauer zum Pfarrgarten) siehe DI 13 Nr. 1129 +BN.
90 Georg Kinßecker (40 fl.) – Sein 1588 datiertes Dreipaß-Epitaph mit seiner zweiten Ehefrau Elisabeth Lebzelter aus Ulm befindet sich auf Rochus 991. (Gugel Rochus S. 50; DI-N 1841).
91 Engelhard Kurtz (40 fl.) – († 24.5.1613) Sein Epitaph befand sich 1682 noch auf Rochus 433. (Gugel Rochus S. 8; DI-N 3229).
92 Hans Sandreuter (Sandreiter) (40 fl.) – Er hatte zwei Epitaphien auf Rochus 898: eine vierzeilige Rechtecktafel für sich und seine erste Ehefrau Margaretha Stöberlein, mit angegossenem Wappenmedaillon (12,5 x 38 cm), datiert 1581; sie war seit 1945 bis nach 1961 im Kunst-Depot Obere Schmiedgasse des Hochbauamtes, 1963 im Bauhof (dort für die Inschriftensammlung fotografiert), 1977 am 1. Wandpfeiler links vom Eingang zum Großen Kreuzigungshof des Heilig-Geist-Spitals. 1981 wurde es von dort gestohlen. Ein weiteres Epitaph mit seinem Todesdatum († 21.5.1598) und dem seiner ersten Ehefrau († 22.12.1582) liegt noch auf Rochus 898. (Gugel Rochus S. 42; Kdm 10, 1961, S. 212b Nr. 3; Kdm 10, 1977, S. 190b Nr. 4; DI-N 1463 und 1485).

Zu den bei Bauernfeind im Anhang aufgelisteten Personen, die Genannte waren, im Verzeichnis der Losungswechsel von 1579 aber nicht vorkommen, sind Grabinschriften noch vorhanden oder nachweisbar:

93 Conrad Baldinger († 2.12.1609, Genannter 1579–1609). Epitaph ehemals Johannis 1339, datiert 1594. (Gugel Johannis S. 176; Trechsel S. 160; DI-N 2152).
94 Lienhard (V.) Dillherr (* 24.9.1536, † 10.12.1603, Genannter ab 1561?). Epitaph ehemals Johannis 1330. Er betrieb zusammen mit seinem Bruder Mang (II.) die vom Vater geerbte Zollikofersche

Handlung weiter, und kaufte 1590 den Herrensitz Thumenberg. Wappen- und Adelsbriefe (1589, 1592, 1600) von Kaiser Rudolf II. Oktogonaler Totenschild in der Jacobskirche mit Beischilden Busch und Ullstadt, sechs Porträtmedaillen, Kupferstich (von Cornelius Nicolaus Schürtz), Aquarell im Dilherrbuch (Gugel Johannis S. 170; Trechsel S. 952; Theodor Aign, Das große Dilherrbuch, in: Mitteilungen aus der Stadtbibliothek Nürnberg 12, 1963, H. 3, S. 3; Kdm 10, 1977, S. 59b Totenschilde Nr. 2; DI-N 2655.)

95 Mang (III.) Dillherr (* 1558, † 1627, Genannter 1579 bis1627). Von ihm ist ein dreizeiliges Schriftband mit Wappenallianz aus der Werkgruppe des Rotschmieds Georg II. Weinmann auf Johannis 458 erhalten, datiert 1594. Die Ehefrau war Dorothea Schwab? (Wappenallianz Dilherr / aufspringendes Einhorn, wie Schöler 107,9 „Schwab"). (Gugel Johannis S. 70; Trechsel S. 466f.; Zahn, Beiträge S. 140 Werkgruppe K Nr. 107; DI-N 2154). – Ein weiteres Epitaph mit Ursula von Werdin, eine Dreipaß-Tafel mit Wappenallianz, datiert 1613, ist auf Johannis 1410 (vormals Grab 1411) erhalten. (Gugel Johannis S. 187; Trechsel S. 70; Aign, Dilherrbuch, wie Nr. 94, Stammtafel S. 11; DI-N 3239). – Zu Mang (I.) Dilherr siehe DI 13 Nr. 859 +BN.

96 Hans Flenz (Genannter 1560–1596). Epitaph auf Johannis 778, datiert 1588, mit Wappenaufsatz (Beischild Brem), im Fries drei Söhnen und acht Töchtern. (Gugel Johannis S. 110; Trechsel S. 355; DI-N 1835).

97 Georg Heen (Genannter 1563–1590). Aus Würzburg, Sein ehemaliges Epitaph auf Johannis 92 nennt sein Todesdatum († 19.11.1592) und das seiner Ehefrau Cecilia Längenfelder († 2.5.1580). In der Wiener Zolluntersuchung von 1591 genannt (Jörg Heen). – (Gugel Johannis S. 16f.; Trechsel S. 655; Gecsényi, S. 130; DI-N 2002).

98 Tobias Hundertpfund (Genannter 1560–1598). Eine neunzeilige Rechtecktafel ohne Wappen ist auf Johannis 835 erhalten, mit seinem Todesdatum († 24.4.1598) und dem seiner Ehefrau Ursula († 13.10.1591). (Gugel Johannis S. 116; Trechsel S. 343; DI-N 1948). Auf diesem Grab lag auch sein 1572 datiertes (nicht erhaltenes) Epitaph mit Wappenallianz Hundertpfund / Geiger. Eine siebenzeilige Rechtecktafel mit Roll- und Spangenwerk-Ornament für die Witwe Katharina († 17.3.1577) des Hans Hundertpfund „Bairischen Camerschreibers zu München" ist ebenfalls noch auf dem Familiengrab. Siehe DI 13 Nr. 1223 (von 1572) und DI 13 Nr. 1311 (von 1577).

99 Michel Keuzel (Kneutzel) (Genannter 1569–1599). Die ehemalige Schrifttafel unter einer Pfeilernische mit Auferstehungsszene auf Johannis 595 von Michel Kneutzel († 2.9.1598) und Ehefrau Barbara Meiller († 4.10.1613) war 1736 noch vorhanden. (Gugel Johannis S. 87f.; Trechsel S. 425; DI-N 3234).

100 Balthasar König (Kunig) (Genannter 1570–1588). Sein Epitaph auf Johannis 1012, zusammen mit Ehefrau Barbara, ist ein Medaillon mit einzeiliger Umschrift, datiert 1597. (Gugel Johannis S. 138; Trechsel S. 267f.; DI-N 2334).

101 Endres Küchenmeister (Genannter 1580–1592). Sein ehemaliges Epitaph zusammen mit seiner Ehefrau Ursula, datiert 1584, war auf dem Rochusfriedhof und ist nur von Rötenbeck überliefert. (R 166 S. 331; R 489 S. 98f.; DI-N 1652).

102 Eberhard Kürn (Kurn) (Genannter 1559–1587). Sein siebenzeiliges Epitaph mit Portalaufsatz und Wappenallianz Kurn / Muffel auf Johannis 367 teilt sein Todesdatum († 8.4.1587) und das seiner Ehefrau Helena Muffel († 26.11.1607) mit. (Gugel Johannis S. 56; Trechsel S. 520f.; DI-N 1764).

103 Wolf Lanzinger (* 1543, Genannter 1563–1584). Zu seinem Epitaph mit Versinschrift, datiert 1568, siehe DI 13 Nr. 1132.

104 Paulus Pülz (Pültz, Genannter 1577–1600). Zwei Epitaphien auf Johannis 690 sind erhalten. Das größere (mit drei- und neunzeiligen Inschriften, Auferstehungsszene und Wappenportal) nennt sein Todesdatum († 11.11.1600) und das seiner 1. Ehefrau Margreta Meiller von Schwäbisch Gmünd († 4.8.1588). Darunter, sorgsam angepaßt, ist die später ausgeführte fünfzeilige Inschrifttafel mit dem Wappen seiner zweiten Ehefrau Margreta Reutter († 29.3.1595). Beide sind aus der Werkgruppe des Rotgießers Georg II. Weinmann. (Gugel Johannis S. 100; Trechsel S. 398f.; Zahn, Beiträge S. 139 Werkgruppe K 26, S. 141 K 115; DI-N 1821 und 2190).

105 Sigmund Richter (Genannter 1576–1587). Sein Epitaph, eine dreizehnzeilige gestufte, reich verzierte Tafel mit angegossenem Wappenportal, nennt sein Todesdatum († 13.12.1587) mit dem seiner Ehefrau Barbara († 5.1.1586), zusammen mit Albrecht Richter († 8.3.1577) und dessen Ehefrau Anna († 6.10.1599). (Gugel Johannis 139; Trechsel S. 272f.; Zahn, Beiträge S. 62 u. Anm. 31, 6; DI-N 1777).

106 Paulus Schenk (Schenck) (Genannter 1569–1596). Die ehemals auf Johannis 1063 befindliche Inschrift nennt sein Todesdatum († 21.12.1596). (Gugel Johannis S. 142; Trechsel S. 247; DI-N 2247).

107 Michel Schiller (Genannter 1579–1602). Das Epitaph mit seiner Ehefrau Magdalena Herrnbeck, ein Medaillon mit Wappenallianz auf Johannis 130, ist 1592 datiert. (Gugel Johannis S. 29; Trechsel S. 635; DI-N 2058).

108 Paulus Sidelmann (Genannter 1567–1615). Das Epitaph auf Johannis 693, in dem auch der Kaufmann im Leinenhandel und Silberarbeiter Hans Sidlman († 1541) genannt wird, ist um 1580 zu datieren (siehe DI 13 Nr. 1413 +BN). Eine weitere Grabtafel mit Ehefrau Barbara Mayr, auf Johannis 1253, ist 1608 datiert. (Gugel Johannis S. 165; Trechsel S. 190; DI-N 2965).

109 Georg Soner (Genannter 1570–1587). Er war Waffenhändler, lieferte im Jahr 1567 Harnische an Herzog August zu Sachsen. Auch führte er eine der drei Reiter-Abteilungen freiwilliger Bürger beim Empfang Kaiser Maximilians II. am 7. Juni 1570 in Nürnberg an. Zum Epitaph von 1578, das er auf Johannis 296 zusammen mit dem Syndikus, Ratskonsulenten und Nürnbergischen Gesandten am kaiserlichen Hof, Joachim König, hatte siehe DI 13 Nr. 1337 +BN.

110 Hans Zeidler (Genannter 1565–1600). Er war Goldschmied und Goldarbeiter, Meister 1557, starb im Jahr 1600 (?). Zur Inschrift auf einem ehemaligen Epitaph von 1580 des Johannisfriedhofs, nur von Rötenbeck überliefert, siehe DI 13 Nr. 1395 +BN (Schürer, Meisterliste N. 716).

Alphabetische Namenliste mit Verweisung auf die Nummern der Einträge

Adelberger (Firma) S. 161
Ammon
  Barbara 36
  Lienhart 36
August, Herzog zu Sachsen 109
Ayrer (Airer)
  Anna 19
  Clara 2
  Clara Maria 34
  Gilg S. 161; 19, 34
  Heinrich 20
  Melchior, Dr. 3, 20
  Susanna 2
Bair, Barbara 36
Baldermann 38
Baldinger, Conrad 93
Baumgartner, Hieronymus (Kirchenpfleger) 49
Beham siehe Beheim
Beheim
  Erhart 63
  Magdalena 63
  Maria 73
Boxberger, Wilhelm 64
Breuning, Maria 2
  siehe auch Preuning
Buchner
  Hans d. J. 74
  Ursula 74
Burckart
  Caspar 28
  Maria Magdalena 28
  Ursula 28
Camerarius
  Helena 82
  Joachim, Dr. 85
  Philipp Dr. 82
Cämmerer (Camerer) siehe Kammerer
Crai (Groi, Kroy), Hanns 1
Deinfelder, Dorothea 48
Della Porta (Firma) S. 161
De Perto (Firma) S. 161
Derleder, Felta siehe Dörleder, Valentin
Dick, Magdalena siehe Duck
Dietherr, Paulus 83
Dillherr
  Dorothea 95
  Lienhard (V.) 94
  Mang (I.) 5, 95
  Mang (II.) 94
  Mang (III.) 95
  Ursula 95
Dörleder
  Ursula 37
  Valentin 37
Duck, Magdalena 63
Dürer, Albrecht S. 162
Engel, Hans 42
Ernst, Appolonia 59
Förenberger (Forenberger, Fornberger, Fürnberger)
  Augustin 3
  Cecillia 20
  Paulus d. Ä. 3
  Paulus d. J. 3
Fastert, Georg 72
Fetzer, Mathes 5
Finolt, Joachim d. Ä. 11
Fischer siehe Vischer

Flenz, Hans 96
Forenberger siehe Fürnberger
Forstenhauser (Forstenheusser)
   Hans 31
   Helena 31
Francisci, Johann Baptista de 69
Fridel, Margaretha 66
Fürnberger (Fernberger, Forenberger)
   Augustin 3
   Cäcilia 3
   Paulus d. Ä. 3
   Paulus d. J. 3,
Furter, Wolf 6, 34
Gamersfelder, Sigmund 14
Gebhart, Willibald 69
Gebißhaupt, Anna 30
Geiger, Helena 31
Gelnauer, Franz d. Ä. 17
Geßbein siehe Gößwein
Gewandschneider
   Georg 2
   Hanns d. Ä. 2
   Hanns d. J. 2
   Johann Joachim, Dr. jur. 2
   Ursula 11
Görtz, Cornelius 41
Gößwein (Geßbein, Goßwein)
   Georg 15
   Niclas d. J. 26
Gollner, Ursula 74
Groi siehe Crai
Gruner
   Anna 57
   Martin d. Ä. 57
Gugel
   Erasmus 25
   Christoph, Dr. 25
   Christoph Fabius, Dr. 25
Gutäter (Gutteter)
   Erasmus 45
   Hans d. J. 6, 34
   Clara Maria 34
Hager, Erhart 89
Haller, Ernst 51
Han, Sibilla 55
Harsdörffer, Maria 14
   Paulus d. Ä. 43
   Sabina 43
Heen (Hoen)
   Cecilia 97
   Georg 97
   Maria 9
Heher, Hermann (Pulverhändler) 23
Henin siehe Han
Hening siehe Hönning

Henn, Pankratz 65
   Magdalena 65
   Sibylla 65
Hentz, Ursula 28
Hönning, Georg 35
   Margaretha 35
Hofman, Susanna 22
Holzschuher, Magdalena 52
Hopf(f)er
   Clara Maria 34
   Maria 20
Hueter Hutter)
   Hans d. Ä. 33
   Hans d. J. 33
   Julius 33
   Ursula 33
Humbler, Heinrich 77
Hundertpfund
   Hans 98
   Katharina 98
   Tobias 98
   Ursula 98
Huter siehe Hueter
Imhof, Martha 25
Irtenberger, Thomas S. 162; 3, 4, 18
Jamnitzer, Wenzel 71
Juncker
   Franz 66
   Margaretha 66
Kammerer (Cammerer)
   Magdalena 52
   Rachel 75
   Wolff 52
Keilhau(er) (Keilhaw), Georg 16
   Maria Magdalena 16
Kemerer siehe Kammerer
Kerl(in), Margaretha 2
Kern, Anna 21
   Wolff 21
Keuzel (Kneuzel)
   Barbara 99
   Michel 99
Kien(n)er
   Margaretha 75
   Peter 75, 86
   Rachel 86
Kienner siehe Kiener
Kinßecker
   Elisabeth 90
   Georg 90
Kle(e)wein, Esaias S. 161
   Joachim S. 161
Kneutzel siehe auch Keutzel
Knopf (Knöpfin), Maria 58
Koch, Caspar 21

Köchel
 Jacob 58
 Maria 58
König
 Balthasar 100
 Barbara 100
 Joachim 109
Kötzler, Clara 30
Koler, Barbara 9, 39
Krabler, Wolff S. 161
Kraus
 Anna 42
 Joachim 1, 42, 84
 Juliana 1
Kronberger, Niclas 32
Kroy siehe Crai
Küchenmeister
 Endres 101
 Ursula 101
Kuefueß (Kuefuß)
 Georg 60
 Hans 60
 Magdalena 60
Kunig siehe König
Kürn (Kurn)
 Eberhard 102
 Helena 102
Kurtz, Engelhard 91
 Margaretha 9
Längenfelder, Cecilia 97
Lang
 Barbara 67
 Georg 67
Lanzinger, Wolf 103
Lays, Melchior 53
Lebzelter, Elisabeth 90
Lencker, Elias 49
Linck, Lorentz 88
 Anna 88
Loble (Löblein)
 Anna 88
 Endres 88
Löffelholz, Helena 2
Loys siehe Lays
Lützaw, Henoch 80
 Magdalena 80
Manger, Jacob 78
Marstaller, Hieronymus d. Ä. S. 161
Maximilian (Römisch-Deutsches Reich, Kaiser, II) 109
Mayr, Barbara 108
Meiller
 Barbara 99
 Margreta 104
Meisinger, Anna 19
 Hans 19

Meppen (Stadt) 41
Merckel, Philipp 89
Meringer, Wolff 27
Mersen siehe Meppen
Mülegg, Heinrich d. Ä. 49
Münsterer
 Felicitas 24
 Leonhard d. Ä. 24
 Sebald 24
Muffel, Helena 102
Nurmberger
 Caspar 65
 Magdalena 65
Odescalco (Odescalchi), Bartolomeo S. 160, 162
Oertel, Magdalena 50
Palm, Georg, Dr., 46
Pecherer, Conrad 73
Perfal, Katharina von 25
Perto (de) siehe Della Porta
Petz
 Conrad 47
 Margaretha 47
 Susanna 47
Petzolt, Georg 29
 Magdalena 29
Pilgram, Katharina 3
 Heinrich S. 160; 8, 54
Pfinzing, Catharina 4
 Helena 82
Porta (de) siehe Della Porta
Pregel
 Appolonia 59
 Clara 59
 Thomas 59
Preuning, Paulus 22
 Susanna 20
Pülz
 Margreta 104
 Paulus 104
Quittelberg, Catharina von 40
Rehlein (Röhle), Catharina 13
 Wolff 13
Reutter, Margreta 104
Richter
 Albrecht 105
 Anna 105
 Barbara 105
 Sigmund 105
Röhle siehe Rehlein
Rötenbeck, Michael (Dr. med.) 20, 43, 44, 46, 51, 72, 85, 101, 110
Rosenthaler, Hasdrubal 80
 Magdalena 80
Rothengatter (Rottengatter), Georg 9
 Lienhardt 9

Nicolaus 9
Ulrich 9
Sandreiter (Sandreuter)
  Hans 92
  Margaretha 92
Saurzapf, Ursula 25
Schäuffelein, Hans 12
Schenk, Paulus 106
Scherl (Familie) S. 161;
  Maria 73
  Philip 73
Scheufelein siehe Schäuffelein
Schiller
  Magdalena 107
  Mathes 38
  Michel 107
Schlaggenwald, Zinnbergbau 17
Schlauerspach (Familie) S. 161;
  Erasmus 87
Schleemüller, Hans S. 161
Schlumpf, Erasmus S. 161; 4
  Magdalena 4
Schlütter, Johann S. 163
Schmidt, Endres 62
Schnabel
  Dorothea 48
  Georg 48
Schönborn, Valentin d. J. 7
Schütz, Cäcilia 3
Schwab
  Erasmus 4
  Dorothea 95
  Hans d. Ä. 4
  Heinrich d. J. 4
  Magdalena 4
  Maria 7
Schweicker (Schweygker)
  Anna 69
  Elias 69
Schwendendörffer, Leonhard d. Ä. S. 161
Schwender
  Barbara 39
  Hans d. Ä. 39
Schweygker siehe Schweicker
Seldner, Barbara 6
Seng, Elisabeth 55
Sidelmann
  Barbara 108
  Han(n)s 5, 108
  Paulus 108
Sitzinger, Lucas d. J. 68
Soner, Georg 109
Stamm
  Elisabeth 55
  Hans 55
  Sibilla 55

Staiber, Lorenz S. 161
  Sebald S. 161
Steffan, Susanna 6
Steinhaus(s)er
  Barbara 44
  Michael 44
  Simon d. Ä. 44
Stockhamer, Maria Magdalena 28
Stöberlein, Margaretha 92
Stöckel, Wilhelm 76
Stof(fe)l
  Georg (Jorg) 61
  Magdalena 60
Stolz, Hans 81
  Kunigund 81
Stras(s), Magdalena 3
Strolunz
  Hans 70
  Lienhart 70
Stromer, Ursula 33
Taurellus, Nicolaus 46
Tetzel, Clara 59
Thil, Katharina von 12
Tichtel, Magdalena 11
Trainer
  Magdalena 50
  Hans 50
Turrisani, Turrisiano, Andrea S. 160
Vasstert siehe Fastert
Viatis, Bartholomäus d. J. S. 162; 10, 79
Vischer, Georg 89
  Margaretha 35
Volckart (Volckard)
  Catharina 40
  Renier (Reimer) 40
Wagenseil, Magdalena 80
Weiermann
  Joachim d. Ä. 30
  Joachim d. J. 30
Weinmann, Georg II. 13, 31, 35, 47, 58, 95, 104
Weinmann, Jacob 4, 80
Werdemann
  Alois S. 161
  Carl S. 161
  Johann Baptist S. 161
  Wilhelm S. 161
Werden (Werdin), von
  Lucas S. 161
  Ludwig S. 161
  Ursula 95
Wolff, Heinrich, Dr. 56
  Rosina 56
Zeidler, Hans 110

Abkürzungen, Literatur

Biedermann	Johann Gottfried Biedermann, Geschlechtsregister des hochadeligen Patriziats zu Nürnberg Bayreuth 1748. (ND Neustadt a.d. Aisch 1982).
BN	Biographische Nachträge und Ergänzungen bis 1580 (2000) (siehe Anm. 3).
DI 13	Die Deutschen Inschriften, Band 13, München 1972 (siehe Anm. 2).
EbL	Das älteste Ehebuch der Pfarrei St. Lorenz in Nürnberg. 1524–1542, bearb. durch Helene Burger (Freie Schriftenfolge der Gesellschaft für Familienforschung in Franken. 2) Nürnberg 1951.
EbS	Das älteste Ehebuch der Pfarrei St. Sebald in Nürnberg. 1524–1543. Das älteste Ehebuch der evangelisch-lutherischen Kirche Deutschlands, hg. von der Gesellschaft für Familienforschung in Franken durch [...] Karl Schornbaum (Freie Schriftenfolge der Gesellschaft für Familienforschung in Franken. 1), Nürnberg 1949.
Fleischmann, Topographische Beschreibung	Peter Fleischmann, Die topographische Beschreibung Nürnbergs von 1801 des Christian Konrad Nopitsch, in: Christian Conrad Nopitsch, Wegweiser für Fremde in Nürnberg, Nachdruck der Ausgabe Nürnberg 1801, Neustadt. a. d. Aisch 1992.
GB	Martin Gerlach und Hans Boesch, Die Bronzeepitaphien der Friedhöfe zu Nürnberg, 82 Tafeln mit photographischen Abbildungen, Wien 1896.
Gd	Germanisches Museum, Grabdenkmale (Inventarnummer).
Gecsényi	Lajos Gecsényi, Handelsbeziehungen zwischen Ungarn und den süddeutschen Städten am Anfang der frühen Neuzeit, in: Herbert W. Wurster (Hg.), Bayern – Ungarn – tausend Jahre. Aufsätze zur Bayerischen Landesausstellung 2001, Vorträge der Tagung „Bayern und Ungarn im Mittelalter und in der frühen Neuzeit" in Passau 15. bis 18. Oktober 2000, Passau 2001, S. 121–136.
GJ	Gugel, Norischer Christen Freydhöfe ... (Teil) Johannis.
GNM	Germanisches Nationalmuseum Nürnberg.
GR	Gugel, Norischer Christen Freydhöfe ... (Teil) Rochus.
GW	Gugel, Norischer Christen Freydhöfe ... (Teil) Wehrd (Wöhrd).
Hintze, Nürnberger Zinngießer	Nürnberger Zinngiesser, hg. von Erwin Hintze (Die Deutschen Zinngiesser und ihre Marken 2), Stuttgart 1921–31. (Neudruck Aalen 1964).
K	Katalog Bronzeepitaphien (siehe Anm. 21).
Kdm 10, 1961	Günther P. Fehring und Anton Ress, Die Stadt Nürnberg (Bayerische Kunstdenkmale 10), München 1961.
Kdm 10, 1977	Günther P. Fehring und Anton Ress †, Die Stadt Nürnberg (Bayerische Kunstdenkmale 10), 2. Aufl. bearb. v. Wilhelm Schwemmer. München 1977.
KUSt	Stadtarchiv Nürnberg, Bestand Kultus- und Unterrichtsstiftungen.
KV	Landeskirchliches Archiv Nürnberg, Bestand Kirchenvermögen.
LKA	Landeskirchliches Archiv Nürnberg.
MVGN	Mitteilungen des Vereins für Geschichte der Stadt Nürnberg.
NKL-M	Materialsammlung zum Nürnberger Künstlerlexikon. Hg. von Manfred H. Grieb. CD-ROM-Ausgaben. Stand August 2001
R 166	Rötenbeck, Epitaphia [...] StAB Rep. G 35/II Nr. 166 (s. DI 13 S. XIV).
R 315	Rötenbeck, Epitaphia [...] StAN Rep. 52a Nr. 315 (s. DI 13 S. XV).
R 488	Rötenbeck, Epitaphia [...] GNM Merkel Hs. 488 (s. DI 13 S. XIV).
R 489	Rötenbeck, Epitaphia [...] GNM Merkel Hs. 489 (s. DI 13 S. XIV).
Roth, Auswertungen von Leichenpredigten	Fritz Roth, Restlose Auswertungen von Leichenpredigten und Personalschriften für genealogische Zwecke. Bd. 1–5. Boppard / Rhein 1959–1980.
Roth, Genannte	Johann Ferdinand Roth, Verzeichnis aller Genannten des größeren Rats zu Nürnberg, Nürnberg 1802 (Unveränderter Nachdr., hrsg. u. komm. v. Peter Fleischmann u. Manfred F. Grieb, Neustadt a.d. Aisch 2002).
Sankt Rochuskirchhof	– Epitaphien. Bürgerverein St. Johannis, Schniegling, Wetzendorf. Nürnberg 1989.

Schürer, Meisterliste	Ralf Schürer, Meisterliste der Nürnberger Goldschmiede 1514–1700, in: Gerhard Bott (Hg.), Wenzel Jamnitzer und die Nürnberger Goldschmiedekunst 1500–1700. Goldschmiedearbeiten – Entwürfe, Modelle, Medaillen, Ornamentstiche, Schmuck, Porträts. Eine Ausstellung im Germanischen Nationalmuseum Nürnberg vom 28. Juni bis 15. September 1985, München 1985, S. 419–509.
StAB	Staatsarchiv Bamberg.
Stadtlexikon	Michael Diefenbacher / Rudolf Endres (Hg.), Stadtlexikon Nürnberg, 2. verbesserte Auflage, Nürnberg 2000.
StAN	Staatsarchiv Nürnberg.
StBN	Stadtbibliothek Nürnberg.
TgBL I	Nürnberger Totengeläutbücher. I. (siehe Anm. 11).
TgBL II	Nürnberger Totengeläutbücher. II. (siehe Anm. 11).
TgBSe	Nürnberger Totengeläutbücher. III. (siehe Anm. 11).

Helmut Demattio

Die Forstwirtschaft in den Haßbergen im Hinblick auf ihre verfassungs- und motivgeschichtlichen Hintergründe

Der Entwicklungsfortschritt im Mittelalter und in der frühen Neuzeit ist, insbesondere im süd- und mitteldeutschen Raum, zum großen Teil auf die Optimierung der Nutzbarmachung von Feld und Wald zurückzuführen. Daß man dazu durch wirtschaftliche Zwänge genötigt war, liegt auf der Hand; aber auch das Bedürfnis des Menschen, immer neue Räume zu erschließen und dabei neue Technologien anzuwenden, ist zu bedenken. Daher bewegte man sich wohl schon immer an der „Grenze des Wachstums".[1]

Die wichtigste Ressource war bis ins 19. Jahrhundert zweifellos der Wald, der als Energie- und Rohstofflieferant und als zu erschließendes Land weitreichende Perspektiven bot. Besonders für den süddeutschen Raum im 16. und 17. Jahrhundert ist festzustellen, daß man, als dieses lebensnotwendige Gut knapp wurde, von obrigkeitlicher Seite mit einer ökonomischen Wirtschaftsweise, einer haushälterischen Verwaltung und Nutzung also, reagierte. Gerade diese Intention einer ausgeglichenen und auf Dauer angelegten Nutzung des Waldes, für die später der Begriff der Nachhaltigkeit geprägt wurde, hat wie keine andere die Forstwirtschaft bestimmt.[2] Doch, wie nahm man den Wald wahr? Welche Motive hatte man? Hatte man Verständnis für sein ökologisches Gefüge oder erlaubte der alltägliche Überlebenskampf nur ein rücksichtsloses Ausbeuten? Die jeweiligen Formen der Forstwirtschaft sind zweifellos Ausdruck eines sich im Laufe der Jahrhunderte wandelnden, mitunter gewaltsam, im Zuge der Verrechtlichung seit dem Spätmittelalter dann mehr und mehr mit rechtlichen Mitteln ausgefochtenen Interessenkonflikts, an dem alle mit dem Wald in Beziehung stehenden Menschen in der einen oder anderen Form beteiligt waren. Die Geschichte der Forstwirtschaft ist damit auch als Teil der Verfassungsgeschichte zu betrachten.

Der Wald hatte bis zur Erschließung fossiler Energiequellen vor etwa zweihundert Jahren einen viel stärkeren Bezug zum alltäglichen Leben, als dies heute der Fall ist. Der Wald stellte nicht nur das lebenswichtige Brennholz, das Bauholz und die Rohstoffe für diverse Handwerke zur Verfügung, sondern er diente auch als Jagdrevier und vor allem als Weide für Schweine und Rinder. Er konnte durch Rodung in Siedlungsraum und Ackerland umgewandelt werden. Er prägte die Vorstellungswelt der Menschen; so ist er auch der Ort, wo viele Märchen spielen. Der Wald muß lange als

---

[1] Jörg Küster (Geschichte der Landschaft in Mitteleuropa. Von der Eiszeit bis zur Gegenwart, München 1995) hält es geradezu für ein Kennzeichen der Menschheitsgeschichte, immer wieder die „Grenzen des Wachstums" überschritten zu haben. Er bedient sich dabei mit Recht dieses durch die ökologische Debatte im Rahmen der politischen Auseinandersetzungen unserer Tage geprägten Begriffes.

[2] Der wohl erstmals vom sächsischen Oberberghauptmann Hans Carl von Carlowitz in seiner „Sylvicultura Oeconomica" von 1713 verwendete Begriff meint eine Wirtschaftsweise, nach der nur soviel aus dem Wald entnommen wird, wie jeweils auch nachwächst.

ein rechtlich und wirtschaftlich nicht erfaßter „Außenraum" wahrgenommen worden sein, in dem sich viele, ja scheinbar unbegrenzte Möglichkeiten boten.[3]

In der hochmittelalterlichen Rodungsperiode wurden innerhalb weniger Jahrzehnte die Mittelgebirge in Deutschland wie der Thüringer Wald, das Erzgebirge, der Schwarzwald und ebenso die nördlich des Mains bei Haßfurt gelegenen Haßberge erschlossen und besiedelt.[4] Dabei entstanden vielfach geographisch und rechtlich geschlossene Herrschaftsbezirke, von aufstrebenden Adligen und auch von klösterlichen Gemeinschaften initiiert und vorangetrieben, die die Kultur des 12. und 13. Jahrhunderts nicht unerheblich beeinflußt haben; denken wir nur an die Rolle der Zisterzienserklöster und des aufkommenden Ritteradels. Schon Ende des 13. Jahrhunderts stießen die in die Wälder vordringenden Siedler und mit ihnen die Herrschaftsträger in mehrfacher Hinsicht an Grenzen, wobei auch handfeste Interessenskonflikte entstanden. Eine damals einsetzende allgemeine Verschlechterung des Klimas und ein zurückgehender Bevölkerungsdruck ließen die Natur bald wieder die Oberhand gewinnen und die Wälder sich wieder ausdehnen, wie an den Wüstungen vor allem in den Höhenlagen der Mittelgebirge in anschaulicher Weise zu ersehen ist.[5] Im 16. Jahrhundert wurde dann infolge einer sich kontinuierlich erhöhenden Bevölkerungsdichte ein Stand erreicht, daß selbst „Restwälder" wie der inmitten einer offenen Siedlungslandschaft gelegene Wald in den Haßbergen derart intensiv genützt wurden, daß sie in ihrem Bestand gefährdet waren.[6] Im Thüringer Wald hat-

---

[3] Vgl. dazu Joachim Allmann, Der Wald in der frühen Neuzeit. Eine mentalitäts- und sozialgeschichtliche Untersuchung am Beispiel des Pfälzer Raumes 1500–1800 (Schriften zur Wirtschafts- und Sozialgeschichte 36), Berlin 1989, besonders S. 151–163 und S. 291–321; vgl. auch Peter Blickle, Wem gehört der Wald?, in: Ders., Studien zur geschichtlichen Bedeutung des deutschen Bauernstandes, Stuttgart 1989, S. 37–48.

[4] Zu den Haßbergen vgl.: Herbert Kößler, Hofheim (Historischer Atlas von Bayern, künftig HAB, Teil Franken I/13), München 1964, S. 8–18; Isolde Maierhöfer, Ebern (HAB, Teil Franken I/15), München 1964, S. 10–12; Werner Schmiedel, Landkreise Ebern und Hofheim (Historisches Ortsnamenbuch von Bayern, künftig HONB, Teil Unterfranken 2), München 1973, S. 35*–55*; Josef Braun, Landkreis Königshofen im Grabfeld (HONB, Teil Unterfranken 1), München 1963, S. 12*–15*; für den Thüringer Wald und Frankenwald vgl.: Helmut Demattio, Die Herrschaft Lauenstein bis zum Ende des 16. Jahrhunderts. Die herrschafts- und verfassungsgeschichtliche Entwicklung einer Rodungsherrschaft im Thüringer Wald (Veröffentlichungen der Historischen Kommission für Thüringen, Kleine Reihe 3), Jena 1997, S. 16–24; ders., Kronach. Der Altlandkreis (HAB, Franken I/32), München 1998, S. 20–33; für das Erzgebirge vgl.: Hans Patze, Zur Geschichte des Pleißengaues im 12. Jahrhundert auf Grund eines Zehntverzeichnisses des Klosters Bosau (bei Zeitz) von 1181/1214, in: Blätter für deutsche Landeskunde 90, 1953, S. 78–108; Eike Gringmuth-Dallmer, Untersuchungen zum Landesausbau des 11./12. Jahrhunderts im östlichen Deutschland, in: Horst Wolfgang Böhme (Hg.), Siedlungen und Landesausbau zur Salierzeit. Teil 1. In den nördlichen Landschaften des Reiches, Sigmaringen 1992, S. 147–162; für den Schwarzwald vgl.: Heinrich Büttner, Die Zähringer im Breisgau und Schwarzwald während des 11. und 12. Jahrhunderts, in: Hans Patze, Gesammelte Aufsätze von Heinrich Büttner, Sigmaringen 1972, S. 143–162; Bernd Ottnad, Zur Territorialgeschichte des Schwarzwaldes, in: Ekkehart Liehl/Wolf-Dieter Sick (Hg.), Der Schwarzwald. Beiträge zur Landeskunde, Bühl 1980, S. 181–204; Wolf-Dieter Sick, Die Besiedlung der Mittelgebirge im alemanischen Raum. Siedlungsforschung 10, 1992, S. 49–62.

[5] Vgl. hierzu und im folgenden Kurt Mantel, Wald und Forst in der Geschichte. Ein Lehr- und Handbuch, Hannover 1990, S. 61–66, 234–240.

[6] Der Begriff Restwald ist von Heinrich Rubner geprägt: Heinrich Rubner, Siedlungsland und Wald im 6. Jahrhundert, in: Max Spindler (Hg.)/Gertrud Diepolder (Red.), Bayerischer Geschichtsatlas, München 1969, Karte 8a und S. 53 f.

ten großräumig agierende Handelsgesellschaften im Zusammenwirken mit den jeweiligen Herrschaftsträgern selbst abgelegene Waldungen für den Betrieb ihrer Hüttenwerke erschlossen.[7] Anderwärts wie im Spessart oder im Bayerischen Wald wurden holzverschlingende Glashütten errichtet oder wurde das Holz wie vor allem aus dem Schwarzwald in die Ballungsräume verflößt.[8] So wird verständlich, daß gerade im 16. Jahrhundert für viele größere Waldgebiete in Deutschland Forst- und Waldordnungen eingeführt beziehungsweise aktualisiert wurden, so 1578/1597 auch für den nordwestlichen Teil der Haßberge. Solche Forst- und Waldordnungen, die der damals drohenden und augenfällig gewordenen Verwüstung der Wälder zu steuern versuchten, wurden meist von Territorial- oder Landesherren, im Falle der Haßberge vom Würzburger Fürstbischof Julius Echter von Mespelbrunn, erlassen. Damit wurden von herrschaftlicher Seite neue Rechts- und Organisationsformen ins Leben gerufen, denen die althergebrachten Holzungs- und Weiderechte der betroffenen Dorfgemeinden und Ritteradeligen entgegenstanden und die nicht einfach übergangen werden konnten. In der zweiten Hälfte des 16. Jahrhunderts dürfte in den Haßbergen die von Wald bestandene Fläche weitaus geringer gewesen sein als heute – eine auch anderwärts festzustellende Entwicklung, die sich bis ins 19. Jahrhundert mit einem vorübergehenden Einbruch infolge des Bevölkerungsrückgangs während des 30jährigen Kriegs weiter zu Ungunsten des Waldes verschärfte.[9]

---

[7] In der zweiten Hälfte des 15. Jahrhunderts wurde im Thüringer Wald im Bereich damals noch unerschlossener Waldungen eine Reihe von sogenannten Saigerhütten errichtet, in denen aus dem Mansfelder Revier oder aus dem oberungarischen Bergbaugebiet um Neusohl herbeigeschafftes Kupfer gesaigert wurde. Der großräumig agierende Saigerhandel nahm die langen Transportwege wohl nur deswegen in Kauf, weil in den Bergbaugebieten ohnehin, aber auch sonst in Mitteldeutschland und offenbar auch in Schlesien das Holz sehr knapp geworden war. Vgl. dazu Helmut Demattio, Die großräumige wirtschaftliche Erschließung und Nutzung abgelegener Waldgebiete im ausgehenden Spätmittelalter und zu Beginn der Neuzeit – Die Errichtung sogenannter Saigerhütten im südöstlichen Thüringer Wald und ihre Folgen für die Forstwirtschaft (Forstliche Forschungsberichte München 161, hg. v. Egon Gundermann und Roland Beck), Freising 1997, S. 1–17; Ekkehard Westermann, Das Eisleber Garkupfer und seine Bedeutung für den europäischen Kupfermarkt 1460–1560, Köln 1971. Die Holzversorgung der von den Fuggern zwischen 1495 und ca. 1545 in Hohenkirchen im nordwestlichen Thüringer Wald betriebenen Saigerhütte war trotz ihres Standorts problematisch (vgl. Götz Freiherr von Pölnitz, Anton Fugger, 5 Bde., Schwäbische Forschungsgemeinschaft/Kommission für bayerische Landesgeschichte 4/13, 17, 20, 22, 29, München 1958–1971, hier 2. Bd., S. 579 und S. 663).
[8] Hansjörg Küster, Geschichte des Waldes. Von der Urzeit bis zur Gegenwart, München 1998, S. 143–166.
[9] Für die Haßberge sind erst seit 1738 Karten vorhanden („Aufnehmung und Ausmessung des sogenannten Hassbergs in den 4 Quartieren", Staatsarchiv Würzburg, künftig: StAWü, Würzburger Risse und Pläne I/165; Haßberger Forstamt 1819, StAWü Würzburger Risse und Pläne I/166); für den Frankenwald und den Thüringer Wald sind dagegen aus der zweiten Hälfte des 16. Jahrhunderts auch topographisch sehr genaue Pläne überliefert, die zeigen, daß nicht nur die Waldflächen zwischen den Siedlungen kleiner waren, sondern daß auch die von eigentlichen Siedlungen unberührten Wälder am Rennsteig wirtschaftlich erfaßt und besonders die Fluß- und Bachniederungen als Wiesen und Weideland genutzt wurden (Plan der Hauptmannschaft Kronach, um 1570, Staatsbibliothek Bamberg H.V.G. 2/82; Hans Vollet, Weltbild und Kartographie im Hochstift Bamberg (Die Plassenburg 47), Kulmbach 1988, Abb. 21; „Geometrischer Abries des Ambts Teuschnitz mit allen zugehörigen und inliegenden Dörffern, Wälden, Holtzern … 1599", Staatsarchiv Bamberg, künftig: StABa, A 240 Tafel 1786; Vollet, Weltbild, Abb. 62; Plan von Walddistrikten im südöstlichen Thüringer Wald 1595, Staatsarchiv Nürnberg, künftig: StAN, Nürnberger Karten und Pläne Nr. 230 Pfinzing-Atlas f. 6). Vgl. auch Mantel, Wald und Forst (wie Anm. 5), S. 71–73.

Schon 1170 werden die Waldungen der nordwestlichen Haßberge in einer Urkunde des Bischofs Herold von Würzburg für einen Edlen Richard von Schweinshaupten als „forestum Haseberg" bezeichnet, über die der Bischof sowohl in bezug auf die Waldnutzung als auch in bezug auf das Jagdrecht die Hoheit beanspruchte.[10] Dies spricht neben der bedeutenden geographischen Lage der Waldungen zwischen den seit der Karolingerzeit bestehenden Königshöfen Salz bei Bad Neustadt und Hallstadt bei Bamberg für eine frühe herrschaftliche Erfassung, wahrscheinlich unter der Mitwirkung des Königs. Dagegen werden beispielsweise die erst im Laufe des 12. Jahrhunderts erschlossenen, eher abseitig gelegenen und eben als Rodungsland vorgesehenen Wälder im Thüringer Wald und im Frankenwald nie als Forste, sondern immer nur als Wald („Nordwald") mit den lateinischen Begriffen „silva" oder „nemus" bezeichnet.[11] Sicherlich im Rückgriff auf die genannte Urkunde von 1170 ist in einer Belehnung der Brüder Richolf und Applo von Schweinshaupten durch den Bischof von Würzburg aus dem Jahr 1355 die Rede vom „forestum nemoris Hasberg".[12] Auch das als würzburgisches Lehen vergebene „Forstamt über den Haßberg" ist erstmals in dieser Zeit urkundlich bezeugt. Dieses ist in zwei Ämter geteilt; eines bezieht sich auf die nordwestlichen Haßberge und befand sich etwa 400 Jahre lang, bis 1769, im Besitz der Truchsesse von Wetzhausen, und ein weiteres erstreckte sich über den Haßwald, inmitten der südöstlichen Haßberge gelegen, die bereits 1172 als würzburgischer Wildbannbezirk bezeugt sind.[13]

---

[10] StAWü Würzburger Urkunden 45; Monumenta Boica 37, Nr. 112.

[11] Für diese Wälder sind einige Urkunden von Bamberger Bischöfen und der Grafen von Orlamünde zu Waldschenkungen oder Grenzstreitigkeiten aus dem 12. und 13. Jahrhundert erhalten. Bei Waldschenkungen der Bischöfe von Bamberg an die Klöster Michelsberg in der Nähe von Kronach 1153/1154 heißt es: „... de nortwaldo pro obtrunctione unam quam vulgo dicitur uberhou ... ; pro ... future stirpatione nemus ..." (StABa Bamberger Urkunden 272, 274); an das Kloster Prüfening 1194: "... de nemore nostro secus Kranach quod vulgariter dicitur Nortwalt ad LXXXta mansos excolendos ..." (Bayerisches Hauptstaatsarchiv, künftig: BayHStA, Klosterurkunden Prüfening 35; Monumenta Boica 13, S. 193–195), und Ensdorf 1195: „... de silva nostra in Chranach ..." (BayHStA Klosterurkunden Ensdorf 11; Monumenta Boica 24, S. 42–44) oder beim Streit um die Waldgrenze am Rennsteig zwischen den Klöstern Langheim und Saalfeld 1294: „... super nemore sito infra fontem ... Tambach permedium montis Eppenberch usque ad ... montem Wetzstein ..." (StABa Bamberger Urkunden 1132). Vgl. dazu auch Helmut Demattio, Ein nicht zustande gekommenes Rodungsprojekt im südöstlichen Thüringer Wald / Frankenwald – Die Bedeutung des Waldes als Siedlungs- und Herrschaftspotential (Forstliche Forschungsberichte München / Forum Forstgeschichte 137), 1994, S. 1–12.

[12] Hermann Hoffmann (Bearb.), Das Lehenbuch des Fürstbischofs Albrecht von Hohenlohe 1345 – 1372 (Quellen und Forschungen zur Geschichte des Bistums und Hochstifts Würzburg 33), Würzburg 1982, Nr. 993. Allerdings scheint man damals, wie dies die Formulierung nahelegt, die rechtserhebliche Bedeutung des Begriffes nicht mehr gekannt zu haben.

[13] StAWü Lehenbücher 26 fol. 106 („... Endres und Carol Truchseß ... verleihen ... unser und unsers stifts forstampt uber den Haßperg ...", 1372); Hermann Hoffmann (Bearb.), Das älteste Lehenbuch des Hochstifts Würzburg (1303–1345) (Quellen und Forschungen zur Geschichte des Bistums und Hochstifts Würzburg 25/1), Würzburg 1972, Nr. 3468 („Item Heinr. dictus Camrer recepit officium foresti nemoris Hasberge in locis videlicet Katzberge, Hohstapfe et Hochsulze – Forstambt am Hasperg", 1335–1345). Neben dem „Haßwald" sind noch weiter Forste innerhalb des Wildbannbezirks wie der „Bramberger Wald" und der „Baunacher Wald" zu erwähnen, die auch als würzburgische Lehen vergeben wurden. Letzterer erscheint 1303 und auch später gesondert als würzburgisches Lehen („officium forestarii in Bunach"); er geht als Teil des Amtes Baunach 1530 endgültig an das Hochstift Bamberg über (Hans Jakob, Der Kaiserliche Wildbann um den Stiefenberg bei Baunach, in: Oberfränkisches Archiv (künftig: AOfr.) 69, 1989, S. 373–381, hier S. 374 f.).

Ohne auf die Diskussion zum Forstbegriff näher einzugehen, ist doch auf Rudolf Kieß zu verweisen, der dazu, vor allem für den württembergischen Raum, wichtige Beiträge geliefert hat.[14] Für die Haßberge erweist sich die These als richtig, daß im Hochmittelalter unter „Forst" ein Bannwald, eben eine schon früh in eine überregionale herrschaftliche Erfassung geratene „Außenwelt" zu verstehen ist, über die zunächst zu verfügen, dem König zugesprochen wurde.

Ein „Forst" in diesem Sinn ist das im Bereich des Altsiedellandes gelegene Waldgebiet im nordwestlichen Teil der Haßberge. Die erst im 12. und Anfang des 13. Jahrhunderts erschlossenen Waldgebiete in den Mittelgebirgen dagegen stellen keine „Forste" im eigentlichen Sinn dar und sind auch nicht als solche bezeugt, wenn auch die Herrschaft über diese meist auf eine königliche Schenkung zurückgeht: das „predium Chrana" wurde beispielsweise 1122 an Bischof Otto von Bamberg durch Kaiser Heinrich V. übertragen.[15]

Der südöstliche Teil der Haßberge wurde 1172 als Wildbannbezirk von Kaiser Friedrich Barbarossa dem Bischof von Würzburg bestätigt.[16] Dies ist ungewöhnlich spät, da der überwiegende Teil der Wildbannverleihungen in der ersten Hälfte des 11. Jahrhunderts erfolgte, wie die über den Steigerwald von Kaiser Heinrich II. an den Bischof von Würzburg im Jahr 1023.[17] Die mit einer Grenzbeschreibung versehene Wildbannverleihung von 1172 („bannum ferarum, qui vulgo dicitur wiltban") umschloß das Gebiet vom Zeilberg bei Maroldsweisach bis zur Itz und zum Main; bei Ebelsbach lief die Grenze den gleichnamigen Bach aufwärts entlang einem Forst des Bischofs von Bamberg in die südöstlichen Haßberge hinein und berührte bei Hofheim den nordwestlichen Teil der Haßberge, der in dieser Urkunde als „forestum Haseberc" bezeichnet wird.[18] Der Wildbannbezirk war damals bereits bis auf den Bram-

---

[14] Vgl. Rudolf Kieß, Die Rolle der Forsten im Aufbau des württembergischen Territoriums bis ins 16. Jahrhundert (Veröffentlichungen des Kommission für geschichtliche Landeskunde in Baden-Württemberg, in: Veröffentlichungen der Kommission für geschichtliche Landeskunde in Baden-Württemberg Reihe B Forschungen Bd. 2), Stuttgart 1958; ders., Forst-Namen als Spuren frühmittelalterlicher Geschichte in Württemberg, in: Zeitschrift für württembergische Landesgeschichte 51, 1992, S. 11–116; vgl. auch Heinrich Rubner, Forst, in: Adalbert Erler/Ekkehard Kaufmann (Hg.), Handwörterbuch zur deutschen Rechtsgeschichte, 5 Bde., Berlin 1971–1996, hier Bd. 1, Sp. 1168–1180 und Sönke Lorenz, Der Reichswald Schönbuch und die Pfalzgrafen von Tübingen, in: Ingrid Gamer-Wallert/Sönke Lorenz (Hg.), Der Schönbuch. Mensch und Wald in Geschichte und Gegenwart, Tübingen 1999, S. 47–57, hier S. 52 f.

[15] StABa Bamberger Urkunden 164; Monumenta Boica 29a, Nr. 446; vgl. Demattio, Kronach (wie Anm. 4), S. 36–42.

[16] StWü Würzburger Urkunden Nr. 1293; Monumenta Boica 29a, Nr. 523; Monumenta Germaniae Historica, Diplomata regum et imperatorum Germaniae. Die Urkunden der deutschen Könige und Kaiser MGH DD X/3: Die Urkunden Friedrichs I. 1168–1180, bearb. v. Heinrich Appelt, Hannover 1985, Nr. 590 („… bannum ferarum qui vulgo wiltban dicitur … in rivum Itasam iuxta descensum Itase in Mogum fluvium porrigitur secus decursum Mogi usque in locum, ubi rivus, qui Ebilbach dicitur, Mogum influit. Hinc iuxta ascensum eiusdem rivuli sursum secus forestum babenbergensis episcopi, hinc vero ad lapidem sintheristein protenditur, inde ad forestum, quod Haseberc appellatur …"); die Urkunde wurde in Würzburg von einem bischöflichen Kanzlisten aufgesetzt.

[17] MGH DD III: Die Urkunden Heinrichs II. und Arduins, bearb. v. Heinrich Bresslau, Berlin² 1957, Nr. 496 („bannum nostrum super feras"); vgl. Hansjoseph Maierhöfer/Wilhelm Störmer, Franken um 1020 (Spindler, Bayerischer Geschichtsatlas, wie Anm. 6), Karte 17b und S. 75.

[18] Ebenda, vgl. Jakob, Wildbann (wie Anm. 13), S. 373–381 und Lorenz, Schönbuch (wie Anm. 14), S. 53.

berger Wald und den Haßwald stark von Siedlungen, darunter gerade auch hochmittelalterlichen Rodungssiedlungen, durchsetzt.

Man unterschied, wie die Urkunde von 1172 zeigt, zwischen den beiden Begriffen Wildbann und Forst: „Forst" bezeichnet kleinere herrschaftlich erfaßte Bezirke und zwar vor allem im Hinblick auf die Waldnutzung, und „Wildbann" wurde, wie dies auch später gebräuchlich blieb, für die Jagdgerechtsame verwendet. Die Verwendung der beiden Begriffe läßt über den bloßen Anspruch hinaus auf eine einen äußeren Rahmen vorgebende rechtliche Verfaßtheit schließen, die freilich durch die Einwirkung verschiedener Interessen im Laufe der Zeit erhebliche Veränderungen erfahren sollte.

Wenn man in diesem Zusammenhang von einer Verfaßtheit spricht, muß man davon ausgehen, daß Ordnungskriterien nicht nur beansprucht oder mit Gewalt durchgesetzt wurden, sondern vor allem auch in einem bestimmten Rahmen allgemein bekannt und anerkannt waren. Dies scheint allein schon das sicherlich nicht nur floskelhaft vom würzburgischen Kanzlisten formulierte „vulgo dicitur wiltban" zu belegen, aber auch an der Erwähnung eines „forestum" des Bischofs von Bamberg ist zu ersehen, daß man in Würzburg Kenntnis von den topographischen und rechtlichen Verhältnissen vor Ort hatte und diese als allgemein bekannt vorausgesetzt wurden. Im Spätmittelalter kam der Begriff forestum/Forst in seiner ursprünglichen Bedeutung außer Gebrauch, nicht aber forestarius/Förster. Besonders in der Frühen Neuzeit scheint für die Bezeichnung einer Waldung als Forst, einer These Rudolf Kieß' folgend, die Verwaltung durch eben als Förster bezeichnete herrschaftliche Beamte ausschlaggebend gewesen zu sein.[19] Jedenfalls wird dies durch die Verhältnisse in den Haßbergen bestätigt. Hier ist seit der Mitte des 14. Jahrhunderts das „Forstamt" („officium foresti") mit den Ministerial- und Ritteradelsgeschlechtern verbunden, die die Verwaltung mit ihren als „Förster" bezeichneten Bediensteten tatsächlich wahrnahmen. Die aufeinander bezogenen Rechte und Kompetenzen der Herrschaftsträger einerseits und der Bauern und Hintersassen andererseits dürften ähnlich wie die Dorf- und Gerichtsordnungen in den holzungs- und weideberechtigten Gemeinden wohl regelmäßig bekannt gemacht worden sein.[20]

Dieser knapp skizzierte Überblick mag genügen, um die im weiteren darzulegende Entwicklung der Forstwirtschaft in den Haßbergen verstehen und einordnen zu können. Dabei wollen wir das Augenmerk besonders auf die Waldungen um den in den Quellen so genannten Großen und Kleinen Haßberg, den nordwestlichen Teil der Haßberge, richten.

---

[19] Freundlicher Hinweis von Herrn Dr. Rudolf Kieß, Stuttgart.

[20] Nach der aus der ersten Hälfte des 16. Jahrhunderts stammenden, wohl aber im wesentlichen spätmittelalterlichen Waldordnung für die in den Haßberg-Waldungen holzungsberechtigte Gemeinde Oberlauringen (StAWü Ortenburg-Archiv, Archiv Birkenfeld, Akten 1918) waren die Förster gegen ein Entgelt für das Einweisen der holzungsberechtigten Bauern und Söldner auf dem Haßberg zuständig, während die nicht namentlich genannten „Hern des Haßpergs" die Gerichtsgewalt innehatten. Die von herrschaftlicher Seite eingesetzten Beamten wurden freilich auch in Gebieten wie im Frankenwald, wo keine Forste bezeugt sind, von jeher als Förster bezeichnet (Demattio, wirtschaftliche Erschließung, wie Anm. 7, S. 10 f.).

Die Haßberge bilden den nördlich des Mains gelegenen Teil einer Keuperplatte, die sich von der Frankenhöhe im Süden über den Steigerwald nach Norden erstreckt.[21] Diese bricht nach Westen zu den fruchtbaren Muschelkalklandschaften steil ab, während sie nach Osten hin abgeflacht ist; dort haben die wenig ergiebigen Böden auf Sandstein nur eine zögernde Besiedelung erlaubt. Die Haßberge gliedern sich im wesentlichen in die heute noch oder wieder mit Wald bestandenen Naturräume Bramberger Wald und Haßwald im Süden und den durch eine Quersenke bei Hofheim abgetrennten Bereich um den Großen und Kleinen Haßberg zwischen Hofheim, Oberlauringen, Bad Königshofen und Bundorf. Dieser Teil der Haßberge läuft nach Nordwesten keilförmig aus und erreicht eine Meereshöhe von über 500 Metern. Zu den altbesiedelten Landschaften des Haßgaus oder Hofheimer Gaus im Südwesten und des Grabfelds im Westen und Nordwesten bildet er eine steil aufragende Stufe, die als klare Siedlungsgrenze zu verstehen ist; hier befinden sich auch mit der Nassacher Höhe, dem Nußhügel und dem Laubhügel die höchsten Erhebungen. Besonders hinzuweisen ist auf die von Bamberg Richtung Fulda auf der südwestlichen Flanke der Haßberge verlaufende alte Hochstraße, die als „Rennweg" bezeugt ist.[22] Diese mittelalterliche Verbindungsstraße wirkte sich offenbar nur insofern siedlungsfördernd aus, als entlang ihrer Route beherrschende Burgen mit zugehörigen Burgsiedlungen, wie die Bramburg, die Bettenburg und die Burgen Rottenstein und Wildberg, letztere die namengebende Burg eines autochthonen Dynastengeschlechts, angelegt wurden.

Auf der nach Nordosten abgedachten Seite der Haßberge, wohin der nordwestliche Teil des Gebirges durch die Baunach entwässert wird, erreicht der zwischen Bundorf und Bad Königshofen gelegenen Kegelberg des Kleinen Haßbergs, der vulkanischen Ursprungs ist, noch eine Höhe von 425 Metern. Hier gehen die nährstoffarmen Böden allmählich in fruchtbarere über, was sich nicht nur am sich zu Gunsten des Offenlandes verschiebenden Verhältnis zwischen Wald und Feld, sondern auch an der Verteilung und an der zeitlichen Einordnung der Ortsnamen zeigt.[23] Dieses Gebiet dürfte entlang der Baunach und ihrer Nebenbäche im wesentlichen zwischen dem 8. und 10. Jahrhundert erschlossen und gerodet worden sein.[24]

Von Osten her scheinen im 9. und 10. Jahrhundert dem Oberlauf der Baunach folgend rodende Siedler in den Wald eingedrungen zu sein. Bereits um 800 dürften die Orte Schweinshaupten und Bundorf existiert haben.[25] Hochmittelalterliche Rodungs-

---

[21] Kurt Berger, Keuper (Erläuterungen zur Geologischen Karte von Bayern 1:500 000, hg. v. Bayerischen Geologischen Landesamt), München ³1981, S. 49–54.

[22] Vgl. Kößler, HAB Hofheim (wie Anm. 4), S. 10. Die Bezeichnung „Rennweg" für die Hochstraße über die Haßberge ist im übrigen allgemein gebräuchlich gewesen, wie dies eine Zeugenaussage von 1697 belegt (BayHStA Reichskammergericht Nr. 2265, Qudrangel 45).

[23] Ortsnamen auf -feld, -ach, -bach und -dorf sind von einem Kranz patronymischer -hausen-Ortsnamen am nordöstlichen Rand, wie Gabolshausen, Ermershausen, Schweikershausen, Eckartshausen und Allertshausen, umgeben.

[24] Schmiedel, HONB Ebern und Hofheim (wie Anm. 4), S. 41*–45*; Bundorf ist wie Hellingen und Humprechtshausen in den aus der zweiten Hälfte des 8. Jahrhunderts stammenden Fuldaer Traditionen aufgeführt (Kößler, HAB Hofheim, wie Anm. 4, S. 5).

[25] Schmiedel, HONB Ebern und Hofheim (wie Anm. 4), S. 44*. 1170 ist für Bundorf eine würzburgische *curia* erstmals urkundlich bezeugt (StAWü Würzburger Urkunden 49; Monumenta Boica 45, Nr. 19).

dörfer mit ihren planmäßigen Flurstrukturen und ihren typischen Rodungsnamen sind aber am Rand des Waldgebietes um den Großen und Kleinen Haßberg, anders als im Frankenwald, nicht zu finden.[26] Abgesehen von eingestreuten Feld- und Wiesenflächen ist dieses auch heute noch mit Wald bestandene und sich weitgehend in Staatsbesitz befindliche Gebiet siedlungsleer geblieben, was daran zu ersehen ist, daß darin keine im Spätmittelalter aufgegebenen Dorfstellen anzutreffen sind.[27]

Bei einer am 2. August 1608 von seiten des Reichskammergerichts durchgeführten Zeugenbefragung zur Waldnutzung um den Großen Haßberg antwortete der 60 Jahre alte Barthel Brunner aus Reckertshausen auf die Frage nach dem Zustand der Waldungen übereinstimmend mit den übrigen zwei Dutzend Zeugen, daß ohne die 1578 und 1597 erlassenen Waldordnungen eine völlige Verwüstung eingetreten wäre und bemerkt darüber hinaus: „Der Amtmann von Königshofen habe damals [gemeint ist die Ordnung von 1597] gesagt: Diese Ordnung werde Ihnen und Ihren Kindern zum besten gereichen. Undt solches sey auch wahr".[28] Barthel Bunner und die übrigen Zeugen, die alle in Dörfern rund um den Großen Haßberg ansässig waren, waren ausgewählt worden, weil man davon ausging, daß sie als Holzfäller, Fuhrleute oder Bedienstete der im Bereich der Haßberge begüterten Adligen – einer der Zeugen ist als Sohn eines truchsessischen Försters sehr gut unterrichtet – um die mit der Forstverwaltung und die Holzungsrechte in Zusammenhang stehenden Verhältnisse besonders gut Bescheid wüßten. Die Zeugenbefragung, die von einer Kommission des Reichskammergerichts – neben dem Reichshofrat dem höchsten Reichsgericht, vor dem Streitigkeiten zwischen Reichsunmittelbaren ausgetragen wurden – mit großem Aufwand und eidlicher Inpflichtnahme der Zeugen durchgeführt wurde, war infolge eines Streits zwischen Hans Eitel Truchseß von Wetzhausen und dem Würzburger Fürstbischof Julius Echter auf Antrag des ersteren veranlaßt worden.[29] Die „commis-

---

[26] Zu denken wäre an beschreibende Ortsnamen wie Stein(b)ach, Langenbach und Buchbach oder an euphemistische wie Schön(en)bach oder Reichenbach.

[27] Neben der bereits erwähnten Karte von 1819 (Haßberger Forstamt, StAWü Würzburger Risse und Pläne I/166) wird der Umfang des bayerischen Staatswaldes in den Haßbergen aus den um 1850 erstellten Katastererstaufnahmen bzw. den Klassifikationsplänen ersichtlich (BayHStA Klassifikationspläne der kgl. Amtsgerichte Hofheim in Unterfranken 47, Forstbezirk Rottenstein, und Königshofen, 28, Sulzfeld; 34, Forstbezirk Bundorf; 35, Forstbezirk Sulzfeld). S. auch Bayerisches Landesvermessungsamt (Hg.), Topographische Karte 1:25 000, Blätter 5728, 5729, 5828, 5829.

[28] BayHStA Reichskammergericht 14927 (25. Zeuge).

[29] Den Zeugenbefragungen des Reichskammergerichts ist bis zur Mitte des 17. Jahrhunderts eine vergleichsweise hohe Unparteilichkeit zuzumessen, da bis dahin beide Streitparteien auf das Verfahren Einfluß hatten (freundliche Auskunft von Dr. Manfred Hörner, dem langjährigen Mitarbeiter am DFG-Projekt zur Erfassung der Reichskammergerichtsakten am BayHStA). Die Zeugen wurden grundsätzlich gleichbehandelt. Allerdings wurde in unserem Fall die adelige Zeugin, eine Appolonia von Wallenrodt, geb. Fuchs von Schweinshaupten, im Gegensatz zu den Zeugen aus verschiedenen Hintersassenverbänden nicht vereidigt. Vgl. auch Alexander Schunka, Soziales Wissen und dörfliche Welt. Herrschaft, Jagd und Naturwahrnehmung in Zeugenaussagen des Reichskammergerichts aus Nordschwaben (16.–17. Jahrhundert) (Münchner Studien zur neueren und neuesten Geschichte 21), München 2000; Ralf-Peter Fuchs, Protokolle von Zeugenverhören zur Wahrnehmung von Zeit und Lebensalter in der Frühen Neuzeit. Prozeßakten als Quelle, in: Anette Baumann u.a. (Hg.), Neue Aufsätze zur Erforschung zur Höchsten Gerichtsbarkeit im Alten Reich (Quellen und Forschungen zur Höchsten Gerichtsbarkeit im Alten Reich 37), Weimar 2001, S. 141–164.

sio ad perpetuam rei memoriam" hatte nach einem ausgeklügelten Verfahrensmechanismus die Kenntnisse möglichst seriöser und gut unterrichteter Zeugen zu den in Frage stehenden Verhältnissen und vor allem zum Herkommen in einem sogenannten Kommissionsrotulus festzuhalten. Dieser wurde dann versiegelt und sollte bei Eröffnung eines Prozesses als Beweismittel herangezogen werden.[30] Mit der Zeugenbefragung von 1608 wollte man, wie überhaupt mit den besonders im 16. und frühen 17. Jahrhundert gebräuchlichen Zeugenbefragungen durch kaiserliche Kommissionen, einen Sachverhalt dokumentieren; man sah in den Zeugen, die für die Aussage von ihren feudalrechtlichen Verpflichtungen und Leheneiden entbunden wurden, Träger einer objektiven Wahrheit. Tatsächlich aber sind die Aussagen der Zeugen als ein repräsentativer Ausdruck subjektiver Wahrnehmung zu verstehen, zumal auch in Rechnung zu stellen ist, daß die obrigkeitliche Erscheinungsform der gerichtlichen Befragung auf der Bettenburg und die Art der Fragestellung die Aussagen stark beeinflußt haben dürfte.

Zwischen Hans Eitel Truchseß von Wetzhausen, einem Angehörigen der Familie also, die 1608 schon über 230 Jahre das Erbförsteramt über den Haßberg als würzburgisches Lehen besaß, und Fürstbischof Julius Echter, dem Obereigentümer der Waldungen, schwelte ein Streit um Holzungsrechte. Die Streitigkeiten hatten sich an einem nebensächlich erscheinenden Sachverhalt entzündet, berührten aber zentrale Fragen der Forstwirtschaft wie die einer, modern gesprochen, auf Nachhaltigkeit ausgerichteten Verwaltung.[31] Nachdem sich 1605 Hans Eitel, der Sohn des 1577 verstorbenen Veit Ulrich auf der von den Truchsessen von Wetzhausen seit 1423 als sächsisches und früher schon bambergisches Sohn- und Tochterlehen innegehabten Bettenburg häuslich eingerichtet hatte, beanspruchte er wie seine Verwandten zu Wetzhausen und Bundorf Holzungsrechte auf Bau- und Brennholz im Haßberg-Forst. Die Bettenburg war zusammen mit der zu ihr gehörenden Herrschaft nach dem Tod von Wolf Truchseß von Wetzhausen (†1557) an weibliche Angehörige des Geschlechts – zunächst an dessen Witwe Rosina (†1601) und dann an deren Tochter Anna (†1604), die Mutter Hans Eitels – gegeben worden, die an dem als Mannlehen verliehenen Erbförsteramt keinen Anteil hatten. Zu Wolf Truchseß' Zeiten sei, wie die Zeugen übereinstimmend zu Protokoll geben, Bau- und Brennholz vom Großen Haßberg auf die Bettenburg geschafft worden, ohne daß Widerspruch dagegen erhoben worden sei. Die Truchsessen zu Wetzhausen und Bettenburg hätten sich die Nutzung der Waldungen um den Großen und Kleinen Haßberg mit dem würzburgischen Amtmann zu Königshofen geteilt. Wiederholt waren die Truchsessen aber mit am Rande des Haßbergs sitzenden holzungsberechtigten Adligen, wie mit den Fuchs von Bimbach zu Schweinshaupten und Stöckach, zusammengestoßen, über die sie in bezug auf die Holzabgabe unter Berufung auf ihre Kompetenzen als „Oberförster" ein Aufsichtsrecht zu behaupten versuchten.[32] Bei der Erlassung der Waldordnung 1578 waren nur

---

[30] In unserem Fall wurde der Kommissionsrotulus nie als Beweismittel verwendet. Noch sind Reste der Schnur vorhanden, mit der der versiegelte Band zugeschnürt war.

[31] Hier wie im folgenden BayHStA Reichskammergericht 14927 (Vorspann).

[32] 1541 beschwerte sich beispielsweise Christoph von Ostheim zu Friesenhausen bei Bischof Melchior von Würzburg, daß er und seine Hintersassen entgegen dem in seinem würzburgischen Lehenbrief zuerkannten Beholzungsrecht auf dem Haßberg von Balthasar Truchseß von Wetzhausen gehindert, seine

die Truchsessen zu Wetzhausen und zu Bundorf, darunter auch die damals noch unmündigen Söhne Veit Ulrichs, als Mitunterzeichner aufgetreten.[33] Seit 1605 ließ Hans Eitel größere Mengen an Brennholz unter anderem aus den Distrikten um den Breitenberg und die Häßler Blöße von zu Frondiensten verpflichteten Bauern und Hintersassen auf die Bettenburg transportieren, was im übrigen angesichts der großen Entfernungen auf eine allgemeine Holzknappheit schließen läßt. Nach einer Auseinandersetzung mit den Truchsessen um Nutzungsrechte in den Haßberg-Waldungen ließ Philipp Fuchs diesen Vorfall unter Berufung auf die Waldordnung von 1578, gemäß der die Truchseß zu Bettenburg keinen Anteil am Erbförsteramt hätten, durch den „reitenden Förster" Jonas Lang um die Jahreswende 1606/07 nach Würzburg melden.[34] Als daraufhin der würzburgische Amtmann zu Königshofen auf Geheiß der fürstbischöflichen Regierung noch im Wald lagerndes Holz beschlagnahmte und Hans Eitel das Holzungsrecht verwehrte, kam es zum offenen Streit.[35]

Übereinstimmend sind die Zeugen der Meinung, daß die Waldungen völlig verwüstet worden wären, wenn der Bischof von Würzburg die Waldordnung nicht erlassen hätte. Bauern wie Adlige der umliegenden Orte – holzungsberechtigt waren neben den rund um die Haßberge sitzenden Adligen 24 Gemeinden – hätten weitgehend unbehelligt von den truchsessischen Förstern winters wie sommers Holz gefällt und offenbar auch einen schwunghaften Holzhandel getrieben.[36] In der Regel seien den Adligen die Eichen vorbehalten gewesen, während sich die Bauern der umliegenden Gemeinden der Buchen und Espen bedient hätten. Obwohl die truchsessischen Förster zu Manau, Rottenstein (Friesenhausen), Wetzhausen, Leinach, Althausen und Bundorf die holzungsberechtigten Bauern hätten einweisen müssen, habe man die günstig gelegenen Waldungen angegriffen und auch offenbar Bäume nach eigenem Belieben gefällt. Gelegentlich seien Bauern von den Förstern gepfändet worden, wenn sie Eichen geschlagen hatten.[37] Der 77 Jahre alte Zeuge Hans Mertz aus Nassach vermutet sogar, daß für die drohende Verwüstung vor allem die Förster verantwortlich gewesen seien, da diese sich mit Geschenken sowie Essen und Trinken hätten bestechen lassen.[38] Große Eichen seien zu Brennholz aufgescheitert wor-

---

Hintersassen sogar gepfändet und gefangen genommen würden (StAWü Archiv der Truchseß von und zu Wetzhausen, Akten 13). 1556 schlossen die Truchseß mit Kilian Fuchs zu Stöckach einen Vertrag, wonach dieser wie seine Hintersassen das gleiche Zugriffsrecht auf den Wald auf dem Haßberg haben soll, wie die Truchsessen (StAWü Archiv der Truchseß von und zu Wetzhausen, Akten 3).

[33] StAWü Würzburger Urkunden 22/71b.

[34] StAWü Archiv der Truchseß von und zu Wetzhausen, Akten 3; zur Stellung und Funktion des „reitenden Försters" s. unten.

[35] BayHStA Reichskammergericht 14927.

[36] Auf der Karte aus der Mitte des 18. Jahrhunderts (StAWü Würzburger Risse und Pläne I/165) sind die um den Haßberg-Wald gelegenen Orte, nämlich Merkershausen, Königshofen, Althausen, Aub, Gabolshausen, Unter- und Obereßfeld, Bundorf, Kimmelsbach, Stöckach, Neuses, Eicheldorf, Hofheim, Reckertshausen, Rottenstein, Friesenhausen, Happertshausen, Nassach, Birnfeld, Wetzhausen, Mailes, Oberlauringen und Leinach, genannt. Zu Holzungs- und Weiderechten sowie zum Holzhandel von als Genossenschaften auftretenden Gemeinden im Odenwald vgl. Wilhelm Störmer, Miltenberg. Die Ämter Amorbach und Miltenberg des Mainzer Oberstifts als Modelle geistlicher Territorialität und Herrschaftsintensivierung (HAB, Teil Franken I/25), München 1979, S. 196–202.

[37] BayHStA Reichskammergericht 14927 (Hans Mertz, 5. Zeuge; Paul Thein, 22. Zeuge).

[38] Ebenda.

den, und auch, wenn das sogenannte Fronholz für das würzburgische Amt in Königshofen gehauen wurde, hätte man sich der besten und nächststehenden Eichen bedient. Aus den Aussagen ist deutlich herauszuhören, daß das Holz knapp und begehrt war. So seien selbst die von den holzungsberechtigten Bauern liegengelassenen Stücke von Dieben („Buben") weggeschafft worden.[39] Die Holzknappheit, die im 16. und 17. Jahrhundert auch andernorts beklagt wird, hatte, wenn auch je nach Region in sehr unterschiedlicher Weise, durchaus einen realen Hintergrund und ist nicht nur als eine obrigkeitliche Lesart zu sehen. Herrschaftsträger wie der Würzburger Fürstbischof Julius Echter waren zweifellos daran interessiert, ihre Herrschaftsrechte und damit ihre Einkünfte auszubauen und zu optimieren, wobei ihre Sorge um die Ressource Holz, ganz im Trend der damaligen Zeit, eine besondere Rolle spielte.[40]

In den Wald, der im wesentlichen aus Eichen, aber auch aus Buchen, Espen und „wenigen Danen" bestand, habe man auch „allerley Vihe" getrieben.[41] Wie damals noch allgemein üblich, diente der Wald als Weide für das Rindvieh der umliegenden Gemeinden, auch wurden Schweine vor allem der Eicheln wegen eingetrieben. Darüber hinaus habe man Laub von den jungen Bäumen gerissen und zur Fütterung verwandt.[42]

Vor 1578 haben laut Zeugenaussagen die Truchseß, auch die die auf der Bettenburg saßen, ungehindert über den Haßberg verfügt. Sie hätten nicht nur Bau- und Brennholz für den eigenen Bedarf schlagen lassen, sondern hätten auch den Hintersassen der umliegenden Orte viele Parzellen angewiesen, die zu Feld gemacht wurden und auf die Erbzinsen geschlagen wurden.[43] Nur die Fuchs zu Schweinshaupten beziehungsweise zu Stöckach, die neben einer Mitjagd auch ein Beholzungsrecht als würzburgisches Lehen innehatten, hätten den Truchseß zu Bettenburg das Holzungsrecht verwehren wollen.[44] Der seit 1597 eingesetzte und sowohl den Truchseß als

---

[39] Ebenda (Philipp Schüßler, 11. Zeuge).

[40] Die Holzknappheit im Mansfelder Revier beispielsweise hatte, wie erwähnt, schon um 1500 zur Inkaufnahme gewaltiger Transportwege von zu verhüttendem Erz geführt. Auch für die Herrschaft Lauenstein im Thüringer Wald ist für die zweite Hälfte des 16. Jahrhunderts festzustellen, daß man von seiten der Obrigkeit die Nutzung der Wälder durch die Gemeinden und Hintersassen zurückzudrängen versuchte (ebenda S. 12 f.). Eine auf Veranlassung des Markgrafen Georg Friedrich von Brandenburg-Ansbach/Kulmbach 1588 erfolgte Befragung zu den Verhältnissen in der Herrschaft Lauenstein beschäftigte sich zum überwiegenden Teil mit dem Zustand der Wälder (StABa Rep. C 3 Nr. 1771).

[41] BayHStA Reichskammergericht 14927 (Georg Petz, 10. Zeuge; Klaus Duchel, 19. Zeuge).

[42] Ebenda (Paul Thein, 22. Zeuge).

[43] Ebenda (Hans Mertz).

[44] Ebenda (Appolonia von Wallenrodt, geb. Fuchs von Schweinshaupten und Schwester von Rosina Truchseß von Wetzhausen, 27. Zeugin). Schon 1170 hatte Bischof Herold von Würzburg Richard von Schweinshaupten das Holzungsrecht und das Jagdrecht im Haßberg-Forst verliehen (StAWü Würzburger Urkunden 45; Monumenta Boica 37, Nr. 112 „... ut de foresto Haseberg ipsi et homines eorum in edificando predio illo sua sumant edificia et libertatem habeant in eo capiendi apum examina et pecora habeant pascua absque mercede forestaria. Ius etiam habeant posteritas illa quandoque venandi in foresto illo aurcu tamen balista, quod in teutonia dicitur birsen".) Auf diese Verleihung scheint die Notiz aus dem Lehenbuch Fürstbischof Albrechts von Hohenlohe von 1355 zu rekurrieren, wonach die Brüder Richolf und Applo von Schweinshaupten das Nutzungsrecht im Haßberg-Forst hätten (Hoffmann, Lehenbuch, wie Anm. 12, Nr. 993; „Ius suorum et hominum ipsorum foresti nemoris Hasberg ... Richolfus et Applo tenent ...").

auch dem Würzburger Bischof verantwortliche „reitende Förster" habe von den der Waldordnung zuwiderlaufenden Holzentnahmen gewußt, doch habe er erst auf nachdrückliche Weisung aus Würzburg, wobei ihm die Entlassung aus dem Dienst angedroht worden sei, Truchseß Hans Eitel das Holzungsrecht untersagt.[45]

Am 17. November 1578 hatte Bischof Julius Echter mit den Truchseß von Wetzhausen zu Wetzhausen und Bundorf, nämlich mit Hans Heinrich zu Wetzhausen, Joachim zu Bundorf und den Söhnen des damals bereits verstorbenen Veit Ulrich zu Wetzhausen, einen Vertrag geschlossen, mit dem erstmals Richtlinien für die Bewirtschaftung der Haßberg-Waldungen schriftlich festgehalten wurden.[46] Auf den Bericht hin, … in was unwesen irer fürstlichen gnaden und dero stifft waldung der Hasspergk geraten", sei eine „zu wider uffbringung desselbigen notwendige verbesserung und ordnung fürzunehmen" beschlossen worden. Da Würzburg damals noch keine eigenen Forstbeamte für die Waldungen am Haßberg installiert hatte, sollte den als „von dem stifft Wirzburg belehnten Erb- und Oberförster" bezeichneten Truchseß und ihren Förstern wie bisher die Publizierung und auch die Überwachung der Waldordnung obliegen. Würzburg beansprucht für sich, wie dies im ersten Vertragspunkt festgelegt ist, „undisputierlich" das „directum Dominium". Die in den Waldungen im Laufe der Zeit angelegten Rodungen, die auch in der Zeugenbefragung von 1608 erwähnt sind, sollen genau erfaßt und als eigenes würzburgisches Lehen im Besitz der Truchseß verbleiben. Damit versuchte man mit den zu Gebote stehenden Mitteln des Lehenrechts eine weitere unkontrollierte Ausrodung zu unterbinden, zumal das Lehenverhältnis immer wieder, beim Herren- oder Mannfall nämlich, erneuert werden mußte.[47] Die von würzburgischen Untertanen anfallenden Strafgelder waren – hierbei muß es sich auch um eine Neuerung handeln – jetzt zur Hälfte an den würzburgischen Beamten in Königshofen zu entrichten. Dennoch bewegte sich die eigentliche Waldordnung, die nicht im einzelnen ausgeführt ist, offenbar ganz im Rahmen des Herkommens. So sollten das Holzungsrecht der 24 umliegenden Gemeinden wie auch deren Weiderechte gewahrt bleiben. Allerdings waren diese Rechte, wie es ausdrücklich heißt, restriktiv zu handhaben.

Zu einschneidenden Veränderungen kam es dann 1597, als Bischof Julius Echter unter Berufung auf die Waldordnung von 1578 genaue Regelungen erließ und dabei auch die herkömmliche Verwaltungsstruktur in seinem Sinne veränderte.[48] Den damals vier von den Truchseß eingesetzten Förstern, die sich nun auch gegenüber dem würzburgischen Beamten in Königshofen eidlich zu verpflichten hatten, wurde ein „reitender Förster" vorangestellt. Dieser sollte sich zwar wie die truchsessischen Förster den Truchsessen angeloben und war auch von Würzburg und den Truchsessen

---

[45] BayHStA Reichskammergericht 14927 (Hans Wegerer, 18. Zeuge; Klaus Duchel, 19. Zeuge).
[46] StAWü Würzburger Urkunden 22/71b.
[47] Vor allem im nordöstlichen Randbereich der Haßberg-Waldungen südlich von Kimmelsbach sind noch um 1850 viele inselartige Wiesen- und Feldparzellen festzustellen, die in Privatbesitz übergegangen waren (BayHStA Klassifikationspläne Hofheim i. Ufr. 47, Rottensteiner Forst).
[48] StAWü Würzburger Urkunden 22/71a.

je zur Hälfte zu besolden, doch galt er als würzburgischer Förster.[49] Er hatte im würzburgischen Amtsstädtchen Hofheim seinen Sitz und war zur jährlichen Rechnungslegung zu Petri cathedra (22. Februar) gegenüber dem würzburgischen Beamten in Königshofen verpflichtet.[50] Den vier „fußgehenden Unterförstern" wurden, anders als bisher, genau abgegrenzte „Quartiere" (Königshofer [mit Sitz in Althausen], Bundorfer, Rottensteiner und das Wetzhauser Quartier) zugewiesen; Holzanweisungen durften sie fortan nur mit Wissen und Willen des reitenden Försters vornehmen. Eigens erwähnt ist, was den Förstern von der Bevölkerung an Zuwendungen geleistet werden durfte. Auf diese Weise hoffte man wohl, einer möglichen Bestechung und Beeinflussung der Förster entgegenzuwirken. Von den 24 holzungsberechtigten Gemeinden durfte nur auf Anweisung der Förster Holz geschlagen werden; die sogenannte „Miet" oder das „Dinggeld" für die Holzentnahmen waren zu festen Terminen zu entrichten. Der Breitenberg und damit ein Großteil der Waldungen sollte, zunächst für 6 Jahre, „in Heg genommen" werden, das heißt, der zentrale Teil der nordwestlichen Haßberge durfte nicht mehr beholzt und beweidet werden. Ausdrücklich ist bestimmt, daß die bisher holzungs- und weideberechtigten Gemeinden abzuweisen seien. Nur sogenannte Storren und Krumblinge oder Windbruchholz durften weiterhin entnommen werden. Offenbar war der Bestand stark durchlichtet, und man hoffte bei einer rigorosen Schonung auf eine Selbstregenerierung des Waldes. Hätte man Baumsetzlinge gepflanzt oder Eichen oder Buchen ausgesät, wie dies um 1600 vereinzelt schon praktiziert wurde, wäre dies sicherlich bei der Zeugenbefragung von 1608 zur Sprache gekommen.[51] Offenbar setzte man vor allem auf den Wurzelausschlag; so gibt einer der Zeugen zu Protokoll, daß auf dem Breitenberg die „Storren" bis auf den Boden abgeschlagen wurden, damit die „Stöck" wieder ausschlagen könnten.[52] Dies deutet auf eine zumindest in den Randbereichen des Haßbergs praktizierte Niederwaldnutzung hin, die auf die Zusammensetzung des Waldes einen erheblichen Einfluß gehabt haben muß. Eine solche langfristig zur Verbuschung des Waldes führende Nutzungsform begünstigt naturgemäß widerstandsfähige und schnellwüchsige Baumarten wie beispielsweise die Hainbuche und läßt andererseits Eiche und Buche ins Hintertreffen geraten.[53]

Darüber hinaus wurden neue Gebühren festgesetzt, so ein sogenanntes Maßgeld, und bis dahin praktizierte Gewohnheitsrechte wie beispielsweise das Schlagen von

---

[49] So nach der Aussage eines Zeugen in der Befragung von 1608 (BayHStA Reichskammergericht 14927, Hans Mertz; Klaus Duchel). Er sprach auch im Auftrag des Hochstifts Würzburg gegenüber Truchseß Hans Eitel das Verbot aus, Holz aus den Haßberg-Waldungen zu entnehmen. „Reitende Förster" sind für das 16. Jahrhundert auch im mainzischen Spessart bezeugt (Roland Wohner, Obernburg, HAB, Franken I/17, München 1968, S. 103).

[50] StAWü Würzburger Urkunden 22/71b. Dieser reitende Förster namens Jonas Lang konnte mit Hilfe seines Pferdes auf dem ganzen Haßberg präsent sein. Die Angaben bei Zeißner und damit auch bei Schmiedel sind leider fehlerhaft (Sebastian Zeissner, Waldwirtschaft und Bergbau in den Haßbergen, in: Mainfränkisches Jahrbuch 4, 1952, S. 127–137, hier S. 129).

[51] Zur Waldsaat vgl. Mantel, Wald und Forst (wie Anm. 5), S. 339–349.

[52] BayHStA Reichskammergericht 14927 (Caspar Wöhler, 21. Zeuge). Dennoch scheint die Pflanzung von Schößlingen nicht ganz unbekannt gewesen zu sein; jedenfalls ist für 1682 ein Ansuchen des Vogts von Birnfeld bei den Truchsessen bezeugt, wilde Apfel- und Birnbäumchen auf dem Haßberg ausgraben und bei Birnfeld einsetzen zu dürfen (StAWü Archiv der Truchseß von und zu Wetzhausen, Akten 11).

[53] Vgl. Küster, Geschichte des Waldes (wie Anm. 8), S. 113 f. und S. 117.

Maibäumen oder das Grasmähen im Wald verboten oder eingeschränkt.[54] Zuvor war für das Brennholz nach der Oberlauringer Waldordnung jährlich von jedem Besitzer eines Bauernguts, der einen Karren zur Verfügung hatte, zwei Metzen Korn und von einem Besitzer einer Sölde eine Metze erhoben worden.[55] Was die Schlagweise angeht, wollte man bei der herkömmlichen Methode bleiben, nämlich reihum fortschreitend in Form von Schlägen oder Kahlhieben.[56]

In der Verordnung von 1597 ist nicht eigens erwähnt, daß die Mitglieder der holzungsberechtigten Gemeinden mit dem aus den Haßberg-Waldungen bezogenen Holz nicht Handel treiben durften. Doch schon in der etwa 100 Jahre älteren Waldordnung für Oberlauringen ist den Bauern und Söldnern streng untersagt, bezogenes Holz weiterzuverkaufen.[57] Ganz offensichtlich waren die Truchseß daran interessiert, sich mit dem Holzverkauf und -handel eine wichtige Einnahmequelle zu bewahren.

Für den 22. Oktober 1597 wurden die Schultheißen der holzungsberechtigten 24 Gemeinden auf das Rathaus nach Königshofen geladen, wo ihnen die Waldordnung im Beisein des würzburgischen Amtmanns von Königshofen bekannt gemacht wurde.[58] Dort hatten sich die Förster gegenüber dem Hochstift Würzburg und den mit dem Erbförsteramt begabten Truchsessen von Wetzhausen eidlich zu verpflichten. Wie aus der Zeugenvernehmung von 1608 zu erfahren ist, wurden schon 1578 die Grenzen des „in die Heeg" genommenen Breitenbergs abgeritten, die holzungsberechtigten Gemeinden eingewiesen und die neue Waldordnung in den Wirtshäusern der einzelnen Dörfer öffentlich verlesen.[59] Allerdings fällt auf, daß die Zeugen, selbst solche, die bei Umritten und Bekanntmachungen anwesend gewesen waren, kaum einzelne Bestimmungen der verkündeten Ordnung im Gedächtnis behalten hatten. Dies führen manche Zeugen ausdrücklich auf ihre Leseunkundigkeit zurück. Für sie bestand zweifellos die wichtigste Neuerung in der von da an deutlicher sichtbar werdenden Präsenz der Obrigkeit im Wald und vor allem eben in der Reservierung des einen Großteil der Waldungen einnehmenden Breitenbergs. Dieser sei auch nach Ablauf von 10 Jahren für die holzungs- und weideberechtigten Gemeinden nicht wieder zugänglich gemacht worden, worauf die übrigen Wälder infolge stärkerer Nutzung verödet seien.[60]

---

[54] StAWü Würzburger Urkunden 22/71b (Instruktionen zur Waldordnung vom 25. Okt. 1597).

[55] StAWü Ortenburg-Archiv, Archiv Birkenfeld, Akten 1918. Im Bramberger Wald war bis etwa 1570, als dort die Holzrechte der Gemeinden beschnitten wurden, für den Brennholzbezug als sogenanntes Waldkorn von jedem Bauern eine Metze und von einem Söldner eine halbe Metze Korn zu leisten (BayHStA Reichskammergericht 17492, Vorspann).

[56] StAWü Würzburger Urkunden 22/71b („... in außgebung gehölz soll bey den Schlegen, wo verschiedenen Jahrs auffgehöret, wieder angefangen und von Jahren zu Jahren biß der Waldt herumb kompt, kontinuirt werden").

[57] StAWü Ortenburg-Archiv, Archiv Birkenfeld, Akten 1918.

[58] StAWü Würzburger Urkunden 22/71b.

[59] BayHStA Reichskammergericht 14927 (Hans Schickmann, 8. Zeuge; Lorenz Schmuck, 20. Zeuge; Carol Helmuth, 26. Zeuge).

[60] Ebenda (Barthel Theinart, 13. Zeuge). Die Eichellese auf dem Breitenberg muß zwar auch reglementiert worden sein, nicht aber verboten. So sind für 1662 Streitigkeiten wegen des Eichellesens auf dem Breitenberg bezeugt (StAWü Archiv der Truchseß von und zu Wetzhausen, Akten 9). 1680 habe der fuchsische Vogt unbefugtermaßen Eicheln auf dem Breitenberg „abschlagen lassen" (ebenda).

Wahrscheinlich waren schon im Spätmittelalter die Holzungs- und Weiderechte der Bauern und Söldner der umliegenden Gemeinden fixiert worden, wie dies in der Oberlauringer Waldordnung überliefert ist. Dabei dürften für die Truchseß, die wahrscheinlich die Waldordnung erlassen hatten, vor allem wirtschaftliche Erwägungen im Vordergrund gestanden haben. Zweifellos ist für die Bauern und Söldner der holzungsberechtigten Gemeinden der Bezug von Brenn- und Bauholz sowie die Waldweide und die Eichellese für das Überleben von elementarer Bedeutung gewesen. In der Zeugenbefragung von 1608 wird dies zwar nur angedeutet, doch wird aus anderen Quellen ersichtlich, daß sie selbst Pfändungen von Vieh und Holz in Kauf nahmen.[61] In der zweiten Hälfte des 16. Jahrhunderts, als die Bevölkerung wiederum stark zugenommen hatte, wurden dann die Rechte der Bauern und Hintersassen durch die Waldordnung des Würzburger Bischofs weiter beschnitten, so auch im benachbarten Bramberger Wald.[62] Überhaupt ist festzustellen, daß deren Holzungs- und Weiderechte mit zum Teil gewaltsamen Maßnahmen allenthalben eingeschränkt wurden. Dies gilt besonders für die stark beanspruchten Wälder im Bereich von dicht besiedelten fruchtbaren Landstrichen, aber auch für die Wälder im Umkreis der Städte.[63]

---

[61] Im Frankenwald war um 1435 zwischen dem Städtchen Teuschnitz und der Gemeinde des benachbarten Wickendorf ein bis Ende des 17. Jahrhunderts erbittert geführter Streit um Holzungs- und Weiderechte in einem abgemarkten Wald südöstlich von Teuschnitz entstanden, den die Wickendorfer Bauern nach einer Ablehnung durch den Bischof von Bamberg trotz einschneidender Zwangsmaßnahmen und großer Belastungen selbst vor dem Reichskammergericht in Speyer weiterführten (BayHStA Reichskammergericht 2729; 13764; 13765; vgl. auch Rudolf Pfadenhauer, Geschichte der Stadt Teuschnitz. Von den Anfängen bis zur Säkularisation, Teuschnitz 1990, S. 63–67). Wenn in der frühen Neuzeit auch relativ wenige Prozesse über Holz- und Weiderechte zwischen Gemeindeleuten bzw. bäuerlichen Hintersassen und adeligen und städtischen Herrschaftsträgern als Besitzer größerer Waldungen geführt wurden, so darf das nicht darüber hinwegtäuschen, daß Holz im allgemeinen knapp war. Vielmehr scheint dies mit der standesmäßigen und rechtlichen Ungleichheit zusammenzuhängen, die die Eröffnung eines Prozesses meist ausschloß (freundliche Auskunft von Dr. Stefan Breit vom BayHStA).

[62] Für die nach altem Herkommen im Bramberger Wald holzungs- und weideberechtigten Gemeinden Hohnhausen, Altenbramberg, Ibind und Fitzendorf wurde nach einer um 1578 erlassenen Waldordnung (die Waldordnung selbst ist nicht mehr erhalten, StAWü G 5992 1/2; verbrannt!) der Bezug von Brennholz beschränkt und verteuert. Nachdem der Bramberger Wald der Gemeinde zu Hohnhausen, das den Fuchs von Bimbach zu Burgpreppach unterstand, gesperrt worden war, wandten sich diese 1598 an das Reichskammergericht und ließen eine „commissio ad futuram rei memoriam" einsetzen (BayHStA Reichskammergericht 17492). Einer der Zeugen führt an, daß in der zweiten Hälfte des 16. Jahrhunderts 11 des 27 Herdstätten zählenden Hohnhausens erbaut worden seien (ebenda fol. 71v). Die Fuchs sahen sich in bezug auf die Gemeinde Hohnhausen, der um 1590 neben dem Weiderecht im Bramberger Wald und dem Recht, Gras und Streu zu sammeln, das Beholzungsrecht durch das Hochstift Würzburg ganz verboten worden war, in ihren Rechten verletzt und gegenüber den würzburgischen Gemeinden benachteiligt. Dagegen wandte man in einem 1601 eröffneten reichskammergerichtlichen Prozeß von seiten des beklagten Hochstifts ein, daß der Bramberger Wald würzburgisches Eigentum sei, der Gemeinde Hohnhausen nur gnadenhalber das Holzsammeln und die Waldweide gestattet worden und der Wald gesperrt worden sei, weil sich die Hohnhäuser nicht an die Waldordnung gehalten hätten (BayHStA Reichskammergericht 751, Quadrangel 4).

[63] Vgl. Küster, Geschichte des Waldes, S. 137–139 und Karl Theodor von Eheberg, Die Reichswälder bei Nürnberg bis zum Anfang der Neuzeit (Gesellschaft für fränkische Geschichte; Neujahrsblätter IX), Würzburg 1914, besonders S. 106–116. Einen realistischen Einblick in den Zustand der Wälder um Nürnberg (Lorenzer und Sebalder Wald) Ende des 16. Jahrhunderts geben die Karten des Pfinzing-Atlas (StAN Karten und Pläne Nr. 230, besonders Karten 12, 13 und 29). In dem zwischen dem Weißenburger Wald und dem Raitenbucher Forst gelegenen „Wildhau" waren die Holzungs- und Weiderechte der Bauern der

Die holzungsberechtigten Adligen, die mit den Truchseß in Konkurrenz standen und deren Zugriffsrecht diese ebenfalls zu beschränken suchten, konnten sich dagegen mit Berufung auf ihre Lehenbriefe an den Bischof von Würzburg wenden.[64] Schwächere Interessenten wie eben die Gemeinden und die bäuerlichen Hintersassen wurden dabei oftmals übervorteilt.[65]

Über die ökologischen Zusammenhänge in bezug auf den Wald scheint man im 16. und 17. Jahrhundert noch kaum Kenntnisse gehabt zu haben. Zweifellos nahm man die drohende Verwüstung der Haßberg-Waldungen wahr, man machte sich Sorgen um die langfristigen Folgen und dachte dabei auch an die nachfolgenden Generationen, doch wollte man wohl angesichts der oft prekären Versorgungslage nicht wahrhaben, daß die ständige und umfangreiche Entnahme von Holz, Streu und Gras eine Verarmung der Böden bewirkte und die Waldweide zu einem Rückgang des Baumbestandes beziehungsweise zum Aufwuchs von verkrüppelten Bäumen führen mußte.[66] Man hatte zuallererst die eigenen Interessen im Auge und stellte die Sorge um den Wald meist hintan. So beklagten sich 1617 die Truchseß als Erbförster beim Bischof von Würzburg zwar, daß sich die holzungsberechtigten Adligen nicht an die

---

Gemeinden Rohrbach, Oberhochstadt und Indernbuch mit der Begründung einer drohenden Veröduing des Waldes vor 1628 von seiten des Hochstifts Eichstätt empfindlich eingeschränkt worden. Man wollte sie auf eine bestimmte Menge Brennholz bzw. auf bestimmte Weideflächen beschränken. Nachdem der eichstättische Förster mit Pfändungen die Verordnungen durchzusetzen versucht hatte, schaltete sich das Markgraftum Brandenburg-Ansbach ein (BayHStA Reichskammergericht 4878). Auch in Oberbayern kam es um 1550 zu empfindlichen Einschränkungen der Holz- und Weiderechte der Gemeinden. So verlangten die Grafen von Haag nach 1540 erstmals entgegen dem Herkommen in der Waldung „Gemein" am Nordrand des Haager-Forstes vor allem von den freisingischen Hintersassen der Herrschaft Burgrain, sich von den Förstern der Grafschaft Haag einweisen zu lassen. Dies wird in drei Reichskammergerichtsprozessen anschaulich, bei denen auch eine kaiserliche Kommission Zeugenaussagen einholte (BayHStA Reichskammergericht 560–562). Selbst im Thüringer Wald, wo Holz eigentlich immer in ausreichendem Maß zur Verfügung stand, wurde, wie dies für die Herrschaft Lauenstein bezeugt ist, im 16. Jahrhunderts der unentgeltliche bzw. niedrig veranschlagte Bau- und Brennholzbezug der bäuerlichen Hintersassen sowie die Waldweide von herrschaftlicher Seite stark eingeschränkt (Demattio, wirtschaftliche Erschließung, wie Anm. 7, S. 12 f.).

[64] So beispielsweise 1541 Christoph von Ostheim zu Friesenhausen, dem 1550 dann Bischof Melchior beisprang, indem er Balthasar Truchseß von Wetzhausen aufforderte, jenen in seinen angestammten Rechten nicht zu behindern (StAWü Archiv der Truchseß von und zu Wetzhausen, Akten 13).

[65] In der reichskammergerichtlichen Zeugenvernehmung zur Sperrung der Holz- und Weiderechte im Bramberger Wald von 1599 geben die Zeugen einvernehmlich zu Protokoll, daß sich die Gemeinde Hohnhausen dagegen nicht habe zur Wehr setzen können (Zeuge Matthes Rosenzweig aus Jesserndorf: „… die Hohnheuser dittfalls gar schwach, sich wieder einen solchen hernn" [Bischof Julius Echter von Würzburg] „uff zu leinen …", BayHStA Reichskammergericht 17492, fol. 107v). Auch bei den erwähnten Auseinandersetzungen zwischen Wickendorf und Teuschnitz wurde offenbar das schwächere Wickendorf übervorteilt; das Gleiche gilt für die Gemeinde Derching bei einem Streit mit der Stadt Friedberg, die um 1545 einen bis dahin allein der Gemeinde zur Beholzung und als Weide zuständigen Wald mitbeanspruchte (BayHStA Reichskammergericht 2434). Auch die Gemeinde Fechenbach im Spessart ist offensichtlich von den adeligen Rüdt von Collenberg, die über ihren Besitz im Ort ein Miteigentumsrecht am Gemeindewald beanspruchten und um 1616/17 eigenmächtig große Mengen an Holz schlagen ließen (BayHStA Reichskammergericht 4775, 4776) übervorteilt worden.

[66] So in einer knappen Denkschrift zum Zustand des Waldes bei Birnfeld und Nassach von 1681 (StAWü Archiv der Truchseß von und zu Wetzhausen, Akten 2).

aufgerichtete Waldordnung hielten, sondern weiterhin Bauholz und unter anderem Holz für Hopfenstangen schlügen und so eine Devastierung des Haßbergs provozierten, befürworteten aber andererseits das Anliegen ihrer eigenen Untertanen zu Leinach, die, nachdem sie durch die Waldordnung ihre Weiderechte im Wildberger Revier verloren hatten, wie die Maileser und Wetzhauser ihr Vieh auf den Haßberg treiben wollten.[67]

Die Truchseß von Wetzhausen hatten das Erbförsteramt über die nordwestlichen Haßberge, wie bereits erwähnt, als würzburgisches Lehen inne; zwar mußte um die Belehnung immer wieder nachgesucht werden, doch war es, wie schon seine Benennung nahelegt, quasi erblich geworden.[68] Dieses Lehen umfaßte nicht nur ein Nutzungs- und Aufsichtsrecht über den Wald, sondern auch das für das adelige Selbstverständnis und nicht zu vergessen für die Bereicherung des Speisezettels so wichtige Jagdrecht. Mit den benachbarten Ritteradeligen, so vor allem mit den Fuchs von Schweinshaupten – den Herren zu Schweinshaupten war ja schon 1170 das Jagdrecht zuerkannt worden – war es wiederholt zu Streitigkeiten gekommen. Wie ein Bescheid Bischof Julius Echters von 1597 zu einem offenbar lange schwelenden Streit zwischen den Truchsessen von Wetzhausen und den Fuchs zu Schweinshaupten und Stöckach zum Jagdrecht auf dem Haßberg zeigt, vermeinten die Truchseß kraft ihres Amtes als Erbförster das alleinige Jagdrecht innezuhaben.[69]

Im Jahr 1372 wurden die Truchseß erstmals mit dem „forstampt uber den Haßberg" von Bischof Gerhard von Würzburg belehnt.[70] Schon unter dessen Vorgänger Albrecht (wohl Albrecht II., 1345–1372) sei das Forstamt von Kuntz Kellner und dessen Erben an das Hochstift zurückgefallen. Endres und Karl Truchseß von Wetzhausen und deren Erben sollen es „unentsetzlichen" innehaben und „… den Haßberg getreulich als ein Forster behüten, hegen und heigen und daß nicht verkauffen noch laßen außreutten". Schon damals umfaßte es den Großen Haßberg, also das Gebiet von der Manauer Quersenke bis zu den nordwestlichen Ausläufern des Gebirges; auch der Kleine Haßberg war teilweise als würzburgisches Lehen im Besitz der Truchseß. Während das Forstamt über den Haßberg im Besitz der Truchseß verbleibt, seit 1468 allerdings zwischen den truchsessischen Linien Wetzhausen und Bundorf geteilt, haben die um die Haßberge ansässigen Adligen wie die Fuchs von Schweinshaupten im wesentlichen nur Holzungsrechte zu beanspruchen; so auch die 1355 mit Forstrechten erstmals bezeugten Zollner, würzburgische Ministeriale auf der Burg

---

[67] StAWü Archiv der Truchseß von und zu Wetzhausen, Akten 17. Schon 1618 baten die Gemeindeleute von Leinach um die Wiedergewährung der ihnen infolge der Waldordnung entzogenen Weiderechte, da sie keine Weiden hätten und in „äußerster Armut" wären. 1664 erlaubt ihnen Bischof Johann Philipp von Würzburg, 30 bis 40 Stück Vieh im Leinach benachbarten Wildberger Holz weiden zu lassen (StAWü Archiv der Truchseß von und zu Wetzhausen, Akten 21).
[68] StAWü Lehenbücher 16 fol. 93v/95 (1439); 18 fol. 16v (1443); 26 fol. 72/72v (1468) und fol. 106/106v (1476/1483).
[69] StAWü Würzburger Urkunden 22/71b.
[70] StAWü Lehenbücher 26 fol. 106.

Rottenstein, die die Truchseß teilweise beerbten.[71] In dieser Zeit ist auch das „Forstampt" über den westlich von Ebern gelegenen Haßwald, für den 1498 und 1578 von seiten der Bischöfe von Würzburg Waldordnungen erlassen wurden, erstmals als würzburgisches Lehen bezeugt.[72]

Es ist davon auszugehen, daß das Forstamt über die nordwestlichen Haßberge erst nach dem 1354 vollzogenen Übergang der hennebergischen Herrschaft Rottenstein, in der die herrschaftlichen Rechte und Besitzungen in jenem Gebiet organisiert waren, an das Hochstift Würzburg eingerichtet wurde. Doch dürften schon zuvor, ja, wahrscheinlich schon unter den Herren von Wildberg, auf die die Herrschaft Rottenstein zurückgeht, Ministeriale mit der Kontrolle über den Wald auf den Haßbergen beauftragt gewesen sein. Nach dem hennebergischen Lehenverzeichnis von 1317 hatte jedenfalls ein Albrecht Dimerslag unter anderem ein Vorwerk zu Bundorf, ein sicherlich auf die Burg Wildberg bezogenes Burggut zu Leinach und das „ampt ubir den Hasseberg" zu Lehen.[73] 1354 wird dann der „Haseberg" in einem im Zusammenhang mit dem Verkauf von 1354 entstandenen Vertrag als Teil der Herrschaft Rottenstein bezeichnet.[74]

Die Herren von Wildberg, die in der exponiert gelegenen Burg Wildberg am westlichen Rand des Breitenbergs ihren Stammsitz hatten, müssen die Waldungen auf

---

[71] Hoffmann, Lehenbuch (wie Anm. 12), Nr. 1040. Zu Rottenstein vgl. Herbert Kößler, HAB Hofheim (wie Anm. 4), S. 48 f. Die am bereits erwähnten Rennweg gelegene Burg Rottenstein, die im übrigen nach dem hier anstehenden Rotliegenden benannt sein dürfte, ist zwar erst 1292 erstmals bezeugt (Monumenta Boica 38, Nr. 40), weist aber eine relativ alte Anlageform auf (Georg Lill/Felix Mader, Bearb., Bezirksamt Hofheim. Die Kunstdenkmäler des Königreichs Bayern: Die Kunstdenkmäler von Unterfranken & Aschaffenburg V, München 1912, S. 84 f.). 1292 bestätigt Bischof Manegold von Würzburg Graf Berthold VII. von Henneberg, dem Sohn des 1290 verstorbenen Grafen Hermann I., die als „castrum" bezeichnete Burg Rottenstein neben der Stadt Königshofen, Stadt und Burg Kitzingen und einer Burg Steinach als würzburgisches Lehen. Vor allem ihre Lage und die weitgehende Deckungsgleichheit des 1271 faßbaren wildbergischen Besitzes mit dem des Amtes Rottenstein bzw. Hofheim spricht dafür, daß es sich um eine wildbergische Burg handelt.

[72] Zunächst (1335–1345) ist Heinrich Kammerer oder Kemmerer („Item Heinr. dictus Camrer recepit officium foresti nemoris Hasberge in locis videlicet Katzberge [Lage unbekannt], Hohstapfe [Stachel – Anhöhe bei Weißenbrunn] et Hochsulze [Waldnamen bei Raueneck] – Forstambt am Hasperg, Hermann Hoffmann, ältestes Lehenbuch, wie Anm. 13, Nr. 3468) belehnt, 1358 Johannes Kelloez („… recepit ocatvam partem iuris forsti cum pertinentiis vbern Katzberg et Hochultz silvas quod Lud. Camrer sibi per predictum cellerarium resignavit", Hoffmann, Lehenbuch, wie Anm. 12, Nr. 1177), 1363 Dietrich de Keselheim („… recepit in feodum IIII partem ville Weltendorf [Welkendorf] ligni et campi. Item curiam Nuesezze [Neuses a. Raueneck] et dimidiam maioris et minute ville Nuesezze. Item feodum castrense in Ruheneck [Rauheneck]. Item officium forestarii lignorum Kaczberg, Hosolcz, Hostackel et Steynhart [Steinert bei Weißenbrunn]", Hoffmann, Lehenbuch, wie Anm. 12, Nr. 1524) und 1443 Caspar Kemmerer („… recepit in feodum das forstampt auf dem walde bey Ebern gelegen das Haßholtz genant und uber das holtz Steynhart das Bischofsholtz genant mit seinen rechten und zugehorungen, dem er getrewlichen vor sein sol als er daruber gelobt und geschworen hat …", StAWü Lehenbücher 18 fol. 11v); Waldordnung von 1578 (StAWü Libri diversarum formarum 32, S. 255–266) – freundlicher Hinweis von Archivoberrätin Frau Dr. Heeg-Engelhart vom StAWü. Vgl. auch Maierhöfer, HAB Ebern (wie Anm. 4), S. 104–106.

[73] Ediert in: Johann Adolph Schultes, Diplomatische Geschichte des Gräflichen Hauses Henneberg mit CCC Urkunden und eilf Kupfertafeln, Zweiter Teil, Hildburghausen 1791 (Nachdruck Neustadt an der Aisch 1994), Urkunde XXXII; S. 30–62; hier S. 44.

[74] Regesta Boica VIII, 294.

dem Großen und Kleinen Haßberg beherrscht und als wichtigen Teil ihrer Besitzungen betrachtet haben.⁷⁵ 1271 setzte Graf Konrad, mit dem das Geschlecht ausstarb, seine Frau Margarethe, eine Tochter Graf Boppos VII. von Henneberg, nicht nur in wichtige Besitztitel in Orten rund um den Haßberg, darunter Bundorf, Nassach, Ober- und Niederlauringen, Sulzdorf und Hofheim, als Leibgeding ein, sondern verschrieb ihr auch zur Hälfte den Haßberg-Wald selbst mit allen Zugehörungen und Gerichtsrechten („cum omni attinentia et iure advocatia et arboribus").⁷⁶ Diese Güter, die zumeist je zur Hälfte an Margarethe von Henneberg beziehungsweise an deren Bruder Graf Hermann I. und dessen Erben verschrieben werden, sollen im Falle eines kinderlosen Todes Graf Konrads im Besitz Graf Hermanns, der 1249 schon die bambergischen Burgen und Orte Bettenburg und Königshofen erworben hatte, verbleiben.⁷⁷ Offensichtlich beansprucht Graf Konrad von Wildberg den als „nemus, quod dicitur Haseberg" genannten Wald als freies Eigen, über das er entgegen anzunehmender Ansprüche des Bischofs von Würzburg verfügt; ein Teil der verschriebenen Besitzungen wird dagegen in einer der Urkunden Graf Konrads von 1271 ausdrücklich als Lehen des Bischofs von Würzburg bezeichnet.

Als Graf Konrad von Wildberg 1298 Bischof Manegold von Würzburg die Hälfte der Burg Wildberg mit ihren Zugehörungen („mediatem castri nostri in Wilperg et dominium ibidem et universa bona nostra tam proprietaria quam feodalia") zusichert und damit über die ihm verbliebene Hälfte verfügt, erwähnt er auch Bundorf und die die benachbarten Orte mitumfassende Hofmark, nicht aber den Haßberg-Wald.⁷⁸ Doch hatte sich das Hochstift Würzburg wohl schon vorher einen Zugriff auf diesen Wald gesichert. 1354 wurde dann Würzburg mit dem Kauf der anderen Hälfte der Herrschaft Wildberg und der Herrschaft Rottenstein sowie der Stadt Königshofen unter anderem – diese Besitzungen waren nach dem sohnelosen Tod Graf Bertholds VII. von Henneberg 1340 über dessen Tochter Elisabeth an Graf Eberhard von Württemberg gekommen – zum alleinigen Territorialherren im Bereich der Haßberg-Waldungen.⁷⁹ Schon unter den Herren von Wildberg muß der Haßberg-Wald den

---

⁷⁵ Für den Stammsitz auf der Burg Wildberg spricht neben dem Namen und der urkundlich bezeugten Besitzverteilung vor allem der Umstand, daß die sich im 13. Jahrhundert auch als Grafen bezeichnenden Herren von Wildberg („dei gratia comes de Wiltberg") in dem unterhalb der Burg gelegenen Zisterzienserinnenkloster Johannizell (heute: Johanneshof), über das sie die Vogtei ausübten, ihre Grablege hatten. Als Konrad von Wildberg, mit dem 1303 das Geschlecht ausstarb, 1298 einen Teil seiner Besitzungen dem Hochstift Würzburg vermachte, befand sich darunter auch die halbe Burg Wildberg und die Vogtei über das Kloster unterhalb der Burg, in dem, wie er selbst sagt, alle seine Vorfahren bestattet seien (StAWü Würzburger Urkunden 377; Monumenta Boica 38, Nr. 106). Vgl. auch Hans Karlinger (Bearb.), Bezirksamt Königshofen (Die Kunstdenmäler des Königreichs Bayern: Die Kunstdenkmäler von Unterfranken & Aschaffenburg, Heft XIII), München 1915, S. 166 f. 1302 übertrug Graf Konrad beispielsweise den Novalzehn in den Neubrüchen, die am Fuße des Haßbergs („… in ascensu montis Haseberg …") angelegt worden waren, der Pfarrei St. Peter in Aub auf der nordöstlichen Seite des Bergzugs (StAWü Würzburger Urkunden 8744; Regesta Boica V, 36).
⁷⁶ StACo LA A Nr. 66; Otto Dobenecker, (Hg. und Bearb.), Regesta diplomatica necnon epistolaria historiae Thuringiae, 4. Bd., Jena 1939, Nr. 663; siehe auch StACo LA A Nr. 65; Dobenecker, Regesta diplomatica 4, Nr. 664 (Morgengabe vom gleichen Tag).
⁷⁷ Kößler, HAB Hofheim (wie Anm. 4), S. 27.
⁷⁸ StAWü Würzburger Urkunden 377; Monumenta Boica 38, Nr. 106.
⁷⁹ StAWü Würzburger Urkunden 1058, 1059, 8605a, 8605b, 8605c; Monumenta Boica 42, Nr. 48/1, 48/2 und Monumenta Boica 46, Nr. 85–87.

Bergzug bis zur Quersenke bei Manau umfaßt haben. Hier verlief auch die westliche Grenze des 1172 dem Hochstift Würzburg bestätigten Wildbanngebiets. Bemerkenswert ist, daß der Haßberg-Wald in den von den Herren von Wildberg und den Grafen von Henneberg ausgestellten Urkunden nicht als Forst bezeichnet wird, obwohl er zweifellos Forst-Charakter im oben dargestellten Sinn hatte. Der Begriff wurde offenbar nur von der Würzburger Kanzlei verwendet und tradiert. Im übrigen war bei späteren Vergabungen der Burg Wildberg seitens des Hochstifts mit der Burg immer auch ein Nutzungsrecht des Haßberg-Waldes verbunden.[80]

Der Wald wäre der Hennebergerin wohl nicht eigens verschrieben worden, wäre er nicht als Rohstoffressource begehrt gewesen und hätte er nicht große Einkünfte abgeworfen – für sie dürfte sein Wert vor allem in den Einkünften aus dem Holzverkauf bestanden haben. Es fällt auch auf, daß in einer Zeit, in der die mittelalterliche Siedlungsausdehnung ihren höchsten Stand erreicht hatte, im nordwestlichen Teil der Haßberge, wie schon eingangs angedeutet, keine Siedlungen außer dem schon 1317 bezeugten Sambach(shof) vorhanden waren.[81] Dies ist nur damit zu erklären, daß die für die Zeit zwischen etwa 1120 und 1303 bezeugten Herren von Wildberg nicht daran interessiert waren, dieses Waldgebiet der Besiedlung zugänglich zu machen. Vielmehr scheint ihnen am Erhalt eines großen zusammenhängenden Waldgebiets und Jagdreviers, an dessen westlichem Rand sie ihre beherrschende Burg erbaut hatten, gelegen gewesen zu sein.[82]

Bei der Zeugenvernehmung von 1608 wird verschiedentlich berichtet, daß die Waldordnung von 1578 auf Betreiben des Hans Heinrich Truchseß von und zu Wetzhausen („des dicken Heinz") (†1590) ins Werk gesetzt worden sei.[83] Er wollte der drohenden Verwüstung und eben der unkontrollierten Holzentnahme steuern und wandte sich dabei an den Bischof von Würzburg als Lehensherrn. Er hatte wahrscheinlich nicht bedacht, daß sich das lange hoch verschuldete Hochstift Würzburg unter Bischof Julius Echter innerhalb weniger Jahre reorganisieren würde und sich die eigentlich gegen die holzungsberechtigten Gemeinden gerichteten Bestimmungen gegen die Interessen seiner eigenen Familie wenden könnten. Besonders aus den Vorschriften der Ordnung von 1597 wird ersichtlich, daß das Hochstift damals bereits die Initiative übernommen und die Truchseß auch in der Repräsentation der Obrigkeit nach außen hin, beispielsweise durch die Vereidigung der Förster auf sich, zu verdrängen begonnen hatte. Schließlich konnte man sich nach langwierigen Streitigkeiten 1769 dahingehend einigen, daß das Hochstift Würzburg für eine Entschädigung die gesamten von den Truchsessen von Wetzhausen als Erbförster auf dem Haßberg ausgeübten Rechte übernehmen und die Waldungen fortan durch eigene Beamte verwalten lassen sollte.[84] Teile davon wurden abgetrennt und in den nordwestlichen Haß-

---

[80] So beispielsweise bei der Vergabe von 1366 an die Herren von Bibra (Monumenta Boica 42, Nr. 65).

[81] Schultes, Henneberg II (wie Anm. 73), Nr. 32.

[82] Auch die Herren von Bramberg und von Rauheneck sind offensichtlich am Erhalt größerer Waldung im Bereich ihrer Ansitze (Bramberger Wald, Rauhenecker Wald und Haßwald) interessiert gewesen.

[83] BayHStA Reichskammergericht 14927 (Hans Haitz, 6. Zeuge; Klaus Duchel, 19. Zeuge).

[84] StAWü Lehensachen 6396/F. 228 (verbrannt!).

bergen die Besitzstruktur geschaffen, wie sie im wesentlichen heute noch existiert.[85] Schon 1664 waren die Truchseß von und zu Wetzhausen aus dem Forstamt über den Haßberg ausgeschieden; damals wurde das östlich von Oberlauringen gelegene Kammerholz abgesteint und der Herrschaft Wetzhausen zugeeignet.[86] Absteinungen dieser Art wurden in der Regel nur vorgenommen, wenn die Besitzverhältnisse geklärt waren beziehungsweise nach Streitigkeiten mit beidseitigem Einverständnis festgelegt worden waren. Im übrigen waren die meist mit den Wappen oder mit den Initialen der jeweiligen Besitzer versehenen Grenzsteine eine der deutlichsten und eben auch für die am Wald beteiligten Menschen am besten erkennbaren Formen der besitz- und herrschaftsrechtlichen Abgrenzung.[87]

Die Mitglieder der holzungsberechtigten Gemeinden, die im Zuge der allgemeinen verfassungsgeschichtlichen Entwicklung zu Untertanen herabgesunkenen sind, sind letztlich als Verlierer anzusehen.[88] Ihre Rechte wurden nach dem Bauernkrieg mehr und mehr eingeschränkt. In den im Frühjahr 1525 verfaßten Beschwerdeschreiben der Gemeinden war die Forderung nach freiem Zugang zum Wald meist ein wichtiger Beschwerdepunkt.[89] Im frühen 19. Jahrhundert dann sollten sie ihre Anrechte auf den Wald ganz verlieren. Der Breitenberg und damit ein großer Teil der Waldungen in den nordwestlichen Haßbergen war von der Nutzung durch die holzungsberechtigten Gemeinden ausgenommen worden. Die der bäuerlichen Schicht angehörigen Zeugen meinen bei der Befragung von 1608, daß durch die Waldordnung und die damit zusammenhängenden verwaltungstechnischen Maßnahmen eine drohende Verödung des Waldes habe abgewendet werden können, wobei sie in gewissem Sinn die obrigkeitliche Sichtweise wiedergeben. Der Zustand des Waldes verbesserte sich indes kaum. Die Holzentnahmen waren trotz der Einhegungen offensichtlich umfangreicher, als das, was auf den standig sich verschlechternden Böden nachwachsen konnte.[90] Besonders schädlich scheint sich die offenbar nicht kontrollierbare Waldweide

---

[85] Diese Besitzverhältnisse sind aus der 1819 erstellten Karte (StAWü Würzburger Risse und Pläne I/166) zu ersehen. Freilich gibt diese Karte den Zustand nach dem Übergang des Fürstentums Würzburg an das Königreich Bayern wieder.

[86] StAWü Archiv der Truchseß von und zu Wetzhausen, Akten 1.

[87] Sehr gut erhaltene Beispiele alter Grenzsteine und deren historischer Kontext sind im Landkreis Kronach erhalten geblieben. Sie sind zwar nicht grundsätzlich von den Feld- und Flurgrenzsteinen zu unterscheiden, bezeichnen aber vor allem Wald- und Jagdgrenzen sowie Gerichts- und Herrschaftsgrenzen adeliger bzw. territorialer oder städtischer Herrschaftsträger.

[88] Als Fallbeispiel für die von seiten der Obrigkeit betriebene Einschränkung der Nutzungsrechte der Bauern und Hintersassen am Wald um 1600 ist auch die detailreiche und die Hintergründe ausleuchtende Untersuchung von Stefan Breit für den Ebersberger Forst zu erwähnen (Stefan Breit, Die ganze Welt in der Gemain, in: Wald – von der Gottesgabe zum Privateigentum. Gerichtliche Konflikte zwischen Landesherren und Untertanen um den Wald in der frühen Neuzeit. Quellen u. Forschungen zur Agrargeschichte 43, Stuttgart 1998, S. 57–236).

[89] So in den erhaltenen Beschwerdeschreiben der Herrschaft Lauenstein im Thüringer Wald (vgl. Demattio, Herrschaft Lauenstein, wie Anm. 4, S. 91–97). Daß der Bauernkrieg im allgemeinen Bewußtsein lebendig geblieben ist, zeigen im übrigen die reichskammergerichtlichen Zeugenbefragungen, in denen noch um 1600 nach dem Alter der Zeugen und deren Verhalten zu Zeiten des Bauernkriegs gefragt wird.

[90] Dies wird aus den Akten der Truchseß (StAWü Archiv der Truchseß von und zu Wetzhausen) ersichtlich, die in erster Linie die Holzabgaben an die holzungsberechtigten Gemeinden betreffen und die Sprache einer chronischen Übernutzung sprechen.

ausgewirkt zu haben. Wie aus einer 1681 erstellten Denkschrift hervorgeht, hatte sich der Wald in den Bereichen, die von den Gemeinden bewirtschaftet werden durften, dramatisch verschlechtert, nicht nur, weil infolge Verbiß kaum unverwachsene Bäume hochkamen, sondern auch weil die Gemeindehirten versuchten, verbotenerweise zwar, den Wald in Wiese umzuwandeln.[91] Würde ihnen, wie der erstaunlich modern denkende Gutachter meint, obrigkeitlicherseits das Betreiben der Schläge im gesamten Wald gestattet werden, wobei eine sechsjährige Schonfrist eingehalten werden müßte, wäre dies zum beidseitigen Vorteil. Eine dahingehende Verständigung war aber nicht möglich, zumal besonders auf seiten der Gemeinden das Verständnis für Schutzmaßnahmen fehlte und alle Beteiligten auf die Wahrung ihrer Besitzstände fixiert waren.

Zivilisatorische Kulturen unterliegen infolge der Wissensakkumulation und bedingt durch ihr Konkurrenzverhalten nach innen und außen einem Optimierungszwang. Dies zeigt sich grundsätzlich nicht nur an der allgemeinen technischen und wirtschaftlichen, sondern ebenso an der politischen Entwicklung. Dabei können schwerwiegende ökologische und mitunter katastrophale Veränderungen eintreten, wofür vor allem wegen des Schiffsbaus abgeholzte und verkarstete Landstriche im Mittelmeerraum und auf den britischen Inseln ein beredtes Zeugnis sind.

Trotz gelegentlicher Einbrüche ist für die letzten vier bis fünf Jahrhunderte ein mit dem Anwachsen der Bevölkerung korrespondierender Anstieg des Energie- und Rohstoffbedarfs im süddeutschen Raum festzustellen. Damit einher ging eine fortschreitende verfassungsrechtliche Ausgestaltung, die auch durch die Verknappung der Ressourcen vorgegeben war. Zwar muß man die in den Forst- und Waldbeschreibungen des 16. und beginnenden 17. Jahrhunderts zum Ausdruck kommende obrigkeitliche Sichtweise, die das Klagen über den schlechten Zustand der Wälder für die Herrschaftsintensivierung geradezu instrumentalisierte, in Rechnung stellen, doch ist festzuhalten, daß der Umfang der Wälder bis ins 19. Jahrhundert weiter zurückging.[92] Der steigende Energiebedarf und die Verknappung des Holzes hatte förderlich auf die Entwicklung der Forstwirtschaft und auf deren Einbindung in das obrigkeitliche Staatswesen gewirkt, doch eine nachhaltige Bewirtschaftung der Wälder ist nur ansatzweise erreicht worden. Andererseits ist festzuhalten, daß durch die seit dem späten 18. Jahrhundert forciert vorgenommenen Maßnahmen großflächige Waldungen im süddeutschen Raum erhalten beziehungsweise wiederhergestellt wurden, wenn man auch die Beschneidung der Rechte der Gemeinden und Bauern in den Wäldern bedauern und die oft standortfremde Anlage von Fichtenmonokulturen zu Recht kritisieren mag.[93]

Als mit dem Umstieg bei der Energiegewinnung auf Kohle die Notlage des Waldes behoben schien, ergaben sich nicht nur in der Forstwirtschaft bis dahin ungeahnte Perspektiven. Doch auch die fossilen Energieträger sind begrenzt, und es lassen sich bereits die tiefgreifenden globalen ökologischen Folgen ihrer vielseitigen und von wirtschaftlichen Zwängen gekennzeichneten Nutzung erkennen.

---

[91] StAWü Archiv der Truchseß von und zu Wetzhausen, Akten 2.
[92] Allmann, Wald, wie Anm. 3, besonders S. 126, und Mantel, Wald und Forst (wie Anm. 5), S. 71–76.
[93] Vgl. Küster, Geschichte des Waldes (wie Anm. 8), S. 185–196.

In den Haßbergen sind große geschlossene Waldungen bis heute erhalten geblieben. Wahrscheinlich waren schon im Hochmittelalter die Herren von Wildberg, die im Bereich ihrer namengebenden Burg weitgehende Verfügungsrechte beanspruchten, bemüht, besonders den nordwestlichen Teil der Haßberge, der 1170 als „forestum Haseberg" und damit als Bannwald bezeichnet wird, vor der Erfassung durch Bauern, die mit ihren Rodungen damals selbst bis in ungünstige Lagen vordrangen, zu bewahren. Auch die Bischöfe von Würzburg und Bamberg, letzterer hatte um 1170 östlich von Hofheim einen „Forst" inne, scheinen am Erhalt der inmitten fruchtbarer Altsiedellandschaften gelegenen Waldungen um den Großen und Kleinen Haßberg sowie um den Bramberger und Eberner Forst interessiert gewesen zu sein. Als 1354 mit dem Erwerb der hennebergischen Herrschaft Rottenstein Würzburg zum bestimmenden Machtfaktor in diesem Raum geworden war, wurden bald die Truchseß von Wetzhausen als „Erbforstmeister über den Haßberg" eingesetzt. Mittels dieses Amtes hatten sie für eine geregelte Nutzung des Waldes zu sorgen, was vor allem die umliegenden Gemeinden betraf, die im nordwestlichen Teil der Haßberge zur Entnahme des notwendigen Bau- und Brennholzes berechtigt waren. Ende des 16. Jahrhunderts, nachdem sich die Bevölkerungszunahme weiter fortgesetzt hatte, ergriff man von herrschaftlicher Seite schließlich restriktive Maßnahmen; Forstordnungen, wie sie auch andernorts Mitte des Jahrhunderts erlassen wurden, hatten der offensichtlich werdenden Gefahr einer Übernutzung durch Holzentnahme und Beweidung nicht ausreichend entgegensteuern können. Sicherlich spielte dabei auch die Absicht, die Verfügungsgewalt über den Wald den Bauern und Gemeinden zu entziehen und in diesem Zusammenhang neue Besteuerungsquellen zu erschließen, eine wichtige Rolle. Doch konnten die dabei entstehenden Interessenskonflikte mehr und mehr gewaltfrei gelöst oder zumindest in der Schwebe gehalten werden. Dies ist der zunehmenden Verrechtlichung und dem Ausbau verfassungsgeschichtlicher Strukturen zu danken, die auch in der vermehrten Einschaltung der Gerichte, im Falle der Truchseß von Wetzhausen als Reichsritter vor allem des Reichskammergerichts, ihren Ausdruck fand. Zweifellos wurde die drohende Devastation des Waldes wahrgenommen. Wenn auch das Verständnis der Nachhaltigkeit vor dem Hintergrund der sich ändernden Bedürfnisse und Interessen sowie der sich entwickelnden technischen Möglichkeiten zu sehen ist, so machten die Menschen damals wie heute die oft bittere Erfahrung der Begrenztheit der Ressourcen.

Wolfgang Wüst

Die Akte Seinsheim-Schwarzenberg: eine fränkische Adelsherrschaft vor dem Reichskammergericht

Adelsherrschaften waren für die fränkische Geschichte so prägend wie kaum in einer anderen Kulturlandschaft des Alten Reiches. Nicht zufällig vertraute man deshalb die Bearbeitung des Bandes „Adel in der Frühen Neuzeit" für die Studienreihe Enzyklopädie Deutscher Geschichte der Feder eines Frankenkenners an.[1] Nur am Niederrhein und in Westfalen bildete sich für die Gruppe der Reichsgrafen, die lange durch die Maschen der Verfassungsgeschichte gefallen waren, ein vergleichbares Kollegium[2] aus, nirgends erreichte die kantonale Gliederung der Reichsritterschaft eine Differenzierung wie in der Franconia. Die regional verwurzelte fränkische Ritterschaft mußte sich aber wegen ihrer unzusammenhängenden und räumlich weit ausgreifenden Standorte in mehreren Kantonen zusammenschließen. Immerhin bildeten sich sechs fränkische Kantone aus – Altmühl,[3] Baunach,[4] Gebürg, Odenwald,[5] Rhön-

---

[1] Rudolf Endres, Adel in der Frühen Neuzeit (EDG 18), München 1993. Vgl. außerdem mit besonderer Berücksichtigung Frankens: Rudolf Endres (Hg.), Adel in der Frühneuzeit. Ein regionaler Vergleich, Köln/Wien 1991; Ders., Adelige Lebensformen in Franken zur Zeit des Bauernkrieges (Neujahrsblätter der Gesellschaft für Fränkische Geschichte 35), Würzburg 1974; Gerhard Pfeiffer, Studien zur Geschichte der fränkischen Reichsritterschaft, in: JfL 22, 1962, S. 173–280; Klaus Rupprecht, Ritterschaftliche Herrschaftswahrung in Franken. Die Geschichte der von Guttenberg im Spätmittelalter und zu Beginn der Frühen Neuzeit (Veröffentlichungen der Gesellschaft für fränkische Geschichte IX/42) Neustadt a.d. Aisch 1994; Joseph Morsel, Geschlecht und Repräsentation: Beobachtungen zur Verwandtschaftskonstruktion im fränkischen Adel des späten Mittelalters, in: Otto Gerhard Oexle (Hg.), Die Repräsentation der Gruppen (Veröffentlichungen des Max-Planck-Instituts für Geschichte 141), Göttingen 1998, S. 259–325; Heinz Krieg, Fürstendienst und adliges Selbstverständnis: Wilwolt von Schaumburg zwischen Fürstenhof und niederadligem Milieu, in: Monika Fludernik (Hg.), Grenzgänger zwischen Kulturen (Identitäten und Alteritäten 1), Würzburg 1999, S. 185–212; Wilhelm Störmer, Grundzüge des Adels im hochmittelalterlichen Franken, in: Georg Jenal (Hg.), Herrschaft, Kirche, Kultur (Monographien zur Geschichte des Mittelalters 37), Stuttgart 1993, S. 245–264. Zum Adel in Ämterlaufbahnen u.a.: Matthias Thumser, Hertnidt vom Stein (ca. 1427–1491). Bamberger Domdekan und markgräflich-brandenburgischer Rat. Karriere zwischen Kirche und Fürstendienst (Veröffentlichungen der Gesellschaft für fränkische Geschichte IX/38), Neustadt a.d. Aisch 1989.

[2] Johannes Arndt, Das niederrheinisch-westfälische Reichsgrafenkollegium und seine Mitglieder: 1653–1806 (Veröffentlichungen des Instituts für Europäische Geschichte Mainz 133/ Beiträge zur Sozial- und Verfassungsgeschichte des Alten Reiches 9), Mainz 1991. Für Franken grundlegend: Ernst Böhme, Das fränkische Reichsgrafenkollegium im 16. und 17. Jahrhundert: Untersuchungen zu den Möglichkeiten und Grenzen der korporativen Politik mindermächtiger Reichsstände (Veröffentlichungen des Instituts für Europäische Geschichte Mainz 132/ Beiträge zur Sozial- und Verfassungsgeschichte des Alten Reiches 8), Stuttgart 1989.

[3] Johann G. Biedermann, Geschlechtsregister der reichsfrey unmittelbaren Ritterschaft Landes zu Franken, löblichen Orts an der Altmühl, Bayreuth 1748 (ND Neustadt a.d. Aisch 1987).

[4] Ders., Geschlechtsregister der reichsfrey unmittelbaren Ritterschaft Landes zu Franken, löblichen Orts Baunach, Bayreuth 1747 (ND Neustadt a.d. Aisch 1988).

[5] Ders., Geschlechts-Register der Reichs Frey unmittelbaren Ritterschafft Landes zu Francken, löblichen Orts Ottenwald, Kulmbach 1751 (ND Neustadt a.d. Aisch 1990).

Werra[6] und Steigerwald[7] –, während man es in Schwaben[8] noch auf fünf und am Rhein nur auf drei Kantone brachte. Natürlich war auch die Präzedenz ihrer Mitglieder genau festgelegt. Und es gab eine offizielle Geschäftsordnung, die sich am kantonalen Steueraufkommen orientierte, welches von Odenwald bis Baunach schrittweise abnahm. Schließlich konnte gerade auch in Franken die Reichsfürstenwürde auf einer relativ bescheidenen Hausmacht gründen; dies ermöglichte auch einigen Familien aus der Region wie den Schwarzenberg den Aufstieg in diesen herausgehobenen Stand. Kompensation für fehlende territoriale Ressourcen mußte dann entsprechend auf anderen, auf überregionalen Feldern gesucht werden. Die Schwarzenberg fanden sie als *global players* im Schlepptau der Habsburger und als Karrieristen in hohen Reichsämtern. Die Frage, ob sie auch Vorteile aus der Rechtsprechung eines hohen Reichsgerichts wie dem Kammergericht schöpfen konnten, wurde bisher noch nicht gestellt. Dies hat mehrere Gründe, auf die noch einzugehen sein wird.

Die hohe Adelsdichte in Franken hat erstaunlicherweise bisher nicht dazu beigetragen, daß breiter angelegte, komparatistische Untersuchungen des gräflichen wie des fürstlichen Adels angelegt worden wären, die mit Blick auf regionale Klientelverbände und die Nähe zum Königtum das Ziel einer Adelstypologie für das Spätmittelalter, die Frühe Neuzeit und auch für die Standesherrschaften des 19. Jahrhunderts verfolgt hätten. Auf diese Desiderate machte zuletzt 1989 Ernst Böhme[9] aufmerksam. Mittlerweile liegen insbesondere für den ritterschaftlichen Adel wie die Thüngen[10] oder die Seckendorff[11] grundlegende neuere Forschungen seit dem Spätmittelalter vor, während wir etwa für die Hohenlohe,[12] Rieneck,[13] Seins-

---

[6] Ders., Geschlechtsregister der reichsfrey unmittelbaren Ritterschaft Landes zu Franken löblichen Orts Rhön und Werra, Bayreuth 1749 (ND Neustadt a.d. Aisch 1989).

[7] Ders., Geschlechts-Register der reichs-frey unmittelbaren Ritterschafft Landes zu Francken, löblichen Orts Steigerwald, Nürnberg 1748 (ND Neustadt a.d. Aisch 1987).

[8] Thomas Schulz, Der Kanton Kocher der Schwäbischen Reichsritterschaft, Esslingen am Neckar 1986.

[9] Ernst Böhme, Das fränkische Reichsgrafenkollegium (wie Anm. 2), S. 32.

[10] Joseph Morsel, La noblesse contre le prince: l'espace social des Thüngen à la fin du moyen âge; Franconie 1250–1525 (Francia, Beihefte 49), Stuttgart 2000; Ders., Geschlecht und Repräsentation (wie Anm. 1), S. 259–325.

[11] Gerhard Rechter, Die Seckendorff. Quellen und Studien zur Genealogie und Besitzgeschichte, Teil I: Stammfamilie mit den Linien Jochsberg und Rinhofen, Teil II: Die Linien Nold, Egersdorf, Hoheneck und Pfaff, Teil III/ 1–3: Die Linien Aberdar und Hörauf (Veröffentlichungen der Gesellschaft für Fränkische Geschichte IX/36), Neustadt/Aisch 1987–1997; Ders., Die Archive der Grafen und Freiherren von Seckendorff: die Urkundenbestände der Schloßarchive Obernzenn, Sugenheim, Trautskirchen und Unternzenn, 3 Bde. (Bayerische Archivinventare 45–47), München 1993.

[12] Hier noch einer: Adolf Fischer, Geschichte des Hauses Hohenlohe. Zunächst als Leitfaden beim Unterricht, in hohem Auftrag entworfen und den Prinzen und Prinzessinnen des erlauchtigsten Gesamthauses gewidmet, 2 Bde., Stuttgart 1866/71; Ders., Zur Geschichte der Grafen und Fürsten von Hohenlohe. Nachträge zu den in der Geschichte des Hauses Hohenlohe, Teil II, 1te und 2te Hälfte, enthaltenen Lebensbildern, gesammelt aus Akten des Öhringer Partikulararchivs, in: Württembergische Vierteljahreshefte tür Landesgeschichte NF 7, 1898, S. 363–419.

[13] Otto Schecher, Die Grafen von Rieneck. Studien zur Geschichte eines mittelalterlichen Hochadelsgeschlechts in Franken, Würzburg 1964; Theodor Ruf, Die Grafen von Rieneck. Genealogie und Territorialbildung, 2 Bde. (Mainfränkische Studien 32), Würzburg 1984.

heim,[14] Schwarzenberg[15] und auch für die Grafen von Wertheim/Löwenstein-Wertheim[16] noch immer auf moderne, sozialgeschichtlich ausdifferenzierte und zugleich zeitlich übergreifende Studien warten. Die Geschichte der bayerischen Standesherrschaften bedarf in Franken, in Ergänzung zur grundlegenden Studie von Heinz Gollwitzer,[17] sicher auch noch weiterer regionaler Anstöße.

Eine Familie, die alle Stufen adeligen Standesdaseins – von den ritterschaftlichen Anfängen bis zum Reichsfürstenstand mit bemerkenswerten Karrieren im kaiserlichen Dienst und in der habsburgischen Hofgesellschaft – relativ rasch durchschritt, waren die Seinsheim-Schwarzenberg. Die beiden Familien sollen im Folgenden wegen ihrer zahlreichen Konnubien als Einheit betrachtet werden, auch wenn die fränkischen Stammgüter der Seinsheim erst mit dem Vertrag von Straubing 1655 an die Grafen von Schwarzenberg übergingen. Die Freiherren von Seinsheim (Linien: Hohenkottenheim und Erlach) traten Mitte des 17. Jahrhunderts zum katholischen Glauben über und wechselten als Seinsheim auf Grünbach[18] in bayerische Landesdienste über. Danach agierten die Seinsheim in Franken abgesehen von ihrem Haus in der Nürnberger Zistelgasse[19] kaum mehr über ihre Hausgüter, sondern im Fürsten- oder Reichsdienst. Als Adam Friedrich von Seinsheim 1755 zum Bischof von Würzburg und zwei Jahre später auch zum Bamberger Oberhirten gewählt wurde, erschien deshalb zur Wiederkehr die programmatische Schrift: „Der an dem ostfränkischen Himmel neuerscheinende Fürstenstern: Adam Friedrich Grafen v. Seinsheim neuerwählten Bischof zu Würzburg."[20] Hervorgegangen war das fränkische Uradelsgeschlecht aus dem Geschlecht derer von Seinsheim, die zu Beginn des 15. Jahrhunderts auch die Burg und Herrschaft Schwarzenberg am Steigerwald gekauft und dem Reich zu Lehen aufgetragen hatten.[21] Erkinger von Seinsheim aus der Linie „zum Stephansberg" war es gewesen, der 1405 Schloß Schwarzenberg zunächst teilweise und 1421 vollständig erwerben konnte. Die Dynastie wurde urkundlich wahrscheinlich 1155 mit *Eispertus de Sovvensheim* erstmals erwähnt, sicher aber 1172 mit *Sifridus de Sewensheim*.[22] Die Seinsheim rückten demnach bis 1421 in die verschiedenen Tei-

---

[14] Eberhard Graf v. Fugger, Die Seinsheim und ihre Zeit. Eine Familien- und Kulturgeschichte von 1155 bis 1850. Mit urkundlichen Belegen und Illustrationen, München 1893; Heinrich Zoepfl, Das reichsständische Gesamthaus Seinsheim: nachgewiesen gegen die Angriffe in dem Rechtsgutachten der Herren Hofrath Dr. Leopold Neumann und Hofrath Dr. Josef Unger, Heidelberg 1871.

[15] Karl Fürst zu Schwarzenberg, Geschichte des reichsständischen Hauses Schwarzenberg, Bd. 1 (Veröffentlichungen der Gesellschaft für Fränkische Geschichte IX/16,1), Neustadt/Aisch 1963.

[16] Joseph Aschbach, Geschichte der Grafen von Wertheim von den ältesten Zeiten bis zu ihrem Erlöschen im Mannesstamm im Jahre 1556, 2 Bde., Frankfurt a. Main 1843.

[17] Heinz Gollwitzer, Die Standesherren: die politische und gesellschaftliche Stellung der Mediatisierten 1815–1918; ein Beitrag zur deutschen Sozialgeschichte, Göttingen ²1964.

[18] Volker Press, Die Seinsheim auf Grünbach, in: Der Landkreis Erding. Land und Leute. Geschichte-Wirtschaft-Kultur, Erding 1985, S. 78ff.

[19] BayHStA, Reichskammergericht (Seinsheim) Nr. 11844.

[20] Friedrich G. Ebenhöch, Der an dem ostfränkischen Himmel neuerscheinende Fürstenstern, Würzburg 1755.

[21] Ferdinand Andraschko, Schloß Schwarzenberg im Wandel der Zeiten, in: Schwarzenberg Almanach, 1959, S. 133–242.

[22] Die Linie der Grafen v. Seinsheim (Grafenstand Wien 17. 9. 1705) erlosch 1917 im Mannesstamm. Vgl. Schwarzenberg, Geschichte des reichsständischen Hauses Schwarzenberg (wie Anm. 15), und die dort angegebene Forschungsliteratur. Insbesondere: Fugger, Die Seinsheims (wie Anm. 14).

le der mittelfränkischen Herrschaft Schwarzenberg ein, und Standeserhöhungen ließen nicht auf sich warten. Erkinger von Seinsheim wurde von Kaiser Sigmund in einem 1429 zu Preßburg ausgestellten Privileg in den Reichsfreiherrenstand erhoben.[23] Seine Nachkommen aus zweiter Ehe nannten sich zunächst Herren von Seinsheim und zu Schwarzenberg, um schon Ende des 15. Jahrhunderts dann meist den Namen Seinsheim fallen zu lassen. Trotzdem blieb die Zusammengehörigkeit der Familie gewahrt, auch nachdem die langjährigen engen Verbindungen zum habsburgischen Kaiserhaus zu einer Verlegung des Hauptwohnsitzes einschließlich Kanzlei und Archiv nach Böhmen und Österreich führten. Dies führte für die regionale Forschung zwangsläufig zu einem Quellenproblem, das sich erst mit der Rückführung der im tschechischen Krum(m)au (Český Krumlov) im schwarzenbergischen Zentralarchiv[24] verwahrten fränkischen Archivfonds in das Staatsarchiv Nürnberg lösen wird. Dieser Teil des Fürstenarchivs, der dorthin 1944/45 vor Kriegsende ausgelagert wurde, umfaßt circa 700 laufende Regalmeter mit einer bis 1150 zurückreichenden Serie an Kopial- und Salbüchern sowie mehreren tausend Urkunden. Der Transfer in das zuständige Nürnberger Regionalarchiv steht nach dem bereits erfolgten Archivankauf im Zuge der Ausgleichszahlungen an die Fürsten Schwarzenberg durch die Bundesrepublik Deutschland seit den 1960er Jahren bis heute aus.[25]

Den Reichsgrafenstand[26] erwarb das Haus getrennt nach konfessionell geschiedenen Linien 1566 und 1599, den Reichsfürstenstand für den Erstgeborenen schließlich im Jahr 1670.[27] Während des Augsburger Reichstags von 1566 wurden zunächst die Brüder Johann, Paul und Friedrich Freiherren von Schwarzenberg mit ihrem Vetter Ottheinrich Freiherrn von Schwarzenberg – er war herzoglich bayerischer Landhofmeister – als Grafen zu Schwarzenberg und Herren zu Hohenlandsberg in den Reichsgrafenstand erhoben. Dagegen protestierte das Hochstift Würzburg, wo sich Bischof Friedrich von Wirsberg (1558–1573) beharrlich weigerte, den Schwarzenberg als „Herren zu Hohenlandsberg" auch Hochstiftslehen zu übertragen. Der Bischof beharrte auf seiner Position, obwohl die Schwarzenberg ihm das Privileg wiederholt abschriftlich und zuletzt Ende April 1570 beim persönlichen Erscheinen auf dem Marienberg als ‚Vidimus' von Abt, Prior und Konvent zu Niederaltaich zukommen ließen. Außerdem boten sie ihm einen Revers an, in dem alle hochstiftischen Gerechtsame über Hohenlandsberg festgeschrieben werden sollten. Durch ein Reichskammergerichtsurteil wurde Würzburg schließlich des Privilegienverstoßes bezichtigt. Der Bischof wurde 1582 verpflichtet, die Grafen künftig – unbeschadet

---

[23] Johann Friedrich Boehmer, Regesta Imperii XI: Wilhelm Altmann, Die Urkunden Kaiser Sigmunds, II. Teil 1424–1437, Innsbruck 1900, S. 95, Nr. 7366. Datierung: 10. 8. 1429.
[24] Zur letzten Organisationsänderung kam es am 1. Januar 1956, als man die Archive unter die Verwaltung des Innenministeriums stellte. Das Schwarzenberg-Archiv in Český Krumlov wurde so zum Bestandteil des staatlichen regionalen Archivs in Trebon, Filiale Český Krumlov (CZ–38111 Český Krumlov-Zamek). Heute ist der Schwarzenberg-Besitz wieder restituiert; für die Archivgebäude zahlt die tschechische Republik an das Fürstenhaus Miete.
[25] Frdl. Mitteilung von Herrn Ltd. Archivdirektor Dr. Gerhard Rechter, Nürnberg.
[26] Fugger, Die Seinsheims (wie Anm. 14), S. 14, 142–144. Außer dem fürstlichen Haus gibt es noch eine bis heute in den Niederlanden blühende freiherrliche Linie: die „Barone thoe Schwartzenberg en Hohenlansberg".
[27] Genealogisches Handbuch der Fürstlichen Häuser I, Glücksburg 1951, S. 374.

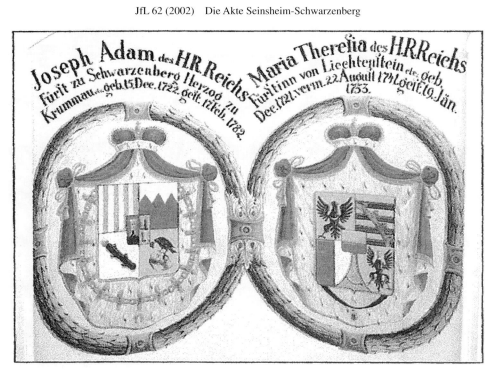

Abb. 1: Die Schwarzenberg waren seit 1719 im Besitz des Herzogtums Krumau/Krummau, wo zuvor in der böhmischen Residenzstadt (heute: Český Krumlov) die Rosenberger und seit 1622 die Eggenberger Burg- und Schloßanlage großzügig ausgebaut hatten. Hier das Wappenschild des regierenden Herzogs Joseph Adam Fürst zu Schwarzenberg (1722–1782) und seiner Gemahlin Maria Theresia (1721–1753), geb. Fürstin v. Liechtenstein.
(Schloß Schwarzenberg, Český Krumlov)

seiner eigenen Rechte an Hohenlandsberg – auch „Herren zu Hohenlandsberg" zu nennen.[28] Schloß und Herrschaft Schwarzenberg selbst fielen 1588 an die katholische Linie des seit 1566 gräflichen Hauses, wobei allerdings die Untertanen protestantisch verblieben. Religiös-politische Spannungen waren so vorprogrammiert, die bis ins vermeintlich so entkonfessionalisierte 18. Jahrhundert fortdauerten. Im herrschaftlich wie konfessionell durchmischten Ort Herbolzheim in der Herrschaft Hohenlandsberg bilanzierte man noch um 1755 in einer ausführlichen Druckschrift: „Die angebliche Religions- Beschwerden: welche die unter dem Fürstlichen Hochstifft Wirtzburg und der gefürsteten Grafschafft Schwartzenberg, als gemeinsamer Landes- und Oberdorffs-Herrschafft stehende A. C. Verwandte Unterthanen zu Herboltzheim gegen nur-gedachte ihre gnädigste Landes-Herrschafft bißhero geführt haben."[29] Auf die weltliche Fürstenbank des Fränkischen Reichskreises rückten 1672 nun auch die Schwarzenberg, nachdem sie zwei Jahre zuvor am 14. Juli 1670 in den Reichsfür-

---

[28] BayHStA, Reichskammergericht (Schwarzenberg) Nr. 875.
[29] UB Würzburg, 55/Rp 13,284, o. O. ca. 1755, 40 und 20 Seiten (Druckschrift).

stenstand aufgestiegen waren.[30] Schwarzenberg war nun eine gefürstete Grafschaft. Am 22. September 1674 wechselten sie auch von der Bank des fränkischen Grafenkollegiums beim Reichstag in den Reichsfürstenrat über, wo sie künftig für ihr fränkisches Territorium eine eigene Stimme (Virilstimme) hielten. Der Fürstenstand wurde den Schwarzenberg am 5. Dezember 1746 auch für die nachgeborenen Prinzen und damit auf Dauer zuerkannt.[31] Auch außerhalb Frankens häuften sich vor allem durch Heirat, Königsnähe und Reichsdienst die Titel und Länder. Infolge der Heirat Ferdinand Wilhelm von Schwarzenbergs mit der Erbtochter Marianne des letzten Grafen zu Sulz wurde dieser Familienzweig seit 1687/88 zu Grafen von Sulz und Landgrafen im Klettgau mit der Residenzstadt Tiengen (Kreis Waldshut). Die Erhebung der Landgrafschaft Klettgau zur gefürsteten Landgrafschaft geschah dann am 20. Juli 1689.[32] Einher ging damit im gleichen Jahr die Belehnung mit dem Erb-Hofrichteramt des kaiserlichen Hofgerichts zu Rottweil[33] durch Kaiser Leopold I. in Nachfolge der erloschenen Grafenlinie zu Sulz. Sitz und Stimme auf der Fürstenbank des Schwäbischen Kreises erhielt das Haus am 30. November 1696, und die Reichsstandschaft wahrte man durch den Anteil an der Kuriatstimme der Schwäbischen Grafenbank im Reichsfürstenrat des zu Regensburg „immerwährend" tagenden Reichstags. Eine Virilstimme im genannten Fürstenrat konnte allerdings das Haus Schwarzenberg für Schwaben trotz einer 1708 erfolgten Empfehlung des Kaisers bei der Reichsversammlung nicht erreichen.

Attraktive Ämter im Reichsdienst, die zahlreiche Familienmitglieder innehatten, förderten zweifelsohne in königsnaher Position die dynastische Karriere. Am erfolgreichsten war dabei wohl Johann Adolf (1615–1683) gewesen, der zum Präsidenten des Reichshofrats aufgestiegen war und der die Standeserhöhung 1671 zu einer gefürsteten Grafschaft Schwarzenberg in den Stammlanden durchsetzen konnte.[34] Unter ihm war die Herrschaft Seinsheim an das Haus Schwarzenberg gefallen, dem er auch die volle Gerichtsbarkeit sicherte, indem er die Exemtion des gesamten fränkischen Hausgutes von allen älteren Landgerichten erlangte. Dieses Privileg sollte vor den obersten Reichsgerichten Folgen zeigen. Somit sind wir an der Nahtstelle zwischen Landesgeschichte und Reichsgeschichte angekommen, wenn wir die Seinsheim-Schwarzenberg als *global players* in ihrem fränkischen Besitz untersuchen. Ihr

---

[30] Franz Simon Meixner, Publicistischer Nachweis, dass die Familie Seinsheim vom Jahre 1590 bis 1806 zu den kreisständischen, und vom Jahre 1592 bis 1806 zu den reichsständischen fränkischen gräflichen Häusern gehörte, München 1848.

[31] Karl Friedrich v. Frank zu Döfering, Standeserhebungen und Gnadenakte für das Deutsche Reich und die Österreichischen Erblande bis 1806 sowie kaiserlich österreichische bis 1823 mit einigen Nachträgen zum ‚Alt-Österreichischen Adels-Lexikon' 1823–1918, 5 Bde., hier: Bd. 4, S. 286: Dort datiert: Wien, 8. 12. 1746. Ernst Böhme, Das fränkische Reichsgrafenkollegium (wie Anm. 2), S. 50.

[32] Frank zu Döfering, Standeserhebungen (wie Anm. 31), Bd. 4, S. 286; Gerhard Nebinger, Die Standesherren in Bayerisch-Schwaben, in: Pankraz Fried (Hg.), Probleme der Integration Ostschwabens in den bayerischen Staat. Bayern und Wittelsbach in Ostschwaben (Augsburger Beiträge zur Landesgeschichte Bayerisch-Schwabens 2), Sigmaringen 1982, S. 154–216, hier S. 193–195.

[33] Georg Grube, Die Verfassung des Rottweiler Hofgerichts (Kommission für Geschichtliche Landeskunde in Baden-Württemberg: Veröffentlichungen der Kommission für Geschichtliche Landeskunde in Baden-Württemberg, Reihe B, 55), Stuttgart 1969.

[34] Thomas Klein, Die Erhebungen in den deutschen Reichsfürstenstand 1550–1806, in: Blätter für deutsche Landesgeschichte 122, 1986, S.137–192.

Verhältnis zur regionalen Nachbarschaft im Gericht, zu den territorialen Anrainern und speziell zu den frühmodernen Schwellenländern Brandenburg-Ansbach, Bamberg und Würzburg kann im Folgenden dank des Entgegenkommens der Münchener Arbeitsstelle[35] für die Inventarisierung der Prozesse vor dem Reichskammergericht[36] bereits jetzt untersucht werden. Den Akten dieses obersten Reichsgerichts[37] kommt dabei, solange die Bestände des Wiener Reichshofrats inclusive der vor Ort tätigen kaiserlichen Kommissionen[38] nicht annähernd intensiv verzeichnet sind, ein herausragender Platz zu. Das Kammergericht wurde im Zuge der Reichsreform und Aufrichtung des „Ewigen Landfriedens" im Jahre 1495 unter Maximilian I. als oberstes Gericht des Heiligen Römischen Reichs Deutscher Nation gegründet. Es hatte die Aufgabe, anstelle von Fehde, Gewalt und Lösegelderpressung ein geregeltes Streitverfahren vor Gericht zu entwickeln und damit Rechtskonflikte in friedliche Bahnen zu lenken. Nach Aufenthalten in verschiedenen süd- und südwestdeutschen Städten war es ab 1527 in Speyer und nach dessen Zerstörung von 1689 bis zum Ende des Alten Reichs 1806 in Wetzlar ansässig. Die Entwicklung des 19. Jahrhunderts ließ die Bedeutung des Gerichts weitgehend in Vergessenheit geraten. Dies hat sich seit den sechziger Jahren des 20. Jahrhunderts entscheidend geändert, so daß wir die Ergebnisse auch für das Thema der Schwarzenberg nutzen können. Handelte es sich doch bei der ‚Akte Seinsheim-Schwarzenberg', um die Titelformulierung nochmals aufzugreifen, meist um Abgrenzungsfragen unter fränkischen Reichsständen oder zumindest um reichsunmittelbare Territorien mit Klagerecht in Wetzlar.

Die Erforschung der Geschichte der höchsten Reichsgerichte ist seit Jahren ein Anliegen der Wetzlarer Gesellschaft für Reichskammergerichtsforschung e.V.[39] mit einer eigenen Schriftenreihe – dort publizierte auch Roman Herzog[40] – sowie zahlrei-

---

[35] Hier gilt mein besonderer Dank den Herren Dr. Manfred Hörner und Dr. Stefan Breit für ihr Entgegenkommen, den Buchstaben S (Schwarzenberg, Seinsheim) in der Bearbeitung vorzuziehen.

[36] Bernhard Diestelkamp, Tendenzen und Perspektiven in der Erforschung der Geschichte des Reichskammergerichts, in: Ders., Recht und Gericht im Heiligen Römischen Reich (Studien zur Europäischen Rechtsgeschichte 122), Frankfurt/Main 1999, S. 277–282; Ders., Ungenutzte Quellen zur Geschichte des Reichskammergerichts. Unbearbeitete Forschungsfelder, in: Paul L. Nève (Hg.), Een Rijk Gerecht (Rechtshistorische reeks van het Gerard Noodt Instituut 41), Nijmegen 1998, S. 115–130.

[37] Wolfgang Wüst, Wege ins Nirgendwo? Die Frage nach den herrschaftlichen Koordinaten in der Landesgeschichte vor 1800. Das Beispiel Franken, in: Blätter für deutsche Landesgeschichte 136, 2000, S. 253–281.

[38] Als Pilotstudien in Auswahl: Sabine Ullmann, Geistliche Stände als Kommissare und als Parteien am Reichshofrat in der Regierungszeit Maximilians II., in: Wolfgang Wüst (Hg.), Geistliche Staaten in Oberdeutschland im Rahmen der Reichsverfassung. Kultur-Verfassung-Wirtschaft-Gesellschaft. Ansätze zu einer Neubewertung (Oberschwaben – Geschichte und Kultur 10), Tübingen 2002, S. 85–106; Georg Schmidt, Rebellion oder legitime Gegenwehr? Ein Agrarkonflikt in Mühlhausen am Neckar, die kaiserliche Kommission der Reichsstadt Esslingen und das Urteil der Tübinger Juristenfakultät (1600–1620), in: Esslinger Studien 29, 1990, S. 37–59. Grundlegend: Eva Ortlieb, Die kaiserlichen Kommissionen des Reichshofrats in der Regierungszeit Kaiser Ferdinands III. (1637–1657). Konfliktregelung im Alten Reich im Zeitalter des Dreißigjährigen Kriegs, Diss. phil. Münster 1999.

[39] Im Jahre 1985 gründeten interessierte Persönlichkeiten aus Justiz, Forschung und Kommunalpolitik die Gesellschaft für Reichskammergerichtsforschung e.V. in Wetzlar, die sich die Einrichtung eines Museums und einer Forschungsstelle zur Aufgabe gestellt hat. Die Arbeit wird durch einen wissenschaftlichen Beirat unterstützt.

[40] Als Band 5 der Schriftenreihe der Gesellschaft für Reichskammergerichtsforschung: Roman Herzog, Reichskammergericht und Bundesverfassungsgericht, Wetzlar 1988/89.

cher anderer Forschungsgemeinschaften und Universitäten, dabei fällt der Inventarisierung der Reichskammergerichtsakten in deutschen Archiven ein besonderer Stellenwert zu. Nach einheitlichen Verzeichnungsgrundsätzen, die 1978 in der Konferenz der Archivreferenten und Archivleiter in Deutschland beschlossen wurden, entwickelte sich das Großprojekt allmählich zu einem wichtigen flächendeckenden Hilfsmittel, dessen Genese in Nordrhein-Westfalen (Hauptstaatsarchiv Düsseldorf) und Baden Württemberg (Hauptstaatsarchiv Stuttgart) am weitesten fortgeschritten ist. Die bisher gedruckten bayerischen Archivinventare zeigen, daß die Leitfragen auch für die fränkische Geschichte zum Teil neu gestellt und vor allem in ihrer quantitativen Bewertung modifiziert werden müssen. Für die altfränkischen Territorien sind vor allem die Bände zu den Buchstaben A[41] (Absberg, Adelsheim, Aufseß), B[42] (Bamberg, Bibra, Brandenburg), C[43] (Castell, Crailsheim), D[44] (Deutscher Orden, Dinkelsbühl) und E[45] (Ebrach, Eichstätt, Erthal) aufschlußreich. So zeigte sich beispielsweise, daß sich der durch das Haus Hohenzollern-Brandenburg offensiv vorgetragene regionale Machtanspruch auf die „fraischliche" Obrigkeit (z. B. Nr. 1425 und 1435), auf das Mittel des Erbschutzes und der Schirmgerechtigkeit (zum Beispiel Nr. 1440), auf den hohen und niederen Wildbann (beispielsweise Nr. 1430), auf die konsequente Einhaltung der Landeszölle (etwa Nr. 1421) oder auf die Beharrung des „privilegium de non appellando" für die beiden Teilfürstentümer (Nr. 1420) konzentrierte. Mit welcher Energie etwa Markgraf Christian Ernst von Brandenburg-Bayreuth (1644–1712) gegen den Bischof von Bamberg selbst in territorialen Nebenschauplätzen vorging, zeigt der Prozeß um die Gerichtsbarkeit über eine Vogtsmühle an der Rodach. Im Streit um diese Schneidmühle, die unter markgräflicher Schutz-, Fraisch- und Landeshoheit stand, wandte sich der Kläger an das Reichskammergericht, um seine Erbansprüche gegen das Hochstift Bamberg kompromißlos zu vertreten. Im Prozeßverlauf wurden über 300 (!) Beweisstücke eingesehen.[46] Auch die Seinsheim und die Schwarzenberg scheuten keinen Aufwand, wenn es um die reichsrechtliche Absicherung von Privilegien und Vorteilen ging. So erreichten die am Reichskammergericht auf Dauer archivierten Akten in einer Auseinandersetzung nach 1548 um die Lehenfolge in Unternbreit zwischen Erkinger und Georg Ludwig von Seinsheim zu Hohenkottenheim auf der einen sowie Hans von Giech zu Lisberg und Hans von der Cappel zu Haßlach[47] auf der anderen Seite immerhin eine beacht-

---

[41] Es handelt sich um die von der Generaldirektion der Staatlichen Archive Bayerns herausgegebene Veröffentlichungsserie der Bayerischen Archivinventare. Hier: Bd. 50/1, Nr. 1–428 (Buchstabe A), bearbeitet von Barbara Gebhardt und Manfred Hörner.

[42] Bayerisches Archivinventar Bd. 50/2, Nr. 429–868 (Buchstabe B, 1), 50/3, Nr. 869–1406 (Buchstabe B, 2), 50/4, Nr. 1407–1839 (Buchstabe B, 3), 50/5, Nr. 429–1839 (Indices zu B). Bearbeitet wurden die Einzelbände von Barbara Gebhardt und Manfred Hörner.

[43] Bayerisches Archivinventar Bd. 50/6, Nr. 1840–2129 (Buchstabe C), bearbeitet von Manfred Hörner.

[44] Bayerisches Archivinventar Bd. 50/7, Nr. 2130–2676 (Buchstabe D), bearbeitet von Margit Ksoll-Marcon und Manfred Hörner.

[45] Bayerisches Archivinventar Bd. 50/8, Nr. 2677–3227 (Buchstabe E), bearbeitet von Manfred Hörner.

[46] Alle Beispiele aus: Manfred Hörner/Barbara Gebhardt (Bearb.), Bayerisches Hauptstaatsarchiv, Reichskammergericht, Bd. 4, Nr. 1407–1839, Buchstabe B (Bayerische Archivinventare 50/4), München 1998.

[47] Er war bambergischer Amtmann zu Teuschnitz und Burgkunstadt.

liche Stapelhöhe von 33 Zentimetern. Dabei ging es nur um die halbe Ortschaft! An Beweismitteln legte man bereits im Vorprozeß 56 Dokumente vor. Hierzu zählten unter anderem Lehenbriefe des Domherrn Michael von Seinsheim und Bischofs Konrad III. von Würzburg, das Testament der Juliana von der Cappel, ein Kassationsbrief des Hans von Seinsheim hinsichtlich der seinen Brüdern während seiner Minderjährigkeit gemachten Zusagen, ein Revers des Wolf von Seinsheim zu Wässerndorf (hier: Westerndorff) und seines Sohnes zur Überlassung der Zehntrechte zu Herrnbrechtheim.[48] Der Verlust von Urkunden und Beweisstücken und die lange Dauer eines Prozesses mußten aber für die Schwarzenberg nicht zwangsläufig zu einem Nachteil führen. Als Friedrich Freiherr von Schwarzenberg gegen Bischof Konrad II. von Würzburg wegen des Vorkaufsrechts um Schloß Hohenlandsberg klagte, war der Verlust benötigter Urkunden und Akten anläßlich der Plünderung der Schlösser Schwarzenberg und Hohenlandsberg im Markgräflerkrieg von Vorteil. Der Prozeß kam zum Stillstand. Und als Würzburg 1573 das seit 1547 ruhende Verfahren gegen Schwarzenberg wieder ins Felde führte, sah man sich angesichts einer nahezu dreißigjährigen gegnerischen Untätigkeit nicht zur Einlassung verpflichtet.[49]

Während der Rückzug der Schwarzenberg aus den Landgerichten und dem Lehennexus fränkischer Fürstenstaaten nur langsam, wenn auch kontinuierlich, fortschritt, brachte die unstrittige Reichsstandschaft in anderen Bereichen einen schnelleren Fortschritt für die Territorialisierung in der Grafschaft. Auch dies läßt sich über Kammerprozesse nachzeichnen. Im Juni 1578 kam es zur Auseinandersetzung um die Besteuerung gräflich-schwarzenbergischer Untertanen zu Tiefenstockheim und Willanzheim. Dort befahl die Ortsherrschaft, das Würzburger Domkapitel, den schwarzenbergischen Zinsleuten, zu der vom Regensburger Reichstag 1576 bewilligten Türkenhilfe beizusteuern. Als sie sich weigerten, wurden Hans Bentz und Balthasar Heberlein aus Tiefenstockheim sowie Georg Roß aus Willanzheim nach Ochsenfurt geschafft. Dort hielt man sie zunächst in einem Wirtshaus fest, später verlegte man sie – ungeachtet schwarzenbergischer Proteste – in den Turm. Das Bewußtsein der arretierten schwarzenbergischen Lehenleute, in der Grafschaft reichssteuerbar zu sein, war dabei ausgeprägter als das Wissen über die Land- und Lehengerichte. Schwarzenberg begründete seine Ansprüche in diesem Verfahren mit der vogteilichen Obrigkeit über seine Untertanen. Aus ihr leitete es auch in den grundherrlich gemischten Orten Tiefenstockheim und Willanzheim die Steuergerechtigkeit offenbar erfolgreich ab.[50]

Grenzen, Gerichte und nachbarschaftliche Gemengelage –
zur „Außenpolitik" fränkischer Reichsgrafen
Exemtion vor Land- und Lehengerichten

Kaiserliche Landgerichte[51] und fürstliche Lehengerichte behinderten in Franken vielfach den Ausbau territorialer Herrschaftskompetenz. Sie wurden als Relikte des

---

[48] BayHStA, Reichskammergericht (Seinsheim) Nr. 2206/ I-III.
[49] BayHStA, Reichskammergericht (Schwarzenberg) Nr. 876/ I-II.
[50] BayHStA, Reichskammergericht (Schwarzenberg) Nr. 11409.
[51] Hans Erich Feine, Die kaiserlichen Landgerichte in Schwaben im Spätmittelalter, in: Zeitschrift der Savigny-Stiftung für Rechtsgeschichte, Germanistische Abteilung 66, 1948, S. 148–235. Es handelt sich um einen Überblick, der auch Franken berücksichtigt.

mittelalterlichen Gerichtswesens ohne sprengelhafte Rechtsgrenzen – das Landgericht des Nürnberger Burggrafenamts war zum Beispiel ein rein personenbezogenes Sondergericht – in der Frühmoderne zunehmend als fremdes Recht empfunden. Ihre Zuständigkeiten wurden verkleinert, ihre Urteile galten als anfechtbar. Trotzdem versuchten die Würzburger und Ansbacher Zentralinstanzen, die Landgerichte überregional zu instrumentalisieren. Mit dem Wandel des Nürnberger Burggrafenamts zur fürstlichen Herrschaft wurde das Nürnberger Landgericht faktisch zur obersten Rechtsinstanz der zollerischen Markgraftümer. In Würzburg betrachtete man das Landgericht neben dem Würzburger Brückengericht mit Sitz an der Mainbrücke – dieses hatte die Funktion einer obersten Cent – als das weltliche Zentralgericht, mit dem ein flächenhafter Kompetenzanspruch vor allem in Ehe-, Erb- und Güterfragen durchzusetzen war. Dabei orientierte man sich an einem Herzogtum Franken, das man in Würzburg vielfach mit den Grenzen der Diözese gleichsetzte.[52] Im 15. Jahrhundert zog man beiderseits nun Grenzen, die auch die schwarzenbergischen Ämter tangieren mußten. Die Rother „Richtung" von 1460 hatte entschieden, durch die Bergeler Steige und die Aisch die Landgerichte Würzburg und Nürnberg zu trennen. Dieser Schiedsspruch, der einer fast linearen Grenzziehung gleichkam, gereichte zudem dem Würzburger Bischof zum Vorteil. Und in der Würzburger Diözese lagen auch die Hausgüter der Seinsheim-Schwarzenberg. Somit zählten auch sie zu jenen landgerichtlichen Personen – es waren die, die „jn denselbin grenitzen vngeuerlich gesehen, wonhafftig vnd gelegen" sind -, für die der Spruch von 1460 künftig gelten sollte.[53] Die Appellationsverfahren der Schwarzenberg an das Reichskammergericht spiegeln diesen Umbruch der Landgerichte wider.

1571 klagte Georg Ludwig Freiherr von Seinsheim-Hohenkottenheim gegen Würzburg um die landgerichtliche Exemtion. Es ging um ein Ehe- und Erbverfahren der Gebrüder Kirschensteiner gegen ihren Vater in Marktbreit. Beide hatten sich nach dem Tod ihrer Mutter Margaretha Kirschensteiner wieder verehelicht, doch ihr Vater hielt nach den Gebräuchen des Herzogtums Franken die ihnen nun zustehenden zwei Drittel aus dem Erbe zurück. Da ihr Vater ein landgerichtliches Mandat unbeachtet ließ, baten sie um Verhängung der darin angedrohten Strafe. Die Seinsheim zogen daraufhin diese Klage an sich mit dem Argument, sie und Friedrich Joachim von Seckendorff seien als Inhaber von Marktbreit und als Angehörige der fränkischen Ritterschaft unmittelbar dem Kaiser und nur seinem Kammergericht unterworfen. Folglich seien auch ihre Untertanen nicht dem landgerichtlichen Gerichtszwang unterworfen. Der würzburgische Syndikus widersprach dieser Auffassung energisch. Die Seinsheim zogen vor das Reichsgericht: Würzburg besitze zu Marktbreit keinerlei Jurisdiktion in bürgerlichen Angelegenheiten. Überdies hätten die Brüder Lorenz und Georg Kirschensteiner ihre Klage nach dem Tod ihres Vaters nicht weiterver-

---

[52] Friedrich Merzbacher, Iudicium provinciale ducatus Franconie. Das kaiserliche Landgericht des Herzogtums Franken-Würzburg im Spätmittelalter (Schriftenreihe zur bayerischen Landesgeschichte 54), München 1956.
[53] Vgl. zu den Herrschaftskonflikten zwischen Würzburg und den Markgrafen von Brandenburg-Ansbach grundlegend: Johannes Merz, Der Herzog von Franken und seine Nachbarn 1470–1519, München 2000, S. 72–107.

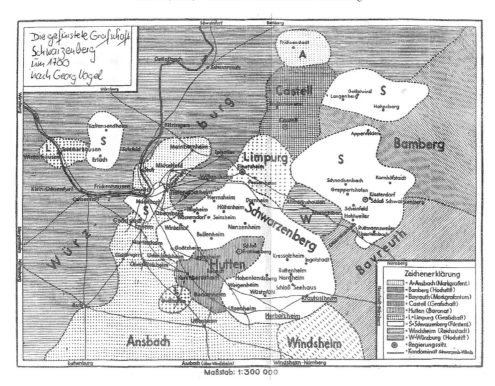

Abb. 2: Die Gefürstete Grafschaft Schwarzenberg um 1700
(Georg Vogel, Der schwarzenbergische Verkehrs- und Handelsplatz Marktbreit, wie Anm. 75, Anhang)

folgt, so daß auch das Hauptverfahren mittlerweile obsolet sei. Bischof Julius Echter gab an, daß einzig das Landgericht über die Abforderung zu entscheiden habe und daß das fürstbischöfliche Hof- und Kanzleigericht zu Würzburg als zuständige Appellationsinstanz übergangen worden sei.[54]

Um 1598 klagte Wolf Jakob Graf von Schwarzenberg als herzoglich bayerischer Rat – zugleich war er Kämmerer und Hauptmann *vorm Unteren Wald* zu Bärnstein – gegen Fürstbischof Julius Echter von Mespelbrunn.[55] Es ging um die Zuständigkeit des Würzburger Landgerichts in der Grafschaft Schwarzenberg. Der Kläger ersuchte den Bischof, der seit alters her im Landgericht des Herzogtums Franken die Jurisdiktion über alle Untertanen selbst beanspruchte, vergeblich um die Einleitung eines vom Würzburger Landgericht unabhängigen Austrags (*Austrägalverfahren*) nach Fürstenrecht. Graf Schwarzenberg machte dabei geltend, daß seine Familie seit

---

[54] BayHStA, Reichskammergericht (Seinsheim) Nr. 11831.
[55] Zum Lebensbild: Ernst Schubert, Julius Echter von Mespelbrunn, Fürstbischof von Würzburg, in: Fränkische Lebensbilder 3 (Veröffentlichungen der Gesellschaft für fränkische Geschichte VIIa/3), Würzburg 1969, S. 158–193.

anderthalb Jahrhunderten über eine Reichsstandschaft verfüge, in den Freiherrenstand und in den Grafenstand erhoben worden sei, daß die Untertanen in Schwarzenberg und Hohenlandsberg seiner vogteilichen und centherrlichen Obrigkeit unterworfen und nur die gräflichen Gerichte ordentliche Gerichte seien. Überdies seien wegen Mißachtung „forideklinatorischer Einreden" in Appellationssachen bisher günstige Urteile ergangen.[56] Julius Echter legte für sein Landgericht, das er als zentrales Gericht[57] nicht nur in den zahlreichen Herrschaftskonflikten mit den Markgrafen von Brandenburg-Ansbach instrumentalisierte, Dokumente vor, die bis ins 15. Jahrhundert zurückreichten. So zitierte man aus einer Urkunde Bischof Johanns III. von Würzburg über das Urteil des päpstlichen Kommissärs Abt Mauritius III. im Würzburger Schottenkloster von 1458 zur Ehe zwischen Michael von Schwarzenberg und Ursula Frankengrüner. Und als Beispiel für landgerichtliches Handeln in der Grafschaft legte man einen Urteilsbrief von 1477 im Lehenstreit des Philipp von Weinsberg mit Reinhard Truchseß von Baldersheim vor.[58]

Die Schwarzenberg waren aber auch im Fürstendienst fränkischer Territorialherren an einer Beschränkung bestehender Landgerichtsbefugnisse interessiert. 1515 führten Sigmund von Schwarzenberg als markgräflich-brandenburgischer Rat und Amtmann zu Kitzingen und Zaisolf von Rosenberg als fürstbischöflich-würzburgischer Amtmann zu Jagstberg für ihre Landesherren einen Stellvertreter-Prozeß bis vor das Kammergericht. Die Zuständigkeit des kaiserlichen Landgerichts im Herzogtum Franken stand zur Debatte. Rosenberg hatte – aufgrund von Erbansprüchen am Heiratsgut – am Landgericht Klage auf das dessen Gerichtszwang unterworfene Hab und Gut der Schwarzenberg erhoben. Markgraf Kasimir von Brandenburg-Ansbach-Kulmbach zog dann das Verfahren gegen seinen Amtmann unter Berufung auf die markgräflichen Gerichtsfreiheiten an sich. Das Landgericht entschied trotzdem in erster Instanz, daß Rosenberg seine Ansprüche ausführen könne.[59]

*

Zu den wichtigsten territorialen Herrschaftsformen gehörte ursprünglich auch das Recht des Lehensherrn über seine Vasallen und deren Güter. In der Praxis waren aber die Fürsten durch adelige Vasallen, die wie die Schwarzenberg beispielsweise würzburgische oder brandenburgische Lehen als Reichsafterlehen inne hatten, in ihrer Herrschaft beschränkt. Ungeklärt war zudem die Frage, ob dem Lehensherrn über ein Lehengut Eigentum zukomme. Die Konstruktion eines geteilten *dominium* war unbrauchbar, wenn man den keine Differenzierung erlaubende Begriff der *proprietas* ableiten wollte. Während im Staatsrecht einerseits vertreten wurde, der Lehensherr sei Eigentümer, verwiesen andererseits die Vasallen auf ihr nutzbares Eigentum oder „simpliciter eigenthumb" genannt.[60] Der Vasall sei als *dominus directus* der eigent-

---

[56] BayHStA München, Reichskammergericht (Schwarzenberg) Nr. 11410. Signatur des Wetzlarer Generalrepertoriums: S 1694.
[57] Merz, Fürst und Herrschaft (wie Anm. 53), S. 72–82.
[58] Ebenda, Beilagen des beklagten Bischofs.
[59] BayHStA, Reichskammergericht (Schwarzenberg) Nr. 11399.
[60] Dietmar Willoweit, Rechtsgrundlagen der Territorialgewalt. Landesobrigkeit, Herrschaftsrechte und Territorium in der Rechtswissenschaft der Neuzeit (Forschungen zur Deutschen Rechtsgeschichte 11), Köln/Wien 1975, S. 98–108.

liche „Eigentumsherr". Die Schwarzenberg (Johann Graf von Schwarzenberg und Wolf Jakob Graf von Schwarzenberg) gingen dann vor Gericht gegen die Lehenhoheit Würzburgs seit 1589 vor. Den Anlaß gab ein Streit um die fraischliche Obrigkeit zu Scheinfeld und Seinsheim. Johann von Schwarzenberg – er verstarb Ende Mai 1589 – behauptete, daß seine Centen Scheinfeld und Seinsheim nicht dem Hochstift Würzburg, sondern dem Markgraftum Brandenburg „eigentümlich" seien. So klagte Bischof Julius von Würzburg vor seinem Ritterlehengericht auf Lehensrückfall („Heimfall"). Die Schwarzenberg wurden zur Anerkennung des Lehenverfahrens verpflichtet. Dagegen wandten sich die Kläger an das Reichsgericht. Sie argumentierten: nur falls das Hochstift Würzburg unstreitig über das *dominium directum* verfügte, wäre die Zuständigkeit des bischöflichen Lehengerichts gegeben. Wenn dagegen zwei Herrschaften die Lehenschaft beanspruchten, gebühre es den Vasallen nicht, sich ohne Vorwissen eines Lehenpartners vor des anderen Herrn Lehengericht einzulassen. Vielmehr hätte die Angelegenheit unmittelbar an das Kammergericht gehört; das fürstbischöfliche Lehengericht sei überdies nicht paritätisch von Lehensherrn und Lehensmann besetzt worden. Julius Echter hielt dagegen nur sein Lehengericht bei Klagen auf Lehenverwirkung für zuständig. Am 12. September 1604 hob das Reichsgericht das erstinstanzliche Urteil auf und verwies beide Parteien künftig an den „gebührenden ort". Dies blieb freilich interpretierfähig.[61]

Centgerichte als Instrumente zur Territorialisierung

Die Centgerichtsbarkeit spielte innerhalb des dynastischen und territorialen Wirkungsbereichs der Schwarzenberg spätestens seit 1507 eine große Rolle. Johann III. von Schwarzenberg hatte in diesem Jahr als Hofmeister im Auftrag des Bamberger Bischofs Georg Schenk von Limpurg eine wegweisende hochstiftische Halsgerichtsordnung entworfen. Die Bamberger Ordnung wurde mehrfach rezipiert. Johann III. war als Mitglied des Reichsregiments zum einen an der Verfassung der berühmten Carolina 1532 beteiligt – der Schwarzenberg-Entwurf wurde dabei zum Teil wörtlich in der Reichsgesetzgebung verankert – zum anderen rezipierte man sein Modell bereitwillig auch in den schwarzenbergischen Hausämtern. Die Cent- und Halsgerichtsordnung[62] des Gerichts zu Scheinfeld – die 1594 erneuerte Version begann mit den Worten „Wie eß vor: jnn vnnd nach gehegtem centgericht jnn der graueschafft Schwartzenberg hinfür zuhalten" und hatte bereits territoriale Geltung – orientierte sich in Sachen Hochgericht jedenfalls ebenso wie die Beschreibungen für die Centuntertanen[63] und den Centschreiber am Bamberger Prototyp. Dort hatte Erkinger von Seinsheim bereits 1433 von Kaiser Sigismund den Blutbann übertragen bekommen. Es verwundert deshalb keineswegs, daß die Centgerichte auch in den nachbarschaftlichen Beziehungen des Hauses Schwarzenberg eine besondere Rolle einnahmen. Sie wurden – folgt man mehreren Prozessen, die bis zum Reichskammergericht führten –

---

[61] BayHStA München, Reichskammergericht (Schwarzenberg) Nr. 874.
[62] StadtA Scheinfeld, B 3, Nr. 5. Der Text ist allerdings nicht mehr vollständig überliefert, da die Handschrift trotz Pergamenteinbands stark beschädigt wurde.
[63] StadtA Scheinfeld, B 3, Nr. 5, Pflichtenbüchlein um 1600 und Nr. 6, Pflichtenbüchlein von 1697 mit nachträglichen Ergänzungen.

zum Vehikel für die Territorialisierung. Zahlreiche Konflikte und Konfliktlösungen zeichneten sich an den Grenzen zu den Hochstiften Bamberg und Würzburg sowie zur Grafschaft Castell ab.

Bamberg. Streitanlässe gab es vor allem zwischen den Bamberger Bischöfen und den Schwarzenberg zuhauf. 1564 bis 1589 rieben sich die Centgerichte an der Nahtstelle des hochstiftisch-bambergischen Außenamts Oberscheinfeld und des schwarzenbergischen Markts Scheinfeld. Anlaß zu dieser gerichtlichen Auseinandersetzung war ein Ehebruchs- und Schwängerungsdelikt gegen eine Dienstmagd im Gericht zu Scheinfeld durch einen hochstiftischen Müller. Sofort begann der Kompetenzstreit in den noch keineswegs fest begrenzten Gerichten. Der Bischof untersagte seinen Centschöffen und seinem beschuldigten Untertan vor einem angesetzten Rechtstag in Scheinfeld zu erscheinen. Dann erklärte das schwarzenbergische Centgericht den ferngebliebenen Müller zum Ehebrecher, verbot ihm künftig alle in der Cent gelegenen Märkte, Dörfer, Weiler, Straßen, Stege und Wege, verhängte zugleich über die Centschöffen aus Oberscheinfeld, Herpersdorf und Oberambach nach Häufigkeit des Ausbleibens Strafen in Höhe von 120 bis 240 Pfund. Jetzt sah sich Bischof Veit II. von Bamberg in seinem halben Anteil an der Centherrschaft über sein Amt Oberscheinfeld zunehmend beeinträchtigt, weil der gegnerische Centrichter einseitig „peinliche" Befragungen vornehme und Geldstrafen einziehe. Das Centgericht zu Scheinfeld werde schließlich auch in seinem Namen gehegt; er stellte einen „schweigenden" Richter und sechs Schöffen dorthin, die er angesichts des Verhaltens der Gegenseite durchaus abfordern könne. Ihm komme die Hälfte aller dort anfallenden Strafgelder zu; auch stehe ihm frei, in seinem Amt gefaßte Täter entweder nach Bamberg oder Scheinfeld zu überstellen. Die Option zwischen den beiden Orten führte zu weiteren Konflikten. Im Prozeßverlauf kam es wegen wiederholter Überstellung von im Amt Oberscheinfeld festgenommenen Tätern nach Bamberg zu schwarzenbergischen Attentatsklagen. Die geteilte centherrliche Obrigkeit und der Bezug nur halber Strafgelder ließen die schwarzenbergische Kanzlei nicht ruhen. Arrondierte Gerichte und territorialisierte Rechtskompetenzen blieben künftig im prestigeträchtigen Feld der Centgerichte ein fester Bezugspunkt für die Schwarzenberg.[64]

Adelsherrschaften. 1575/76 klagte mit Graf Johann das Haus Schwarzenberg erneut vor dem Reichskammergericht in Sachen Cent. Die Auseinandersetzungen, die dieses Mal bis 1592 andauerten, führte man gegen die Landadeligen Sigmund von Vestenberg zu Breitenlohe und Burghaslach, Christoph Truchseß von und zu Pommersfelden, (Johann) Eustachius von Abenberg und Wolf Christoph von Lüchau zu Donndorf. Sie hatten wegen Landfriedensbruch und Fehden[65] ihrer Hintersassen mit der Zuständigkeit des Hals- und Centgerichts zu Scheinfeld zu tun. Es kam nach Mißachtung des Gerichts zu Viehpfändungen in Breitenlohe – sie galten als zulässige ‚Defensionalhandlungen' der Justiz –, woraufhin Mitte Januar 1576 der Vestenberger

---

[64] BayHStA, Reichskammergericht (Schwarzenberg) Nr. 628.

[65] Zum Fehderecht in Franken: Thomas Vogel, Fehderecht und Fehdepraxis im Spätmittelalter am Beispiel der Reichsstadt Nürnberg (1404–1438), Frankfurt/ Main u.a. 1998; Gerhard Pfeiffer, Quellen zur Geschichte der fränkisch-bayerischen Landfriedensorganisation im Spätmittelalter (Veröffentlichungen der Gesellschaft für Fränkische Geschichte II/2 = Schriftenreihe zur bayerischen Landesgeschichte 69), München 1975.

und die anderen Beklagten mit zwanzig Reitern und Waffenträgern vor Schloß Schwarzenberg erschienen. Sie öffneten gewaltsam den dortigen Viehhof und trieben die gepfändeten Kühe und Kälber wieder heimwärts. Die Streitpunkte verschärften sich auch hier wegen der nicht abgeschlossenen Territorialisierung des Hochgerichts. Schwarzenberg beanspruchte die Wüstung Obernhaag bei Appenfelden, auf der erst kürzlich einige Häuschen neu erbaut worden seien, für die Cent Scheinfeld. Die Schwarzenberger Cent werde doch ein jedes Mal, wenn Halsgericht gehalten werde, bei einer großen Eiche zu Obernhaag „beschrien". Und die dortigen Einwohner würden das Halsgericht daraufhin besuchen. Vestenberg machte allerdings die seit kurzem bewohnten Wüstungen Obernhaag, Mittelhaag oder Herrnschlag und Unternhaag für die ihm als gräflich castellisches Lehen überlassene Cent Burghaslach geltend, die immerhin ein entlang des Wegs nach Appenfelden gelegener Damm von der Scheinfelder Cent trenne. Als Beweismittel lagen interessanterweise vor allem raumorientierende Hilfsmittel vor. Die Frage der Grenzziehung beherrschte das Szenarium. Beide Gerichtsparteien bezogen sich vor Gericht auf kolorierte Einzelpläne,[66] auf den des Kitzinger Malermeisters Heinrich Brückner zum Gebiet Scheinfeld, Dürrnbuch und Appenfelden sowie auf den des vereidigten Bamberger Malers Lukas Radler zur Landschaft zwischen Burghaslach und Prühl. Ferner lagen Protokolle über Ortsbegehungen („Einnehmung des Augenscheins") 1579 und anderer ortskundiger Zeugen[67] vor einer kaiserlichen Kommission des Reichshofrats vor.[68]

Um das Jahr 1580 führte ein Konflikt zwischen Johann Graf von Schwarzenberg und Graf Georg zu Castell um die Centherrlichkeit bis vor das Reichskammergericht, nachdem ein schlichtendes Austrägalverfahren wegen erlittener „Injurien" abgelehnt worden war. Schwarzenberg warf der Grafschaft Castell vor, einen noch nicht aus schwarzenbergischer Pflicht und Treue entlassenen Untertan Fritz Örtlein nicht an sein Centgericht weisen zu wollen. Örtlein habe die Schwester seiner Ehefrau geschwängert, so daß er der Blutschande ruchbar geworden sei. Er floh danach aus Thierberg in der Herrschaft Schwarzenberg nach Greuth in der Grafschaft Castell. Die Grafen Konrad und Georg zu Castell, die ihn als Untertan aufgenommen hätten, seien deshalb wiederholt um Remission des Täters ersucht worden. Der Kläger beanspruchte in seinem Centgericht auch die Konfiskation beziehungsweise die Nachbesteuerung von Hab und Gut des Delinquenten. Er bat um eine unverzügliche Inquisition oder Auslieferung des Täters. Schwarzenberg habe dabei – so der Vorwurf aus Castell – auch zweimal ohne die „gebührende" Grußformel und „Ehrerbietung" nach Castell geschrieben. Für die territorialisierende Absicht dieses Verfahrens sprach auch die Einforderung einer Nachsteuer. Damit wurde über die Centhoheit auch der Grundsatz in Frage gestellt, daß bislang zwischen den beiden und den anderen benachbarten Territorien freier Abzug üblich gewesen war.[69]

---

[66] BayHStA, Plansammlung 21407 und 21408.
[67] Zur Frage der kulturgeschichtlichen Bewertung von Zeugenaussagen vor dem Reichskammergericht vgl. Alexander Schunka, Soziales Wissen und dörfliche Welt. Herrschaft, Jagd und Naturwahrnehmung in Zeugenaussagen des Reichskammergerichts aus Nordschwaben, 16.–17. Jahrhundert (Münchener Studien zur neueren und neuesten Geschichte 21), Frankfurt a. Main 2000.
[68] BayHStA, Reichskammergericht (Schwarzenberg) Nr. 11417.
[69] BayHStA, Reichskammergericht (Schwarzenberg) Nr. 11420.

Würzburg. Zwischen 1576 und 1589 führten Johann Graf von Schwarzenberg und Bischof Julius Echter von Würzburg eine Auseinandersetzung um die centherrliche Obrigkeit zu Unterlaimbach. Hans Oberer, fürstbischöflich würzburgischer Schultheiß zu Schlüsselfeld, fiel mit gut 120 bewaffneten Begleitern nach Unterlaimbach ein und nahm den Wirt und einen angeblichen Mittäter als mutmaßliche Straßenräuber gefangen. Nach Protesten der Schwarzenberg beanspruchte Würzburg das Dorf Unterlaimbach für die hochstiftische Cent. Schwarzenberg klagte vor dem Reichskammergericht auf Zugehörigkeit Unterlaimbachs zur gräflich schwarzenbergischen Cent Scheinfeld („Marckscheinfeldt"). Die centherrliche Obrig- und Gerichtsbarkeit hätte Graf Johann vom Haus Brandenburg zu Lehen erhalten.[70] Er ließ den beklagten Bischof zur Ausführung eventueller Gegenansprüche vorladen; Würzburg versäumte die fristgerechte Einbringung seiner Gegenargumente. Das Gericht verpflichtete den Bischof, künftig die Grafen im hergebrachten Besitz der centbaren und fraischlichen Gerechtigkeit zu Unterlaimbach nicht mehr zu stören.[71]

Auch die freiherrliche Linie der Seinsheim zu Hohenkottenheim, Seehaus, Sünching und Erlach versuchte, über das Reichskammergericht seine Gerichtsinstanzen zu arrondieren. Hier setzte man sich vor allem mit der würzburgischen Centgericht zu Markt Bibart auseinander. 1610 erhob der Würzburger Landsasse Hans Müller am Centgericht zu Markt Bibart gegen Joachim Müller Anklage, der seinen Sohn auf offener Gasse einen „Dinkeldieb" gescholten habe. Antrag auf Widerruf stellte gleichzeitig Georg Kilian gegen den freiherrlich seinsheimischen Schultheißen Leonhard Rüdel und dessen zwei Söhne, die ihn auf offener Gasse als „Schelm" und „Dieb" beschimpft hätten. Die Seinheim bestritten das Recht des hochstiftischen Centgerichts, in dieser Angelegenheit über ihre Untertanen zu befinden. Die Seinsheim appellierten an das Reichskammergericht, die erstinstanzliche Zuständigkeit für das freiherrlich, seinsheimische Gericht zu Herbolzheim durchzusetzen. Und Würzburg sah bereits den Gang nach Wetzlar als unbegründet an, da von Urteilen fürstbischöflich, würzburgischer Centgerichte nicht an das Reichskammergericht, sondern an das Stadt- und Brückengericht zu Würzburg als ‚Obercentgericht' appelliert werden müsse.[72]

*

Wechseln wir im Gericht einfach die Seite und widmen uns als eine Art Gegenprobe der Partei der Beklagten, dann bestätigt sich in der (passiven) Rolle der Schwarzenberg als beklagtem Reichsstand ebenfalls die Bedeutung der Cent für den frühmodernen Landesausbau. Injurienklagen, Pfändungsrecht, Schuldeneintreibung, rüde Gerichtspraxis und Friedbruch lagen dabei aber meist eng beieinander. 1593 klagte der Bamberger Notar und spätere markgräflich-brandenburgische Klosterverwalter zu Hof gegen Wolf Jakob Graf von Schwarzenberg. Es ging um die Rücker-

---

[70] Als Beweismittel wurden Lehenbriefe der Markgrafen Friedrich IV., Kasimir, Georg und Georg Friedrich von Brandenburg-Ansbach und Brandenburg-Kulmbach für Johann, Friedrich, Johann, Paul, Albrecht und Friedrich von Schwarzenberg für den Zeitraum von 1511 bis 1573 vorgelegt. Vgl. BayHStA, Reichskammergericht (Schwarzenberg) Nr. 11408.
[71] BayHStA, Reichskammergericht (Schwarzenberg) Nr. 11408.
[72] BayHStA, Reichskammergericht (Seinsheim) Nr. 11840.

stattung gepfändeter Güter. Der Kläger Christoph Leubel wurde durch schwere Haft
– er gab an, dreizehn Mal gefoltert worden zu sein – gezwungen, von seiner Klage *de
relexando captivis* am Kammergericht gegen die Schwarzenberg abzulassen. Zum
Unterpfand für Schulden sollte er gegenüber dem Beklagten alle seine Güter in der
Grafschaft verschreiben. Ein vereinbartes Schiedsverfahren sei vom Beklagten nicht
eingehalten worden. Nachdem Leubel zum Markgrafen Georg Friedrich von Brandenburg geflohen war, habe Graf Schwarzenberg seine Güter beschlagnahmt.[73]
Außerdem wurden über die Gerichtsfälle auch die negativen Folgen von Sedisvakanzen einer weit verzweigten Dynastie sichtbar.

Retardate des landesherrlichen Gerichtswesens und die Probleme diskontinuierlicher Residenzenbildung verdeutlichten sich in Reichskammergerichtsverfahren. 1584 klagte ein Scheinfelder Bürger gegen den schwarzenbergischen Oberamtmann Christoph Leubel vor dem Kammergericht in Speyer, daß dieser nach dem Tode des Grafen Johann Mobilien und Geld aus dem Schloß habe entfernen lassen. Als der Kläger diese Beschuldigungen wiederholt habe, sei er ohne Gerichtsverfahren 1589 in den Turm geworfen und aufgefordert worden, seine Anklagen entweder zu beweisen oder Abbitte zu tun. Ein Zeugenverhör sei zwar abgehalten worden, doch seien die Zeugen ungültig abgehört und die Aussagen dem Kläger nicht mitgeteilt worden. Nachdem er nach Ablehnung einer Kautionsstellung ein halbes Jahr im Gefängnis lag, wurde er durch den Oberamtmann am 11. Juli 1590 an den Pranger gestellt und nach geschworener Urfehde und Rutenausstäupung der Grafschaft verwiesen. Nur in Anbetracht seines hohen Alters und der Bitten seiner Verwandtschaft wurde er schließlich von einer Leibes- und Lebensstrafe verschont.[74]

Ökonomische Offensiven

Ökonomische Reformen und die Abgrenzung zu den Nachbarterritorien lassen sich für die Schwarzenberg vor allem im späteren Hauptort Marktbreit[75] studieren, der seit 1409/51 im Besitz der Familie Seinsheim war. Das Weistum von 1454, das die Seinsheim anlegen ließen, sah die Dynastie dort auch als Gerichtsherren (Rügegerichte[76]), doch fehlte die eigene Centhoheit. Erst nach der Reformation verwies die Ortsherrschaft trotz der Proteste des Würzburger Domkapitols „peinliche" Gerichtssachen in das Centgericht zu Schloß Seehaus.[77] Die günstige Handelslage brachte dem Ort dann 1557 das Marktrecht ein. 1643 fiel Marktbreit an das Haus Schwarzenberg, das den Markt mit Stapelplatz und Mainhafen in seine von Wien aus betriebenen, merkantilen Landespläne einband. Der schwarzenbergische Zentralort mit repräsentativen Renaissance-Rathaus und dreigeschossigem Schloß[78] trotzte so einem von Würzburg und Ansbach immer wieder angefachten Zollkrieg, und er wurde zum

---

[73] BayHStA, Reichskammergericht (Schwarzenberg) Nr. 8193.
[74] BayHStA, Reichskammergericht (Konrad Kemlin) Nr. 7514.
[75] Georg Vogel, Der schwarzenbergische Verkehrs- und Handelsplatz Marktbreit am Main von 1648–1740 und die fränkische Verkehrs- und Handelspolitik, Würzburg 1933.
[76] StaatsA Würzburg, Standbuch 34, fol. 153f., 129f., 140f.
[77] Richard Plochmann, Urkundliche Geschichte der Stadt Marktbreit in Unterfranken, Erlangen 1864; Heinrich Weber, Kitzingen (Historischer Atlas von Bayern, Teil Franken I/16), München 1967, S. 103f.
[78] Johannes Wenzel, Das Seinsheimer Schloß in Marktbreit: zur Einweihungsfeier des sanierten und neu eingerichteten Schloßgebäudes Juli 1994, Marktbreit 1994.

Standort wichtiger jüdischer Kontore.[79] Die Schwarzenberg hatten dabei mit den kaiserlichen Hoffaktoren Oppenheimer und Wertheimer – das bis heute im Stadtbild thronende barocke „Wertheimer-Haus" entstand 1719 – enge Kontakte. Auch in den anderen Orten der Grafschaft lebten Juden, um das „Commercium" entlang der Handelsrouten zu fördern. In der Beschreibung der Scheinfelder Bürgerschaft inklusive der Beisassen sind um die Mitte des 18. Jahrhunderts beispielsweise bis zu 18 jüdische Haushalte mit Bürgerrecht verzeichnet.[80] Darunter waren bereits Juden mit Familiennamen wie die Schmu(h)l, Schlomm, Löbelein, Jöbstle, Behrlein, Loeher oder Jeckhoff. Juden konnten auch bis zum Ende des Alten Reichs in der Grafschaft die Aufnahme begehren. Einem Joseph Hirsch wurde 1780 das begehrte Bürgerrecht in der Stadt Scheinfeld gewährt; 1796 kamen die Schutzjuden Eisig Löw, Manuel Schmul und Pfeüfer Kahn.[81] Graf Johann von Schwarzenberg ging zugunsten seiner Schutzjuden auch bis vor das Reichskammergericht. So fielen im September 1587 bis zu 250 bambergische, markgräflich brandenburgische und gräflich castellische Untertanen in den Ort Schnodsenbach ein, um Vieh zu pfänden. *En passant* nahmen sie auch dem gräflich-schwarzenbergischen Schutzjuden Götz auf freier Landstraße einen Beutel mit Geld und Tierfelle ab. In dem sich anschließenden Kammer-Prozeß um strittige Weiderechte im „Schopfloch" spielte das dem Juden zugefügte Unrecht und dessen Schadensersatzforderung eine besondere Rolle.[82]

Exemplarisch läßt sich die merkantile Offenbarung der Schwarzenberg in Marktbreit auch über die Reichskammergerichtsakten belegen. Daß dabei Erklärungsbedarf herrschte, zeigte bereits ein am 15. März 1733 vom Kitzinger Stadtvogt für die Regierung in Würzburg verfasstes *Pro Memoria*.[83] Dort wurde – aus der Perspektive des Handelsgegners ungewöhnlich – die Blüte der Marktbreiter Handelsniederlage herausgestellt. Als Gründe hierfür wurden die niedrigen Zölle der Schwarzenberg und die vorbildliche Infrastruktur (Verkehr) in der gefürsteten Grafschaft genannt. Spiegeln wir nun diesen Befund in den Kammerakten. Wählen wir den Prozeß des Jahres 1766 zwischen dem Kanzler und dem Hofrat in Schwarzenberg – sie verfügten über eine Prozeßvollmacht Joseph Fürst von Schwarzenbergs – und der hochstiftischen Hofkammer[84] seitens des Würzburger Landesherrn, Fürstbischofs Adam Friedrich von Seinsheim (1755–1779). Das Haus Schwarzenberg wandte sich Ende Mai an das Reichsgericht wegen Verletzung der in der Reichsverfassung garantierten „natürlichen" Freiheit der bürgerlichen Schiff- und Handelsleute der Stadt Marktbreit beim Ein- und Ausschiffen, auch im Weiterversenden von Kaufmannswaren und die

---

[79] Johannes Wenzel, Die jüdische Gemeinde von Marktbreit im 19. Jahrhundert (Beiträge zu Kultur, Geschichte und Wirtschaft der Stadt Marktbreit und ihrer Nachbarschaft 12), Marktbreit 1985.
[80] StadtA Scheinfeld, B 4.1, Beschreibung der Bürgerschaft 1739–1822, S. 8f.
[81] Ebenda, S. 19, 24.
[82] BayHStA, Reichskammergericht (Schwarzenberg) Nr. 479.
[83] Vogel, Verkehrs- und Handelsplatz Marktbreit (wie Anm. 75), S. 52.
[84] Zur Funktion von Hofkammern vgl. Wolfgang Wüst, Die Hofkammer der Fürstbischöfe von Augsburg. Ein Beitrag zum Verwaltungs- und Regierungsstil geistlicher Staaten im 18. Jahrhundert, in: Zeitschrift für bayerische Landesgeschichte 50, 1987, S. 543–569. Zur Abgrenzung mit anderen Zentralbehörden: Dietmar Willoweit, Hofrat und Geheimer Rat, in: Kurt G.A. Jeserich/Hans Puhl/Georg-Christoph von Unruh (Hg.), Deutsche Verfassungsgeschichte, Bd. 1: Fritz Blaich (Hg.), Vom Spätmittelalter bis zum Ende des Reiches, Stuttgart 1983.

dadurch verursachte Hemmung des freien Handels, wofür nur „Neid" und „Mißgunst" der Handelsleute der Würzburger Stadt Kitzingen verantwortlich seien. Der Konkurrenzdruck verschärfte sich zusätzlich mit dem Aufkommen des markgräflichbrandenburgischen Fleckens Steft (Marktsteft) und seines Schiffer- und Spediteursgewerbes. Den Nürnberger Fernkaufleuten stand es dabei frei, ihre für Messen in Frankfurt bestimmten oder von dort kommenden Waren entweder auf dem Landweg über Simmringen und Tauberbischofsheim oder über Kitzingen und Würzburg beziehungsweise von Marktbreit oder anderen Einschiffungsplätzen aus auf dem Main zu verschicken. Auf Weisung der Würzburger Hofkammer würden aber – so der schwarzenbergische Vorwurf – Schiffsleute unter Androhung von Geldstrafen angehalten, die zu Marktbreit gestapelten Waren mainaufwärts nach Kitzingen zu fahren, dort auszuladen und durch hochstiftische Handelsleute weiter nach Würzburg schaffen zu lassen. Würzburg maßte sich damit hinsichtlich der Messebesucher aus Nürnberg einen – durch keinerlei Privileg oder Observanz begründeten – Straßenzwang über Kitzingen an, lediglich gestützt darauf, daß die unter sicherem Geleit über Kitzingen und Würzburg nach Frankfurt reisenden Handelsleute ein Geleitgeld entrichten müßten. Dieses würden auch die Schiffsleute, die Waren von Marktbreit aus vertrieben, ohne Kitzingen zu berühren, zahlen, um den täglichen „Behelligungen" zu entgehen. Von den Würzburger Geleitübergriffen seien zuletzt überdies regensburgische, passauische, bayerische, österreichische und andere Kaufleute sowie Waren, die nicht in Frankfurt gehandelt worden waren, betroffen gewesen. Waren, die außerhalb der Messezeiten über Marktbreit verschifft würden, unterlägen an fürstbischöflich-würzburgischen Zollstätten nicht mehr der an schiffbaren Flüssen gemeinhin beachteten Zwei-Drittel-Verzollung, sondern neuerdings der vollen Grundverzollung. Ladungen würden dort regelmäßig besichtigt und häufig mit einem höherem als dem andernorts bereits verzollten Gewicht angeschlagen. Aufgrund dieser Maßnahmen drohte den Marktbreiter Handelsleuten, Schiffern und Spediteuren allmählich der Ruin. Würzburg gründete sein Vorgehen auf das zu Messezeiten gemeinschaftlich mit dem Markgraftum Brandenburg und dem Erzstift Mainz ausgeübte Geleitrecht von Nürnberg nach Frankfurt, das sich nicht allein auf Nürnberger Kaufleute beschränke. Von den drei ursprünglichen Geleitstraßen, die in Tauberbischofsheim zusammenliefen, sei nach Maßgabe der Geleitherrschaften zu jeder Messe lediglich eine zwingend von allen schutzsuchenden Handelsleuten zu befahren. Die Route über Emskirchen, Neustadt, Mainbernheim, Kitzingen und Würzburg habe die alternativen Strecken über Erlbach und Windsheim, weiter über Aub und Simmringen oder über Röttingen und Lauda seit rund anderthalb Jahrhunderten völlig verdrängt. Ein freies Ein- und Ausschiffungsrecht während der Messezeiten habe zu Marktbreit niemals bestanden; vielmehr seien seit den 1680er Jahren vermehrt Kaufleute bei Mainbernheim unerlaubt von der Geleitstraße nach Marktbreit abgewichen. Das sei lange geduldet worden, sofern diese die erforderlichen Geleitzeichen gekauft hätten. Im Frühjahr 1745 sei aber angesichts zunehmender Zollbetrügereien wiederum die strikte Einhaltung der ordentlichen Geleitstraße anbefohlen worden. Auf dem Wasserweg nach Marktbreit gelangte Güter hätten, wie auch alle zum Konsum ins Hochstift geschafften Waren, nie die Zwei-Drittel-Verzollung genossen; diese gelte lediglich für nach Kitzingen gebrachte Güter, um so den dortigen Handel zu fördern. Ein auch Messewaren berührendes Stapelrecht, wie Schwarzenberg unterstellte, sei dort nicht beabsichtigt. Die zulässige Besichtigung und Überschlagung von Ladungen durch Zollamtleute unter Zuziehung von vereidigten Schiffleuten diente ausschließlich der Wahrung der hochstiftischen Zollgerechtigkeit.

Das Bemühen des Hauses Schwarzenberg, Marktbreit vor lästiger Handelskonkurrenz am Main zu schützen, basierte auf einem *mandatum de non impediendo liberum commerciorum usum*. Geleit- und Zollrechte der Anrainer überlagerten jedoch die freie Marktentwicklung in der Grafschaft. Marktbreit blieb für die Schwarzenberg das Tor zur Frankfurter Messe. Der ungehinderte Zugang zum Main stand dabei nicht nur für die Schwarzenberg im Zentrum territorialer Arrondierung.[85]

Daneben spielte aber auch die Abgrenzung der Markt- und Zentralitätsfunktionen in Scheinfeld gegenüber dem hochstiftisch-würzburgischen Markt Bibart eine Rolle. Dort führte Wolf Jakob Graf von Schwarzenberg gegen die Würzburger Regierung einen Kammer-Prozeß. Dabei ging es um die Aufrichtung zweier Jahrmärkte zu Markt Bibart. Anfang Juni 1595 erlaubte die hochstiftische Marktaufsicht Schultheiß, Bürgermeister und Gericht zu Markt Bibart, künftig zwei Jahrmärkte abzuhalten. Somit war die kaum eine halbe Meile entfernte Stadt Scheinfeld in ihrer Marktgerechtigkeit stark beeinträchtigt. Die Herrschaft Schwarzenberg machte deshalb seit Anfang Mai 1597 einen Bruch königlicher Privilegien geltend: mit der Stadterhebung durch König Sigismund seien schließlich Rechte und Gewohnheiten der Reichsstadt Gelnhausen 1415 dem als *suburbium* bezeichneten Scheinfeld verliehen worden. Dieses Stadtprivileg für Erkinger von Seinsheim sollte im übrigen als Beweisstück in Reichskammerprozessen der Schwarzenberg immer wieder beigelegt werden; so auch 1617 zur Abwehr der Jahresmärkte zu Markt Bibart.[86] Zu den Scheinfelder Privilegien zählte natürlich auch das Marktrecht. Seit langem fänden deshalb dort vier Jahresmärkte statt, der Lichtmeß-, Georgi-, Laurenzi- oder Pflaumen- und der Michaelimarkt. Während Gastgeber und Handwerk des Würzburger Centortes Markt Bibart aus dessen Lage an der Landstraße von Frankfurt nach Nürnberg Nutzen zögen, seien die Bewohner der abseits davon gelegenen Stadt Scheinfeld zu ihrem Nahrungserwerb ausschließlich auf die Jahresmärkte angewiesen. Niemand sei ohne kaiserliches Privileg berechtigt, neue Märkte aufzurichten. Und selbst dies sei nur nach vorheriger Anhörung betroffener Nachbarterritorien statthaft.[87]

Gemeindebildung als Alternative zum herrschaftlichen Dualismus

Die Gemeindebildung in der Grafschaft Schwarzenberg ist noch nicht näher untersucht worden. Für Scheinfeld liegt beispielsweise nur die ungedruckte Zulassungsarbeit von Ulrich Ulke[88] von 1978 vor; für Marktbreit ist immer noch auf die Wirtschaftsgeschichte Georg Vogels von 1933 zu verweisen. Dieser Befund überrascht, weisen doch die entsprechenden Stadtarchive reiche Bestände aus. Im einzelnen wäre

---

[85] BayHStA, Reichskammergericht (Schwarzenberg) Nr. 11432.
[86] BayHStA, Reichskammergericht (Schwarzenberg) Nr. 1565. Hier in einer Abschrift vom 17. 5. 1617.
[87] BayHStA, Reichskammergericht (Schwarzenberg) Nr. 1565.
[88] Ulrich Ulke, Die Bedeutung eines Adelsgeschlechts für das wirtschaftliche, politische und gesellschaftliche Leben einer Stadt, dargestellt am Beispiel der Adelsfamilie der Schwarzenberger für die Stadt Scheinfeld. Zulassungsarbeit für das Lehramt an Grund- und Hauptschulen, Universität Würzburg 1978.

Abb. 3: Bürger Register vnd Verzeichnus aller deren so das Bürger Recht alhie zu Scheinfeldt angenommen, 29. 5. 1598.
(StadtA Scheinfeld, B 3, Bürgerregister 1598–1625)

vor allem die herrschaftliche Kontrolle über den Schultheiß auf die gewählten Bürgermeister und den Rat zu untersuchen. In Scheinfeld agierten jedenfalls die drei Gruppen Hand in Hand, etwa wenn im Bürgerbuch seit Ende des 16. Jahrhunderts zur Bürgeraufnahme verfügt wird: „Vff dato den 4 Juny anno 1599 haben schultheiß, burgermeister vnd rath zu Scheinfeldt endtlichen beschlossen [...]. Es soll auch keiner angenommen werden, er habe dann seinen ehrlichen abschiedt vff zulegen, vnd zum allerwenigsten hundert gulden in vermögen, oder soviel zuuerpurgen".[89]

Interessant für unsere Fragestellung ist nun, ob die Reichskammerprozesse die Frage der Gemeindebildung überhaupt berühren und ob die nachbarlichen Konflikte auf der subsidiären Ebene der Städte, Märkte und Gemeinden zu einem pragmatischeren und friedensstiftenden Verhalten führten. Trotz gerichtlicher Auseinandersetzungen um die Cent-, Landes-, Regierungs- oder Lehensrechte setzte man offenbar auf der Ebene der Ortsherrschaften auf Kooperation. Die Probleme zwischen dem schwarzenbergischen Markt Scheinfeld und dem bambergischen Amtsort Ober-

[89] StadtA Scheinfeld, B 3, Bürgerregister 1598–1625.

Abb. 4: Gräfflich Scharzenbergisch Statt Prothocoll zue Marckt Scheinfeldt, 1649–1651
(StadtA Scheinfeld, B 8, Ratsprotokolle II 1649-VIII 1651)

scheinfeld beispielsweise schienen in den jeweiligen Gemeindeordnungen plötzlich lösbar zu werden. 1693 erklärten sich Schultheiß und Bürgermeister auf der schwarzenbergischen Seite beispielsweise bereit, „behülfflich" zu sein, als man jenseits der Grenze im Hochstift Bamberg für die Müller-, Metzger- und Beckerzunft eine neue Handwerksordnung entwarf. Dort orientierte man sich offenbar an Schwarzenbergischen Vorbildern. Schließlich ging es um die „befurderung gemeines nützens vnd vffrichtung gutter policeÿ, muller- becken- vnd metzker ordnung" in einer Grenzregion zugunsten beider Orte. So konnten die schwarzenbergischen Gemeindeleute die Bitte der Gegenseite um nachbarliche Amtshilfe keinesfalls abschlagen, war es doch gemeinsames Ziel, zur Etablierung „heilsamer policeÿ" beizutragen.[90]

Die Auseinandersetzungen um die Einberufung von Gemeindeversammlungen zu Krautostheim zwischen Georg Ludwig d. J. Freiherr von Seinsheim zu Hohenkottenheim auf der einen und Bischof Julius Echter von Würzburg auf der anderen Seite lassen die in der Geschichtswissenschaft lange vernachlässigte Frage der Gemeindebildung für die schwarzenbergischen Grenzorte als Problemfall vor dem Reichskam-

---

[90] StadtA Scheinfeld, B 117/1 Gemeindeordnung für Müller, Metzger und Bäcker, Bericht vom 19. 9. 1693. Zum Policeyrecht in Franken vgl. jetzt: Wolfgang Wüst, Die "gute" Policey im Reichskreis. Zur frühmodernen Normensetzung in den Kernregionen des Alten Reiches, Band 2: Der Fränkische Reichskreis, Berlin 2002.

Abb. 5: Beschreibung der Scheinfelder Bürgerschaft, hier: Stadtsiegel von 1601 (StadtA Scheinfeld, B 4.1, Scheinfelder Bürgerschaft 1739–1822)

mergericht erkennen.[91] Die Repräsentanten der Herrschaft waren die beiden Schultheißen Hans Schirmer (Würzburg) und Hans Neubauer (Seinsheim). Der Streitanlaß war 1595, wie meist zuvor, von materieller Natur. Weil Hans Schirmer auf Befehl des fürstbischöflich-würzburgischen Kellers zu Markt Bibart 28 Fuder Steine wegfahren ließ, die Georg Ludwig d. Ä. Freiherr von Seinsheim hatte brechen lassen, ließ der klagende Freiherr durch seinen Schultheißen Hans Neubauer die Gemeindeleute zu Krautostheim zusammen läuten. Die Gemeinde verlangte, daß die Steine zurückgegeben würden. Die Seinsheim sahen sich und ihre Untertanen zu Krautostheim im Recht gestört, die Gemeinde ohne Wissen des Bischofs und dessen Schultheißen zusammenzuführen. Die bischöfliche Seite beanspruchte in Krautostheim dagegen alle hohe, mittlere und niedere, geistliche und weltliche Obrigkeit, vornehmlich auch die Vogtei und Botmäßigkeit zu Dorf und Feld. Alle Einwohner gehörten, was Malefizfälle angehe, in das hochstiftische Centgericht zu Markt Bibart, was geringere Händel betreffe, an das bischöfliche Gericht zu Krautostheim. Die Seinsheim besäßen dort lediglich etliche Zinsgüter; nur der bischöfliche Schultheiß sei allein ermächtigt, ihm zu seinen Zinsen und Gülten zu verhelfen. Die Gemeinde dürfe ausschließlich mit Wissen und Erlaubnis des bischöflichen Schultheißen Schirmer versammelt werden. Neubauer hätte dagegen nicht nur verstoßen, sondern Schirmer auch als „Dieb" beschimpft. Die Seinsheim entgegneten: ihre Untertanen hätten vor

---

[91] BayHStA, Reichskammergericht (Seinsheim) Nr. 11833.

den Gerichten zu Herbolzheim oder Nordheim und bei Frevel- und Malefizfällen in Schloß Seehaus zu erscheinen. Schließlich seien auch die markgräflich-brandenburgischen und windsheimischen Hintersassen zu Krautostheim vom Centgericht zu Markt Bibart und von anderen Würzburger Gerichten befreit. Während der Bürgermeister gemeinsam mit den fürstbischöflichen Beamten die Gemeinde- und Heiligenrechnungen abhöre, regele die Gemeinde unter zwei aus ihr erwählten „Bauernmeistern" gemeindliche Angelegenheiten ohne Vorwissen des gegnerischen Schultheißen selbst. Solle die Gemeinde versammelt werden, so genüge es, dies den jeweiligen Bauernmeistern anzuzeigen. Die Seinsheim setzten demnach in diesem Reichskammergerichts-Prozeß angesichts einer zu Krautostheim stark ausgeprägten herrschaftlichen Gemengelage einseitig auf die freien Versammlungsrechte der Gemeinde. Es lag damit im Kalkül der Seinsheim, die Selbstverwaltungsorgane in den Randbezirken der Herrschaft Seinsheim-Schwarzenberg zu fördern, um über grundherrliche Rechte auch die eigene Gerichtshoheit im Konsens mit den Gemeindeleuten herbeizuführen.[92] Wie stark unter Julius Echter die würzburgischen Gemeinden bereits herrschaftlich koordiniert waren, zeigte sich wenig später, als 1596 die Seinsheim die Zusammensetzung einer kaiserlichen Kommission zur Schlichtung von Jagdübergriffen im Amt Neuenburg heftig kritisierten. Das Gebot der Neutralität sei verletzt, wenn der Fürstbischof den Gerolzhofener Stadtschreiber als Kommissär bestelle. Der Stadtschreiber sei als Kommissär untragbar, da er der gegnerischen Jurisdiktion unterworfen sei. Die Schlichtung sollte im Rathaus zu Markt Bibart stattfinden. Die Seinsheim appellierten zum Reichskammergericht, da ein Bescheid der Visitationskommission vom 23. Mai 1579 verlange, daß jeder, der um eine Kommission nachsuche und dazu Personen vorschlage, zugleich angebe, ob ihm diese mit „Diensten", „Subjektion" oder „Landsasserei" verwandt seien. Dies sei jedoch unterblieben. Würzburg machte dagegen geltend, im Hochstift seien Stadtschreiber jeweils den Bürgermeistern, Räten und Gemeinden, nicht jedoch dem Landesherrn mit Pflicht und Eid verwandt. Von diesen würden sie auch besoldet. Die frühabsolutistischen Reformen unter Julius Echter zu Lasten der Landstände, der Bürgermeister[93] und Gemeinden lieferten jedoch der seinsheim-schwarzenbergischen Adelsherrschaft geeignete Argumente, um selbst gegen das Herzogtum in Franken territorialpolitisch aktiv zu werden.[94]

Friedenssicherung und Kirchenspaltung

Gerichtliche Friedenssicherung und kirchlich-konfessionelle Spaltung gingen im Fall Schwarzenberg-Seinsheim Hand in Hand. Johann I. von Schwarzenberg hatte sich an der Grenze arrondierender Einflußbereiche durch die Bischöfe von Würzburg, Bamberg und die fränkischen Hohenzollern 1511 für Ansbach entschieden. Schloß und Herrschaft Schwarzenberg wurden vorübergehend den Hohenzollern zu Lehen aufgetragen; wahrscheinlich ist so auch die frühe Einführung der Reformation vorbe-

---

[92] BayHStA, Reichskammergericht (Seinsheim) Nr. 11833.
[93] Trotzdem blieb die Rechnungslegung im Hoch- und Domstift Würzburg Angelegenheit der Gemeinden. Vgl. Karl-Sigmund Kramer, Kulturgeschichtliches aus den Ochsenfurter Bürgermeisterrechnungen des 16. und 17. Jahrhunderts, in: Mittelfränkisches Jahrbuch 8, 1956, S. 305–311.
[94] BayHStA, Reichskammergericht (Seinsheim) Nr. 885.

reitet worden. Johann war jedenfalls einer der ersten fränkischen Adeligen, die in ihren Gebieten die Reformation durchführten. Bereits 1524 erließ er eine an Luthers Lehren orientierte Kirchenordnung.[95] Im selben Jahr verlor er bezeichnenderweise sein Bamberger Hofmeisteramt.[96] Er löste sich außerdem von den Würzburger Ämtern.[97] Gleichzeitig war er in brandenburgische Dienste übergewechselt. Als Johann von Schwarzenberg 1528 verstarb, war er dort als Landhofmeister und Hauptmann „auf dem Gebürg" verpflichtet. Es bleibt die Frage, wie sich diese frühe Orientierung an der neuen Lehre in den Religionsprozessen vor dem Reichskammergericht[98] niederschlug.

In einem Fall von Landfriedensbruch, an dem unmittelbar nach dem Bauernkrieg Johann I. von Schwarzenberg und seine Söhne Christoph und Friedrich sowie der Würzburger Bischof Konrad II. und Dompropst Markgraf Friedrich von Brandenburg vor Gericht beteiligt waren, prallten erstmals vor einem Reichsgericht auch die beginnenden Konfessionsgegensätze aufeinander. Nach Übergriffen seitens Schwarzenberger Bauernhaufen 1525 auf Würzburger Gebiet sei der beklagte Dompropst um den Jakobstag 1525 mit bewaffneten Dienern und Söldnern in die schwarzenbergseinsheimischen Märkte und Dörfer Seinsheim, Bullenheim, Iffigheim und Weigenheim eingedrungen. Den dortigen Gemeinden habe er Brandschatzungen auferlegt und dazu etliche Einwohner gefangen nach Würzburg verschleppt. Dagegen prozessierte nun das Haus Schwarzenberg, eine Klage, die Bischof und Dompropst jeweils als „dunkel, ungewiß und verwickelt" bezeichneten, zumal ihnen Taten ihrer bäuerlichen Untertanen zur Last gelegt würden.[99] Für die sich in Franken abzeichnenden konfessionellen Mischzonen sind nun besonders die Argumente Würzburgs interessant, nachdem Johann von Schwarzenberg bereits 1522 in seiner Herrschaft mit der Einführung der Reformation begonnen hatte. Damit begann sich die Familie noch stärker an den brandenburgischen Territorien zu orientieren und verfolgte mit dem markgräflichen Kanzler Georg Vogler[100] einen für das frühe 16. Jahrhundert bemerkenswerten und wegweisenden Plan, nach dem das fränkische Kirchengut insgesamt säkularisiert und dessen Ertrag zum Ausbau des Schulwesens, der Seelsorge, aber auch zu Heeresreformen und zur Versorgung unverehelichter Adelskinder verwendet werden sollte.[101] In der Scheinfelder Pfarrkirche wurde schon 1524 die evangelische

---

[95] Rudolf Herold, Zur Geschichte der Schwarzenberger Pfarreien, in: Beiträge zur bayerischen Kirchengeschichte 5, 1899, S. 75–90.

[96] Heinzjürgen N. Reuschling, Die Regierung des Hochstifts Würzburg 1495–1642. Zentralbehörden und führende Gruppen eines geistlichen Staates (Forschungen zur fränkischen Kirchen- und Theologiegeschichte 10), Würzburg 1984, S. 162f.

[97] Friedrich T. Merzbacher, Johann Freiherr zu Schwarzenberg in Würzburgischen Diensten, in: Zeitschrift der Savigny-Stiftung für Rechtsgeschichte, Germanistische Abteilung 69, 1952, S. 363–371.

[98] Allgemein: Bernhard Ruthmann, Die Religionsprozesse am Reichskammergericht (1555–1648): eine Analyse anhand ausgewählter Prozesse (Quellen und Forschungen zur höchsten Gerichtsbarkeit im Alten Reich 28), Köln 1996.

[99] BayHStA, Reichskammergericht (Schwarzenberg) Nr. 11414.

[100] Elisabeth Grünenwald, Das Porträt des Kanzlers Georg Vogler († 1550), in: Mainfränkisches Jahrbuch 2, 1950, S. 130–139; Ludwig Schnurrer, Die letzten Lebensjahre des brandenburgischen Kanzlers Georg Vogler in Windsheim und Rothenburg, in: JfL 53, 1993, S. 37–54.

[101] Conrad Scherzer (Hg.), Franken: Land, Volk, Geschichte und Wirtschaft, Bd. 2, Nürnberg 1959, S. 77.

Lehre verkündet; die Einkünfte der Pfarrei gingen in die Verwaltung des Marktes über. Ein Pfarrmeister verwaltete künftig das Vermögen, aus dem der jeweilige Pfarrer, der Kaplan und der Schulmeister bezahlt wurden.

Der Würzburger Bischof Konrad II. und sein Dompropst behaupteten übereinstimmend, sich wegen der kirchenrechtlichen Bestimmungen nicht auf diesen Prozeß einlassen zu müssen. Johann von Schwarzenberg sei wie sein Sohn Friedrich von der wahren christlichen Kirche abgefallen. Seinen eigenen Druckschriften zufolge, zumal der „Beschwerung der alten Teufelischen Schlangen mit dem göttlichen Wort" und der „Kuttenschlang", hielt er weder den Papst für das Haupt der Kirche noch die Beschlüsse der Konzilien für bindend. Er sprach sich gegen die Ohrenbeichte und den Zölibat, aber für den Laienkelch aus. Er vertrat folglich Ansichten wie der als Ketzer in den Kirchbann und die Acht gefallene Martin Luther; als dessen Anhänger sei über Vater und Sohn ebenfalls die Acht erklärt worden. Würzburg sei nicht verpflichtet, auf die gerichtliche Klage eines geächteten Ketzers zu antworten.[102] Als Johann von Schwarzenberg starb, geriet auch der Prozeß zeitweilig in Stillstand. Mitte Dezember 1530 erhob dann Würzburg neue Vorwürfe gegen die Schwarzenberg, um den Prozeß mit Kirchenrechtsfragen auszuheben. Schwarzenberg habe aus den Kapellen St. Jobst zu Scheinfeld und St. Wendelin zu Thieberg Altarsteine und Pflaster profaniert, um einen Gewürzgarten zu Schwarzenberg anzulegen. Die Glocken seien zu Büchsen gegossen worden, die Kapellen selbst habe man als Heuscheuer und Schafställe zweckentfremdet. Weiterhin habe Schwarzenberg aus den Kirchen zu Geiselwind, Scheinfeld und Dornheim Glocken zerschlagen, Kirchengerät und Kleinodien bis auf je einen Kelch und ein Meßgewand wegschaffen lassen. Überzählige Meßgewänder seien an Untertanen verkauft worden, Monstranzen und Tafelbilder habe man entfernen lassen. Es seien unzulässige Anordnungen zu Taufe und Krankensegnung getroffen worden, und an Fastentagen esse man Fleisch.[103]

Ausblick

Subsidiär war das Alte Reich in den reichsunmittelbaren Adelsherrschaften und somit auch in der Grafschaft Schwarzenberg immer wieder Bezugspunkt; dies galt auch für die Zeit zwischen 1648 und 1805. Veit Ludwig von Seckendorff nahm darauf in seinem „Teutschen Fürsten Stat" unmißverständlich Bezug: „Damit aber aus dem vorhergehenden Capitel nicht die Meynung geschöpffet werde/ als ob eine Teutsche Landes-Herrschaft so gar frey/ und ohne einige Ziel und masse ihre Hoheit zu gebrauchen hätte/ so haben wir uns zu erinnern/ [...] dass wir von solchen Landen reden/ die im Römischen Reich Teutscher Nation ligen/ auch von solchen Herren und Ständen/ die von der Kayserl. Majestät/ alsdem höchsten Ober-Haupt im Reich/ mit ihren Landen und Herrschafften/ oder doch mit deroselben Regalien/ beliehen werden".[104] Dort wo die *privilegia de non appellando et evocando* den Zug zu den Reichsgerichten als Berufungsinstanz nicht versperrten, ergänzten in enger Verzah-

---

[102] BayHStA, Reichskammergericht (Schwarzenberg) Nr. 11414.
[103] Ebenda.
[104] Veit Ludwig von Seckendorff, Teutscher Fürsten Stat, Frankfurt am Main ³1665 (ND Glashütten im Taunus 1976), Bd. 1, S. 65.

nung reichischer und regionaler Institutionen nicht nur die Reichspoliceyordnungen die territorialen Landesverordnungen.[105] Dort rezipierte man auch nicht nur die Carolina in der einen oder anderen regionalen Centbestimmung, sondern dort waren es die Reichsgerichte, die zahlreiche Urteile aus den Vorinstanzen territorialer Gerichtsbarkeit überprüften. Dabei handelte es sich meist um die komplexen und damit interessantesten Fälle. Es waren die Reichsgerichte,[106] die über Rechtsverweigerung oder -verzögerung durch die Landesherren und ihre Hofräte entschieden. Sie schlichteten mit dem Ziel gütlicher Einigung ungezählte regionale Verfahren. Die Mehrzahl der Verfahren endete im übrigen dann nicht durch finale Urteile, sondern durch Vergleiche, die auf außergerichtlichem Weg erfolgten. Aber auch in den Territorien, für die Appellationsprivilegien vorlagen, sorgten Kammergericht und Reichshofrat für Standards. Königliche Privilegien für Gerichte zweiter Instanz konnten in der Regel auch in Franken nur die Reichsstände erreichen, die ein dem Reichskammergericht vergleichbares Obergericht eingerichtet hatten.[107] Eine weitere Ebene, die Außenpolitik einer fränkischen Grafschaft vor Gericht zu forcieren, bot sich in den erstinstanzlichen Streitfällen. Dort stand bei zwischenständischen Konflikten das Reichskammergericht zwar in Konkurrenz zum Reichshofrat und vor allem zu den Austrägalverfahren, doch zeigten die Fälle aus der Grafschaft Schwarzenberg, daß das Kammergericht vor allem im 16. und 17. Jahrhundert außerordentlich häufig angerufen wurde. Johann Graf von Schwarzenberg führte beispielsweise 1582 bis 1585 gegen Graf Gottfried von Oettingen-Oettingen einen Prozeß vor dem Kammergericht, nachdem er sich vergeblich um die Einleitung eines Austrägalverfahrens bemüht hatte. Es ging um die Rückzahlung eines Kredits mit Verzinsung in Höhe von 2000 Gulden. Aus der Schuldentilgung durch den oettingischen Pfleger zu Alerheim habe Schwarzenberg lediglich 1591 fl angenommen, da sich der Rest aus Münzsorten zusammensetzte, die im Reich verboten waren.[108] Die Beziehungen der Schwarzenberg zu ihren Nachbarn würden vor allem im 16. Jahrhundert ohne die Akten aus Speyer nur bruchstückhaft zu interpretieren sein. Die Prozesse um Marktbreit zeigten aber auch, daß das Kammergericht auch noch in der zweiten Hälfte im Stande war, regionale Akzente durch ökonomische Friedenssicherung zu setzen. Das „Netzwerk Reichsgerichtsbarkeit"[109] lohnt deshalb über die Kurstaaten[110] hinaus auch

---

[105] Johannes Burkhardt, Das Reformationsjahrhundert. Deutsche Geschichte zwischen Medienrevolution und Institutionenbildung 1517–1617, Stuttgart 2002, S. 178–199.
[106] Zuletzt: Martin Fimpel, Reichsjustiz und Territorialstaat. Württemberg als Kommissar von Kaiser und Reich im Schwäbischen Kreis (1648–1806), Tübingen 1999; vgl. hierzu auch die Rezension des Autors, in: Zeitschrift des Historischen Vereins für Schwaben 95, 2002.
[107] Ingrid Scheurmann, Die Organisation des Reichskammergerichts und der Verfahrensgang, in: Dies. (Hg.), Frieden durch Recht. Das Reichskammergericht von 1495 bis 1806, Mainz 1994, S. 119–146.
[108] BayHStA Reichskammergericht (Schwarzenberg) Nr. 11418.
[109] 1996 fand sich am Rande des Historikertags in München eine Gruppe von Archivaren, Doktoranden und Habilitanden zusammen, um ihre Projekte zur Reichsgerichtsbarkeit vorzustellen und Erfahrungen auszutauschen. In diesem Zusammenhang wurde das „Netzwerk Reichsgerichtsbarkeit" initiiert. Seit 1998 besteht zudem eine enge Kooperation mit der Gesellschaft für Reichskammergerichtsforschung in Wetzlar. Seit 1999 finden in diesem Arbeitskreis auch eigene Tagungen statt.
[110] Heinz Duchhardt, Kurmainz und das Reichskammergericht, in: Blätter für deutsche Landesgeschichte 110, 1974, S. 181–217.

auf die landes- und territorialgerichtliche Ebene kleiner Größenordnung ausgedehnt zu werden. In der gefürsteten Grafschaft Schwarzenberg lohnt diese Blickrichtung auf jeden Fall, engagierte sich doch diese Dynastie in hohem Maße in den Reichsinstitutionen.

Nicola Schümann

Der Fränkische Kreiskonvent im Winter 1790/91
Ein Verfassungsorgan an der Schwelle zur Moderne

I. Der Fränkische Reichskreis in Außen- und Nachwirkung

Die 87. Sitzung des fränkischen Kreistages vom 14. Dezember 1791 drehte sich einzig und allein um einen Gegenstand: wenige Tage zuvor war Graf Josef Heinrich von Schlick als neuer kaiserlicher Beobachter am Kreis in Nürnberg eingetroffen und mußte nun vom Konvent gebührend empfangen werden. Zu diesem Zwecke beschloß man, die „herr bancks vorsitzende respective fürtreffliche herren gesandte und creißbevollmächtigten" abzuordnen, um „nomine conventus seiner excellenz des herrn minister und gesanden grafen von Schlick das compliment zu hochdero allhiesigen ankunfft abzustatten." Während also die Extra-Deputation der Bankvorsitzenden ihre Mission sogleich erfüllte und sich „in vier chaissen zu gedacht seiner exc." begab, blieben die übrigen Kreistagsmitglieder „in dem gewöhnlichen sessions-zimmer, ohne jedoch was vorzunehmen", um sich eine halbe Stunde später von den Rückkehrenden berichten zu lassen, wie sie „in der kaÿserlich königlichen herren gesandten excellenz quartier unten von des herrn gesandten excellenz dienerschafft und legations-secretair empfangen und die treppe hinauf geführt worden seÿen. Oben auf der treppe seÿen seiner excellenz der herr gesande selbsten gestanden, habe sie deputati auf das höflichste und freundschafftlichste empfangen und sie deputati sämtlich zuerst in die stube hineingelaßen, allda seÿen ihnen stühle präsentirt worden, und der herr gesandte graf von Schlick excellenz habe auf die geschehene anrede auf das verbindlichste gedanckt und dabeÿ ihnen die besondere gnädigste willens-meinung die kaÿserl. maj. für den fränckischen kreiß hege, zu erkennen gegeben." Nachdem auf diese Weise ein ganzer Vormittag verstrichen war, schloß der Kreistag seine Sitzung.[1]

Szenen wie diese haben das Bild von der Arbeitsweise frühneuzeitlicher Parlamente bis in unsere Zeit geprägt. Die Kreistage, auf denen die Schicksale der um 1500 eingerichteten Reichskreise bis zu ihrer Auflösung im Jahre 1806 gelenkt wurden, machten da neben den Landtagen, Reichstagen und internationalen Kongressen keine Ausnahme. Schon politisch interessierte Zeitgenossen besaßen für jene Zusammenkünfte meist recht wenig Sympathie, und die Historiographie des 19. und 20. Jahrhunderts hat das Urteil fortgeschrieben, daß die parlamentarischen Organe der vorangegangenen Epochen umständlich und ineffizient arbeiteten. Noch öfter allerdings wurden die Kreise des Alten Reichs in der Rückschau völlig aus dem Blick verloren. Daß die Reichskreisforschung bis in die Mitte des 20. Jahrhunderts nicht gänzlich zum Erliegen kam, verdankt sich vornehmlich einigen Historikern aus dem fränkischen Bereich, der daher auch als vergleichsweise gut aufgearbeitet gelten darf.

---

[1] StA Nürnberg, Fürstentum Ansbach, Kreistagsakten (Rep. 137/I), Nr. 434: Kreistagsprotokolle 1790/91. Ein ausführlicher Bericht über die Ankunft Schlicks in Nürnberg ist abgedruckt bei Erwin Riedenauer, Gesandter des Kaisers am Fränkischen Kreis, in: Zeitschrift für bayerische Landesgeschichte (künftig: ZBLG) 28, 1965, S. 258–367; hier: S. 313–318.

In diesem Zusammenhang sind vor allem die Werke von Richard Fester[2] und Fritz Hartung[3] zu nennen, die erste Gesamtdarstellungen beziehungsweise Quelleneditionen vorlegten. Im großen Stil gerieten die Reichskreise jedoch erst nach dem Zweiten Weltkrieg ins Blickfeld der Forschung.[4] Dies ist im Kontext einer allgemein zu beobachtenden Aufwertung des Alten Reichs nach der Katastrophe nationalstaatlicher Konzepte im Dritten Reich zu sehen. Deutschland wurde zur Bundesrepublik, das heißt: föderative Konzepte hatten Konjunktur. Gerade auf die Reichskreisforschung mußte sich dies anregend auswirken. Im Zuge der verstärkten europäischen Einigungsbewegung wurde der Bedarf noch größer, die Geschichte nach Mustern für föderalistische Systeme abzuklopfen. In diesem Sinne stellte vor einigen Jahren Peter Claus Hartmann seinem Sammelband „Regionen in der Frühen Neuzeit" die Frage voran, wie weit diese als „Modell für ein Europa der Regionen" tauglich seien, und kam zu dem vorsichtig-optimistischen Schluß: „Vielleicht kann unser heutiges Europa etwas von den […] Regionen, Provinzen oder autonomen Staatsgebilden der Frühen Neuzeit lernen […]."[5]

In Anbetracht der bisherigen Forschungslage scheint jedoch Zurückhaltung vor allzu schnellen Anknüpfungsversuchen am Platz. Noch ist das Wissen über die Reichskreise und ihre Institutionen nicht allzu groß. Dies gilt auch und besonders für den Kreistag in Franken, der natürlich mehr als nur die bereits angedeuteten repräsentativen Funktionen besaß. Eine so breitgefächerte Untersuchung, wie sie etwa Peter Claus Hartmann für den Bayerischen Reichskreis vorgelegt hat,[6] steht für den fränkischen Bereich noch aus. Vorarbeiten in dieser Richtung liegen dank der Forschungen von Bernhard Sicken, Rudolf Endres und anderer bereits vor, mit zeitlichen

---

[2] Richard Fester, Franken und die Kreisverfassung (Neujahrsblätter der Gesellschaft für fränkische Geschichte 1), Würzburg 1906.

[3] Fritz Hartung, Geschichte des Fränkischen Kreises. Darstellung und Akten. Bd. 1: Die Geschichte des Fränkischen Kreises von 1521–1559 (Band 2 nicht erschienen), Leipzig 1910 (ND Aalen 1973). Ein ausführlicher Forschungsüberblick für die Zeit vor 1945 findet sich bei Hanns Hubert Hofmann, Reichskreis und Kreisassoziation. Prolegomena zu einer Geschichte des fränkischen Kreises, zugleich als Beitrag zur Phänomenologie des deutschen Föderalismus, in: ZBLG 25, 1962, S. 377–413; hier: S. 379–387.

[4] Vgl. z. B. Peter Claus Hartmann, Regionen in der Frühen Neuzeit. Reichskreise im deutschen Raum – Provinzen in Frankreich – Regionen unter polnischer Oberhoheit. Ein Vergleich ihrer Strukturen, Funktionen und ihrer Bedeutung (Zeitschrift für historische Forschung Beih. 17), Berlin 1994; Winfried Dotzauer, Die deutschen Reichskreise (1383–1806). Geschichte und Aktenedition. Stuttgart 1998; Wolfgang Wüst (Hg.), Reichskreis und Territorium: Die Herrschaft über der Herrschaft? Supraterritoriale Tendenzen in Politik, Kultur, Wirtschaft und Gesellschaft. Ein Vergleich süddeutscher Reichskreise, Stuttgart 2000. Zum Fränkischen Reichskreis: Bernhard Sicken, Der Schweinfurter Kreistag 1744/45. Ein Beitrag zur Geschichte des Fränkischen Reichskreises, in: Mainfränkisches Jahrbuch für Geschichte und Kunst 20, 1968, S. 266–329; ders., Der Fränkische Reichskreis. Seine Ämter und Einrichtungen im 18. Jahrhundert, Würzburg 1970; Rudolf Endres, Von der Bildung des Fränkischen Reichskreises und dem Beginn der Reformation bis zum Augsburger Religionsfrieden 1555; Vom Augsburger Religionsfrieden bis zum Dreißigjährigen Krieg; Franken in den Auseinandersetzungen der Großmächte bis zum Ende des Fränkischen Reichskreises, in: Andreas Kraus (Hg.), Handbuch der bayerischen Geschichte III/1, begründet von Max Spindler, 3. Aufl. München 1997, S. 451–516.

[5] Hartmann, Regionen (wie Anm. 4), S. 20.

[6] Peter Claus Hartmann, Der Bayerische Reichskreis (1500–1803). Strukturen, Geschichte und Bedeutung im Rahmen der Kreisverfassung und der allgemeinen institutionellen Entwicklung des Heiligen Römischen Reiches (Schriften zur Verfassungsgeschichte 52), Berlin 1997.

Schwerpunkten allerdings im 16. und 18. Jahrhundert.[7] Auch in der Summe ergeben sie noch nicht mehr als ein lückenhaftes Bild. Eine Vielzahl an Protokollen, Verhandlungsdossiers und Korrespondenzen wären noch auszuwerten, bis der seit Jahrzehnten kategorisch wiederholte Stoßseufzer wirklich der Vergangenheit angehört, im Bezug auf die Reichskreise sei noch „so gut wie alles aktenmäßig unerforscht".[8]

Ziel der vorliegenden Arbeit ist es daher, ausgehend vom bisherigen Stand der Forschung einen Einblick in die Verhältnisse am fränkischen Kreistag um 1790/91 zu gewinnen.[9] Diese Epoche an der Schnittstelle zwischen dem Ausbruch der Französischen Revolution und der Auflösung des Alten Reichs ist nicht nur im Rahmen der europäischen Geschichte höchst interessant. Auch Franken befand sich am Vorabend tiefgreifender Veränderungen, die durch die Abtretung der Markgraftümer an Preußen im Dezember 1791 eingeleitet und durch die Übernahme durch die bayerische Regierung 1806 besiegelt wurden. Daher läßt sich bereits auf eine ganze Reihe detaillierter Untersuchungen zu diesem Ausschnitt der fränkischen Geschichte zurückgreifen, die den Kreistag in unterschiedlich starker Weise berühren.[10]

Hier sollen aber nicht Persönlichkeiten oder politisches Kalkül der einzelnen Territorien im Vordergrund stehen. Leitfaden ist vielmehr die Einschätzung, die Peter Claus Hartmann 1992 über die Verhandlungsformen im fränkischen Kreistag geäußert hat: „Auf den Kreistagen [in Franken] wurde meist emsig diskutiert, beraten und beschlossen, und man löste viele anstehende Probleme und leistete einen wichtigen Beitrag für das Reich."[11] Läßt sich dies anhand einer Untersuchung von Aufga-

---

[7] Rudolf Endres/ Bernhard Ebneth, Der Fränkische Reichskreis im 16. und 17. Jahrhundert, in: Hartmann (Hg.), Regionen (wie Anm. 4), S. 41–60; Bernhard Sicken, Der Fränkische Kreis im Zeitalter der Aufklärung. Institution des Reichs oder staatenbündischer Zusammenschluß?, in: Hartmann (Hg.), Regionen (wie Anm. 4), S. 61–77; ders., Leitungsfunktionen des Fränkischen Kreises im Aufklärungszeitalter. Zwischen Standesvorzug und Sachkompetenz, in: Wüst (Hg.), Reichskreis und Territorium (wie Anm. 4), S. 251–278; Alois Schmid, Der Fränkische Reichskreis. Grundzüge seiner Geschichte – Struktur – Aspekte seiner Tätigkeit, in: Wolfgang Wüst (Hg.), Reichskreis und Territorium (wie Anm. 4), S. 235–250; vgl. auch die in Anm. 2–4 genannte Literatur. Für die Zeit des Dreißigjährigen Krieges kann verwiesen werden auf meine Magisterarbeit unter dem Titel: Nicola Schümann, Der Fränkische Kreistag im Dreißigjährigen Krieg. Ein Reichsorgan in der Krise?, Erlangen 2002.

[8] Hier in einem Ausspruch aus: Hans Erich Feine, Zur Verfassungsentwicklung des Heil. Röm. Reiches seit dem Westfälischen Frieden, in: Zeitschrift der Savigny-Stiftung für Rechtsgeschichte, Germanistische Abteilung 52, 1932, S. 65–133; hier: S. 92.

[9] Dies geschieht auf der Grundlage von Aktenstudien im Bayerischen Staatsarchiv Nürnberg; am Rande wurden auch die in Bamberg lagernden Bestände berücksichtigt.

[10] Zu nennen sind außer der in Anm. 1 genannten Arbeit von Erwin Riedenauer v. a. folgende Titel: Carl von Soden, 97 ungedruckte Briefe des Ministers Carl August von Hardenberg an den Reichsgrafen Julius Heinrich v. Soden 1791–1794, in: Jahresbericht des Historischen Vereins für Mittelfranken 51, 1904, S. 1–44; Karl Hermann Zwanziger, Friedr[ich] Adolf v[on] Zwanziger. Gräflich Castellscher Geheimrat und Kreisgesandter 1745–1800 (Neujahrsblätter 11), München 1916; Erwin Riedenauer, Reichsverfassung und Revolution. Zur Persönlichkeit und Politik des fränkischen Kreisgesandten Friedrich Adolph von Zwanziger, in: ZBLG 31, 1968, Teil I: S. 266–329; Monika Neugebauer-Wölk, Das Alte Reich und seine Institutionen im Zeichen der Aufklärung. Vergleichende Betrachtungen zum Reichskammergericht und zum Fränkischen Kreistag, in: Jahrbuch für fränkische Landesgeschichte (künftig: JfL) 58, 1998, S. 299–326.

[11] Peter Claus Hartmann, Die Kreistage des Heiligen Römischen Reiches — eine Vorform des Parlamentarismus? Das Beispiel des Bayerischen Kreises (1521–1793), in: Zeitschrift für historische Forschung 19, 1992, S. 29–47; hier: S. 31.

ben, Zusammensetzung und Verfahrensalltag für die Sitzungsperiode des Konvents vom 9. November 1790 bis zum 29. März 1791 bestätigen?

II. Aufgaben des Fränkischen Kreises

1. Ursprünge der Kreisverfassung

Am Anfang hatte wohl niemand damit gerechnet, daß sich manche Reichskreise dereinst zu recht aktiven Gliedern der Reichsverfassung entwickeln würden.[12] Die ursprüngliche Funktion, die ihnen der Augsburger Reichstag bei der Einrichtung im Jahr 1500 zugedacht hatte, beschränkte sich auf die Ernennung von Vertretern für das Reichsregiment. Reine Wahlbezirke blieben sie auch, als ihnen 1507 zusätzlich die feste Aufgabe übertragen wurde, Beisitzer für das Reichskammergericht zu stellen – eine Aufgabe, die man in den ersten Jahren offenbar pflichtbewußt, aber ohne großen Enthusiasmus wahrnahm. Erst als die Kompetenzen 1521/22 um einige vom Reich ausgelagerten Exekutivfunktionen erweitert wurden, war in Franken der Weg zu regelmäßigen Versammlungen vorgezeichnet, auch wenn bis 1530 kein gemeinsamer Kreisschluß zustande kam. Zu den Inhalten der Kreistage zählten nunmehr die Sicherung des Landfriedens, die Exekution von Reichskammergerichtsurteilen und die Durchsetzung kaiserlicher Mandate und Gebote. 1530 kam die Stellung von Truppenkontingenten für die Reichsarmee als weitere Aufgabe hinzu; daneben hatten die Kreise zeitweilig schon die Moderation der Reichsmatrikel und die Aufsicht über Münz- und Policeywesen inne. Mit den Reichsabschieden von 1555 und 1559 wurde ihnen die Hegung des Landfriedens und die vollständige Münzaufsicht als dauerhafte Aufgabe übertragen. Während beinahe alle Reichskreise die Entwicklung bis zu diesem Punkt mitvollzogen hatten,[13] entfaltete der Fränkische Kreis seit der Mitte des 16. Jahrhunderts eine Dynamik, wie sie ansonsten nur noch im Schwäbischen, mit Abstrichen auch in anderen ober- und mitteldeutschen Kreisen erreicht wurde.[14] Einen entscheidenden Anteil an der Entwicklung in Franken hatte wahrscheinlich die Erfahrung des zweiten Markgrafenkrieges von 1552/53, der mancherorts eine ebenso

---

[12] Die Entwicklung in der ersten Hälfte des 16. Jahrhunderts ist relativ gut aufgearbeitet und bekannt; vgl. z. B. Hofmann, Reichskreis (wie Anm. 3), S. 397ff.; Dotzauer, Reichskreise (wie Anm. 4), S. 95ff.; Ebneth/ Endres, Der Fränkische Reichskreis (wie Anm. 7); Heinz Mohnhaupt, Die verfassungsrechtliche Einordnung der Reichskreise in die Reichsorganisation, in: Karl Otmar Freiherr von Aretin (Hg.), Der Kurfürst von Mainz und die Kreisassoziationen. Zur verfassungsmäßigen Stellung der Reichskreise nach dem Westfälischen Frieden (Veröffentlichungen des Instituts für europäische Geschichte Mainz, Abteilung Universalgeschichte, Beih. 2), Wiesbaden 1975, S. 1–29; hier: S. 5–9. Zur Geschichte Frankens in der Frühen Neuzeit vgl. außerdem: Volker Press, Franken und das Reich in der Frühen Neuzeit, in: JfL 52, 1992, S. 329–347.

[13] Nur der Burgundische und der Österreichische Kreis waren überhaupt nie zusammengetreten; vgl. Johann Jacob Moser, Teutsches Staatsrecht Teil 28, Leipzig 1746 (ND Osnabrück 1968), S. 90. Dort findet sich auf den Seiten 92–103 auch eine Übersicht über die von den einzelnen Kreisen abgehaltenen Kreistage.

[14] Grundlegend zum Schwäbischen Kreis ist Adolf Laufs, Der Schwäbische Kreis. Studien über Einungswesen und Reichsverfassung im deutschen Südwesten zu Beginn der Neuzeit (Untersuchungen zur deutschen Staats- und Rechtsgeschichte, NF 16), Aalen 1971. Vgl. darüberhinaus die bei Hartmann (Hg.), Regionen (wie Anm. 4), und Wüst (Hg.), Reichskreis und Territorium (wie Anm. 4), versammelten Aufsätze.

verheerende Wirkung hatte wie später der Dreißigjährige Krieg. Die ungehemmten Übergriffe durch Markgraf Albrecht Alcibiades hatten den Kreisständen das Fehlen einer gemeinsamen politischen und militärischen Vertretung schmerzlich vor Augen geführt. Die nun einsetzende Zusammenarbeit erlebte in der Folgezeit vor allem im sozialen Bereich eine erste Blüte. Als einziger Reichskreis verabschiedete der Fränkische 1572 eine allgemeine Verordnung zu Fragen der Sittlichkeit, Sparsamkeit, Gewerbeaufsicht und Armenpolitik, kurz: zu allem, was der alte Begriff der Policey umfaßte.[15]

Dennoch blieb die Geschichte des Fränkischen Kreises wechselvoll bis zum Ausbruch des Dreißigjährigen Krieges und darüber hinaus. Immerhin konnten die tiefen konfessionell geprägten Spaltungstendenzen der ersten Kriegshälfte die Zusammenarbeit nicht auf Dauer zum Erliegen bringen. Besonders in der Dekade von 1635 bis 1645 entfaltete der Kreis dann eine Aktivität, wie sie wohl unter den übrigen Kreisen zu dieser Zeit ihresgleichen sucht.[16]

2. Entwicklungstendenzen nach dem Dreißigjährigen Krieg

Die Friedensverträge von Münster und Osnabrück, die auch unter vorübergehender Beteiligung einer fränkischen Kreisdelegation ausgehandelt worden waren, ermöglichten den Fortbestand der Kreisverfassung und bereiteten durch die Stärkung der reichsständischen Libertät vielleicht sogar einer weiteren Belebung den Weg. Jedenfalls trat beim fränkischen Kreistag im weiteren Verlauf des 17. und 18. Jahrhunderts eine ähnliche Entwicklung ein, wie sie auch der Reichstag erlebte: aus den sporadisch abgehaltenen Tagungen wurden regelmäßige, immer länger anhaltende Sitzungsperioden.[17] Zwar konnte ein fixer Anfangstermin oder der ganzjährige Betrieb nicht durchgesetzt werden, doch mit der Reichsstadt Nürnberg etablierte sich immerhin ein fester Tagungsort.[18] Durch die Verstetigung vollzog der Kreis, um eine Formulierung Hanns Hubert Hofmanns zu gebrauchen, die Wendung „von der Polizei zur Politik".[19] An dieser Stelle setzte auch die Kritik vieler Zeitgenossen an, die

---

[15] Eine Edition dieser Policeyordnung einschließlich Forschungsbericht findet sich neuerdings bei: Wolfgang Wüst, Die 'gute Policey' im Fränkischen Reichskreis, in: JfL 60, 2000, S. 177–199.

[16] Eine ausführliche Darstellung einschließlich Forschungs- und Quellenüberblick bietet künftig meine Magisterarbeit (wie Anm. 7). Zur Entwicklung der Kreispolitik in der Zeit vgl. auch den Überblick bei Dotzauer, Reichskreise (wie Anm. 4), S. 111–114, sowie Ferdinand Magen, Die Reichskreise in der Epoche des dreißigjährigen Krieges, in: Zeitschrift für historische Forschung 9, 1982, S. 409–460.

[17] Zum Reichstag vgl. z. B. Johannes Burkhardt, Verfassungsprofil und Leistungsbilanz des Immerwährenden Reichstags. Zur Evaluierung einer frühmodernen Institution, in: Heinz Duchhardt/ Matthias Schnettger (Hgg.), Reichsständische Libertät und habsburgisches Kaisertum, Mainz 1999, S. 151–183; hier: S. 152–161. Andere Kreise vollzogen eine ähnliche Entwicklung: vgl. z.B. Hartmann, Der Bayerische Reichskreis (wie Anm. 6), S. 205.

[18] Von mehreren Versuchen dieser Art berichtet allerdings Johann Jacob Moser, Von der Teutschen Crays-Verfassung (Neues Teutsches Staatsrecht 10), Frankfurt/ Leipzig 1773 (ND Osnabrück 1967), S. 311. Im Jahr 1784 hatte man den offiziellen Beschluß zu einer jährlichen Tagungsfrequenz getroffen; vgl. Riedenauer, Gesandter (wie Anm. 1), S. 275 Anm. 63. Zu der Wahl des ungewöhnlichen Tagungsortes Schweinfurt 1744/45 vgl. Sicken, Der Schweinfurter Kreistag 1744/45 (wie Anm. 4). Offenbar beabsichtigte das Direktorium (vgl. hierzu Kap. III. 2) einen abschreckenden Effekt, um das ohnehin nicht gewünschte Treffen einem möglichst schnellen Ende entgegenzuführen.

[19] Hofmann, Reichskreis (wie Anm. 3), S. 398.

die Verstetigung der Reichsorgane im allgemeinen als Krisenzeichen empfanden. In eine ähnliche Stoßrichtung ging der Vorwurf, die Beteiligten übten sich in der „Verhandlungstaktik des endlosen Beratens, ohne entscheiden zu wollen".[20] Sicher werden die Ursachen dieser Entwicklung zu einem guten Teil darin zu suchen sein, daß sich die Suche nach Kompromissen zwischen den heterogenen Kreisständen nach wie vor schwierig gestaltete. Schwerer wiegen dürfte allerdings der Umstand, daß die Aufgaben der Kreise in qualitativer und quantitativer Hinsicht einfach regelmäßige Zusammenkünfte erforderten. Personalfragen, Haushaltsberatungen, kriegerische Anlässe: hier handelte es sich um Dinge, die man nicht ein- für allemal und endgültig regeln konnte, sondern ständig aktualisieren mußte. Daß der Kreistag darauf reagierte, kann auch als Zeichen von Flexibilität und Wandlungsfähigkeit gewertet werden.

Voraussetzung dafür war, daß die Kreise praktisch von Anfang an nicht durch die Landesherren selbst, sondern durch Gesandte beschickt wurden. Auch in dieser Hinsicht vollzog der Kreistag dieselbe Entwicklung wie der Reichstag.[21] Von der theoretischen Möglichkeit, persönlich zu erscheinen, wurde wohl in den seltensten Fällen Gebrauch gemacht. Dies zeugt weniger vom Desinteresse der Landesherren am Kreisgeschehen als vielmehr davon, daß man für diese Aufgaben Experten brauchte. Die Parlamentsgesandten der Frühmoderne befanden sich auf dem Weg zum Berufspolitikertum.[22]

Streiten läßt sich über die Frage, wie groß der Ermessensspielraum der Gesandten war, und ob nicht ihre Weisungsgebundenheit die Suche nach politischen Kompromissen behinderte. In diese Richtung argumentiert beispielsweise Winfried Dotzauer: „Da die Punkte, über die abzustimmen war, in den Einladungsschreiben mitgeteilt wurden, waren die vorgefaßten schriftlichen Instruktionen der landesherrlichen Regierungen für ihre Vertreter am Kreis für diese verbindlich. Spielraum für eigene Entscheidungen von deren Seite gab es kaum."[23] Die von Fritz Hartung herausgegebenen Instruktionen aus der ersten Hälfte des 16. Jahrhunderts scheinen diese Annahme zu bestätigen, regelten sie doch das Verhalten der Gesandten oft bis ins kleinste Detail.[24] Es steht aber zu vermuten, daß ihre Selbständigkeit – je nach Persönlichkeit

---

[20] Anton Schindling, Kaiser, Reich und Reichsverfassung 1648–1806. Das neue Bild vom Alten Reich, in: Olaf Asbach u. a. (Hg.), Altes Reich, Frankreich und Europa. Politische, philosophische und historische Aspekte des französischen Deutschlandbildes im 17. und 18. Jahrhundert (Historische Forschungen 70), Berlin 2001, S. 25–54; hier: S. 43.

[21] Diese Entwicklung vollzog auch der Reichstag schon im 16. Jahrhundert; vgl. Gerhard Oestreich, Zur parlamentarischen Arbeitsweise der deutschen Reichstage unter Karl V. (1519–1556), in: Heinz Rausch (Hg.), Die geschichtlichen Grundlagen der modernen Volksvertretung. Die Entwicklung von den mittelalterlichen Korporationen zu den modernen Parlamenten, Darmstadt 1974, S. 242–278; bes. S. 250. Schon 1746 resümierte Johann Jacob Moser: „Bey den meisten Craysen ist wohl in langen Zeiten kein Crays Stand persönlich auf Crays-Tägen erschienen." Moser, Teutsches Staatsrecht (wie Anm. 13), S. 198. Zur parallelen Entwicklung im Bayerischen Kreis vgl. Hartmann, Der Bayerische Reichskreis (wie Anm. 6), S. 227.

[22] Angesichts weitgehend fehlender Untersuchungen zu den Personen sei an dieser Stelle ebenfalls auf die soziologisch-prosopographischen Abschnitte meiner Magisterarbeit (wie Anm. 7) hingewiesen.

[23] Dotzauer, Reichskreis (wie Anm. 4), S. 84.

[24] Vgl. z. B. die Instruktionen der ansbachischen Gesandschaft zum Kreistag 1558 bei Hartung, Geschichte des Fränkischen Kreises (wie Anm. 3), S. 428–431.

und politischer Lage – in dem Maße anstieg, wie sich der Kreistag zur permanenten Institution entwickelte. Wenigstens für einige Kreisgesandte vom Ende des 18. Jahrhunderts läßt sich eine solche Einschätzung nicht von der Hand weisen.[25] Es wäre noch zu untersuchen, ob nicht das Gesandtenwesen gerade in der vielherrigen fränkischen Landschaft auf der Kreisebene einen wesentlichen Beitrag zur Entschärfung politischer Gegensätze und persönlicher Animositäten leistete.

3. Zuständigkeiten am Ende des 18. Jahrhunderts

Das Aufgabenspektrum des Kreistags im 18. Jahrhundert versuchte schon der Staatsrechtler Johann Jacob Moser zu ordnen, indem er unter dem entsprechenden Paragraphen zunächst seitenweise Passagen aus der Literatur anführt und schließlich resümiert: „es lassen sich zwar die auf Crays-Tägen fürkommende Materien auf verschiedene Weise eintheilen; doch möchte die bequemste Eintheilung seyn 1. in die Staats-Sachen, 2. Militaria, 3. Oeconomica und 4. Policey-Sachen. Die Staats-Sachen lassen sich wieder eintheilen in die Sachen, welche den Crays selbsten, oder auch nur dessen einzelne Stände, eigentlich allein betreffen, so dann die, welche einen Einfluß auf die Wohlfarth oder Staats-Verfassung des gantzen Reiches, oder doch mehrerer Crayse, Collegiorum, etc. desselbigen haben, und endlich in die, wobey auch noch mehrere Europäische Staaten intereßirt seynd."[26]

Es ist eine recht mühselige Angelegenheit herauszufinden, ob Moser damit Art und Gewichtung der Kreistagsmaterien angemessen erfaßt hat. Betrachten wir hierzu einen Ausschnitt aus der Sitzungsperiode von 1790/91 etwas genauer. Die Beratungspunkte, die vor der Eröffnung auf der Tagesordnung standen, setzten sich folgendermaßen zusammen: acht Themen aus dem Bereichen Haushalt und Finanzen, vier aus dem militärischen Bereich und eins aus dem Policeywesen.[27] In den Relationen entspricht dies ungefähr dem tatsächlichen Sitzungsverlauf, wie er sich anhand der Protokolle für den ersten Monat nach Tagungsbeginn erschließen läßt:

---

[25] Dieser Eindruck ergibt sich einerseits aus der Korrespondenz zwischen dem brandenburgischen Gesandten Julius von Soden und dem Hof in Ansbach in der Sitzungsperiode 1790/91, bei der in der Regel Empfehlungen und Einschätzungen von Sodens übernommen wurden; vgl. StA Nürnberg, Fürstentum Ansbach, Kreistagsakten (Rep. 137/I), Nr. 438: Proponenda 1785–91. Nicht zu ermessen ist freilich der Einfluß der mündlichen Unterredungen, die meist in Ansbach zwischen Hardenberg und von Soden stattfanden. Vgl. Soden, Briefe (wie Anm. 10), S. 8–44. Auch die politische Selbständigkeit des Castell'schen Gesandten Friedrich Adolph von Zwanziger wird allgemein als sehr hoch eingeschätzt. Vgl. hierzu ausführlich Zwanziger, Friedr. Adolf v. Zwanziger (wie Anm. 10).

[26] Moser, Teutsches Staatsrecht (wie Anm. 13), S. 483.

[27] Das Einladungsschreiben ist unter den Ansbacher Kreisakten nicht erhalten; die Tagesordnungspunkte gehen aber aus einem Schreiben des Gesandten Soden an die Ansbacher Regierung hervor. Vgl. Proponenda 1785–91 (wie Anm. 25), Schreiben vom 3. Febr. 1791.

Tab. 1: *Verteilung der Beratungsmaterien im ersten Sitzungsmonat (Nov.–Dez. 1790)*[28]

Finanzen	**31**	**(47%)**
Kreditsachen	*16*	*(24,2%)*
Kassenführung	*7*	*(10,6%)*
Haushalt	*5*	*(7,5%)*
Spesen	*2*	*(3%)*
Münzprobation	*1*	*(1,5%)*
Militär	**27**	**(41%)**
Durchzüge	*13*	*(19,6%)*
Kreisregimentsposten	*5*	*(7,5%)*
Gehälter	*4*	*(6%)*
Sonstiges	*3*	*(4,5%)*
Kreiscorps wegen Lüttich	*2*	*(3%)*
Akkreditierungen	**4**	**(6%)**
Sonstiges	**4**	**(6%)**
Gesamt	**66**	

Auf der Liste der Tagesordnungspunkte standen also Finanzfragen an der Spitze, dicht gefolgt von militärischen Angelegenheiten des Kreises. Allerdings erweist sich eine klar durchgezogene Unterscheidung von internen Geschäften und Reichsangelegenheiten, wie Moser sie vorschlägt, als problematisch. Wie sind zum Beispiel die Verhandlungen einzuordnen, die über das vom Reich geforderte Kreis-Corps zur Bekämpfung der Unruhen in Lüttich geführt wurden?[29] Und soll man die Verlesung einer Nachricht von der Eröffnung des Reichshofrats in Wien als Staatssache auffassen?[30] Policeysachen kamen im Untersuchungszeitraum vom 9. November bis zum 9. Dezember 1790 überhaupt nicht zur Sprache, sieht man von dem Gerücht über den Ausbruch einer Seuche unter den Prager Juden ab, das aber schnell als Fehlmeldung ausgemacht werden konnte.[31] Im Gegenzug nahmen interne Angelegenheiten eine gewisse Zeit in Anspruch: es handelte sich dabei durchwegs um Wortwechsel über erneuerte oder erweiterte Vollmachten der Gesandten.[32] Ein Kuriosum steht ebenfalls außerhalb der von Moser erstellten Rubriken. Die Apothekerswitwe Schulz behauptete, im letzten Reichskrieg Arzneien an das Kreismilitär abgegeben zu haben. Nun forderte sie vom Konvent die Begleichung der Rechnung. Zwar wunderten sich die Kreistagsmitglieder, warum sie keine ordentliche Rechnung vorlegen könne und „mit dieser ihrer forderung so lange zuruckgeblieben seÿe". Wegen ihrer „notorischen

---

[28] Grundlage: Protokolle 1790/91 (wie Anm. 1), 45.–52. Sitzung vom 9., 12., 16., 19., 22. und 25. Nov. sowie vom 6. und 9. Dez. 1790. Die Tabelle sollte nur eine ungefähre Vorstellung vermitteln. Es versteht sich von selbst, daß die Beurteilung mancher Redebeiträge als je einzelne Beratungsgegenstände subjektiv ist. Die Auswertung nimmt im übrigen keine Rücksicht darauf, ob ein Gegenstand im Untersuchungszeitraum nur einmal oder mehrfach diskutiert wurde; Doppelzählungen sind daher einzukalkulieren.

[29] Protokolle 1790/91 (wie Anm. 1), 45. Sitzung vom 9. November 1790.

[30] Ebd., 51. Sitzung vom 6. Dezember 1790.

[31] Ebd., 51. Sitzung vom 6. Dezember 1790.

[32] Ebd., 45., 46. und 49. Sitzung vom 9., 12. und 22. November.

armuth" aber wurden der Dame schließlich 15 Gulden „aus Gnaden semel pro semper" eingeräumt.³³ Im weiteren Verlauf der Sitzungsperiode verschob sich freilich das Verhältnis der Beratungsmaterien zueinander noch geringfügig, da nunmehr die weniger dringlichen Themen zur Sprache gebracht wurden. Mit den Beratungen zum Armenwesen, die am 15. Februar 1791 begannen, kam doch noch ein Punkt aus dem Bereich Policeywesen auf die Tagesordnung.³⁴ Anders als es Mosers Einschätzung erwarten ließe, dominierten zu dieser Zeit aber ganz eindeutig kreisinterne Militär- und Finanzfragen das Geschehen am fränkischen Kreistag.

4. Verfassungsrechtliche Einordnung

Damit war der Konvent am Endpunkt seines Bestehens weit über die Funktion hinausgewachsen, die ihm die Gründer zugedacht hatten. Im Vordergrund der Tagungen standen nicht mehr etwaige vom Kaiser oder Reich delegierte Geschäfte, sondern eigene Anliegen der Kreisstände. Konnte man die Kreise nach ihrer ursprünglichen Funktion noch als „Exekutivorgan für die Legislation und Jurisdiktion des Reiches insgesamt"³⁵ bestimmen, so hatte sich wenigstens der Fränkische Kreis allmählich zu einer Institution entwickelt, die fast ausschließlich von den Mitgliedern selbst übertragene Hoheitsaufgaben verwaltete.

Das föderative Potential der Kreisverfassung kam aber nicht nur in dieser Hinsicht immer stärker zum Tragen. Schon im 16. Jahrhundert waren die Voraussetzungen dafür geschaffen worden, daß sich die Kreise nicht nur als Glieder des Reichsverbands verstanden, sondern selbst – als Föderation souveräner Kreisstände – zumindest eine Teilautonomie beanspruchen konnten. Dies kam beispielsweise im Assoziationswesen zwischen den einzelnen Kreisen zum Ausdruck. Meilensteine in dieser Entwicklung waren der erste Reichskreistag in Frankfurt 1554³⁶ sowie die Bestätigung des Assoziationsrechts im Reichsabschied von 1555.³⁷ Sie bereiteten der wechselvollen Geschichte der Bündnisse und Absprachen zwischen den einzelnen Reichskreisen, vor allem aus dem oberdeutschen Raum, den Weg. Die außenpolitische Handlungsfreiheit der Kreise wurde durch den Beitritt des Kaisers zur Kreisassoziation zwischen dem Fränkischen und dem Oberrheinischen Kreis in Laxenburg 1682 zumindest de facto bestätigt: „So wurden […] die Kreise aus den Wahlbezirken von 1500 zu großräumigen *Föderationen* von Partnern der auf die Hausmacht abgestützten kaiserlichen Majestät."³⁸ Die Entsendung kaiserlicher Gesandter an die Kreistage war die letzte Konsequenz aus dieser lang angebahnten Entwicklung. Sie wurde spätestens seit der Mitte des 18. Jahrhunderts praktiziert.³⁹ Um 1790 befanden sich neben

---

³³ Ebd., 50. und 52. Sitzung vom 25. November und 9. Dezember 1790.
³⁴ Ebd., 70., 71., 72., 75., 76., 79., 82. und 83. Sitzung vom 15., 18. und 22. Februar sowie vom 4., 10., 16., 24. und 28. März 1791.
³⁵ Mohnhaupt, Verfassungsrechtliche Einordnung (wie Anm. 12), S. 8.
³⁶ Ebd., S. 21.
³⁷ Ebd., S. 9.
³⁸ Hofmann, Reichskreis (wie Anm. 3), S. 397 (Hervorh. durch Hofmann); vgl. auch S. 399 zur Laxenburger Allianz.
³⁹ Zu den Hintergründen vgl. Volker Press, Die kaiserliche Stellung im Reich zwischen 1648 und 1740. Versuch einer Neubewertung, in: ders., Das Alte Reich. Ausgewählte Aufsätze (Historische Forschungen 59), Berlin 1997, S. 189–222; hier: S. 205f.

dem kaiserlichen Vertreter auch ein bayerischer, ein russischer und ein französischer Beobachter in Nürnberg. Sie waren allerdings von der Teilnahme an den substantiellen Beratungen ausgeschlossen.[40]

Die selbständigen Friedensverhandlungen der fränkischen Kreisdelegation mit Frankreich seit Ende Juli 1796 stellten ihr politisches Selbstbewußtsein ebenso unter Beweis wie die Pläne zur Reform der Kreisverfassung, die von einigen Gesandten ausgearbeitet wurden.[41] Offenbar spielte man sogar mit dem Gedanken einer vollständigen Lösung aus dem Reichsverband, wenn man dem (gewiß etwas überzeichneten) Bericht des preußischen Sonderbeobachters in Paris, Joseph du Terail-Bayard, glauben darf: „Der gehorsamst Unterzeichnete kann nicht umhin, hier einen Seitenblick auf einen Plan der fränkischen Kreisdeputation zu werfen, der nichts weniger bezielte, als aus dem Fränkischen Reichskreis eine förmliche, unter französischem Schutz stehende ständische Republik zu bilden. Nach diesen Plänen [...] hätte der fortwährende Kreiskonvent die eigentliche Souveränität erhalten und sich in eine konstituierende Versammlung formiert, um sowohl eine schöne systematische Konstitution, als auch die Bestimmungen zu entwerfen, nach welchen die bisherigen Landesherren und Stände ihr Dominium utile zu genießen und zu Formierung des repräsentativen souveränen Senats zu konkurrieren hätten."[42]

Es ließe sich spekulieren, wieviel davon in die Tat umgesetzt worden wäre, hätte nicht der Zusammenbruch des Alten Reichs derartige Pläne bald durchkreuzt. Trotz der unverkennbaren Tendenz, die Souveränitäts- und Hoheitsrechte auszuweiten, war der Fränkische Kreis jedoch auch am Ende kein Staatswesen im modernen Sinne. Zwar besaß er durch seine militärische und fiskalische Aufsichtsfunktion gewissermaßen „zwei Säulen moderner Staatlichkeit".[43] Diese waren allerdings in ihrer Tragweite bis zuletzt relativ beschränkt: der Haushaltsentwurf des Kreises für 1791 zum Beispiel rechnete mit einem Bedarf von 93.797 Gulden 58 Kreuzer, von denen übrigens mehr als zwei Drittel für Zinsen aufgewendet werden mußten.[44] Allein das Hochstift Bamberg hatte, wenn man die Einkünfte der Obereinnahme und der Hofkammer zusammennimmt, im Jahr fast das Dreifache an Steuermitteln zur Verfügung.[45] Das Gros der Steuern in der Region floß also weiterhin in die landesherrlichen Kassen, was allein schon die Grenzen der Kreispolitik dokumentiert. Um das Reich

---

[40] Vgl. Sicken, Der Schweinfurter Kreistag 1744/45 (wie Anm. 4), S. 305; ders., Der Fränkische Kreis im Zeitalter der Aufklärung (wie Anm. 7), S. 73. Eine Ausnahme soll allerdings 1702 gegenüber dem französischen Gesandten gemacht worden sein. Vgl. Riedenauer, Gesandter (wie Anm. 1), S. 311.

[41] Zu den Ereignissen dieser Zeit vgl. die in Anm. 10 genannte Literatur, bes. Zwanziger, Friedr. Adolf v. Zwanziger (wie Anm. 10), S. 26ff.; und Neugebauer-Wölk, Altes Reich (wie Anm. 10), S. 322ff.

[42] Aus einem Bericht vom 12. Okt. 1796; zit. nach Zwanziger, Friedr. Adolf v. Zwanziger (wie Anm. 10), S. 28. Vgl. auch Riedenauer, Reichsverfassung (wie Anm. 10), S. 508f.

[43] Hofmann, Reichskreis (wie Anm. 3), S. 400.

[44] Protokolle 1790/91 (wie Anm. 1), 46. Sitzung vom 12. Nov. 1790. Vgl. die ausführliche Übersicht über die Ausgaben in: StA Nürnberg, Reichsstadt Nürnberg, Kreistagsakten (Rep. 22), Nr. 318: Akten Jan. 1790-Febr. 1791, Abschrift vom 6. Dez. 1790.

[45] Vgl. Michael Renner, Regierung, Wirtschaft und Finanzen des Kaiserlichen Hochstifts Bamberg im Urteil der bayerischen Verwaltung 1803, in: JfL 26, 1966, S. 307–349, hier: S. 324ff.

vollständig zu ersetzen, hätte es außerdem einer eigenen Gerichtsinstanz bedurft.⁴⁶ So aber fehlten die Mittel, gemeinsame Beschlüsse gegen den Willen einzelner Mitglieder durchzusetzen. Vor diesem Hintergrund wird deutlich, daß die einzelnen Kreisstände selbst am Ende des Alten Reichs von dem Grundsatz aus der Anfangszeit nicht vollständig abgerückt waren, wonach die Verfügungsgewalt der Kreise den „Obrigkeiten, Herrlichkeiten und Rechten" ihrer Mitglieder nicht abträglich sein sollte.⁴⁷

III. Zusammensetzung des fränkischen Kreistags

1. Stimmberechtigte Stände

Eine systematische verfassungsrechtliche Grundlage für die Mitgliedschaft im Kreis existierte auch im 18. Jahrhundert noch nicht. Definitionsversuche der Reichspublizistik etwa beschränkten sich auf historische oder formale Beschreibungen.⁴⁸ Es ist symptomatisch, daß bereits bei der Gründung der Kreise die klaren Konzepte dafür fehlten, welche Stände einer Region überhaupt als Mitglieder in Betracht kämen. In Franken führte dies letztlich dazu, daß der Reichskreis das Gebiet nur fragmentarisch repräsentierte: die Reichsritterschaft hielt sich aus der Kreispolitik vollständig fern, manch kleinere Herrschaft suchte ihre politische Vertretung in einem benachbarten Kreis. Dies war zum Beispiel bei der Reichsstadt Dinkelsbühl der Fall, die sich zum Schwäbischen Kreis schlug. Andere zog es trotz eines weit verstreuten Territoriums in Grenzlage in den Fränkischen Reichskreis. Dem fränkischen *territorium non clausum* entsprach also auf höherer Ebene eine nicht geschlossene Kreisversammlung.

Unsicherheit herrschte lange Zeit auch darüber, wer im Kreistag die volle Entscheidungsgewalt erhalten sollte. Im Fränkischen Kreis war offenbar zunächst beabsichtigt, nur die größeren Stände, also die drei Bischöfe und die Markgrafen, zur Abstimmung zuzulassen. Die Wormser Reichsmatrikel von 1521 wies aber 22 zahlende Mitglieder aus, die im Gegenzug für ihre Kooperation bei der Steuererhebung

---

⁴⁶ So auch Mohnhaupt, Verfassungsrechtliche Einordnung (wie Anm. 12), S. 27. Allerdings wird man die Rolle des Kreises als überterritoriale Rechtsprechungs- und Schlichtungsinstanz zukünftig genauer untersuchen müssen. Immerhin wurden in der Endzeit nicht wenig Streitfälle dem Fränkischen Kreistag zur Klärung vorgebracht; vgl. u.a. StA Bamberg, Akten des fränkischen Kreisdirektoriums (Rep. H 3), Nr. 253b, wo etwa die Verhandlungen über den Straßenraub durch einen angeblichen bayerischen Soldaten an dem Glasergesellen Döring zwischen Erlangen und Baiersdorf dokumentiert sind.

⁴⁷ So die Formulierung im Abschied des Reichstags zu Trier vom 26. Aug. 1512, § 12; gedruckt bei Karl Zeumer, Quellensammlung zur Geschichte der Deutschen Reichsverfassung, Tübingen 1913, S. 308.

⁴⁸ Den Begriff Reichsstand erklärte Johann Jacob Moser als: „Person oder Commun, welche 1. ein unmittelbares Land oder Gebiet besizet und 2. in Ansehung desselbigen Siz und Stimme auf allgemeinen Reichsversammlungen hat. Dies ist die Regel […]". Zitiert nach Adalbert Erler/ Ekkehard Kaufmann (Hgg.): Handwörterbuch zur deutschen Rechtsgeschichte IV, Berlin 1990, Artikel: „Reichsstände", Sp. 760–773 (Alois Gerlich); hier: Sp. 771. Ähnlich lautet Mosers Bestimmung der Kreisstandschaft, die sich *implicite* aus der Definition des Begriffs „Kreistag" ergibt: „Ein Craystag, oder Craysversammlung, ist eine Zusammenkunfft derer in einem Crays Siz und Stimme habender Stände, um sich mit einander über die gemeinschafftliche Angelegenheiten des Crayses zu besprechen, und einen Schluß darinn zu fassen." Vgl. Moser, Crays-Verfassung (wie Anm. 18), S. 306.

die aktive Kreisstandschaft einforderten und mit der Zeit auch erhielten.[49] Strittig war vor allem das Stimmrecht der Grafen und Herren. Trotz der frühen ersten Anerkennung um 1532 blieb dieses Recht jedoch bis zum Ende des 16. Jahrhunderts immer bedroht. Zu seiner Durchsetzung verhalf den kleineren Ständen neben der Tatsache, daß sie mit dem fränkischen Reichsgrafenkollegium über eine gemeinsame Interessenvertretung verfügten,[50] auch die energische Fürsprache der Markgrafen von Ansbach-Kulmbach, die dadurch die protestantische Seite im Konvent stärken wollten; ihr gehörte die Mehrheit der fränkischen Grafen an. Infolge dynastischer Teilungen und Veränderungen der Besitzverhältnisse durchlief die Anzahl der Voten bis ins 17. Jahrhundert eine schwankende Entwicklung. Erst im 18. Jahrhundert pendelte sie sich relativ konstant bei 27 Stimmen ein. Damit lag der fränkische Kreistag von den Größenverhältnissen ziemlich im Durchschnitt: die Mitgliederzahlen der anderen Kreistage schwankten zwischen circa 100 im Schwäbischen und elf im Kurrheinischen Kreis.[51]

Um 1790 verteilten sich die 27 Stimmen im Fränkischen Kreis folgendermaßen:

Geistliche Fürsten:	4 Stimmen = 14,8% (Würzburg, Bamberg, Eichstätt, Deutscher Orden).
Weltliche Fürsten:	8 Stimmen = 29,6% (Brandenburg-Ansbach, Brandenburg-Bayreuth, Henneberg-Schleusingen, Henneberg-Römhild, Henneberg-Schmalkalden, Schwarzenberg, Löwenstein-Wertheim, Hohenlohe-Waldenburg).
Grafen und Herren:	10 Stimmen = 37% (Hohenlohe-Neuenstein, Castell, Wertheim, Rieneck, Erbach, Limpurg-Gaildorf, Limpurg-Speckfeld, Seinsheim, Reichelsberg, Schönborn auf Wiesentheid).
Städte:	5 Stimmen = 18,5% (Nürnberg, Rothenburg, Windsheim, Schweinfurt, Weißenburg).

In den seltensten Fällen waren jedoch alle Kreisstände durch einen eigenen Gesandten am Kreistag vertreten. Eine generelle Anwesenheitspflicht bestand nicht,[52] und so war die Arbeit des Konvents besonders in der Anfangszeit durch relativ hohe Abwesenheitsquoten gekennzeichnet. Die Nachlässigkeit in der Beschickung des

---

[49] Ausgenommen die Herrschaft Comburg, die zwar in der Matrikel erfaßt ist, aber nie als Kreisstand in Erscheinung trat, weil sie Würzburg unterstellt war. Ähnliches gilt für Reichelsberg, das recht spät allerdings doch noch zum Kreisstand erhoben wurde. Vgl. Hartung, Geschichte des Fränkischen Reichskreises (wie Anm. 3), S. 237; zur Entwicklung der Kreisstandschaft in Franken allgemein vgl. Dotzauer, Reichskreise (wie Anm. 4), S. 95–99.

[50] Ausführlich hierzu Ernst Böhme, Das fränkische Reichsgrafenkollegium im 16. und 17. Jahrhundert. Untersuchungen zu den Möglichkeiten und Grenzen der korporativen Politik mindermächtiger Reichsstände, Stuttgart/ Wiesbaden 1989; bes. S. 129–153. Vgl. auch Ebneth/ Endres, Der Fränkische Reichskreis (wie Anm. 7), S. 46. Zwei Abschiede des Reichsgrafenkollegiums für ein gemeinsames Vorgehen beim fränkischen Kreistag sind gedruckt bei Hartung, Geschichte des Fränkischen Reichskreises (wie Anm. 3), S. 317, 420f.

[51] Vgl. die Übersichten über die Mitglieder der einzelnen Reichskreise um 1800 bei Hartmann, Der Bayerische Reichskreis (wie Anm. 6), S. 74, und Mohnhaupt, Verfassungsrechtliche Einordnung (wie Anm. 12), S. 11.

[52] Vgl. Moser, Crays-Verfassung (wie Anm. 18), S. 341ff.

Kreistags zog sich quer durch alle Bänke, war aber wohl unter den kleinen und kleinsten Mitgliedsständen am weitesten verbreitet.[53] Diese Tendenz läßt sich noch bis ins 18. Jahrhundert hinein beobachten: wie Bernhard Sicken dargestellt hat, glänzten auf dem Schweinfurter Kreistag 1744/45 in erster Linie die evangelischen Grafen durch Abwesenheit. Dies führte sogar so weit, daß sie von den Markgrafen zu einer regelmäßigeren Teilnahme ermahnt wurden.[54]

Die Situation hatte sich bis zum Ende des 18. Jahrhunderts insofern geändert, als die kleineren Kreisstände immer stärker von der Möglichkeit Gebrauch machten, die Vertretung ihrer Stimme einem anderen Gesandten zu übertragen.[55] Rechtlich standen dieser Handhabe keine Hinderungsgründe entgegen, wenn es auch nach der Auffassung Mosers nicht gerne gesehen wurde, „wann allzuvile Stände sich dergestalten durch ihre Mitstände vertretten lassen".[56] Angesichts der erheblichen Kostenersparnis, die eine Zusammenlegung der Voten versprach, wurden derartige Bedenken aber wohl meistens in den Wind geschlagen. Der brandenburgische Kreisgesandte beispielsweise ließ sich seine Arbeit im Winter 1790 mit drei Gulden pro Tag vergüten, die Zulagen für „quartier-, holz-, licht-, frisir-, rasir- und wäsch-geld" und die Kosten für Schreiber und sonstiges Personal nicht eingerechnet. Insgesamt beliefen sich die Ausgaben für eine Kreisdelegation leicht auf 300 bis 400 Gulden im Monat.[57] Jedenfalls stellte sich die Zusammensetzung des fränkischen Kreistages zu Ende des 18. Jahrhunderts so dar, daß ein Großteil der Stimmen allein in der Hand von einigen wenigen, überwiegend gräflichen Deputierten lag. Um 1790 waren dies: Friedrich Adolph von Zwanziger, der neben seinem 1780 ausgestellten Mandat für Castell, Erbach und Löwenstein-Wertheim allmählich auch die Vertretungen für Hohenlohe-Neuenstein, Wertheim und Limpurg angetragen bekam und damit über sieben Stimmen verfügte. Auch der schwarzenbergische Gesandte Rhodius[58] gebot im ganzen über vier Stimmen: Schwarzenberg, Seinsheim, Reichelsberg und Schönborn. Gemeinsam mit dem brandenburgischen Gesandten Julius Heinrich von Soden, der sich mit Zwanziger und Rhodius in gutem Einvernehmen befand, hatten diese drei mit 13 Stimmen schon fast die absolute Mehrheit im Kongreß.[59]

Was das Gewicht der Stimme betraf, waren die Mitglieder des Kreistags einander prinzipiell gleichgestellt. Man votierte *viritim*, das heißt, jeder hatte eine vollwertige

---

[53] Erhebungen über die Anwesenheitsquoten der einzelnen Stände während des Dreißigjährigen Krieges sind in meiner Magisterarbeit (wie Anm. 7) enthalten. Nach den bei Hartung, Geschichte des Fränkischen Reichskreises (wie Anm. 3) edierten Kreistagsprotokolle und Abschiede, die z. T. Angaben über die anwesenden Gesandschaften beinhalten, waren um 1550 die Stände Hohenlohe, Castell, Rieneck und Erbach am seltensten, die Stände Eichstätt, Nürnberg, Rothenburg und Bamberg am häufigsten vertreten.

[54] Sicken, Der Schweinfurter Kreistag 1744/45 (wie Anm. 4), S. 301, 315.

[55] Sicken, Der Fränkische Reichskreis (wie Anm. 4), S. 126. Eine ansatzweise vergleichbare Situation findet sich auch in der ersten Hälfte des 17. Jahrhunderts wiederholt.

[56] Moser, Crays-Verfassung (wie Anm. 18), S. 340.

[57] StA Nürnberg, Fürstentum Ansbach, Kreisgesandschaft in Nürnberg (Rep. 138/I), Nr. 199: Rechnungswesen 1790–96.

[58] Eigentlich Philipp Franz Joseph (Ritter) von Rhode, genannt Rhodius auf Gnadenegg. Zu seiner Person vgl. Riedenauer, Reichsverfassung (wie Anm. 10), S. 139.

[59] Vgl. Zwanziger, Friedr. Adolf v. Zwanziger (wie Anm. 10), S. 17; und Riedenauer, Reichsverfassung (wie Anm. 10), S. 127f.

Stimme. Damit unterschied sich das Abstimmverfahren der Kreistage wesentlich von dem des Reichstags, dessen weniger mächtige Mitglieder zu Kuriatsstimmen zusammengefaßt waren. Diesen Umstand fand offenbar schon Johann Jacob Moser merkwürdig: „Auf Reichs-Tägen haben zwar nur gantze Collegia von Prälaten und Grafen Stimmen; auf Crays-Tägen aber hat ein jeder Prälat eine eigene Stimm, welche so vil gilt, als ein Chur- oder Fürstliches Votum, und jedem Gräflichen Haus wird ebenfalls eine Stimm willig gestattet."[60]

Angesichts dieser nominellen Stimmengleichheit, so möchte man meinen, befand sich die Sitzverteilung im Kreiskonvent in einem offensichtlichen Widerspruch zu den politischen Machtverhältnissen in der Region. Diese stellten sich folgendermaßen dar. Die einflußreichsten, weil flächenmäßig größten Stände des Kreises waren ohne Zweifel Würzburg, Bamberg und die Markgrafentümer; Nürnberg hatte wegen wirtschaftlicher Defizite im 18. Jahrhundert bereits viel von seiner Machtstellung eingebüßt. Berücksichtigt man auch die gräflichen Häuser, so müßte man wohl zu einer ähnlichen Rangfolge innerhalb des Fränkischen Kreis kommen, wie es die Homann'sche Karte vom Anfang des 18. Jahrhunderts nahelegt. Der Zeichner vereinte dort unter der Überschrift: „Erster und Gröster Theil des gantzen Hochlöbl. Fränckischen Craisses" die Bistümer „Bamberg, Würzburg und Aichstett, die Marggr. Culmbach und Onoltzbach, das Hertzogt. Coburg, Fürstent. Schwartzenberg, Graffsch. Hohenlo, Castel, Limburg und Seinsheim" sowie „das Nürnbergische Gebiet"[61]. Glattweg „übersehen" wurden dabei der Deutsche Orden, Wertheim, Rieneck, Erbach, Reichelsberg, Schönborn und die kleineren Reichsstädte, die gleichwohl das volle Stimmrecht im Kreistag besaßen. Betrachtet man die jeweilige Finanzkraft, ergibt sich das gleiche schiefe Bild: von den Steuern des Kreises wurden beispielsweise über 40% noch im 18. Jahrhundert von Würzburg und Nürnberg allein gestellt.[62] Mit Blick auf den Gegensatz zwischen weltlichen und geistlichen Territorien schließlich wird man feststellen, daß die Bevölkerung der geistlichen Staaten im Kreistag rechnerisch unterrepräsentiert war. Den 562 000 Untertanen geistlicher Herrschaften (44,8%), die um 1800 in Franken lebten, entsprachen nur 14,8% der Stimmen im Kreistag; die übrigen 85,2% der Voten teilten sich die Vertreter von 100 000 Bürgern reichsstädtischer Provenienz (8%) und von 531 000 Einwohnern weltlicher Bezirke (47,2%).[63]

2. Amtsträger

Es wäre jedoch verfehlt, vom theoretischen Prinzip der Stimmengleichheit unmittelbar auf die Machtverhältnisse im Konvent zu schließen. Durch herausgehobene Funktionen, die vor allem die Markgrafen und das Hochstift Bamberg innehatten, wurde hier vieles relativiert.

---

[60] Moser, Teutsches Staatsrecht (wie Anm. 13), S. 357.
[61] Zit. nach: Brigitte Korn/ Gerhard Rechter, 500ste Wiederkehr der Gründung des Fränkischen Kreises. Eine Veranstaltung auf Burg Abenberg, in: Mitteilungen des Verbandes Bayerischer Geschichtsvereine 20, 2001, S. 25ff.; hier: S. 27.
[62] Übersichten über die Steuerleistungen im einzelnen geben Dotzauer, Reichskreise (wie Anm. 4), S. 87; und Sicken, Der Fränkische Kreis im Zeitalter der Aufklärung (wie Anm. 7), S. 63.
[63] Zahlen entnommen aus Hartmann, Der Bayerische Reichskreis (wie Anm. 6), S. 76.

Bereits in der Bankordnung spiegelte sich die innere Abstufung des Gremiums. Die Konventsmitglieder waren, dem Rang ihres Prinzipalen gemäß, auf vier Bänke verteilt, was der räumlichen Anordnung im Sitzungszimmer entsprach.[64] Den Bankvorsitz hatte der jeweils vornehmste Stand inne: bei den geistlichen Fürsten war dies der Bamberger Direktorialgesandte, die weltliche Fürstenbank führten die Markgrafen von Ansbach und Bayreuth im Wechsel, die Grafen- und Herrenbank wurde zuletzt von den Fürsten des Hauses Hohenlohe-Neuenstein geleitet,[65] und an der Spitze der Städtebank stand die Reichsstadt Nürnberg. Im politischen Alltag der Kreistagssitzungen war der Bankvorsitz freilich ohne große Bedeutung. Das Amt war aber mit einer Reputation verbunden, die nicht unterschätzt werden sollte, zumal nach der zeitgenössischen Theorie die Gesandten ihren Herrn verkörperten.[66] Auch bei der Titulierung und im Zeremoniell wurde das Dignitätsprinzip streng eingehalten: die fürstlichen Vertreter (Gesandte) rangierten vor denen der Grafen und Herren (Bevollmächtigte), welche wiederum den Vorzug vor den Abgeordneten der Städte (Deputierte) genossen.[67] Darüber hinaus bot der Bankvorsitz vor allem Gelegenheit zu diplomatischer Betätigung, da die Bankvorsitzenden den Kreis nach außen hin vertreten durften – erinnert sei nur an den eingangs geschilderten Empfang des kaiserlichen Gesandten Schlick.

Weitaus größere Relevanz für das Kreistagsgeschehen besaß dagegen das Ausschreibeamt.[68] Sein Inhaber entwarf die schriftlichen Einladungen zu den Kreistagen und ließ sie den einzelnen Mitständen zukommen. Diese sogenannten Konvokationsschreiben enthielten Angaben über Ort, Zeitpunkt und Inhalt der geplanten Versammlung. Ursprünglich gab der Ausschreiber von Amts wegen bloß die Initiativen des Kaisers oder des Reichstags weiter. In Franken war zunächst das Hochstift Bamberg zum Vermittler zwischen Reich und Kreis ernannt worden und hatte sich ob dieser Ehre sicher nicht nur gefreut, da die Aufgabe einigen Aufwand mit sich brachte. Nach der konfessionellen Spaltung richtete der Kaiser seine Aufforderungsschreiben

---

[64] Da Bilddarstellungen vom fränkischen Kreistag bis jetzt nicht bekannt wurden, entwirft Bernhard Sicken folgende Vorstellung vom Tagungsambiente in Anlehnung an das der anderen Kreise: „Die Bänke waren vermutlich im offenen Karree um einen Tisch gruppiert, an dem die Bamberger Direktorialgesandten den Ehrenplatz einnahmen und sich rechter Hand die geistlichen Stände und linker Hand die weltlichen Fürsten anschlossen; die folgenden Plätze werden auf Seiten der geistlichen Vertreter die gräflichen und auf Seiten der weltlichen die städtischen Gesandten besetzt haben. […] An einem zweiten Tisch fanden die Sekretäre Platz. Jeder Fürst durfte einen Sekretär entsenden, hingegen mußten sich die Grafen- und Städtebank mit je einem Sekretär begnügen." Vgl. Sicken, Der Fränkische Reichskreis (wie Anm. 4), S. 134. Von Moser, Teutsches Staatsrecht (wie Anm. 13), S. 258, ist übrigens eine Skizze zur Sitzordnung überliefert, die für die gleichzeitigen Tagungen mehrerer Kreise gilt.

[65] Zuvor war anscheinend umstritten, ob dieses Amt einem alle drei Jahre wechselnden Mitglied (Dotzauer, Reichkreise, wie Anm. 4, S. 84) oder dem Senior (Sicken, Der Fränkische Reichskreis, wie Anm. 4, S. 127) gebühren sollte; vgl. Riedenauer, Gesandter (wie Anm. 1), S. 315.

[66] Einen Einblick in das internationale Gesandschaftswesen der Zeit gibt Fritz Dickmann, Die Westfälischen Friedensverhandlungen, Münster 1959 (Neuaufl. 1998), S. 206–212.

[67] Vgl. Neugebauer-Wölk, Altes Reich (wie Anm. 10), S. 302. In der vorliegenden Arbeit werden diese Titel der Einfachheit halber weiterhin undifferenziert gebraucht. Rangstreitigkeiten führten aber offenbar noch 1782 zu einer ernsthaften Abkühlung der Beziehungen. Vgl. dazu Sicken, Leitungsfunktionen (wie Anm. 7), S. 261f.

[68] Überblick bei Dotzauer, Reichskreise (wie Anm. 4), S. 82f.

zusätzlich an die Markgrafen von Ansbach und Kulmbach, um auch die wichtigsten Vertreter des protestantischen Lagers anzusprechen, woraus diese allmählich ein Gewohnheitsrecht auf das Mitausschreibeamt ableiteten. Jahrelange erbitterte Auseinandersetzungen mit Bamberg waren die Folge, bis man sich am 11. August 1559 vertraglich auf die paritätische Ausübung des Ausschreibeamts einigte. In anderen Kreisen bildeten sich mit unterschiedlichen Hintergründen ähnliche Regelungen heraus.[69] Der Streit zwischen Bamberg und den Markgrafen zeigt, daß dem Ausschreibeamt eine wachsende Bedeutung zukam. Da sich der Kaiser aus der Kreispolitik zunehmend zurückzog, konnten die ausschreibenden Stände nunmehr selbst darüber entscheiden, ob, wann, wo und mit welchen Themen ein Kreistag einberufen werden sollte. Johann Jacob Moser zieht in seiner Bestandsaufnahme aus dem 18. Jahrhundert die Möglichkeit kaum noch in Betracht, daß ein Kreistag vom Kaiser angeregt werden könne. Bei ihm heißt es lapidar: „Die Bewegursachen, welche die Crays-Ausschreibende Fürsten zu Ansetzung eines Craystages veranlassen können, lassen sich auch unter keine gewisse genauere Regel bringen."[70]

Im Lauf der Zeit wurde das Ausschreibeamt allerdings zunehmend durch das Kreisdirektorium in den Schatten gestellt. Der Direktor des Kreises besaß das Recht, während der Verhandlungen „Mund und Feder" zu führen.[71] Dadurch wurde er angesichts der länger werdenden Sitzungsperioden des 17. und 18. Jahrhunderts immer mehr zur bestimmenden Figur. In den meisten Kreisen wurden beide Ämter in Personalunion ausgeübt; im Bayerischen Kreis, wo das Ausschreibeamt zwischen Salzburg und Bayern geteilt war, wechselten sich diese beiden Stände bei der Leitung der Konvente turnusmäßig ab.[72] In Franken aber hatte der Bamberger Bischof noch im Vertrag von 1559 dieses Recht allein behaupten können, woran auch der bis ins 18. Jahrhundert anhaltende Kampf der Markgrafen um die Anerkennung als Kondirektor nichts ändern sollte. Die vertragliche Gleichstellung von Direktorium und Ausschreibeamt im Februar 1795 war schließlich eher eine Formsache.[73] Denn zu diesem Zeitpunkt hatte sich die preußische Administration der Markgraftümer ohnehin bereits weitgehend aus der Kreispolitik zurückgezogen.

3. Machtbalance

Der preußische Administrator in Franken, Karl August von Hardenberg, hat aus seiner Antipathie gegen den fränkischen Kreistag keinen Hehl gemacht. Zwar dürfte seine Schelte gegen das „schädliche Einheits=, Gesamtheits= und Souveränitäts-

---

[69] Vgl. Hartmann, Kreistage (wie Anm. 11), S. 33.
[70] Moser, Crays-Verfassung (wie Anm. 18), S. 315. Moser hebt außerdem hervor, daß der Ausschreiber gegenüber dem Kaiser keine Benachrichtigungspflicht habe: „Vormahls wurde darüber gestritten: Ob es erlaubt seye, Crays-Täge auszuschreiben und zu halten, ohne daß man bey dem Kayser um Bewilligung darzu ersucht, oder wenigstens demselben Nachricht von dem Vorhaben ertheilet hätte? […] Nunmehro geht es nicht mehr an, daß der kayserliche Hof es wagen dörffte, dergleichen zu unternehmen." Vgl. ebd., S. 319f.
[71] Einführend Dotzauer, Reichskreise (wie Anm. 4), S. 83; Sicken, Leitungsfunktionen (wie Anm. 7), S. 254–261.
[72] Vgl. Hartmann, Der Bayerische Reichskreis (wie Anm. 6).
[73] Vgl. Sicken, Leitungsfunktionen (wie Anm. 7), S. 272f.

system"⁷⁴ nicht vollständig wörtlich zu nehmen sein, doch die Einschätzung, daß der Konvent auf einem annähernden Gleichgewicht der Kräfte beruhte, wird auch von der Forschung zumeist geteilt.⁷⁵ Damit ist zum einen gemeint, daß sich die potenteren Stände des Kreises untereinander durch die spezifische Besetzung der Ämter ungefähr die Waage hielten. Ähnliches gilt aber auch für das Verhältnis zwischen den großen und den mindermächtigen Kreisständen. In den Quellen ist in diesem Zusammenhang des öfteren von der „concertmäßigen" Abstimmung der Mitglieder die Rede – die bekannte Denkfigur des 19. Jahrhunderts scheint hier schon vorweggenommen. Eine entsprechend ausbalancierte Machtkonstellation war die Grundvoraussetzung für das Funktionieren der Kreisverfassung. Denn wo jedem Mitglied Einflußmöglichkeiten offenstanden und die Gefahr gering war, von einem einzelnen mächtigen Kreisstand politisch ins Abseits gedrängt zu werden, entwickelte die Zusammenarbeit im Kreis offensichtlich eine besondere Attraktivität. Wenn gerade der Fränkische und der Schwäbische Kreis mit ihrer vielherrigen Struktur die größte Dynamik entfalten konnten, mag dies darauf zurückzuführen sein. Bislang ist allerdings noch wenig darüber bekannt, inwiefern die Kreise von den mindermächtigen Ständen als ein Instrument der Selbstbehauptung gegen die Arrondierungsbestrebungen der größeren Nachbarn genutzt wurden. Immerhin hatte der Fränkische Kreis in seiner vielherrigen Zusammensetzung auch die Übergriffe von Preußen und Österreich nach dem Siebenjährigen Krieg überlebt. Zur Zerreißprobe kam es allerdings, als Preußen durch die Übernahme der Markgraftümer selbst zum Mitglied des Fränkischen Kreises wurde. Darauf machte vor hundert Jahren schon Richard Fester aufmerksam: „Dem festen Gefüge der fränkischen Kreisverfassung konnte nur ein Moment lebensgefährlich werden, der Eintritt einer Großmacht in den Kreisverband. Das Erstarken und Wachstum der Territorien hat namentlich in Norddeutschland die Kreisverfassung gesprengt. [...] Auch in Franken haben durch das Aussterben älterer Grafenhäuser größere Territorien wie Hessen-Cassel, Kursachsen, die Ernestiner und zuletzt noch Württemberg Fuß gefaßt. In der Hauptsache blieb der Territorialbestand unverändert und bildete ebendeswegen eine Gewähr des Beharrens. Erst der Eintritt Preußens in den Kreis sollte auch hier die Jahrhunderte alte Genossenschaft sprengen. Nicht umsonst hat schon zu Anfang des Jahrhunderts Franz Lothar von Schönborn als Kreisdirektor den drohenden Anfall von Bayreuth und Limburg an die norddeutsche Großmacht mit allen Kräften abzuwenden gesucht."⁷⁶

In den Sitzungen von 1790/91 stand man noch am Vorabend dieser Entwicklungen. Auch wenn der Rücktritt von Markgraf Alexander bereits abzusehen war,⁷⁷ entluden sich die Gegensätze im Kreistag allenfalls in abgemilderter Form. So schien zum Beispiel eine Differenz, die sich zwischen dem markgräflichen Gesandten und dem Direktorialgesandten im Frühjahr 1791 wegen der Rangfolge auftat, eher als Form-

---

⁷⁴ Zit. nach Sicken, Der Fränkische Kreis im Zeitalter der Aufklärung (wie Anm. 7), S. 74.
⁷⁵ Vgl. etwa Mohnhaupt, Verfassungsrechtliche Einordnung (wie Anm. 12), S. 16.
⁷⁶ Fester, Franken (wie Anm. 2), S. 27. Mit den „Kollisionen [...], die nach den eigentümlichen Verhältnissen Frankens entstehen mußten, sobald ein großer, unabhängiger Monarch den Besitz der fränkischen Fürstentümer erhielt", begründete in der Rückschau denn auch Soden als markgräflicher, dann preußischer Gesandte seinen 1796 eingereichten Rücktritt; Soden, Briefe (wie Anm. 10), S. 7.
⁷⁷ Soden, Briefe (wie Anm. 10), S. 4.

sache betrachtet zu werden. Es ging dabei um das Konzept der Rede, mit der der Direktorialgesandte bei der Vertagung am 29. März den Konvent verabschieden wollte. Dort sollten die vornehmsten Kreisstände in der folgenden Reihenfolge genannt werden: „Ihrer hochfürstl. gnaden zu Bamberg und Würzburg, dann des herrn marggrafens zu Onolz- und Culmbach hochfürstlicher durchlaucht." Nach einer Ermahnung durch den markgäflichen Gesandten „wegen des bekanntlich brandenburgischer seits vor Würzburg behauptenden rangs" wurde die Stelle offenbar anstandslos korrigiert.[78] Auch bei den übrigen Kreisständen war das Potential für Konflikte vorhanden, wie Erwin Riedenauer analysiert: „Das Deutschmeistertum war über Köln mit Wien verknüpft, Eichstätt hatte wenig Macht und Initiative, Nürnberg viele Schulden und Hohenlohe Zwist im Hause."[79] Dennoch scheinen freundschaftliche Beziehungen untereinander und ein gemeinsames Interesse an der Sache die Stimmung im Konvent beherrscht zu haben. Scheinbar unbeeindruckt von den wachsenden Spannungen ging alles seinen gewohnten Gang. Doch werfen wir einen Blick auf das Geschehen im einzelnen.

IV. Verhandlungsalltag des Kreistages 1790/91

1. Sitzungsauftakt

Ohne Vorbesprechungen[80] und ohne großen Pomp war der Kreistag am 9. November 1790 eröffnet worden. In der vorhergehenden Sitzungsperiode war er ohnehin nur prorogiert, das heißt ohne ordentlichen Kreisrezeß vertagt worden.[81] Die erste Handlung beim neuen Treffen bestand offenbar, soweit dies aus den Protokollen hervorgeht, schlicht in der Akkreditierung zweier Gesandter. Auch der brandenburgische Gesandte von Soden berichtete in der ersten Tagungswoche nur knapp nach Hause: „Da die mehresten gesandschafften, am schluß der vorigen woche, in der crais-mahlstatt eingetroffen sind, so ist heute der prorogirte craistag, mit der 45ten sizung eröffnet worden."[82] Als abwesend wurden die Vertreter des Deutschen Ordens, von Schwarzenberg, Löwenstein-Wertheim, Hohenlohe-Neuenstein, Castell, Wertheim, Erbach, Limpurg-Speckfeld und Seinsheim vermerkt, die sich aber bald einfinden sollten.[83] Das Direktorium ging dann sofort zur Routine über. Das bedeutete, daß zunächst eine Reihe von Schreiben zu den unterschiedlichsten Angelegenheiten ver-

---

[78] Proponenda 1785–91 (wie Anm. 25), Schreiben Sodens vom 29. März 1791; als Beilage erhalten ist eine Kopie des Redekonzepts, in dem die vorgenommenen Korrekturen mit rotem Bleistift eingezeichnet wurden.

[79] Riedenauer, Gesandter (wie Anm. 1), S. 274.

[80] Vorbesprechungen waren nicht nur ein Phänomen in der Frühzeit des Kreises, als die eigentlichen Konvente noch innerhalb weniger Tage abzuwickeln waren und zu seiner Entlastung vieles bereits im Vorfeld geklärt wurde; auch im Hinblick auf das 18. Jahrhundert berichtet Bernhard Sicken noch von Präliminarkonferenzen, bei denen die Haltung zu den wichtigsten Beratungspunkten „in groben Zügen" abgesprochen werden sollte; vgl. Sicken, Der Fränkische Reichskreis (wie Anm. 4), S. 132.

[81] Proponenda 1785–91 (wie Anm. 25), Schreiben vom 23. März 1790.

[82] Proponenda 1785–91 (wie Anm. 25), Schreiben Sodens vom 9. Nov. 1790. Der Direktorialgesandte hatte das Recht zu entscheiden, wann die Tagung beginnen sollte, auch wenn ein Teil der Stimmberechtigten noch fehlte; vgl. Sicken, Der Fränkische Reichskreis (wie Anm. 4), S. 131.

[83] Protokolle 1790/91 (wie Anm. 1), 45. Sitzung vom 9. November 1790.

lesen wurden. Bei Dingen, die auf dem Postweg zu klären waren, lieferte der Direktorialgesandte seinen Vorschlag für ein passendes Antwortschreiben meist gleich hinterher. Der Konvent – in den Protokollen wird in diesem Zusammenhang fast immer die Sammelbezeichnung verwendet – konnte sich nun dazu äußern. In den seltensten Fällen erhob einer der Anwesenden Einwände gegen die Vorschläge des Direktoriums; selten auch wurde wegen fehlender Instruktionen eine Verschiebung erbeten. Anträgen, Ergänzungen oder Einwänden von Mitständen wurde sofort Gehör geschenkt. Die Antwortschreiben, je nach Inhalt sogenannte „Signaturen" oder „Pro Memoria", wurden in den sitzungsfreien Tagen ausgearbeitet, dem Konvent noch einmal zur Absegnung vorgelesen und dann zur Post („Expedition") gegeben. War ein Kreisstand besonders betroffen, wurde ihm die Abfassung des Briefes übertragen. Dieser Ablauf wiederholte sich nicht nur zum Auftakt jeder einzelnen Sitzung – oft verging der ganze Sitzungstag in diesem Stil.

2. Maßnahmen zur Entlastung des Plenums

Auch wenn das Direktorium bei diesen Vorgängen absolut dominierend war,[84] boten sich für die anderen Stände im Hintergrund verschiedene Möglichkeiten der Einflußnahme. Zu denken ist zunächst an inoffizielle Treffen. Im Winter 1790/91 wurde meist zweimal pro Woche getagt, also etwas seltener als in den von Bernhard Sicken untersuchten Zeiträumen;[85] allerdings nahm die Tagungsfrequenz gegen Ende der Sitzungsperiode deutlich zu. Trotzdem ließen die mehrtägigen Pausen zwischen den einzelnen Sitzungen sicher genug Raum für private Kontakte der Abgeordneten, deren Bedeutung schwer meßbar ist.[86] Dabei kamen wohl die freundschaftlichen Beziehungen einzelner Abgeordneter zum Tragen, vielleicht auch die Mitgliedschaft der Gesandten Zwanziger, Rhodius, Soden und eventuell des Direktorialgesandten Joseph Philipp von Oberkamp in freimaurerischen Vereinigungen, die schon Monika Neugebauer-Wölk in einen Zusammenhang mit der Politik des Fränkischen Kreises gestellt hat.[87] Selbst das vielgeschmähte Zeremoniell, die öffentlichen Auffahrten und Empfänge der Gesandten im Umfeld der Tagungen, wird man als ein zeitgenössisches Mittel der Politik in Zukunft stärker würdigen müssen.[88] Sicher blieben dem Plenum durch vorhergehende Sondierungsgespräche einige langwierige und hitzige Auseinandersetzungen erspart.

Ein konkretes Rationalisierungsprojekt wurde am Ende der Sitzungsperiode 1789/90 durchgesetzt. Ins Leben gerufen hatte es der schwarzenbergische Gesandte

---

[84] Auf den bedeutenden Einfluß des Direktoriums bei den Sitzungen hat auch Bernhard Sicken bereits mehrfach hingewiesen; vgl. Sicken, Der Fränkische Reichskreis (wie Anm. 4), S. 139.

[85] Die Tendenz war offenbar insgesamt abnehmend: im Dreißigjährigen Krieg wurde noch von Montag bis Samstag getagt wurde, und um 1700 hielt man immerhin noch 4–5 Sitzungen pro Woche; vgl. Sicken, Der Fränkische Reichskreis (wie Anm. 4), S. 133.

[86] Ähnlich schon Sicken, Der Fränkische Reichskreis (wie Anm. 4), S. 139, und Neugebauer-Wölk, Altes Reich (wie Anm. 10), S. 319.

[87] Neugebauer-Wölk, Altes Reich (wie Anm. 10), S. 307ff. Vgl. auch Zwanziger, Friedr. Adolf v. Zwanziger (wie Anm. 10), S. 16, 21.

[88] Im Bezug auf den Reichstag ist in dieser Hinsicht bereits eine Revision im Gange. Vgl. Burkhardt, Verfassungsprofil (wie Anm. 17), S. 177.

Rhodius, der die „künftige abkürzung der crais-täge, die verminderung der damit verbundenen kösten und die geschwindere beendigung der geschäffte" im Auge hatte und dazu vorschlug, daß die Gegenstände, die schon öfter ohne konkretes Ergebnis behandelt wurden, „dissoluto conventu bearbeitet und bey der nächsten versamlung zur ordnungsmäßigen abstimmung vorgetragen werden mögten."[89] So hatte die Würzburger Kreisdelegation beispielsweise in der Sitzungspause die Prüfung von Mustern für die Montur des Kreismilitärs übernommen und konnte dem Konvent die Ergebnisse Ende November vorlegen.[90]

Auch im Konferenzraum wurden manche Fragen unter Ausschluß des Protokolls beraten. In den Aufzeichnungen über die Sitzung vom 25. November 1790 heißt es an einer Stelle lediglich, daß sich die Gesandten „conferentialiter" auf eine „Signatur", den Kreisschuldenstand betreffend, verständigten, die in der folgenden Sitzung standardmäßig verlesen und abgesegnet wurde.[91] Ebenso wurde zwei Monate später der Entwurf für die Verordnung zum Armenwesen bereits im Vorfeld der eigentlichen Verhandlungen erarbeitet. Der brandenburgische Gesandte schildert in einem Schreiben nach Ansbach, wie die entsprechenden „Punctationen" des Konvents zustandekamen: „[...] um die berathung zu erleichtern, sezte ich nach dem wunsche der hochfstl. bamberg. gesandschafft eine skizze der in dieser materie zu erlaßenden allgemeinen crais verordnung auf [...]. Das directorium hat hierauff eine konferenz über diesen gegenstand veranlaßt, in welcher jene skizze so wie die vielen anderen directorialpropositionen und bamberg. abstimmung zum grunde gelegt, und in und zwischen konferenz sich über den ebenfalls bey gehenden entschluß eines allgemeinen krais schlußes in der absicht vereinigt wurde, damit sämtl. gesandschafften zur gleichförmigen berichts erstattung an ihre höfe veranlaßt werden und sich darüber mit verhaltungs befehlen versehen laßen könten."[92]

Schließlich gab es die Möglichkeit, den eigenen politischen Vorstellungen durch die Mitarbeit in Ausschüssen zur Durchsetzung zu verhelfen. Diese Form der Arbeitsteilung kannte man am Reichstag schon lange;[93] auf den Kreistagen hatte sie im 17. Jahrhundert Einzug gehalten. Es lassen sich im wesentlichen zwei Formen von Ausschüssen unterscheiden.[94] Auf der einen Seite gab es die Ordinarii-Deputation (auch „ordinaire Deputation" oder „Rechnungs-Deputations-Konvent" genannt) als

---

[89] Proponenda 1785–91 (wie Anm. 25), Schreiben vom 23. März 1790.
[90] Protokolle 1790/91 (wie Anm. 1), 50. Sitzung vom 25. Nov. 1790.
[91] Ebd., 50./ 51. Sitzung vom 25. Nov./ 6. Dez. 1790.
[92] StA Nürnberg, Fürstentum Ansbach, Kreismanualakten (Rep. 138/II), Nr. 475: Maßnahmen gegen das Bettelwesen 1789/91, Schreiben vom 1. Febr. 1791. Bei der Ausarbeitung von Gesetzesentwürfen bediente man sich ferner nicht nur in diesem Fall der Mandate oder Bestimmungen einzelner Mitgliedstaaten, die offensichtlich als Verlgeichsmaßstab oder Vorbild herangezogen wurden und ebenfalls Teil der Verhandlungsdossiers sind; vgl. StA Bamberg, Akten des fränkischen Kreisdirektoriums (Rep. H 3), Nr. 9 (Acta das Armenwesen in den fränkischen Kreislanden betr. Ao. 1791).
[93] Zu den Anfängen im 16. Jahrhundert vgl. Oestreich, Parlamentarische Arbeitsweise (wie Anm. 21), S. 245f. und 258–278, sowie allgemein Heinz Duchhardt, Deutsche Verfassungsgeschichte 1495–1806, Stuttgart 1991, S. 93f.
[94] Zur generellen Klassifikation vgl. Sicken, Der Fränkische Reichskreis (wie Anm. 4), S. 126f. Er spricht in diesem Zusammenhang von einer „Vorstufe zu einer Ressortbildung"; Sicken, Leitungsfunktionen (wie Anm. 7), S. 275.

beständigen Kassenprüfungs-Ausschuß. Er wurde in der Regel von den Bankvorsitzenden gebildet wurde und trat in der Zeit vom 9. November bis zum 9. Dezember 1790 einmal vor den versammelten Konvent, um den Mitständen von der Abhörung der Rechnung zu berichten.[95] Die Arbeit war ehrenamtlich. Über eine Vergütung der Mehrarbeit wurde am 25. November 1790 (offenbar zum wiederholten Male) kurz gesprochen, die Frage aber auf weitere Instruktionseinholung vertagt.[96]

Eine zweite Art von Ausschüssen stellten die *ad hoc* gebildeten Extra-Deputationen dar. Sie dienten als Untersuchungs-Kommissionen in den unterschiedlichsten Angelegenheiten und konnten frei besetzt werden. „Es geschieht ein solches", so heißt es bei Johann Jacob Moser, „wann entweder eine Materie sehr geheim gehalten werden solle, oder wann sie nicht so wichtig ist, daß das Plenum sich damit bemühen sollte, oder wann sie allzuweitläufftig ist und zu vil Zeit und Kosten erforderte, als daß man sie in Pleno vornehmen könnte".[97] In der Sitzungsperiode von 1790/91 existierten mindestens fünf Extra-Deputationen parallel zu den Plenarsitzungen beziehungsweise wurden im Laufe des Konvents eingerichtet. Sie beschäftigten sich mit militärischen und finanzpolitischen Fragen.[98] Üblicherweise waren sie mit zwei Personen besetzt,[99] wie etwa die Kommission zur „Herrenthierbacher campements sache". Diese wurde am 22. Januar 1791 in der Hoffnung initiiert, daß die Angelegenheit zu „einmaliger und baldigen berichtigung […] durch eine extra-deputation vorbereitet und ins klare gesezt werden mögte; als wodurch noch die von dem kreiß nicht übernommen werden wollende […] kösten beseitiget würden. […] Und wurde hiezu per majora der hochfürstl. brandenburgische herr geheim-rath und gesandte graf von Soden, dann der fürstl. schwarzenbergi. herr gesandte von Rhodius ernannt; welch beede zu übernehmung dieses geschäffts […] sich willfährig erklärte."[100] Die genaue Arbeitsweise dieser und anderer Extra-Deputationen wäre, soweit dies die Überlieferungslage ermöglicht, noch zu erforschen. Die Beteiligten selbst hatten offenbar eine recht hohe Auffassung von der Leistungsfähigkeit ihrer Ausschüsse. So berichtete der Gesandte Soden im Februar 1791 selbstbewußt nach Ansbach: „Nur muß ich bemerken, daß […] bey diesem craißtag, sowohl beym convent als in deputatione ordinaria und in den extra-deputationen wircklich weit mehr als in vorigen zeiten gearbeitet worden ist."[101] Damit hatte er sicher nicht so unrecht, muß man doch das Ausschußwesen als Zeichen für eine Rationalisierung der Arbeitsweise ansehen, das außerdem allen Gesandten breite Möglichkeiten zur Partizipation einräumte.

---

[95] Protokolle 1790/91 (wie Anm. 1), 49. Sitzung vom 22. November 1790.
[96] Ebd., 50. Sitzung vom 25. Nov. 1790.
[97] Moser, Teutsches Staatsrecht (wie Anm. 13), S. 275.
[98] Nach einem Bericht von Sodens an Hardenberg, vgl. Proponenda 1785–91 (wie Anm. 25), Schreiben vom 3. Febr. 1791 (Beilage); sowie nach Auskunft des Konvokationsschreibens zum Kreistag 1791/92; vgl. ebd., Schreiben vom 2. Okt. 1791 (Beilage).
[99] Vgl. Sicken, Der Fränkische Reichskreis (wie Anm. 4), S. 127.
[100] Protokolle 1790/91 (wie Anm. 1), 63. Sitzung vom 22. Jan. 1791.
[101] Bericht von Sodens an Hardenberg. Proponenda 1785–91 (wie Anm. 25), Schreiben vom 3. Febr. 1791 (Beilage).

3. Abstimmungsverfahren

Wenn der Direktorialgesandte die Abstimmung über einen Gegenstand für ausreichend vorbereitet hielt, kündigte er ihn für eine der kommenden Sitzungen zur Proposition (auch: „Deliberation") an. Dies konnte zum Beispiel folgendermaßen vor sich gehen: am Ende der Sitzung vom 15. Februar 1791 bemerkte das Direktorium, „wie es in balden die sache wegen des armen-wesens in proposition bringen werde; sämtliche vortrefliche gesandschafft- und herren kraiß-bevollmächtigte mögten also sehen, ihre instructiones in balden zu erlangen."[102] Nach einer Prinzipienrede über die allgemein-menschliche Bedeutung des Themas gab das Direktorium in der nächsten Sitzung den Mitständen eine Liste von sieben Einzelfragen als Anregung mit auf den Weg.[103] Auf deren Grundlage wurde am 22. Februar schließlich die Umfrage eingeleitet.[104]

Die Stimmabgabe der einzelnen Kreisstände geschah stets in der Reihenfolge ihrer Rangordnung, allerdings votierten die geistlichen und weltlichen Fürsten abwechselnd, und Bamberg als Inhaber des Direktorenamts stimmte als letztes. Daraus ergab sich im ausgehenden 18. Jahrhundert diese Reihenfolge: Würzburg, Ansbach, Eichstätt, Bayreuth, Deutscher Orden, Henneberg-Schleusingen/-Römhild/-Schmalkalden, Schwarzenberg, Löwenstein-Wertheim, Hohenlohe-Waldenburg/-Neuenstein, Castell, Rieneck, Erbach, Limpurg-Speckfeld/-Gaildorf, Seinsheim, Schönborn, Reichelsberg, Nürnberg, Rothenburg, Schweinfurt, Windsheim, Weißenburg und Bamberg. Die Stimmabgabe erfolgte nicht per Handzeichen, sondern in Form ausgearbeiteter Plädoyers. Wer noch keine Instruktion besaß, konnte sich unter Vorbehalt („sub spe rati") äußern oder mit dem Hinweis auf „defectum instructionis" auf einen späteren Zeitpunkt vertrösten. Dieser Kreisstand wurde dann einstweilen übersprungen. Auf diese Weise konnte ein Votum beliebig lang verzögert werden. Bei den Verhandlungen zum Armen-Wesen etwa waren trotz der wiederholten Ankündigung noch 24 Stände ohne Instruktion, als die Beratungen am 22. Februar 1791 eröffnet wurden.

Es war aber zur Entscheidungsfindung nicht unbedingt nötig, daß alle Stände ihre Stimme abgaben, denn die einfache Mehrheit der Stimmen reichte für einen gültigen Beschluß. Das Mehrheitsprinzip war für die Kreisversammlungen seit dem 16. Jahrhundert in der Theorie bindend und war in der Folgezeit mehrfach bestätigt worden, wenn auch nicht unangefochten.[105] Die Differenzen in diesem Punkt, die den fränkischen Kreistag sogar noch im Jahr 1782 beschäftigt hatten,[106] waren in der letzten Dekade des 18. Jahrhunderts anscheinend beigelegt. Im Frühjahr 1790 gab Bamberg zum Beispiel der Vertagung des Konvents ausdrücklich wegen „vorliegender überwiegender stimmen-mehrheit" statt.[107] Die meisten Sonderfälle im Abstimmungsver-

---

[102] Protokolle 1790/91 (wie Anm. 1), 70. Sitzung vom 15. Febr. 1791.
[103] Ebd., 71. Sitzung vom 18. Febr. 1791.
[104] Ebd., 72. Sitzung vom 22. Febr. 1791.
[105] Z. B. in den Reichstagsabschieden von 1559 § 44 sowie 1654 § 183; vgl. Mohnhaupt, Verfassungsrechtliche Einordung (wie Anm. 12), S. 13. Zur mäßigen Akzeptanz des Mehrheitsprinzips bis ins 18. Jahrhundert vgl. jedoch Sicken, Der Fränkische Reichskreis (wie Anm. 4), S. 144f.
[106] Vgl. Sicken, Leitungsfunktionen (wie Anm. 7), S. 266–270.
[107] Proponenda 1785–91 (wie Anm. 25), Schreiben von Sodens vom 23. März 1790.

fahren, wie sie Johann Jacob Moser seitenweise aufgelistet hat,[108] kamen im Winter 1790/91 erst gar nicht zum Tragen, da alle Kreisstände vollzählig vertreten waren. Allerdings achtete das Direktorium offenbar darauf, daß eine möglichst breite Beteiligung an den Abstimmungen gewährleistet war. Wenn ein Stand sein Votum wegen Instruktionsmangel nicht einbringen konnte, so mußte er mit regelmäßigen Ermahnungen durch den Bamberger Gesandten rechnen. Und als die nürnbergische Delegation bei den Verhandlungen über „verschiedene reichs-stadt nürnbergische angelegenheiten" vor die Tür gestellt wurde, ersuchte Bamberg die bis dahin von Nürnberg vertretenen Städte, einen eigenen Bevollmächtigten zu entsenden: „So mögte herr stimm-vertretter den ehemaligen herrn creiß-bevollmächtigten herrn consulent Walter hievon benachrichtigen und ihn ersuchen ehebaldigst auf seinen ehemaligen posten anhero zu kommen, damit auch in diesem fall die städtische banck besezt seÿe, welches der reichs-stadt rothenburgische stimm-vertretter zu besorgen zusicherte."[109]

4. Abstimmungsergebnisse

Es war Sache des Direktoriums, eine Abstimmung für beendet zu erklären.[110] Soweit es aus den untersuchten Akten hervorgeht, hat Bamberg dieses Recht 1790/91 nicht für eigenmächtige Beschlußfassungen ausgenutzt, sondern auf Konsens mit den übrigen Kreisständen gebaut. Das Abstimmungsergebnis wurde vom Direktorium außerhalb der Sitzungen formuliert und dem Konvent anschließend nochmals zur Absegnung vorgelesen. In der Sache des Armenwesens waren die letzten Voten am 24. März 1791 zu Protokoll gegeben worden: bis dahin hatten die Stimmen des Deutschmeisters, von Hohenlohe-Waldenburg, Nürnberg, Windsheim, Schweinfurt und Weißenburg gefehlt.[111] In der darauffolgenden Sitzung „hat directorium beÿ eröfnung heutiger sizung das – nach lezter convents-entschliesung entworfene conclusum in der armen-versorgungs-sache [...] verlesen, welche sämtl. nach welcher geschehener veränderung genehmiget und zur expedition und dictatur gegeben wurden."[112] Danach stand noch die Veröffentlichung der getroffenen Entscheidungen an. Dazu erhielten die Kreisstände eine bestimmte Anzahl der in Druck gegebenen Patente zum Bettelwesen. Dem Ansbacher Hof wurden zum Beispiel 95 Exemplare „zur verteilung und bekanntmachung an die gst. hochfstl. stellen und ämter" zugeschickt.[113]

---

[108] So z. B. die Regelungen über schriftliche Stimmabgabe; vgl. Moser, Crays-Verfassung (wie Anm. 18), S. 306 und 340; ders., Teutsches Staatsrecht (wie Anm. 13), S. 360–368; Sicken, Der Fränkische Reichskreis (wie Anm. 4), S. 131.
[109] Protokolle 1790/91 (wie Anm. 1), 59. Sitzung vom 8. Jan. 1791.
[110] Vgl. Sicken, Der Fränkische Reichskreis (wie Anm. 4), S. 144.
[111] Protokolle 1790/91 (wie Anm. 1), 82. Sitzung vom 24. März 1791.
[112] Ebd., 83. Sitzung vom 28. März 1791. Über das Zustandekommen der „Conclusa" ist bislang wenig bekannt. Aufschlußreich sind in diesem Zusammenhang vor allem die Akten des Bamberger Kreisarchivs. Bei den Verhandlungen zum Bettelwesen fertigte das Direktorium 1791 anscheinend zuerst eine nach Einzelpunkten geordnete Übersicht über diejenigen Voten an, die substantielle Aussagen enthielten. Auf diese Weise wurde den Meinungen jeweils das Prädikat „aufzunehmen" oder „cadit" verliehen. Diese Vorarbeiten für das „Conclusum" machen einen erstaunlich gewissenhaften und systematischen Eindruck. Vgl. Acta das Armenwesen in den fränkischen Kreislanden betr. Ao. 1791 (wie Anm. 93).
[113] Maßnahmen gegen das Bettelwesen 1789/91 (wie Anm. 92), Schreiben vom 29. März und vom 9. April 1791.

Außerdem sandte man Kopien des Patents an die Ausschreibämter des Oberrheinischen, Schwäbischen, Bayerischen und Sächsischen Kreises, um, wie es im entsprechenden Begleitschreiben heißt, „fremdherrischen bettlern aber den weeg in dießeitige kreißlande zu verlegen [...]. Diese unternehmung kan und wird nur alsdenn gelingen, wenn auch höchstdenselben gefällig ist, solche absicht mit höchst ihro beyfall zu würdigen, in benachbarten kreißlanden auf vorliegenden wichtigsten aller policey gegenstände gleich eyfrige rücksicht nehmen, und zu einem um die leidende menschheit höchst verdienstlichen endzweck eben so thätig beywircken zu laßen."[114]

Die Frage, wer angesichts dieser Rahmenbedingungen letztlich die Politik des fränkischen Kreistags bestimmte, wird man für jeden Fall gesondert prüfen müssen. In der Forschung überwiegt bislang die Auffassung, daß die großen Stände die Politik im wesentlichen unter sich ausmachten, während die Mindermächtigen sich als Mehrheitsbeschaffer vereinnahmen ließen, dabei in der Regel konfessionellen Erwägungen folgend. Winfried Dotzauer urteilt zum Beispiel: „Da die kleineren Stände sich häufig an den größeren ausrichteten, mit ihren Instruktionen zurückhielten sowie häufig *per majora* stimmten, vollzogen sich die Meinungsbildung und Abstimmung nicht als Produkte parlamentarischer Gleichberechtigung eines selbstverantwortlichen Mandatsträgers, allerdings auch nicht absolut gegenteilig als Diktat der Dominanz eines oder mehrerer überlegener Stände."[115] Und Bernhard Sicken hat – wohl zu Recht – darauf hingewiesen, daß die mindermächtigen Stände trotz ihrer arithmetischen Überlegenheit keine Beschlüsse gegen den Willen der großen Stände durchzusetzen versuchten.[116] Diesen Eindruck vermitteln auch die Akten der Sitzungen vom Winter 1790/91. Die größten Redeanteile gehörten neben dem Direktorium wohl Würzburg und Brandenburg, aber auch der schwarzenbergische Gesandte Rhodius setzte in den Beratungen oft eigene Akzente. Eher blaß bleibt anhand der Sitzungsprotokolle die Rolle des Castell'schen Gesandten Zwanziger, der doch wegen seiner sieben Mandate und der Verfemung durch Hardenberg noch weithin in dem Ruf steht, seiner Zeit die „Seele dieses Systems und der Diktator der ganzen Kreisversammlung"[117] gewesen zu sein. Allerdings spielte sich ein Hauptteil seiner politischen Tätigkeit sicher abseits des Plenums, im Finanzausschuß, ab, denn Haushaltsfragen waren sein Spezialgebiet.[118] Weitgehend entkräftet hat die Gerüchte über Zwanziger schon der kaiserliche Gesandte Schlick in einem Bericht aus dem Jahre 1792: „Der Vorwurf, als wäre er Dictator im Kreise, als könnte man ihn auf ein oder andere Seiten leiten, scheinet meiner Meinung nach, vermög dem, so ich bemerken konnte, die Folge des Neides verschiedener seinen Platz suchenden Leute, keineswegs aber der Wahrheit gemäß zu sein."[119] Dieser Einschätzung wird man mit Blick auf die Zeit um 1791 wohl zustimmen können.

---

[114] Akten 1790/91 (wie Anm. 44), Briefvorlage vom 28. März 1791.
[115] Dotzauer, Reichskreise (wie Anm. 4), S. 84.
[116] Vgl. Sicken, Der Fränkische Reichskreis (wie Anm. 4), S. 124ff; ders., Der Schweinfurter Kreistag 1744/45 (wie Anm. 4), S. 275.
[117] Bericht Hardenbergs vom 7. Juni 1797; zit. nach Zwanziger, Friedr. Adolf v. Zwanziger (wie Anm. 10), S. 33.
[118] Vgl. Riedenauer, Kreisverfassung (wie Anm. 10), S. 133.
[119] Aus einem Bericht an den Staatskanzler vom 25. 1. 1792; zitiert nach Riedenauer, Gesandter (wie Anm. 1), S. 324. Die Schilderungen Schlicks scheinen die Zustände am Kreistag um 1791 allgemein relativ gut zu erfassen.

Bei den Beratungen über das Armenwesen, um das Beispiel noch einmal zu aufzugreifen, hatte sich Zwanziger jedenfalls ebenso zurückgehalten wie die meisten seiner Mitstände. Beratungsbedarf in dieser Sache hatten offenbar vor allem die Hochstifte Bamberg und Würzburg gesehen, die als geistliche Territorien am meisten unter dem Ansturm von Bettlern gelitten haben dürften.[120] Bezeichnenderweise war nur durch Würzburg, Schwarzenberg und Bamberg bereits zu Beginn der Abstimmung ein ausführliches Votum vorgelegt worden; diese füllen dafür in der Summe gleich ungefähr vierzig Seiten des Protokolls. Nicht allein Desinteresse, eher schon Mißmut spricht dagegen aus der Stellungnahme Erbachs: „Müsse sich auch hiebeÿ auf seine eigenthümliche unangenehme lage beziehen, nach welcher die grafschaft Erbach alle incommoda, aber durchaus keine commoda von den fränkischen kraiß-verband zu tragen, und folglich von den besten einrichtungen und verordnungen des hochlöbl. kraißes für sich selbst keinen nutzen habe."[121] Zwar reichten auch Eichstätt, Hohenlohe-Neuenstein, Brandenburg und die Städte noch umfangreichere Voten nach, doch folgte das Konklusum in den wesentlichen Punkten den vor Abstimmungsbeginn ausgehandelten „Punctationen".[122] Bei den Verhandlungen zum Armenwesen vom Frühjahr 1791, wenn man ein Resümee ziehen will, war also anscheinend das Abstimmungsverfahren an sich ohne großen Einfluß auf den Inhalt des Beschlusses. Durchgesetzt hatten sich demnach vor allem Bamberg und Würzburg – und Brandenburg als Verfasser der Vorbereitungs-Skizze. Die kleineren Stände konnten aber immerhin den Beschluß eines gemeinsamen Arbeits- und Zuchthauses als Erfolg für sich verbuchen.[123]

5. Leistungsbilanz

Zuletzt noch einige Überlegungen zur Effizienz des Kreistags. Wenn auch das Aktenvolumen einer Institution nur ein unzulängliches Kriterium für deren Leistungsfähigkeit sein kann, so braucht der fränkische Kreistag doch von dieser Seite den Vergleich mit dem Reichstag nicht zu scheuen,[124] vor allem wenn man die wesentlich geringere Zahl an Beteiligten berücksichtigt. Ein auf genauen Zahlen basierender Überblick über das im Kreiskonvent angefallene Schriftgut ist wegen der verstreuten Lage der Akten und der noch völlig ungenügenden Editionssituation der-

---

[120] Zu dem (Vor-) Urteil, daß die geistlichen Territorien „von allen Arten Müßiggängern und Bettlern wimmel[te]n", vgl. neuerdings Kurt Andermann, Die geistlichen Staaten am Ende des Alten Reiches, in: Historische Zeitschrift 271, 2000, S. 593–619; hier: S. 612f. (mit knappen Hinweisen zur Wohlfahrtspflege in Würzburg und Bamberg um 1790). Grundlegend zur Armenpolitik in Franken Ernst Schubert, Arme Leute, Bettler und Gauner im Franken des 18. Jahrhunderts (Veröffentlichungen der Gesellschaft für fränkische Geschichte IX/ 26), Neustadt/Aisch 1990.
[121] Protokolle 1790/91 (wie Anm. 1), 72. Sitzung vom 22. Febr. 1791.
[122] Abschrift des Konklusums in: StA Nürnberg, Reichsstadt Nürnberg, Kreistagsakten (Rep. 22), Nr. 458: Bamberger Protokolle 1790/91, 83. Sitzung vom 28. März 1791. Vom gedruckten Kreispatent war leider weder im Nürnberger noch im Bamberger Staatsarchiv ein Exemplar aufzufinden.
[123] Zu den Anfängen im Arbeits- und Zuchthauswesen vgl. Schubert, Arme Leute (wie Anm. 121), S. 289–311.
[124] Vgl. hierzu die von Burkhardt, Verfassungsprofil (wie Anm. 17), S. 165–168, erstellten Schaubilder zum Aktenaufkommen des Reichstags.

zeit unmöglich.¹²⁵ Wenig aussagekräftig ist etwa die Zahl der ordentlichen Kreisabschiede, wie sie der Sammlung von Friedrich Carl Moser für manche Zeiträume mit gewissen Abstrichen zu entnehmen ist.¹²⁶ Wenn man sich nämlich nicht auf einen Rezeß einigen konnte, wurde die Versammlung schlichtweg vertagt („prorogiert"). Dies war recht häufig der Fall, so auch im Frühjahr 1791. Kein modernes Parlament würde allerdings das Zustandekommen ganzer „Gesetzespakete", wie man sie neuerdings vielleicht nennen würde, als Gradmesser seiner Effizienz gelten lassen. Von höherer Aussagekraft ist dagegen die Zahl der Posteingänge und -ausgänge des Kreiskonvents. An den ersten acht Sitzungstagen im Winter 1790/91 wurden 21 Eingaben mit elf Beilagen durch den Konvent bewältigt und mit elf „Signaturen" beziehungsweise „Pro Memoria" samt einer Beilage und fünf „Conclusa" beantwortet; außerdem wurden vier Berichte entgegengenommen.¹²⁷ Die Zahlen ließen sich hochrechnen.

Dieses stark auf den Postweg ausgerichtete Verfahren konnte natürlich in Einzelfällen zu schwerfällig sein. Wegen der befürchteten Durchmärsche eines Husarenregiments durch Bayreuther Land hatte etwa Brandenburg den Kreistag am 12. November 1790 um Hilfe angerufen. Bis vom Konvent eine gemeinsame Beschwerde aufgesetzt und auf den Weg gebracht war,¹²⁸ hatte die Gegenseite bereits Tatsachen geschaffen.¹²⁹ So blieb den fränkischen Kreisständen nur noch die Möglichkeit, sich wenigstens für die Zukunft in einem Brief gegen eine derartige Behandlung zu verwahren, was ebenfalls ziemlich schleppend erledigt wurde.¹³⁰ Die Neuauflage der Armenverordnung war dagegen relativ schnell vom Tisch: von der Skizze von Sodens (vor dem 1. Februar 1791) bis zur Abfassung des Konklusums (28. März 1791) vergingen nur knapp zwei Monate. Damit brauchten die Kreisgesandten in diesem Fall kürzer als ihre Kollegen im Reichstag für ein durchschnittliches Gesetzesvorhaben (3–6 Monate), und kürzer auch als der heutige Bundestag (ab 6 Monaten).¹³¹ Daher beharrten die Gesandten trotz vorübergehender Frustrationen und beständiger Optimierungsbestrebungen meist zu Recht auf dem Wert der eigenen Arbeit.¹³² Und so konnte der bambergische Direktorialgesandte seine Mitstände am 29. März 1791 mit den zufriedenen Worten verabschieden:

---

¹²⁵ Außer den von Hartung, Geschichte des Fränkischen Reichskreises (wie Anm. 3) herausgegebenen Dokumenten sind z. B. Bruchstücke der Sitzungsakten von 1744/45 in der Arbeit von Sicken, Der Schweinfurter Kreistag 1744/45 (wie Anm. 4), veröffentlicht. Die unübersichtliche Überlieferungslage verdankt sich nicht zuletzt dem Umstand, daß erst spät ein gemeinsames Archiv und eine Kreiskanzlei eingerichtet wurden. Zu den einzelnen Archiven vgl. Dotzauer, Reichskreise (wie Anm. 4), S. 501f.; ferner Reinhard Heydenreuther, Die süddeutschen Reichskreise und ihre Überlieferung im Bayerischen Hauptstaatsarchiv, in: Wüst (Hg.), Reichskreis und Territorium (wie Anm. 4), S. 139–148.
¹²⁶ Friedrich Carl Moser, Fränkischen Crayses Abschide und Schlüsse, 2 Bde., Nürnberg 1752. Dabei hatte der Herausgeber allerdings nur die Bayreuther Überlieferung zur Verfügung, die sich zumindest für die Zeit des Dreißigjährigen Krieges als recht unvollständig erwies.
¹²⁷ Akten 1790/91 (wie Anm. 44), Korrespondenzen vom 9. Nov. bis 9. Dez. 1790.
¹²⁸ Protokolle 1790/91 (wie Anm. 1), 46./ 47./ 48. Sitzung vom 12., 16. und 19. Nov. 1790.
¹²⁹ Ebd. 50. Sitzung vom 25. Nov. 1790.
¹³⁰ Ebd. 51./ 52. Sitzung vom 6. und 9. Dez. 1790.
¹³¹ Burkhardt, Verfassungsprofil (wie Anm. 17), S. 162f.
¹³² Vgl. die Klage des brandenburgischen Legationsrats Carl Ludwig Greiner an den Ansbacher Hof: „Und wir gehen dies mal, wie das letzte mal, wieder auseinander, ohne etwas gethan zu haben, und so

„Waren je zu irgendeiner zeit die wünsche ihrer hochfürstl. gnaden zu Bamberg und Würzburg, dann des herrn marggrafens zu Onolz- und Culmbach hochfürstlicher durchlaucht beÿ dem ende eines craistags möglichst erfüllt, wurde je höchst ihren fürstpatriotischen eÿfer entsprochen, so geschah es gewis gegenwärtig, als der auf den 6.n November vorigen jahrs ausgeschriebene crais-convent in der ganzen zwischenzeit mit voller thätigkeit unterhalten wurde. Allseitiges zutrauen ohne ausnahme begleitete und beförderte das ziel nicht nur der neuen, sondern auch der alt verlegenen crais-angelegenheiten.

Beÿhülfe und unterstüzung verehrungswürdiger geschäftsmänner endigte den grösten theil der beÿm jezigen, auch vorlezten craistage aufgestellten berathungs puncte – jenen arbeiten, deren umfang mit der zeit in keinem ebenmaase stand, zeichnete man wenigstens den plan vor, nach welchem beÿ künftiger wieder versammlung des craises allen sowohl öffentlichen als häußlichen angelegenheiten mit der bestimmtesten genauigkeit und einer derselben gleichen gerechtigkeit ruhe verschaft werden kann.

Den ehrerbiethigst und schuldigsten danck also den höchst und hohen herrn fürsten und ständen des fränck. reichs-craises, daß höchst- und hochdieselbe das bisherige crais convent durch ihre vortrefliche herren räthe, bothschafter und gesandte zu beschicken und die vorgekommene berathschlagungs gegenstände zweckmäßig prüfen und behandeln zu lassen geruhten – gefühlvollen danck diesen repraesentanten, welche so thätig so vertraulich zum allgemeinen wohl des craises beÿwürckten – unvergeßlichen danck endlich der epoche, welche eine frohe aussicht spürt, in welcher die crais geschäfte ins künftig gedeÿhen, und zu ihrer vollkommenen reihe durch thauerung gemeinschaftlicher kräfte mit allerseitiger zufriedenheit gebracht werden sollen."[133]

V. Zusammenfassung

Es war eingangs die Frage aufgeworfen worden, ob der fränkische Kreistag ein Forum lebhafter Debatten und wichtiger Entscheidungen im Namen des Reiches darstellte. Diese Einschätzung konnte mit Blick auf die Kreisversammlungen vom Winter 1790/91 im wesentlichen bestätigt werden. Am Ende dieser Arbeit kann das Bild vorläufig dahingehend präzisiert werden, daß der Kreis des ausgehenden 18. Jahrhunderts vor allem als Selbstverwaltungsorgan betrachtet werden muß; die Aussage, daß der Kreis „einen wichtigen Beitrag für das Reich [leistete]",[134] ist daher mit einem Fragezeichen zu versehen. Auch sollte man die Gleichberechtigung der Mitglieder nicht allzu hoch veranschlagen. Eine gewisse *Balance of Powers*, die sich zwischen

---

gehet es ewig fort, wie der fürstl. eichstett. gesandte in der 60ten sitzung […] geäußert hat." Auf die besorgte Nachfrage aus Ansbach verwahrte sich jedoch von Soden gegen den Vorwurf, „als ob überhaupt noch wenig oder nichts geschehen, und die wenigsten proponenda zum vortrag gekommen seÿen". Proponenda 1790/91 (wie Anm. 25), Schreiben vom 15. Jan./ 27. Jan./ 3. Febr. 1791. Über regelmäßige Reformbestrebungen aus den eigenen Reihen vgl. auch Sicken, Der Fränkische Reichskreis (wie Anm. 4), S. 135, 140ff.; ders., Der Fränkische Kreis im Zeitalter der Aufklärung (wie Anm. 7), S. 74f.; ferner ders., Leitungsfunktionen (wie Anm. 7), S. 252.

[133] Proponenda 1785–91 (wie Anm. 25), Redekonzept vom 29. März 1791.
[134] Hartmann, Kreistage (wie Anm. 11), S. 31.

den größeren Ständen herausgebildet hatte, nivellierte nicht das Ranggefälle zu den mindermächtigen Ständen im Kreis. Die Sitzungen von 1790/91 machten einen ebenso lebhaften wie routinierten Eindruck. Die Arbeitsabläufe und Rationalisierungsverfahren lassen einen Vergleich mit modernen Parlamenten als durchaus gerechtfertigt erscheinen.

Was diese am stärksten von den Kreistagen des Alten Reiches trennt, ist die Frage nach der Legitimation. Die Gesandten entbehrten einer demokratischen Grundlage. Aber auch in dieser Hinsicht behielten die fränkischen Kreistagsabgeordneten durchaus den Anschluß an die politischen Neuerungen ihrer Zeit. Ihre Pläne zur Reformierung der Kreisverfassung sahen nicht nur die Verselbständigung des Fränkischen Kreises, die Umwandlung des Kreistags in eine uneingeschränkte Legislative und die Entwicklung einer Verfassung vor;[135] auch demokratische Bestrebungen spielten wohl eine Rolle. Von Soden beispielsweise schilderte die Zeit vor dem Ausbruch der Revolutionskriege rückblickend als eine Epoche, in der das deutsche Bürgertum dem in Frankreich ausgebrochenen „Geist des Demokratismus [...] vielleicht mit einer geheimen Ahndung von einer neuen Ordnung der Dinge entgegen [sah]", in der Hoffnung, „den Stückweise zerfallenden Ruinen des teutschen Staatsgebäuds ein neues, auf Grundsätze von Weisheit und Gerechtigkeit gestüztes, unterzustellen und also ihrem Vaterlande eine dauernde Konstituzion zu sichern."[136] Möglicherweise war hier auch Wahlen in irgendeiner Form gedacht. Jedenfalls tut man gut daran, diesem Verfassungsorgan des Alten Reichs mehr als nur Antiquiertheit und Reformunfähigkeit zuzutrauen. Bezeichnenderweise suchten schon manche Staatstheoretiker des 18. Jahrhunderts in der föderativen Struktur des Reichs ein Vorbild für eine gesamteuropäische Friedenslösung.[137]

---

[135] Vgl. Kap. II. 3.
[136] Julius Heinrich von Soden, Die Franzosen in Franken im Jahre 1796, Nürnberg 1797, S. 19f.
[137] Vgl. Heinz Duchhardt, Reich und europäisches Staatensystem seit 1648, in: Volker Press (Hg.): Alternativen zur Reichsverfassung in der Frühen Neuzeit? (Schriften des Historischen Kollegs 23), München 1995, S. 179–187; hier: S. 183ff.

Helmut Neuhaus

Karl Hegel und Erlangen

I.

Karl Hegel ist am 5. Dezember 1901 – heute vor 100 Jahren – in seinem Haus in Erlangen gestorben.[1] Dreieinhalb Jahre zuvor hatte er in einer „Nachschrift" zu einer seiner „Letztwillige[n] Verfügungen" festgehalten: „Ich wünsche keine Leichenpredigt und keine speziellen Todesanzeigen noch Danksagungskarten und keine Trauergewänder der Töchter, so daß sie wie schwarze Nachtgestalten die Lebenden erschrecken".[2] – Diese Wünsche – offenbar erst nach seinem Ableben bekanntgeworden – sind nicht erfüllt worden, denn für die Philosophische Fakultät der Friedrich-Alexander-Universität sprach der Historiker Richard Fester (1860–1945) am 8. Dezember 1901 „Gedenkworte" am Grabe auf dem Neustädter Friedhof;[3] die Todesanzeige der Familie im „Erlanger Tagblatt" vom 6. Dezember 1901 reichte über die gesamte Breite der Zeitung und fiel besonders groß aus, ebenso die „Danksagung" am 9. Dezember 1901;[4] und Karl Hegels vier Töchter sowie die beiden Schwiegertöchter dürften des Vaters und Schwiegervaters Kleiderordnung nicht befolgt haben. Seine Ehefrau Susanna Maria von Tucher (1826–1878), die Mutter seiner insgesamt acht Kinder,[5] seine „geliebte Susette" – wie er sie in vielen sehr persönlichen Briefen nannte[6] – war bereits am Neujahrstag des Jahres 1878 im 52. Lebensjahr verstorben.

Vortrag im Rahmen einer Akademischen Feierstunde der Philosophischen Fakultät I und des Instituts für Geschichte der Friedrich-Alexander-Universität Erlangen-Nürnberg aus Anlaß des 100. Todestages des Historikers Karl Hegel (1813–1901) am 5. Dezember 2001 in der Aula des Erlanger Schlosses. Der Wortlaut wurde im wesentlichen beibehalten, ergänzt um notwendige Anmerkungen.

[1] Zu Karl Hegel vgl. zuletzt: Karl Hegel – Historiker im 19. Jahrhundert, hg. v. Helmut Neuhaus, unter Mitarbeit von Katja Dotzler, Christoph Hübner, Thomas Joswiak, Marion Kreis, Bruno Kuntke, Jörg Sandreuther und Christian Schöffel (Erlanger Studien zur Geschichte 7), Erlangen/Jena 2001; ebenda, S. 261–274, auch die gesamte biographische Literatur zu Karl Hegel. Dieser Band ist als Katalog zur gleichnamigen Ausstellung erschienen (zitiert als Hegel-Katalog 2001), die anläßlich des 100. Todestages Karl Hegels vom 20. November bis 16. Dezember 2001 in der Universitätsbibliothek Erlangen zu sehen war und neben dem wiederentdeckten Nachlaß Karl Hegels Briefe und Akten aus mehr als 30 Archiven und Bibliotheken Deutschlands zeigte. – Außerdem ist zu verweisen auf: Georg Wilhelm Friedrich Hegel, Vorlesungen über die Logik. Berlin 1831. Nachgeschrieben von Karl Hegel, hg. v. Udo Rameil unter Mitarbeit von Hans-Christian Lucas (†) (Georg Wilhelm Friedrich Hegel, Vorlesungen. Ausgewählte Nachschriften und Manuskripte 10), Hamburg 2001; ebenda, S. XLIII-XLIX, ein Kapitel „Der Autor der Nachschrift: Karl Hegel"; G[eorg] S[eiderer], Hegel, Karl Ritter von, in: Stadtlexikon Nürnberg, hg. v. Michael Diefenbacher / Rudolf Endres, Nürnberg 1999, S. 428; H[elmut] N[euhaus], Hegel, Karl von, in: Erlanger Stadtlexikon, hg. v. Christoph Friederich / Bertold Frhr. von Haller und Andreas Jakob, Nürnberg 2002, S. 348f.

[2] Nachlaß Karl Hegel, Privatbesitz.

[3] Richard Fester, Karl von Hegel. Gedenkworte im Auftrag der philosophischen Fakultät der Universität Erlangen am Grabe gesprochen, München 1901; Hegel-Katalog 2001 (wie Anm. 1), S. 231–233, 239f. (Nr. X/2).

[4] Erlanger Tagblatt, 44. Jahrgang, Nr. 287 (6. Dezember 1901), Nr. 290 (9. Dezember 1901); eine Abbildung der an Verwandte, Freunde, Kollegen und Bekannte verschickten „Todes-Anzeige" in: Hegel-Katalog 2001 (wie Anm. 1), S. 239 (Nr. X/2).

[5] Vgl. die genealogische Übersicht ebenda, S. 6f.; siehe auch ebenda, S. 191f. (Nr. VIII/22, VIII/24).

[6] Nachlaß Karl Hegel, Privatbesitz.

Mit Karl Hegel war am Ende des ersten Jahres des 20. Jahrhunderts ein bedeutender Gelehrter des vorangegangenen Säkulums gestorben, der als Historiker auch den Ruhm der Erlanger Friedrich-Alexander-Universität gemehrt hat. Heinrich von Sybel (1817–1895), einer der führenden deutschen Geschichtswissenschaftler der zweiten Hälfte des 19. Jahrhunderts,[7] nannte ihn einen Gelehrten von europäischem Rang – es gebe „in Deutschland und vielleicht in Europa kein[en] bessere[n] Repräsentant[en] [seines] Faches" –, als er ihn 1859 zur Aufnahme in die Königlich Bayerische Akademie der Wissenschaften vorschlug,[8] ihn, der bereits seit 1857 zur Königlichen Societät der Wissenschaften zu Göttingen gehörte[9] und 1876 Mitglied der Königlichen Preußischen Akademie der Wissenschaften zu Berlin,[10] 1887 auch noch – unter einigen Schwierigkeiten wohl wegen seiner kleindeutschen Gesinnung – der Kaiserlichen Akademie der Wissenschaften in Wien[11] werden sollte. Durch seine stadtgeschichtlichen Forschungen bis in die 1890er Jahre war er bis zu seinem Lebensende ein begehrter Korrespondenzpartner zahlreicher Gelehrter in Europa und wurde in den einschlägigen wissenschaftlichen Zeitschriften breit rezipiert.[12]

II.

Nach Erlangen ist Karl Hegel zum Wintersemester 1856/57 gekommen, und er sollte bis zu seinem Tode vor 100 Jahren bleiben.[13] Dabei erging es ihm wie vielen vor und nach ihm; er blieb, obwohl der erste Eindruck kaum einladend war: „Die Stadt Erlangen macht von außen einen ärmlichen Eindruck. Man fährt auf der Eisenbahn an einer alten Stadtmauer vorüber und sieht dahinter nur unansehnliche Häuser und einige Kirchtürme". So erinnerte sich der siebenundachtzigjährige Karl Hegel in seiner im Jahre 1900 fertiggestellten Autobiographie „Leben und Erinnerungen" an seine

---

[7] Vgl. hier nur Hellmut Seier, Heinrich von Sybel, in: Deutsche Historiker, Bd. 2, hg. v. Hans-Ulrich Wehler, Göttingen 1971, S. 24–38.

[8] Sybels Vorschlag vom 18. Juni 1859 in: Archiv der Bayerischen Akademie der Wissenschaften München: Wahlakten 1859, 1, Nr. 19 Hegel (Abschrift); Karl Hegel wurde *auswärtige[s] Mitglied der historischen Klasse*.

[9] Archiv der Akademie der Wissenschaften zu Göttingen: Pers. 12, Nr. 173, 286; 1857 war Karl Hegel zum *Correspondenten*, 1871 zum *auswärtigen Mitglied* berufen worden.

[10] Vgl. Protokoll vom 27. März 1876 in: Archiv der Berlin-Brandenburgischen Akademie der Wissenschaften Berlin: PAW (1812–1945) II-III–121, fol. 127ʳ; Karl Hegel wurde *corresponierendes Mitglied* der Philosophisch-historischen Klasse.

[11] Vgl. Hegel-Katalog 2001 (wie Anm. 1), S. 197f. (Nr. VIII/29).

[12] Ein Teil der Briefe und Sonderdrucke aus wissenschaftlichen Zeitschriften hat sich auch in dem Teil des Nachlasses Karl Hegels erhalten, der 1902 von seinen Erben der Universitätsbibliothek Erlangen übergeben wurde: Universitätsbibliothek Erlangen-Nürnberg: Handschriftenabteilung, Ms 2053, 2069; siehe auch Hegel-Katalog 2001 (wie Anm. 1), S. 242f. (Nr. X/5); siehe auch Niklot Klüßendorf, Hegel, in: Biographisches Lexikon für Mecklenburg, hg. v. Sabine Pettke, Bd. 2, Rostock 1999, S. 120–126, hier insbes. S. 125f.

[13] Vgl. insgesamt Helmut Neuhaus, Karl Hegel (1813–1901) – Ein (fast) vergessener Historiker des 19. Jahrhunderts, in: Zwischen Wissenschaft und Politik. Studien zur deutschen Universitätsgeschichte. Festschrift für Eike Wolgast zum 65. Geburtstag, Stuttgart 2001, S. 309–328; siehe auch Hegel-Katalog 2001 (wie Anm. 1), S. 153–208.

Ankunft in Erlangen im Herbst 1856,[14] um dann aber auch – Rathsberg, Atzelsberg und Marloffstein erwähnend, die „einen weiten Ausblick bis nach Nürnberg und Bamberg [gewähren]"[15] – festzustellen: „Freundlich dagegen ist die Umgebung", und etwas später: „Die Universität stand in voller Blüte, sie zählte Sterne erster Größe zu ihren Lehrern. Das Übergewicht war bei den Theologen".[16] Namentlich nannte er unter anderen Johann Christian Konrad Hofmann (1810–1877), Gründer und Haupt der Erlanger Theologie-Schule, den Alttestamentler Franz Delitzsch (1813–1890), die er beide aus Rostock kannte, ferner den Dogmatiker und Universitätsprediger Gottfried Thomasius (1802–1875), den Kirchenrechtler und praktischen Theologen Theodosius Andreas Harnack (1817–1889), den Kirchenhistoriker Heinrich Friedrich Ferdinand Schmid (1811–1885), den Chirurgen Carl Thiersch (1822–1895), den Klassischen Philologen Ludwig Döderlein (1791–1863), den Mineralogen und Pädagogen Karl Georg von Raumer (1783–1865), den Orientalisten und Friedrich-Rückert-Schüler Friedrich Spiegel (1820–1905) sowie den Mathematiker Karl Georg Christian von Staudt (1798–1867).[17] Karl Wilhelm Böttiger (1790–1862), den Inhaber des bis dahin einzigen Lehrstuhls für Geschichte erwähnte Hegel nur knapp: „[...] ihn, der alt und abgängig war, zu ersetzen, war ich berufen";[18] später erfahren wir nur noch, daß er – angekündigt durch ein gegenüber dem Prorektor der Universität erklärtes „Ich werde erscheinen" – an seiner Beerdigung am 29. November 1862 teilgenommen hat.[19]

Als Historiker, also engste Fachkollegen innerhalb der Philosophischen Fakultät, hatten sich Böttiger und Hegel in den sechs Jahren ihres gemeinsamen Wirkens in Erlangen nichts zu sagen; zu verschieden waren die Welten, aus denen sie kamen.[20] Der Kontrast zwischen dem *Professor historiarum* Karl Wilhelm Böttiger, „der noch ganz und gar einer vorkritischen Geschichtsschreibung verhaftet war und in Erlangen länger als vierzig Jahre kritischen Umgang mit den Quellen blockierte" – wie Alfred Wendehorst konstatiert hat[21] –, und dem modernen Geschichtswissenschaftler Karl Hegel, dessen Forschungen stets von schriftlichen Quellen ihren Ausgang nahmen

---

[14] Karl Hegel, Leben und Erinnerungen. Mit einem Portrait in Heliogravüre, Leipzig 1900, S. 172; zur Erlanger Stadtgeschichte jetzt insgesamt: Erlanger Stadtlexikon (wie Anm. 1) und Martin Schieber, Erlangen. Eine illustrierte Geschichte der Stadt, München 2002, insbes. S. 77–105.
[15] Hegel, Leben und Erinnerungen (wie Anm. 14), S. 172.
[16] Ebenda, S. 173.
[17] Vgl. zu ihnen Theodor Kolde, Die Universität Erlangen unter dem Hause Wittelsbach 1810–1910. Festschrift zur Jahrhundertfeier der Verbindung der Friderico-Alexandrina mit der Krone Bayern, Erlangen, Leipzig 1910 (ND Erlangen 1991); Alfred Wendehorst, Geschichte der Friedrich-Alexander-Universität Erlangen-Nürnberg 1743–1993, München 1993; Die Friedrich-Alexander-Universität Erlangen-Nürnberg 1743–1993. Geschichte einer deutschen Hochschule. Ausstellung im Stadtmuseum Erlangen 24.10.1993–27.2.1994, hg. v. Christoph Friederich (Veröffentlichungen des Stadtmuseums Erlangen 43), Erlangen/Nürnberg 1993.
[18] Hegel, Leben und Erinnerungen (wie Anm. 14), S. 174.
[19] Universitätsarchiv Erlangen-Nürnberg (künftig: UAE): T. I, Pos. 3, Nr. 182: 1862/63, Senats-Missive und Protokolle.
[20] Vgl. Helmut Neuhaus, Mit Gadendam fing alles an. Erlanger Geschichtswissenschaft von 1743 bis 1872, in: Geschichtswissenschaft in Erlangen, hg. v. Helmut Neuhaus (Erlanger Studien zur Geschichte 6), Erlangen/Jena 2000, S. 9–44, insbes. 27–43; siehe auch Hegel-Katalog 2001 (wie Anm. 1), S. 173f. (Nr. VIII/13).
[21] Wendehorst, Geschichte der Friedrich-Alexander-Universität (wie Anm. 17), S. 103.

und der dann in Erlangen zum vielleicht bedeutendsten deutschen Quelleneditor des 19. Jahrhunderts werden sollte, konnte nicht größer sein.

Einladend war Erlangen mit seinen knapp 11000 Einwohnern[22] und kaum ausgeprägten städtischen Strukturen in der Mitte des 19. Jahrhunderts nicht, und die Stadt befand sich in einem großen wirtschaftlichen Umbruch.[23] Seit Eröffnung des Streckenabschnitts Nürnberg-Bamberg der Ludwigs-Süd-Nord-Bahn mit dem Bahnhof Erlangen an der Stelle des im Jahre 1752 errichteten und 1843 abgerissenen Altensteinschen Palais im August 1844 und mit der Aufstellung der ersten Dampfmaschine in der Kammfabrik Bücking im folgenden Jahr hatte die Industrialisierung eingesetzt; der 1848 gegründete Erlanger Gewerbeverein sollte die Gewerbe beleben und die wirtschaftlichen Zustände verbessern.[24] Der Bau des Ludwig-Donau-Main-Kanals, dessen Abschnitt Bamberg-Nürnberg im Mai 1843 nach siebenjähriger Bauzeit in Erlangen eröffnet und insgesamt mit der Enthüllung des von Ludwig Schwanthaler (1802–1848) nach Entwürfen Leo von Klenzes (1784–1864) geschaffenen Kanaldenkmals an der Bayreuther Straße am 15. Juli 1846 offiziell eingeweiht worden war, wurde wirtschaftlich kein Erfolg, weshalb ihn einige schon zwanzig Jahre später wieder zuschütten wollten.[25] Nein, einladend war Erlangen vor 150 Jahren nicht, und Karl Hegel mußte zudem das Gefühl haben, an der Universität nicht willkommen zu sein. Denn im Berufungsvorschlag der Erlanger Philosophischen Fakultät vom 22. Mai 1855 war sein Name gar nicht genannt,[26] was ihm nicht unbekannt geblieben war. Der Theologe Johannes Christian Konrad von Hofmann, ein Freund aus gemeinsamen Rostocker Jahren, versuchte, ihm dies in einem ausführlichen Schreiben vom 30. Januar 1856 aus Erlangen zu erläutern, nachdem König Maximilian II. Joseph von Bayern (1811–1864), der große Förderer der Wissenschaften und Künste und insbesondere auch der Geschichtswissenschaft,[27] Karl Hegel 14 Tage zuvor – am 17. Januar 1856 – den Ruf auf einen neugeschaffenen zweiten Lehrstuhl für Geschichte – neben Böttiger – erteilt hatte[28]. Der Kollege und Freund Hofmann[29]

---

[22] Zu den Einwohnerzahlen Erlangens vgl. jetzt Erlanger Stadtlexikon (wie Anm. 1), S. 778: für 1852 werden 10910 Einwohner genannt.

[23] Hier sei nur verwiesen auf den Überblick von Rudolf Endres, Gewerbe und Industrie zwischen 1800 und 1945, in: Erlanger Stadtlexikon (wie Anm. 1), S. 74–77.

[24] Vgl. u.a. die Lemmata „Eisenbahn", „Altensteinsches Palais", „Bahnhof", „Bücking", „Gewerbeverein Erlangen", in: Erlanger Stadtlexikon (wie Anm. 1), S. 224, 115, 141f., 182f., 313 mit jeweils weiterführender Literatur.

[25] Ebenda, S. 471 („Ludwig-Donau-Main-Kanal"), S. 404f. („Kanaldenkmal"), mit weiterführender Literatur.

[26] UAE: T. II, Pos. 1, Nr. 41: Karl Hegel (unfoliiert); siehe auch Neuhaus, Karl Hegel (1813–1901) (wie Anm. 13), S. 323f.

[27] Achim Sing, Die Wissenschaftspolitik Maximilians II. von Bayern (1848–1864). Nordlichterstreit und gelehrtes Leben in München (Ludovico Maximilianea, Forschungen 17), Berlin 1996; die wichtigste Literatur zu König Max II. Joseph ist genannt bei Johannes Merz, Max II. Die soziale Frage, in: Die Herrscher Bayerns. 25 historische Portraits von Tassilo III. bis Ludwig III., hg. v. Alois Schmid / Katharina Weigand, München 2001, S. 330–342, 409f., 429f., hier S. 429f. Siehe auch Hegel-Katalog 2001 (wie Anm. 1), S. 159f. (Nr. VIII/3).

[28] Das Reskript in: UAE: T. II, Pos. 1, Nr. 41: Karl Hegel (unfoliiert).

[29] Zu ihm sei hier verwiesen auf Hegel-Katalog 2001 (wie Anm. 1), S. 170 (Nr. VIII/9); Kolde, Die Universität Erlangen (wie Anm. 17), S. 578 (Register); Wendehorst, Geschichte der Friedrich-Alexander-Universität (wie Anm. 17), S. 84, 86, 88, 105, 107, 109.

war in seinem Brief – „Folgendes diene Dir zu Erklärung!" – freilich durchaus widersprüchlich, denn zum einen erklärte er, daß es nicht der Vorschlag der Universität, sondern der Wille des Königs gewesen sei, „eine zweite Professur der Geschichte" an der Universität Erlangen zu errichten, zum anderen drückte er die „Sehnsucht" von „Senat und Fakultät und Studentenschaft" nach „einer Neubelebung historischer Studien" aus, weshalb Hegel sich „der freundlichsten Gesinnung gewiß seyn" könne und alle Chancen habe, sich „die günstigste Stellung hier zu verschaffen".[30]

In der Tat: Mit seinem dem Staats-Ministerium des Innern für Kirchen- und Schulangelegenheiten befohlenen Reskript vom 21. März 1855 hatte der bayerische König – selbst Schüler Arnold Hermann Ludwig Heerens (1760–1842) und Friedrich Christoph Dahlmanns (1785–1860) in Göttingen sowie Friedrich von Raumers (1781–1873) und Leopold von Rankes (1795–1886) in Berlin – die für das Fach „Geschichte" an der Erlanger Universität bedeutsame Initiative ergriffen. „Unter den Disciplinen, welche die allgemeine Bildung der Studirenden zu fördern geeignet erscheinen" – hieß es im ministeriellen Reskript –, „nimmt das Fach der Geschichte eine hervorragende Stelle ein".[31] Und er hatte dies mit der Vermehrung der historischen Lehrstühle an seinen beiden anderen Landesuniversitäten in München und Würzburg unterstrichen, wohin Heinrich von Sybel von der Universität Marburg/Lahn und Franz Xaver Wegele (1823–1897) von der Universität Jena berufen wurden.[32] Nun wünschte der König – da ihm „die Hebung und Belebung des Geschichtsstudiums besonders am Herzen" lag –, auch an der Erlanger Friedrich-Alexander-Universität, der dritten Landesuniversität des Königreichs Bayern, „einen zweiten ordentlichen Lehrstuhl für Geschichte [...] zu gründen".[33] Schon die Erkundigungen, die die Philosophische Fakultät im Frühjahr 1855 über mögliche Kandidaten für den neuen, keineswegs von sich aus angestrebten historischen Lehrstuhl einholte, erstreckten sich nicht auf Karl Hegel, der folglich auch im Berufungsvorschlag vom 22. Mai 1855 keine Berücksichtigung fand.[34] Am liebsten hätte man den Heidelberger Ordinarius Ludwig Häusser (1818–1867) gewonnen, dann den Münchener Georg Martin Thomas (1817–1887) von der dortigen Kriegsschule und schließlich Reinhold Pauli (1823–1882) aus London, der dann Karl Hegels Nachfolger an der Universität Rostock werden sollte.[35] Nachdem Häusser den an ihn ergangenen Ruf abgelehnt hatte[36] und Thomas ebenso wie Pauli übergangen worden waren – Thomas

---

[30] Der Brief Hofmanns an Karl Hegel vom 30. Januar 1856 befindet sich in: Nachlaß Karl Hegel, Privatbesitz.
[31] Das Reskript in: UAE: T. II Pos. 1, Nr. 41: Karl Hegel (unfoliiert).
[32] Vgl. zu beiden Berufungen Hegel-Katalog 2001 (wie Anm. 1), S. 217 (Nr. IX/5), S. 218 (Nr. IX/6).
[33] Wie Anm. 31; siehe auch Neuhaus, Mit Gadendam (wie Anm. 20).
[34] Vgl. dazu die Akten: UAE: B I b 4a (*Acta der philosophischen Fakultät zu Erlangen die Besetzung der IIten Professur der Geschichte an hiesiger Universität betreffend*) (unfoliiert).
[35] Zu Karl Hegels Rostocker Jahren vgl. Neuhaus, Karl Hegel (1813–1901) (wie Anm. 13), insbes. S. 317–322; Klüßendorf, Hegel (wie Anm. 12); ferner Hegel-Katalog 2001 (wie Anm. 1), S. 107–122.
[36] Vgl. Brief Häussers vom 15. Mai 1855 aus Heidelberg an den Dekan der Philosophischen Fakultät der Erlanger Universität in: UAE: B I b 4a (wie Anm. 34); zu Häusser vgl. Eike Wolgast, Politische Geschichtsschreibung in Heidelberg. Schlosser, Gervinus, Häusser, Treitschke, in: Das Neunzehnte Jahrhundert 1803–1918, hg. v. Wilhelm Doerr (Semper Apertus. Sechshundert Jahre Ruprecht-Karls-Universität Heidelberg 1386–1986, 2), Berlin/Heidelberg 1985, S. 158–196, hier S. 173–181.

wegen seines politischen Verhaltens in der Revolution von 1848/49 in München³⁷ –, berief König Maximilian II. Joseph am 17. Januar 1856 Karl Hegel, der „aufs freudigste überrascht" war und „den Königlichen Ruf mit gebührender Ehrfurcht und tiefgefühltem Danke" annahm, wie er am 2. Februar 1856 dem Erlanger Prorektor, dem Medizinprofessor Franz Dittrich (1815–1859), mitteilte.³⁸

Allerdings war Karl Hegels Berufung nach Erlangen für Insider weniger überraschend, denn schon am 28. Januar 1854 hatte Leopold von Ranke gegenüber dem bayerischen Kultusminister Theodor von Zwehl (1800–1875) geurteilt, „Prof. Hegel in Rostock ha[be] einen besonnenen und zu sicheren Resultaten führenden Forschungsgeist",³⁹ 1852 seinem Schüler Wilhelm Dönniges (1814–1872) in der hohen Einschätzung „des Wert[es] des ruhig forschenden und alles Vertrauen würdigen Karl Hegel" beigepflichtet,⁴⁰ und im Jahre 1853 stand dessen Name auf Notizzetteln, die sich in den Kabinettsakten König Maximilians II. Joseph erhalten haben. Unter der Überschrift „Von Ranke für die Geschichtsprofessur an der Universität München bezeichnete Gelehrte" waren dort mit Datum vom 31. Oktober 1853 unter anderen der Baseler Jacob Burckhardt (1818–1897), Reinhold Pauli (damals noch London), Wilhelm Giesebrecht (1814–1889) in Berlin, Franz Xaver Wegele (damals noch Jena), Heinrich von Sybel (damals noch Marburg/Lahn) und eben auch Karl Hegel aufgeführt: „Hegel jun. in Rostock, Professor der Geschichte", hieß es auf einem der Notizzettel, „der junge Hegel in Berlin" auf einem anderen,⁴¹ obwohl Hegel 1853 bereits 40 Jahre alt und Ordinarius in Rostock war, in Berlin nur als Schüler und Student und kurzzeitig als Gymnasiallehrer gelebt, an der Friedrich-Wilhelms-Universität auch nie gelehrt, nicht einmal Geschichte studiert hatte, sieht man von einer Vorlesung bei Ranke ab.⁴² Karl Hegel, der bis ins hohe Alter immer der Junior blieb und – worunter er zeitweise gelitten hat – oftmals lediglich als Sohn des großen Philosophen Georg Wilhelm Friedrich Hegel (1770–1831) in Berlin wahrgenommen wurde,⁴³ gehörte zu Beginn der 1850er Jahre in München offenbar zu den acht, neun, zehn Historikern in Deutschland, die vorrangig für einen Lehrstuhl in der Hauptstadt des Königreichs Bayern in Frage kamen. Der König suchte – beraten von Leopold von Ranke, der seinem Ruf an die Universität München nicht gefolgt, sondern in Berlin geblieben war⁴⁴ – nach wissenschaftlich profilierten Historikern mit rhetorischer

---

³⁷ Zu Thomas siehe die Personalakten in: Bayerisches Hauptstaatsarchiv München (künftig: BayHStA), Kriegsarchiv: OP 72051, KP 165.

³⁸ Der Brief findet sich in: UAE: T. II Pos. 1, Nr. 41: Karl Hegel (unfoliiert); eine Abbildung mit vollständiger Transkription in: Hegel-Katalog 2001 (wie Anm. 1), S. 162–167 (Nr. VIII/6). Der Erlanger Prorektor hatte Hegel am 28. Januar 1856 zu dessen Berufung nach Erlangen geschrieben; das Originalschreiben in: Nachlaß Karl Hegel, Privatbesitz.

³⁹ Leopold von Ranke, Das Briefwerk, eingel. u. hg. v. Walther Peter Fuchs, Hamburg 1949, S. 379f.

⁴⁰ Leopold von Ranke, Neue Briefe, gesammelt und bearb. v. Bernhard Hoeft, nach seinem Tod hg. v. Hans Herzfeld, Hamburg 1949, S. 351f., hier S. 352.

⁴¹ Die Notizzettel finden sich in: BayHStA, Abt. III, Geheimes Hausarchiv: Kabinettsakten König Maximilians II., 76/5/35c, ad 21–1–6; eine Abbildung findet sich in Hegel-Katalog 2001 (wie Anm. 1), S. 159 (Nr. VIII/2).

⁴² Vgl. dazu Neuhaus, Karl Hegel (1813–1901) (wie Anm. 13), S. 316; ferner Hegel-Katalog 2001 (wie Anm. 1), S. 41–74.

⁴³ Vgl. Hegel-Katalog 2001 (wie Anm. 1), S. 23–40 („Der Sohn und sein Vater").

⁴⁴ Bernhard Hoeft, Rankes Berufung nach München, München 1940.

Begabung, die erwarten ließen, daß sie das Prestige der drei bayerischen Universitäten erhöhten. Sie sollten – gemäß einer Weisung vom 6. Februar 1854 an den bayerischen Staatsminister des Innern für Kirchen und Schulangelegenheiten, Theodor von Zwehl – nach Möglichkeit „bayerische[r] Abstammung und [...] katholische[n] Religionsbekenntnis[ses]" sein, aber – hieß es weiter – „wenn eine entsprechende Lehrkraft mit diesen beiden Eigenschaften nicht gefunden werden könnte, darf auf Ausländer und Protestanten das Augenmerk gerichtet werden".[45] Karl Hegel war 1813 in Nürnberg geboren und lutherisch getauft worden,[46] also kein katholischer Bayer, wie auch der in Düsseldorf geborene Protestant Sybel nicht. Diese Voraussetzungen erfüllte nur der in Landshut zur Welt gekommene Wegele, der den Würzburger Lehrstuhl erhielt; aber Heinrich Sybel wurde Ordinarius in München, Karl Hegel in Erlangen, zwei protestantische Ausländer und zwei der vielen „Nordlichter", die König Maximilian II. Joseph berief.[47] Hegel bekam mit Urkunde vom 16. Mai 1856 das Indigenat des Königreichs erteilt,[48] wurde also bayerischer Staatsbürger, nachdem er am 21. April 1856 von Großherzog Friedrich Franz II. von Mecklenburg-Schwerin (1823–1883) aus der mecklenburgischen Staatsbürgerschaft entlassen worden war.[49]

Daß ihm das „bayrische Indigenat gratis verliehen werde", hatte zu den Bedingungen gehört, unter denen Karl Hegel den Ruf nach Erlangen anzunehmen bereit war, wie er dem Prorektor Dittrich am 2. Februar 1856 schrieb.[50] Im übrigen forderte er, der gleichzeitig einen Ruf auf den Lehrstuhl seines Faches an der Universität Greifswald erhalten hatte[51] – und beraten von dem Theologen Hofmann –, ein Jahresgehalt von 1800 Gulden, 700 Gulden Umzugskosten für die Übersiedlung seiner Familie von Rostock nach Erlangen, Zollfreiheit für die Einfuhr seines Hausrates nach Bayern – denn Mecklenburg gehörte erst ab 1867 zum Deutschen Zollverein – und die sofortige Aufnahme „als gleich berechtigtes Mitglied in die philosophische Fakultät".[52] Da alle Bedingungen erfüllt wurden, nahm er am 19. Februar 1856 den Ruf offiziell an[53] und wurde am 28. Mai vom König zum „ordentlichen Professor der Geschichte an der philosophischen Facultät Unserer Hochschule Erlangen" ernannt.[54] Sein Dienst begann am 1. September 1856,[55] und am 4. November, dem Gründungstag der Friderico-Alexandrina, wurde Karl Hegel offiziell in den akademischen Senat

---

[45] Zitiert nach Hoeft, Rankes Berufung (wie Anm. 44), S. 117.
[46] Vgl. Hegel-Katalog 2001 (wie Anm. 1), S. 1–11.
[47] Zu den „Nordlichtern" sei hier verwiesen auf Sing, Wissenschaftspolitik Maximilians II. (wie Anm. 27).
[48] BayHStA: MA 73 123 (unfoliiert); eine Abbildung findet sich in: Hegel-Katalog 2001 (wie Anm. 1), S. 168 (Nr. VIII/7).
[49] Landeshauptarchiv Schwerin: MfU, Nr. 1272, Nr. 13 (unfoliiert). Am 14. April 1856 hatte Hegel um seinen Abschied gebeten, weil sich ihm der „erwünschte größere Wirkungskreis" bot und wegen „anderer persönlicher Verhältnisse" (Originalschreiben ebenda); die Entlassung erfolgte zum 29. September 1856. – Das Originalschreiben des Großherzogs vom 21. April 1856 in: Nachlaß Karl Hegel, Privatbesitz.
[50] Wie Anm. 38.
[51] Vgl. Hegel-Katalog 2001 (wie Anm. 1), S. 116–120 (Nr. VI/8).
[52] Wie Anm. 38.
[53] Der Brief Hegels aus Rostock an den Erlanger Prorektor in: UAE: T. II, Pos. 1, Nr. 41: Karl Hegel (unfoliiert).
[54] Ebenda.
[55] Ebenda.

eingeführt.⁵⁶ Seine erste Wohnung in Erlangen nahm er in der Friedrichstraße in dem Haus, in dem von 1820 bis 1827 der Philosoph Friedrich Wilhelm Joseph von Schelling (1775–1854) gewohnt hatte⁵⁷. Wir bezogen in Erlangen – so hielt Karl Hegel in seinem ab 10. Oktober 1878 geführten „Gedenkbuch"⁵⁸ fest – „die von meinem Schwiegervater [Johann Sigmund Karl von Tucher, 1793–1871] für uns gemiethete Wohnung im Heinlein'schen Hause in der Friedrichsstraße und wurden aufs herzlichste empfangen von unseren älteren Freunden, den Theologen Hofmann und Delitzsch, so wie von den neuen Collegen und deren Frauen, mit denen wir uns bald näher befreundeten: Raumers, Vater und Sohn, Döderlein, der schon meine Eltern gekannt hatte, Schmidtleins, Köppens, Nägelsbach, Heyder, Scheurl, Makowizkas, Thiersch's, Thomasius', Harnacks, Brinz', Löwenichs".⁵⁹

III.

Karl Hegel kam mit seiner Familie aus Rostock nach Erlangen. An die dortige Universität war er 1841 als Extraordinarius berufen worden.⁶⁰ Zur Geschichte hatte er erst in seinen Heidelberger Studienjahren von 1834 bis 1836 gefunden, als er bei dem 70jährigen, noch immer anregenden Friedrich Christoph Schlosser (1776–1861) hörte und sich von dessen universal-historisch orientiertem Lehrprogramm „von der Antike bis zur Gegenwart" sowie seinen kulturgeschichtlichen Reflexionen gefangen nehmen ließ.⁶¹ Bei ihm – erinnerte sich Karl Hegel in seinen Memoiren – „wandte ich mich von der spekulativen Theologie ab, die mir unfruchtbar für das Leben erschien, und hörte Geschichte bei Schlosser",⁶² obwohl dessen „Arbeitsweise und Methode [...] den Ansprüchen der im Verlauf des 19. Jahrhunderts entwickelten kritischen Geschichtswissenschaft" nicht genügte, da ihm „nicht die Quellenforschung [...] wichtig [war], sondern die eigene Meinung, die sich auf seine Lebenserfahrungen stützte", wie Eike Wolgast pointierend festgestellt hat.⁶³ In Berlin wurden diese Hei-

---

⁵⁶ UAE: T. I, Pos. 3, Nr. 176: 1856/57, Senats-Missive und Protokolle (unfoliiert), Senatsprotokoll vom 4. November 1856.
⁵⁷ C[hristian] T[hiel], Schelling, Friedrich Wilhelm Joseph von, in: Erlanger Stadtlexikon (wie Anm. 1), S. 608f.
⁵⁸ Nachlaß Karl Hegels, Privatbesitz; vgl. zum „Gedenkbuch", das in Teilen Quelle für seine Memoiren „Leben und Erinnerungen" (wie Anm. 14) war: Hegel-Katalog 2001 (wie Anm. 1), S. 202f. (Nr. VIII/33).
⁵⁹ „Gedenkbuch" (wie Anm. 58), S. 81. Bei den genannten Professoren handelt es sich um den Mineralogen Karl von Raumer (1783–1865), den Germanisten Rudolf von Raumer (1815–1876), den Klassischen Philologen Ludwig Döderlein (1791–1863), den Juristen Eduard Joseph Schmidtlein (1798–1875), den Philosophen Friedrich Köppen (1775–1858), den Philologen Karl Friedrich Nägelsbach (1806–1859), den Philosophen Karl Heyder (1812–1885), den Juristen Christoph Gottlob Adolf von Scheurl (1811–1893), den Nationalökonomen Franz Makowiczka (1811–1890), den Mediziner Karl Thiersch (1822–1895), die Theologen Gottfried Thomasius (1802–1875) und Theodosius Harnack (1817–1889) sowie den Römisch-Rechtler Albert Brinz (1820–1887); bei den *Löwenichs* handelt es sich um die Brüder Gottschalk (1816–1892) und Carl (1820–1888) von Loewenich, die Inhaber der Tabakfabrik Caspari Erben.
⁶⁰ Vgl. Hegel-Katalog 2001 (wie Anm. 1), S. 107–109.
⁶¹ Zu Karl Hegels Heidelberger Zeit vgl. Neuhaus, Karl Hegel (1813–1901) (wie Anm. 13), S. 309–315.
⁶² Hegel, Leben und Erinnerungen (wie Anm. 14), S. 30.
⁶³ Wolgast, Politische Geschichtsschreibung in Heidelberg (wie Anm. 36), S. 160.

delberger Jahre noch bei Karl Hegels Doktorprüfung am 5. August 1837 kritisch gesehen,[64] die er bei so bedeutenden Gelehrten wie dem Philologen Karl Lachmann (1793–1851), dem Klassischen Philologen August Boeckh (1785–1867) und dem Historiker Leopold Ranke bestand, nachdem er eine Dissertation über Aristoteles und Alexander den Großen vorgelegt hatte.[65] In Rostock, wo man seit Jahren einen „tüchtigen Historiker" gesucht hatte,[66] kam Karl Hegel im Jahre 1841 gerade recht, der seine Prüfungen für die preußische Gymnasiallehrer-Laufbahn – so der Geheime Oberregierungsrat Dr. Johannes Schulze (1786–1869) in einem Empfehlungsschreiben vom 8. März 1841 aus Berlin – „auf eine so ausgezeichnete Weise besonders im Fache der Geschichte" bestanden hatte,[67] daß er den Aufgaben des Aufbaus einer modernen Geschichtswissenschaft in der Lehre voll gewachsen war, wozu der auch „Geschichte" lehrende Professor Karl Türk (1800–1887) nicht in der Lage gewesen war. Dort an der Ostsee erschien 1846/47 auch Karl Hegels geschichtswissenschaftliches Erstlingswerk, seine zweibändige „Geschichte der Städteverfassung von Italien",[68] die auf Archivstudien in Florenz basierte, die während seiner 14monatigen Italienreise 1838/39 durch ein Stipendium des preußischen Kultusministers Karl Freiherr vom Stein zum Altenstein (1770–1840) gefördert worden waren.[69] Über die positive Aufnahme dieses Werkes in der Fachwelt empfand Karl Hegel – wie er noch in seinen Memoiren von 1900 festhielt – „eine lebhafte Genugthuung [...], daß man mich nicht bloß als den Sohn meines Vaters wolle gelten lassen."[70] Und sein mecklenburgischer Landesherr Großherzog Friedrich Franz II. verknüpfte seine große Anerkennung für Hegels „Geschichte der Städteverfassung von Italien" in einem Schreiben vom 2. Juni 1847 an ihn mit dem Wunsch, „daß ihr euren Fleiß und eure Talente [auch] der vaterländischen Geschichte zuwendet und sowohl in Vorlesungen als in Schriften ein richtiges historisches Verständniß der Zustände Mecklenburgs herbeizuführen euch bemühet."[71] Dem entsprach Karl Hegel nur annähernd mit seiner „Geschichte der meklenburgischen [sic!] Landstände bis zum Jahre 1555", die er 1856 der Universität Rostock als Abschiedsgeschenk hinterließ, ohne sie bis in seine Gegenwart voranzutreiben,[72] in der er sich 1848/49 als Chefredakteur der neugegründeten „Mecklenburgischen Zeitung" im Sinne der konstitutionellen Monarchie gegen alle Radikalen zusätzlich engagiert hatte.[73]

---

[64] Vgl. Hegel-Katalog 2001 (wie Anm. 1), S. 70f. (Nr. III/25).

[65] Karl Hegel, De Aristotele et Alexandro Magno. Dissertatio inauguralis, Berlin 1837. – Zu den Schul- und Studienjahren Karl Hegels insgesamt: Hegel-Katalog 2001 (wie Anm. 1), S. 41–74.

[66] Universitätsarchiv Rostock: Philosophische Fakultät, Nr. 98: Lehrstuhl für Staatswissenschaft und Geschichte / Lehrstuhl für Historik 1837–1866, Nr. 3, Protokoll vom 10. März 1837.

[67] Landeshauptarchiv Schwerin: MfU, Nr. 1272: Universität Rostock, Philosophische Fakultät, Besetzung der Professur für Geschichte, Hegel, Pauli, Voigt, 1841–1859, Nr. 1, Anlage A (Abschrift).

[68] Karl Hegel, Geschichte der Städteverfassung von Italien seit der Zeit der römischen Herrschaft bis zum Ausgang des zwölften Jahrhunderts, 2 Bde., Leipzig 1847 (ND Aalen 1964).

[69] Zur Italienreise Karl Hegels vgl. Hegel-Katalog 2001 (wie Anm. 1), S. 91–106.

[70] Hegel, Leben und Erinnerungen (wie Anm. 14), S. 115.

[71] Landeshauptarchiv Schwerin: MfU, Nr. 1272 (wie Anm. 67), Nr. 5 (unfoliiert).

[72] Karl Hegel, Geschichte der meklenburgischen Landstände bis zum Jahre 1555 mit Urkunden-Anhang, Rectorats-Programm, Rostock 1856 (ND Aalen 1968); siehe auch Hegel-Katalog 2001 (wie Anm. 1), S. 120f. (Nr. VI/9).

[73] Vgl. Hegel-Katalog 2001 (wie Anm. 1), S. 137–140 (Nr. VII/9, VII/10).

Nach seiner für ihn enttäuschenden politischen Betätigung in den Jahren1848/49 und dann noch einmal als Schweriner Abgeordneter im Erfurter Unionsparlament 1850, wo er Otto von Bismarck (1815–1898), dem späteren ersten Kanzler des 1871 gegründeten Deutschen Reiches begegnete, ohne damals schon dessen politische Überzeugungen zu teilen,[74] und nach seinem zweijährigen Rektorat an der Universität Rostock von 1854 bis 1856[75] war es für Karl Hegel „die rechte Zeit, von Rostock fortzugehen [...]: Bestimmend war für mich nicht bloß die Nähe meiner Nürnberger Verwandtschaft und der Familie meiner Frau"[76] – schrieb er, der Sohn Maria Helena Susanna von Tuchers, die 1855 gestorben war, und seit 1850 der Ehemann Susanna Maria von Tuchers, in seinen Memoiren, aber seinem väterlichen Freund Geheimrat Johannes Schulze im preußischen Kultusministerium hatte er in einem Schreiben vom 20. Februar 1856 anvertraut, er gehe wegen seiner verwandtschaftlichen Beziehungen nach Erlangen, zumal ihm Greifswald als preußische Universität zwar sehr lieb, aber doch zu klein sei.[77] Es zog ihn nach 15 Jahren an der Ostsee nach Süden, und er wollte einen größeren Wirkungskreis gewinnen, den er in Erlangen fand.

IV.

Karl Hegel und Erlangen – das waren 45 Jahre einer immer enger werdenden Beziehung, und die Hugenottenstadt wurde ihm, dem lutherischen Protestanten, zur Heimat. Von einer seiner zahlreichen Reisen, die ihn dienstlich unter anderem immer wieder nach Berlin zu Sitzungen der Zentraldirektion der „Monumenta Germaniae Historica" und nach München zu den Jahressitzungen der Historischen Kommission bei der Königlich Bayerischen Akademie der Wissenschaften führten, wohin die Bahn von Erlangen aus acht Stunden brauchte, von einer seiner zahlreichen Reisen zurückgekehrt, schrieb er am 1. April 1888 in einem Geburtstagsbrief an seine zweitälteste Tochter Luise (1853–1924) in München – verheiratet mit dem Physiker Eugen Lommel (1837–1899) – er sei „wieder in Erlangen und [in] meiner stillen Studierstube, die mir nach den bewegten Tagen in Berlin und Göttingen noch mehr als sonst gefällt."[78] Und die Erlanger Jahrzehnte wurden für den anerkannten Gelehrten beruflich die erfolgreichsten seines Lebens.

Bereits am 28. Mai 1857 berichtete Karl Hegel seinem Münchener Kollegen Heinrich von Sybel über seine ersten Eindrücke und Erfahrungen, die er in seinem ersten Erlanger Semester gewonnen und gemacht hatte, „sowohl in Beziehung auf die hiesigen akademischen Verhältnisse im Allgemeinen, als den historischen Unterricht ins-

---

[74] Zu Karl Hegels politischem Engagement insgesamt vgl. Hegel-Katalog 2001 (wie Anm. 1), S. 123–151; zum Erfurter Unionsparlament ebenda, S. 142–145 (Nr. VII/12-VII/14).

[75] Niklot Klüßendorf, Carl Hegel. Rektor 1854/55, 1855/56, in: Die Rektoren der Universität Rostock 1419–2000, hg. v. Angela Hartwig / Tilmann Schmidt (Beiträge zur Geschichte der Universität Rostock 23), Rostock 2000, S. 149.

[76] Hegel, Leben und Erinnerungen (wie Anm. 14), S. 170.

[77] Vgl. Hegel-Katalog 2001 (wie Anm. 1), S. 116–120; ebenda eine Transkription und eine Abbildung des Briefes vom 20. Februar 1856 aus Rostock, der sich im Geheimen Staatsarchiv, Preußischer Kulturbesitz, Berlin erhalten hat.

[78] Der Brief Karl Hegels vom 1. April 1888 befindet sich in: Nachlaß Karl Hegel, Privatbesitz.

besondere".⁷⁹ Und Sybel wurde während seiner Münchener Professorenjahre bis 1861 Hegels wichtigster Gesprächspartner unter den Historiker-Kollegen in Bayern, denn Karl Hegel war überzeugt, daß dieser und er, „wir zwei, glaube ich, ganz speciell" – wie er schrieb – berufen waren, um des Königs Programm bezüglich der Förderung der Geschichtswissenschaft und der Ausbildung von Geschichtslehrern zu realisieren, „den historischen Unterricht an den Universitäten und Gymnasien zu heben".⁸⁰ Zwar beurteilte er „den Stand der hiesigen Universität in meinem Fach äußerst mangelhaft und offenbar vernachlässigt", aber er hatte zugleich Hoffnung, „daß mit einiger Nachhülfe sich doch mit der Zeit wenigstens so viel erreichen lassen wird, um das Nöthige für die bloßen Unterrichtszwecke zu ergänzen." Er bedauerte, daß „die eigentlichen Philologen, also [...] die künftigen Schulmänner, [...] sich am wenigsten bei meinen Vorlesungen betheiligen", und sah die Ursachen dafür in der Einschätzung, daß „das historische Studium [...] von ihnen offenbar als etwas bloß Nebensächliches oder auch ganz Überflüssiges angesehen" wird, als etwas, „worauf es bei ihrer künftigen Prüfung als Schulamtscandidaten wenig oder gar nicht ankomme".⁸¹ Hegel zog aus diesem Befund zwei Konsequenzen, indem er sich hinsichtlich des Gymnasiums für ein eigenständiges Unterrichtsfach „Geschichte" – nach preußischem Vorbild – oder doch zumindest für eine stärkere Gewichtung der „Befähigung für den geschichtlichen Unterricht" in den Prüfungen einsetzte und hinsichtlich der Universität die Einrichtung historischer Seminare unterstützte. Entschieden wandte sich Hegel dagegen, daß nach der gültigen bayerischen „Schulordnung für Gymnasien die Classenlehrer zugleich den geschichtlichen Unterricht ertheilen! Man kann sich denken, was aus diesem wird"; daher hielt er es „vor Allem" für „erforderlich, daß den sich dem Schulfach widmenden Studirenden die Meinung benommen werde, als ob sie die Historie nicht ordentlich zu treiben und zu studiren hätten". Und er forderte, wie in Preußen „Prüfungscommissionen für Schulamtscandidaten" einzurichten; die Geschichte werde in Preußen ganz besonders berücksichtigt, und „von den höheren Classenlehrern" keineswegs – wie in Bayern – verlangt, den Geschichtsunterricht ohne wissenschaftliche Qualifikation zu übernehmen. „Man läßt dort mehr Trennung der Fächer und besondere Qualificationen zu – was ohne Zweifel sehr viel für sich hat", schrieb Hegel dem einflußreichen Münchener Kollegen⁸². Sybel trat in die Prüfungscommission für Gymnasien in München ein, Karl Hegel wurde noch 1857 vom Königlichen Staatsministerium zum Prüfungscommissär für die drei Gymnasien in Erlangen, Schweinfurt und Hof ernannt, 1858 kam Augsburg hinzu, 1859 war er für Erlangen und Augsburg zuständig, 1861 für Erlangen und Zweibrücken, das seit 1816 mit der Pfalz zum Königreich Bayern gehörte, wie er in seinem „Gedenkbuch" festhielt⁸³.

---

⁷⁹ Der Brief hat sich erhalten im Geheimen Staatsarchiv, Preußischer Kulturbesitz, Berlin: I. HA Rep. 92 Heinrich von Sybel B1 XVII (Hegel), fol. 102ʳ–103ᵛ; Transkription und Abbildung in: Hegel-Katalog 2001 (wie Anm. 1), S. 179–183 (Nr. VIII/16).

⁸⁰ Ebenda, fol. 102ʳ.

⁸¹ Ebenda, fol. 102ʳ,ᵛ.

⁸² Ebenda, fol. 102ᵛ.

⁸³ „Gedenkbuch" (wie Anm. 58), S. 83 (1857), 86 (1858), 88 (1859), 94 (1861) u.ö.; siehe auch Hegel, Leben und Erinnerungen (wie Anm. 14), S. 176.

„Eine schärfere Prüfung und Ankündigung derselben" – so ließ er Sybel ebenfalls am 28. Mai 1857 wissen – „erscheint mir also als das Erste und Nothwendigste, und noch dringender, als selbst die Errichtung historischer Seminare, um die historischen Studien auf den Universitäten recht in Gang zu bringen".[84] Doch schon gleich in seinem ersten Erlanger Semester nahm sich Hegel auch des Themas „Errichtung eines Historischen Seminars" an, nachdem ihm Sybel am 30. Januar 1857 im Sinne einer in München verfaßten Denkschrift zur Reform der bayerischen Schulordnung geschrieben und nahegelegt hatte, an der Friderico-Alexandrina ein historisches Seminar nach Münchener Vorbild zu errichten, wie es Franz Xaver Wegele auch in Würzburg tun sollte[85]. Hegel ließ in seinem Antwortschreiben vom 8. Februar 1857 keinen Zweifel an seiner Einstellung, „daß durch die Errichtung historischer Seminare an den drei Landes-Universitäten der Zweck, tüchtige Gymnasiallehrer für den Geschichtsunterricht zu bilden, wesentlich gefördert werden" müsse, ja daß er sie „beinahe für unentbehrlich" halte, und er war überzeugt, daß nur sehr wenige Studenten in der Lage seien, „ohne Anleitung zu eigener Übung [...] sich die richtige Methode des geschichtlichen Studiums und eine entsprechende Behandlungsweise des Unterrichts anzueignen".[86] Aber der Erlanger Ordinarius schätzte die Realisierungsmöglichkeiten – vor allem aus finanziellen Gründen – sehr viel ungünstiger als der Münchener Kollege ein und sah folglich seine „Hauptaufgabe" darin, „durch meine Vorlesungen das seit lange darniederliegende Studium der Geschichte an der hiesigen Universität wieder anzuregen".[87] Auch wenn Hegel sich in seinem Schreiben vom 28. Mai 1856 als „zu ängstlich für unseren Universitäts Etat besorgt" charakterisierte,[88] tatsächlich kam es erst 1872 zur Gründung eines Historischen Seminars an der Universität Erlangen.[89] Sie liegt allerdings – nicht zuletzt wegen erheblicher Aktenverluste der Münchener Ministerien im Zweiten Weltkrieg – weitgehend im Dunkeln, denn den Akten ist unter dem Datum des 17. Oktobers 1872 direkt lediglich zu entnehmen, daß „Vierhundertfünfzig Gulden zur Herstellung eines historischen Seminars" zur Verfügung standen, von denen 100 Gulden für die Anschaffung von Büchern, 150 Gulden für Stipendien und je 100 Gulden für die Professoren Karl Hegel und Alfred Schöne (1836–1918), Klassischer Philologe und Vertreter der Alten Geschichte, für die Leitung des Seminars bestimmt waren.[90] Alle nicht benötigten Gelder sollten zur Anschaffung von Büchern verwendet werden, denn immer wieder beklagte Hegel

---

[84] Wie Anm. 79, fol. 103ʳ.

[85] Paul Egon Hübinger, Das Historische Seminar der Rheinischen Friedrich-Wilhelms-Universität zu Bonn. Vorläufer – Gründung – Entwicklung. Ein Wegstück deutscher Universitätsgeschichte (Bonner Historische Forschungen 20), Bonn 1963, S. 62f., Anm. 47.

[86] Der Brief hat sich erhalten im BayHStA, Abt. III, Geheimes Hausarchiv: Kabinettsakten König Maximilians II., 78/1/102a, 31–6–4, S. 9–12, hier S. 9; er ist abgedruckt bei Hübinger, Das Historische Seminar (wie Anm. 85), S. 260–262, aber der dort genannte Fundort „Kölner Sybel-Nachlaß" ist nicht mehr auffindbar. Transkription und Abbildung des Briefes in: Hegel-Katalog 2001 (wie Anm. 1), S. 175–178 (Nr. VIII/15).

[87] Hegels Brief vom 8. Februar 1857 an Heinrich von Sybel (wie Anm. 86), S. 12.

[88] Wie Anm. 79, fol. 103ʳ.

[89] Vgl. dazu Neuhaus, Mit Gadendam (wie Anm. 20), S. 32 ff.

[90] BayHStA, Abt. I, Allgemeines Staatsarchiv: MK 40058: Acta des Staats-Ministeriums des Innern für Kirchen- und Schul-Angelegenheiten, Hohe Schule Erlangen, Historisches Seminar, 1872–1941, Auszug aus dem Budget (unfoliiert).

den Zustand der Erlanger Universitätsbibliothek im Fach „Geschichte" als äußerst mangelhaft und offenbar vernachlässigt. „Denn Sie glauben gar nicht" – ließ er Sybel am 8. Februar 1857 wissen –, „wie traurig das historische Fach in unserer Univ.-bibliothek bestellt ist, so daß ich mich selbst bei meinen Vorlesungen nicht selten in Verlegenheit befinde, weil die gangbarsten neueren wissenschaftlichen Werke fehlen".[91]

Auch wenn das Erlanger Historische Seminar, dessen Anfänge und erste Jahrzehnte man sich nicht bescheiden genug vorstellen kann, noch lange keine Institution mit Seminar- und Bibliotheksräumen war und die Übungen für die Studenten – wie andernorts auch – in den Wohnungen der Professoren stattgefunden haben dürften, es ist Karl Hegels zweite universitätsgeschichtlich bedeutsame Leistung, dieses Seminar begründet zu haben. Indem sie nach den frühesten Seminargründungen in Königsberg (1832) und Breslau (1843) sowie denen in München (1857) und Würzburg (1857) und dann in Bonn (1861), Greifswald (1862), Marburg (1865), Rostock (1865) und Innsbruck (1871) erfolgte, gehört die Gründung des Erlanger Historischen Seminars zu den ältesten an Universitäten der Mitgliedstaaten des Deutschen Bundes beziehungsweise des Deutschen Reiches.[92] Maßgeblich geprägt wurde es von Karl Hegel, der ihm bis zu seinem Ausscheiden als akademischer Lehrer im Jahre 1886 seinen Stempel aufdrückte.[93]

In seiner wissenschaftlichen Arbeit knüpfte Karl Hegel in Erlangen einerseits an seine auf Europa bezogenen stadtgeschichtlichen Forschungen aus den 1840er Jahren an,[94] andererseits beschritt er Neuland, indem er sich der Edition von historischen Quellen zuwandte. Die historisch-kritische Bearbeitung von Texten und ihre Bereitstellung außerhalb der Archive in gedruckter Form gehörte für ihn ganz wesentlich zur geschichtswissenschaftlichen Betätigung und war Grundlagenforschung auch – und gerade – zum Nutzen eines erfolgreichen Geschichtsstudiums für zukünftige Gymnasiallehrer, universitäre Lehre und Forschung im Sinne Wilhelm von Humboldts (1767–1835) miteinander verbindend. Karl Hegels Hauptwerk wurde die wissenschaftliche Bearbeitung und Herausgabe von 27 Bänden „Chroniken der deutschen Städte vom 14. bis in's 16. Jahrhundert", die zwischen 1862 und 1899 – also bis kurz vor seinem Tode – in der Obhut der in München ansässigen Historischen Commission bei der Königlich Bayerischen Akademie der Wissenschaften erschienen,[95] zu deren von König Maximilian II. Joseph persönlich berufenen Gründungsmitgliedern er seit 1858 gehörte.[96] Die ersten drei Bände dieser fundamentalen Quellenediti-

---

[91] Wie Anm. 86, S. 11.

[92] Jürgen Petersohn, Franz Xaver Wegele und die Gründung des Würzburger Historischen Seminars (1857). Mit Quellenbeilagen, in: Vierhundert Jahre Universität Würzburg. Eine Festschrift, hg. v. Peter Baumgart, Neustadt an der Aisch 1982, S. 483–537, hier S. 483 mit Anm. 1.

[93] Neuhaus, Mit Gadendam (wie Anm. 20), S. 41f.; vgl. auch die erst nach Abschluß dieses Beitrages zugänglich gewordenen, in Anm. 90 bezeichneten Akten.

[94] Siehe oben Anm. 68.

[95] Die Chroniken der deutschen Städte vom 14. bis in's 16. Jahrhundert, hg. durch die Historische Commission bei der Königl. Academie der Wissenschaften v. Karl Hegel, Bde. 1–27, Leipzig 1862–1899; vgl. dazu auch Hegel-Katalog 2001 (wie Anm. 1), S. 221–227 (Nr. IX/10-IX 15).

[96] Vgl. Historische Kommission bei der Bayerischen Akademie der Wissenschaften 1858–1983, bearb. v. Georg Kalmer, München 1984, S. 73; Die Historische Kommission bei der Bayerischen Akademie der Wissenschaften 1858–1958, Göttingen 1958.

on für die Geschichte des Stadtbürgertums sind in der Unterreihe „Die Chroniken der fränkischen Städte" der alten Reichsstadt Nürnberg gewidmet (1862–1864), dann noch die Bände 10 und 11 (1872, 1874).[97] Karl Hegel, der später auch noch Straßburger und Mainzer Chroniken bearbeitete,[98] legte mit dem ersten Nürnberg-Band und insbesondere der darin enthaltenen „Stromer-Chronik" das „Muster" für die weiteren Bände vor, an dem sich die Bearbeiter orientieren sollten, wie er am 15. Januar 1860 dem Kollegen Heinrich von Sybel schrieb[99]. Der Bürger Karl Hegel maß – wie er im Vorwort zum ersten Nürnberg-Band formulierte – den „Chroniken der Städte [...] in dem Fortgang unserer nationalen Geschichtsschreibung eine bedeutungsvolle Stelle als nothwendiges Entwicklungsglied" bei und sah in ihnen Dokumente einer „bürgerlichen Geschichtsschreibung sowie Denkmäler deutscher Sprachentwicklung";[100] nicht zufällig gehörte Matthias Lexer (1830–1892), der Herausgeber des bis heute wichtigen mehrbändigen „Mittelhochdeutschen Handwörterbuchs", zu seinen ersten Mitarbeitern.[101] Mit den „Chroniken der deutschen Städte" hatte der Bürger Karl Hegel das seiner gesellschaftlichen Stellung gemäße Thema für seine Forschungen neu gefunden: Stadtgeschichte, nicht Fürsten- und Dynastiegeschichte! Und grundsätzlich stellte er in seinem Vorwort zum ersten Nürnberg-Band fest: „Der eigenthümliche Werth der Chroniken aber, in so fern sie wirklich von Mitlebenden geschrieben sind, liegt auf einer anderen Seite. Nicht bloß der urkundliche, gleichsam protokollarische Ausdruck des Geschehenen, sondern auch das zu jeder Zeit gesehene Bild der Ereignisse ist uns wichtig. Die ursprünglichen Chroniken geben es uns, wenn auch nicht immer in den richtigen Zügen, doch in der naiven Auffassung und den lebhaften Farben der Zeitgenossen; sie führen uns ohne weiteres in deren Gesichtskreis, Empfindungs- und Anschauungsweise ein, denen Anderes als uns wichtig und bemerkenswerth erschien; sie bringen unabsichtlich auf jedem Schritt in dem Fortgang ihrer nüchternen Berichte eine Fülle von Wahrnehmung und Charakterzügen, die wir in den urkundlichen Documenten nur vergebens suchen würden: sie sind unentbehrlich für die Sittengeschichte."[102] Ohne Karl Hegels Edition von Städtechroniken wäre die Behandlung von sozial-, wirtschafts-, kultur-, mentalitäts- und alltagsgeschichtlichen Fragestellungen und damit das, was moderne Stadtgeschichtsforschung ausmacht, nicht möglich gewesen. Sein großes, von Nürnberg ausgehendes Quellenwerk ist nicht nur ein wichtiges Ergebnis geschichtswissenschaftlicher Grundlagenforschung, sondern auch ein bedeutender Bestandteil jener geisteswissen-

---

[97] Die Chroniken der deutschen Städte (wie Anm. 95), Bde. 1–3, 10, 11: Die Chroniken der fränkischen Städte. Nürnberg, Bd. 1, bearb. v. Karl Hegel und Theodor von Kern, Bd. 2, bearb. v. Theodor von Kern, Friedrich von Weech und Matthias Lexer, Bd. 3, bearb. v. Dietrich Kerler, Matthias Lexer, Theodor von Kern und Karl Hegel, Bde. 4, 5, bearb. v. Theodor von Kern, Leipzig 1862, 1864, 1872, 1874.

[98] Die Chroniken der deutschen Städte (wie Anm. 95), Bde. 8, 9: Die Chroniken der oberrheinischen Städte. Straßburg, Bde. 1, 2, bearb. v. Karl Hegel, Leipzig 1870, 1871; Bde. 17, 18: Die Chroniken der mittelrheinischen Städte. Mainz, Bde. 1, 2, bearb. v. Karl Hegel, Leipzig 1881, 1882.

[99] Geheimes Staatsarchiv, Preußischer Kulturbesitz, Berlin : I. HA Rep. 92 Heinrich von Sybel B 1 XVII (Hegel), fol. 112r–113v, hier fol. 112v.

[100] Karl Hegel, Vorwort, in: Die Chroniken der fränkischen Städte. Nürnberg, Bd. 1 (wie Anm. 97), S. VII.

[101] Vgl. Hegel-Katalog 2001 (wie Anm. 1), S. 225 (Nr. IX/12).

[102] Hegel, Vorwort (wie Anm. 100), S. VIII.

schaftlichen Gründerzeit des 19. Jahrhunderts, die Gelehrte wie Karl Lachmann, August Böckh, Friedrich Schleiermacher (1768–1834), Friedrich Carl von Savigny (1779–1861), Leopold von Ranke oder die Brüder Jacob (1785–1863) und Wilhelm Grimm (1786–1859) prägten und den Philosophischen, Theologischen und Juristischen Fakultäten unserer Universitäten Weltruhm verschafften.

Karl Hegel hat durch diese entsagungsvolle Editionsarbeit in der Fachwelt ungemein an Ansehen gewonnen. Auf Leopold von Ranke machte er – seit er ihn als Präsident der Historischen Commission bei der Königlich Bayerischen Akademie der Wissenschaften regelmäßig und öfter sah – „einen immer besseren Eindruck [....]: durch und durch gelehrt, ein guter Professor und für unsere Arbeiten unschätzbar".[103] Daß Ranke unter „mehreren der jüngeren Historiker [Hegel] eine der ersten Stellen" einnehmen sah, schrieb er ihm selbst am 8. März 1867 unter dem Eindruck der ersten Bände der „Chroniken der deutschen Städte": „Zu dem Sukzeß unserer Unternehmungen haben Sie durch Ihre meisterhafte Bearbeitung der Stadtchroniken vornehmlich beigetragen".[104]

In Erlangen wurde Karl Hegel im Laufe der Jahrzehnte vielfach geehrt und in die bedeutendsten Institutionen der Geschichtswissenschaft wie der Wissenschaften überhaupt berufen. Neben den schon erwähnten Mitgliedschaften in den Wissenschaftlichen Akademien von München, Göttingen, Berlin und Wien[105] sowie in der Historischen Kommission in München (1858) und in der „Monumenta Germaniae Historica" (1865/1875),[106] die alle in Hegels Erlanger Zeit fielen, sind die Promotionen zum Ehrendoktor der Juristischen Fakultäten der Universitäten Halle-Wittenberg (1867) und Göttingen (1881) hervorzuheben, von denen er die letztere mit dem Hinweis ablehnte, schon Dr. jur. h.c. in Halle zu sein.[107] War er noch in Rostock 1855 in den Gelehrtenausschuß des Germanischen Nationalmuseums Nürnberg berufen worden, so wurde er 1877 in dessen Verwaltungsrat gewählt,[108] und zahlreiche Mitgliedschaften in Geschichts- und Altertumsvereinen kamen hinzu.[109] Außerdem erhielt er das Ritterkreuz Erster Klasse des Königlichen Verdienstordens vom heiligen Michael im Jahre 1872, 1876 den Königlichen Maximiliansorden für Wissenschaft und Kunst und 1889 das Ritterkreuz des Königlichen Verdienstordens der Bayerischen Krone;[110] zudem erfolgte 1891 Karl Hegels Aufnahme in die Adelsmatrikel des Königreichs Bayern[111] und 1893 anläßlich des 150jährigen Bestehens der Friedrich-Alexander-Universität Erlangen die Verleihung des Titels eines Königlichen Geheimen Rates an Karl Ritter von Hegel.[112]

---

[103] So Leopold von Ranke im Oktober 1863 in einem Brief aus Venedig an seine Frau Clara, in: Ranke, Das Briefwerk (wie Anm. 39), S. 444f., hier S. 445.
[104] Ranke, Neue Briefe (wie Anm. 40), S. 489.
[105] Siehe oben Anm. 8–11.
[106] Hegel wurde 1865 Mitglied der Gesellschaft für ältere deutsche Geschichtskunde und 1875 in die Zentraldirektion der MGH berufen (Archiv der MGH: MGH 30, 192, 338/2, 3, 42, 65).
[107] Vgl. Hegel-Katalog 2001 (wie Anm. 1), S. 194–196 (Nr. VIII/27, VIII/28).
[108] Ebenda, S. 16 (Nr. I/13).
[109] Vgl. die Auflistung ebenda, S. 155.
[110] BayHStA: Ordensakten Nr. 4478, 0863, 1810, Kronorden.
[111] Vgl. Hegel-Katalog 2001 (wie Anm. 1), S. 200f. (Nr. VIII/31).
[112] Ebenda, S. 202 (Nr. VIII/32).

In der Geschichtswissenschaft wurde der solchermaßen viel und hoch Geehrte zum „Städtehegel", wie ihn Richard Fester in seiner Grabrede glaubte, voller Respekt nennen zu dürfen.[113] Neben den 27 Bänden der „Chroniken der deutschen Städte" legte der unermüdliche Forscher im Jahre 1891 sein Werk „Städte und Gilden der germanischen Völker im Mittelalter" in zwei Bänden vor, die er als „Gegenstück" zu seiner ebenfalls zweibändigen „Geschichte der Städteverfassung von Italien" von 1846/47 verstand,[114] und 1898 erschien noch seine letzte wissenschaftliche Monographie „Die Entstehung des Deutschen Städtewesens",[115] allerdings schon mehr wohlwollend-kritisch als begeistert-zustimmend von der Fachwelt aufgenommen.[116]

Daß Karl Hegel im Jahre 1887 in zwei Bänden „Briefe von und an Hegel", an seinen Vater, herausgab,[117] eine Ausgabe, die heute durch die vierbändige von Johannes Hoffmeister und Friedhelm Nicolin überholt ist,[118] und daß er im Rahmen der von einem „Verein von Freunden des Verewigten" initiierten Erstausgabe der Werke seines Vaters schon 1840 die zweite Auflage von dessen „Vorlesungen über die Philosophie der Geschichte" besorgte,[119] sei nur der Vollständigkeit halber erwähnt, wie daran erinnert sei, daß er 1900 seine Memoiren „Leben und Erinnerungen" vorlegte,[120] die wesentlich auf seinem handschriftlichen „Gedenkbuch" beruhen, jenen nach Jahren geordneten Aufzeichnungen ab 1878.[121] Würden es seine Nachfahren in der Urenkel-Generation erlauben, dieses „Gedenkbuch" wissenschaftlich zu edieren und zu publizieren, erführen wir von Karl Hegel selbst mehr über seine Erlanger Jahrzehnte, die er in seinen Memoiren mit Rücksicht auf seine Zeitgenossen und deren Familien fast vollständig ausgespart hat.[122]

Und auch nur der Vollständigkeit halber sei erwähnt, daß Karl Hegel sich neben der Forschung und der Lehre – in Rostock wie in Erlangen – immer auch der akademischen Selbstverwaltung zuwandte, was für viele Professoren heute nicht mehr selbstverständlich ist. Abgesehen davon, daß Karl Hegel über lange Zeit Mitglied mehrerer zentraler Kommissionen der Universität war, war er viermal Dekan der Philosophischen Fakultät, allerdings – wie damals üblich – immer nur für jeweils ein

---

[113] Fester, Karl von Hegel (wie Anm. 3), S. 4f.

[114] Karl Hegel, Städte und Gilden der germanischen Völker im Mittelalter, 2 Bde., Leipzig 1891 (ND Aalen 1962); siehe oben Anm. 68.

[115] Karl Hegel, Die Entstehung des Deutschen Städtewesens, Leipzig 1898.

[116] Dies ergibt eine Durchsicht des in Anm. 12 genannten Nachlasses.

[117] Briefe von und an Hegel, 2 Bde., hg. v. Karl Hegel (Georg Wilhelm Friedrich Hegel's Werke. Vollständige Ausgabe durch einen Verein von Freunden des Verewigten, 19.1.2.), Leipzig 1887; siehe auch Hegel-Katalog 2001 (wie Anm. 1), S. 39 (Nr. II/12).

[118] Briefe von und an Hegel, hg. v. Johannes Hoffmeister, 4 Bde. [Bd. 4, Teile 1 und 2, hg. v. Friedhelm Nicolin], Hamburg ³1969.

[119] Georg Wilhelm Friedrich Hegel's Vorlesungen über die Philosophie der Geschichte, hg. v. Eduard Gans, 2. Aufl. besorgt von Karl Hegel (Georg Wilhelm Friedrich Hegel's Werke. Vollständige Ausgabe durch einen Verein von Freunden des Verewigten, 11), Berlin 1840 (ND Berlin 1848); siehe auch Hegel-Katalog 2001 (wie Anm. 1), S. 38 (Nr. II/11).

[120] Wie Anm. 14; siehe auch Hegel-Katalog 2001 (wie Anm. 1), S. 205 (Nr. VIII/36).

[121] Wie Anm. 58.

[122] Inzwischen konnte dankenswerterweise mit der Transkription des „Gedenkbuches" begonnen werden, das sich als ein bedeutsames Dokument eines Erlanger Professorenlebens in der zweiten Hälfte des 19. Jahrhunderts erweist.

Jahr,[123] einmal – im akademischen Jahr 1870/71 – Prorektor unserer Alma Mater unter dem traditionellen Rektorat des bayerischen Königs, ein politisch profilierter Prorektor, wie seine Rede „Die deutsche Sache und die deutschen Hochschulen"[124] zum Amtsantritt am 4. November 1870, dem Gründungstag der Friedrich-Alexander-Universität, verdeutlicht, ganz unter dem Eindruck der Erfolge im damals stattfindenden Deutsch-Französischen Krieg stehend. Und es war ein Prorektorat, an das von den Kollegen hohe Erwartungen geknüpft wurden, nachdem Hegel noch 1866 nicht gewählt worden war.[125] Die Wahlsprüche auf den im Erlanger Universitätsarchiv erhaltenen und erst jetzt wieder bekanntgewordenen Stimmzetteln der Professoren sprechen zum Teil eine klare Sprache:

Der Wind bläht die Segel,
Am Steuer steht Hegel,
So kommen wir jetzund
In den norddeutschen Bund,

reimte der aus Greifswald stammende Mediziner Hugo W. Ziemssen (1829–1902), und sein Fachkollege Friedrich Albert Zenker (1825–1898) aus Dresden dichtete:

Geschichte schreibt man nur von dem, was war
Nun mache selbst Geschicht! Ein ganzes Jahr!
Denn was geschieht, geschieht in Deinem Namen.
Gar mancher thut's – Du aber sagst das Amen!

Andere machten es sich einfacher: „Siege Deutschland!" forderte in nationaler Begeisterung der aus Mainz stammende Anatom und Physiologe Joseph Gerlach (1820–1896), und der Neuphilologe Christoph Martin Winterling (1800–1884) stellte fest: „Deutschland über Alles!"[126]

V.

Und der Privatmann Karl Hegel in Erlangen? Freude und Leid hielten sich die Waage – wie sollte es anders sein im Leben eines Menschen, der dazu noch 88 Jahre alt wurde, viele überlebte und für die nachwachsenden Generationen (auch in der Fachwelt) ein Fremder war? Als er im Herbst 1856 mit seiner Frau Susanna von Rostock nach Erlangen kam, hatte das seit 1850 verheiratete, in der Nürnberger Heilig-Geist-Kirche getraute Ehepaar,[127] vier Kinder: die Töchter Anna Maria

---

[123] Die Akten im UAE werden hier nicht einzeln nachgewiesen.
[124] Karl Hegel, Die deutsche Sache und die deutschen Hochschulen. Rede am 4. November 1870 gehalten, Erlangen 1870; die „Prorektoratsrede" liegt in verschiedenen Ausgaben und Auflagen vor. Siehe auch Hegel-Katalog 2001 (wie Anm. 1), S. 150f. (Nr. VII/18); zum Thema „Karl Hegel und die Politik" insgesamt ebenda, S. 123–151.
[125] Zur gescheiterten Wahl von 1866 vgl. Hegel-Katalog 2001 (wie Anm. 1), S. 148f. (Nr. VII/17).
[126] Sämtliche Stimmzettel mit den Wahlsprüchen sind erhalten in: UAE: A 1/4, Nr. 93, versiegelt gewesenes Paket: Beilage 4 zu Bericht Nr. 1613, Wahlstimmen zur Wahl eines Prorectors der kgl. Universität Erlangen auf das Studienjahr 1870/71; die Wahlssprüche finden sich außerdem ebenda: Th. I, Pos. 4, R, Nr. 25: Acta der königlichen Universität Erlangen. Die Prorektoratswahlen betr., 1860–1874, 1 Bd. (unfoliiert).
[127] Vgl. hier lediglich: Hegel-Katalog 2001 (wie Anm. 1), S. 12 (Nr. I/9).

(1851–1927), verheiratet mit dem Mathematiker Felix Klein (1849–1925),[128] Luise und Marie (1855–1929) sowie den ältesten Sohn Georg (1856–1933). In Erlangen wurden die vierte Tochter Sophie (1861–1940) in der ersten Wohnung in der Friedrichstraße, sowie die Söhne Wilhelm Sigmund (1863–1945), Friedrich August (1864–1865) und Gottlieb Friedrich (1867–1874) im eigenen Haus „Am katholischen Kirchenplatz Nr. 563 D" geboren; August war „schwächlich und blutleer" und starb nach drei Viertel Jahren,[129] Gottlieb starb im sechsten Lebensjahr an „Halsbräune" (Diphterie).[130] Und am 1. Januar 1878 verschied Hegels geliebte Frau Susanna, der er so liebevoll und zärtlich in seinem „Gedenkbuch" gedachte, ja ihr Tod veranlaßte ihn zu seiner am 10. Oktober 1878 begonnenen Niederschrift, um – wie er einleitend formulierte – „den Abschluß meines irdischen Daseins vorzubereiten".[131] Über mehrere Seiten beschrieb er unter der Überschrift „Letzte Worte meiner lieben Susanna" das Sterben seiner Gemahlin und die letzten Tage mit ihr zwischen Weihnachten 1877 und Neujahr 1878, abschließend mit den Worten: „Um 2 Uhr morgens am Neujahrstag 1878 that sie den letzten Athemzug – noch nicht 52 Jahre alt. Sie war wie eine Heldin in den Tod gegangen. Sie hatte in den letzten Tagen jede bloße Rührung vermieden und selbst keine Thräne vergossen. Sie wollte sich und den Ihrigen ihr Sterben nicht unnöthig erschweren. Ihre große Herzensgüte und ihre selbstlose Liebe bewährte sich, wie ihre Frömmigkeit und Wahrheitsliebe, bis in den Tod".[132]

Ein Höhepunkt im Leben der Familie war der Bau und Bezug des eigenen Hauses in Erlangen, das dort errichtet wurde, wo heute die Universitäts-Kinderklinik (Klinik mit Poliklinik für Kinder und Jugendliche, Loschgestraße 15) an der Nordostecke des Schloßgartens steht.[133] In einer Kladde hat Karl Hegel gleichsam die Chronik dieser Villa niedergeschrieben und den Fortgang der Arbeiten in den Jahren 1860/61 protokolliert.[134] Noch außerhalb der späteren „Professorenquartiere", in denen besserverdienende Ordinarien der Medizinischen und Juristischen Fakultät am Ende des 19. Jahrhunderts ihre Häuser bauten,[135] trat der Geisteswissenschaftler Karl Hegel – unterstützt von seinem Schwiegervater – sehr früh als eigener Bauherr auf. Das Hegel-Haus wurde zum zentralen Ort für seine Familie, zu der ab 1872 beziehungsweise 1875 auch die Schwiegersöhne Eugen Lommel und Felix Klein gehörten, beide zeitweise Professoren der Friedrich-Alexander-Universität, die im Gegensatz zu ihrem Schwiegervater Aufnahme in die „Neue Deutsche Biographie" fanden;[136] in

---

[128] Ebenda, S. 193 (Nr. VIII/26).
[129] „Gedenkbuch" (wie Anm. 58), S. 102.
[130] Ebenda, S. 127.
[131] Ebenda, vor S. 1. – Vgl. dazu Hegel-Katalog 2001 (wie Anm. 1), S. 202f. (Nr. VIII/33).
[132] „Gedenkbuch" (wie Anm. 58), S. 147–152, hier S. 151f. – Siehe auch [Gerhard] von Zezschwitz, Rede beim Begräbniß der Frau Professor Susanna Maria Carolina Hegel, geb. Freiin von Tucher, zu Erlangen. Am 3. Januar 1878 gehalten, Erlangen 1878. Vom Grabstein und Grab hat sich nur ein Foto aus späterer Zeit erhalten.
[133] Vgl. den Erlanger Stadtplan von 1866 in: Hegel-Katalog 2001 (wie Anm. 1), S. 189 (Nr. VIII/20).
[134] Die Kladde *Hausbau* befindet sich im Nachlaß Karl Hegel, Privatbesitz; siehe im übrigen: Hegel-Katalog 2001 (wie Anm. 1), S. 190 (Nr. VIII/21).
[135] Vgl. hierzu allgemein Olaf Willett, Sozialgeschichte Erlanger Professoren 1743–1933 (Kritische Studien zur Geschichtswissenschaft 146), Göttingen 2001, S. 291–299.
[136] Nikolai Stuloff, Klein, Felix, Mathematiker, in: Neue Deutsche Biographie 11, Berlin 1977, S. 736f.; Helmut Rechenberg, Lommel, Eugen, Ritter v., Physiker, in: Neue Deutsche Biographie 15, Berlin 1987, S. 144f.

den Jahren 1895 beziehungsweise 1896 kamen die Schwiegertöchter Ottilie Klinger und Maria von Rücker hinzu, mit denen Wilhelm Sigmund und Georg Hegel verheiratet waren. Und Karl Hegels Haus wurde zu einem gesellschaftlichen Mittelpunkt in Erlangen, nicht nur bei einem großen Gartenfest anläßlich des Goldenen Doktorjubiläums Karl Hegels im Sommer 1887, dem er in seinem „Gedenkbuch" breiten Raum widmete[137] und das in der wissenschaftlichen Welt Deutschlands breiteste Resonanz fand, wie zahlreiche Ehrenurkunden, Gratulationsadressen und Glückwunschschreiben belegen.[138] In seinem „Gedenkbuch" hielt er unter anderem fest: „Es fand ein solennes Mittagessen im Schwan statt, bei dem der Prorector mir den Haupttoast ausbrachte; in meiner Erwiederung gab ich eine kurze Lebensskizze, ausgehend von dem Satz, daß es schon früh ein drückendes Gefühl für mich war, nur als der Sohn meines Vaters angesehen und angesprochen zu werden und daß ich den Ehrgeiz besessen, mir selbst einen Namen zu machen."[139] Das Verhältnis zu seinem berühmteren Vater beschäftigte Karl Hegel sein Leben lang bis hin zu einem letzten Brief vom 17. Oktober 1901 an den Heidelberger Philosophen Kuno Fischer (1824–1907).[140] Aufgehoben war der verwitwete alte Karl Hegel in seiner Familie, bis zu seinem Tode von seiner unverheiratet gebliebenen Tochter Marie umsorgt, die seine letzten Tage in ihren „Aufzeichnungen aus Papa's letzter Krankheit" für ihre Geschwister beschrieben hat.[141]

Bald nach Karl Hegels Tod wurden sein Haus und der größte Teil seiner umfangreichen Bibliothek verkauft.[142] Anläßlich der Wiederkehr seines 100. Geburtstages 1913 erinnerte man sich in der Rostocker und Erlanger Lokalpresse seiner noch einmal,[143] aber dann wurde es still um ihn. Auch in der Geschichtswissenschaft geriet er in Vergessenheit; schon bei seinem Tode in der Mitte der Wilhelminischen Zeit interessierten Weltmachtziele und Weltmachtstellung Deutschlands und die Geschichte derer, die sie erreichen wollten, mehr als Stadtgeschichte oder die sie begründenden Quelleneditionen. In den 1960er Jahren mußte das zur Kinderklinik umgebaute Hegel-Haus dem heute stehenden Neubau der Kinderklinik weichen, und mit ihm ging die 1935 – nach mehrjährigen Auseinandersetzungen – angebrachte Gedenktafel verloren:

> *Hier wohnte von*
> *1861 bis 1901*
> *Dr. Karl Hegel*
> *Prof. der Geschichte,*

deren Kosten in Höhe von 40 Reichsmark die Philosophische Fakultät der Friedrich-Alexander-Universität trug.[144]

---

[137] „Gedenkbuch" (wie Anm. 58), S. 201–203.
[138] Vgl. Hegel-Katalog 2001 (wie Anm. 1), S. 198f. (Nr. VIII/30), S. 223f. (Nr. IX/11).
[139] „Gedenkbuch" (wie Anm. 58), S. 203.
[140] Vgl. Hegel-Katalog 2001 (wie Anm. 1), S. 39f. (Nr. II/13) mit Abbildung des Briefes aus Erlangen.
[141] Ebenda, S. 234–238 (Nr. X/1).
[142] Ebenda, S. 241, 244f. (Nr. X/5, X/7).
[143] Ebenda, S. 245 (Nr. X/8).
[144] Vgl. dazu ebenda, S. 246 (Nr. X/9).

Peter Mast

Politischer Raum und Industrialisierung
Thüringen vor und nach der Reichsgründung im Vergleich zum zeitgenössischen Franken

Thüringen und Franken, benachbart in der Mitte Deutschlands, zeigen in ihrem Weg durch die Geschichte manche Gemeinsamkeiten. Hier wie dort gelang es zu keiner Zeit, eine einheitliche Territorialgewalt aufzurichten. In Franken gedieh sie lediglich bis zur Ausbildung der Fürstbistümer Würzburg, das einst von Kaiser Friedrich Barbarossa in der herzoglichen Gewalt bestätigt worden war, Bamberg und Eichstätt sowie der Markgraftümer Ansbach und Kulmbach-Bayreuth. In Thüringen kam man nicht einmal so weit. Der staatsbildende Wille Herzog Ernsts des Frommen von Gotha und seiner Erben vermochte die politische Zersplitterung ihres Hausbesitzes ebenso wenig zu verhindern wie Sachsen-Weimar eine wettinische Hegemonialstellung aufbauen konnte. Selbst der albertinischen Linie des wettinischen Hauses, seit 1547 Inhaberin der sächsischen Kurwürde, gelang das in Thüringen nicht. Freilich war die territoriale Zersplitterung in Franken kaum geringer als in Thüringen. Während man jedoch im 18. Jahrhundert seinen Fürstentümern wie den ernestinischen Herzogtümern und den reußischen und den schwarzburgischen Fürstentümern, so dürftig ihre Existenz in manchem auch gewesen sein mochte, Staatlichkeit nicht absprechen kann, zählten die Reichsstädte in Franken, neben Nürnberg Schweinfurt, Rothenburg, Dinkelsbühl, Weißenburg und Windsheim, gleich denen in Thüringen, Mühlhausen und Nordhausen, wie anderswo in Deutschland kaum noch. Selbst das einst so reiche und mächtige Nürnberg stand gegen Ende des Jahrhunderts am Rande des finanziellen und damit des politischen Bankrotts.

Seit dem Untergang des alten Reiches gingen Thüringen und Franken verschiedene Wege. Während jenes die Napoleonzeit und die durch sie hervorgerufenen Reformen in seiner kleinstaatlichen Existenz fast unbeschadet überstand, wurde Franken bayerisch und wie die anderen Zugewinne an kleineren und größeren Territorien in das zentralistisch gebaute neubayerische Königreich eingeschmolzen. Franken (die seit 1837 so genannten Kreise Ober-, Mittel- und Unterfranken) umfaßte eine Fläche von 22974 Quadratkilometern, während Thüringen (die Thüringischen Staaten und der preußische Regierungsbezirk Erfurt sowie der kurhessische, seit 1866 zum preußischen Regierungsbezirk Kassel gehörende Kreis Schmalkalden) 16135 Quadratkilometer einnahm. Franken hatte sein politisches Eigengewicht nahezu verloren; Thüringen lebte noch das ganze 19. Jahrhundert hindurch weiter aus dem – oft allzu engen – politischen Winkel heraus.

I

Im 18. und im ersten Drittel des 19. Jahrhunderts waren Franken und Thüringen agrarisch geprägt, die Städte trugen zumeist den Charakter von Ackerbürgerstädten. In Thüringen standen außer in den Wald- und Bergregionen des Thüringer und des Frankenwaldes sowie im Eichsfeld vorzügliche Böden zur Verfügung.[1] So überwogen zu Beginn des 19. Jahrhunderts kleine und mittlere Bauernhöfe; im Altenburgischen, in Sachsen-Weimar und in der Schwarzburg-Sondershausener Unterherrschaft (mit den Verwaltungsbezirken Sondershausen und Ebeleben) gab es auch größere Höfe beziehungsweise Güter. Gefördert durch landesherrlich-staatliche Fürsorge und sodann auch durch die Wirksamkeit regionaler landwirtschaftlicher Vereine, reichten die Erträge nicht nur hin, das Land zu ernähren; es wurden beträchtliche Überschüsse an Getreide und Kartoffeln sowie auch an Obst erwirtschaftet. Buttstädt, Greußen, Römhild, Tanna im reußischen Vogtland und Ziegenrück waren die Orte regelmäßiger Viehmärkte mit erheblichem Auftrieb. Daneben gab es auch Wollmärkte. Um 1830 waren etwa 40 Prozent der Bevölkerung in der Landwirtschaft tätig. Sie hatten zumeist ihr Auskommen; im altenburgischen Land galten die Bauern sogar als wohlhabend. In Erfurt hatte sich gewerbsmäßiger Gartenbau entwickelt, der sich dem Anbau von Feingemüse, der Pflanzen- und der Blumenzucht sowie der Sämerei widmete. Die Ränder der Landstraßen wurden auf staatliches Betreiben hin mit Obstbäumen bepflanzt. Groß war im Lande dennoch der Reichtum an Wald, der nach 1815 noch ein Drittel der Fläche des kleinstaatlichen und fast ein Viertel der des preußischen Thüringens bedeckte. Die Forsten waren zumeist landesherrlich und damit eine Quelle des Reichtums der Fürsten.

In Franken gestalteten sich die Bodenverhältnisse nicht ganz so günstig wie in Thüringen.[2] Fruchtbar waren das Maintal (mit dem Anbau von Getreide, Flachs und Hanf sowie Gemüse und Wein), Mittelfranken, insbesondere die Umgebung von Nürnberg (mit dem Anbau von Getreide, Tabak, Gemüse und Hopfen) und das westliche Oberfranken, namentlich die Umgebung von Bamberg (mit Gemüse-, Obst- und Hopfenanbau). Holzreichtum gab es in Unterfranken sowie im östlichen Oberfranken, das heißt im Spessart, im Fichtelgebirge und im Frankenwald. Grundlagen für frühes Gewerbe boten die Produkte des Feldbaus, der Viehzucht und der Waldwirtschaft (Mühlen, Woll- und Lederverarbeitung, Schneide- und Papiermühlen) sowie die Bodenschätze namentlich in den Gebirgsregionen (Metall-, Schiefer-, Stein- und Porzellanerdeverarbeitung, Glasbläserei). Die Eisen-, Kupfer-, Silber-, Alaun- und Kobalterzlager des Thüringer Waldes waren zu Beginn des 19. Jahrhunderts bereits weitgehend erschöpft. Die Vorkommen an Steinkohle erwiesen sich in Franken wie in Thüringen auf längere Sicht mengenmäßig wie der Qualität nach als nicht ausreichend. Von einer gewissen Bedeutung war aber der Stockheimer Flöz, der von meiningischer wie von oberfränkischer Seite ausgebeutet wurde (1911 von bayerischer Seite her eingestellt). Außerdem fanden sich in Oberfranken Eisen und Kupfer. Namentlich die Eisenvorkommen in Arzberg bei Marktredwitz (der Name geht auf

---

[1] Dazu und zum Folgenden Friedrich Facius, Politische Geschichte von 1828 bis 1945, in: Hans Patze/Walter Schlesinger (Hg.), Geschichte Thüringens V/2 (Mitteldeutsche Forschungen 48/V/2), Köln/Wien 1978, S. 1–665, hier S. 14ff. (mit S. 574). Ein für allemal ist zu nennen: Hans Patze/Peter Aufgebauer (Hg.), Thüringen (Handbuch der historischen Stätten Deutschlands 9), Stuttgart ²1989.

[2] Dazu Hildegard Weiß, Das Agrarwesen vom Spätmittelalter bis zum Ende des 18. Jahrhunderts, in: Handbuch der bayerischen Geschichte III/1, begründet von Max Spindler, hg. v. Andreas Kraus, München ³1997, S. 878–900, 895ff. Allgemein Karl Bosl (Hg.), Bayern (Handbuch der Historischen Stätten Deutschlands 7), Stuttgart ³1981.

die Erzfunde zurück), die seit 1328 abgebaut und teilweise am Orte verarbeitet wurden, waren von hohem Wert.

Im 18. Jahrhundert war die wirtschaftliche Entwicklung noch weitgehend von den Landesherren und ihren Beratern abhängig. Als Vorbild mochte noch immer Ernst der Fromme von Gotha gelten. Hatte der doch nach dem Stadtbrand von London im Jahre 1666 gegen die Zahlung guter Preise große Mengen von Bauholz und Dielen nach England liefern können.[3] Im reußischen Gera, wo seit dem Spätmittelalter die Tuchmacherei zu Hause war, fanden 1569 protestantische Glaubensflüchtlinge aus den Niederlanden Aufnahme, die das Verfahren, langhaarige Wolle zu kämmen, zu verspinnen und so glatte Gewebe herzustellen, sowie die Fähigkeit, dieselben bunt zu färben, in der Stadt heimisch machten. Seit 1595 erneuerte der aus Tournai in Welsch-Flandern geflüchtete Nicolaus de Smit, der von dem reußischen Landesherrn Heinrich Postumus gegen den Einspruch der Tuchmacher und der Geistlichkeit „zum Besten des Landes", wie er wußte, im Lande aufgenommen worden war, in Gera die Zeugweberei und ihre Produktionsverfahren. Zudem führte er das Verlagswesen ein und förderte durch ein eigens dafür gegründetes Handelshaus den Absatz. Dieser wurde durch gute Verkehrsverbindungen zum Handelsplatz Leipzig begünstigt, der weit über Kursachsen hinaus von großer Bedeutung war. Das bald als qualitätsvoll bekannte Geraer Tuch wurde in Breslau, Danzig und Posen ebenso gut verkauft wie in Österreich, Ost- und Südosteuropa. Das reußisch-vogtländische Greiz entwickelte sich langsamer, da es im engen Tale der Weißen Elster abseits der Straße Gera-Plauen lag. Nach dem Dreißigjährigen Krieg, der dem Aufschwung der Wollindustrie im Lande keinen Abbruch getan hatte, brachten die Niederländer die Zeugweberei auch hierhin, nachdem erst kurz zuvor neun Gubener Meister, die daheim infolge des Ersten Nordischen Krieges in Preußen und Polen ohne Absatz geblieben waren, die Tuchweberei in der Stadt eingeführt hatten. In derselben Zeit entstand hier mit landesherrlicher Förderung die erste Färberei. Die Zeugweberei verbreitete sich von Gera aus über das ganze Vogtland und wurde so auch in Zeulenroda heimisch. Die später dort renommierte Strumpfwirkerei, bis dahin in Deutschland als Gewerbe fast unbekannt, verdankte die Stadt der Ansiedlung französischer Glaubensflüchtlinge durch den reußischen Landesherrn am Ende des 17. Jahrhunderts.

In Franken waren es vor allem die ausgebefreudigen Ansbacher und Bayreuther Markgrafen, die Gewerbepolitik betrieben.[4] Von alten Zeiten her wirkte noch der nunmehr verblaßte Ruhm der Nürnberger Wirtschaftsmacht mit ihrem hochentwickelten Handwerk in den fränkischen Raum hinein.[5] Das zeigte sich etwa an dem benachbarten Fürth und an Schwabach, wo seit langem die Metallgewerbe der Nadler, Goldschläger und Messerschmiede heimisch waren, oder an Roth, wo seit 1730 infolge der Einwanderung von Nürnbergern die leonische Drahtzieherei und -wirkerei eingebürgert war wie in Schwabach die Schmuckdrahtzieherei. 1686 wurde Schwabach zum Sammelpunkt der in das ansbachische Territorium gekommenen französischen

---

[3] Zum Folgenden Günther Franz, Die Herren, Grafen und Fürsten Reuß, in: Geschichte Thüringens (wie Anm. 1) V/1/1, Köln/Wien 1982, S. 561–573, hier S. 566ff.

[4] Dazu Eckart Schremmer, Gewerbe und Handel zur Zeit des Merkantilismus, in: Handbuch III/1 (wie Anm. 2), S. 930–955, hier S. 938ff.

[5] Ebenda, S. 931ff.

Glaubensflüchtlinge. Sie führten in der Stadt die Borten- und die Strumpfwirkerei ein. Dieser und der Nadelfabrikation widmeten sich im 18. Jahrhundert auch die Schwabacher Juden, die durch Markgraf Carl Wilhelm Friedrich in den Genuß mehrerer Privilegien kamen. Markgraf Carl Alexander förderte das Manufakturwesen, insbesondere in Erlangen. Hier waren durch Refugiés, die der Bayreuther Markgraf Christian Ernst 1686 auch in sein Land gerufen hatte, ebenfalls die Strumpfwirkerei sowie die Gobelinweberei, die Hutfabrikation, die Gerberei und die (Glacé-) Lederhandschuhmacherei eingeführt worden. Auch in Fürth siedelte sich die Strumpfwirkerei an. Hohe Qualität erreichte hier die ebenfalls von den Franzosen eingeführte Wand- und Teppichwirkerei.

Die wichtigsten Gewerbezweige der beiden Markgrafschaften waren die Textil- und die Metallwarenherstellung. Seit dem frühen 18. Jahrhundert waren in Wunsiedel die auf dem Verlagssystem beruhende Wolltuchweberei sowie Tuchfärbereien und -druckereien beheimatet. Die Baumwollweberei fand ihr Zentrum in Hof, während die maschinelle Baumwollspinnerei in Schwabach in einer 1719 auf Initiative des Markgrafen Wilhelm Friedrich gegründeten Kattunmanufaktur seit den 1790er Jahren ihren Anfang nahm. Der Kattundruck in den beiden Markgraftümern genoß über die Grenzen hinweg großes Renommee, erlag aber nach 1800 sächsischer und englischer Konkurrenz.

Das Textilgewerbe im Markgraftum Bayreuth blieb ungleich gewichtiger als das im Ansbachischen. Eine gewisse Rolle spielte noch das glasbearbeitende und -veredelnde Gewerbe, während die Glasmacherei gegenüber der böhmischen und der bayerischen Konkurrenz nicht aufkam. Herausragend war das sich um Fürth konzentrierende Gewerbe der Spiegelmacher, das die beiden fränkischen Markgrafschaften abermals der hugenottischen Einwanderung verdankten. Brillenfertiger machten Fürth auch zu einem über die fränkischen Grenzen hinaus wirkenden Zentrum der Herstellung optischer Gläser. Auf die Gänze gesehen hatten die beiden markgräflichen Territorien immerhin eine etwa ebenso hohe Manufakturdichte wie Kursachsen, 1780 rief Markgraf Carl Alexander eine „Hochfürstlich Brandenburg Anspach Bayreuthische Hof-Banco" ins Leben. Einen Höhepunkt und zugleich das Ende der Entwicklung Ansbach-Bayreuths stellte das aufgeklärt-spätabsolutistische, wirtschaftlich liberale Reformregiment Hardenbergs dar. Es blieb, gemessen an seinen Ansprüchen, in vielem aber „bei dem begrenzten territorialen Rahmen allzu oft und zuletzt entscheidend im starren Unterbau von Staat und Gesellschaft des fränkischen feudalen Nachmittelalters stecken".[6]

Freilich vermochten sich ebensowenig die thüringischen Staaten aus nachmittelalterlichen Verkrustungen zu befreien. Sie litten bei ihrer Kleinheit und der Nähe großer Staaten mehr noch unter deren merkantilistischem Zollprotektionismus, der es ihnen nahezu unmöglich machte, die Erzeugnisse ihrer gewerblichen Produktion zu verkaufen, ganz abgesehen davon, daß das 18. Jahrhundert eine Freiheit des Handelsverkehrs nicht kannte.[7] Wie der Weimarer Herzog Carl August einmal beklagte,

---

[6] Hanns Hubert Hofmann, Die preußische Ära in Franken (1963), in: ders. (Hg.), Die Entstehung des modernen souveränen Staates (Neue Wissenschaftliche Bibliothek 17), Köln/Berlin 1967, S. 245–261, 257.
[7] Fritz Hartung, Das Großherzogtum Sachsen unter der Regierung Carl Augusts 1775–1828 (Darstellungen und Briefe zur Geschichte des Weimarischen Fürstenhauses und Landes, III. Abt.), Weimar 1923, S. 90ff.

sonderten „die großen Mächte ihre Länder von ihren Nachbarn gleich wie Inseln in dem offenen Meer" ab, sie fänden, „daß die sicherste Art zu konkurrieren darinnen besteht, daß sie alle diejenigen, welche nicht die Ehre haben, ihre Untertanen zu sein, aushungern, damit sich diese aus Not unterwerfen sollen...".[8] Österreich und Preußen verwehrten so auch den Produkten der bis in das 18. Jahrhundert blühenden Geraer Zeugwirkerei den Zugang zu ihren Märkten und fügten ihr damit schweren Schaden zu. Nach den Behinderungen durch die Napoleonische Kontinentalsperre, die allerdings auch die überlegene englische Konkurrenz von den festländischen Märkten fernhielt, litten die thüringischen Staaten unter der hohen Handelsbarriere, mit der Preußen, nunmehr als Erbe der mainzischen Stellung in Thüringen noch nähergerückt, gemäß dem Zollgesetz von 1818 sein Staatsgebiet umgeben hatte. Daraus folgte auch die Unterbrechung alter Handelswege von und nach Norden. Zudem wurden schwarzburgische, weimarische und gothaische Gebiete, die von preußischem Territorium umschlossen waren, ab sofort als preußisches Zollinland behandelt. Deshalb sahen sich Schwarzburg-Sondershausen, Schwarzburg-Rudolstadt und Sachsen-Weimar-Eisenach genötigt, für Teile ihres Staatsgebietes (Schwarzburg-Sondershausen für seine Unterherrschaft, das heißt für den größten Teil seines Territoriums, mit der Haupt- und Residenzstadt Sondershausen) dem preußischen Zollgebiet beizutreten.

Preußen hatte mit seinem Zollgesetz für sich die Konsequenz aus der Tatsache gezogen, daß der Deutsche Bund seinen Gliedern die Zolleinheit schuldig geblieben war. Auch Bayern zeigte (im Gegensatz etwa zu Sachsen) schutzzöllnerische Neigungen. So schlossen sich auf der Frankfurter Ostermesse im April 1819 süddeutsche, hessische und sächsische Kaufleute unter maßgeblicher Mitwirkung von Friedrich List zum „Deutschen Handels- und Gewerbeverein" zusammen, dessen Vorort Nürnberg wurde. Dessen Tätigkeit, die sich auf die Gewerbebezirke Schwabens, Frankens und Thüringens stützte, fand nach seinem frühen Ende und nach dem Erlöschen des im September 1828 zu Kassel gegründeten „Mitteldeutschen Handelsvereins" in der Neujahrsnacht 1834 mit dem „Deutschen Zollverein" ihre Erfüllung, mochten diesen namentlich die Kleinstaaten auch mit nicht geringen Nachteilen und Problemen erkaufen.[9] Dem Deutschen Zollverein, dem Werk Preußens sowie Bayerns und Württembergs, gehörte Thüringen im Verbande des auf preußischen Druck hin 1833 zustande gekommenen „Zoll- und Handelsvereins der thüringischen Staaten" an (einer engeren Vereinigung mit Preußen und Sachsen hinsichtlich einiger wichtiger Verbrauchssteuern). Mit dem Zollverein war ein deutschlandweiter Wirtschaftsraum hergestellt worden, der auch Thüringen und Franken bisher nie da gewesene wirtschaftliche Möglichkeiten eröffnete. Freilich fehlte in den nächsten zwei Jahrzehnten (bis zum Beitritt Hannovers) noch der wichtige zollfreie Zugang zu deutschen Nordseehäfen, der Thüringen im Mitteldeutschen Handelsverein infolge der Mitgliedschaft Bremens und Hannovers bereits offengestanden hatte.

---

[8] In einem Brief an Graf Eustach von Goertz vom 12. Juli 1787, in: Carl August von Weimar in seinen Briefen, hg. von Hans Wahl, Weimar 1915, S. 89.
[9] Über diese mit starker Akzentuierung Facius, Geschichte (wie Anm. 1), S. 27ff.

II

War es bisher für die wirtschaftliche Entwicklung vornehmlich auf die Initiative des Landesherrn angekommen, so entschied nunmehr der Wagemut des freien Unternehmertums und der des Kaufmanns, der auf den Märkten agierte. Doch blieb dabei die staatliche Gewerbepolitik durchaus von Bedeutung. Insofern mußten sich in Franken als Bestandteil des modernen bayerischen Staates größere Möglichkeiten ergeben als in den Thüringischen Staaten und selbst in dem in die Kleinstaatenwelt eingezwängten preußischen Thüringen. Andererseits war der Katholizismus namentlich in Unterfranken einem modernen gewerblichen Denken und Wirtschaften im Wege, zumal dem München nicht entgegenwirkte, ja dem Zentralismus des Königs und des Staatsministeriums selbst diese traditionelle Denkungsart in hohem Maße zu eigen war. Unterentwickelt war namentlich Würzburg. Es hatte selbst im Zwischenhandel seine einst beherrschende Stellung verloren und war von Marktbreit, Kitzingen, Miltenberg und Schweinfurt überflügelt worden.[10] Im Jahre 1840 gab die Landwirtschaft in Oberfranken 63,5 Prozent, in Mittelfranken 55 Prozent, in Unterfranken aber 73 Prozent der arbeitenden Bevölkerung Arbeit und Brot.[11]

Eine Ausnahme davon machte hier allein Schweinfurt, das sich mit der hier eingesessenen Farbenherstellung und der Metallbranche zu einem Schwerpunkt des fränkischen Fabrikwesens entwickelte. Dabei herrschten freilich vor 1848 noch Manufakturen und Verlagssystem vor; zu Großbetrieben gab es nur Ansätze. Die seit eh und je in Mittelfranken gewerblich führende Stadt, Nürnberg, war vorwiegend traditionell geblieben, im Gegensatz etwa zu dem benachbarten, ehemals ansbachischen Fürth, das durch die Reformen Hardenbergs gefördert worden war. Die in Oberfranken gewerblich bestimmende Weberei stand 1847/48 an der Schwelle vom Verlagssystem zum Maschinen- und Fabrikbetrieb. Doch waren die Woll- und Leineweberei, die Tuchmacherei, die Strumpfwirkerei und die Zeugmacherei wie überall in Deutschland von der englischen Baumwollkonkurrenz bedroht. Wohl mochten sich die Unternehmer im Bezug günstiger Rohstoffe, in der Erschließung neuer Absatzmärkte und in der Umstellung der Betriebe auf den wechselnden Geschmack beweglich genug zeigen, wohl mochte es zu Buche schlagen, daß sächsische Unternehmer tätig geworden waren und den hohen Gewerbestand des benachbarten Königreiches ins Land trugen, während die bayerische Regierung namentlich durch Armeeaufträge und Notstandsarbeiten eine Webernot wie die in Schlesien abzuhalten verstand.[12] Die entscheidende Voraussetzung für einen Wiederaufstieg des Textilgewerbes in Oberfranken und anderswo aber war mit der Gründung des Deutschen Zollvereins und der Mitgliedschaft in ihm geschaffen worden.[13]

Vorerst hatte man die Not nicht nur manches Textilstandortes zu beklagen. Bayreuth, Rothenburg ob der Tauber, Ansbach, Eichstätt, Dinkelsbühl, Schwabach und

---

[10] Ludwig Zimmermann, Die Einheits- und Freiheitsbewegung und die Revolution von 1848 in Franken (Veröffentlichungen der Gesellschaft für fränkische Geschichte IX/9), Würzburg 1951, S. 166f.; Schremmer, Gewerbe (wie Anm. 4), S. 951ff.

[11] Nach Zimmermann, Einheits- und Freiheitsbewegung (wie Anm. 10), S. 171 und 467, Anm. 23.

[12] Ebenda, S. 193.

[13] Wolfgang Zorn, Probleme der Industrialisierung Oberfrankens im 19. Jahrhundert, in: JfL 29, 1969, S. 295–310, hier S. 300.

das schwäbische Nördlingen litten unter gravierendem Rückgang. König Ludwig I. war dennoch bei allem Verständnis für Finanzen und Gewerbe dem neuen Fabrikwesen abgeneigt. Bayern sollte seiner Überzeugung nach „keine Treibhausindustrie erkünsteln, kein Fabrikstaat werden."[14]

Der Übergang zu einer großgewerblich-industriellen Produktion war ein allmählicher. Auf den Beginn der Mechanisierung der bayerisch-schwäbischen Baumwollindustrie folgte um 1853/54 der der oberfränkischen. In Nürnberg war 1835 durch Johann Friedrich Klett mit englischer Hilfe eine Maschinenbauanstalt aus der Taufe gehoben worden. Um 1840 hatte in Thüringen der auf Massenerzeugung ausgelegte Fabrikbetrieb seinen Anfang genommen. Wie in Franken waren auch in Thüringen die alten Gewerberegionen die Wiege der Industrialisierung: das Reußenland (Gera, Greiz und Zeulenroda), das Altenburger Land sowie das Thüringer Becken (Apolda, Erfurt und Gotha), daneben die wie Erfurt preußischen Städte Nordhausen und Mühlhausen sowie schließlich auch der Thüringer Wald. Für längere Zeit blieben noch das preußische Eichsfeld, die weimarische Vorderrhön, das Schwarzatal und das Eisfelder Waldgebiet von der Industrialisierung ausgenommen. Im Gegensatz zu Franken deutete sich hiermit schon eine annähernd gleichmäßige Verteilung der Industriestandorte über das Land an.

Die ordnungspolitische Voraussetzung einer großgewerblich-industriellen Produktion war eine Liberalisierung der Gewerbegesetzgebung, die im Zollverein noch den deutschen Einzelstaaten vorbehalten war. Die Gewerbeordnungen der Thüringischen Staaten, die zwischen 1861 und 1865 (im Fürstentum Reuß ältere Linie erst 1868) in Kraft traten, beruhten auf dem Grundsatz der vollen Gewerbefreiheit. Sie gingen auf einen Entwurf des Gothaer Staatsministeriums zurück, der wiederum auf Vorarbeiten zu dem sächsischen Gewerbegesetz von 1861 fußte. Die Gewerbefreiheit wurde später, da die Gewerbegesetzgebung in Thüringen an den Norddeutschen Bund und 1871 an das Deutsche Reich übergegangen war, durch die Bundesgewerbeordnung von 1869, die spätere Reichsgewerbeordnung garantiert. Erst dadurch fand die Gewerbefreiheit auch im preußischen Thüringen Eingang. Hinzu kam eine Modernisierung des Erbgenossenschaftsrechts, bei der Sachsen-Meiningen mit seinem am preußischen Vorbild orientierten Genossenschaftsgesetz von 1867 voranging. Eine moderne Aktiengesetzgebung erleichterte die Kapitalbeschaffung. In Bayern wurde die volle grundsätzliche Gewerbefreiheit mit der Gewerbeordnung von 1868 eingeführt. Allen Staaten des Deutschen Bundes war seit 1861 das „Allgemeine Deutsche Handelsgesetzbuch" gemeinsam.

Die technische Voraussetzung der Industrialisierung bestand in der Nutzung der Dampfkraft. Da die Kohlevorkommen in Franken wie in Thüringen dazu nicht hinreichten, war ein Transportmittel für Brennstoffe vonnöten, mit dem sich kostengünstig und schnell am Orte der Produktion jeder Bedarf auch durch weiter entfernte Gruben decken ließ. Dafür kam nur die Eisenbahn in Frage, zumindest in Thüringen, wo der Wasserweg ausschied. Auch zum Transport der gewerblichen Produkte auf die Märkte diesseits und jenseits der Grenzen sowie in die Überseehäfen brauchte man Eisenbahnverbindungen. Bald brachte die gesteigerte Mobilität, die die Industriali-

---

[14] Heinz Gollwitzer, Ludwig I. von Bayern. Königtum im Vormärz. Eine politische Biographie, München ²1987, S. 654ff., Zitat S. 654.

sierung im Gefolge hatte, zudem einen Personenreiseverkehr hervor, den man nur mit der Bahn bewältigen konnte. Schließlich war der Eisenbahnbau selbst mit seinem Bedarf an Stahl und anderen Baustoffen sowie an Arbeitskräften ein gewaltiger wirtschaftlicher Motor.

III

König Ludwig I. von Bayern bevorzugte aus seiner traditionellen Denkweise heraus freilich zunächst den Bau eines Main-Donau-Kanals, der die Nordsee und das Schwarze Meer miteinander verbinden sollte. So blieb die Eisenbahn in Bayern trotz eindringlicher Eingaben und Vorschläge von Friedrich List, der König Ludwig statt der quasi eindimensionalen Kanalverbindung die Anlage eines bayerischen Eisenbahnsystems empfahl, das über Bamberg auch die Häfen Hamburg und Bremen erreichen sollte, vorerst Gegenstand eines Privatengagements.[15] Der Staat verhielt sich „eher zurückhaltend-beobachtend".[16] Nach der Eröffnung der Eisenbahnstrecke zwischen Nürnberg und Fürth im Jahre 1835, der ersten in Deutschland, ging 1840 die Verbindung München – Augsburg in Betrieb. Aber schon für eine Verlängerung dieser Strecke nach Nürnberg fehlte es an dem nötigen Kapital. Der wirtschaftliche Entwicklungsstand machte den Bahnbau noch nicht zwingend. Um Bayern im Deutschen Bunde nicht in einen Rückstand geraten zu lassen, erhob Ludwig I. auf den Rat seines Ministers von Abel hin den Bahnbau in seinem Lande zu einer Sache des Staates. 1843 beschloß der bayerische Landtag ein entsprechendes Gesetz. Gemäß Abschluß eines Staatsvertrages mit Sachsen und Sachsen-Altenburg von 1841 wurde der Bau der von der Nordgrenzbahn AG bereits teilweise projektierten Strecke von Nürnberg über Kulmbach und Hof zur sächsischen Grenze begonnen, um über Plauen im Vogtland Anschluß an eine von Leipzig nach Süden führende Strecke Anschluß zu bekommen, die 1846 über Altenburg in Thüringen bis nach Reichenbach im Vogtland vorangekommen war. Ab 1844 fuhren die Züge von Nürnberg bis Bamberg, 1848 bis Plauen und 1851 von München nach Leipzig und von dort aus weiter nach Berlin. Denn 1849 war die zunächst nicht ausgeführte Verbindung Nürnberg – Augsburg fertig geworden. Bayreuth, die oberfränkische Regierungshauptstadt, blieb abseits und konnte nur durch eine auf eigene Kosten erbaute 21 Kilometer lange und 1853 eröffnete Strecke nach Neuenmarkt – Wirsberg Anschluß an die Strecke Nürnberg – Leipzig finden.

---

[15] Friedrich Lenz, Friedrich List. Der Mann und das Werk, München und Berlin 1936, S. 222ff. Für das Folgende Stephan Deutinger, Eisenbahn und Landesentwicklung im Königreich Bayern; in: Weichenstellungen. Eisenbahnen in Bayern 1835–1920. Eine Ausstellung des Bayerischen Hauptstaatsarchivs, München 2001, S. 249–273; Rudolf Endres, Raumerschließung und Industrialisierung in Nordostbayern; in: Wolf-Dieter Hütteroth/Hans Hopfinger (Hg.), Frühe Eisenbahnbauten als Pionierleistungen (Schriften des Zentralinstituts für Fränkische Landeskunde und Allgemeine Regionalforschung an der Universität Erlangen-Nürnberg 32), Neustadt an der Aisch 1993, S. 31–51; Rainer Gömmel, Raumerschließung und Aufbau der Infrastruktur im Großraum Nürnberg, in: ebd., S. 21–29; Hans-Peter Schäfer, Eisenbahn in Franken zu königlich-bayerischer Zeit. Netzentwicklung und Standortbedeutung, in: ebd. S. 1–20.

[16] Otto-Karl Tröger, Eisenbahn und Staatsverwaltung im Königreich Bayern; in: Weichenstellungen (wie Anm. 15), S. 300–310, S. 300.

Da sich der Main-Donau-Kanal vorerst nicht amortisierte[17] und die Ertragslage bei der Staatsbahn unbefriedigend war, stockte der weitere Ausbau. 1853 war die große Süd-Nord-Strecke Lindau – Augsburg – Donauwörth – Nördlingen – Gunzenhausen – Pleinfeld – Nürnberg – Erlangen – Bamberg – Kulmbach – Hof (Ludwig-Süd-Nord-Bahn) vollendet und 1854 die West-Ost-Verbindung Aschaffenburg – Würzburg – Schweinfurt – Bamberg (Ludwig-West-Bahn). Hinzu kam noch die südliche West-Ost-Verbindung Ulm – Augsburg (– München) sowie München – Rosenheim und 1860 die Verlängerung nach Salzburg (Kaiserin-Elisabeth-Bahn). Für die Erschließung Ostbayerns sollte der Main-Donau-Kanal ausreichen.

Mochten von der Entwicklung der bayerischen Wirtschaft zu geringe Antriebskräfte für den Bahnbau ausgehen, so war doch der Niedergang von Städten wie Bayreuth, Rothenburg ob der Tauber, Ansbach, Eichstätt und Dinkelsbühl auch darin begründet, daß diese vom frühen Eisenbahnverkehr nicht, und später nur auf Nebenstrecken erreicht wurden. Der noch bis in das 19. Jahrhundert hinein bedeutende Handelsplatz Marktbreit verlor seine Stellung, nachdem der Main als Transportweg zweitrangig geworden und statt der vom bayerischen Eisenbahnpionier Joseph von Baader geplanten Eisenbahnlinie Marktbreit – Donauwörth 1854 die Verbindung von Würzburg nach Nürnberg über Kitzingen gebaut worden war. Dagegen verhalf die Eisenbahn Kulmbach zu neuer Blüte. Dem im Niedergang begriffenen Schwabach hingegen gereichte sie zum Nachteil, indem sie die dortige Nadel-, Draht- und Strumpferzeugung der überlegenen Konkurrenz sogar auf dem heimischen Markt aussetzte und damit vollends chancenlos machte sowie das Transportgewerbe ruinierte.[18] Auch Nördlingen wußte die Bahn nicht zu einem Wiederaufstieg zu nutzen. Nachdem schließlich zur Verkürzung der Ludwig-Süd-Nord-Bahn die Verbindung Donauwörth – Treuchtlingen gebaut worden war, behielt das Streckenstück über Nördlingen, Gunzenhausen und Pleinfeld lediglich regionale Bedeutung.

Schließlich hielt man staatlicherseits in Ostbayern doch einen Bahnbau für notwendig, überließ ihn aber einer 1856 gegründeten königlich privilegierten Ostbahngesellschaft. Diese stellte 1859 die Strecke Nürnberg – Amberg – Schwandorf – Regensburg fertig, die im folgenden Jahr über Straubing nach Passau verlängert wurde. Ab 1861 zweigte in Schwandorf die Strecke über Cham in der Oberpfalz und Furth im Wald nach Pilsen (1862 bis Prag) ab, auf der der Industrie die böhmische Kohle zugeführt werden konnte, 1863 folgte die Strecke Regensburg – Weiden – Bayreuth, 1869 die Verbindung Nürnberg – Schnabelwaid (- Marktredwitz – Hof) – Bayreuth. Hinzu kam die Strecke Weiden – Wiesau – Eger, die Anschluß nach Plauen im Vogtland fand, womit eine zweite Süd-Nord-Bahn, abermals in Richtung Leipzig und Berlin, geschaffen war. Um aber das Verbindungsstück über das österreichisch-böhmische Eger für den Fernverkehr entbehrlich zu machen, wurde die Verbindung Wiesau – Marktredwitz (- Hof) gebaut und 1882 eröffnet.

1875 war die profitable Ostbahn verstaatlicht und das Eisenbahnwesen im rechtsrheinischen Bayern insgesamt in die Hand des Staates überführt worden. Die wichtigste der Betriebsleitungen der Bayerischen Staatsbahn war die Eisenbahndirektion Nürnberg (die spätere Reichsbahndirektion Nürnberg). Problematisch blieb eine

---

[17] Schäfer, Eisenbahn (wie Anm. 15), S. 11.
[18] Zimmermann, Einheits- und Freiheitsbewegung (wie Anm. 10), S. 188.

Unterversorgung des Landes mit Bahnanschlüssen, die auf einen Mangel an Rentabilität vieler Strecken zurückging. Ihr half das Lokalbahngesetz von 1882 ab, auf dessen Grundlage ein für Bayern charakteristischer Bahntyp entstand. Die Lokalbahnen, die Bahnen minderer Leistungsfähigkeit waren, machten 1912 mit insgesamt 2705 Kilometern Streckenlänge (zuzüglich einiger privater Nebenbahnen) etwa 40 Prozent des Betriebsnetzes der bayerischen Eisenbahnen aus.[19] Deren Auslastung und Rentabilität blieb aber im Vergleich zu den Bahnen in den anderen deutschen Staaten gering, auch des hohen Lokalbahnanteils wegen. Die Dichte des Eisenbahnnetzes in den einzelnen Kreisen ließ Rückschlüsse auf die jeweilige wirtschaftliche Entwicklung zu. Zu der höchsten Dichte hatte der Eisenbahnbau in der Rheinpfalz geführt, gefolgt von den Regierungsbezirken Mittelfranken, Schwaben und Oberfranken, während sodann nach Oberbayern der Regierungsbezirk Unterfranken kam. Die Regierungsbezirke Oberpfalz und Niederbayern bildeten die Schlusslichter. Die Zahlen lauteten (Stand 1912) 14,8, 12,5, 11,6, 11,3, 10,9, 10,5, 9,8 und 8,6 Kilometer Strecke pro 100 Quadratkilometer. Während in Mittelfranken 14 Gemeinden keinen Bahnanschluß hatten, waren es in Unterfranken 35, diese nur übertroffen durch Niederbayern (63).[20] Neben der Rheinpfalz waren Mittel- und Oberfranken die Industriezonen Bayerns, während sich Unterfranken auch in neuerer Zeit gewerblich weniger entwickelte. Freilich waren die primären Beweggründe der bayerischen Verkehrspolitik keine ökonomischen. Diese war gerade im frühen Königreich vor allem darauf gerichtet, die Verbindungen zwischen Altbayern, insbesondere der Haupt- und Residenzstadt München, einerseits sowie den neuen Landesteilen andererseits auszubauen.[21]

Die großen bayerischen Eisenbahnstrecken wie die Straßen und der Main-Donau-Kanal hatten also vornehmlich dem Verwachsen der neubayerischen Gebiete mit Altbayern zu dienen. Dem entsprach eine deutliche Binnenorientierung des bayerischen Eisenbahnnetzes.[22] So ist es bezeichnend, daß Franken auf eine große West-Ost-Bahn, die den deutschen Westen und Südwesten mit Österreich verband, bis zum Anfang der sechziger Jahre warten mußte. Denn erst 1860 eröffnete die Ostbahn die Strecke Regensburg – Straubing – Passau, die 1861 über Linz nach Wien fortgeführt wurde. Es dauerte dann noch zehn Jahre, bis mit der Inbetriebnahme der Staatsbahnlinie Nürnberg – Regensburg über Neumarkt (Oberpfalz) der Umweg über Amberg wegfiel. Sehr spät, 1875, wurde auch die Strecke Nürnberg – Stuttgart über Ansbach und Crailsheim fertig. Immerhin waren beide Städte seit 1863 über die Ludwig-Süd-Nord-Bahn sowie Nördlingen und Aalen in Verbindung miteinander, ebenso wie seit derselben Zeit Würzburg über Lauda mit Heidelberg, Mannheim und Karlsruhe. Noch länger fehlten Verbindungen nach Norden; zu einem guten Teile bewirkte es auch die Barriere des Thüringer und des Frankenwaldes, daß Franken im Deutschen Zollverein eher abseits lag. Wohl gelangte man bereits seit Anfang der fünfziger Jahre über Hof nach Leipzig und Berlin. Denn hier im Verlauf der mittelalterlichen

---

[19] Nach Deutinger, Eisenbahn (wie Anm. 15), S. 252.
[20] Ebd., S. 253f.
[21] Ebd., S. 265.
[22] Für das Folgende Margit Ksoll-Marcon, Grenzüberschreitende Eisenbahnverbindungen, in: Weichenstellungen (wie Anm. 15), S. 274–282.

Hohen Straße Nürnberg – Leipzig war das Mittelgebirge leichter zu überwinden. Eine zweite Verbindung über Thüringen nach Berlin, aus der Mitte des fränkischen Raumes heraus, über Saalfeld – Jena – Leipzig/Halle entstand erst 1885 mit der Verlängerung der von der Ludwig-Süd-Nord-Bahn abgehenden Kronacher Strecke von Stockheim nach Probstzella. Ein Jahr früher war eine dritte Verbindung von (Stuttgart-) Würzburg, Schweinfurt und Meiningen über Erfurt nach Leipzig/Halle und Berlin in den Betrieb gegangen.

Auch nach diesem späten Sprung über den Thüringer Wald hinweg war in Franken eine Komplettierung des bayerischen Streckennetzes im Sinne eines „vollständigen und harmonischen deutschen Eisenbahnsystems", wie es Friedrich List im Bezug auf eine voll entfaltete deutsche Volkswirtschaft für notwendig gehalten hatte,[23] ausgeblieben. Waren 1880 in Franken auch – mit wenigen oberfränkischen Ausnahmen – nahezu alle Siedlungen mit 2000 Einwohnern und somit fast alle Städte mit einem Bahnanschluß versehen,[24] so hatte das Streckennetz doch manches Stück des Landes verkehrsmäßig unerschlossen gelassen; Städte wie Bayreuth, Rothenburg ob der Tauber oder Feuchtwangen waren nur in den Genuß von unzulänglichen Bahnverbindungen gekommen. Das angebliche Allheilmittel des Lokalbahnbaus mochte wohl manche Hilfe und manchen Nutzen bringen. Doch erlaubte die auf Kostenersparnis zielende Vereinfachung beim Streckenbau und im Betrieb nur geringe Fahrgeschwindigkeiten und mäßige Transportleistungen. Vor allem aber handelte es sich bei den Lokalbahnen um Stichbahnen, die unverbunden mit anderen in den Raum ragten. Eine Erschließung der Regionen konnte aber nur durch eine Vernetzung der Strecken erreicht werden.

Wie auch anderswo (schon in England) begann die Industrialisierung in Bayern und dort in Schwaben (Augsburg) und danach in Franken mit dem, was man später Verbrauchsgüterindustrie nannte, zuvörderst mit der Textilbranche, wobei das Baumwollgarn im Mittelpunkt stand.[25] Als Standorte traten Hof, Bayreuth, Bamberg und Kulmbach hervor. 1853, nach dem Anschluß Bayreuths mittels Zubringerstrecke an die Ludwig-Süd-Nord-Bahn, war ein Konzessionierungsgesuch an den König für eine Mechanische Baumwollspinnerei in der Stadt ergangen. Nach der Genehmigung durch die Staatsregierung 1854 wurde die Bayreuther Aktien-Spinnerei und -Weberei gegründet. Daraufhin entstand in Hof die Neue Baumwollspinnerei, ebenfalls in der neuen Rechtsform der Aktiengesellschaft, ausgestattet mit schweizerischen Maschinen, als Konkurrenz. 1856 nahm, dem Beispiel von Bayreuth und Hof folgend, in Bamberg eine Spinnerei den Betrieb auf. 1870 endlich wurde in Kulmbach eine Spinnerei mit Frankfurter Kapitalbeteiligung gegründet. Wenn zunächst Spinnereien entstanden, so lag das vermutlich daran, daß mit den Außenbarrieren des Deutschen Zollvereins die Garneinfuhr stark gedrosselt worden war. Noch Anfang der sechziger Jahre war Unterfranken mit Garn unterversorgt.[26]

---

[23] Nach Lenz, List (wie Anm. 15), S. 223f.
[24] Schäfer, Eisenbahn (wie Anm. 15), S. 17.
[25] Für das Folgende Wolfgang Zorn, Bayerns Gewerbe, Handel und Verkehr (1806–1970), in: Handbuch der bayerischen Geschichte IV/2, hg. v. Max Spindler, München 1975, S. 780–840, 794–805; Hermann Kellenbenz/Gerhard Kaiser/Jürgen Schneider, Kapitalbildung und Finanzierung von Aktiengesellschaften Oberfrankens in der zweiten Hälfte des 19. Jahrhunderts (1854–1914), in: JfL 38, 1978, S. 191–218.
[26] Ebd., S. 198.

In den genannten Städten wie auch in Münchberg (an der Ludwig-Süd-Nord-Bahn zwischen Kulmbach und Hof) und in Naila (20 Nebenstreckenkilometer von Hof entfernt, seit der Jahrhundertwende mit Anschluß nach Thüringen) wurde neben der Baumwollspinnerei auch die Baumwollweberei betrieben, in Kulmbach zudem die Baumwollwarenfabrikation und Färberei. Beides fand sich auch in Hof, der bedeutendsten Industriestadt Oberfrankens; dazu kamen hier Appreturanstalten und Teppichdruckerei. Daneben war noch der Standort Forchheim mit Weberei, Spinnerei, Zwirnerei, Bleicherei und Färberei interessant. Nordostoberfranken war zum Jahrhundertende hin das größte geschlossene Textilindustriegebiet Deutschlands geworden.[27] Freilich stand die fränkische Textilindustrie zumindest der früheren Jahre wie ihre Vorläufer hinter der mitteldeutschen zurück. Mitte der fünfziger Jahre gaben sächsische Verleger aus Meerane und Chemnitz Webaufträge ins Hofer Gebiet, um das dort herrschende Lohnniveau zu nutzen. Andererseits war die oberfränkische Weberei für feine Färberei lange noch auf Chemnitz, Gera und Plauen angewiesen. Es gab auch fränkische Rohwebereien, die ihre Produkte in Sachsen weiter verarbeiten ließen.[28]

Auf dem Gebiet der sogenannten Verbrauchsgüterindustrie war Franken wie Bayern überhaupt noch in der Getreidemüllerei, in der Tabakwarenherstellung (etwa in Nürnberg) und vor allem im Brauereiwesen namhaft, dieses in Nürnberg, Hof und am bedeutendsten (vor allem im Export) in Kulmbach. Die bayerische Glasindustrie konnte der auswärtigen Konkurrenz kaum standhalten. Auch die Gründung des Rohglassyndikats „Vereinigte Bayerische und Böhmische Spiegelglasfabrikanten" nach 1890 vermochte der Not nur teilweise abzuhelfen; die Glasfabriken an der Ruhr und in Thüringen erwiesen sich als den bayerischen überlegen, die Glaserzeugung im Spessart erlosch vollkommen. Auf den Porzellanerdevorkommen des Fichtelgebirges baute die mit guter Bahnverbindung versehene Porzellanherstellung von Selb (mit den Firmen Hutschenreuther und Rosenthal) auf wie die von Arzberg an der Bahnstrecke Marktredwitz – Eger und die von Marktredwitz sowie die des benachbarten oberpfälzischen Tirschenreuth (mit einer Stichbahn von Wiesau). Sie war vor dem Ersten Weltkrieg insgesamt die bedeutendste in Europa; der größte Teil ihrer Produktion ging in den Export.

Für den Maschinenbau und die übrige Metallindustrie war der Standort Nürnberg wichtig, vollends nachdem 1898 aus einer Verbindung der alten Klett'schen Maschinenfabrik, der Maschinenbau AG Nürnberg, mit der Maschinenfabrik Augsburg die Aktiengesellschaft Maschinenfabrik Augsburg-Nürnberg (MAN) hervorgegangen war. In der Maschinenfabrik Augsburg hatte der aus Oberfranken gebürtige Carl Linde in den siebziger Jahren seine Eismaschine gebaut und sein Schüler Rudolf Diesel zwischen 1893 und 1897 in Gemeinschaft mit der Firma Friedrich Krupp Essen seinen Hochdruckverbrennungsmotor entwickelt. Auch Fahrräder und Motorräder wurden in Nürnberg hergestellt. Zu einem bedeutenden Metallindustriestandort entwickelte sich Schweinfurt, wo insbesondere die hier erfundene maschinelle Herstellung von

---

[27] Endres, Raumerschließung (wie Anm. 15), S. 36. Weiterführend Werner K. Blessing, Unternehmer in Oberfranken. Zu einer industriellen Lebenswelt des frühen 20. Jahrhunderts; in: JfL 60, 2000, S. 566–589.
[28] Zorn, Probleme (wie Anm. 13), S. 301.

Präzisionskugellagern durch die 1895 gegründete Firma Fichtel & Sachs bemerkenswert war. In Nürnberg war auch die Elektroindustrie zu Hause. Sie wurde vornehmlich durch die Elektrizitäts-AG vormals Schuckert & Co (so seit 1893) repräsentiert, die hervorragenden Anteil an der Entwicklung der elektrischen Eisenbahntechnik hatte und 1903 mit der Starkstromsparte von Siemens & Halske in Berlin zur Siemens-Schuckert GmbH Berlin und Nürnberg verschmolz.

Aus den natürlichen Grundstoffen Frankens schöpfte die Industrie der Steine und Erden. Für den Eisenbahnbau war insbesondere die Granitindustrie von Bedeutung, indem sie nicht nur den Schotter für die Gleiskörper lieferte, sondern auch das Material für den Gleisunterbau, die Brücken, die Tunnel und die Stützmauern. Für repräsentative Bauten, auch für Bahnhofempfangsgebäude, war der polierte Granit begehrt. Um die Jahrhundertwende reichte der Ruf des fränkischen Granits weit über die Grenzen Bayerns hinaus. Beheimatet war die Granitindustrie am Fichtelgebirge mit dem Zentrum Wunsiedel (mit einer von der Strecke Marktredwitz – Hof abführenden Stichbahn). Auf dem Gebiet der Holzverwertung kam es seit 1898 in Aschaffenburg im Anschluß an die Papiererzeugung zu einer Holzzellstoffproduktion.

Der Bildung der in der fränkischen Industrie tätigen Fachkräfte dienten zunächst einmal die allgemeinbildenden Schulen, namentlich die Realschulen, sodann die Gewerbeschulen in Bamberg, Bayreuth und Hof, eine Industrieschule in Nürnberg, die Schulen des Polytechnischen Vereins in Würzburg und die dortige Fachschule für Maschinenbau und Elektrotechnik. Schon seit 1855 bestand in Münchberg eine höhere Webschule.

IV

Noch zu der Zeit, als zwischen Nürnberg und Fürth die erste deutsche Eisenbahn gefahren war, hatten der Meininger Herzog Bernhard II. und Herzog Ernst I. von Sachsen-Coburg und Gotha an die Nutzung der neuen Technik auch für Thüringen gedacht.[29] Der dem entspringende Plan einer „Hanseatisch-Süddeutschen Zentralbahn", der auf einen Auftrag der meiningischen Regierung zurückging und den der aus Gotha gebürtige Gründer des Bibliographischen Instituts, Joseph Meyer, in Gemeinschaft mit dem ihm befreundeten Friedrich List entworfen hatte, scheiterte aber daran, daß Hannover nicht dafür gewonnen werden konnte. In der ersten Hälfte der vierziger Jahre befuhren dann Eisenbahnzüge erstmals thüringisches Territorium, da dieses ja von der Sächsisch-Bayerischen Bahn Leipzig – Altenburg – Hof – Nürnberg berührt wurde, deren sächsischer Teil 1846 Reichenbach im Vogtland erreichte.[30] 1847 ging sie in sächsischen Staatsbesitz über. 1851 folgte die Fertigstellung des Streckenstücks Reichenbach – Plauen, womit eine durchgehende Verbindung zwischen Leipzig und Nürnberg sowie weiter nach München bestand.

---

[29] Für das Folgende Facius, Geschichte (wie Anm. 1), S. 48f., 144ff., 272ff., sowie Ulrich Heß, Geschichte Thüringens 1866 bis 1914. Aus dem Nachlaß hg. von Volker Wahl, Weimar 1991, S. 115ff., 333ff.

[30] Für die Eisenbahnen in Thüringen durchgehend Hans-Joachim Kirsche, Bahnland DDR, (Ost-)Berlin 1981.

Im Jahre 1839 war es Friedrich List unter Vermittlung seines einflußreichen Gothaer Freundes Ernst Wilhelm Arnoldi, des Begründers der Gothaer Versicherungen, und des Ministers Dietrich von Stein gelungen, Herzog Ernst I. für eine durch das Thüringer Becken hindurchführende, also in Ost-West-Richtung verlaufende Eisenbahnstrecke über Weißenfels, Naumburg, Erfurt und Eisenach zu gewinnen, die für ein gedachtes deutsches Eisenbahnsystem von großer Bedeutung sein mußte. Der Herzog seinerseits trat 1840 mit seinen Vettern in Weimar und Meiningen, den Herzögen Carl Friedrich und Bernhard II., zu einem Thüringer Eisenbahnverein zusammen. Preußen (das eine vorwiegend auf seinem Staatsgebiet, das heißt durch Nordthüringen hindurch verlaufende Strecke bauen wollte und später auch baute) konnte nur mit Hilfe der Beziehungen zwischen dem Weimarer und dem Berliner Hof für die Linienführung Halle – Erfurt – Eisenach gewonnen werden. Es legte sich 1841 zusammen mit Kurhessen in einem Staatsvertrag auf dieses Projekt fest, während sich Sachsen-Meiningen als territorial nicht betroffen zurückzog.

Das Thüringer Eisenbahnwesen sollte im weiteren vor allem das Werk der thüringischen Staatsregierungen sein, die durch Konzessionierung, Beteiligung am Aktienkapital und Zinsgarantien den Bau und die Betriebsaufnahme durch private Gesellschaften ermöglichten. Schon am Bau der Sächsisch-Bayerischen Bahn war eine thüringische Regierung, nämlich die Sachsen-Altenburgs, trotz der Kürze des altenburgischen Streckenstücks, in dieser Weise beteiligt gewesen.

Der Bau der von Gotha und Weimar durchgesetzten Eisenbahnlinie, der „Thüringischen Eisenbahn", der von der 1844 gegründeten Thüringischen Eisenbahngesellschaft AG in Erfurt betrieben wurde, fand 1849 mit der Fertigstellung des Teilstücks Eisenach – Gerstungen seine Vollendung. In Gerstungen schloß die Kurhessische Friedrich-Wilhelms-Eisenbahn (zunächst nur bis Kassel) weiter nach Westen an. Seit 1853 bestand eine lückenlose Verbindung nach Westfalen.

1856 gewann die Thüringische Eisenbahn mit der Verbindung Großkorbetha – Leipzig Anschluß an das sächsische Eisenbahnnetz. Erst seit 1859 gab es eine Verbindung von Halle über Bitterfeld und Wittenberg (Elbe) nach Berlin. Ausgehend vom anderen Ende der Thüringischen Eisenbahn, die zu einer der bedeutendsten in Deutschland werden sollte, umgriff seit 1858/59 die Werra-Bahn Eisenach – Salzungen – Meiningen – Themar – Hildburghausen – Eisfeld – Coburg – Lichtenfels den Thüringer Wald von Nordwesten her. Sie ging auf jenen ersten Thüringer Eisenbahnplan zurück, mit dem man die deutsche Nordseeküste mit Süddeutschland hatte verbinden wollen. Wieder war Joseph Meyer der Spiritus rector. Er betrieb das Bahnprojekt auch zur Förderung eigener Bemühungen um den Aufbau von Eisen- und Kohlenwerken in Neuhaus im Kreise Sonneberg, die unabhängig von ausländischen Eisenlieferungen den deutschen Bedarf an Schienenmaterial und Lokomotiven decken sollten („Neuhäuser Deutsche Eisenbahnschienenkompanie"). Wohl vermochte Meyer die Finanzmittel zum Bahnbau zu beschaffen, doch bauten die Werra-Bahn andere. Denn Meyer hatte sich geschäftlich übernommen, so daß sein großartiges Unternehmen, das Deutschland wirtschaftlich von England unabhängig und Thüringen zum Ausgangspunkt einer Blüte der Industrie machen sollte, scheiterte (zumal die als Grundlage gedachte Kohle des Stockheimer Beckens an der thüringisch-oberfränkischen Grenze sich weder als ergiebig genug noch als qualitativ geeignet erwiesen hatte).

Entscheidend blieb die Belieferung mit fremder Kohle. Für deren Zufuhr war es bedeutsam, daß die ostthüringisch-reußische Residenz- und Industriestadt Gera 1859 durch die Strecke von Weißenfels – Zeitz mit der Thüringischen Eisenbahn und durch die 1865 eröffnete Strecke nach Gößnitz Anschluß an die Sächsisch-Bayerische Bahn bekam, über die die Zwickauer Kohle erreichbar war. Von Gößnitz bestand nach Osten hin Verbindung nach Chemnitz und seit 1869 weiter nach Dresden. Von Gera nach Westen führte seit 1876 eine Strecke über Jena nach Weimar, mit der ein Anschluß an die Thüringische Eisenbahn und zugleich eine Verbindung von Dresden nach Westfalen und nach Frankfurt am Main hergestellt worden war. Die zweite reußische Residenz- und Textilindustriestadt, Greiz, bekam 1865 mit der Strecke nach Brunn bei Neumark an der Sächsisch-Bayerischen Bahn Verbindung mit dem Zwickauer Kohlenrevier. Erst 1875 konnte die Elstertalbahn von Gera über Greiz nach Plauen und Weischlitz gebaut werden. Fürst Heinrich XXII. Reuß ältere Linie hatte dieser Strecke, die von der Greizer Fabrikantenschaft seit den frühen sechziger Jahren erstrebt worden war, lange im Wege gestanden, da er um den von ihm mitgestalteten Park am Greizer Schloßberg fürchtete, und erst seine Genehmigung gegeben, als sein Gartenarchitekt in einem Gutachten von einer „landschaftsverträglichen" Streckenführung sprach, die eine Untertunnelung des Schlossberges vorsah.[31] Von Weischlitz ging es weiter nach Eger und Pilsen, woher man Kohle aus dem Pilsen-Radnitzer Becken bezog. 1871 bzw. 1873 waren die Strecken Gera – Weida – Pößneck – Saalfeld (Saale) – Eichicht und Leipzig – Zeitz eingeweiht worden, womit eine durchgehende Verbindung zwischen Leipzig und Saalfeld bestand. Hinzu kamen die Verbindungsstücke Weida – Wünschendorf (Elster) – Werdau (1876) und Weida – Zeulenroda – Mehltheuer (1883) nach Westsachsen. Erst jetzt konnte die Thüringer Wirtschaft mit Steinkohle aus den sächsischen und den böhmischen Revieren sowie aus den rheinisch-westfälischen Gruben durch die Bahn schnell und kostengünstig beliefert werden.

Die preußisch-thüringische Hauptbahn Halle – Nordhausen wurde seit 1865/66 betrieben und war 1867 bis Heiligenstadt im Eichsfeld und 1872 nach Hannoversch Münden (und später nach Kassel) weitergeführt worden. Als Verbindung von der Thüringischen Eisenbahn her bestanden seit 1869 die Strecke Erfurt-Kühnhausen – Straußfurt – Sondershausen – Wolkramshausen (- Nordhausen) und seit 1870 die Strecke Gotha – Langensalza (von hier seit 1897 Verbindung nach Kühnhausen) – Mühlhausen – Leinefelde sowie seit 1879 die Strecke Erfurt – Sömmerda – Sangerhausen (- Magdeburg). Nach Süden hin, in Richtung auf den Thüringer Wald, zweigte seit 1867 die Strecke Neudietendorf – Arnstadt ab, die seit 1879 weiter über Plauen nach Ilmenau reichte. 1874 war die Saale-Bahn, ausgehend von Großheringen an der Thüringischen Eisenbahn, über Jena und Rudolstadt nach Saalfeld eröffnet worden.

Das Eisenbahnnetz, das Thüringen durchzog, war in seinen tragenden Teilen von Nordosten und Osten nach Westen gerichtet. Das hatte etwas mit dem Hindernis des Thüringer Waldes zu tun, das Thüringen schon in alten Zeiten die Aufgabe hatte

---

[31] Reinhard Jonscher, Heinrich XXII. Fürst von Reuß ältere Linie (1867–1902); in: Detlef Ignasiak (Hg.), Herrscher und Mäzene. Thüringer Fürsten von Hermenefred bis Georg II., Rudolstadt/Jena 1994, S. 505f.

zuwachsen lassen, als Land der Mitte, das es stets war, eher zwischen Osten und Westen zu vermitteln als zwischen Norden und Süden. Die Sächsisch-Bayerische Bahn Leipzig – Nürnberg (- München) im Osten berührte Thüringen lediglich insofern, als von ihrer Strecke 29 Kilometer auf altenburgischem und 40 Kilometer auf reußischem Gebiet verliefen. Die Werra-Bahn Eisenach – Meiningen – Lichtenfels (Oberfranken) im Westen und Südwesten kam über eine regionale Bedeutung nicht hinaus (und ist wohl auch deshalb nach dem Ende der deutschen Teilung im Jahre 1990 zwischen Eisfeld und Coburg unterbrochen geblieben). Ebenfalls von regionaler Bedeutung war die seit 1874 bestehende bayerische Staatsbahnlinie Meiningen – Schweinfurt. Die Saale-Bahn und die Leipzig-Geraer Bahn endeten vorerst am Fuße des Thüringer Waldes, da dessen Überquerung technisch schwierig, zumindest aber kostspielig war und zudem als wenig lohnend erschien, zumindest solange die von Süden herankommende Strecke der Bayerischen Staatsbahn nur bis Stockheim reichte. Der endlich 1885 erfolgten Schließung der zwischen Stockheim und Eichicht bestehenden Lücke war ein Jahr früher mit der Fertigstellung der Strecke zwischen (Erfurt – Arnstadt -) Plauen und Suhl sowie der des drei Kilometer langen Brandleitetunnels bei Oberhof gleichfalls der Thüringer Wald überquert und damit eine Verbindung zwischen Erfurt und Schweinfurt hergestellt worden. Sie diente hinfort dem Fernverkehr zwischen Berlin und Stuttgart so wie die Saale-Bahn nunmehr dem Verkehr zwischen Berlin und München. Regionale Bedeutung hatten die beiden übrigen Überquerungen des Thüringer Waldes: die 1894/95 erbaute Strecke (Erfurt -) Arnstadt – Stadtilm – Rottenbach – Saalfeld und erst recht die 1904 fertiggestellte Verbindung Ilmenau – Stützerbach – Schmiedefeld – Schleusingen. Von Schleusingen aus bestand seit 1911 Anschluß nach Suhl und bereits seit 1888 nach Themar, das heißt an die Werra-Bahn. Zwischen 1886 und 1913 wurde die Bergstrecke Eisfeld (- Coburg) – Sonneberg – Steinach – Lauscha – Ernstthal am Rennsteig – Probstzella (an der Saale-Bahn) gebaut.

Mittelpunkt des Eisenbahnverkehrs in Thüringen war das preußische Erfurt, wo sich seit 1882 die Eisenbahndirektion Erfurt befand (die spätere Reichsbahndirektion Erfurt mit dem bis heute erhaltenen Dienstgebäude von 1847/48, das bis 1893 als Erfurter Bahnhof diente[32]). Die Bahndirektion hatte die Betriebsleitung auf allen Strecken der seit 1879 bestehenden Preußischen Staatsbahn in Thüringen inne, in deren Eigentum bis zum Jahrhundertende alle übrigen thüringischen Strecken übergegangen waren, ausgenommen die 251 sächsischen und die 48 bayerischen Eisenbahnkilometer. Die Streckenführung der beiden den Thüringer Wald überquerenden Fernbahnen war unter weitgehender Berücksichtigung preußischer Wünsche (die nach München nicht über Sonneberg und Coburg sowie die nach Stuttgart nicht über Ilmenau, sondern über das preußische Suhl) gewählt worden.[33]

Der Abstimmung des Verkehrs zwischen den einzelnen Staatsbahnen beziehungsweise Eisenbahngesellschaften diente seit 1846 der „Verband preußischer Eisenbahnen", seit 1847 „Verband Deutscher Eisenbahnverwaltungen". Dieser wurde allmählich zu einem Koordinierungsorgan zwischen den das mitteleuropäische Eisenbahn-

---

[32] Georg Dehio, Handbuch der deutschen Kunstdenkmäler. Thüringen, bearb. von Stephanie Eißing/Franz Jäger u.a., München/Berlin 1998, S. 391f.
[33] Heß, Geschichte (wie Anm. 29), S. 117.

netz betreibenden Verwaltungen. Die Beschlüsse der Generalversammlung der Mitglieder wurden seit 1874 als bindend betrachtet.

Die thüringischen Eisenbahnen, die sich dank der Regsamkeit des Landes und trotz der hier herrschenden politischen Zersplitterung zu einem vielfältig ausgebildeten und daher für die Mitte Deutschlands hinfort unentbehrlichen Instrument der Raumordnung entwickelt hatten, waren wie die Thüringischen Staaten selbst in den Sog der stark expandierenden Industriemacht Preußen gekommen und zu einem hervorragenden, wenn nicht zu dem Kernelement des deutschen Eisenbahnverkehrs geworden.[34]

Bis zur Reichsgründung hatte das Wirtschaftsleben in Thüringen infolge der Nutzung der Dampfkraft und befördert durch Eisenbahnbau und Eisenbahnverkehr sowie dank einer liberalstaatlichen gesetzlichen Ordnung eine tiefgreifende Veränderung erfahren, „die weit über die Schwelle großgewerblicher Betätigung hinausführte und die Grundlagen für eine umfassende Industrialisierung mehrerer Regionen schuf."[35] Die Industrialisierung auf der Grundlage der Mechanisierung betraf zunächst die reußischen Plätze der Kammgarnweberei und -spinnerei, der Färberei und Appreturanstalten Gera und Greiz, das benachbarte Kammgarngewerbe im weimarischen Kreis Neustadt an der Orla (Neustadt und Weida), die westthüringische Kammgarnspinnerei in Eisenach, Niederschmalkalden und Langensalza, die schon sehr früh zum Fabrikbetrieb übergegangen war, die Streichwollweberei mit ihrem Mittelpunkt Pößneck sowie die Zentren der Strick- und Wirkwarenproduktion in Apolda, dem „weimarischen Manchester", und in Zeulenroda.

Den Aufstieg vom alten Gewerbe zur Industrie erlebten auch die Bekleidungsbranche, insbesondere in Erfurt, wo vor allem die Konfektion von Damenmänteln bedeutend war, die Gerbereien und die Ledererzeugung, diese in und bei Hirschberg an der Saale, das durch eine zwanzig Kilometer lange Stichbahn von Schönberg (Vogtland) an die Sächsisch-Bayerische Bahn angeschlossen war, sowie auch in Weida, Neustadt an der Orla, Pößneck und Mühlhausen. Industriell war auch die Schuhproduktion in Erfurt, Arnstadt, Gotha und Eisenach geworden sowie die (Glacé-)

---

[34] Die Dichte des thüringischen Eisenbahnnetzes wird für Ende 1917 für Sachsen-Weimar-Eisenach mit 127,7, für Sachsen-Meiningen mit 126,4, für Sachsen-Altenburg mit 149,8, für Sachsen-Coburg und Gotha mit 153,3, für Schwarzburg-Sondershausen mit 171,1, für Schwarzburg-Rudolstadt mit 137,8, für Reuß ältere Linie mit 145,4 und für Reuß jüngere Linie mit 132,6 Kilometer Normalspur pro 1000 Quadratkilometer angegeben. Die Vergleichszahl für das gesamte Deutsche Reich lautet 115,5, die für das Reichsland Elsaß-Lothringen 131,9, die für die preußische Provinz Hessen-Nassau 142, 1, die für das Großherzogtum Hessen-Darmstadt 200,4 und die für das Königreich Sachsen 179,3. Bayern erreichte hingegen nur 112,8 Kilometer auf 1000 Quadratkilometer (Statistisches Jahrbuch für das Deutsche Reich 40, 1919, S. 131). In Franken lagen diese Werte zwischen 125 in Mittel- und 105 in Unterfranken (Statistisches Jahrbuch für das Königreich Bayern 12, 1913, S. 154). Dabei waren die bayerischen Lokalbahnen den meisten thüringischen Nebenbahnen nicht ebenbürtig. Vgl. dazu Dieter Ziegler, Eisenbahnen und Staat im Zeitalter der Industrialisierung. Die Eisenbahnpolitik der deutschen Staaten im Vergleich (Vierteljahrsschrift für Sozial- und Wirtschaftsgeschichte, Beiheft 127), Stuttgart 1996. Ziegler weist darauf hin, daß im Unterschied zum Schwarzwald der Thüringer Wald, der Frankenwald und das Vogtland „durch ein dichtes Netz vielfach verknüpfter Nebenbahnen erschlossen" waren (S. 522). Ihre Vollendung fand dieses Netz bereits unter der Ägide der Preußischen Staatsbahn.

[35] Facius, Geschichte (wie Anm. 1), S. 147. Für das Folgende ebd. S. 47, 147–151, 270–272, 277–284, sowie Heß, Geschichte (wie Anm. 29), S. 95–111, 299–321.

Handschuhmacherei in Arnstadt und Altenburg. Dasselbe gilt für die Papierherstellung in Greiz, Fockendorf bei Altenburg (zweieinhalb Kilometer entfernt von der Station Trebanz-Treben an der Sächsisch-Bayerischen Bahn), Arnstadt und Wernshausen an der Werra-Bahn sowie in Rosenthal nahe bei Leutenberg (dieses unweit der Saale-Bahn und an der seit 1907 bei Hockeroda von ihr abzweigenden und über Lobenstein nach Oberfranken weiterführenden Strecke). Auch die Herstellung von Holzverpackungsmitteln, Möbeln (Themar, Erfurt und Zeulenroda) und Klavieren (Eisenberg und Weimar) ging zur Großproduktion über.

Industriell arbeitete schließlich auch die Glaswarenherstellung um Lauscha und Neuhaus am Rennweg (Glasperlen und Christbaumschmuck) sowie um Stützerbach und Ilmenau (Glasinstrumente und Thermometer). Bei der Produktion von Glasinstrumenten wurde um die Jahrhundertwende das Weltmonopol errungen. Ein weiterer Glasstandort war das zu Schwarzburg-Sondershausen gehörende Großbreitenbach, das jedoch vor allem im Porzellangewerbe Bedeutung gewann wie etwa auch das ebenfalls Sondershäuser Plaue. Porzellan war zudem im mittleren Saaletal, vor allem in Kahla und in Hermsdorf beheimatet sowie im reußischen Fraureuth. Wenn dieses nur fünf Kilometer vom Bahnhof des sächsischen Werdau entfernt und damit in der Nähe der Zwickauer Kohle lag, so war das insofern von Belang, als das Porzellan- wie das Glasgewerbe nunmehr statt auf der Holz- auf der Kohlenfeuerung beruhte. Industriell war sogar die ursprünglich ganz auf Heimarbeit beruhende Spielzeugherstellung geworden, mit den Zentren Sonneberg, Neustadt bei Coburg (an der Bahnstrecke Coburg – Sonneberg), Waltershausen und Ohrdruf.

Für die Wirtschaftlichkeit des Glas- und des Porzellangewerbes sowie der Spielwarenindustrie, die erhebliche Bedeutung für die Exportwirtschaft der Thüringischen Staaten hatten, war die technisch schwierige und damit kostspielige Erschließung des Thüringer Waldes durch ein wohlerwogenes System von Eisenbahnstrecken nötig. 1876 wurde die von Fröttstädt an der Thüringischen Eisenbahn ausgehende Strecke über Waltershausen nach Friedrichroda und weiter bis Georgenthal in Betrieb genommen. Seit demselben Jahr bestanden die Verbindung von Gotha über Georgenthal nach Ohrdruf, die seit 1892 weiter nach Gräfenroda an der Strecke Erfurt – Meiningen reichte, und die Verbindung Georgenthal – Tambach-Dietharz. Die Jahre 1881/83 waren die Bauzeit der Strecke Ilmenau – Gehren – Großbreitenbach (bis nach 1945 Privatbahn). Das Dorf Katzhütte in den bisher unerschlossenen schwarzburgischen Waldgebieten bei Rudolstadt mit Holzindustrie und -handel sowie der Herstellung von Glasinstrumenten wurde 1900 von der Schwarzatalbahn erreicht. Diese zweigte aber von der Strecke Saalfeld – (Rudolstadt -) Arnstadt – Erfurt nicht in Blankenburg, sondern erst in Rottenbach ab, um nach Durchquerung eines Berggeländes bei Schwarzburg das obere Schwarzatal zu erreichen. Das untere Schwarzatal hatte Fürst Günther Viktor von Schwarzburg-Rudolstadt, da er es als Jagdgebiet schätzte und deshalb von Verkehr und Industrialisierung freigehalten wissen wollte, für den Bahnbau nicht freigegeben.[36]

---

[36] Ebd. S. 334; Doreen Winkler/Günther Viktor, 1852 – 1890 – 1918 – 1925, in: Horst Fleischer (Hg.), Die Fürsten von Schwarzburg-Rudolstadt 1710–1918, Rudolstadt ²1998, S. 171. Zur Erschließung des Thüringer Waldes durch die Eisenbahn vgl. Anm. 34.

Auch die traditionsreiche Fertigung von Handfeuerwaffen im preußischen Suhl und in den gothaischen Orten Zella St. Blasii und Mehlis (seit 1918 Zella-Mehlis) hatte industrielle Formen angenommen, ebenso die Kleineisenverarbeitung in Schmalkalden und Umgebung (etwa in Steinbach-Hallenberg), die nicht, wie die thüringische Kleineisenindustrie sonst, der rheinisch-westfälischen Konkurrenz erlegen war. Diesen Gewerben kamen seit 1874 die Bahnstrecke von Wernshausen an der Werra-Bahn nach Schmalkalden und seit 1893 deren Verlängerung über Steinbach-Hallenberg nach Zella St. Blasii zu Hilfe. In Sömmerda ging aus einer frühen Eisenwarenfabrik eine große Munitions- und Waffenproduktionsstätte hervor. Das von dem 1864 geadelten Nikolaus von Dreyse erfundene Zündnadelgewehr war zuerst hier, in seiner Vaterstadt, in einer von ihm 1840 gegründeten Gewehrfabrik hergestellt worden. Neben der privatwirtschaftlichen Waffenschmiede in Sömmerda arbeitete in Erfurt eine Königliche Gewehrfabrik.

Statt derjenigen alten Gewerbe, die dem wirtschaftlich-technischen Wandel nicht standgehalten hatten – so neben Teilen der Eisenindustrie und der Leineweberei die Tuchweberei und die Tuchmacherei im Meininger Land, in Altenburg, Schmölln, Saalfeld, Gräfenthal, Auma, Triptis und Zeulenroda sowie in der Vorderrhön – entstanden, oft an den dadurch betroffenen Orten, neue Erwerbszweige. Es waren dies etwa die Fabrikation von Drahtgeweben vor allem für technische Gewebe und Siebe in Saalfeld und Umgebung für die dort schwindende Textilindustrie und von Näh- und Haushaltsmaschinen, seit der Mitte des Jahrhunderts bedeutend in Altenburg und in Saalfeld, die Perlmuttverarbeitung zu Furnieren, Messergriffen, Knöpfen und anderem in Frankenhausen und Kelbra (dieses zunächst noch ohne Eisenbahnanschluß), die Steinnußknopfverarbeitung zu Knöpfen und Würfeln in Schmölln und Gößnitz, die Uhrenproduktion anstelle des Eisengewerbes in Ruhla (das seit 1880 über das reichlich sieben Kilometer entfernte Wutha an die Thüringische Eisenbahn angeschlossen war) sowie die Nadel- und Stahlwarenerzeugung in Ichtershausen, das seit 1885 durch eine Stichbahn (bis nach 1945 Privatbahn) mit dem fünf Kilometer entfernten Arnstadt Verbindung hatte. Fürst Heinrich XIV. Reuß jüngere Linie regte 1875 in dem Dorf Triebes bei Zeulenroda, in dem die Handweberei erloschen war, die Juteverarbeitung (Spinnerei und Weberei) an. An der Bahnstrecke von Weida, wo ebenfalls die Jutespinnerei betrieben wurde, nach Mehltheuer gelegen, bestand in Triebes seit 1883 Anschluß an die Sächsisch-Bayerische Bahn. In Dermbach, im unterentwickelten Rhöngebiet, hatte Großherzog Carl Alexander von Sachsen-Weimar-Eisenach 1855 die Aufbereitung von Korkholz, das der Lederbearbeitung diente, in Gang gesetzt. Bahnanschluß bestand seit 1879 über die Felda-Bahn an die Werra-Bahn. Der Großherzog konnte auch die Töpferei in Bürgel bei Jena, wo sich Tonlager fanden, begründen helfen. Bürgel war seit 1905 durch die Verlängerung der Eisenberg-Krossener Eisenbahn von 1880 nach Jena über Porstendorf sowohl mit der Saale-Bahn als auch mit der Strecke Gera – Zeitz – Leipzig verbunden.

Als Folge des Siegeszuges der Maschine entwickelte sich in Thüringen auch die Fabrikation von Spezialwerkzeugen, Apparaten, Armaturen und Werkzeugmaschinen in Altenburg, Saalfeld, Eisenberg und Schleiz. Dieses war seit 1886 mit einer 15 Kilometer langen Bahnstrecke nach Schönberg im Vogtland an die Sächsisch-Bayerische Bahn angeschlossen. Thüringen verfügte schließlich auch über einen eigenen Maschinenbau, vornehmlich für den Bedarf der heimischen Textil-, Glas-, Porzellan-

und Holzindustrie etwa in Saalfeld und Gera. Aber auch Dampfmaschinen und Turbinen wurden in Thüringen gebaut, in Erfurt, Gotha und später auch in Nordhausen. Als besondere Spezialität traten in Jena seit etwa 1880 die Anfänge einer feinmechanisch-optischen Industrie hinzu, die aus der 1845 begründeten optischen Werkstätte von Carl Zeiß erwachsen waren. Bis zu diesem Zeitpunkt konnte Jena nicht als Industriestadt bezeichnet werden. Darin mag auch einer der Gründe dafür gelegen haben, daß die Stadt vergleichsweise spät, mit der Saale- und der Weimar-Geraer Bahn (1874 und 1876), Bahnanschluß bekommen hatte.[37]

Industriell wurde mehr und mehr auch die Herstellung der Nahrungs- und Genussmittel, insbesondere die der Wurst- sowie die der Schokoladen- und Süßwaren betrieben. Diese, auf der Rübenzuckerfabrikation in Allstedt, Oldisleben, Camburg (Saale) und Straußfurt beruhend (die über die Strecken Erfurt – Nordhausen und Erfurt – Sangerhausen sowie über die Saale-Bahn abgefahren werden konnte), fand in Pößneck (Berger) und Saalfeld (Mauxion) moderne Fabrikationsstätten. Zahlreiche Brauereien befriedigten den Bierverbrauch des Landes (mit dem es, an der Menge gemessen, in Deutschland nach Bayern und Württemberg an der dritten Stelle stand) und den Export (dieser insbesondere durch das Coburger Bier). Branntwein wurde, fußend auf dem Getreide der Goldenen Aue, in bedeutendem Umfang und in hoher Qualität in Nordhausen hergestellt. Vor allem hier war auch die Tabakverarbeitung sowie die Zigarren- und die Kautabakherstellung zu Hause (ferner unter anderem in Erfurt, Mühlhausen, Altenburg, Salzungen und Wasungen).

Neue Branchen waren die der Teppichweberei (in Münchenbernsdorf bei Weida aus einer alten Zeugwirkerei hervorgegangen, mit spätem Anschluß an die Bahnstrecke Gera – Saalfeld) oder die der Schlauch- und Gurtweberei sowie die der Gummiverarbeitung. In Zeulenroda war 1874 die Fabrikation von Gummitextilwaren an die Stelle der Strumpfwirkerei getreten. Dem fortschreitenden technischen Stand entsprach die Herstellung von Elektroporzellan (etwa in Eisenberg) und anderer elektrotechnischer Artikel. Nach 1900 kamen Schreib- und andere Büromaschinen vor allem aus Zella St. Blasii (hier die in Berlin gegründete Firma „Mercedes") sowie aus Suhl und Erfurt hinzu, des weiteren die industrielle Fertigung von Fahrrädern (Mühlhausen, Suhl, Zella St. Blasii und Eisenach) und Kraftfahrzeugen (Eisenach, Zella St. Blasii sowie Apolda und Ronneburg). Der Waggonbau hatte sich in Gotha und in Weimar etabliert. Weimar war bisher von den Staatsbehörden als Residenzstadt gänzlich frei von Industrieansiedlungen gehalten worden. Die Firma Zeiß in Jena, die mit Hilfe der Glasproduktion der ebenfalls dort ansässigen Firma Schott & Genossen bedeutend geworden war, hatte sich bis 1913 mit 4678 Arbeitern (bei 1866 erst 20 Beschäftigten) zum größten Industrieunternehmen Thüringens entwickelt. Um die Jahrhundertwende herum wurden Brillengläser, Mikroskope, Fotoapparate, optische Meßgeräte, Fernrohre und astronomische Geräte hergestellt. Diese Produkte hatten einen in der Welt einzigartigen Standard. Carl Zeiß Jena war „ständig bestrebt, seine Monopolstellung in der optischen Industrie weniger durch Niederringung der damals noch kaum vorhandenen Konkurrenz als vielmehr durch Behauptung seines wissenschaftlich-technischen Vorsprungs zu sichern und auszubauen."[38] Unter der Förderung des

---

[37] Dazu im einzelnen Werner Drescher, Die Eisenbahn in Jena, Jena ²1991.
[38] Heß, Geschichte (wie Anm. 29), S. 309.

Herzogs Carl Eduard von Sachsen-Coburg und Gotha kam es zur selben Zeit in Gotha (wie später auch in Erfurt) zu Anfängen eines zivilen und militärischen Flugzeugbaus.[39]

Bemerkenswert war in Thüringen der Bestand an Buchdruckereien und Verlagen. Zu Ansehen gelangten der Weimarer Verlag Hermann Böhlaus Nachfolger, in dem zwischen 1887 und 1919 im Auftrage der Großherzogin Sophie die große Ausgabe von Goethes Werken herauskam, der Verlag Justus Perthes in Gotha mit seinen Atlanten, seinen geographischen Veröffentlichungen und den Genealogischen Taschenbüchern, insbesondere dem „Gothaischen Hofkalender", sowie in Jena die Verlage Gustav Fischer[40] und Eugen Diederichs. Das Bibliographische Institut mit „Meyers Konversationslexikon" war 1874 freilich von Hildburghausen nach Leipzig abgewandert. Die Hofbuchdruckereien in Altenburg (Pierer) und Rudolstadt oder die Druckerei C. G. Vogel in Pößneck entwickelten sich zu graphischen Großbetrieben und genossen einen vorzüglichen Ruf.

Der Erfolg der Industrialisierung beruhte nicht zum wenigsten auf der Aus- und Fortbildung der Fachkräfte. Ihr dienten in Thüringen Lehrgänge und Schulen, die seit etwa 1860 auf die Initiative von Städten und großen Unternehmen hin begründet worden waren. Später trat die staatliche Unterstätzung von Fachschulen hinzu, wenn diese nicht überhaupt als staatliche Gewerbeschulen betrieben wurden.[41] Es war Georg II. von Sachsen-Meiningen, der „Theater-Herzog", der die Einrichtung industrieller Fachschulen in seinem Lande persönlich förderte.

Natürliche Rohstoffe fehlten im Lande, wie schon bemerkt, zunächst weitgehend. Immerhin wurde auf der Grundlage der Erzlagerstätten bei Großkamsdorf im preußischen Kreis Ziegenrück von der oberpfälzischen Maximilianshütte im benachbarten Unterwellenborn im sachsen-meiningischen Kreis Saalfeld (an der Bahnstrecke Saalfeld – Pößneck) ein Eisenwerk errichtet, das seit 1888 vorwiegend mit Schmiedefelder Erzen beschickt wurde. Ergiebig waren die Braunkohlengruben im Altenburger Revier Meuselwitz-Rositz, die seit etwa 1860 mit steigender Intensität ausgebeutet wurden und am Orte für Mineralöl- und Paraffinwerke zur Herstellung von Leuchtmaterial und Schmiermitteln die Grundlage boten. Am Beginn des 20. Jahrhunderts kamen sieben bis acht Prozent der deutschen Rohbraunkohlen- und neun bis zehn Prozent der Brikettförderung aus dem Altenburger Revier. Schon seit 1872 bestand die „Braunkohlenbahn" Zeitz – Altenburg, an der Meuselwitz und Rositz liegen, seit 1873 eine Verbindung nach Leipzig, seit 1887 über Ronneburg nach Gera und seit 1902 über Wuitz an der „Braunkohlenbahn" ebenfalls nach Gera. Lohnend waren die Schiefervorkommen um Lehesten (Kreis Saalfeld), die größten Europas, sowie die um Steinach mit Haselbach und Spechtsbrunn (ebenfalls im Kreis Saalfeld). Lehesten war seit den neunziger Jahren durch die bayerische Staatsbahnlinie nach Ludwigsstadt an die Strecke München – Berlin angeschlossen. Die nahegelegenen Brüche von Lichtentanne und Wurzbach hatten seit 1907 über die Strecke Lobenstein – Hockeroda, an der sie lagen, ebenfalls mit der München – Berliner oder Saale-Bahn Verbin-

---

[39] Dazu siehe neuerdings Heiko Stasjulevics, Gotha die Fliegerstadt, hg. von Gotha-Kultur. Museum für Regionalgeschichte und Volkskunde Gotha, Gotha 2001.
[40] Günther Schmidt, Gustav Fischer und sein Verlag in Jena (Jenaische Blätter 7), Jena 1995.
[41] Dazu Facius, Geschichte (wie Anm. 1), S. 282f.

dung. Von Lobenstein aus bestand seit 1895 durch die Verbindung über Ziegenrück nach Triptis Anschluß an die Strecke Saalfeld – Gera (– Leipzig). Gegenüber der auswärtigen Konkurrenz behaupteten sich um Steinach die Griffelschiefergewinnung und Griffelherstellung sowie um Lehesten die Tafelschieferförderung mit der Verarbeitung zu Dachschiefer in Probstzella und dem benachbarten Gräfenthal.

Die Salzgewinnung in Thüringen, bisher konzentriert auf die ergiebigen Salinen von Salzungen, Frankenhausen und Sulza, dieses an der Thüringischen Eisenbahn, kam zu großer Bedeutung, nachdem gegen Ende des Jahrhunderts im südlichen Vorland des Harzes um Sondershausen und an der mittleren Werra um Vacha reiche Kalivorkommen entdeckt worden waren. Ihr Wert lag in der Unentbehrlichkeit der Kalisalze bei der Düngemittelherstellung begründet. Nach der Erschließung und dem Beginn des Abbaus zählte Thüringen zu den bedeutendsten Kalilieferanten Deutschlands, das seinerseits an der Welterzeugung (mit den elsässischen Vorkommen) einen Anteil von 96 Prozent hatte. Die Lagerstätten befanden sich auf preußischem, auf sachsen-weimarischem, auf schwarzburgischem und auf sachsen-meiningischem Staatsgebiet.

Die Kalisalzfunde und ihre Ausbeutung hatten den Bau neuer Eisenbahnstrecken zur Folge. Im Gebiet von Hainleite und Kyffhäuser waren es: 1897 Hohenebra (an der Strecke Erfurt – Sondershausen – Nordhausen) – Ebeleben – Mühlhausen (bis nach 1945 Privatbahn), 1894/98 Bretleben (an der Strecke Erfurt-Sangershausen) – Esperstedt – Frankenhausen – Sondershausen, 1901 Greußen (an der Strecke Erfurt – Nordhausen) – Ebeleben – Keula und 1907 Oldisleben – Esperstedt (bis nach 1945 Privatbahn). Im Werragebiet entstand zwischen 1903 und 1906 die Kalibahn Gerstungen – Berka – Vacha. Von dort aus wurde in südlicher Richtung nach Geisa (Sachsen-Weimar-Eisenach) und bis 1909 nach Tann und Hilders in der Rhön (beides im preußischen Regierungsbezirk Kassel) weitergebaut. Einen Anschluß an die Werra-Bahn bot die bereits seit 1878/80 verkehrende Felda-Bahn Salzungen – Vacha/Kaltennordheim.

Stark beteiligt an der Kaliindustrie waren der Staatsfiskus des Großherzogtums Sachsen-Weimar-Eisenach und der des Fürstentums Schwarzburg-Sondershausen.[42] Mochten die sogenannten Duodezfürsten in Thüringen auch nicht mehr in die Zeit passen, so wußten sie doch in der Verantwortung für Land und Leute die Möglichkeiten modernen Wirtschaftens zu nutzen.

Die Industrielandschaft Thüringen bot zu Beginn des 20. Jahrhunderts „ein ungemein vielseitiges, buntes Bild, in dem die uneinheitlichen Züge besonders hervortraten."[43] Fast über das ganze Land hinweg verteilten sich die Unternehmungen der einzelnen Gewerbe und Branchen, die somit wohl regionale Schwerpunkte bildeten, aber keine Zusammenballungen kannten. Es handelte sich zumeist um kleinere oder mittlere Betriebe der leichteren Fertigwarenproduktion, wobei lange (ob in der Sonneberger Spielzeugindustrie oder in der Erfurter Konfektion) das Hausgewerbe und das Verlagssystem eine nicht unwesentliche Rolle spielten. Die Produktion beruhte vornehmlich auf Rohstoffen und Halbfabrikaten von jenseits der Grenzen, ja mitunter von jenseits der Meere. Produziert wurden vornehmlich Qualitätsprodukte, mit

---

[42] Heß, Geschichte (wie Anm. 29), S. 305f.
[43] Facius, Geschichte (wie Anm. 1), S. 281.

denen allein Marktanteile zu gewinnen und zu behaupten waren. Der sich einstellende Erfolg, den die Thüringer, wie Friedrich Facius glaubt, auch „angeborenen Eigenschaften wie Seßhaftigkeit, Freude an der Arbeit, Trieb zur Gestaltungskraft und Formsinn, Hang zum Zierlichen und Gefälligen"[44], verdankten, drückte sich nicht zuletzt darin aus, daß eine Entvölkerung selbst abgelegener Gebirgsgegenden ausblieb und statt dessen ein wirtschaftlicher Ausbau beziehungsweise eine gewerbliche Neubelebung sowie eine Ausbreitung der Siedlung stand.[45] Eine Achillesferse der thüringischen Industrie war und blieb ihre Exportabhängigkeit. So bewirkte nach der Jahrhundertwende vor allem die seit 1890 andauernde amerikanische Schutzzollpolitik eine Stagnation namentlich der thüringischen Textilindustrie. Eine Ausnahme davon machte lediglich das Apoldaer Gewerbe, das mit seinen modischen Strick- und Wirkwaren und zuletzt durch die Produktion neu aufkommender Winter- und Wintersportbekleidung Verluste wettzumachen verstand.[46] Insgesamt aber konnte die thüringische Wirtschaft im ersten Jahrzehnt des neuen Jahrhunderts noch Zuwächse verzeichnen.

V

Im Kaiserreich stand Thüringen unter den bedeutendsten Industrieregionen nach Sachsen, dem Rheinland und Westfalen an vierter Stelle. Dabei baute die Industrie hier nicht auf im Lande befindliche Rohstoffe auf, wenn auch zum Jahrhundertende hin der Abbau der Braunkohle im Altenburger Revier nicht unwesentlich ins Gewicht fiel; natürliche Grund- wie Brenn- und Betriebsstoffe mußten von jenseits der Grenzen eingeführt werden. Zudem hatte sich in Thüringen die zersplitterte Territorienwelt des Alten Reiches nahezu ungebrochen erhalten. „Wenn auch die Zahl der Staaten gegenüber den vorhergehenden Jahrhunderten ganz wesentlich vermindert worden war, so stellten ihre Gebiete doch keine abgerundeten Körper dar, sie waren vielmehr alle ... in einzelne Teile zerrissen, die vielfach weit voneinander entfernt lagen. Überall schoben sich Glieder des einen zwischen die des anderen, so daß gegenüber dem früheren Zustand nicht viel gewonnen war und die Mißstände in politischer, verwaltungsmäßiger und wirtschaftlicher Beziehung immer offener zutage traten."[47] Freilich war durch die Bildung des „Zoll- und Handelsvereins der thüringischen Staaten", durch dessen Eintritt in den Deutschen Zollverein 1834, die Dresdner Münzkonvention von 1838, die den Wert der deutschen Münzen bestimmte, und endlich durch die Reichsgründung die thüringische Staatenwelt zu einem größeren Wirtschaftsraum zusammengewachsen und in den großen Zusammenhang des Reiches gestellt worden. Immerhin hatten aber die Staaten in den inneren Angelegenheiten ihre Souveränitätsrechte weitgehend behauptet. Zu einer vollen Verwaltungsgemeinschaft fanden sie sich erst mit der Bildung des Thüringischen Kriegsernährungsamtes im Jahre 1916 zusammen.[48] Selbst nach dem Sturz der deutschen und damit auch der

---

[44] Ebd.
[45] Ebd., S. 270ff.
[46] Dazu des näheren Heß, Geschichte (wie Anm. 29), S. 329ff.
[47] Willy Flach, Die staatliche Entwicklung Thüringens in der Neuzeit, in: Zeitschrift des Vereins für Thüringische Geschichte und Altertumskunde NF 35, 1941, S. 34.
[48] Ebd., S. 39; Facius, Geschichte (wie Anm. 1), S. 300.

thüringischen Fürstenhäuser zwei Jahre später und der Bildung des Freistaates Thüringen 1920, der das preußische Thüringen nicht einschloß, waren wirtschaftlich ungünstige Grenzen weiter zu beklagen und deren Beseitigung zu erstreben.[49] Auf der anderen Seite war mit dem Fortbestehen der thüringischen Staaten im 19. Jahrhundert eine Reihe von Zentren wirksam geblieben, von denen aus die Entwicklung des Landes vorangetrieben wurde; nicht selten liberal geprägte leitende Beamte und die Fürsten waren mit mehr oder weniger Einsicht und Geschick um den Wohlstand ihrer Länder bemüht. Daraus ergab sich eine annähernd gleichmäßige Verteilung der Industriestandorte auf das vergleichsweise kleine Thüringen, auch eine Streulage der einzelnen Branchen, also ein Fehlen übermäßiger Zusammenballungen etwa der Textil- oder der Glas- und der Porzellanindustrie. Bezeichnend ist, daß im preußischen Thüringen, dessen Geschicke eher von Berlin aus als von der Königlichen Regierung zu Erfurt bestimmt wurden, eine solche Ausgewogenheit fehlte, wie schon ein Blick auf das unterentwickelte Eichsfeld lehrt.

Dessen ungeachtet befruchteten Thüringen als Ganzes die Einflüsse und Wirkungen der in einem stürmischen Wachstum begriffenen Industriemacht Preußen, deren Regierungsbezirke Erfurt und Merseburg territorial stark mit den Thüringischen Staaten verzahnt waren. Ins Gewicht fielen aber auch fortwirkende Traditionen. So waren Thüringen und Hessen die großen deutschen Durchgangsländer zwischen West und Ost, die Warenströme vermittelten und den Ideentransfer besorgten. Dagegen wirkte der Thüringer Wald noch lange – nicht zuletzt wegen technischer Grenzen des frühen Eisenbahnbaus – für den innerdeutschen Verkehr nach Süden als Hindernis.

Dadurch blieb Franken abgeschirmt von den unmittelbaren Wirkungen, die von den in Preußen und im mitteldeutschen Raume erarbeiteten wissenschaftlich-technischen Fortschritten ausgingen. Nur Oberfranken vermochte von Wirtschaftsbeziehungen zu dem ökonomisch fortgeschrittenen Sachsen zu profitieren. Andererseits bildeten die bayerischen Regierungsbezirke Unter-, Mittel- und Oberfranken, ganz anders als Thüringen, einen politisch ungeteilten Raum, der Bestandteil des mittelstaatlichen Königreichs Bayern und seiner Volkswirtschaft war. Doch gerade deshalb regte sich in der Region kaum mehr ein wirtschaftspolitischer Wille, zumal der bayerische Staat und seine Politik seit Montgelas einen stark zentralistischen Einschlag hatten. Daher war die Raumpolitik punktuell gerichtet und förderte hauptsächlich die bereits bestehenden Gewerbestandorte. Das gründete nicht zuletzt in einer am konventionellen Modell des Agrarstaates orientierten Skepsis gegenüber der Industrie und ihren sozialen Folgen bei den Monarchen (am wenigsten bei Max II.), einem Teil der Ministerialbürokratie und der Landtagsmehrheit. Der mit Thüringen vergleichbare Mangel an natürlichen Rohstoffen und Energiequellen im Lande war es nicht, der die industrielle Entwicklung behinderte; im übrigen konnte Bayern noch um die Jahrhundertwende immerhin die Hälfte seines Kohlenbedarfes selbst decken.[50] Im Jahre 1907 waren in der fränkischen Industrie 380842 Menschen

---

[49] Mitteldeutschland auf dem Wege zur Einheit. Denkschrift über die Wirkung der innerstaatlichen Schranken, im Auftrage des Provinzialausschusses der Provinz Sachsen, hg. vom Landeshauptmann der Provinz Sachsen, Merseburg 1927.
[50] Wolfgang Zorn, Bayerns Geschichte im 20. Jahrhundert. Von der Monarchie zum Bundesland, München 1986, S. 31.

beschäftigt, wobei auf den Regierungsbezirk Oberfranken 116417 Personen (32,6 auf 100 Erwerbstätige), auf den Regierungsbezirk Mittelfranken 180795 Personen (36,4 auf 100 Erwerbstätige) und den Regierungsbezirk Unterfranken 83630 Personen (21,0 auf 100 Erwerbstätige) entfielen.[51] Das entsprach Flächengrößen von 6999, 7573 und 8402 Quadratkilometern sowie Bevölkerungsstärken von 553841, 608116 und 815895 Köpfen (Stand 1900). Demgegenüber betrug die Zahl der in den Thüringischen Staaten im Jahre 1907 in der Industrie beschäftigten Personen 330661, und zwar in Sachsen-Weimar-Eisenach 73039, in Sachsen-Meiningen 60075, in Sachsen-Altenburg 49096, in Sachsen-Coburg und Gotha 51800, in Schwarzburg-Sondershausen 16425, in Schwarzburg-Rudolstadt 20457, in Reuß ältere Linie 21983 und in Reuß jüngere Linie 37786.[52] Dem entsprach eine Flächengröße von 12325 Quadratkilometern, während die drei fränkischen Regierungsbezirke 22974 Quadratkilometer umfaßten, und eine Bevölkerung von 1503125 Personen (1905), der in den fränkischen Regierungsbezirken eine Einwohnerschaft von 1977852 Köpfen (1900) gegenüberstand. Wohl waren die mit der Gründung des Reiches und mit seinem Ausbau geschaffenen wirtschaftlichen Möglichkeiten auch in Franken genutzt worden. Doch hatte sich während der vor 1870 abgeschlossenen ersten Phase der Industrialisierung die in ihr entstandene Verteilung der Standorte im Land samt der dazugehörigen Infrastruktur bereits so verfestigt, daß es auch weiterhin bei einer punktuellen Struktur blieb, während Thüringen kaum mehr industriefreie Regionen kannte.

---

[51] Statistisches Jahrbuch für das Königreich Bayern 12, 1913, S. 28.
[52] Statistisches Jahrbuch für das Deutsche Reich 40, 1919, S. 28.

Marcus Mühlnikel

Die Bayreuther Hilfsschule im Dritten Reich
Ein Beispiel für die Durchsetzung nationalsozialistischer Pädagogik an einer fränkischen Sonderschule

1. Einleitung

Das Thema „Hilfsschule im Nationalsozialismus" ist noch weitgehend ein Forschungsdesiderat. Zwar mangelt es nicht an Darstellungen über nationalsozialistische Pädagogik, die Problematik der Hilfsschulen wird hierbei aber – abgesehen von wenigen Ausnahmen[1] – nur sehr überblicksartig behandelt. Knapp fallen auch die Darstellungen aus, die im Rahmen der allgemeinen Sonderpädagogik die Hilfsschule im Dritten Reich thematisieren.[2] Als Quellen für diese Abhandlungen dienen vor allem die staatlichen Verordnungen, Weisungen und pädagogisch-wissenschaftlichen Debatten. Die Umsetzung der nationalsozialistischen Bildungspolitik an den Schulen selbst blieb aber bisher weitgehend unbeachtet.[3] Dazu sind genaue lokale Auswertungen nötig; nur so entsteht ein repräsentatives Bild der deutschen Hilfsschule in jener Zeit. Die vorliegende Arbeit soll dazu ein Beitrag sein.

Zwei Gründe sprechen für eine Untersuchung der Hilfsschule in Bayreuth. Zum einen liegen die Schülerakten für die Zeit ab der Eröffnung der Schule im Jahre 1905 fast vollständig vor,[4] des weiteren sind Teile des Aktenbestandes des Stadtschulamtes erhalten. Diese Unterlagen bilden die Hauptquellen der Arbeit. Zum anderen spielte Bayreuth während der nationalsozialistischen Diktatur für den Bildungssektor eine besondere Rolle. Hans Schemm, bayerischer Kultusminister und Gauleiter der Bayerischen Ostmark, hatte bereits 1929 in Hof den Nationalsozialistischen Lehrerbund (NLSB) gegründet, dessen Sitz Bayreuth wurde. Ihm gelang es, die Stadt seit 1933 zu einer Hochburg nationalsozialistischer Schul- und Bildungspolitik auszubauen. Nach dem frühen Tod Schemms im Jahr 1935 folgte Fritz Wächtler als Gauleiter und Vorsitzender des NSLB. Aufgrund der Präsenz des NLSB und des Vor-

---

[1] Die bislang einzige Monographie, die sich der Hilfsschule im Nationalsozialismus widmet, ist: Manfred Höck, Die Hilfsschule im Dritten Reich, Berlin 1979; ferner: Antonius Wolf, Wandel im Jargon des Nationalsozialismus. Analyse der ideologischen Sprache in einer Fachzeitschrift für Sonderschullehrer (1934–1944) (Schriftenreihe der Pädagogischen Hochschule Freiburg 7), Freiburg 1992. Wolf untersucht die sprachliche Entwicklung einer pädagogischen Zeitschrift vor dem Hintergrund der für die Hilfsschule relevanten politischen Entwicklungen.

[2] Wilhelm Hofmann, Hilfsschule (Sonderschule für Lernbehinderte), in: Gustav Lesemann (Hrsg.), Beiträge zur Geschichte und Entwicklung des deutschen Sonderschulwesens, Berlin 1966, S. 65–101. Dem Zeitabschnitt 1933–1945 werden lediglich zwei Seiten gewidmet. Ebenso knapp gehalten ist Erich Beschel, Geschichte (der Lernbehindertenschule), in: Handbuch der Sonderpädagogik, Band 4, Berlin ²1980, S. 113–147.

[3] Höck, Hilfsschule (wie Anm. 1) liefert zwar konkrete Beispiele für einige Hilfsschulen, diese werden aber thematisch präsentiert. Der Eigencharakter der jeweiligen Schulen bleibt unberücksichtigt.

[4] Einige Schülerakten wurden bereits publiziert: Heike Schulz/Heike Götschel, Erb- und Rassenhygiene in Bayreuth 1933–1945, hrsg. v. Norbert Aas, Bayreuth 2000.

bildcharakters der Schulen in Bayreuth liegt die Vermutung nahe, daß die nationalsozialistischen Richtlinien hier rigide umgesetzt wurden.

Um die Situation in dieser Stadt einordnen zu können, wird zunächst die nationalsozialistische Hilfsschulpolitik anhand der wichtigsten staatlichen Erlasse und Verordnungen skizziert und dann nach den Auswirkungen der Schulpolitik auf die Schüler- und Schulzahlen im gesamten Regierungsbezirk Ober- und Mittelfranken beziehungsweise in Bayern gefragt. In diesem Rahmen untersuchen wir die Verhältnisse an der Hilfsschule in Bayreuth.

2. Die Hilfsschule im Nationalsozialismus

Hilfsschule und Nationalsozialismus – auf den ersten Blick scheinen sich diese beiden Begriffe auszuschließen. „Es gibt kein gleiches Recht für alle. Der Hochwertige hat das Recht gefördert zu werden, der Minderwertige hat es nicht."[5] So formulierte der Pathologe und Rassenhygieniker Martin Staemmler 1933 die in weiten Kreisen der nationalsozialistischen Pädagogen vorherrschende Meinung bezüglich der Stellung weniger begabter Menschen im „völkischen Staat". Es bestand kaum Zweifel daran, daß der Hilfsschüler im Regelfall unter die Kategorie „minderwertig" fiel.[6] Der „schwachsinnige" Hilfsschüler paßte nicht in das elitäre Menschenbild, das die neuen Machthaber entwarfen, und war somit auch nicht Wert gefördert zu werden. Was aber sollte mit den ungeliebten Volksgenossen geschehen?

Schon in der Weimarer Republik hatte sich sozialdarwinistisches Gedankengut bei einem Teil der Pädagogen durchgesetzt. Dabei spielte vor allem der Kostenfaktor – mit Einsetzen der Weltwirtschaftskrise 1929 in immer stärkerem Maße – eine entscheidende Rolle.[7] Um den Hilfsschülern den Lehrstoff gut zu vermitteln, war es nötig, die Klassenfrequenzen im Vergleich zu den Volksschulen niedriger zu halten, was zu Mehrausgaben für das Lehrpersonal führte. Es wurde nun die Frage gestellt, ob die, im Vergleich zu einem Volksschüler, zum Teil doppelt so hohen Kosten für einen Hilfsschüler gerechtfertigt seien, zumal die Mehrinvestition in Lernschwache oft keinen Nutzen trüge.[8] Die Gruppe der Heilpädagogen befürwortete größtenteils die Mehrausgaben. Sie glaubte, daß ein Faktorenbündel für die Lage der Hilfsschüler verantwortlich sei: Neben der Veranlagung würden vor allem Umwelt und Erziehung eine Rolle spielen, die sich aber durch optimale schulische Betreuung verbessern ließen.[9] Die Einrichtung der Hilfsschule und die dadurch entstehenden höheren Kosten wurden damit gerechtfertigt, daß die Schüler später größtenteils selbständig für ihren Lebenserwerb sorgen könnten und somit den Staat nicht belasten würden.

Angesichts der radikalen Pläne der Sozialdarwinisten verwundert es, daß 1933 nicht sofort Maßnahmen zur Änderung der bestehenden Schulverhältnisse folgten. Tatsächlich herrschte bis 1935 große Unsicherheit über den Fortbestand der deutschen Hilfsschule. Mancherorts wurden Hilfsschulen aufgelöst und die Kinder an die Volksschulen zurückverwiesen, zum Teil unterblieb die Überweisung weniger begab-

---

[5] Martin Staemmler, Rassenhygiene im völkischen Staat, München 1933, S. 45.
[6] Vgl. dazu: Höck, Hilfsschule (wie Anm. 1), S. 50–54.
[7] Vgl. ebd., S. 17–19.
[8] Vgl. ebd., S. 17.
[9] Vgl. ebd., S. 23.

ter Volksschulkinder an die Hilfsschulen völlig oder ging zumindest stark zurück, da die Volksschullehrer mit der baldigen Einstellung dieser Anstalten rechneten.[10]

Erst am 6. Juli 1935 kam es zu einer offiziellen Regelung. In einem Erlaß des Regierungspräsidenten von Düsseldorf vom 27. Februar 1935, der vom Reichsministerium für Wissenschaft, Erziehung und Volksbildung als reichsweite Vorlage verwendet und an die Regierungspräsidenten und den Staatskommissar der Hauptstadt Berlin weitergeleitet wurde, drängte man jetzt darauf, „daß alle nach den ministeriellen Bestimmungen als hilfsschulpflichtig anzusprechende Kinder nach Möglichkeiten auch restlos der Hilfsschule zugewiesen werden"[11]. Verwiesen wurde dabei auf die zur Zeit des Kaiserreichs und der Weimarer Republik bestehenden rechtlichen Grundlagen, die nach wie vor Geltung hätten. Von der generellen Auflösung konnte also keine Rede sein, vielmehr waren die Nationalsozialisten bestrebt, möglichst alle bedürftigen Kinder vollständig zu erfassen und in der Hilfsschule betreuen zu lassen. Man hielt an ihr fest, weil man ihr neue Aufgaben zuwies: „Im Hinblick auf die Bestimmungen des Erbgesundheitsgesetzes, die gewissenhafte Prüfung jedes Falles vorausgesetzt, ist das Verbleiben eines hilfsschulbedürftigen Kindes in der Volksschule unbedingt zu vermeiden. Gerade die Erzieherschaft unserer jetzigen Generation trägt für die Entwicklung unserer Volksgesundheit eine besonders hohe Verantwortung, und ich (Reichsminister Bernhard Rust, d. V.) muß erwarten, daß sie sich dieser Verantwortung in bester Zusammenarbeit aller Beteiligten bewußt und gewachsen zeigt."[12] Angespielt wird hier auf das Gesetz zur Verhütung erbkranken Nachwuchses (GzVeN), das am 1. Januar 1934 in Kraft trat und bis 1945 als juristische Grundlage für Tausende von Sterilisationen in Deutschland diente. Den Sonderpädagogen kam die Aufgabe zu, bei der Selektion der zu Sterilisierenden mitzuwirken. Diese im Runderlaß noch sehr offen gehaltene Anweisung konkretisierte der Pädagoge Alfred Krampf in seinem 1936 erschienen Buch Hilfsschule im neuen Staat. Bei der Durchführung des Gesetzes zur Verhütung erbkranken Nachwuchses sollte dem Hilfsschullehrer eine entscheidende Rolle zukommen: „Wenn es aber zweifelhaft ist, ob der Geschädigte ausreichend Gaben, Kraft und guten Willen besitzt, alle von ihm freiwillig übernommenen Pflichten ohne fremde Hilfe zu erfüllen, müssen die Beobachtungen und Erfahrungen der Schule mit für die zu treffende Entscheidung herangezogen werden. In allen diesen Fällen, und es sind mehr, als man gemeinhin anzunehmen geneigt ist, übernimmt der Volkserzieher, insbesondere der Hilfsschullehrer, eine große und schwere Verantwortung mit bei der Begutachtung des Geschädigten."[13] Die Sonderpädagogen hatten also nun offiziell die Aufgabe, die Zöglinge auf deren Erbanlagen hin zu begutachten.

Einige Lehrer scheinen sich schon vor dieser Zeit längst ihrer „gesundheitspolitischen" Aufgabe bewußt gewesen zu sein und waren zudem bemüht, über die bloße Gutachtertätigkeit hinaus aktiv zu werden. In besagtem Rundschreiben des Reichs-

---

[10] Vgl. ebd., S. 55–66 und zur konkreten Veränderung der Schülerzahlen: ebd., S. 189–197.
[11] Runderlaß des Reichs- und Preußischen Ministers für Wissenschaft, Erziehung und Volksbildung vom 6. Juli 1935, zitiert nach: Renate Fricke-Finkelnburg, Nationalsozialismus und Schule. Amtliche Erlasse und Richtlinien 1933–1945, Opladen 1989, S. 137.
[12] Ebd.
[13] Alfred Krampf, Hilfsschule im neuen Staat, Leipzig 1936, S. 34.

ministeriums für Wissenschaft, Erziehung und Volksbildung vom 6. Juli 1935 wird dagegen betont, „daß das Reichsministerium des Inneren den hier und da zutage getretenen Bestrebungen der Hilfsschullehrer, Sitz und Stimme in den Erbgesundheitsgerichten zu erhalten, ablehnend gegenübersteht."[14] Die von manchen Lehrern erstrebte Doppelfunktion als Gutacher und Richter bei den Erbgesundheitsgerichten wurde nicht gewährt.[15]

Im Jahr 1938 erfolgte eine neue Ausrichtung in der Hilfsschulpolitik. Die Allgemeine Anordnung über die Hilfsschulen in Preußen vom 27. April 1938, die auch im übrigen Reich Geltung erlangte, erweiterte die Klientel der Hilfsschulen, um dadurch die Volksschulen im größeren Umfang zu entlasten. Die Sonderschulen sollten jetzt all die Schüler aufnehmen, „die bildungsfähig sind, dem allgemeinen Bildungsgang der Volksschule aber wegen ihrer Hemmungen in der körperlich-seelischen Gesamtentwicklung und ihrer Störungen im Erkenntnis-, Gefühls- und Willensleben unterrichtlich und erzieherisch nicht zu folgen vermögen"[16], hingegen sollten die „bildungsunfähigen" Hilfsschüler „aus der Hilfsschule entfernt und der öffentlichen Fürsorge oder privater Betreuung überlassen werden."[17] Der Hilfsschule kam keine „Sammelbeckenfunktion" für geistig schwache Schüler zu, vielmehr sollten nur „Bildungsfähige" entsprechend unterrichtet werden, „damit sie sich später als brauchbare Glieder der Volksgemeinschaft selbständig oder unter leichter Führung betätigen können."[18]

Die Masse der Kinder, die nicht für den Volksschulbesuch geeignet schienen, wurde in dieser neuen Anordnung differenzierter betrachtet. Dem Lehrer, dem Schulrat und den Gesundheitsbeamten kamen die Aufgabe zu, diese Gruppe in „noch Bildungsfähige" und „nicht Bildungsfähige" einzuteilen. Die erste Gruppe sollte in der Hilfsschule unter der erbbiologischen Überwachung des Lehrers für die Volksgemeinschaft „brauchbar" gemacht werden, die zweite aus den schulischen Einrichtungen verbannt und in private oder öffentliche Pflege gegeben werden. In kalter Kosten-Nutzen Rechnung wollte man allein die Schüler fördern, bei denen die sichere Aussicht bestand, daß sie nach dem Schulabschluß selbständig für ihren Unterhalt aufkommen könnten, sich die staatliche Investition also lohnte. Den „Nichtbrauchbaren" war der Weg in eine staatliche Bildungseinrichtung versperrt. Vermochte die Familie die Fürsorge nicht zu bewerkstelligen, blieb oft nur übrig, die Betroffenen in eine Anstalt zu überweisen, was in Anbetracht der im September 1939 einsetzenden, offenen oder geheimen „Euthanasieaktionen" ihren Tod bedeuten konnte.[19]

---

[14] Rundschreiben des Reichsministeriums für Wissenschaft, Erziehung und Volksbildung an die Regierungspräsidenten und den Staatskommissar für die Hauptstadt Berlin vom 7. Juli 1935, zitiert nach: Höck, Hilfsschule (wie Anm. 1), S. 318.

[15] Für Ärzte gab es diese Bestimmungen nicht. Diese konnten sowohl als Gutachter, Ankläger und Richter für die Erbgesundheitsgerichte tätig werden.

[16] Allgemeine Anordnung über die Hilfsschulen in Preußen, zitiert nach: Fricke-Finkelnburg, Nationalsozialismus und Schule (wie Anm. 11), S. 139.

[17] Ebd., S. 141.

[18] Ebd., S. 139.

[19] Für die in der Bayreuther Heil- und Pflegeanstalt durchgeführten Selektionen und Krankentransporte in Tötungsanstalten vgl.: Norbert Aas, Verlegt, vergast, vergiftet, verhungert. Die Kranken der Heil- und Pflegeanstalt Bayreuth in der Zeit der Zwangssterilisation und „Euthanasie", Bayreuth 2000.

Was die Lerninhalte anbelangt, erhielt die Hilfsschule erst im Februar 1942 einheitliche Richtlinien; bis dahin waren Lernziele und Stundenpläne eng an die der Volksschule gekoppelt. Die Richtlinien forderten die Einführung der sechsstufigen Hilfsschule und gingen detailliert auf die verschiedenen Erziehungsbereiche und die auszuübenden Fächer ein. Dabei fällt der große Anteil der Leibeserziehung und des Werkunterrichtes im Lehrplan auf, die in der Oberstufe 6 allein 13 der 32 Wochenstunden einnahmen. Das Bestreben der Regierung ist offenkundig, auch die Hilfsschüler entweder für den Kriegseinsatz oder zumindest für die Kriegsproduktion einsatzfähig zu machen.[20] Für den Schulsport ist explizit vermerkt: „Auch in der Hilfsschule steht die Leibeserziehung im Dienst der Wehrerziehung."[21]

In den folgenden Jahren bis zum Zusammenbruch des NS-Regimes blieben die rechtlichen Rahmenbedingungen für die Hilfsschulen unverändert.

3. Die Auswirkungen der nationalsozialistischen Hilfsschulpolitik auf die Anzahl der Schulen und der Schüler

Die Erlasse und Verordnungen sagen viel über die Einstellung des Staates zur Einrichtung „Hilfsschule" und die betroffenen Kinder aus; über die konkrete Umsetzung dieser Richtlinien geben sie aber keine Auskunft. Diese soll anhand der Entwicklung der Zahl der Schulen und Schüler in Bayern sowie im Regierungsbezirk Ober- und Mittelfranken angedeutet werden, die zusammen mit den Vergleichswerten auf Reichsebene den Rahmen für die Untersuchung der Bayreuther Verhältnisse geben. Dadurch sollen die Ergebnisse für Bayreuth in diesen größeren Kontext gestellt werden. Dabei sind einige Fehler in der Literatur zu berichten.

Systematische statistische Erhebungen über Schulen und Schülerzahlen auf Reichsebene wurden seit 1901 im fünfjährigen Turnus bis zum Schuljahr 1931/32 durchgeführt. Die Publikation dieser Erhebungen erfolgte in der Reihe Statistisches Jahrbuch für das deutsche Reich. Zwischen 1936 und 1942 wurden die Daten jährlich unter dem Titel „Die Volksschulen im Deutschen Reich" in der Reihe Statistik des Deutschen Reiches veröffentlicht. Für die Zeit des Kaiserreichs und der Weimarer Republik wurde das Material nur bis auf die Länderebene veröffentlicht, so daß die Entwicklung in den Regierungsbezirken nicht nachvollziehbar ist. Zudem wurden in den Statistiken in der Regel die einzelnen Volksschularten nicht separat behandelt, die Daten der Hilfsschulen also in den summarischen Wert für die Volksschulen eingeschlossen. Lediglich in der letzten Weimarer Erhebung für das Schuljahr 1931/32 ist die Hilfsschule selbständig aufgeführt.

Aus der nationalsozialistischen Herrschaft liegen differenziertere Daten vor, da die Hilfsschulen jetzt separat aufgeführt werden. Die jährlich durchgeführten Erhebungen (1936–1942) ermöglichen eine genaue Untersuchung der Entwicklung, denn gewöhnlich reichen die Werte bis auf die Ebene der Regierungsbezirke herab; in einigen Bänden werden auch größere Städte (bis 50 000 Einwohner) gesondert behandelt. Für die Jahre 1933 bis 1935 liegen keine reichsweiten Erhebungen vor. Die Untersu-

---

[20] Die meisten (ehemaligen) männlichen Hilfsschüler wurden im 2. Weltkrieg als Soldaten eingesetzt. Vgl. dazu: Höck, Hilfsschule (wie Anm. 1), S. 283–285.

[21] Ebd., S. 147.

chung dieser für die Hilfsschule besonders kritischen Zeit[22] auf nationaler Ebene ist deshalb nicht möglich. Doch hat das Statistische Jahrbuch für den Freistaat Bayern[23] damals Daten, zum Teil auch separat für die Regierungsbezirke, publiziert, so daß die Schülerbewegung in Bayern vom Schuljahr 1928/29 bis 1941/42 – mit Ausnahme von 1929/30 – exakt nachvollziehbar ist.

Wesentlich komplizierter sind die Daten für Bayreuth zu gewinnen. Aus der NS-Zeit liegen die für die oben erwähnten Publikationen in der Reihe Statistik des Deutschen Reiches ausgefüllten Erhebungsbögen für die Schuljahre 1938/39 bis 1941/42 vor.[24] Anhand dieses Materials war es möglich, sowohl die Gesamtzahl der an Bayreuther Volksschulen unterrichteten Schüler als auch den Schülerstand an der Hilfsschule für diesen Zeitraum zu ermitteln.

Tabelle 1 präsentiert für die Schuljahre 1931/32 bis 1941/42 eine Zusammenstellung der Zahl der Volks- und Hilfsschüler im Deutschen Reich, Bayern, im Regierungsbezirk Ober- und Mittelfranken und in der Stadt Bayreuth. Die absolute Zahl der Hilfsschüler ist hierbei einigen Schwankungen unterworfen, in erster Linie aus demographischen Gründen (Stärke des Geburtsjahrganges, Säuglings- und Kindersterblichkeit). Wichtig in unserem Zusammengang wird der prozentuale Anteil der Hilfsschüler an der Gesamtzahl der Volksschüler, also die Zahl der Hilfsschüler je 100 Volksschüler, als ein Indikator für den Grad des Ausbaus des Hilfsschulwesens, da anzunehmen ist, daß zwischen dem Prozentwert und der Intensität der Erfassung und Betreuung der Schüler ein Zusammenhang besteht: Je größer der prozentuale Anteil der Hilfsschüler an der Gesamtzahl der Volksschüler, desto besser die Erfassung und Betreuung der bedürftigen Schüler. Die Prozentwerte für Bayreuth und die Referenzwerte für das Deutsche Reich, Bayern und den Regierungsbezirk Ober- und Mittelfranken sind in Abbildung 1 dargestellt. Abweichend von der Tabelle 1 wird im Diagramm auch das Schuljahr 1928/29 berücksichtigt.

Abbildung 1 zeigt, daß im Verhältnis zur Reichsebene die Betreuung der weniger begabten Schüler in Bayern noch sehr unterentwickelt war. Wenn Manfred Höck für Bayern einen „sehr viel höheren Ausbaugrad (Verhältnis von Hilfsschülern zu Volksschülern) als im Reich"[25] angibt, beruht das auf einem Rechenfehler;[26] tatsächlich lag Bayern im Ländervergleich an letzter Stelle.[27] Der Regierungsbezirk Mittel- und Oberfranken weist zwar höhere Werte aus, erreicht aber ebenfalls bei weitem nicht die Daten auf Reichebene.

Die Verteilungsrate für Bayreuth ist strukturell bedingt mit Abstand die höchste: Bayreuth ist Stadt, während die anderen Kategorien auch weite ländliche Gebiete umfassen. Da in den Städten fast immer eine Hilfsschule existierte, gestaltete sich deren Besuch in der Regel dort unproblematisch. Auf dem Land dagegen hatten

---

[22] Siehe oben, Kapitel 2. Ab 1933 soll es zu vielen Hilfsschulauflösungen gekommen sein.
[23] Ab dem 20. Band (1934) unter dem Titel Statistisches Jahrbuch Bayern publiziert.
[24] Stadtarchiv Bayreuth: Akten der Stadtschulbehörde, Fach 29, Nr. 1.: Stand der Schulen zu Bayreuth.
[25] Höck, Hilfsschule (wie Anm. 1), S. 190.
[26] Höck, Hilfsschule (wie Anm. 1), S. 195 berechnet für Bayern Promille- statt Prozentwerte. Die richtigen Werte liegen demnach bei einem Zehntel der von Höck angegebenen Zahlen.
[27] Angeführt wurde die Statistik von Hamburg. Dort waren 1939 3,1% der Volksschüler in einer Hilfsschule untergebracht.

Tab. 1: Zahl der Volks- und Hilfsschüler im Deutschen Reich, in Bayern, im Regierungsbezirk Ober- und Mittelfranken und in der Stadt Bayreuth 1931/32–1941/42

	1931/32	1932/33	1933/34	1934/35	1935/36	1936/37	1937/38	1938/39	1939/40	1940/41	1941/42
Volksschüler im Reich	7.561.284				7.820.668	7.758.307	7.596.437	7.486.658	8.240.319	9.033.784	9.215.090
davon Hilfsschüler*	87.829				71.516	85.169	88.369	96.591	103.094	103.125	107.417
Prozentwerte	1,16				0,91	1,1	1,16	1,29	1,25	1,142	1,17
Volksschüler in Bayern	937.180	984.358	991.829	972.493	946.785	944.330	930.561	981.858	965.553	1.004.026	1.016.740
davon Hilfsschüler*	3.819	4.437	4.471	4.533	4.048	4.352	4.521	4.627	4.426	4.697	5.369
Prozentwerte	0,41	0,45	0,45	0,47	0,43	0,46	0,49	0,47	0,46	0,47	0,53
Volksschüler in OF/MF					216.641	214.740	211.196	217.418	218.798	222.522	222.633
davon Hilfsschüler*					1.281	1.404	1.539	1.592	1.647	1.690	2.031
Prozentwerte					0,59	0,65	0,73	0,73	0,75	0,76	0,91
Volksschüler in Bayreuth							3.582	3.986	4.246	4.146	
davon Hilfsschüler*							66	78	82	71	84
Prozentwerte							1,84	1,96	1,931	1,71	

* Darunter auch Schüler, die eine Hilfsklasse an einer Volksschule besuchten.

OF: Oberfranken
MF: Mittelfranken

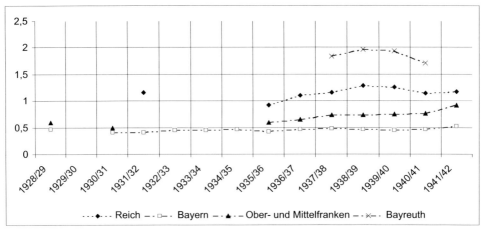

Abb. 1: Prozentualer Anteil der Hilfsschüler an der Gesamtzahl der Volksschüler in den Schuljahren 1928/29–1941/42

bedürftige Kinder oft nicht die Möglichkeit, eine solche Schule zu besuchen, da hier das Netz der Hilfsschulen weitmaschiger geknüpft war. Um eine angemessene Vergleichsbasis zu erhalten, ist es sinnvoll, die Bayreuther Daten auch jenen anderer Städte gegenüber zu stellen.

Tab. 2: Prozentualer Anteil der Hilfsschüler an der Zahl der Volksschüler in verschiedenen deutschen Städten 1939

Stadt	Volksschüler	davon Hilfsschüler	Prozentwerte
Berlin	248.881	7.601	3,05%
München	57.009	1.167	2,04%
Nürnberg	34.332	802	2,34%
Bamberg	5.373	121	2,25%
Bayreuth	3.986	78	1,96%
Fürth	7.576	133	1,76%
Würzburg	9.160	109	1,19%

Bayreuth rangiert im Verhältnis zu anderen fränkischen Städten auf einem Mittelplatz. In den Großstädten München und Berlin war das Hilfsschulwesen besser (wenngleich für München nur sehr gering) als in Bayreuth ausgebaut. Der Entwicklungsstand des Bayreuther Hilfsschulsystems ist demnach in der behandelten Periode als durchschnittlich anzusehen.

Es kam in den ersten Jahren des „Dritten Reiches" – bis zum Erlaß des Regierungspräsidenten von Düsseldorf vom 27. Februar 1935, der als reichsweite Vorlage verwendet wurde – mancherorts zur Auflösung von Hilfsschulen beziehungsweise zum Überweisungsstopp der Kinder aus der Volksschule an die Hilfsschule. Deshalb ist es außerordentlich bedauerlich, daß gerade für diese Jahre keine Daten auf Reichsebene vorliegen, also nicht ermittelt werden kann, in welchem Ausmaß dies tatsächlich vorgekommen ist. Daß es zwischen 1933 und 1935 zu starken Einbrüchen der Hilfsschülerzahlen kam, gilt offenbar vor allem für die Reichsebene;[28] hier lag der Index für 1935/36 (0,91%) niedriger als im Vergleichsjahr 1931/32 (1,16%) (Tabelle 1). In Bayern hat diese Entwicklung sicher nicht stattgefunden, hier stieg die Verteilungsrate zwischen 1930/31 und 1934/35 sogar leicht an (Abbildung 1). Insgesamt wuchsen die Werte für das Reich, Bayern und Ober- und Mittelfranken bis ins Jahr 1942 tendenziell; besonders zwischen 1935 und 1939 und im letzten Untersuchungsjahr kam es zu einer in allen drei Gebieten einheitlichen Entwicklung. Für das letzte Schuljahr haben sich offensichtlich die im Februar 1942 erlassenen Richtlinien für Erziehung und Unterricht in der Hilfsschule noch auf die Schülerverteilung niedergeschlagen. Wenn in der Bayreuther Hilfsschule kein Anstieg erfolgte, ist das wohl damit zu begründen, daß die Schule an den Rand ihrer Kapazität gekommen war[29] und man daher versuchte, nur noch wenige Schüler aufzunehmen. In den folgenden Kriegsjahren ließ sich die Überbelegung der Schule nicht mehr verhindern und die Schülerzahlen stiegen wieder an (Abbildung 2).

Im Ganzen gesehen kam es also während der NS-Zeit zu einem steten Anstieg der Zahl der Hilfsschüler im Vergleich zu derjenigen der Volksschüler: Die Bemühungen, möglichst viele hilfsschulbedürftige Kinder an der Sonderschule zu sammeln, waren erfolgreich.

4. Die Bayreuther Hilfsschule

Quellen und Methodik

Als Quellen dienen zum einen die Schülerakten der ehemaligen Hilfsschule, die sich heute im Archiv der Dietrich-Bonhoeffer-Schule[30] in Bayreuth befinden. Das dortige Material umfaßt den Zeitraum von 1905, dem Jahr der Gründung der Hilfsschule, bis zur Gegenwart. Da der Untersuchungsschwerpunkt in den Jahren 1933 bis 1945 liegt, wurden lediglich die Unterlagen bis 1950 (als Entlaß-/Ausschulungsjahr) berücksichtigt. Der Inhalt eines Schüleraktes besteht in der Regel aus dem Schülerbogen, den Intelligenzprüfungsbögen, die zur Aufnahme des jeweiligen Schülers in die Hilfsschule ausgewertet wurden, verschiedenen Lehrerbeurteilungen, Zensuren sowie dem Schriftverkehr zwischen Schule und Elternhaus, Schularzt und Stadtschulamt. Seit Anfang der 40er Jahre kommen Sippentafel und Ahnenpaß dazu.

Zum anderen wurde das erst kürzlich im Stadtarchiv Bayreuth archivierte Material des Bayreuther Stadtschulamtes eingesehen. Darunter befinden sich wichtige Entscheidungen des Stadtschulamtes zur Hilfsschule, der Briefverkehr zwischen Schule

---

[28] Da die Entwicklung auf der Reichsebene nur als Vergleich angeführt ist, wird auf die Regionen, in denen es zum Rückgang kam, und die möglichen Ursachen dafür nicht eingegangen.

[29] U.a. befand sich der Rektor der Hilfsschule im Kriegsdienst, und die räumlichen Gegebenheiten waren unzureichend.

[30] So der Name der Nachfolgeeinrichtung der früheren Hilfsschule.

und Stadtschulamt sowie Durchschläge der Schülererhebungen, die im Rahmen der Reichsstatistik in Bayreuth durchgeführt wurden. Zur Überprüfung der Schülerzahlen vor 1918 wurden noch Berichte über das städtische Unterrichtswesen in Bayreuth herangezogen.

Schließlich können die Akten der Spruchkammerverfahren gegen Hilfsschullehrer, die sich im Staatsarchiv Coburg befinden, Aufschlüsse über die Einstellung der Lehrer zum Nationalsozialismus geben.

Schülerzahlen

Ziel dieser Untersuchung ist es, mit Hilfe von Fallbeispiele ein umfassendes Bild der Verhältnisse an der Schule während des Nationalsozialismus zu gewinnen. Um die Repräsentativität der Quellen zu fassen, galt es, den annähernd genauen Anteil der verbliebenen Schülerakten zu errechnen. Dazu wurde auf der Basis der Schülerbögen die Gesamtschülerstärke per anno ermittelt[31] und diese in einem zweiten Schritt mit verläßlichen Daten abgeglichen, die freilich nicht für den gesamten Zeitraum, sondern lediglich für zwei Phasen vorliegen. Für die Jahrgänge 1911/12, 1912/13, 1913/14 und 1915/16 geben die vom Bayreuther Stadtschulrat Kesselring angefertigten Berichte über das Städtische Unterrichtswesen in Bayreuth[32] Auskunft. Für die NS-Zeit liegt das für die Statistik des Deutsche Reiches in Bayreuth zusammengetragene Erhebungsmaterial für die Schuljahre 1938/39 bis 1941/42 vor;[33] außerdem waren einem Brief der Hilfsschule an das Stadtschulamt die Schülerzahlen für die Jahre 1943/44 und 1944/45 zu entnehmen.

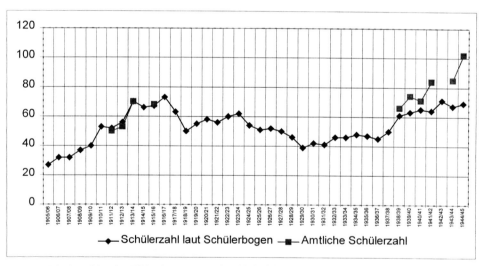

Abb. 2: Schülerzahlen der Hilfsschule Bayreuth (1905–1945)

---

[31] Um dieses Ergebnis zu erhalten, wurde für jeden einzelnen Schüler eine Datei angelegt, in welche die Jahrgänge, die dieser in der Schule verweilte, festgehalten sind. Über Sortierfunktion ließ sich die Schulstärke per anno errechnen.

[32] Im Stadtarchiv Bayreuth.

[33] Stadtarchiv Bayreuth: Akten der Stadtschulbehörde, Fach 29, Nr. 1: Stand der Schulen zu Bayreuth.

Festzuhalten ist, daß in der Zeit des Kaiserreichs die errechneten Schülerzahlen mit den offiziellen fast übereinstimmen, während für die NS-Zeit eine Diskrepanz besteht. Für diesen Zeitraum fehlen Akten. Offensichtlich wurden diese im Februar 1945 von ehemaligen Kriegsgefangenen, die ins Schulhaus eingedrungen waren, zerstört.[34] Da die Bestände jedoch zumindest in großem Umfang erhalten sind und die Zerstörung willkürlich geschah, kann das erhaltene Material als repräsentativ gelten.

Die Situation der Hilfsschüler

Bayreuther Schülerakten wurden bereits exemplarisch veröffentlicht. Dabei hat das Schicksal des Herbert K. mittlerweile eine gewisse Berühmtheit erfahren; über den ehemaligen Hilfsschüler wurde sogar ein Theaterstück verfaßt, das mehrmals in Bayreuth zur Aufführung kam. K. wurde nach wiederholter Zurückstellung vom Schulbesuch in die Heil- und Pflegeanstalt Ansbach eingewiesen, wo er kurz darauf – mit an Sicherheit grenzender Wahrscheinlichkeit durch Giftinjektion – zu Tode kam.[35] Auch die anderen veröffentlichten Schülerakten lassen schließen, daß Schüler, die den Lehrern größere Probleme bereiteten, zur Sterilisation freigegeben oder abgeschoben beziehungsweise ausgeschult und damit der „Euthanasie" ausgeliefert wurden.

Im Folgenden soll zunächst die möglichst genaue Anzahl der Sterilisationenverfahren, die an Hilfsschülern durchgeführt wurden, ermitteln werden, wobei auch die allgemeine Tätigkeit des Bayreuther Erbgesundheitsgerichts gestreift wird. Anschließend geht es um die aus den Schülerakten verzeichneten Ausschulungen, schließlich um die an der Hilfsschule unterrichtenden Lehrkräfte, die als direkte Bezugspersonen die staatliche Autorität in der Schule darstellten. Dabei ist zu klären, inwieweit sie persönlich für das Schicksal der von Sterilisation oder Ausschulung betroffenen Hilfsschüler verantwortlich waren, welche Freiräume bei der Behandlung der Schüler bestanden und wie diese genutzt wurden.

Sterilisationen

In der Literatur werden zwei Fragen diskutiert: Welcher Anteil der Hilfsschüler war von Sterilisationsverfahren betroffen, und inwieweit waren die Hilfsschullehrer daran beteiligt und mit welcher Schuld.[36]

Am 1. Januar 1934 trat das Gesetz zur Verhütung erbkranken Nachwuchses (GzVeN) in Kraft, und die neueingerichteten Erbgesundheitsgerichte nahmen ihre Tätigkeit auf. Durch die Verordnung der Bayerischen Staatsministerien der Justiz und des Inneren vom 21. Dezember 1933 wurde auch in Bayreuth am dortigen Amtsgericht eines der 24 bayerischen Erbgesundheitsgerichte installiert.[37] Nach Gesetzestext (§1, Abs. 1) konnte derjenige unfruchtbar gemacht werden, bei dem „nach den Erfahrungen der ärztlichen Wissenschaft mit großer Wahrscheinlichkeit zu erwarten ist, daß seine Nachkommen an schweren körperlichen oder geistigen Erbschäden leiden

---

[34] Archiv der Bonhoeffer-Schule, Schülerbogen Ilse S.
[35] Schulz/Götschel, Erb- und Rassenhygiene (wie Anm. 4), S. 23–33.
[36] Vgl. dazu: Höck, Hilfsschule (wie Anm. 1), S. 94–118.
[37] Helmut Paulus, Das Erbgesundheitsgericht Bayreuth und seine Tätigkeit von 1934 bis 1944. Die Justiz und die „Euthanasie", in: Archiv für Geschichte von Oberfranken 80, 2000, S. 361.

werden."³⁸ Erbkrank im Sinne des Gesetzes war, wer an „1. angeborenem Schwachsinn, 2. Schizophrenie, 3. zirkulärem (manisch-depressivem) Irresein, 4. erblicher Fallsucht, 5. erblichem Veitstanz (Huntingtonsche Chorea), 6. erblicher Blindheit, 7. erblicher Taubheit, 8. schwerer erblicher körperlicher Mißbildung (... oder) schwerem Alkoholismus"³⁹ litt. Den Antrag auf Sterilisation konnte derjenige stellen, „der unfruchtbar gemacht werden soll(te) "⁴⁰ – was natürlich so gut wie nie vorkam –, bei Unmündigkeit auch der gesetzliche Vertreter. Außerdem waren ein beamteter Arzt und „für die Insassen einer Kranken-, Heil- oder Pflegeanstalt oder einer Strafanstalt der Anstaltsleiter"⁴¹ antragsberechtigt. Lehrkräften war es nicht erlaubt Anträge zu stellen, sie sollten lediglich auf Anfrage der Erbgesundheitsgerichte Gutachten anfertigen.

Man schätzt, daß in Deutschland während der NS-Zeit zwischen 200 000 und 350 000 Sterilisationen durchgeführt wurden.⁴² Die Zahl der Eingriffe, die vom Bayreuther Erbgesundheitsgericht beschlossen wurden, konnte exakt ermittelt werden. Helmut Paulus, der die noch vorhandenen Register des Erbgesundheitsgerichts eingesehen und ausgewertet hat, kam auf 1444 Verfahren zwischen 1934 und 1944. In 963 Fällen (= 66,7%) kam es zur Sterilisation⁴³, bei nahezu 50% aufgrund „angeborenen Schwachsinns".⁴⁴ Ähnliches läßt sich für andere Erbgesundheitsgerichte nachweisen.⁴⁵

Hilfsschüler, die für die Sterilisation in Frage kamen, fielen gewöhnlich ebenfalls unter diese Kategorie, so wie Hilfsschüler und „Schwachsinnige" schon während der Weimarer Zeit nahezu gleichgesetzt worden waren.⁴⁶ Der von Arthur Gütt, Ernst Rüdin und Falk Guttke 1934 angefertigte Kommentar⁴⁷ zum GzVeN bestätigte diese Position. Ihm zufolge müßten Hilfsschüler „praktisch genommen bei der guten heutigen Siebung, vielleicht nur mit ganz wenigen Ausnahmen als mehr oder weniger debil und imbezill betrachtet werden (...)".⁴⁸ Diese „dürften daher in der überwiegenden Mehrzahl an erblichem angeborenen Schwachsinn leiden und den Bestimmungen des Gesetzes unterworfen sein."⁴⁹ Sollten demnach alle Hilfsschüler ausnahmslos sterilisiert werden, und viel entscheidender: wie viele fielen letztendlich den Sterilisationen zum Opfer?

---

³⁸ Zitiert nach: Jochen-Christian Kaiser/Kurt Nowak/Michael Schwartz, Eugenik, Sterilisation, „Euthanasie". Politische Biologie in Deutschland 1895–1945. Eine Dokumentation, Berlin 1992, S. 126.
³⁹ Ebd.
⁴⁰ Ebd.
⁴¹ Ebd., S. 127.
⁴² Vgl. dazu: Ernst Klee, „Euthanasie" im NS-Staat. Die „Vernichtung lebensunwerten Lebens", Frankfurt a. M. 1983, S. 86.
⁴³ Paulus, Erbgesundheitsgericht Bayreuth (wie Anm. 37), S. 396.
⁴⁴ Ebd., S. 397.
⁴⁵ Genaue Zahlen liegen u.a. für Hamburg vor. Dort sind 54% der Sterilisationen aufgrund „angeborenen Schwachsinns" erfolgt. Die Zahlen sind veröffentlicht in: Hamburg im Dritten Reich (hrsg. vom Hamburgischen Staatsamt), Hamburg 1936. Hier zitiert nach: Höck, Hilfsschule (wie Anm. 1), S. 109.
⁴⁶ Ebd., S. 96.
⁴⁷ Arthur Gütt/Ernst Rüdin/Falk Ruttke, Gesetz zur Verhütung erbkranken Nachwuchses vom 14. Juli 1933 mit Auszug aus dem Gesetz gegen gefährliche Gewohnheitsverbrecher und über Maßregeln der Sicherung und Besserung vom 24. November 1933, bearbeitet und erläutert, München 1934.
⁴⁸ Ebd., S. 95.
⁴⁹ Ebd.

Während meines Wissens Untersuchungen über Sterilisationsverfahren an Hilfsschülern für das Reich nicht vorliegen, können wir für den Fall Bayreuth annähernd genaue Zahlen gewinnen. Dabei wurde folgendes Verfahren angewendet: Die aus den Schülerbögen erhobenen Namen und die Geburtsdaten der Hilfsschüler wurden mit den Akten des Bayreuther Erbgesundheitsgerichts abgeglichen[50], außerdem die in diesen Bögen enthaltenen Hinweise – meist die Korrespondenz mit dem Gericht – auf Sterilisationsverfahren berücksichtigt. Daraus ergibt sich, daß bei 53 der 527 erfaßten Schüler und Schülerinnen der Kontakt mit Erbgesundheitsgerichten nachgewiesen werden kann. In 27 Fällen decken sich die Hinweise in den Schülerakten mit den Daten des Erbgesundheitsgerichts Bayreuth, neun konnten, da im Schülerakt keine Hinweise enthalten sind, nur aufgrund des Namensabgleichs mit den Erbgesundheitsgerichtsakten ermittelt werden. Bei 17 Schülern und Schülerinnen ist der Kontakt mit dem Erbgesundheitsgericht nur im Schülerbogen dokumentiert, es handelt sich bei diesen überwiegend um Personen, deren Verfahren nicht am Bayreuther Erbgesundheitsgericht durchgeführt wurden.[51] Fünf ehemalige Schülerinnen tauchen vielleicht deshalb nicht in den Erbgesundheitsakten auf, weil sich in der Zwischenzeit durch Verehelichung ihr Nachname geändert hatte.

Die folgenden Tabellen umfassen Schüler, die vor 1933 die Hilfsschule absolviert hatten, und solche, die während der Zeit des Nationalsozialismus die Schule besuchten. Interessant ist die Frage, ob die Zahl der Personen, die in Kontakt mit dem Erbgesundheitsgericht kamen, unter den Schülern, die vor 1933 die Schule verließen, kleiner war als bei jenen, die nach 1933 die Schule besuchten. Dies würde bedeuten, daß sich das Risiko für die Hilfsschüler in der NS-Zeit erhöhte.

Tab. 3: Anteil der Sterilisationen an der Gesamtzahl der Bayreuther Hilfsschüler differenziert nach Ausschuljahren 1905–1945

Ausschulungsjahr	1905 bis 1932	1933–1945
Schüler/Schülerinnen	322	138
Kontakt mit dem Erbgesundheitsgericht	37	16
Prozentwerte	11,49%	11,59%

---

[50] Die Bayreuther Erbgesundheitsakten liegen seit Januar 2001 im Oberlandesgericht Bamberg und konnten nicht eingesehen werden. Die in Bamberg tätigen Beamten waren aber so freundlich, die zugeschickten Namenslisten mit den dortigen Beständen abzugleichen. Für diese freundliche Unterstützung möchte ich mich herzlich bedanken.

[51] V.a. ehemalige Hilfsschüler, die aus Bayreuth verzogen waren. Zur Urteilsbildung holten die auswärtigen Erbgesundheitsgerichte Informationen bei er Hilfsschule ein.

Tabelle 3 zeigt, daß die Hilfsschüler während der NS-Zeit prozentual nur unerheblich höher von den Verfahren betroffen waren als diejenigen der vorherigen Jahrgänge.[52] Also erhöhte der Besuch der Hilfsschule nach 1933 die Wahrscheinlichkeit nicht, vor ein Erbgesundheitsgericht zitiert zu werden. Daraus kann gefolgert werden, daß die Lehrer entweder tatsächlich nicht über ihre Gutachtertätigkeit hinaus aktiv wurden oder daß eventuelle Denunziationen von ihrer Seiten ohne Auswirkungen blieben.[53]

In wie vielen Fällen tatsächlich eine Sterilisation durchgeführt wurde, ließ sich nicht mehr ermitteln. Die Quote für die Gesamtverfahren am Bayreuther Erbgesundheitsgericht liegt – wie schon erwähnt – bei ca. 67%. Es darf nicht vergessen werden, daß die Schülerakten für die NS-Zeit, vor allem für die Zeit nach 1940, nicht vollständig sind und durchaus mit einer größeren absoluten Zahl von betroffenen Hilfsschülern gerechnet werden kann. Der prozentuale Anteil dürfte jedoch nicht wesentlich höher gewesen sein.

Obgleich die Quote von knapp 12% der Schüler sehr hoch war und deutlich über der bei anderen Bevölkerungsgruppen lag, war es doch – anders als es der zitierte Gesetzeskommentar suggerierte – keinesfalls das normale Schicksal eines Hilfsschülers, beim Erbgesundheitsgericht angeklagt und sterilisiert zu werden.

Tab. 4: Schüler, die in der Zeit zwischen 1905 und 1945 die Hilfsschule besuchten und in Kontakt mit dem Erbgesundheitsgericht kamen, differenziert nach Alter und Geschlecht

Altersklasse	Männlich	Weiblich	Summe	Prozent
12–17	1	11	12	22,64
18–24	5	11	16	30,89
25–30	5	6	11	20,75
31–42	7	7	14	26,42
Summe	18	35	53	100,7 *

* Rundungsbedingt

Die Hilfsschüler, die von den Sterilisationsverfahren betroffen waren, hatten die Schule bei Verfahrensbeginn meist schon verlassen. Lediglich zwölf Schüler und Schülerinnen lassen sich ermitteln, die zum Zeitpunkt des Verfahrens unter 18 Jahre alt waren und somit im Einflußbereich der Hilfsschule beziehungsweise der Hilfs-

---

[52] Es ist anzunehmen, daß der Prozentteil der zwischen 1905 und 1932 Ausgeschulten an der Gesamtzahl der mit dem Erbgesundheitsgericht in Kontakt geratenen Personen noch höher liegt. Dies ergibt sich daraus, daß die Möglichkeit, daß Personen aus dieser Gruppe bereits gestorben waren, höher ist als bei den Schülern, die zwischen 1933 und 1945 die Schule verließen. Da eventuelle Todesfälle nach der Ausschulung den Akten nicht zu entnehmen sind, konnten diese aus der Schülergesamtzahl nicht herausgefiltert werden und sind somit in der Grundmenge enthalten.

[53] Wer letztlich die Anträge beim Erbgesundheitsgericht stellte, muß offen bleiben. Vermutlich ging die Initiative aber von den Schulärzten aus.

fortbildungsschule[54] gelegen haben konnten; über drei Viertel der Personen, die in Kontakt mit dem Erbgesundheitsgericht standen, waren 18 Jahre und älter.

Aufschlußreich ist zudem das Geschlecht der Betroffenen. Von den 53 Ermittelten waren 35 – also der überwiegende Teil – weiblich (=66,04%, Tabelle 4),[55] während unter allen am Erbgesundheitsgericht Bayreuth laufenden Verfahren nur 43,7% weibliche Personen fielen.[56] Der hohe Frauenanteil unter den Hilfsschülern geht auf das Konto der jüngeren Altersklassen bis 24 Jahre und läßt sich damit erklären, daß die Geschlechtsreife bei Mädchen früher einsetzt als bei Jungen und sich das Erbgesundheitsgericht beziehungsweise die Schulärzte den jungen Frauen früher widmeten. Die Differenz zwischen Frauen und Männern nimmt, je älter die Betroffenen werden, immer weiter ab. Daß bei der Gesamtheit der Verfahren am Erbgesundheitsgericht Bayreuth, im Gegensatz zu den Fällen der Hilfsschule, mehr Männer als Frauen betroffen waren, ist damit zu erklären, daß die in den Gesamtverfahren erfaßten älteren Betroffenen (ab ca. 45 Jahre) nur noch Männer waren; ältere, nicht mehr gebärfähige Frauen blieben verschont. Zur Zeit der höchsten Aktivität des Erbgesundheitsgerichts, also zwischen 1934 und 1938/39, hat es jedoch nur sehr wenige ehemalige Hilfsschüler gegeben, die 45 Jahre und älter waren, da die Schule erst 1905 gegründet worden war.

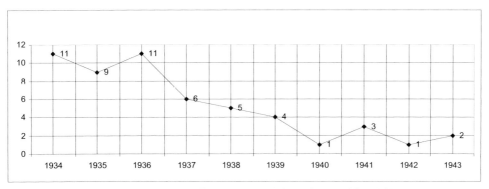

Abb. 3: Sterilisationsverfahren gegen Hilfsschüler pro Jahr im Zeitraum 1934–1943

Die Anzahl der jährlichen Verfahren an Hilfsschülern nahm seit 1937 stark ab (Abbildung 3). Dieses Ergebnis deckt sich mit den Daten der ermittelten Gesamtprozesse, in denen gleichfalls die Verfahren in den ersten Jahren häufiger waren. Von 1934, dem Jahr des Inkrafttretens des GzVeN, bis 1937 lag die Zahl der Gesamtverfahren relativ konstant bei ca. 270 pro Jahr, 1938 erfolgte ein Einbruch, und bis

---

[54] Die Hilfsfortbildungsschule begleitete die Schüler in den ersten beiden Berufsjahren und war dem Charakter nach eine Berufsschule. Der Unterricht erfolgte einmal in der Woche.
[55] Ein Ungleichgewicht in der geschlechterspezifischen Verteilung kann als Grund für dieses Verhältnis ausgeschlossen werden. Im Gegenteil: Die Hilfsschülerinnen waren mit 45,61% an der Gesamtzahl der Schüler (44,17% in der nationalsozialistischen Periode) sogar unterrepräsentiert.
[56] Paulus, Erbgesundheitsgericht Bayreuth (wie Anm. 37), S. 397.

1944[57] nahmen sie kontinuierlich ab; in diesem Jahr kam es nur noch zu 20 Prozessen.[58]

Das Schicksal der sterilisierten Schüler und Schülerinnen war schrecklich. Zum gesellschaftlich verpönten Hilfsschulbesuch, der den Betroffenen selbst wie seine Familie in Mißkredit brachte, kam ein körperlicher Eingriff, der besonders bei Kindern schwere körperliche und psychische Folgen nach sich gezogen hat.

Über die Verfahren der Personen, die zum Zeitpunkt ihres Kontaktes mit dem Erbgesundheitsgericht schon die Hilfsschule verlassen hatten, sind in den Schülerakten außer formalen Anschreiben des Gerichts kaum Hinweise. Die dorthin gesandten Unterlagen blieben gewöhnlich einige Wochen beim Erbgesundheitsgericht, bis sie schließlich über die Stadtschulbehörde an die Hilfsschule zurück kamen.

Über Sterilisationsverfahren an Schulkindern sind zum Teil Hinweise erhalten, da der Verlauf des Verfahren und dessen Nachwirkungen in manchen Fällen Spuren in den Schulakten hinterließen. Für den Verlauf eines solchen Verfahrens soll ein Fall angeführt werden, der aber nur aufgrund seiner Außergewöhnlichkeit in der Schülerakte sehr gut dokumentiert ist.[59]

Anna L.[60] kommt 1928 nach einjährigem Volksschulbesuch an die Hilfsschule. Sowohl von ihrem letzten Volksschullehrer als auch vom Hilfsschullehrer, der die Intelligenzprüfung durchführt, wird bestätigt, daß Anna L. zwar schwach begabt, aber durchaus bildungsfähig sei. Besonders auffällig sei aber ein Sprachfehler, den es dringend zu beheben gelte. Auch die Bewertungen am Schuljahresende fallen in den ersten Jahren durchaus positiv aus. So bestätigt Klassenleiter Justinus 1932, daß Anna eine sehr gute Schülerin sei, die niemals getadelt werden müsse. Gegen Ende der Hilfsschulzeit und besonders in den Jahren 1935 bis 1937, in denen die Schülerin die Hilfsfortbildungsschule besucht, vermehren sich die negativen Notizen über Anna L., was mit dem Eintreten der Pubertät und den überaus schlechten häuslichen Verhältnissen[61] zusammenhängt.

Am 30. Oktober 1936 verlangt das Bayreuther Erbgesundheitsgericht die Übersendung des Schüleraktes der Anna L. Der Schulleiter schickt noch am Tag des Eintreffens der Aufforderung die verlangten Papiere (Gesundheitsbogen, Ahnentafel, Aufzeichnungen über den Besuch der Hilfsschule, ärztliche Gutachten etc.) zu.

Am 10. Februar trifft ein Brief der Anna L. in der Hilfsschule ein, in dem sie Herrn Mönch, dem Lehrer der Hilfsfortbildungsklasse, schwere Vorwürfe macht:

---

[57] Das Bayreuther Erbgesundheitsgericht wurde am 1. Dezember 1944 aufgelöst und dem Erbgesundheitsgericht des Amtsgerichts Bamberg angegliedert. Vgl. dazu: Paulus, Erbgesundheitsgericht Bayreuth (wie Anm. 37), S. 395.

[58] Paulus, Erbgesundheitsgericht Bayreuth (wie Anm. 37), S. 396. Der Grund für den deutlichen Rückgang zu diesem frühen Zeitpunkt ist nicht zu klären. Der „Sterilisierungsstopp", der die Tätigkeit der Erbgesundheitsgerichte erheblich einschränkte, erfolgte erst am 1. September 1939. Vgl. dazu: Klee, „Euthanasie" (wie Anm. 42), S. 85.

[59] Des weiteren sei auf die Darstellung von Helmut Paulus verwiesen, der in seiner Darstellung der Bayreuther Erbgesundheitsverfahren auch drei Fälle von Hilfsschülerinnen präsentiert: Paulus, Erbgesundheitsgericht Bayreuth (wie Anm. 37), S. 377–380.

[60] Aus Gründen des Datenschutzes werden die Nachnahmen anonymisiert widergegeben. Die Ausführungen beruhen auf: Archiv der Bonnhoeffer-Schule, Schülerbogen Anna L.

[61] Fürsorgerin Luise Herath: „Der Vater ist bekannter Trinker, die Mutter hysterisch".

„Da sie einen Antrag ans Erbgesundheitsgericht gestellt haben und mich als geistesschwachsinnig hergestellt haben kann ich die Schule leider nicht mehr besuchen. Denn eine Geistesschwachsinnige kann nicht arbeiten und es hat auch keinen Wert daß ich in die Schule gehe und weiter lerne. Ich bin nicht geistesschwachsinnig wie sie es vermuten (…) Sie waren auch 14 Tage lang krank (…) hätten wir auch einen Antrag stellen können (…) sie ließen es sich bestimmt auch nicht gefallen und genau so lassen es wir uns auch nicht bieten. Sie werden es auch noch lernen denn ich räche mich an jedem der mein Glück zerstört. Heil Hi. (…)"

Daraufhin kommt es zu einem scharfen Briefwechsel zwischen Schule und Elternhaus. Schulleiter Justinus an Familie L.:

„(…) Ihre Tochter Anna L., zur Zeit noch Schülerin der 2. Hilfsfortbildungsschulklasse, erlaubte sich in ihrer dumm-einfältigen Art einen unverschämten Brief an ihren derzeitigen Klaßlehrer zu schreiben, einen Brief, der dem Erbgesundheitsgericht allein als Beweis genügen würde, daß Ihre Tochter schwachsinnig ist. Mein Kollege, Hauptlehrer Mönch, hat mit dem Verfahren, das nach Ihrer Mitteilung anscheinend[62] beim Erbgesundheitsgericht schwebt, nicht das geringste zu tun gehabt. Ich teile Ihnen übrigens noch mit, daß von der Hilfsschule aus noch niemals der Antrag auf Unfruchtbarmachung von ehemaligen oder derzeitigen Schülern(innen) gestellt wurde. Wenn natürlich die Amtsstellen Zeugnisse von Schülern anfordern, dann müssen diese umgehend an die betreffende Dienststelle gesandt werden. (…) Sollte Anna L. am Montag, den 15.2.37 nicht pünktlich um 2 Uhr zum Besuch der Fortbildungsschule erscheinen, so würde ich für den Fall, daß keine schlimme Erkrankung vorliegen sollte, die zwangsweise polizeiliche Vorführung beantragen. Heil Hitler! Justinus"

Die Schülerin erscheint jedoch nicht mehr in der Hilfsfortbildungsschule. Sie hat die Stadt verlassen, um der anstehenden Sterilisation zu entgehen.

Am 23. Februar wendet sich Schulleiter Justinus an die Stadtschulbehörde.

„Betreff: Polizeiliche Ermittlung über den Aufenthalt der Hilfsfortbildungsschülerin Johanna L. (…) Die Schülerin Johanna L. fehlte am Montag, den 15.2.37 und am Montag, den 22.2.37 <u>unentschuldigt</u> vom Unterricht. Hausmeister Klaus, der wegen der Nachforschung zweimal in die Wohnung L. – Mainkasernen – geschickt worden war, brachte gestern Abend die Mitteilung, daß die Schülerin schon vor mehr als 8 Tagen ihre Familie verlassen habe. Angeblich soll sie über die Grenze sein, weil sie sich nicht „kastrieren" lassen wolle.

Welches Ergebnis die Verhandlung des Erbgesundheitsgerichts Bayreuth (…) gebracht hatte ist uns nicht bekannt. (…) Ich ersuche zu veranlassen, daß <u>polizeiliche Erhebungen</u> gepflogen werden, um zu erfahren ob Johanna L. beim Einwohneramt abgemeldet worden ist und wo sie sich zu Zeit aufhält. (…) Ich ersuche unter allen Umständen um scharfes Einschreiten der Stadtschulbehörde, und wenn möglich um Anwesenheit des Herrn Oberstadtschulrates bei der Schulsitzung, in der dieser strafbare Fall zu Verhandlung stehen wird.

Ich bitte jetzt schon, daß ganz entschieden gegen diese unverschämt Art und Weise, wie sie in diesem Falle gezeigt wurde, eingeschritten wird. Würde ein solcher Fall

---

[62] Justinus wußte sehr wohl, daß gegen die Schülerin ein Verfahren lief. Schließlich hatte er persönlich die Unterlagen eingesandt.

nicht entsprechend bestraft werden, so würde unser ohnehin schon nicht leichter Stand in ähnlich gelagerten Fällen (Einsendung des Schüleraktes an das Gesundheitsamt oder das Erbgesundheitsgericht) nur noch mehr erschwert werden. (…)"

Der daraufhin vom Stadtschulrat beauftragte Polizeihauptwachtmeister erfährt von der Mutter der Schülerin, daß diese zu einer Freundin nach Sachsen gefahren ist, um dort zu arbeiten. In den nächsten Tagen wolle sie jedoch noch einmal nach Hause kommen. Anfang März trifft Anna L. wieder in Bayreuth ein, denn am 5. März teilt Stadtschulrat Hans Dennerlein der Hilfsschulleitung mit, daß sich die Schülerin wieder in der Stadt befinde und am darauffolgenden Montag im hiesigen städtischen Krankenhaus unfruchtbar gemacht werde.

Wie bereits erwähnt, ist dies der spektakulärste in den Schulakten dokumentierte Fall. Widerstand gegen den gerichtlichen Beschluß ist für keine andere betroffene Person nachzuweisen.

Ausschulungen

Eine zweite Aufgabe der Hilfsschule im Nationalsozialismus bestand in der Selektion der Kinder und Jugendlichen in „bildungsfähige" und „bildungsunfähige" Schüler. Die Hilfsschule sollte kein Auffangbecken für geistig Schwache sein, sondern „brauchbare Glieder der Volksgemeinschaft" heranziehen. Jene, die dieses Ziel vermutlich nicht erreichen würden, sollten von der Schulpflicht entbunden und der öffentlichen oder privaten Fürsorge überstellt werden. In der Regel bedeutete dies die Einweisung in eine Fürsorgeanstalt, was seit 1939 lebensgefährlich werden konnte. Denn in diesem Jahr begannen die „Euthanasie" -Aktionen, der allein in der ersten Phase,[63] der sogenannten T4-Aktion,[64] über 70 000[65] Menschen zum Opfer fielen. Aufgrund der Selektionsbestimmungen hatte die Schulleitung die rechtliche Handhabe zu relativ großzügigen Ausschulungen. Dabei kommt der Verdacht auf, die Hilfsschule habe sich auch unliebsamer Schüler, die von ihrer intellektuellen Fähigkeit durchaus in der Lage gewesen wären, dem Lehrstoff zu folgen, dem Lehrpersonal aber nicht genehm waren, entledigt.[66] Ob das für die Hilfsschule in Bayreuth zutrifft, läßt sich mithilfe der Schülerakten überprüfen.

In den Schülerakten sind für den Zeitraum zwischen 1905 und 1945 lediglich zehn Ausschulungen wegen Bildungsunfähigkeit[67] und 30 Überweisungen in verschiedene Anstalten nachzuweisen. Die zeitliche Verteilung zeigt, daß jene in der NS-Zeit

---

[63] Die Morde wurden im August 1941 offiziell eingestellt, liefen aber bis Kriegsende verdeckt weiter; vgl. Kurt Nowak, „Euthanasie" und Sterilisierung im „Dritten Reich". Die Konfrontation der evangelischen und katholischen Kirche mit dem Gesetz zur Verhütung erbkranken Nachwuchses und der „Euthanasie"-Aktion, Göttingen ³1984, S. 82.

[64] Die Dienststelle, die für die Organisation der „Euthanasie" zuständig war, hatte ihre Zentrale in einer Villa in Berlin, Tiergartenstraße 4 . Die Adresse gab der Aktion den Namen; vgl. Änne Bäumer, NS-Biologie, Stuttgart 1990, S. 99.

[65] Zur Berechnung dieser Zahl vgl.: Henry Friedlander, Der Weg zum NS-Genozid. Von der Euthanasie zur Endlösung, Berlin 1997, S. 189f.

[66] Vgl. dazu: Schulz/Götschel, Erb- und Rassenhygiene (wie Anm. 4), S. 15.

[67] Der Schüler Herbert K. ist darin enthalten, obwohl sich dessen Schülerbogen nicht mehr im Archiv befindet.

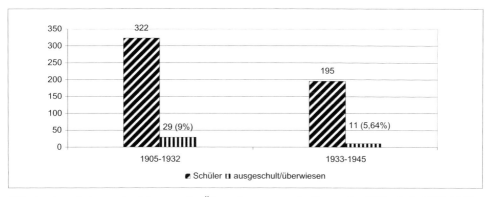

Abb. 4: Ausschulungen beziehungsweise Überweisungen aus der Bayreuther Hilfsschule 1905–1945

gegenüber der vorherigen Periode abnahmen; allerdings lag, da die Schülerakten gerade für diese Periode nicht vollzählig sind, die absolute Zahl der Zwangsausgeschulten zwischen 1933 und 1945 wahrscheinlich höher. Doch selbst dann dürfte der prozentuale Anteil der Ausgeschulten beziehungsweise Überwiesenen nicht über dem vor 1933 gelegen haben. Von einer exzessiven Anwendung dieses Mittels kann also nicht die Rede sein.

Die Umstände, die zur Ausschulung führten, sollen kurz skizziert werden.[68] Bei den elf Ausschulungen während der NS-Zeit handelt es sich um drei Entlassungen wegen Bildungsunfähigkeit, in acht Fällen folgte dem Schulverweis die sofortige Überweisung in eine Anstalt, welche in Absprache mit Gesundheitsamt, Stadtschulrat und Erziehungsberechtigten geschah.

Der Fall Herbert K. zeigt am eindringlichsten, daß die nationalsozialistische „Rassenhygiene" vor der Ermordung Minderjähriger nicht halt machte. Herbert erhält nach mehrmaligen Intelligenztests nicht die Erlaubnis, die Hilfsschule zu besuchen. Nachdem er einige Diebstählen begangen hat, wird er von der Bayreuther Polizei 1943 in die Heil- und Pflegeanstalt Ansbach gebracht, aus der er flieht, wieder eingeliefert wird und im Jahr 1944 dort zu Tode kommt. Mit an Sicherheit grenzender Wahrscheinlichkeit wurde er durch eine Giftinjektion getötet.[69]

Gustav Adolf L. wird 1940 als Überwachungsschüler in die Hilfsschule aufgenommen. Die Lehrerbeurteilungen fallen schlecht aus: „Der intellektuelle Tiefstand des Knaben schließt jegliche Bildungsfähigkeit in der Hilfsschule aus". In Absprache mit dem Stadtschulrat erfolgt 1941 die Einweisung in eine Anstalt, wo er im August 1942 verstirbt. Auch hier liegt die Vermutung nah, daß der Junge ermordet wurde.

Hedwig H. wird 1938, schon vor Beendigung des ersten Volksschulschuljahres, an die Hilfsschule verwiesen. Dies ist ein äußerst ungewöhnlicher Vorgang, da in der

---

[68] Bis auf die Beschreibung des Schicksals Herbert K.s basieren die kurzen Skizzen auf den Schülerakten des Archivs der Bonhoeffer-Schule.
[69] Vgl. dazu: Schulz/Götschel, Erb- und Rassenhygiene (wie Anm. 4), S. 23–33.

Regel zumindest das erste Schuljahr abgewartet wird. Laut Schulrektor Justinus ist H. „nicht nur schwer schwachsinnig, sondern wahrscheinlich zentral hirngestört". Nach Beendigung des ersten Hilfsschuljahres wird Hedwig H. wegen „Bildungsunfähigkeit" ausgeschult.

<u>Johann G.</u> muß ebenfalls frühzeitig die 1. Klasse der Volksschule verlassen. 1937 tritt er den Unterricht in der Hilfsschule an, wo zwei Lehrkräften attestieren, daß G. „vollkommen lernunfähig" sei. Johann nimmt in den darauffolgenden Jahren lediglich als „Überwachungsschüler" am Unterricht teil; 1940, im Alter von neun Jahren, muß er die Hilfsschule verlassen. Das weitere Schicksal ist unbekannt.

<u>Erwin H.</u> kommt nach einjährigem Volksschulbesuch an die Hilfsschule. Schulleiter Justinus, der die Intelligenzprüfung durchführt und auswertet, kommt zu dem Urteil: „eindeutig imbezill". Im zweiten Jahr seines Hilfsschulbesuchs wird Erwin H. 1940 mit neun Jahren ausgeschult.

<u>Emil B.</u> tritt erst nach vierjähriger Volksschulzeit im Jahre 1938 den Besuch der Hilfsschule an. Bei der Auswertung der Intelligenztest konstatiert Justinus eine „Intelligenzschwäche", B. sei aber „auf keinen Fall schwachsinnig". Der Schüler muß dann, aufgrund der Räumung des Jean-Paul-Stifts, eines Bayreuther Jugenderziehungsheims, in dem er untergebracht ist, die Stadt und somit auch die Schule verlassen. Er wird in die Erziehungsanstalt Marienberg in Schwarzenbach an der Saale überwiesen.

<u>Gunda P.</u> besucht vier Jahre lang eine Schule in Windsheim, bevor sie 1929 in die Pflegeanstalt in Neuendettelsau eingewiesen wird. Wegen Umzugs der Eltern nach Bayreuth erfolgt die Einschulung in die Hilfsschule, die sie bis 1934, vermutlich als Überwachungsschülerin, besucht. Im selben Jahr wird sie, 16jährig, in die Pflegeanstalt in Himmelkron überwiesen.

<u>Adam W.</u>, der nach einjährigem Volksschulbesuch 1937 an die Hilfsschule kommt, wird von Frl. Hauber, die die Intelligenztests auswertet, als schwach begabt, aber mit einem munterem Wesen ausgestattet beschrieben. Noch im selben Jahr muß er die Schule wieder verlassen, da er beim Spielen mit einer Eisenkugel einen Bayreuther Familienvater versehentlich getötet hatte. Bis 1941 ist er in der Erziehungsanstalt Martinsberg untergebracht; dann verbringt er noch zwei Jahre, bis 1943, in der Hilfsschule Bayreuth.

<u>Heinz T.</u> muß ebenfalls seinen Hilfsschulbesuch unterbrechen. 1943 wird er wegen „diebischen Verhaltens" für ein Jahr in der Staatserziehungsanstalt Speyer untergebracht. 1944/45 absolviert er sein letztes Schuljahr in Bayreuth.

Die beiden übrigen Ausgeschulten hatten vorher jeweils nur ein Jahr an der Hilfsschule verbracht. Wegen geistiger Behinderung folgte die Einweisung in eine Pflegeanstalt.

Es ist nicht möglich, anhand der spärlichen Daten ein psychologisches Gesamtbild für jeden einzelnen Schüler zu erstellen und daran zu überprüfen, ob er im eigentlichen Sinn hilfsschulgeeignet war oder nicht. Doch kann eine besonders scharfe Behandlung der Schüler durch die Lehrkräfte in der NS-Zeit anhand des vorliegenden

Materials nicht festgestellt werden. Ihnen lassen sich die Ermordung von ehemaligen Schülern kaum zum Vorwurf gemacht werden, zumal ungewiß ist, inwieweit sie von den dortigen Praktiken wussten. Vielmehr entsteht der Eindruck, daß Lehrer möglichst viele Schüler behalten wollten. Diese Einschätzung wird durch einige „Grenzfälle" bestätigt – Schüler, die nur sehr schwer dem Unterrichtsgeschehen folgen konnten, oder aufgrund anderer Umstände als Außenseiter galten.[70]

Das Lehrer-Schüler-Verhältnis

Die Situation an der Hilfsschule hing maßgeblich von der Einstellung der Lehrkräfte zum Nationalsozialismus, zu seinem Welt- und Menschenbild und von der Umsetzung der nationalsozialistischen Schulpolitik ab. Auch im totalitären Staat blieben den Pädagogen Spielräume; letztlich konnte man sich staatlichen Bestimmungen auch widersetzen, was feilich ein hohes Risiko barg.

Politische Überzeugung der Lehrkräfte

Einflußreiche Lehrpersonen an der Hilfsschule in Bayreuth waren der Schulleiter Rudolf Justinus, die Lehrerin Elisabeth Hauber und die Lehrer Fritz Vogt und Karl Mönch. Die folgenden Charakteristika basieren auf den Spruchkammerakten, die die Entnazifizierungsprozesse der Lehrkräfte dokumentieren. Da Karl Mönch schon vor 1945 verstarb, ist seine Charakterisierung nicht möglich.

Fritz Vogt[71]

Fritz Vogt, geboren 1889, war von 1933 bis 1945 NSDAP-Mitglied. Zudem bekleidete er bei der SA seit 1938 den Rang eines Obertruppenführers. Entlastend sprach für Vogt, der trotz dieser Aktivitäten in die Gruppe IV Mitläufer eingeordnet wurde, daß er seine Posten – laut eigener Aussage – wegen des „hohen politischen Drucks" angetreten habe und politisch nicht in Erscheinung getreten war. Der laut ärztlichem Attest nervenkranke Mann war dem Druck nicht gewachsen, deshalb sei auch der Partei- und SA-Eintritt erfolgt. Aus eidesstattlichen Erklärungen ging hervor, daß Vogt „seinen Unterricht im Geiste des Christentums und der Humanität gab, wie er sich selbst auch in seiner Lebensführung an diese Ideen hielt." Zudem habe er sich für politisch Verfolgte eingesetzt. Dies wird durch die Aussage eines Herrn Baumann bestätigt. Dieser war laut eigener Aussage bis zur Machtergreifung als „Führer der „Eisernen Front" bekannt."[72] Vogt habe ihn vor der politischen Haft gerettet, indem er zu Baumanns Gunsten eine Entlastungsschrift unterzeichnete. Weiter wird Vogt vom einem ehemaligen SPD Mitglied entlastet.

Elisabeth Hauber

Nicht alle Lehrkräfte der Bayreuther Hilfsschule gehörten der NSDAP an. Elisabeth Hauber, eine seit den 20er Jahren in Bayreuth unterrichtenden Lehrerin, wurde

---

[70] Diese Fälle werden in einem späteren Kapitel präsentiert.
[71] Staatsarchiv Coburg: Spruchammer Bayreuth, Fritz Vogt (II V17). Die Zitate entstammen der Spruchammerakte.
[72] Ein Führer der Eisernen Front namens Baumann ist in der Bayreuther Lokalgeschichtsforschung nicht bekannt. Hierzu wurde aber bisher kaum geforscht.

nicht Parteimitglied, obwohl von Seiten des NSLB mehrmals die Aufforderung zum Eintritt erfolgte.[73]

Rudolf Justinus[74]

Die einflußreichste Persönlichkeit an der Hilfsschule im behandelten Zeitraum war der Oberlehrer und Schulleiter Rudolf Justinus (geb. 1891), der sie seit Ende der 20er Jahre führte und auch nach 1945 im Schuldienst aktiv war.

Zu Beginn des Spruchkammerverfahrens entrüstet sich Justinus sehr pathetisch über seine zwangsweise Entlassung aus dem Staatsdienst. So habe er auch nach 1933 danach gestrebt, daß die „freie Religionsübung und die Bewahrung des Friedens gewährleistet blieben (…) und der Kampf gegen den Gewissenszwang, Terror und Faschismus und den Rassenhaß geführt werde." Diesen Grundsatz vertrat er gegen seinen „ehemaligen besten Jugendgespielen und Schulfreund Hans Schemm". Wenngleich Justinus sich hier zu einer Widerständigkeit stilisierte, die er nie offen zeigte, lag doch wohl grundsätzliche Antipathie gegen den Nationalsozialismus vor.

Parteimitglied wurde Justinus erst 1935, laut eigener Aussage gegen seinen Willen.[75] Unter den Zeugenaussagen beziehungsweise Empfehlungsschreiben der Spruchkammerakte befindet sich ein Brief von Fräulein Hauber, dessen Vorgesetzter er bis zu seiner Einberufung in die Wehrmacht im Jahr 1941 war. Sie erwähnt, daß Justinus sie gegenüber dem NLSB, der immer wieder auf ihren Parteieintritt gedrängt hatte, verteidigt habe. Über die „Judenverfolgung (Reichspogromnacht, d. V.) des 9.11.1938" sei im Lehrerzimmer mit Entrüstung gesprochen worden. Justinus sei ein verständiger Lehrer und Rektor gewesen, der sich sowohl für seine Schüler als auch die tätigen Lehrer eingesetzt habe. Neben diesen Gutachten sprach die Tatsache, daß Justinus am 6. Januar 1945, vier Monate vor Kriegsende, „aus innerem Zwang" aus der NSDAP ausgetreten war, entlastend.

Aus diesen biographischen Skizzen geht hervor, daß die tätigen Lehrer keinesfalls überzeugten Nationalsozialisten waren, wenngleich eine Anpassung an die gegebenen Verhältnisse vorlag und von offenem Widerstand gegen das Regime nicht die Rede sein kann.

Beurteilung der Schüler

Wie sich diese Anpassung an die gegebenen politischen Verhältnisse auf den Umgang mit den Zöglingen auswirkte, läßt sich teilweise den Bewertungen der Schüler durch die Lehrkräfte entnehmen. Diese Beurteilungen waren insofern von großer Bedeutung, da sich die Lehrer bewußt sein mußten, daß diese vor den Gremien der Erbgesundheitsgerichte zur Entscheidung des eingeleiteten Verfahrens herangezogen werden konnten.

---

[73] Staatsarchiv Coburg: Spruchkammer Bayreuth, Rudolf Justinus (I J30).
[74] Ebd. Die Zitate entstammen der Spruchkammerakte.
[75] Justinus engagierte sich für die Hirnverletzten des 1. Weltkrieges und war seit 1935 ehrenhalber Obmann der Hirnverletzten von Oberfranken im Nationalsozialistischer Kriegsopfer Verband (NSKOV). Gauamtsleiter Vollband, der Führer des NSKOV Oberfranken, soll Justinus ohne dessen Wissen rückwirkend zum 1. Mai 1935 als NSDAP-Mitglied „eingetragen" haben.

Auffällig scheint uns die in den Beurteilungen verwendete Sprache, wenn für die psychische wie für die moralische Bewertung der Kinder und Jugendlichen die Attribute „schwachsinnig", „dumm", „stumpf", „blödsinnig" „idiotisch", oder „lügenhaft", „diebisch" und ähnliches verwendet wurden, die menschenverachtend wirken. Doch sie waren schon vor 1933 in den Schülerbeurteilungen durchaus üblich und blieben es nach 1945 noch geraume Zeit.[76]

Intelligenztests

Die erste Beurteilung eines Schülers durch Hilfsschulpersonal erfolgte nach Beendigung der Intelligenztests,[77] die zur Entscheidung, ob das betroffene Kind in die Sonderschule aufgenommen werden sollte oder nicht, durchgeführt wurden. Ein Hilfsschullehrer faßte die Testergebnisse zusammen und kommentierte sie. Das Ergebnis gab, neben den an den Volksschulen erbrachten Leistungen und der ärztlichen Untersuchung, den Ausschlag für die Aufnahme.[78] Die Spanne der Beurteilungen war sehr groß. Es kam durchaus vor, daß Schüler aufgrund ihrer Fähigkeiten in der „Normalschule" belassen wurden. Ansonsten reichte die Bandbreite von „nicht schwachsinnig" und „leicht debil" bis hin zu „erblicher Schwachsinn", „eindeutig imbezill", „schwer schwachsinnig" und „Idiotie im höchsten Grade". Was die Häufigkeit des Gebrauchs anbelangt, lassen sich ebenfalls keine großen Unterschiede zur Zeit vor 1933 feststellen. Auffällig ist aber, daß die Entscheidung für oder gegen „Schwachsinn" in der NS-Zeit schärfer getroffen wurde als vorher, d.h. in den meisten Kommentaren zu den Intelligenztests entschied sich die bewertende Lehrkraft, ob bei dem Schüler „Schwachsinn", in welcher Form auch immer, vorlag oder nicht.

Gutachten während der Schulzeit

Neben den Schulzensuren stellten die Lehrkräfte ihren Zöglingen nach jedem Schuljahr ein kurzes Gutachten aus, das die Leistungen und Veränderungen des Schülers im vergangen Jahr kommentierte. Von besonderer Bedeutung war das Abschlusszeugnis, in dem die Lehrkräfte während der NS-Zeit zunehmend zu drei Punkten Stellung bezogen. Sie schätzten ein, wie hoch die Wahrscheinlichkeit für den Schüler lag, nach Schulabgang berufstätig zu werden, ob Glaubwürdigkeit bei Zeugenaussagen (vor Gericht) gegeben war und schließlich ob Nachwuchs erwünscht sei, was nur zur Sprache kam, wenn der Lehrer der Auffassung war, daß dem nicht so sei („Fortpflanzung unerwünscht"). Letzteres kam durchaus häufig vor, war aber keinesfalls die Regel. Interessanter Weise kann dabei eine starke Differenzierung nach

---

[76] Im Vergleich zur Zeit vor 1933 konnte hinsichtlich des Auftretens dieser Begriffe in der nationalsozialistischen Periode kein Unterschied festgestellt werden. Die Schülerbeurteilungen nach 1945 wurden nicht systematisch untersucht. Es sei hier lediglich auf eine von Schulleiter Justinus niedergeschriebene Auswertung des Intelligenztests der Schülerin Ingeborg T. aus dem Jahr 1947 hingewiesen: „Eindeutig klarer Schwachsinnsfall, sogar starken Ausmaßes".
[77] Durchgeführt wurden die Tests nach Rossolimo und Binet-Simon-Bobertag.
[78] Vgl. hierzu: Höck, Hilfsschule (wie Anm. 1), S. 213f. Das Aufnahmeverfahren war regional sehr unterschiedlich. Grundsätzlich spielten aber vorherige schulische Leistung, ärztliche Untersuchung und Testergebnisse zusammen.

Lehrkräften festgestellt werden. Bei den Lehrern Justinus, Mönch und Vogt kamen solche Gutachten durchaus vor, in den Entlassungszeugnissen, die Elisabeth Hauber ausstellte, konnte hingegen keine Bemerkung bezüglich nicht erwünschter Fortpflanzung gefunden werden. Die Lehrer waren offenbar keinesfalls verpflichtet oder von den Gesundheitsämtern bedrängt, diese Urteile in der Schülerbewertung niederzuschreiben.

Es lag ebenfalls im Ermessen der Lehrkraft, wenn sie den Schülerakten „erbbiologische Feststellungen" über die Familie des Hilfsschülers beifügte. Dabei wurde auf Verwandtschaftsbeziehungen unter den (ehemaligen) Hilfsschülern aufmerksam gemacht und zum Teil Stammbäume der jeweiligen Familien angefertigt. Die nach Meinung der Lehrkräfte „erblich belasteten" Familienmitglieder wurden entsprechend gekennzeichnet. Beim Schüler Georg H. machte Justinus schon bei Auswertung der Intelligenztest „erbbiologische Feststellungen", die die Familie des Schülers belasteten. Hinweise auf erbliche Belastung anderer Schüler wurden auch in der Korrespondenz mit dem Gesundheitsamt erwähnt und können als „freiwilliges Zuarbeiten" von Seiten der Lehrkraft interpretiert werden.

Es drängt sich die Vermutung auf, daß die Lehrkräfte, die zwar nicht zur Antragstellung berechtigt waren, dem Erbgesundheitsgericht mit ihren Unterlagen klare Argumente reichen wollten. Die Lehrkräfte entschieden für sich – das tritt besonders deutlich in den Entlaßgutachten hervor –, ob das jeweilige Kind zu sterilisieren sei oder nicht. Unabhängig davon, wie sich diese Gutachten für die Schüler auswirkten – in den Entlaßzeugnissen der nachweislich in Kontakt mit dem Erbgesundheitsgericht gekommenen Schülern kam nur einmal die Bemerkung „Fortpflanzung unerwünscht" vor –, riskierten oder beabsichtigen die Lehrer, die ihrer Meinung nach „erbkranken" Schüler (und deren Familien) durch ihre Bewertungen zu belasten.

Der Einsatz zugunsten der Schüler

So wie Bayreuther Lehrer Schüler und deren Familien denunzierten, so lassen sich andererseits auch eindeutige Belege dafür finden, daß sie sich für ihre Schützlinge, auch über den Bereich des schulischen Kontakts hinaus, einsetzten. Schon 1934 versuchte Justinus der um sich greifenden Verspottung seiner Schüler vorzubeugen. Die Kinder hatten sich beklagt, sie würden bei verschiedenen Gelegenheiten „beschimpft, gehänselt und verspottet werden. Sie werden „die höheren Töchter oder Töchterschülerinnen", die „Hochschulkandidaten", „die Hilfsschulprofessoren" etc. genannt."[79] In einem Schreiben an die Stadtschulbehörde forderte er, „daß die Lehrkräfte der Normalschule darauf hingewiesen werden, daß diesem Unfug, der dann gewöhnlich in Schlägereinen ausartet, Einhalt durch entsprechende Belehrungen geboten wird."[80] Den Grund für diese Verspottungen sah er in dem schlechten Vorbild, das die Volksschullehrer abgeben: „Es dürfte ev. auch angebracht sein, daß sich die Lehrkräfte selbst bemühen ihren Schülern, bes. denjenigen gegenüber, die zur Einweisung in die Hilfsschule in Frage kommen, abfälliger Urteile möglichst enthalten."[81]

---

[79] Stadtarchiv Bayreuth: Stadtschulbehörde, Fach 25, Nr. 3: Entschließungen und Verfügungen, Hilfsschule betr.
[80] Ebd.
[81] Ebd.

Häufig setzten sich Lehrkräfte – über die eigentlichen Schulangelegenheiten hinaus – auf sehr unterschiedliche Weise für einzelne Schüler ein. Einige dieser Fälle sollen hier kurz angesprochen werden.[82]

Dem Schüler <u>Willi H.</u> wird auf Wunsch der Eltern ein „erbbiologisches Gutachten" erstellt. Dies benötigt die Familie zur „Erlangung einer Beihilfe kinderreicher und minderbemittelter Familien." Justinus bewertet den Schüler sehr gut. Seiner Meinung nach lägen keine „moralische oder sittliche Störungen" vor.

Die alleinerziehenden Mutter der Schülerin <u>Rita B.</u> wendet sich mehrfach Hilfe suchend an den Schulleiter. Justinus schickt der Frau einige Male kleine Geldbeträge mit dem Hinweis, daß davon niemand erfahren würde.

1935 unterrichtet Justinus die Stadtschulbehörde in einem vierseitigen Bericht von den Wohnverhältnissen des Hilfsschülers <u>Justin G.</u>, der mit seiner Familie im städtischen Armenhaus untergebracht ist. Die Bedingungen seien katastrophal. Die 10köpfige Familie wohne „in einem Zimmer, das zum Teil schräge Wände hat." Die Eltern seien Analphabeten, der Vater zudem Trinker. Dem Schulleiter „ist es vor allem daran gelegen, bei diesem Knaben und auch bei den jüngeren Geschwistern (hauptsächlich Knaben) zu retten, was für das Leben zu retten ist!" Dies kann nur mit staatlicher Unterstützung geschehen. Die Familie solle deshalb in den Reichsbund der Kinderreichen aufgenommen werden. Erst nach einer Änderung der Umweltbedingungen könnten „wirkungskräftige Momente zugunsten der Ausbildung der psychologischen Struktur der Kinder geschaffen werden." In erbbiologischer Hinsicht gebe es weit schlimmere Fälle, somit sollte der Aufnahme in den Reichsbund kein Hindernis im Weg stehen.

Die Behandlung von „Grenzfällen" und Außenseitern

Interessant ist auch die schon oben angedeutete Behandlung von „Grenzfällen", also von Schülern, die aufgrund ihrer psychischen Konstitution, moralischer Verfehlungen oder sonstiger Umstände von der Schule hätten verwiesen werden können.[83]

Schüler an der Grenze der „Bildungsfähigkeit"

<u>Ewald L.</u> wird nach zweijährigem Besuch der Volksschule 1942 auf Hilfsschulbedürftigkeit untersucht. Die Intelligenztests verlaufen so katastrophal, daß die den Test leitende Lehrkraft zusammenfaßt: „Die Entwicklung der Lese- und Schreibfähigkeit war geradezu irre", Ewald L. „bekam beim Beantworten der Fragen Anfälle", sodaß die Untersuchung frühzeitig abgebrochen werden mußte. Die starken Ausfälle des Schülers rühren von einer früher erlittenen Gehirnentzündung. Trotz dieses bedenklichen Zustandes wird L. im Schuljahr 1942/43 an der Hilfsschule eingeschult – er verließ sie erst nach dem Krieg (1946) vorzeitig –, wo sich seine Leistungen zusehends besserten, sodaß die Lehrkräfte den „fleißigen Schüler" in den Jahresabschlußzeugnissen, trotz der immer noch sichtbaren Spuren der Krankheit, relativ gut bewerten.

---

[82] Als Quellen dienen die Schülerakten im Archiv der Bonhoeffer-Schule.
[83] Ebd.

Die Schülerin Lene R. muß sich 1937 den Intelligenztests unterziehen, nachdem sie ein Jahr lang erfolglos eine Bayreuther Volksschule besucht hat. Die Lehrerin Elisabeth Hauber, welche die Ergebnisse festhält, kommt zu dem Ergebnis, daß es sich bei R. um „Imbezillität an der unteren Grenze der Bildungsfähigkeit" handle. Die Schülerin müsse „zweifellos dem Schwachsinn zugerechnet werden". Es folgt die Überweisung in die Hilfsschule. Die Beurteilungen der Klassenlehrer fallen ebenfalls nicht positiv aus; nach dem ersten Hilfsschuljahr waren bei der Schülerin „nur sehr geringe Fortschritte" zu verzeichnen. Zudem wird darauf hingewiesen, daß „sowohl die Mutter als auch die Großmutter (…) das Bild schwerer geistiger Belastung" aufzeigen und Lene in der Schule mehrfach gestohlen habe. Trotzdem bleibt das Kind weiterhin an der Bildungsanstalt. Sie bleibt den Aussagen der Lehrer zur Folge ein „Störenfried" und sogar im Abschlusszeugnis wird nochmals darauf hingewiesen, daß es im Laufe der Schulzeit zu mehreren Diebstählen kam. Nach acht Schuljahren verläßt sie 1944 regulär die Schule.

Herbert K. besucht die Hilfsschule lediglich als Überwachungsschüler. Eine Teilnahme am Unterricht ist laut Rektor Justinus nicht möglich, da es sich bei ihm um einen mongoloiden Schüler handelt. Trotzdem wird er zwei Schuljahre – bis zu seinem frühen Tod am 7. Juni 1945 (Gründe unbekannt) – in der Hilfsschule unterrichtet.

Herta S. besucht 1937 nur sehr kurze Zeit die Volksschule. Früh stellt sich heraus, daß ein Vorrücken in die nächste Klasse, auch nach Wiederholen der Jahrgangsstufe, unmöglich ist. Die an der Hilfsschule durchgeführten Intelligenztests verheißen ebenfalls nichts Gutes. Justinus bescheinigt der Schülerin noch 1938: „eindeutig Idiotie". Sie wird bis auf weiteres vom Schulbesuch zurückgestellt, nimmt aber von 1938 bis 1941 zumindest als Überwachungsschülerin am Unterricht teil. Dann stellt sich bei den wiederholt vorgenommenen Intelligenztest 1941 doch eine leichte Besserung ein, so daß Herta S. laut Frl. Hauber „trotz des hohen Schwachsinnsgrads einige Erfolge erzielen" kann und probeweise in die 1. Hilfsschulklasse aufgenommen wird. Auch in den folgenden Jahren kommt es zu kleinen Fortschritten, die aber, aufgrund der mangelnden Begabung, immer „in engen Grenzen" bleiben. Durchweg wird Herta S. aber als fleißig bezeichnet. 1946 verläßt sie mittlerweile 16jährig die Hilfsschule.

„Zigeunerkinder"

Zwischen 1933 und 1945 besuchten lediglich zwei „nicht arische" Kinder die Hilfsschule. Diese wurden offensichtlich von den Lehrkräften nicht schlechter behandelt als der Rest der Schüler.

Wido R. (Hilfsschulbesuch 1942–1946), der Sohn des Kapellmeisters Richard R., und Siegfried R. (Hilfsschulbesuch 1943–1948), Sohn des Musikers Eduard R., entstammen einer ortsansässigen Zigeunerfamilie. Vater Eduard R. war der Bayreuther NSDAP negativ aufgefallen, da er 1933 in die Partei eingetreten war, angeblich um seine „Rassenzugehörigkeit" zu tarnen.[84] 1938 erfolgte seine Entlassung aus der Par-

---

[84] Staatsarchiv Coburg: Spruchkammer Bayreuth, Eduard R. (I R 102).

tei, als seine „nicht arische" Abstammung allgemein bekannt wurde.⁸⁵ Den beiden Jungen werden bei ihrem Schulbesuch jedoch keine Schwierigkeiten auf Grund ihrer „Rassenzugehörigkeit" bereitet. Im Jahreszeugnis 1943 wird Wido R. zwar als „oberflächlich, unruhig und schlampig" bezeichnet, aber wegen seiner Leistungen rückt er in die nächst höhere Klasse auf. Siegfried R. sei laut Justinus, der die Intelligenztests in den Jahren 1941 und 1943 durchführt, „in keinem Fall dem Schwachsinn zuzurechnen". Die Hilfsschulaufnahme erfolgte unter anderem aufgrund gewisser Verzögerungen bei geistigen Abläufen. Auch nach Kriegsende kommt es kaum zu Konflikten zwischen den Schülern beziehungsweise deren Eltern und dem Lehrpersonal. Dies hätte, wenn die Kinder während der NS-Zeit negativ behandelt worden wären, der Fall sein können. Auf Anfrage der Oberstaatsanwaltschaft am Landgericht Bayreuth in einer Strafsache gegen Wido R. (1953), übersendet der Rektor Justinus den Schülerbogen mit der Bemerkung, daß R. die Hilfsschule nach 1945 kaum noch besucht habe. Justinus weiter: „Die Argumente der Familie und des Schülers Wido R.: Wir sind rassisch Verfolgte gewesen, Verwandte von uns sind vergast worden, wir unterstehen nicht den deutschen Gesetzen, für mich besteht also keine Schulpflicht – obwohl, sowohl von den Eltern, als auch von Wido selbst mehrmals betont worden war, daß während des Hilfsschulbesuches er niemals wegen seiner zigeunerhaften Zugehörigkeit in irgend einer Weise vernachlässigt oder gar zurückgesetzt worden war."

Widerstand?

In einem konkreten Fall kann, wenn die herangezogene Quelle tatsächlich authentisch ist,⁸⁶ von aktivem Widerstand seitens des Schulrektors gesprochen werden:

Seit Januar 1936 steht Justinus in Kontakt mit Frau Dr. Juda, die im Rahmen eines Forschungsprojekts der Genealogisch-Demographischen Abteilung der Deutschen Forschungsanstalt für Psychiatrie/Kaiser-Wilhelm-Institut über Zwillinge in den Hilfsschulen Bayerns, Badens und Württembergs auch die in Frage kommenden Bayreuther Zwillingspaare untersuchte.⁸⁷ Juda fordert den Hilfsschulrektor 1938 auf, die noch ausstehenden Unterlagen, die zur Komplettierung der Forschungsarbeit fehlten (es handelte sich um eine Auflistung aller ehemaligen an der Hilfsschule unterrichte-

---

⁸⁵ Ebd. Eduard R. wurde 1947 von der Bayreuther Spruchkammer als Mitläufer in die Gruppe IV eingestuft, da er „sich nicht propagandistisch oder aktiv im Sinne der NSDAP betätigt hat."

⁸⁶ Die Authentizität des Schriftstücks, das sich im Spruchkammerakt von Justinus im Staatsarchiv Coburg befindet, ist aus mehreren Gründen fraglich. Der Durchschlag kam erst relativ spät im Spruchkammerverfahren gegen Justinus zum Vorschein. Dies ist, aufgrund der eindeutigen Entlastung, die das Schreiben lieferte, erstaunlich. An den Rand des Briefes ist geradezu plakativ vermerkt: „Sonder-Akt!!!; Geheimablage Justinus. Nur Frl. Hauber zugänglich!" Allein die Aufbewahrung eines so heiklen Schriftstückes muß verwundern. Justinus kann zu diesem frühen Zeitpunkt (1938) nicht mit dem baldigen Ende des Hitlerregimes gerechnet haben. Die Archivierung des Briefes, um später entlastendes Material in den Händen zu haben, ist daher sehr unwahrscheinlich. Darüber hinaus stellt sich die Frage, warum Justinus die geheime Nachricht überhaupt auf dem postalischen Weg weiterleitete. Das Schreiben hätte, im Fall daß Frau Dr. Juda über die Methoden des Bayreuther Rassepolitischen Amtes anders dachte, jederzeit als Beweisstück gegen den Schulleiter verwendet werden können. Ein im Februar 2002 vom Bayerischen Landeskriminalamt angestellter Schrifttypenvergleich konnte ebenfalls nichts zur Klärung beitragen, so daß die Echtheit des Briefes weiterhin ungeklärt bleibt.

⁸⁷ Die Ergebnisse dieser Studie wurden in mehreren Aufsätzen veröffentlicht, vgl. u.a.: Adele Juda, Psychiatrisch-genealogische Untersuchungen an einer Serie von 392 Hilfsschulzwillingen und deren Familien, Der Erbarzt 8, 1940, S. 150–162.

ten Zwillinge), nach München zu schicken. Dem offiziellen Antwortschreiben fügte Justinus offensichtlich einen Privatbrief an Frau Dr. Juda bei, in dem er mit Sorge über die ehemalige Hilfsschülerin Anna P. und deren Familie berichtet. Das Rassepolitische Amt in Bayreuth habe Justinus kurz vorher aufgefordert, den Schülerakt der Anna P. umgehend einzureichen. Der Grund hierfür liege in den verwandtschaftlichen Verhältnisse der Anna P. zum bekannten Bayreuther Baumeister P.,[88] der durch seine Heirat „jüdisch versippt" sei. Er und seine Familie bräuchten, laut Aussage des Amtes, dringend der „rassepolitischen Beleuchtung". Daraus schloß Justinus, daß das Rassepolitische Amt „einen angesehenen Mann, wennmöglich mit erbbiologischen Mitteln, politisch in die Zange" nehmen wolle.

Der Schulleiter schickt, um die Einsichtnahme seitens der Bayreuther Behörden zu vermeiden, den Schülerakt mit nach München und bittet „im Vertrauen auf Ihre (Judas, d. V.) Verschwiegenheit und Mithilfe den Akt recht lange liegen zu lassen", obwohl Juda diesen nicht zur Fertigstellung ihrer Arbeit benötigt. Sollte sich das Rassepolitische Amt Bayreuth wegen des Schüleraktes an das Kaiser-Wilhelm-Institut in München wenden, so solle Juda Justinus umgehend davon unterrichten.

Justinus war sich offensichtlich im Klaren darüber, daß er sich auf „ein gefährliches Spiel" eingelassen hatte: „Doch als aufrechter und gerader Mensch und aus der einzigen Sorge, entspringend der hohen sittlichen Verantwortung, die ich als Schulleiter einer Hilfsschule und als volksbewußter deutscher Mensch, dem die selbstverständliche Humanität und Ehrlichkeit noch heilig ist, trage, fühle ich mich verpflichtet eventuellen Gemeinheiten und Verfolgungen einen Riegel vorzuschieben." Justinus weiter: „Leider muß ich immer mehr einsehen, daß mein Standpunkt, den ich Ihnen hinsichtlich meiner Unfruchtbarmachungsbedenken persönlich am 23.1.36 darlegte, sich jetzt schon immer klarer abzeichnet: „Der Begriff „Hilfsschüler" ist kein biologischer, sondern ein schulischer, ein pädagogischer, ein heilpädagogischer – und die Hilfsschulbedürftigkeit, die der Pädagoge feststellt ist nicht zu i(.)dentifizieren mit der ärztlichen Diagnose „angeborener Schwachsinn" im Sinne des Erbgesundheitsgesetztes." Weiterhin wird meine ernste Befürchtung: „Daß die qualitative Auslese nur zu leicht zur quantitativen, die dem deutschen Volk bevölkerungspolitisch zum Nachteil werden muß" immer mehr in Erschienung tretend klar. Was wird uns, wenn kein Riegel vorgeschoben wird, die Zukunft noch bringen! Im voraus Dank für Ihre Hilfe und vor allem Verschwiegenheit!

Mit deutschem Gruß   Ihr ergebener Justinus"

Wie die hier geäußerte Einstellung zur Unfruchtbarmachung zu den schon erwähnten, in den Schülerbögen erhaltenen Abschlußbemerkungen „Fortpflanzung unerwünscht" passen, sei dahingestellt.

Lehrkräfte – Zusammenfassung

Das Verhalten der Bayreuther Hilfsschullehrerkräfte während der Zeit des Nationalsozialismus muß als heterogen bezeichnet werden. Zum Teil wurden die Bestimmungen überkorrekt durchgeführt, dies galt besonders für die zu erbringenden „erbbiologischen Feststellungen." Angaben zu bestimmten Personen oder ganzen Familien

---

[88] Offensichtlich der Onkel der ehemaligen Hilfsschülerin.

über den Kreis der Schüler hinaus geschahen völlig freiwillig. Doch dem steht häufig ein engagierter Einsatz für die Schüler gegenüber. Viele Zöglinge wurden über den reinen Schulkontakt hinaus betreut, wozu auch ein zu dieser Zeit keinesfalls üblicher „normaler Umgang" mit „nicht arischen" Kindern gehörte, ferner die Unterstützung von Familien durch positive Gutachten oder Schreiben an das Stadtschulamt, welche zur Erlangung finanzieller staatlicher Förderung dienten, schließlich auch direkte finanzielle Hilfe aus eigener Kasse. „Grenzfälle" wurden – wenn sie integriert werden konnten – an der Schule behalten; dabei bleibt offen, ob die Lehrkräfte die Schulkinder bewußt vor den Gefahren des Aufenthalts in einer Anstalt schützen wollten.

Schluß

Die Ergebnisse der vorliegenden Studie zur Hilfsschule in der NS-Zeit liefern ein anderes Bild als es die Verordnungen, die Gesetzeskommentare und fachwissenschaftlichen Diskussionen, aber auch die bisherige Forschung erwarten ließen. Die Erkenntnisse lassen sich unter drei Gesichtspunkten zusammenfassen.

1) Erfassung und Betreuung lernschwacher Schüler

Die nationalsozialistische Hilfsschulpolitik führte zu einem Anstieg der Schülerzahlen an den Sonderschulen bis 1942/43 sowohl absolut als auch im Verhältnis zu den Volksschülern. Für Bayern und den Regierungsbezirk Ober- und Mittelfranken verlief dieser Anstieg stetig. Demzufolge hat es hier keine Auflösungserscheinungen in den Jahren bis zur ersten staatlichen Verordnung (1935) gegeben, während es auf Reichsebene zwischen 1933 und 1935 vorerst zu einem Hilfsschülerschwund gekommen zu sein scheint, dessen Hintergründe freilich nicht das Thema dieser Arbeit sind. Bayreuth war, was die Betreuung von weniger begabten Schülern angeht, mittelmäßig organisiert. Der Rückgang des prozentuellen Anteils an der Gesamtvolksschülerzahl ab 1939/40 geschah aufgrund des Mangels an Lehrpersonal.

2) Umsetzung der erbbiologischen Ziele des NS-Regimes

Bei der Erfassung durch die Erbgesundheitsgerichte war die Gruppe der Hilfsschüler gegenüber der Gesamtbevölkerung überrepräsentiert. Keineswegs jedoch waren nahezu alle Hilfsschüler – wie es der Gesetzeskommentar zum GzVeN nahe legte – betroffen; der Besuch der Hilfsschule in der NS-Zeit erhöhte nicht die Wahrscheinlichkeit, vor das Gericht zitiert zu werden, denn: ehemalige Hilfsschüler waren im gleichen Verhältnis betroffen. Ausschulungen und Abschiebungen der Schüler aufgrund von „Bildungsunfähigkeit" oder moralischer Verfehlungen gingen gegenüber der Zeit vor 1933 zurück. Das Schicksal der Ausgeschulten oder in eine Anstalt Überwiesenen kann bis auf zwei Fälle – in denen die Anstaltseinweisung tödlich endete – nicht mehr rekonstruiert werden.

3) Schüler-Lehrerverhältnis

Dieses Verhältnis änderte sich unter dem NS-Regime nicht wesentlich. Einzig die Erfüllung der „erbbiologischen Begutachtung", die von fast allen Lehrern ohne Skrupel, ja übereifrig erledigt wurde, bedeutete einen neuen Aspekt. Keinesfalls jedoch nutzten die Lehrkräfte die neuen Möglichkeiten aus, um ihre Zöglinge rücksichtslos zu behandeln; vielmehr waren Verantwortungsgefühl für diese und ein Engagement über die schulischen Angelegenheiten hinaus auch in dieser Zeit sichtbar.

Klaus Guth

Denunziantentum
Alltag im „Dritten Reich" im Spiegel der Akten des Sondergerichts Bamberg 1933–1939

Einführung

Der Alltag im „Dritten Reich", der vom Staat, von der Partei, den betroffenen Bevölkerungsgruppen wie den unterschiedlichen inneren wie äußeren Zeitumständen geprägt wurde, war bereits Gegenstand zahlreicher Untersuchungen.[1] Namen wie Wolfgang Benz, Martin Broszat, Hans Mommsen, Arnold Paucker und andere stehen für unterschiedliche historische Richtungen und Ansätze. Um die Erforschung der Alltagskultur hat sich besonders die Volkskunde seit den siebziger Jahren bemüht.[2] Die darauf aufbauende Geschichtsschreibung zum Alltag konnte sich als eigene Sonderdisziplin in der Geschichtswissenschaft jedoch nicht etablieren. Der Richtungsstreit, der bereits auf dem Deutschen Historiker-Kongreß in Berlin 1984 und schon vorher entbrannt war, brachte keinen Durchbruch. Das Leben in Stadt und Land, die Bevölkerung, deren Schichten, Berufe und Mentalitäten, die Institutionen, Verwaltung und Parteien wurden weiterhin von der Geschichts-, Sozial-, Rechts-, Verwaltungs- und Politikwissenschaft als ihre genuinen Forschungsfelder betrachtet.[3] Unter den Kulturwissenschaften versuchte hauptsächlich die Volkskunde (Europäische Ethnologie) den Alltag der ‚kleinen Leute', der breiten Bevölkerung, nach Regionen und Epochen in Mikroanalysen zu erfassen. Sie dokumentierte dabei die Objektkultur,

---

[1] Literatur in Auswahl: Martin Broszat / Elke Fröhlich / Falk Wiesemann (Hg.), Bayern in der NS-Zeit. Soziale Lage und politisches Verhalten der Bevölkerung im Spiegel vertraulicher Berichte 1, München/Wien 1977; Monika Richarz, Jüdisches Leben in Deutschland. Selbstzeugnisse zur Sozialgeschichte 3, 1918–1945, Stuttgart 1982; Ian Kershaw, Popular Opinion and Political Dissent. Bavaria 1933–1945, Oxford 1983; Arnold Paucker, Die Juden im nationalsozialistischen Deutschland 1933–1945, Tübingen 1986; Wolfgang Benz (Hg.), Die Juden in Deutschland 1933–1945. Leben unter nationalsozialistischer Herrschaft, München 1988; Hans Mommsen (Hg.), Herrschaftsalltag im Dritten Reich. Studien und Texte, Düsseldorf 1988; Peter Steinbach, Geschichte des Alltags – Alltagsgeschichte, in: Neue Politische Literatur 31, 1986, S. 249ff.; Peter Steinbach / Johannes Tuchel (Hg.), Lexikon des Widerstandes 1933–1945, München 1994.

[2] Vgl. zum Beispiel Carola Lipp, Alltagsforschung im Grenzbereich von Volkskunde, Soziologie und Geschichte. Aufstieg und Niedergang eines interdisziplinären Forschungskonzepts, in: Zeitschrift für Volkskunde 89, S. 1–33; Klaus Guth, Über die Alltäglichkeit von Kultur. Annäherungen an eine ganzheitliche Kategorie in gegenwärtiger Kulturforschung, in: Ders., Kultur als Lebensform, Aufsätze und Vorträge 2: Kontinuität und Wandel, St. Ottilien 1997, S. 385–394 (mit weiteren Literaturangaben); Stephan Rohrbacher / Michael Schmidt, Judenbilder, Kulturgeschichte antijüdischer Mythen und antisemitischer Vorurteile (Kulturen und Ideen 498), Reinbek 1991; Antisemitismus und jüdische Geschichte. Studien zu Ehren von Herbert A. Strauss, hg. v. Rainer Erb u.a., Berlin 1987; Sylvia Dechant, Ritualmordvorwurf im 20. Jahrhundert. Das Beispiel Mainau/Unterfranken von 1929 und seine Folgen. Magisterarbeit an der Otto-Friedrich-Universität (i. Msc.) betreut vom Verfasser; Gisela Diewald-Kerkman, Politische Denunziation im NS-Regime oder die kleine Macht der ‚Volksgenossen', Bonn 1995.

[3] Klaus Tenfelde, Schwierigkeiten mit dem Alltag, in: Geschichte und Gesellschaft 10, 1984, S. 376–394.

ebenso wie Mentalitäten und geistige Überlieferungen im Bereich der Sprache, der Erzählformen, des Liedes und der Brauchkultur. Das Gerücht, die Ehrabschneidung, der Rufmord, die öffentliche Verurteilung durch dörfliche Instanzen, das Milieu und anderes mehr bezog die rechtliche Volkskunde[4] in ihre Untersuchungen ein. Sie wies jedoch bei der Entstehung von Gerüchten, ‚Legenden' (zum Ritualmord) oder bei deren Verbreitung auf keine feste Ablaufformen und Mechanismen hin.[5] Formen der Denunziation, der Verdächtigungen und Anzeige vor einer gerichtlichen Instanz rückten verstärkt erst seit kurzer Zeit in das Zentrum des Forschungsinteresses.

Der Frage der Denunziation beziehungsweise Anzeige wird daher im folgenden neben den Inhalten der Anklage in mehreren Schritten nachgegangen. Am Beispiel der Sondergerichte im „Dritten Reich" werden Gesetzeslage, Anzeigen (durch Denunziation), Gerichtsverfahren und Rechtsprechung, Strafe und Vollzug am historischen Material des Sondergerichts Bamberg (1933–1939) analysiert. Die einzelnen Prozesse bestätigen sich wiederholende Anklagepunkte aufgrund der Gesetzeslage und der Denunziation. Ob die jeweiligen Äußerungen der Angezeigten als Resistenz gegenüber dem totalitären Alltag einzuordnen sind,[6] wird sich dabei zeigen. Unterschiedliche Gruppen, Vertreter bürgerlicher Parteien, der Kirchen und Sekten, der Jugend- und Studentenverbände und anderer Gruppen wurden in der NS- Zeit vor Gericht gestellt. Denunziation, Polizeiverhör und Anklage liefen am Sondergericht zusammen.[7] In Bamberg existierte diese Einrichtung seit dem 28. März 1933. Wie kam es zu dieser Ausnahmesituation der Justiz, zum Sondergericht? Diktatur und Funktionalisierung von Recht und Gericht im Dienste der Machtergreifung und des Machterhalts der Partei durchdrangen und okkupierten den Alltag der breiten Bevölkerung[8] und pervertierten das freiheitliche Rechtssystem.

Die Institution Sondergericht

Quellen

Bei der Durchführung eines von der Volkswagen-Stiftung geförderten Projekts zu „Widerstandshaltungen in fränkischen Dörfern", das der Verfasser angeregt und

---

[4] Karl-Sigismund Kramer, Grundriß einer rechtlichen Volkskunde, Göttingen 1974.

[5] Martin Scharf, Zum Rügebrauch, in: Hessische Blätter für Volkskunde 61, 1981, S. 45–68; Ingeborg Weber- Kellermann, Die Sprache der Bräuche, in: Zeitschrift für Volkskunde 80, 1984, S. 23–29; Rohrbacher / Schmidt, Judenbilder (wie Anm.1); Karl-Heinz Mistele, Kriegsgerüchte, in: Lebendige Volkskultur. Festschrift für Elisabeth Roth zum 60. Geburtstag, hg. v. Klaus Guth, Bamberg ²1985, S. 145–153.

[6] Zum Problem Resistenz gegen ein totalitäres Regime vgl. Heinz Hürten, Verfolgung, Widerstand und Zeugnis. Kirche im Nationalsozialismus. Fragen eines Historikers, Mainz 1987, besonders S. 56–97; Arnold Paucker, Standhalten und Widerstehen. Der Widerstand deutscher und österreichischer Juden gegen die nationalsozialistische Diktatur (Stuttgarter Vorträge zur Zeitgeschichte 4), Essen 1995; Klaus Schönhoven, Die NSDAP im Dorf. Die Gleichschaltung der Gemeinden im Bezirksamt Bamberg 1933, in: BHVB 120, 1984, S. 285–297; Martin Broszat / Elke Fröhlich, Alltag und Widerstand. Bayern im Nationalsozialismus, München 1987.

[7] Gesetz zur Errichtung der Sondergerichte vom 21.3.1933: Reichsgesetzblatt (künftig: RGBl.) 1933, I, S. 136.

[8] Zur Einführung vgl. Ralph Angermund, Die geprellten „Richterkönige". Zum Niedergang der Justiz im NS- Staat, in: Mommsen (Hg.), Herrschaftsalltag (wie Anm. 1), S. 304–373; ein weiterer Aufsatz des Verfassers (im Druck) beschäftigt sich mit der „Machtergreifung in Bayern am Beispiel der Deutschen Reichsbahn-Gesellschaft, Gruppenverwaltung Bayern".

geleitet hat, stieß die Bearbeiterin Dr. Eva Groiss-Lau auf ein Schwerpunktmaterial – die Akten des Sondergerichtes Bamberg und die Berichte des Regierungspräsidenten der fränkischen Bezirke. Letztere sind bereits in Auswahl gedruckt[9] und wurden über Recherchen im Hauptstaatsarchiv München hinsichtlich der Lage der fränkischen Dörfer im Dritten Reich ergänzt.[10] Ohne ein umfassendes Inventarverzeichnis lagerten die Sondergerichtsakten, zu Projektbeginn nach alten Prozeßlisten registriert, am Landgericht Bamberg. Sie wurden im Rahmen des Projekts erstmals als Bestand für die Jahre 1933 bis 1945 systematisch in circa 1800 Vorgängen erfaßt und durch Regesten / Inhaltsangaben in einer Datei zugänglich gemacht. Heute liegt die Bestandsaufnahme, nach Jahrgängen aufgelistet, im Staatsarchiv Bamberg.[11] Auf dieses Material stützt sich nachfolgende Untersuchung.[12] Sie bezieht sich vor allem auf den oberfränkischen Raum des Oberlandesgerichtsbezirks Bamberg im Zeitraum 1933 bis 1939.[13] Dabei werden die alltäglichen Resistenzformen gegen die Diktatur sichtbar.

Gesetzlicher Rahmen

Im Rahmen des Gesetzes zu Errichtung der Sondergerichte vom 21. März 1933 wurde auch am Landgericht Bamberg ein Sondergericht konstituiert. Zwar standen die NS-Sondergerichte im „Dritten Reich" formal in scheinbarer Kontinuität mit denen aus der Weimarer Republik, doch ihre Funktion war grundverschieden. Sie dienten der Durchsetzung und dem Erhalt der totalitären Herrschaft und entstammten der nationalsozialistischen Diktatur.[14] Die Strafjustiz der Sondergerichte entsprang der völkischen Ordnung und dem Führerprinzip. Grundlage der Volksgemeinschaft war die Gemeinschaft artgleicher Menschen, eine „Geschlechtereinheit, in der Vergangenheit, Gegenwart und Zukunft sich verbinden."[15] Für die Rassenhygiene hat der Staat zu sorgen. Die Sondergerichte waren für die Delikte verantwortlich, die

---

[9] Helmut Witetschek (Bearb.), Die kirchliche Lage in Bayern nach den Regierungspräsidenten-Berichten 1933–1943, 2. Teilband: Regierungsbezirk Ober- und Mittelfranken, Mainz 1967.
[10] Bayerisches Hauptstaatsarchiv München (künftig: BayHStA), MA 106670–106704.
[11] Dort liegen auch sechs Bände Register-Akten des Sondergerichts Bamberg der Jahre 1933–1945.
[12] Eine Edition der Prozeßakten des Sondergerichts Bamberg in Auswahl scheiterte bisher an der Finanzierung.
[13] Die Einschränkung der Fälle auf die Zeit zwischen „Machtergreifung" und Kriegsbeginn begründet das Thema der Darstellung, die den Prozeß der Herrschaftsdurchsetzung im Alltag durch langsame Ideologisierung der Justiz beleuchten möchte. Außerdem bringt das „Kriegsrecht" eine Erweiterung der „Rechtsprechung" über die Fälle des Alltags hinaus. Vgl. dazu die sogenannte Vereinfachungsverordnung vom 1.9.1939: RGBl. 1939, I, S. 1658. Gleichzeitig wurde eine Militärgerichtsbarkeit für Männer eingerichtet: RGBl. 1939, I, S. 1457, und das Sondergericht Bayreuth, später auch Würzburg, etabliert. All diese Momente lassen es ratsam erscheinen, die geplante Quellen-Sammlung mit der Zäsur Kriegsbeginn 1939 enden zu lassen.
[14] Joseph Walk, Das Sonderrecht der Juden im NS-Staat. Eine Sammlung der gesetzlichen Maßnahmen und Richtlinien, Heidelberg 1996, gibt einen hervorragenden Über- und Einblick in die NS-Gesetzes-Maschinerie zur Entrechtung und Ausrottung der jüdischen Mitbürger im Dritten Reichs; Karl Dieter Bracher u.a. (Hg.), Deutschland 1933–1945. Neue Studien zur nationalsozialistischen Herrschaft (Studien zur Geschichte und Politik 314), Bonn ²1993.
[15] Ernst Rudolf Huber, Verfassungsrecht des Großdeutschen Reiches, Hamburg ²1939, S. 153.

durch die Heimtücke-Verordnung[16] und durch das Heimtücke-Gesetz[17] gekennzeichnet sind. Sie richten sich besonders gegen die Beschimpfung des Reiches, der Länder und der NSDAP. Im § 3 der Heimtücke-Verordnung war die Strafe festgelegt: Wenn das Wohl und Ansehen des Reiches, des Landes oder ihrer Regierung beziehungsweise der Parteien und Verbände, die die Regierung stützen, schwer geschädigt wird, drohte eine Strafe mit Gefängnis bis zu zwei Jahren; die Verbreitung einer schädigenden Behauptung führte zu einer Gefängnisstrafe nicht unter drei Monaten. Schwerer Schaden für Reich und Land konnte Zuchthausstrafe nach sich ziehen. Grobe Fahrlässigkeit bei der Tat wurde mit einer Geldstrafe beziehungsweise mit drei Monaten Gefängnis bestraft.[18] Erst nach Ausweitung der Kompetenz der Sondergerichte auf die allgemeine Kriminalität im Zeitraum 1938/1940 und ab 1941 auf das Kriegsstrafrecht in der Form des Standgerichts wurde in der Konsequenz auch die Todesstrafe verhängt. Daher endet nachfolgende Untersuchung zum Sondergericht mit Kriegsbeginn.[19]

Gerichtsorganisation und -verfahren

Mit der Sondergerichtsverordnung von 1933 wurde in jedem Oberlandesgerichtsbezirk ein Sondergericht gebildet. Es wurde auf der Ebene der Landgerichte nach Bedarf angesiedelt und hatte während des Krieges nach dem Kriegsstrafrecht abzuurteilen. Die Urteile in der Kriegszeit richteten sich gegen Äußerungsdelikte Angeklagter nach der Heimtücke-Verordnung und nach dem Heimtücke-Gesetz, gegen Volksschädlinge,[20] Gewaltverbrecher[21] und gegen jugendliche Schwerverbrecher.[22] Das Änderungsgesetz von 1941[23] droht schließlich allen „gefährlichen Gewohnheitsverbrechern" die Todesstrafe an: „Der gefährliche Gewohnheitsverbrecher (§ 20a des Strafgesetzbuches) und der Sittlichkeitsverbrecher (§§ 176–178 des Strafgesetzbuches) verfallen der Todesstrafe, wenn der Schutz der Volksgemeinschaft oder das Bedürfnis nach gerechter Sühne es erfordern."[24]

Die Sondergerichte waren gehalten, schnell zu urteilen, um den Schutz der Volksgemeinschaft zu gewährleisten und potentielle Verbrecher abzuschrecken. Die besonderen Vorschriften zum Verfahren waren bereits in der Sondergerichtsverordnung von 1933 und in der Zuständigkeitsverordnung von 1940 niedergelegt:[25] Es fand

---

[16] Verordnung des Reichspräsidenten zur Abwehr heimtückischer Angriffe gegen Regierung der nationalen Erhebung vom 21.3.1933: RGBl. 1933, I, S. 135.

[17] Gesetz gegen heimtückische Angriffe auf Staat und Partei und zum Schutz der Parteiuniformen vom 20.12.1934: RGBl. 1935, I, S. 1269; vgl. dazu: Bernward Dörner, „Heimtücke". Das Gesetz als Waffe. Kontrolle, Abschreckung und Verfolgung in Deutschland 1933–1945, Paderborn u.a. 1998.

[18] RGBl. 1933, I, S. 135. Vgl. zum Ganzen Alfons Schwarz, Rechtsprechung durch Sondergerichte. Zur Theorie und Praxis im Nationalsozialismus am Beispiel des Sondergerichts Berlin, Diss. Augsburg 1992, S. 4–44.

[19] Vgl. weitere Gründe zur zeitlichen Zäsur der Untersuchung weiter oben Anm. 13.

[20] Nach der Volksschädlings-Verordnung vom 5.9.1939: RGBl. 1939, I, S. 1679.

[21] Verordnung gegen Gewaltverbrecher vom 5.12.1939: RGBl. 1939, I, S. 2378.

[22] Verordnung gegen jugendliche Schwerverbrecher vom 4.10.1939: RGBl., I, S. 2000.

[23] Gesetz zur Änderung des Reichsstrafgesetzbuchs vom 4.9.1939: RGBl., I, S. 549.

[24] Zitat nach § 1 des Änderungsgesetzes von 1941 (wie Anm. 23). Vgl. auch: Schwarz, Rechtsprechung (wie Anm. 18), S. 36–44.

[25] VO der Reichsregierung über die Bildung von Sondergerichten vom 21.3.1933: RGBl. 1933, I, S. 136. VO der Reichsgerichte über Sondergerichte und sonstige strafrechtliche Vorschriften vom 21.2.1940: RGBl. 1940, I, S. 405.

ohne gerichtliche Voruntersuchung, ohne gerichtlichen Eröffnungsbeschluß (ab 1942) statt. An der Stelle des Beschlusses durch das Gericht wurde die Anklageschrift eingereicht. Damit wurde die weisungsgebundene Staatsanwaltschaft in ihrer Position gestärkt. Bis 1940 war die Funktion des Verteidigers auch im Sondergerichtsverfahren vorgegeben. Doch erst die Situation des „totalen Krieges" überließ die Bestallung eines Offizialverteidigers dem pflichtgemäßen Ermessen des Gerichts. Das Sondergericht konnte auch einen Beweisantrag ablehnen, sofern er nach dessen Auffassung zur Aufklärung des Sachverhaltes nicht notwendig wäre.[26] Die Entscheidung des Sondergerichts war endgültig. Rechtsmittel konnten dagegen nicht mehr eingelegt werden.[27]

Die Urteile der Sondergerichte wurden somit in *einer* Instanz gefällt. Die Kammern waren mit drei Berufsrichtern besetzt, einem Vorsitzenden und zwei Beisitzern. Bis 1937 berief die genannten Richter das Präsidium des Landgerichts; erst mit Durchsetzung des „Führerprinzips" auch in der Justiz nach Beseitigung der Präsidialverfassung am Landgericht ernannte der Präsident des Oberlandesgerichts die Richter-Trias. Sie sollten in ihrer Einstellung der „nationalsozialistischen Volksführung"[28] entsprechen. 1935 gab es im Deutschen Reich 37 Sondergerichte, während des Krieges, 1940, erhöhte sich ihre Zahl auf 64.[29]

Funktionalisierung des Rechts

In einem Unrechtsstaat wie dem „Dritten Reich" dienten die Sondergerichte zur Etablierung und Durchsetzung der Macht der Partei und der Machteroberungsstrategie Hitlers. Im Gegensatz zu den Sondergerichten in der Weimarer Republik, die in Notsituationen des Staates Krisen abwehren sollten, hatte die gesetzliche Einführung von Sondergerichten 1933 den einzigen Zweck, den sogenannten Führerstaat in der Bevölkerung zu verankern und Gegenströmungen wie widerständige Einzeläußerungen im Keim zu ersticken. Die Justiz hatte den totalitären Machtanspruch zu beglaubigen und gegenläufigen Tendenzen, Meinungen und Handlungen auszuschalten. So fungierte der Staatsanwalt im System der Machtergreifung und des Machterhalts indirekt als verlängerter Arm des Diktators und der Partei.

Waren die Sondergerichte in den ersten Jahren des nationalsozialistischen Unrechtssystems nur für die politische Alltagskriminalität zuständig, die unterhalb der Ebene des Volksgerichtshofes und der Oberlandesgerichte angesiedelt war, so steigerten sie seit 1938 ihre Befugnisse. Sie wurden Zug um Zug mit der Verfolgung der allgemeinen Kriminalität und im Rahmen der Kriegsgesetze, wie bereits erwähnt, für die Rechtsprechung auch im Bereich von „Landes- und Hochverrat" zuständig.[30]

---

[26] § 14 VO vom 1.9.1939: RGBl. 1939, I, S. 1660.

[27] § 16 I der Sondergerichtsverordnung: § der 26 I der Zuständigkeitsverordnung. Vgl. zum Ganzen: Schwarz, Rechtsprechung (wie Anm. 18), S. 24–29.

[28] Roland Freisler, Einiges zum werdenden Blutbanngericht, in: Deutsche Juristenzeitung 1935, Sp. 651.

[29] Schwarz, Rechtsprechung (wie Anm. 18), S. 28.

[30] Ab 24.4.1934 war der Volksgerichtshof mit der Aburteilung der Anklagen zum „Landes- und Hochverrat" betraut. Vgl. RGBl. 1934, I, S. 341; zum Ganzen: Lothar Gruchmann, Justiz im Dritten Reich 1933–1940. Anpassung und Unterwerfung in der Ära Gürtner, München ²1990, S. 1091- 1095.

Am 20. November 1938 erließ das Reichsjustiz-Ministerium die „Verordnung zur Erweiterung der Zuständigkeit der Sondergerichte",[31] am 1. September 1939 die „Vereinfachungsverordnung".[32] In dieser wurden die Grenzen zwischen ordentlicher Justiz und Sondergerichtsbarkeit endgültig beseitigt. Das Änderungsgesetz von 1941 reichte als „Führergesetz" bereits über das Kriegsende hinaus. Im §1 sah es die Todesstrafe für gefährliche Gewohnheitsverbrecher und Sittlichkeitsverbrecher vor, „wenn der Schutz der Volksgemeinschaft oder das Bedürfnis nach Sühne es erfordern."[33] Dabei wurden nicht nur zu Freiheitsstrafen Verurteilte hingerichtet, sondern Verfahren aus dem Bereich der Justiz herausgenommen und der Polizei übergeben. Dadurch hatten Hitler beziehungsweise Himmler und sein Sicherheitsapparat den Zugriff auf die Vollstreckung von Todesurteilen. Das Strafrecht war damit zu einem „Kampfrecht" umgestaltet; „nicht mehr der unabhängige Richter, sondern der Führer selbst oder die von ihm autorisierten Organe ... befanden, was im Einzelfall zweckmäßig war."[34]

Das Sondergericht Bamberg

Gesetzliche Vorgaben

Diese vor allem im Krieg vorgenommene Pervertierung der Strafjustiz im Deutschen Reich zur Dienerin des Polizeistaates und zur Mord- und Unterdrückungsmaschinerie zum Schutz des System war in dieser Deutlichkeit vor 1939 an der Institution Sondergerichte noch nicht abzulesen. Die „Rechtsprechung" der 37 Sondergerichte im Reich war ein Teilbereich der Justiz vor Ort und stützte sich vor allem auf die Reichstagsbrandverordnung vom 28. Februar 1933,[35] die Heimtückeverordnung vom 21. März 1933[36] und auf das Heimtücke-Gesetz vom 20. Dezember 1934,[37] das die „Verordnung des Reichspräsidenten zur Abwehr heimtückischer Angriffe gegen die Regierung der nationalen Erhebung"[38] ablöste. In den sogenannten Gesetzestexten wurden vor allem die Regimekritiker verfolgt und die sogenannte „Greuelpropaganda" als „Straftat" im Heimtücke-Gesetz stärker gewertet. Sie rückte vom § 3 der Verordnung vom 21. März 1933 zum § 1 des Heimtücke-Gesetzes auf.

„(1) Wer vorsätzlich eine unwahre oder gröblich entstellte Behauptung tatsächlicher Art aufstellt oder verbreitet, die geeignet ist, das Wohl des Reiches oder das Ansehen der Reichsregierung oder das der nationalsozialistischen Deutschen Arbeiterpartei oder ihre Gliederungen schwer zu schädigen, wird, soweit ihm nicht in anderen Vorschriften eine schwerere Strafe angedroht ist, mit Gefängnis bis zu zwei Jahren und, wenn er die Behauptung öffentlich aufstellt oder verbreitet, mit Gefängnis nicht unter drei Monaten bestraft.

---

[31] RGBl. 1938, I, S. 1632: sogenannte „Gangsterverordnung".
[32] RGBl. 1939, I, S. 1658.
[33] Gesetz zur Änderung des Reichsstrafgesetzbuches vom 4.9.1941: RGBl. 1941, I, S. 549; Schwarz, Rechtsprechung (wie Anm.18), S. 42–56, hier: S. 43 (Zitat aus dem Gesetzbuch).
[34] Schwarz, Rechtsprechung (wie Anm. 18), S. 55.
[35] RGBl. 1933, I, S. 83.
[36] RGBl. 1933, I, S. 135.
[37] RGBl. 1933, I, S. 1269.
[38] RGBl. 1933, I, S. 135.

(2) Wer die Tat grob fahrlässig begeht, wird mit Gefängnis bis zu drei Monaten oder mit Geldstrafe bestraft.

(3) Richtet sich die Tat ausschließlich gegen das Ansehen der NSDAP oder ihrer Gliederungen, so wird sie nur mit Zustimmung des Stellvertreters des Führers oder der von ihm bestimmten Stelle verfolgt."[39]

War die Reichstagsbrandverordnung vor allem gegen politisch organisierte Gegner wie Kommunisten, Sozialdemokraten, Konservative, aber auch gegen Zeugen Jehovas[40] gerichtet, so das Heimtücke-Gesetz gegen kritische Äußerungen zum Regime, gegen Uniform-Mißbrauch und politische Gewalttaten. Die Anklage erfolgte durch den zuständigen Staatsanwalt, der an das Reichsjustizministerium regelmäßig über die Verfahren zu berichten hatte, die Anzeige wurde durch die Polizei auf Grund einer Denunziation / Anzeige beziehungsweise einer Straftat festgehalten und an das Sondergericht weitergeleitet.

Zuständigkeitsbereich

Das Sondergericht Bamberg war am Landgericht Bamberg angesiedelt. Seine Zuständigkeit erstreckte sich in den Grenzen des Oberlandesgerichtsbezirks Bamberg, der mit den Regierungsbezirken Ober- und Unterfranken zusammenfiel. Nach dem Handbuch der Justizverwaltung waren es im einzelnen der Regierungsbezirk „Mainfranken, aus dem Regierungsbezirk Ober- und Mittelfranken der oberfränkische Teil mit Ausschluß von Teilen der Landkreise Forchheim und Höchstadt (Aisch) und von dem mittelfränkischen Teil der Landkreis Scheinfeld".[41] Die Zuordnung zum Gerichtsstand wurde durch die Herkunft des Angeklagten aus dem Oberlandesgerichtsbezirk wie auch durch den Ort der Tat begründet. 1942 wurde der Bereich des Sondergerichts Bamberg durch die Errichtung eigener Sondergerichte in Bayreuth und Würzburg geschmälert, die auf Betreiben der Gauleiter in Bayreuth und Würzburg zustande kam, angeblich wegen zu milder Bamberger Urteile am Sondergericht Bamberg.[42]

Prozeßakten

Dem Oberlandesgericht Bamberg waren sieben Landgerichte und 57 Amtsgerichte zugeordnet. Aus diesen Gerichtsstandorten stammten die Strafverfolgungsakten

---

[39] RGBl. 1935, I, S. 1269; Gesetz vom 20.12.1934.

[40] Vgl. nachfolgende Analyse. Zentrum der Ernsten Bibelforscher waren in Franken die Orte Fürth, Nürnberg und die Porzellan-Standorte in Nordost-Oberfranken; zum Widerstand der Zeugen Jehovas vgl. Michael Kater, Die Ernsten Bibelforscher im Dritten Reich, in: Vierteljahreshefte für Zeitgeschichte 17, 1969, S. 181–218; Detlef Garbe, Zwischen Widerstand und Martyrium. Die Zeugen Jehovas im Dritten Reich, München 1993.

[41] Hans Schütz, Justiz im „Dritten Reich". Dokumentation aus dem Bezirk des Oberlandesgerichts Bamberg, Bamberg 1984, S. 75; Ingo Müller, Furchtbare Juristen. Die unbewältigte Vergangenheit unserer Justiz, München 1989, S. 162: abweichende Anzahl (55) von Sondergerichten im Reich ab 1940; vgl. auch Anm. 29: Jahr 1935.

[42] Schütz, Justiz (wie Anm. 41), S. 233, Anm. 268; Deutsche Justiz, Rechtspflege und Rechtspolitik: Amtliches Organ des Reichsministers der Justiz, des preußischen Justizministers und des Bayerischen Justizministers, Berlin 1942, S. 387, 543.

beziehungsweise Anzeigen, die das Sondergericht Bamberg zu bearbeiten und zu entscheiden hatte. Die einst im Gerichtsarchiv Bamberg, seit 1996 im Staatsarchiv verwahrten Akten,[43] umfassen nahezu vollständig alle durchgeführten Sondergerichtsverfahren. „Der überwiegende Teil der circa 1.800 Akten entfällt auf Verurteilungen wegen ‚gemeinschädlicher Verleumdung' (Heimtücke-Gesetz). Alle Hochverratsfälle gingen an das Bayerische Oberste Landesgericht in München beziehungsweise an den Verfassungsgerichtshof."[44] Vorliegende Untersuchung dokumentiert die Straffälle, die im Zeitraum von 1933 bis 1939 im Sondergericht Bamberg verhandelt wurden. Die Anzeigen entstammen den Amtsgerichtsbezirken Bamberg, Bayreuth, Berneck, Coburg, Ebermannstadt, Erlangen, Forchheim, Hof, Höchstadt/Aisch, Kronach, Kulmbach, Lichtenfels, Münchberg, Naila, Regnitz, Stadtsteinach, Staffelstein, Teuschnitz und Wunsiedel. Wie nicht anders zu erwarten waren die Amtsgerichte Bamberg, Coburg und Hof durch Anzeigen / Anklagen am stärksten vertreten.[45]

Das Quellenmaterial, eben die Sondergerichtsakten, enthält typische Einzelstücke:
1. Ermittlungsunterlagen der Polizei und des Vernehmungsrichters, wie Vernehmungsniederschrift, Personalbogen und Beweismittel.
2. Unterlagen der Justizverwaltung wie Zeugenvorladung, Kostenabrechnungen, Verschubanweisungen in Gefängnisse; schließlich
3. Prozeßunterlagen im engen Sinn, wie Anklageschrift, Verhandlungsprotokoll (knapp) und Urteilsniederschrift (ausführlich).

Doch nicht jede Akte wird in dieser Ausführlichkeit überliefert. Am dichtesten wird das Urteil dokumentiert und in den Gerichtsregistern übersichtlich, aber nicht vollständig festgehalten.[46] Dort finden sich Prozeßnummer, Aktenzeichen der Staatsanwaltschaft, Vorname und Familienname des Verurteilten, Geburtsdatum, Beruf, Wohnort, Familienstand, Konfession, dann in Kurzfassung die Anschuldigung der Staatsanwaltschaft und schließlich das Datum des Urteils, Strafmaß (beziehungsweise Freispruch), gesetzliche Grundlage des Urteils beziehungsweise der Anklage in abgekürzter Paragraphenform, Datum der Verfahrenseinstellung, eventuell Gründe für Nichtbehandlung (zum Beispiel Amnestie, Verweisung an ein ordentliches Gericht und so weiter). Aufgrund dieser Vorgaben ließen sich Einzelakte nach den Gerichtsregistern neu aufnehmen und ordnen.[47]

Schwerpunkte der Anklage

Dokumentation

Die Forschung beschäftigt sich schon seit längerer Zeit mit der Bearbeitung und Auswertung der Sondergerichtsakten in den einzelnen Bundesländern. Für Rhein-

---

[43] Vgl. Anm. 11 weiter oben.
[44] Eva Groiss-Lau, Das Sondergericht Bamberg, Unterlagen in der Forschungsstelle Landjudentum an der Otto- Friedrich Universität Bamberg, Abt. Widerstandshaltung in fränkischen Dörfern.
[45] Ebenda EDV-Auswertung zur Verteilung der Anklagefälle auf Amtsgerichtsbezirke.
[46] Das machte eine zeitraubende Ergänzung der Personaldaten notwendig. Auch Einzelstücke der jeweiligen Aktenlagen fehlten teilweise und mußten aus anderen Zusammenhängen aufgespürt werden.
[47] Kopien unterschiedlicher Register, von Eva Grois-Lau zusammengestellt, sind in der Forschungsstelle Landjudentum zugänglich.

land-Pfalz⁴⁸ ist bereits eine Dokumentation erstellt, ebenso für die Hansestadt Bremen. Das Sondergericht am Landgericht Berlin wurde bereits Gegenstand einer Dissertation, die seine Urteile zwischen 1933 und 1943 behandelt; in dieses letzte Jahr fällt die Mehrheit der Prozeßakten. Von ursprünglich 12500 Hauptakten verwahrt die Staatsanwaltschaft beim Landgericht Berlin etwa 9000, die in der Hauptsache die Kriegsjahre 1940 bis 1945 betreffen. Der Vorkriegsbestand ging durch Kriegseinwirkungen weitgehend verloren, wird aber durch Urteilsabschriften ersetzt, die in den Generalakten des früheren Landgerichts Berlin überliefert sind.⁴⁹ Anhand der Register, welche die einzelnen Geschäftsstellen am Landgericht für Hauptgerichtsverfahren der Staatsanwaltschaft führten, läßt sich eine Statistik der Entscheidungspraxis der drei Kammern des Sondergerichts erstellen. Sie umfaßt die „Anzahl, Dauer und Erledigungsart der beim Sondergericht anhängigen Verfahren".⁵⁰ Die Analyse der Akte möchte die „Gerichtsqualität" des Sondergerichts ebenso ermitteln wie deren Tätigkeitsschwerpunkte, die Heimtückerechtsprechung, die Anwendung der strafverschärfenden Kriegsgesetze auf die allgemeine Kriminalität und die Urteile gegen Minderheiten (Juden, Kommunisten, Polen) erfassen und erörtern. Die Ergebnisse erlauben Vergleiche in Schwerpunkten der Anklage auf Grund des Heimtücke – Gesetzes mit der Praxis des Bamberger Sondergerichts. Auffällig am Berliner Sondergericht ist die Tatsache, daß seine sämtlichen Richter bereits vor 1933 der Justiz angehörten. Die Personalakten von 30 Vorsitzenden und 70 Richtern als Beisitzern zeigen keine außergewöhnlichen Richterkarrieren.⁵¹

Teilbereiche aus Verfahren an Sondergerichten an anderen Standorten des Reiches hat die Forschung bereits untersucht. So wurden die Heimtückefälle vor dem Sondergericht München⁵² und die der Sondergerichte in den zeitweilig okkupierten Gebieten Polens⁵³ bereits in der Literatur aufgegriffen und analysiert. Für Berliner Sondergerichte existiert eine weitere Studie.⁵⁴ Die Literatur zur Gesetzgebung und Rechtsprechung, zu Gerichten, Richtern und Verteidigung, zum Volksgerichtshof und zur Judenverfolgung durch die Justiz ist kaum mehr überschaubar. Doch fehlt bis heute eine Erfassung und Bewertung der Gerichtsakten aller Sondergerichte im Deutschen Reich. Das bedeutet aber nicht, daß die Bearbeitung regionaler Sondergerichts-Akten keine allgemeinen Rückschlüsse auf Verfahren, Richter, Angeklagte, Gesetzgebung und Justiz erlaubte, da das totalitäre System auch die Rechtsprechung gleichgeschaltet hatte, wenn auch regional in unterschiedlicher Schnelle und Dichte.

---

⁴⁸ Justiz im Dritten Reich. Sondergerichtsverfahren in Rheinland-Pfalz. Eine Dokumentation, 3 Teilbände, hg. v. Ministerium der Justiz in Rheinland-Pfalz, Frankfurt am Main 1994; Hans Wrobel (Bearb.), Strafjustiz im totalen Krieg. Aus den Akten des Sondergerichts Bremen 1940 bis 1945, hg. v. Senator für Justiz und Verfassung der Freien Hansestadt Bremen, 3 Bände, Bremen 1991–1994.
⁴⁹ Schwarz, Rechtsprechung (wie Anm. 18), S. 57–59.
⁵⁰ Schwarz, Rechtsprechung (wie Anm. 18), S. 58.
⁵¹ Schwarz, Rechtsprechung (wie Anm. 18), S. 64.
⁵² Peter Hüttenberger, Heimtückefälle vor dem Sondergericht München 1933–1939 in: Broszat (Hg.), Bayern in der NS-Zeit 1 (wie Anm. 1), S. 435–526.
⁵³ Ludwig Nestler, Zum Aufbau und zur Tätigkeit der faschistischen Sondergerichte in den zeitweilig okkupierten Gebieten Polens, in: Jahrbuch für Geschichte 10, 1979, S. 579ff.; Grundlage dazu: Roland Freisler, Das deutsche Polenstrafrecht, in: Deutsche Juristenzeitung 1942, S. 25ff.
⁵⁴ Bernd Schimmler, Recht ohne Gerechtigkeit. Zur Tätigkeit der Berliner Sondergerichte im Nationalsozialismus, Berlin 1984.

Tendenzen

Die Veröffentlichung einzelner Urteile aus Altbeständen der Sondergerichte und deren Einordnung beziehungsweise Typisierung sind bereits erfolgt. So klagt Hans Wüllenweber die „Sondergerichte im Dritten Reich"[55] an und belegt seine Bewertung an Fallbeispielen. „Die Frage nach Schuld, Sühne und Versagen ist in jüngster Zeit aktuell geworden. Erst 1989 fand die rechtsstaatliche Justiz den Mut, sich selbst zu befragen, weshalb kein NS-Rechtsdiener jemals vor einem deutschen Gericht wegen kapitalverbrecherischer Urteile bestraft worden ist."[56] Hängt die Antwort mit dem Tribunal von 1947 in Nürnberg zusammen,[57] das einige NS-Juristen verurteilte? Fallgeschichten wie die im folgenden angesprochen sind zwar nicht mit den Akten der Gestapo[58] und deren Auswertung gleichzusetzen; doch sie bleiben Zeugnisse für den Verfall des Rechtsstaates im „Dritten Reich" und für die Leiden der Angeklagten und Verfolgten, auch bereits in den Jahren vor dem Kriegsbeginn.[59]

Mit einer Fülle von Angeklagten auf Grund des Heimtücke-Gesetzes[60] hatten es die Sondergerichte bis 1939 zu tun. Das Sondergericht Bamberg verhandelte in den Jahren 1933 bis 1939 Anzeigen gegen in der Regel unbescholtene Bürgerinnen und Bürger aus fast allen Schichten. Auf die Jahre des angegebenen Zeitraums verteilt, wurden im Jahr 1933 197, 1934 140 Anklagen verhandelt.[61] Dabei hat man im Jahr 1933 95 Personen (= 48,22% der Angeklagten des Jahres) auf Grund der „Reichstagsbrandverordnung" (§ 4 VO vom 28. Februar 1933) angeklagt, drei (= 1,5%) wegen „Uniformmißbrauch" (nach § 1, II VO vom 21. März 1933), neun in gleicher Angelegenheit, verbunden mit einer strafbaren Handlung (= 4,57%); 72 Personen erschienen vor dem Sondergericht (= 36,55%) auf Anzeige wegen „Greuelpropaganda" (nach § 3 VO vom 21. März 1933); in sechzehn Fällen erfolgte die Anklage aus anderen Gründen (= 8,12%), in zwei weiteren Anklagen (= 1,02%) blieben die Angaben unklar.[62] Die Strafen waren gestaffelt. Sie reichten von Geldstrafen in acht Fällen über Gefängnisstrafen in 72 Fällen bis zu Zuchthaus in drei Fällen. Die Überstellung zur Schutzhaft nach Dachau ist bei drei Anklagen nachgewiesen.[63] 58 Anklagen wurden in einem ordentlichen Gerichtsverfahren weitergeführt.

Im Jahr 1943 verhandelte man am Sondergericht, wie bereits erwähnt, 140 Anklagen. Sie verteilen sich thematisch auf Anklagen wegen

---

[55] Hans Wüllenweber, Sondergerichte im Dritten Reich. Vergessene Verbrechen der Justiz, Frankfurt am Main 1990; vgl. auch: Bernward Dörner, „Heimtücke" als Waffe. Kontrolle, Abschreckung und Verfolgung in Deutschland 1933–1945, Paderborn 1998.
[56] Wüllenweber, Sondergerichte (wie Anm. 55), S. 7–15, hier: S. 9f.
[57] Jörg Friedrich, Freispruch für Nazi-Juristen. Die Urteile gegen NS-Richter seit 1948. Eine Dokumentation, Hamburg 1983.
[58] Dieter W. Rockenmaier, Denunzianten. 47 Fallgeschichten aus den Akten der Gestapo im NS-Gau Mainfranken, Würzburg 1998.
[59] Dietrich Güstrow, Tödlicher Alltag. Strafverteidiger im Dritten Reich, Berlin 1981.
[60] Siehe oben Anm. 35–39.
[61] Über diese beiden Jahre, zu denen Eva Groiss-Lau eine spezielle Datenbank in der Forschungsstelle erarbeitet hat, hinaus sind keine Jahres-Querschnitte der Anklagen erstellt worden.
[62] Ebenda.
[63] Die Verhandlungen der unter den Nummern 93/925/1171; 93/926/1172, 93/927/1173 der Datenbank Angeklagten.

- „Uniformmißbrauchs", verbunden mit strafbarer Handlung in zehn Fällen (= 4,14%),
- „Greuelpropaganda" in 103 Fällen (= 73,57%),
- „Reichstagsbrandverordnung" in 14 Fällen (= 10%), und auf
- sonstige Anklagen in 13 Fällen (= 9, 29%)

Der Vergleich mit den Gerichtsverhandlungen des Vorjahres bestätigt bereits die Zunahme der Denunziationen vor Gericht. Die Vorladungen auf Grund des „Greuelpropaganda-Paragraphen" vor das Sondergericht Bamberg sind aber ebenso ein Beweis für die Absicht, Gegner des totalitären Systems auf allen Ebenen und in allen Schichten der Bevölkerung mundtot zu machen. Die auffallend hohe Zahl der Freisprüche, Einstellung der Verfahren und Amnestien – 53 Verfahren bei 140 Fällen (= 37,85%) – dokumentiert aber auch, daß Denunziationen und Beschuldigungen wegen des „Heimtückegesetzes" beliebig dehnbar und beugbar waren. Denn „wer vorsätzlich eine unwahre oder gröblich entstellte Behauptung tatsächlicher Art aufstellt oder verbreitet, die geeignet ist, das Wohl des Reiches oder das Ansehen der Reichsregierung oder das der Nationalsozialistischen Deutschen Arbeiterpartei oder ihrer Gliederung schwer zu schädigen wird ... mit Gefängnis bis zu zwei Jahren ... bestraft."[64]

Unter den 498 Anklagefällen beziehungsweise Opfern der Anklage zwischen 1933 und 1939[65] befanden sich 56 und 442 Männer aus allen Berufen und Altersgruppen. Eine vorläufige Zusammenstellung der Berufsgruppen ergibt folgende Struktur:[66]

Berufsgruppe	Anzahl	Prozent
Handwerker	166	32,87
Arbeiter	156	30,89
Handel und Gewerbetreibende	57	11,29
Landwirte	27	5,35
Sonstige (Rentner, Invaliden, Witwen, unklare Angaben)	22	4,36
Kirchenleute	20	3,96
Dienstleistende (vor allem in der Gastronomie und im Haushalt)	18	3,56
Fehlanzeige (ohne Angaben)	14	2,77
Beamte/Angestellte	13	2,57
Akademiker	12	2,38
Verhandelte Fälle insgesamt	505	100,00

[64] § 1 (1) Heimtücke-Gesetz vom 20.12.1934: RGBl. 1935, I, S. 1269.
[65] Die Zahl der Verurteilten ist nicht identisch mit der Zahl der Anklageverfahren, die nach dem Geschlecht aufgeschlüsselt wurden (= 496).
[66] Diese Aufstellung geht von 505 Urteilen aus. Wie die Abweichung zu der vorausgehenden Opfer-Liste (alters- und geschlechtsspezifisch) von 498 Verurteilten zu begründen ist, war nicht mehr zu eruieren.

Gerade die regionale Herkunft der Angeklagten bestätigt, daß die verurteilten Arbeiter vor allem dem nord-ostoberfränkischen Raum entstammen: Gewerbetreibende aus dem Coburger und dem Bamberger Bezirk, Handwerker vor allem um Forchheim, in der Fränkischen Schweiz, im Obermaingebiet, um Coburg sowie aus dem Bamberger Gebiet, Landwirte vor allem vom Rande des Steigerwaldes, vom Jura und vom Obermain.[67] Vor allem der ‚kleine Mann' äußerte im Wirtshaus, am Arbeitsplatz, nach dem Gottesdienst, im Streit mit Berufskollegen und bei Rivalitäten in der Liebe nicht selten unbedacht seine Einstellung zum nationalsozialistischen Regime und zu ‚Parteigrößen'. Unmutsäußerungen, Kritik und Streit wurden durch ‚böse Nachbarn' bei der Polizei angezeigt oder der örtlichen Polizeistelle hinterbracht. Aufgrund der neuen Gesetzgebung erstreckte sich die Anklage in den Jahren 1933 und 1934 vor allem gegen Kommunisten, Sozialisten, Zeugen Jehovas und Vertreter bürgerlicher Parteien; später waren alle Schichten der Bevölkerung und besonders Juden[68] von Strafgerichtsverfahren betroffen. Gezielte Kritik, mit der man eine Anzeige riskierte, kann in Ausnahmefällen durchaus als Zeichen alltäglichen Widerstandes[69] in der Bevölkerung gegen den totalitären Staat gewertet werden. Dieser reagierte darauf durch vermehrte Schutzhaft.[70]

Prozeßverfahren (in Auswahl) am Sondergericht Bamberg 1933–1939 – Fallbeispiele

Denunziation

In den meisten Prozeßverfahren, die am Sondergericht Bamberg zwischen 1933 bis Kriegsbeginn 1939 anhängig waren, löste eine Denunziation oder Anzeige die Anklage aus. Ort der Äußerungen gegen das Regime oder seine Träger war in der Regel das Wirtshaus auf dem Dorf oder die Arbeitsstätte. Die Anzeigenden entstammten der nächsten Umgebung, ihre Motive reichten von lokaler Rivalität in unterschiedlichen Bereichen bis zur Eifersucht. Anzeigen aus rein ideologischen Gründen blieben äußerst selten.[71] Auch können Äußerungen der Beschuldigten kaum als Zeichen der Resistenz gegen das Regime[72] gewertet werden. Sie waren in der

---

[67] Unterlagen in der Forschungsstelle Landjudentum, Abt. Widerstandshaltungen.

[68] Stationen der Entrechtung und „jüdischen Widerstandes" von 1933 bis 1939 in Franken vorzustellen, bleibt einer gesonderten Studie vorbehalten. Vgl. auch: Judenverfolgung und nichtjüdische Bevölkerung in: Broszat (Hg.), Bayern in der NS-Zeit 1 (wie Anm. 1), S. 427–486.

[69] Die Literatur zur Diskussion um den Begriff Widerstand, kleiner Widerstand im Alltag, Resistenzformen ist kaum übersehbar. Eine Einführung dazu in: Peter Steinbach / Johannes Tuchel (Hg.), Widerstand gegen den Nationalsozialismus, Bonn 1994, besonders S. 597–622 (Peter Steinbach).

[70] Im Februar 1939 wurden 29, im März 114 Personen in Schutzhaft genommen. Im Monat April zählte man 41 Personen, die in Schutzhaft kamen. 88 Personen wurden im gleichen Monat (Mai) aus der Schutzhaft entlassen. Vgl. Monatsberichte des Regierungspräsidiums von Oberfranken und Mittelfranken, S. 60–63: Exzerpt Lau.

[71] Der ehemalige Sonderbeauftragte Obersturmbannführer Rudolf Pöhlmann aus Stammbach (BA Münchberg) wurde wegen Beschimpfung des verstorbenen Gauleiters Hans Schemm vom 1.4.1935 bis 13.9.1935 in Schutzhaft genommen. Wegen erneuter Hetze gegen den nationalsozialistischen Staat wurde die Haft 1936 erneuert. Vgl. Regierungspräsidentenberichte: Allgemeine Lage, Absatz 2: Exzerpt Lau, S. 22.

[72] Zum Begriff Resistenz und „kleiner Widerstand" vergleiche John W. Boyer / Julius Kirshner (Hg.). Resistance against the Third Reich, Chicago 1992; Peter Steinbach (Hg.), Widerstand. Ein Problem zwischen Theorie und Geschichte, Köln 1987.

Regel Zeichen des Unmuts und der Kritik an regionalen Parteigrößen, dann an Hitler, Göring, Goebbels und anderen NS-Führern, besonders aber an allgemeinen und regionalen Mißständen, die der NSDAP und deren Anhängern angelastet wurden. Über Streitereien, Wortwechsel vor Ort kam es zu regimefeindlichen Äußerungen der „Täter", zur oft anonymen Anzeige vor Vertretern der Ortspolizei und zur Weitergabe der Anzeige an die Staatsanwaltschaft. Bisweilen erfolgte die Anzeige im amtlichen „Kurzschluß", wenn die Polizei selbst Zeuge der „staatsfeindlichen" Äußerungen wurde. In vielen Fällen löste die Wirkung des Alkohols den Wortwechsel aus und beseitigte Hemmschwellen, sich zu äußern. Die „Täter" entstammten vor allem dem Arbeiter-, Handwerker- und Bauernstand. Zur Verdeutlichung der Denunziation/Anzeige sollen wenige Fallbeispiele genügen. Die Anzeigen dokumentieren sicher nicht den großen Widerstand.[73]

Gerade lokal angesehene Bauern sind dem Kreis der Regime-Kritiker zuzurechnen. Im Fall des Landwirtes J. Stengel (geboren 1883) aus Stadelhofen, Landkreis Bamberg,[74] erfolgte die Anzeige über einen jungen Knecht von 23 Jahren bei der dortigen Gendarmerie-Station im Juli 1933. M. Sch. stand als Knecht im Dienstverhältnis des Gastwirtes G. Er hörte die Äußerungen des Ortsführers der Bauern von Stadelhofen in der Eichenhüller Gastwirtschaft. Seine Anzeige lautete: „Die Beamten, die länger als zehn bis zwölf Jahre studiert haben, haben keinen Wert mehr, weil wir von lauter Schusters- und Schneidersgesellen regiert werden." Auch sagte Stengel, „daß schon bei der Reichstagssitzung die Religion angegriffen worden sei … In den Äußerungen des Stengel erblicke ich eine Verächtlichmachung der jetzigen Regierung und will diesen deshalb zur Anzeige bringen."

Es ist bezeichnend, daß die weiter im Protokoll erwähnten Zeugen des Wortwechsels vor allem junge Leute zwischen 18 und 22 Jahren waren. Die älteren Bauern, ebenso der Wirt, konnten sich inhaltlich nicht an die Äußerungen von Stengel aus Stadelhofen erinnern, beziehungsweise sie berichten nur von unpolitischen Äußerungen. Stengel war mit 80 Tagwerk Grund ein wohlsituierter Landwirt, der nach Meinung der Polizei seine Strafe zahlen könne; auch sei er noch nicht vorbestraft. Stengel wurde zu drei Monaten Gefängnis verurteilt.

Die Verhandlung gegen Franz Klein, verheirateter Tünchergeselle in Karlstadt, geboren 1907, weist auf die kritische Einstellung einfacher Leute gegenüber Verlautbarungen der Partei-Presse hin. Seine Äußerung in der Dotterschen Wirtschaft von Wernfeld (bei Schweinfurt) im April 1933 lautete: „Hitler hat den Reichstag angebrannt".[75] Diese Aussage beeidete der SA-Mann Huter als Zeuge. Doch der Angeklagte bestritt dies laut Prozeßakte, da er von einigen Gläsern Most stark angetrunken gewesen wäre. Der SA-Mann Huter hatte im Prozeß vom Juli 1933 unter Eid angegeben, daß der Angeklagte folgende Äußerung gemacht habe: „So sicher wie ich

---

[73] Die vorgelegten Fälle/Fallbeispiele werden aus den circa 500 Prozeßverfahren des Sondergerichts Bamberg zwischen 1933 bis 1939 ausgewählt. Die Analyse stützt sich auf Fotokopien der Urteile und auf sonstige Unterlagen, die der Gerichtsakte entnommen sind. Diese liegen in Kopie an der Forschungsstelle „Landjudentum" und wurden von Frau Dr. Eva Groiss-Lau in einem Auszug in der Projekt- Datenbank erfaßt. Künftig: Projekt-Datenbank.
[74] Projektdatenbank 72/583/33/1156, das ist Datei/Aktenauswahl 1933–1939: 72/58333/RN: 44 OFR. Diese zweite Datei wird künftig nicht in allen Fallbeispielen als Parallele angeführt.
[75] Datenbank: 60/467/33/76.

mein Glas Most austrinke, so sicher haben die Hitler (-Anhänger) den Reichstag angebrannt". Vorsitzender Richter Hock korrigierte in den nächsten Sätzen diese Behauptung mit den Worten: „An dem Vorwurf ist selbstverständlich kein wahres Wort. Die Behauptung ist geeignet, das Wohl des Reiches und das Ansehen der hinter der Reichsregierung stehenden Partei schwer zu schädigen." Erschwerend kam hinzu, daß der Angeklagte und sein Zechgenosse vom Gericht bezichtigt wurden, früher kommunistisch eingestellt gewesen zu sein. Klein wurde daher nach § 3 der Verordnung vom 21. März 1933 der „gemeinschädlichen Verleumdung" für schuldig befunden und zu vier Monaten Gefängnis verurteilt. Außerdem hatte er die Kosten des Verfahrens zu tragen.[76]

Durch Berichte über Prozesse vor dem Sondergericht versuchte die lokale Partei-Presse die Bevölkerung einzuschüchtern. Ein Propagandamarsch von SA, SS und NSDAP in Uniform von Würzburg nach Rimpar am 23. Januar 1933 veranlaßte in Rimpar eine Gegenkundgebung, an der circa 1000 Personen aus den Kreisen der SPD und KPD teilnahmen. Sie wollten laut Zeitungsbericht[77] in einem Organ der NSDAP den Weitermarsch der SA mit Gewalt verhindern. Dabei kam es zu einer Straßenschlacht, wobei Bierflaschen und Steine flogen und die SA und SS sich dabei „mit Recht", so im Bericht, ihrer Schulterriemen bedienten; Gendarmeriebeamte wurden in die Auseinandersetzung mit hinein gezogen und zum Teil verletzt. Die spätere Untersuchung ergab, daß die Steinwerfer nach eigenem Bekunden keine Kommunisten waren. Vier Rimparer Maurer wurden des schweren beziehungsweise einfachen Aufruhrs, verbunden in Tateinheit mit einer gefährlichen Körperverletzung, zu einer Gesamtstrafe von einem Jahr „Zuchthaus" verurteilt. Der Hauptangeklagte Grömling und die übrigen Angeklagten, die je acht Monate Gefängnis erhielten, hatten die Kosten des Verfahrens zu tragen. Schon vor der ‚Machtergreifung' am 30. Januar 1933 sympathisierte die Gendarmerie offenbar mit der Hitler-Bewegung. Und das Gericht sah im nachhinein einen Widerstand bereits zu diesem Zeitpunkt als „Aufruhr"-Delikt.

Gebrandmarkte: Kommunisten, Ernste Bibelforscher

Die Verbreitung antifaschistischer Zeitungen und Publikationen wurde vor allem ehemaligen Mitgliedern der KPD und deren Sympathisanten vorgeworfen, was die der NSDAP nicht hörige Presse sogleich 1933 einschüchtern und Multiplikatoren durch Schutzhaft in Dachau ausschalten sollte. Die am Bamberger Sondergericht[78] Angeklagten Hans Jahn, Max Schmidt und Peter Siegler aus Hof, Bauarbeiter und Klempner im Alter von 31 und 23 Jahren, verurteilte man zu Gefängnisstrafen zwischen einem Jahr und sechs Monaten, beziehungsweise sechs und drei Monaten, weil sie verbotene Druckschriften – die „A.J.Z.", Prag, die „Antifaschistische Front", Kopenhagen und „Gegenangriff", Prag – verteilt hatten. Die Verbreitung war auf Grund der Bekanntmachung des Staatsministerium des Inneren vom 4. März 1933,

---

[76] Ebenda. Das Urteil wurde im Zuge der Wiedergutmachung am 26.6.1956 vom Landgericht Bamberg aufgehoben.

[77] „Fränkisches Volk" Nr. 142, 1933 vom 22.6.1933, S. 6, 7; Vgl. Prozeßregister, Akte 84/33. Die Zeitung war amtliches Organ der NSDAP, Gau Oberfranken, beziehungsweise Bayerische Ostmark.

[78] Prozeßregister Sondergericht 93/33; Datenbank 93/925/33/1171: Jahn; 93/926/1172: Schmidt; 93/927/33/1173: Siegler.

Nr. 2188 c. 4 (StA 54) im ganzen Staatsgebiet verboten. Der Hauptangeklagte sollte jene Druckschriften um 15 Pfennige pro Stück verkaufen, wobei fünf Pfennige vom Erlös ihm verblieben. Als die örtliche Polizei auf ihn aufmerksam wurden, flüchtete der Hauptangeklagte in die Tschechoslowakei nach Asch. Von dort brachte er im Auftrag der KPD ein verschnürtes Paket Zeitungen (27 Exemplare „Neue Zeitungen", sieben Exemplare „A.J.Z.", 16 Exemplare „Der Angriff", dazu der Roman „le feu" von Henri Barbusse) in der Nacht vom 4. auf 5. August 1933 über die Grenze zurück nach Deutschland. Dabei wurde er bei Schloßgattendorf festgenommen, die Druckschriften beschlagnahmt. Die Vernehmung des Hauptangeklagten offenbarte seine soziale Lage: entlassen als Arbeiter bei der Reichsbahn, seither arbeitslos, sechs unmündige Kinder. Das Zeitungsaustragen sollte einen kleinen Verdienst bringen, vom Inhalt des Pakets habe er nichts gewußt, wie er bei seiner Vernehmung behauptete. Dies nahm ihm die Anklage nicht ab; schon die Art des „Rücktransports" spreche dagegen. Die drei Angeklagten wurden wegen Verbreitung kommunistischer Druckschriften angeklagt und des Vergehens gegen § 4 der „VO des Reichspräsidenten zum Schutze von Volk und Staat" vom 28. Februar 1933 für schuldig befunden. Sie hätten vorsätzlich gehandelt. Straferschwerend kam hinzu, daß es sich bei der Verbreitung um Druckschriften handelte, „die die gemeinsten Hirngespinste ins Ausland geflohener Emigranten enthalten, Greuelnachrichten, Nachrichten über Zersetzung der NSDAP, kurzum Nachrichten, die geeignet sind, Wankelmütige umzustimmen und zersetzend zu wirken".[79]

Eine andere Verhandlung[80] vom 20. Oktober 1933 richtete sich gegen dreizehn Besucher einer geheimen kommunistischen Veranstaltung am Karfreitag 1933, die in einem Nebenzimmer der Wirtschaft „Zum Krebsachgrund" in Hof stattfand. Die Beschuldigten hatten gegen das Verbot, kommunistische Versammlungen in geschlossenen Räumen abzuhalten, verstoßen (§ 4 Abs. 1 der „Verordnung zum Schutze von Volk und Staat" vom 28. Februar 1933). Ein Angeklagter, Alfred Fikentscher aus Hof (geboren am 11. Mai 1912), befand sich zur Zeit der Urteilsverkündung in Schutzhaft in Dachau. Sämtliche Verurteilte waren Arbeiter beziehungsweise in Arbeit stehende Handwerker. Nur der Gastwirt scheint Sympathisant der KPD gewesen zu sein.

Bei den Zugriffen auf Kommunisten[81] und Zeugen Jehovas liefen die Anzeigen jeweils über die zuständigen Gendarmerieposten; die Denunzianten hat man dabei als „vertrauliche Mitteiler" tituliert.[82] Äußerungen gegen die Regierung, wie im Fall des „stadtbekannten Kommunisten" Heinrich Bloberger aus Hof (geboren 1879) wurden über die Schutzpolizei Hof zur Anzeige gebracht. Zeugen bestätigten dessen Äußerung in der Schankwirtschaft „Garküche": „Der Hitler und seine Unterführer sind die

---

[79] Ebenda gegen Ende der Akte.
[80] Prozeß-Register 95/33: Datenbank: 95/944/33/1175–95/1007/33/1188.
[81] Dem vorausgehenden Prozeß ähnlich die Anklage gegen Georg Horn, Bayreuth, geboren 1898, Kommunist. Die Anzeige wurde durch einen jungen Bäcker von 22 Jahren aus Fichtelberg bei der Gendarmerie-Station Warmensteinach veranlaßt. Strafe: fünf Monate Gefängnis. Prozeßregister: 180/1936; 180/696/1391 beziehungsweise 1432.
[82] Anzeige Gendarmerie-Station Obernsees vom 31.10.1934, Nr. 216; Prozeß-Register: 101/34; Datenbank: Angabe nicht auffindbar.

größten Lumpen". Die Polizeidirektion Hof bestätigte dem Oberstaatsanwalt am Sondergericht, daß der Angeklagte früher kommunistische Druckschriften vertrieben habe; er verhalte sich zwar seit der „Staatsumstellung" nach außen hin loyal, habe aber seine „Abneigung zum nationalsozialistischen Staat ... wiederholt in hiesigen Wirtschaften zum Ausdruck gebracht. Er gilt als listiger Staatsgegner ...".[83] Diese Aussage zur politischen Einstellung des Angeklagten und die „Beleidigungen" der Staatsregierung (Vergehen gegen das Heimtücke-Gesetz vom 20. Dezember 1934) führten zur Strafverfolgung. Bereits vor dem Prozeß hat die Polizei-Direktion Hof den Mann dem Landgerichtsgefängnis Hof zur Schutzhaft überstellt.

Schutzhaft als Strafe in Dachau drohte eine Kellnerin dem Oberkellner Albert Hummel (geboren 1906) im Bahnhofshotel in Hof an, wohl aus Eifersucht, weil er immer zu „seinem Verhältnis" nach Eger fahre und früher Kommunist gewesen sei. Seine Äußerungen zum Reichstagsbrand nach der Urteilsverkündung dazu in Berlin, daß „der (verurteilte) Mann (= Marius van der Lubbe) unschuldig ist, denn nur die Hitler-Leute hätten den Reichstag in Brand gesteckt, sonst niemand anders", bewogen die Kellnerin zu einer vertraulichen Anzeige beim Kreisfachgruppenwalter wegen politischer Unzuverlässigkeit. Zeuge der Anklage war der Hoteldiener, der seit 1930 SA-Mann war. Er warf Hummel außerdem seine Juden-freundlichkeit und seine Staatenlosigkeit vor. Das Bahnhofshotel sei eine Absteige für Juden. „Sie fühlen sich bei Henk wohl (dem Besitzer des Hotels) und wissen, daß sie in seinem Lokal geachtet und geehrt sind."[84] Doch es erfolgte keine Verurteilung; das Verfahren wurde auf Grund des Straffreiheitsgesetzes vom 7. August 1934 (sic!) 1935 eingestellt.[85]

Dagegen wurde gegen den Arbeiter Franz Schlegel aus Wiesenthau (geboren 1899) 1936 erneut ein Verfahren vor dem Sondergericht angestrengt, obwohl er bereits im Konzentrationslager Dachau über ein Jahr eingesperrt gewesen war. Seine Äußerung im August 1936 in der Kotz'schen Gastwirtschaft zu Gaiganz: „Ich war schon 1 Jahr und 10 Tage in Dachau und gehe gleich nochmals 3 Jahre hinunter; das Traurige ist, daß die Gerechten verhaftet worden sind und die Lumpen sind noch da. Spanien ist die Zukunft für unsere Kinder." Sein Zechgenosse Klotz (geboren 1908), den er andernorts in Ermreuth am frühen Abend in der Gaststätte Schäfer antraf, äußerte ebenfalls seine Kritik am Regime, obwohl er ein alter Parteigenosse war. „Es ist bloß traurig für die 380 Mann, die erschossen worden sind und die Lumpen sind jetzt am Ruder und regieren. Das 3. Reich gehört erschossen."[86] Gästen in der Wirtschaft, die den zweiten Angeklagten zur Rede stellten, entgegnete er: „(...) ich bin ein alter Kämpfer. Ich bin schon 1930 in die Partei eingetreten und Ihr alle erst 1933, und das lasse ich mir von Euch Lumpen gar nicht sagen." Den Beschuldigten wurde ihre starke Trunkenheit bei den Äußerungen zu Gute gehalten. Aber da der Arbeiter Schlegel, der schon einmal, wie bekannt, wegen abfälliger Äußerungen über die SA 1933

---

[83] Prozeß-Register: 36/1936: Datenbank 36/1669/35/1333.
[84] Abschrift des Schreibens des Bezirksamts Wunsiedel an die Bayerische Politische Polizei München vom 17.6.1935. Albert Hummel war in Marktredwitz gemeldet, war ledig, staatenlos und ehemaliger Österreicher.
[85] Datenbank 7/1704/35/1320. Unterlagen heute im Staatsarchiv Bamberg.
[86] Mit der Erschießung der 380 Mann meinte er wohl den „Röhm-Putsch" vom 30. Juni 1934.

im KZ Dachau eingesperrt war,[87] der Beschuldigte Klotz, obwohl Mitglied der NSDAP seit dem 1. Mai 1932, nicht als überzeugter Nationalsozialist galt, wurden beide wegen Vergehens gegen das Heimtücke-Gesetz § 2, Abs. I im Januar 1937 zu je fünf Monaten Gefängnis verurteilt. Erschwerend wirkten in beiden Fällen Vorstrafen. Daher wurde ein Gesuch der Frau Schlegel auf Erlaß der Gefängnisstrafe im März 1937 abschlägig von Landgerichtsdirektor Pastor beschieden.[88]

Regimefeindliche Äußerungen in Gastwirtschaften kamen über dort Anwesende zur Anzeige. Der zuletzt behandelte Fall Schlegel führte über den in der Wirtschaft anwesenden Polizeihauptmeister zum Prozeß. Bei anderen Vorgängen lief die Anklage über eine Anzeige bei der SA, die an die Polizeidirektion (Hof) dann weitergeleitet wurde.[89] Der Beschuldigte war „alter Frontkämpfer" seit 1923 und hatte an der SA Kritik geübt. Unter anderem sagte er: „(…) Was brauchen wir noch eine SA, wenn wir ein stehendes Heer hätten. Unser Führer will es ja so. Er will ein stehendes Heer aufbauen und dann die SA dezimieren." Verbunden mit der Äußerung, daß die Ehefrau des Reichsministers Dr. Goebbels eine Jüdin sei, wurde der in Hof lebende Angeklagte Grodel (geboren 1896) in Schutzhaft genommen und später (1935) wegen „gemeinschädlicher Verleumdung" eine Strafe von zwei Monaten Gefängnis vom Staatsanwalt beantragt, diese aber auf 30 Tage Haft beziehungsweise 150 RM reduziert.[90] Bei nicht der Partei angehörigen Angeklagten, die von Denunzianten über die Ortsgruppenleitung mit Meldung an die Kreisleitung angezeigt wurden, führte die Kritik an Parteigrößen zur Verurteilung, auch wenn sie sich inhaltlich kaum vom vorausgehenden Fall unterschieden. Die Bemerkung eines Bauern aus Dörnhof bei Kulmbach brachte der Denunziant zur Anzeige bei der Ortsgruppenleitung: „Da schimpfen die Hitler über die Juden und dabei war die Sonnemann doch auch mit einem Juden verheiratet."[91] Der Bauer Fischer (geboren 1881) bezog sich dabei auf die Heirat Hermann Görings auf dem Obersalzberg am 10. April 1925. Weitere Bemerkungen zu den Deutschen Christen, zum Kirchenstreit und zu den „Negerregimentern der Franzosen", die an der Grenze stehen und nur „auf warme Witterung warten, um in Deutschland einzumarschieren, weil hier die Heeresdienstpflicht eingeführt", führten zur Anklage und einer Strafe von sechs Monaten Gefängnis wegen Verleumdung.

Anzeigen gingen auf verschiedenen Dienstebenen ein: beim Gendarmerieposten, bei der lokalen Parteiorganisation, bei der Polizeidirektion oder beim SA-Verband. In der Regel war die Gendarmeriestation die Anlaufstelle des Denunzianten, „der als Anzeiger nicht hervortreten will". Deshalb mußte die Polizei durch die angegebenen

---

[87] Siehe Fall Gaiganz in: Regierungspräsidentenberichte 1933–1943, Ober- und Mittelfranken, Halbmonatsberichte 16.–31.7.1933 aus: BayHStA, MA 106670–106707: Exzerpt Lau, S. 6: „(…) Der Mörder des SA-Mannes Wiesheyer von Gaiganz wurde durch das Schwurgericht Bamberg am 27. Juli zu Tode verurteilt. Größere Ausschreitungen der empörten Menge bei seinem Abtransport konnten hintangestellt werden." Vgl. auch: Broszat (Hg.), Bayern in der NS- Zeit 1 (wie Anm. 1), S. 55f.: Ein Landkreis in der Fränkischen Schweiz. Der Bezirk Ebermannstadt 1929–1945, ebenda, S. 21–191.
[88] Prozeß-Register 180/1936; Datenbank: 185/852a/36/1435 und 185/852b/36/1395.
[89] Prozeß-Register S.G. 8/1935: Datenbank: 8/174/35/1275.
[90] Prozeß-Register 8/1935: Datenbank: 8/174/35/1275.
[91] Prozeß-Register 43/35: Datenbank: nicht auffindbar. Datei-Aktenauswahl: AZ: 43/766/35/RN 178.

Zeugen die Anzeige erhärten.[92] Wie so oft beschimpfte auch in diesem Fall der Angeklagte im angetrunkenen Zustand die Partei: „Die Führer vom Dritten Reich sind lauter Lumpen. Das vierte Reich kommt noch. Ihr Nationalsozialisten seid alle Lumpen." Oft brachten Animositäten zwischen den Denunzianten, Zeugen und den Betroffenen, bisweilen auch die Angst Anwesender, zur Rechenschaft gezogen zu werden, wenn sie solche „Vergehen" nicht meldeten, den Prozeß ins Rollen.

Regimefeindliche Äußerungen blieben nicht der alleinige Grund für Anzeigen. Es traf auch Kommunisten und Zeugen Jehovas (Ernste Bibelforscher) als Mitglieder gesetzlich verbotener Gruppen. „Vertraulich" wurde der Polizeidienststelle Coburg im März 1936 mitgeteilt, daß eine „Mannsperson" Bibeln zum Verkauf anbiete. Über Zeugen kamen die Nachforschungen der Polizei und die Anzeige beim Ermittlungsrichter in Coburg zu Stande: Vertrieb illegaler Druckschriften durch Ernste Bibelforscher. Ein Schreiben der Politischen Polizei München vom 1. Februar 1936[93] hatte gerade erst die „Bekämpfung der Ernsten Bibelforscher" angeordnet, da „die Anhänger dieser staatszersetzenden Sekte jeder staatlichen Ordnung durch ihren ans Unglaubliche grenzenden religiösen Fanatismus äußerst feindlich gegenüber stehen. Nicht genug, daß sie den deutschen Gruß ablehnen, sich von allen nationalsozialistischen sowie staatlichen Einrichtungen fernhalten und den Militärdienst verweigern, machen sie auch gegen den Heeresdienst Propaganda und versuchen trotz Verbotes durch Herstellung und Vertrieb von Druckschriften sowie durch geheime Zusammenkünfte das ‚Wort Jehovas' zu verbreiten. …". Alle Personen, die erstmals sich dieser Organisation zur Verfügung stellten, waren auf Grund der oben zitierten Bekanntmachung dem Ermittlungsrichter vorzuführen und bis zu sieben Tage in Schutzhaft zu nehmen; bei früheren Führern der Internationalen Vereinigung Ernster Bibelforscher konnte Schutzhaft auf zwei Monate ausgedehnt werden. Da die Aushändigung von Bibeln und Druckschriften durch den Angeklagten auf Grund von Zeugen vor Gericht als erwiesen galt, wurde der Mechanikermeister Alfred Scheler in Schutzhaft genommen und zu vier Monaten Gefängnis verurteilt. Er hatte die Kosten des Verfahrens zu tragen, was ihm jedoch am 30. April 1938 erlassen wurde.[94]

Im Sammelprozeß[95] gegen Ernste Bibelforscher aus dem Raum Selb, Marktredwitz und Arzberg wurden auf Grund eines Ermittlungsprozesses gegen zwei Vertreter der Internationalen Vereinigung Ernster Bibelforscher aus Fürth und Nürnberg auch die Namen eines Teils der Angeklagten aus dem obengenannten Raum bekannt. Von den 20 Beschuldigten wurden vier zu Gefängnisstrafen von zwei bis eineinhalb Jahren, zehn Personen zu Strafen zwischen sechs Monaten und sechs Wochen verurteilt, drei Angeklagte freigesprochen; bei drei Personen war die Strafe durch Anrechnung der Untersuchungshaft verbüßt. Auffallend ist, daß die „Haupttäter wegen ihrer inter-

---

[92] So im Fall des Arbeiters Nikolaus Günther (geboren 1896). Prozeß-Register 37/1936; Datenbank: 37/248/36/1334.

[93] Bekanntmachung Nr. 36513/36 II 1 B. Zum Ganzen vgl. Gerhard Hetzer, Ernste Bibelforscher in Augsburg, in: Broszat (Hg.), Bayern in der NS-Zeit 4 (wie Anm. 1), S. 621–643.

[94] Vergehen gegen § 4 der Notverordnung vom 28.2.1933 in Verbindung mit Ziffer 2 und 3 der Bekanntmachung des Staatsministeriums des Innern vom 13.4.1933 (Staatsanzeiger 88/33). Datenbank: 62/471/1343.

[95] Projekt-Datenbank: 33/98a/1473–33/98q/37/1486.

nationalen Kontakte höhere Strafen erhielten als Angeklagte bei Vergehen gegen das „Heimtücke-Gesetz".[96] Die Anklage wurde von der Kriminalpolizei veranlaßt, das Beweismaterial, wie verbotene Druckschriften, Schallplatten, Grammophon bei Hausdurchsuchungen sichergestellt. Der Hauptangeklagte, Karl Cornelius, sei Haupt dieser Bewegung in Selb gewesen. Die Weitergabe von Druckschriften an Mitglieder der Internationalen Vereinigung Ernster Bibelforscher mit den Titeln „Krise", „Wer ist Gott", „Diener", „Obadja", „Wachturm" galt bereits als „strafbare Handlung", die Teilnahme am internationalen Kongreß der Zeugen Jehovas in Luzern vom 4. bis 7. September 1936 kam erschwerend hinzu. Geheime Treffen mit „Glaubensgenossen" in der Wohnung des Hauptangeklagten verstießen gegen das staatliche Verbot. Nach der Meinung des Gerichts seien „Lehre und Tätigkeit der Ernsten Bibelbewegung volkszersetzend und staatsgefährdend. Sie hätten eine besonders feindselige Einstellung gegen die nationalsozialistische Bewegung und das Dritte Reich."[97] Daher konnte die Strafe des Gerichts nicht zu milde ausfallen.[98] Sie traf Männer und Frauen des mittleren Alters, wobei Männer, Angehörige der Kriegsgeneration des Ersten Weltkrieges, zum Teil Kriegsbeschädigte mit Auszeichnungen waren und jetzt den Wehrdienst aus religiösen Gründen ablehnten. Sie unterstützten mit Geld und Sachspenden ihre ärmeren Glaubensgenossen.

Unzufriedene: Kirchenangehörige, Geistliche

Anders als die Ernsten Bibelforscher waren beide großen Kirchen nicht verboten, doch hatten sich ihre Pfarrer und Gläubigen loyal zum NS-Staat zu verhalten und keine Kritik an Partei und Parteiführern zu äußern. Damit war die Freiheit der Predigt eingeschränkt und dem Spitzel- und Denunziantentum im Gottesdienst Tür und Tor geöffnet. Mitschriften von parteihörigen Stenographen bei der Predigt und die Weitergabe der Protokolle mit Anzeige beim Gendarmerieposten oder auf regionaler Ebene bei der Partei führten zum Prozeß am Sondergericht. Im Juli 1936 predigte zum Beispiel der evangelische Pfarrer Walter Seiler in seiner Kirche in Emtmannsberg/Oberfranken. Dem Denunzianten und Parteigenossen Andreas Schwenk fiel dabei nichts besonderes auf. Erst im Nachtrag, bei den Bekanntmachungen, beschwerte sich der Pfarrer über das Fehlen der Jugend im Gottesdienst. Dies sei Folge der Praxis des Reichsjugendamtes. In der Öffentlichkeit rede Reichsjugendführer Baldur von Schirach davon, daß in der Zeit des Gottesdienstes keine Appelle stattfänden. Dann weiter: „In Wirklichkeit halten wir (so von Schirach) gerade während des Gottesdienstes unsere Appelle." Die Verhaftung von Oberkirchenrat Prieser, Bayreuth, ohne Grund nach der Bemerkung von Pfarrer Seiler, hielt der Denunziant als ebenso erwähnenswert fest wie das Schlußgebet: „ (…) und errette unseren Oberhirten aus den Händen dieser verbrecherischen Heuchler." Die Anzeige erfolgte über den Orts-

---

[96] Vergleiche weiter oben angeführte Prozesse. Ergänzend: Witetschek, Regierungspräsidentenbericht 2 (wie Anm.9). Regierungspräsidentenbericht BayHStA, MA 106670–106707: Exzerpt Lau, S. 43: Mai 1937.
[97] Projekt-Datenbank: Karl Cornelius, Malermeister Marktredwitz: 4g/1086/36/1454 oder: 33/98a/1473; Lorenz Wunderlich, Schmiedegehilfe, Selb, vier Monate Gefängnis: 4h/1086/1455.
[98] Grundlage der Verurteilung war die Bekanntmachung des bayerischen Staatsministeriums vom 13.4.1933 (Staatsanzeiger Nr. 88) und § 4 der Verordnung vom 28.2.1933, Ziffer 1 und 2.

gruppenleiter und lief weiter an das Gericht, doch wurde das Verfahren am 30. April 1938 auf Grund des Amnestiegesetzes eingestellt.[99]

Auch Richter als Amtspersonen waren vor einer Anklage wegen Vergehens gegen das „Heimtücke-Gesetz" nicht gefeit. So wurde gegen Dr. Leo Wachter (geboren 1900), Oberamtsrichter in Höchstadt an der Aisch, eine Strafe von vier Monaten Gefängnis 1936 ausgesprochen, jedoch auf Grund des Amnestiegesetzes erlassen.[100] Der katholische Pfarrer Hans Lang aus Hohenmirsberg bei Pottenstein erhielt eine Gefängnisstrafe von sechs Monaten, da er gegen das „Heimtücke-Gesetz" 1936 verstoßen hatte.[101] Später erfolgte 1938 ein Freispruch, ähnlich den Verfahren in gleicher Sache gegen den Kuraten Georg Bank in Pressig/Frankenwald 1937,[102] oder gegen den katholischen Pfarrer Sebastian Pfriem aus Thälheim in Unterfranken.[103] Das Verfahren gegen den katholischen Pfarrer Karl Römer in Mainroth in gleicher Sache wurde ebenfalls auf Grund des Amnestiegesetzes eingestellt,[104] ebenso gegen Michael Ripperger, katholischer Pfarrkurat in Kirchenbirkig.[105] Auf evangelischer Seite sistierte das Gericht einen Prozeß gegen Theodor Lippert, Stadtvikar in Coburg, in gleicher Sache;[106] der Prozeß gegen den katholischen Pfarrer von Obereßfeld/Unterfranken, Karl Hofmann, 1937 in gleicher Sache, wurde nicht weiterverfolgt.[107] Auch der Prozeß gegen den evangelischen Pfarrer von Stammbach/Fichtelgebirge, Wilhelm Riegel, auf Grund des Heimtücke-Paragraphen, blieb ohne Strafe, da Amnestie[108] angewandt wurde. Die freimütigen Äußerungen von Kurat Förtsch aus Höhengüßbach bei Bamberg[109] in Predigten zur (Ehren-)Rettung der Juden, daß sie „doch auch sehr viel Gutes täten ..." wurden am 23. Februar 1936 bereits bei der Partei denunziert. Als Anzeige tauchen sie in den Monatsberichten des Regierungspräsidiums von Ober- und Mittelfranken auf. Er wurde jedoch am Sondergericht Bamberg am 8. Juni 1936 von der Anklage wegen Kanzelmißbrauchs freigesprochen. Im Bericht wird auch über Pfarrer Henkel, Litzendorf, Pfarrer Schütz in Burgebrach, Pfarrer Wich in Pettstadt, Domkapitular Georg Köhler in Bamberg[110] und weitere Pfarrer in Burggrub, Gaustadt, Scheßlitz[111] und so weiter berichtet.[112] Der NSDAP

---

[99] Datenbank: 78/831/36/1508. Prozeßregister 78/1937.
[100] Datenbank: 82/1518/35/1352 und Prozeß-Register-Nr. 82/36.
[101] Datenbank: 57/675/36/1498. Auszug Projekt Datenbank AZ: Lang: 57/75/36/RN:386.
[102] Datenbank: 63/259/37/1501.
[103] Datenbank: 79/768/36/479. Amtssitz war nicht feststellbar.
[104] Datenbank: 82/439/37/409.
[105] Datenbank: 84/1718/37/1510.
[106] Datenbank: 85/561/37/1511.
[107] Kartei der Staatsanwaltschaft Bamberg beim Landgericht SG Js 1937 1085/1937, Nr. 4. In der Datenbank nicht auffindbar.
[108] Datenbank: 13/929/37/1556. Witetscheck, Regierungspräsidenten-Berichte 2 (wie Anm. 9), S. 310f.
[109] Witetschek, Regierungspräsidenten-Berichte 2 (wie Anm. 9), S. 63f, 83; Exzerpt Lau: S. 29, Monatsbericht VI, 1936, 4. Kath. Kirche; Stephan Hübschmann, Pfarrer Martin Förtsch (1894–1969), in: Heimat Bamberger Land I, 1997, S. 14–18.
[110] Datenbank: 32/118/39/1605: Strafe: ein Monat Gefängnis.
[111] Aussonderungsliste bei dem Landgericht in Bamberg 1940–1942, Nr. 102: SG 104/1940 (SGJs 934/40). Pfarrer Johann Hart aus Scheßlitz, Freispruch vom Heimtücke-Paragraphen.
[112] Witetschek, Regierungspräsidenten-Berichte 2 (wie Anm.9), S. 80, 240; S. 83: I, 1936 (Schütz).

war der Widerstand der Bevölkerung von Waischenfeld gegen das dortige SS-Lager bekannt. Dies führte zu einigen „unangenehmen Zwischenfällen" bei der Fronleichnamsprozession.[113] Der evangelische Frankentag auf dem Hesselberg – mit Sonnwendfeuer – zog 1936 200000 Menschen an. Auf den Widerstand der Kirchen allgemein in der Region kann hier nicht weiter eingegangen werden.[114]

Denunziation beziehungsweise Anzeigen erfolgten, wie bereits oben ausführt, über Parteigenossen oder der Partei nahestehende Personen, über Spitzel bei der Predigt oder über verärgerte, mißgünstige Nachbarn, Arbeitskollegen oder wegen persönlicher Animositäten im Alltagsleben. Die Ausnahme blieb die Anzeige aus ideologischen Gründen wie im Fall des Gemeindeschreibers und SA-Obersturmbannführers Rudolf Pöhlmann aus Stammbach (BA Münchberg), der wegen parteischädigenden Verhaltens in das Konzentrationslager Dachau eingeliefert wurde, weil er Hans Schemm, Gauleiter in Bayreuth, nach dessen Tod beschimpft hatte.[115] 1936 wurde er wegen parteischädigender Äußerung erneut angeklagt.[116] Der Verurteilung des Missionspredigers P. Hugo Ille, Missionshaus St. Heinrich (Comboni-Missionar), Bamberg, zu fünf Monaten Gefängnis auf Grund des Heimtücke-Gesetzes lagen parteifeindliche Äußerungen auf der Kanzel zu Grunde. Die Anzeige erfolgte durch „Protokollanten".[117]

Die Mehrheit der Fälle aus der Zeit vor dem Kriegsausbruch entstammte auch nach 1936 dem Alltag der Bevölkerung. Sie spiegeln die Unterdrückung der Konfession ebenso wie die freimütige Haltung einzelner Betroffener gegenüber dem Regime. Sie sollen zum Abschluß schlaglichtartig den „kleinen Widerstand", ob bewußt oder unbewußt, ohne Einbeziehung der Verfolgung der Juden und deren Deportation in die Konzentrationslager, dokumentieren.[118]

Hauptmotiv zu Äußerungen gegen Staat und Partei war bei den Bauern die desolate Lage des Standes. So sprach der „Erbhofbauer" Kaspar Roth (geboren 1899) aus

---

[113] Ebenda, S. 97f.; Exzerpt Lau, S. 24, 29.

[114] Zum Verhältnis von katholischer und evangelisch-lutherischer Kirche zum NS-Staat in Franken vgl. Klaus Guth, Konfessionsgeschichte in Franken 1555–1955. Politik, Religion, Kultur, Bamberg 1990, S. 206–217; Werner K. Blessing, „Deutschland in Not, wir im Glauben." Kirche und Kirchenvolk in einer katholischen Region (Erzbistum Bamberg) 1933 bis 1949, in: Martin Broszat / Klaus-Dietmar Henke / Hans Woller (Hg.), Von Stalingrad zur Währungsreform. Zur Sozialgeschichte des Umbruchs in Deutschland, München ³1990, S. 3–111; Thomas Breuer, Verordneter Wandel? Der Widerstand zwischen nationalsozialistischem Herrschaftsanspruch und traditionaler Lebenswelt, Mainz 1992; Winfried Becker, Neue Freiheit vom Staate. Bewährung im Nationalsozialismus, in: Walter Brandmüller (Hg.), Handbuch der Bayerischen Kirchengeschichte 3, St. Ottilien 1991, S. 322–392.

[115] Schutzhäftling in Dachau lt. Akte vom 23.2. bis 13.7.1935. Zum KZ Dachau vgl. Günter Kimmel, Das Konzentrationslager Dachau, in: Broszat (Hg.), Bayern in der NS-Zeit 2 (wie Anm.1), S. 349–413.

[116] Die Gerichtsakte vom 25.2.1936 hält Pöhlmanns unter anderem parteifeindliche Äußerungen fest: „Das deutsche Volk muß nach seiner Dummheit regiert werden." Des weiteren: „Ich bin Nationalsozialist und bleibe Nationalsozialist bis ich sterbe, (ich) bin bloß kein Hitler." Oder: „Ich brauche keinen Führer." Vgl. auch weiter oben Anm. 71, Freispruch nach Datenbank: Aktenauswahl, AZ; 95/62/36/RN: 245.

[117] Witetschek, Die kirchliche Lage 2 (wie Anm. 9), S. 197: Monatsbericht für Juni 1937; Projekt-Datenbank: 68/176/37/1502; Bernhard Zittel, Die Volksabstimmung im Dritten Reich im Spiegel der Geheimberichte der Regierungspräsidenten von Ober- und Mittelfranken, in: JfL 34/35, 1975/75, S. 109–1078.

[118] Die Verfolgung der Juden bleibt einer eigenen Studie vorbehalten. Hauptquelle dazu sind die Regierungspräsidenten-Berichte 1933 bis 1943, bearbeitet von Helmut Witetschek (wie Anm. 9) und die Archivalien im BayHStA München: MA 106677–106704. Vgl. weiter oben Anm. 68.

Stegaurach, obwohl Parteigenosse, in aller Öffentlichkeit 1937 in der Gastwirtschaft Krug die miserablen Zustände der Bauern im Aurachgrund an: Als Bauernführer nehme er heuer nicht an der Versammlung zur Vorbereitung des Erntedankfestes teil. 36 beziehungsweise 15 Bauernführer hätten bereits ihren Posten „in dieser Gegend" niedergelegt. „Fünf Maß zahl' ich dem, der meinen Bauernführerposten übernimmt. (Sie) sollen mich nach Dachau tun lassen; denn in Dachau ist es besser für uns Bauern wie auf unserem Bauernhof. … Die sollen heute noch einmal wählen lassen … dann können sie ihr blaues Wunder erleben."[119] Der Verärgerung der Bauern lag der allgemeine Preisverfall für landwirtschaftliche Produkte zu Grunde.[120]

„Wenn wir nur wenigsten 12 Pfennige in der Stunde verdienen könnten. Wir verdienen aber keine 3 Pfennige in der Stunde. Der Bauernstand ist kaputt gemacht." Obwohl der Angeklagte, der als Frontkämpfer im Ersten Weltkrieg ausgezeichnet worden war, wußte, daß seinen Äußerungen durch einen der anwesenden Mithörer weitergegeben würden, machte er seinem Unmut und seiner indirekten Resistenz in aller Breite Luft: „Und da glauben sie, daß wir noch länger mitmachen!" Die Verurteilung erfolgte 1938 wegen „hetzerischer Äußerungen" auf Grund des Heimtücke-Gesetzes zu drei Monaten Gefängnis. Mit Verfügung vom 4. September 1947 wurde die Strafe durch den Oberstaatsanwalt am Landgericht Bamberg aufgehoben. Der Entscheidung lag Artikel 9 des Bayerischen Gesetzes zur Wiedergutmachung nationalsozialistischen Unrechts in der Strafrechtspflege vom 28. Mai 1946 zu Grunde.[121]

Alle „Stänkerer und Nörgler" am Regime waren in den Worten der Anklage der Denunziation ausgesetzt, ob sie Bauern, Handwerker, Angestellte oder Akademiker waren. Bei Bäckermeister Franz Degen (geboren 1894) in Hollfeld führten die Äußerungen im Zusammenhang der Konkurrenz durch die neu errichtete Hans-Schemm-Halle, die seinem Café durch die Veranstaltungen der NSDAP dort abträglich sei, verbunden mit Kritik an der NSDAP, weil sie die öffentliche Meinung einschüchtere, zur Verurteilung.[122] Der Schmied Johann Holzmann aus Oberhaid (geboren 1896) erhielt die Bestätigung einer Anzeige von seinen eigenen Kindern und der Ehefrau aus familiären Gründen. Er wurde der regimefeindlichen Äußerungen in der Familie bezichtigt. Besonders ärgerte den Angeklagten, daß seine beiden Söhne der Hitler-Jugend angehörten.[123] Auf Grund der Auseinandersetzungen mit den Söhnen und „wüster Beschimpfungen" gegen den Führer in der Familie wurde er zur Schutzhaft ins Lager Dachau seit dem 9. September 1937 verbracht, später aber freigesprochen.[124]

Aus der beruflichen Tätigkeit im katholischen Milieu, beim St. Otto-Verlag[125] Bamberg, im Gesellenverein beziehungsweise in der Jungfrauen-Kongregation,

---

[119] Aufnahme der Beschuldigungen durch die Kriminalstation Bamberg.
[120] Das Urteil spricht von 48 bis 52 Pfennigen für das Pfund Schweinefleisch; die Gestehungskosten aber sind 64 Pfennige.
[121] Prozeß-Register SG 18/38. Datenbank: 18/1090/1558.
[122] Prozeß-Register SG 36/1937. Datenbank: 36/71/71/37/1489. 1949 wurde Franz Degen erneut wegen §2 des Heimtücke-Gesetzes verurteilt. Strafe: ein Jahr Gefängnis.
[123] Prozeß-Register SGJs. 895/37.
[124] Datenbank: 139/895/37/1550 oder Aussonderungsverzeichnis der Staatsanwaltschaft SG Nr. 724–793 (1257), 1937/38.
[125] Zur Schließung des Otto-Verlages vgl. Witetschek, Regierungspräsidenten-Berichte 2 (wie Anm. 9); S. 213f.

erwuchsen 1937 der Witwe Anna Thäle (geboren 1879) und der Kontoristin Eva Braun (geboren 1908), auf Grund einer Hausdurchsuchung durch die Geheime Staatspolizei Nürnberg-Fürth ein Verfahren am Sondergericht Bamberg. Anlaß dazu gaben Flugschriften, die bei ihrer Freundin Berta Klein gefunden wurden. Sie waren deren Schwester Luise (geboren 1919) über den späteren Verleger Hans Rost, Bamberg, zugegangen. Dazu gehörten ein Flugblatt an den Reichsstatthalter Ritter von Epp vom Erzbischof von Bamberg, ein Flugblatt an den Reichsminister Kerrl, ein Flugblatt an den Reichsstatthalter Ritter von Epp von Kardinal von Faulhaber, ein Flugblatt „Der Kampf um das Kreuz im Oldenburger Münsterland", und ein Flugblatt des Erzbischofs von Freiburg im Breisgau an den Reichsstatthalter. Während der Dienstzeit[126] erhielt sie als Kontoristin auch andere Flugschriften und den „Offenen Brief an den Reichsminister Dr. Goebbels" zum Lesen. Gerade dieser „Offene Brief" wurde nach längerem Suchen in der Wohnung Eva Brauns, versteckt zwischen Koffer und Überzug, von der Geheimen Staatspolizei gefunden. Der Heimtücke-Paragraph führte bei Eva Braun zum Freispruch, bei Anna Thäle zu einer Gefängnisstrafe von drei Monaten, die aber durch das Amnestiegesetz aufgehoben wurde.[127]

Widerständige: Resistenzformen bei „Volksgenossen"

Widerständische Handlungen reichten von der Weitergabe von Flugschriften, Unmutsäußerungen im Affekt im Wirtshaus bis zur bewußten Annahme des Risikos, bei regimefeindlichen Äußerungen in der Öffentlichkeit denunziert zu werden. Solche Delikte häuften sich gerade vor Kriegsbeginn am Sondergericht. Mit wenigen Ausnahmen waren 169 Prozesse im Jahr 1937, 96 im Jahr 1938 und 84 im Jahr 1939 allein wegen eines Verstoßes gegen das Heimtücke-Gesetz geführt worden.[128] Korbmacher (Hans Hetzel), Handelsvertreterin (Frieda Schwämmlein), Maurer (Wilhelm Schramm), Maler (Georg Leikeb) und Gastwirte (Erich Schaeffler) bekundeten in ausgewählten Fällen die Bereitschaft, durch ihre Äußerungen in der Öffentlichkeit eine Anzeige zu riskieren.[129] Es waren mehrheitlich Vertreter der breiten Bevölkerung, Leute aus dem Volk, die ihre Meinung zur NSDAP, zu ihren Führern, Parteifeiern oder Partei-Ehrungen ungeschützt kundtaten. Sie wurden in der Regel durch Leute ihrer Umgebung, den Angepaßten, Mißmutigen, vom Regime Eingeschüchterten, Staatstreuen oder Profitierenden zur Anzeige gebracht. Frau Schwämmlein aus Coburg, Vertreterin von Beruf (geboren 1897), traf beim Gespräch mit Bekannten den Nagel auf den Kopf, nachdem sie das Vorgehen (8./9. November 1938, der Verfasser) gegen die Juden, die Angst vor einer Blockade durch England, die Lebensmittel-Rationalisierung und die jüngste Wahl (vom 10. April 1938, d. Verf.) angesprochen hatte, wenn sie vom Gericht zitiert wird: „Der Hitler hat ja alles falsch gemacht und jetzt weiß er mit

---

[126] Luise Klein war ab 1.5.1935 beim Otto-Verlag angestellt.
[127] Prozeß-Register SG Nr. 112/1937. Datenbank: 112/881a/37/1541; 112 /881b/37/1542.
[128] Vgl. Datenbank: Sondergericht für die Jahre 1937, 1938, 1939.
[129] Die Sondergerichtsverfahren der vier genannten Berufe sind in der Datenbank unter den Nummern: Hans Hetzel: 58/461//38/1577, Urteil: drei Monate Gefängnis; Frieda Schwämmlein: 57/555/39/1609, Urteil: drei Monate Gefängnis; Georg Leikeb: 61/590/39/1612, Urteil: 4 Monate Gefängnis; Wilhelm Schramm: 17/19/39/1597, Urteil: 3 Monate Gefängnis; Erich Schaeffler: 42/188/39/1606, Verfahren eingestellt.

seinem Nüschel (Coburger Ausdruck für Kopf, d. Verf.) nicht wonan (wohin, d. Verf.)".[130] Dabei klopfte sie sich mit der Hand an die Schläfe als Zeichen für dessen Verrücktheit. Die Gesprächspartner, eine ganze Familie, brachten die Frau vor Gericht.

Der kleine Widerstand im Alltag gegenüber dem Regime hatte viele Formen. Bisweilen äußerte er sich auch im Witz. Ein Maurer namens Wilhelm Schramm (geboren 1908) erzählte im Frühjahr 1938, zur Zeit des Anschlusses Österreichs an das Deutsche Reich, seinen Arbeitskollegen im Granitwerk Müller, Wirsberg, folgenden Witz: „Auf einem Schiff fuhren drei Ärzte, ein englischer, ein französischer und ein deutscher Arzt. Die beiden ersten erzählten von ihrer Kunst, worauf der deutsche Arzt erklärte, das sei gar nichts. Wir Deutsche machen aus einem österreichischen Arschloch einen Reichskanzler." Die Warnungen, den Witz nicht weiterzuerzählen, schlug der Angeklagte in den Wind. Dieses, die Verspottung des Hitler-Grußes und seine öffentliche Stellungnahme zur Annexion der „Resttschechei": „Ja, das gibt Krieg, und dann sind wir bloß die Leidtragenden und die Großen setzen sich doch in den Hinterhalt" (ab, d. Verf.), brachten ihn durch „Kameraden-Anzeige" den Prozeß.[131] Am 17. April 1939 wurde er zu acht Monaten Gefängnis verurteilt.[132]

Die Stimmung vor Kriegsbeginn in der breiten Bevölkerung gegenüber der Partei beleuchtet schlaglichtartig die Verhandlung gegen den Gastwirt Schaeffler vor Gericht. Im Disput mit Wirtsgästen beschwerte er sich über die örtlichen Parteigrößen im Raum Weißmain. Sie seien, wie der Ortsgruppenleiter, kein Vorbild, ja der sei „das verbotenste Mannsbild" und der Bürgermeister von Weißmain dulde dessen Übergriffe. Er sei 1933 aus der Partei ausgetreten und habe seine Papiere dem Gauleiter Hans Schemm zurückgeschickt, weil er von der „ganzen Schweinerei" nichts mehr wissen wollte. Und den späteren Zeugen vor Gericht forderte er sogleich auf, doch den Vorfall dem Kreisleiter anderntags zu berichten. Unerschrocken äußerte er sich zu den Deportationen der Juden: „… Ihr werdet alle gehört haben, daß der Führer am Parteitag (Parteitag Großdeutschland 1938) gesagt hat, es leben 3,5 Millionen Deutsche außerhalb der Grenzen, die genauso Menschen sind wie ihr und wir dulden es nicht, daß solchen die Menschenrechte abgesprochen werden. Und gleichzeitig werden heute Hunderttausend von Juden auf der Straße zertreten und zum Hungern gezwungen. Sie sind doch dieselben Menschen und haben dieselben Menschenrechte wie die Deutschen außerhalb unserer Grenzen. Sie sind von Gott genauso geschaffen worden wie diese." Und schon stand der spätere zweite Zeuge auf und holte die Gendarmerie. Dies geschah am 9. März 1939 nach 20 Uhr 30 in der Niestenmühle, Gemeinde Neudorf im Kleinziegenfelder Tal. Es war das Ergebnis einer mehrstündigen „Auseinandersetzung" in der Gastwirtschaft mit den drei späteren Zeugen. Die Anzeige ging bis an den Reichsminister der Justiz. Später wurde das Verfahren jedoch eingestellt wohl auch deshalb, weil die örtlichen Parteigrößen, besonders aber der „Goldfasan" Bethlehem auch bei der Parteileitung in der Region verrufen, der Angeklagte, 1903 in Fürth geboren, als unbescholten galt. Von Hamburg als Kellner kommend hatte er die Gastwirtschaft erst im Februar 1938 gepachtet.[133]

---

[130] SG Js vom 23.10 1939. Datenbank: 57/555/39/1609.
[131] Prozeß-Register SG 17/19. Datenbank siehe vorherige Anmerkung 129: Wilhelm Schramm.
[132] Datenbank: 17/19/39/1597
[133] Die große Schlußrede des Führers vor dem Kongreß, in: Reden des Führers am Parteitag Großdeutschland 1938, München ⁴1939, S. 58-(80), hier: S. 70–78.

Ergebnisse

Die in Auswahl vorgelegten Prozeßunterlagen des Sondergerichts Bamberg 1933 bis 1939 haben unterschiedliche Ergebnisse gebracht. Die quantitative Auswertung der etwa 500 Urteile, die im Zeitraum der „Machtergreifung" bis zum Zweiten Weltkrieg am Sondergericht gefällt wurden,[134] bestätigt die Vermutung, daß mehrheitlich Männer vor das Sondergericht gebracht wurden (88,89 %).[135] Die Berufe der Angeklagten entsprachen in etwa dem Querschnitt in der Bevölkerung. Handwerker, Arbeiter und Kaufleute stellen etwa 73% der Angeklagten, die Landwirte etwa 5,4%, die Akademiker, mit zwölf Personen etwa 2,4% der Betroffenen,[136] rangieren am Ende der Skala. Schwerpunkte der Anklage waren im Jahr 1933 Vergehen gegen die „Reichtagsbrandverordnung" (§ 4 der VO vom 28. Februar 1933) mit 95 Fällen (48,22%) und Anklagen wegen „Greuelpropaganda" (§ 3 VO vom 21. März 1933) in 72 Fällen (36,55%). Im Gerichtsjahr 1934 stehen die Anklagen wegen „Greuelpropaganda" bereits mit 103 Fällen an der Spitze der Tabelle (73,57%), in der die Inhalte der Anklage evaluiert werden.[137] Dieser Spitzenplatz blieb bis Kriegsbeginn erhalten. Erst das Kriegsrecht änderte die Inhalte der Anklage, auch wenn im Jahr 1940 die Vergehen gegen das Heimtücke-Gesetz überwogen.[138] Später kamen vor allem Vergehen gegen die Kriegswirtschaft hinzu. Schwarzschlachten, verbotener Tauschhandel mit Stoffen und Lebensmitteln, Beiseiteschaffung von Bescheinigungen für Bezugsausweise, verbotener Umgang mit Kriegsgefangenen (1944),[139] Entwendung von Lebensmitteln, Diebstahl, Abhören von „Feindsendern", verbotener Tauschverkehr, Beihilfe zur Fahnenflucht und ähnliche Vergehen waren Anklagepunkte am Sondergericht Bamberg während der Kriegsjahre.

Daß Todesurteile durch das Sondergericht Bamberg nicht verhängt wurden, ist nicht verwunderlich. Solche Fälle blieben dem 1. Strafsenat am Bayerischen Obersten Landesgericht München und dem Volksgerichtshof Berlin unter Präsident Roland Freisler vorbehalten. „Umso schwerer lastet auf dem Berliner Sondergericht die Verantwortung für mehr als 1000 Todesurteile, die während des Krieges bei der Ahndung der allgemeinen Kriminalität unter Anwendung vor allem der die Praxis weitgehend beherrschenden Volkschädlingsverordnung verhängt wurden."[140] Sie traf besonders „minderwertige" Kriminelle. Aus der Praxis ist nachweisbar, daß Angehörige von Minderheiten, wie jüdische, polnische und kommunistische Angeklagte, in der Strafverfolgung mit Kriminellen gleichgesetzt wurden.[141]

[134] Vergleiche weiter oben unter Anmerkung 66 die genauen Zahlen.
[135] Forschungsstelle, Abt. Widerstandshaltungen, Akt II, 665 251.
[136] Das entspricht den Untersuchungen anderer Sondergerichte, so in Düsseldorf; vgl. Ralph Angermund, Die geprellten „Richterkönige", in: Mommsen (Hg.), Herrschaftsalltag (wie Anm. 8), S. 314f. Zur Lage der Arbeiterschaft im Dritten Reich vgl. Broszat (Hg.), Bayern in der NS- Zeit 1 (wie Anm.1), S. 193–325.
[137] Forschungsstelle, Abt. Widerstandshaltungen: Quantitative Profile.
[138] Vergleiche Aussonderungsliste der Staatsanwaltschaft beim Landgericht Bamberg 1940: 164 Nummern. Ähnliche Ergebnisse bei Schwarz, Rechtsprechung (wie Anm. 18), S. 217.
[139] Aussonderungsliste der Oberstaatsanwaltschaft für Jg. 1944, zum Beispiel Nr. 14. Strafe: ein Jahr und sechs Monate Zuchthaus!
[140] Schwarz, Rechtsprechung (wie Anm. 18), S. 219.
[141] Schwarz, Rechtsprechung (wie Anm. 18), S. 220.

Bis zur Einführung der Kriegsgesetze verhandelten ordentliche Gerichte in Hoch- und Landesverratsprozessen Anklagen wegen Widerstand. Die Geheime Staatspolizei schaltete sich bereits seit 1937 in Ermittlungsverfahren bei hoch- und landesverräterischen Vorgängen ein und überwachte somit die Behandlung politischer Delikte durch die Justiz. Damit machte die Staatspolizei mit Billigung des Reichsjustizministeriums[142] seit der „Machtergreifung" der Justiz die Kompetenz in der Strafverfolgung von „Staatsfeinden" und „Volksschädlingen" streitig. „Zwar waren nach 1933 90 bis 95% aller gerichtlichen Verfahren ‚normale' unpolitische Fälle, die durch die nationalsozialistische Machtergreifung in keiner Weise beeinflußt wurden, aber in den restlichen politisch oder rassenpolitisch brisanten Verfahren entwickelte sich eine Rechtsprechung, in der von 1933 an das Bemühen erkennbar ist, den Anforderungen der ‚neuen Zeit weitgehend zu entsprechen'".[143] Sie führten am Sondergericht Bamberg während des Krieges zu Todesstrafen bei Delikten wegen „Wehrkraftzersetzung",[144] bei Anklagen nach der „Volksschädlingsverordnung"[145] oder „Verbrechen bei Fliegergefahr".[146] 45 Todesurteile mit Hinrichtung sind bekannt.[147] Sicher gab es auch Richter, die ihr Rechtsempfinden nicht der Partei opferten und Urteile fällten, die gegen die NS-Rechtsvorstellungen verstießen. Bekannt ist der Brandenburger Amtsrichter Dr. Lothar Kreyssig (1898–1986).[148] Er leistete gegen die Tötung von Geisteskranken in seinem Bezirk Widerstand und wurde deshalb gezwungen, in

---

[142] Erlaß des Reichjustizministeriums vom 5.1.1935: Bundesarchiv Koblenz R22/1074. Erlaß des Reichsführers der SS und des Chefs der Deutschen Polizei vom 18.2.1937: Bundesarchiv Koblenz R22/1462, Bl. 190. Angabe nach Angermund, „Richterkönige" (wie Anm. 136), S. 316, Anm. 36.

[143] Angermund, „Richterkönige" (wie Anm. 136), Zitat S. 317. Vergleiche auch: Hans Frank, Der Richter im nationalsozialistischen Staat, in: Deutsches Recht 6, 1936, S. 10 (Leitsätze!).

[144] Verordnung zur Erweiterung der Strafbestimmungen bei Wehrkraftzersetzung vom 25.9.1939: RGBl. 1939, I, S. 2319.

[145] Verordnung gegen Volksschädlinge vom 5.9.1939: RGBl. 1939, I, S. 1679.

[146] Ebenda und Angermund, „Richterkönige" (wie Anm. 136), S. 324f.

[147] Sondergericht Bamberg/Tabelle: Todesurteile

Jahr	SG Bamberg Urteile ingesamt	SG Bamberg davon Todesurteile	Deutsches Reich Todesurteile insgesamt
1939		–	99
1940	164	5	926
1941	229	9	1292
1942	333	20	3660
1943	124	6	5336
1944	92	5	
1945	20	–	
Gesamt	962	45	11313

Quelle Sondergericht Bamberg: Aussonderungsverzeichnis der Archivalien der Staatsanwaltschaft beim Landgericht Bamberg, Angermund, „Richterkönige" (wie Anm. 136), S. 373: Bundesarchiv Koblenz R 22/4692: Todesurteile im Dritten Reich; Hans Schütz, Justiz (wie Anm. 41), S. 233, kennt nur 34 Todesurteile des SG Bamberg.

[148] Als einziger deutscher Richter prangerte das engagierte Mitglied der Bekennenden Kirche, der einstige Corpsstudent und national gesonnene Verächter der Demokratie, die Euthanasiemorde der Nationalsozialisten an und erstattete Anzeige gegen Heinrich Himmler, den Reichsleiter der SS, der mit der Mordaktion beauftragt war. Vgl. dazu Konrad Weiß, Lothar Kreyssig. Prophet der Versöhnung, Gerlingen 1998.

den vorzeitigen Ruhestand zu treten.[149] Die Verurteilung des Oberamtsrichters Dr. Leo Wachter am Amtsgericht Höchstadt/Aisch wegen Verstoßes gegen das Heimtücke-Gesetz 1936 bleibt im Gerichtsbezirk Bamberg die Ausnahme.[150] Das bedeutet jedoch nicht, daß es an Zeugen des Widerstandes gegen den Unrechtsstaat besonders nach 1939 in Franken fehlt, die für ihre Überzeugung bis in den Tod gingen. Bekannt ist der Fall des Rechtsanwaltes Hans Wölfel aus Bamberg. Er wurde in Berlin am 10. Mai 1944 vom 6. Senat des Volksgerichtshofes zum Tode verurteilt und hingerichtet.[151] Anlaß dazu gab einen Denunziation einer jungen Parteigenossin aus Biberach. Zeugnisse für ihren Glauben gaben Geistliche und Laien gerade in den Kriegsjahren. Sie sind im Martyrologium der katholischen Kirche für das 20. Jahrhundert erfaßt.[152] Den zum Tod führenden Widerstand von Vertretern der Parteien, der Militärs, der Christen verschiedener Kirchen, der Juden, der Studentinnen und Studenten, der Kriegsdienstverweigerer, von „Volksgenossen", die keiner Gruppe zuzuordnen sind, hat die regionale wie überregionale Forschung erfaßt und bereits mehrheitlich dokumentiert. Ihr Zeugnis erinnert an den Aufstand des Gewissens gegen den Unrechtsstaat, damals wie heute gegen Diktaturen des 20. Jahrhunderts.

---

[149] Lothar Gruchmann, Ein unbeugsamer Amtsrichter im Dritten Reich. Aus den Personalakten des Dr. Lothar Kreyssig. Dokumentation, in: Vierteljahreshefte zur Zeitgeschichte 32, 1984, S. 461–488. Es gab aber auch Richter, die ihre Gefolgschaft verweigerten., so Reichsgerichtsrat Dr. Hans von Dohnanyi (geboren am 1.1.1902, hingerichtet am 8.4.1945) oder den Chef der Heeresjustiz Karl Sack (geboren am 9.6.1896, hingerichtet am 4.2.1945); aber auch Juristen in der Verwaltung, wie Vortragender Legationsrat in der Kulturpolitischen Abteilung des Auswärtigen Amtes Hans-Bernd von Haeften (geboren 18.12.1905, hingerichtet am 15.8.1944) waren Opfer des Regimes. Bibliographische Ergänzungen verdanke ich Hans-Joachim Schwarz, M.A., Bamberg.

[150] Vgl. weiter oben Anm. 100 und Isabel Richter, Hochverratsprozesse als Herrschaftspraxis im Nationalsozialismus. Männer und Frauen vor dem Volksgerichtshof 1934–1939 (Theorie und Geschichte der bürgerlichen Gesellschaft 19), Münster 2001.

[151] Werner Zeißner, Hans Wölfel. Lebensbild eines Blutzeugen unseres Jahrhunderts, Bamberg 1994; Johannes Wieban, Hans Wölfel. Zulassungsarbeit für das Lehramt, Gesamthochschule Bamberg 1976 (Mschr.), vom Verfasser betreut.

[152] Zeugen für Christus. Das deutsche Martyrologium des 20. Jahrhunderts, 2 Bde., hg. v. Hans Moll, Paderborn u.a. 1999/2000; Martin Broszat / Elke Fröhlich (Hg.), Bayern in der NS-Zeit 6: Die Herausforderung des Einzelnen, München/Wien 1983.

Joachim A n d r a s c h k e

Anmerkungen zu „Namenkundliche Irrwege in Franken"

Im 61. Band dieser Jahrbuchreihe unternahmen Frau Dorothea Fastnacht und Herr Robert Schuh den Versuch, „Namenkundliche Irrwege in Franken" aufzuzeigen. Gegenstand dieser Untersuchung war der Aufsatz „Ungeklärte Siedlungsnamen keltischer Höhensiedlungen im Regnitz- und Maingebiet" in der Reihe Geschichte am Obermain 22, 1999/2000, aus meiner Feder. Sollte nicht grundsätzlich auch dem Irrenden gebührender Dank gelten, da auch der Irrtum der Verdeutlichung der Wahrheit dienstbar werden kann? Daß mir in oben genanntem Artikel Fehler unterlaufen sind, will ich nicht verschweigen, doch auch den beiden Autoren sind meines Erachtens solche widerfahren. Um dem geneigten Leser die besprochenen Namen in Erinnerung zu rufen, möge die folgende kurze Übersicht eine Stütze bieten:

1.) Kirchehrenbach und Ehrenbürg (Ldkr. Forchheim)
2.) Giechburg und Giech (Ldkr. Bamberg)
3.) Der antike Stadtname Menosgada und der Staffelberg
4.) Marktgraitz (Ldkr. Lichtenfels)
5.) Der Schießberg

Im folgenden soll auf die dazu vorgetragenen Thesen eingegangen werden.

1.) Zunächst wäre dem Beleg von 1007 folgend „zur Bachsiedlung des *Aricho" zu erwarten. Dieses methodische Vorgehen, einen Personennamen im Bestimmungswort anzunehmen, wurde nicht verletzt, wie das Schuh dem Leser suggerieren will „(…), nur um es einer anderen Sprachschicht zuweisen zu können" (S. 329). Er hält die von mir abgelehnten Herleitungen zu althochdeutsch (künftig ahd.) archa „Kasten" von Schreibmüller für möglich. Schuh weist zu Recht auf das Fehlen einer Gegenargumentation bezüglich eines Sproßvokals in arich hin. Dies schien mir tatsächlich nicht diskussionswürdig zu sein, und zwar aus zwei Gründen: Erstens ist ein Sproßvokal in frühen Belegen für archa nicht bezeugt, ebenso wie in einem möglichen Vergleichsmaterial für berg: berig (Schuh, S. 326; dazu findet sich im fränkischen Bergnamenmaterial keine Entsprechung, schon gar nicht mit Umlautbildung; hier tritt der Autor keinen Beweis an). Zweitens ist ahd. archa ein starkes Feminin, weshalb im Altbeleg *Archebach zu erwarten wäre. Ein trotzdem vielleicht mögliches schwaches Feminin hätte *Archunbach, abgeschwächt *Archenbach ergeben, niemals aber das belegte Arihinbach, was zunächst auf ein schwaches Maskulin, n-Stamm verweist (flektiert im Genitiv -in). Für Schuh ist es folgerichtig, wenn er dieses flektierte Maskulin ablehnt, um in seiner Gegenbeweiskette zu bleiben (S. 327). Es wird dann darauf hingewiesen, daß abgeschwächtes -en aus -un graphisch mit dem maskulinen -in wiedergegeben werden konnte (S. 327). Dann müßte aber die Semantik bereits verloren gegangen sein. Doch ist der Beleg von 1007 nicht der einzige mit -in-Schreibung, was weiterhin gegen diese Konstruktion spricht. Schuh plädiert dann aber doch für ein Maskulin *Aricho, wie es ja tatsächlich analog des Beleges von 1007 existieren könnte. Diesen Namen habe ich tatsächlich zunächst angesetzt, wie es die Methode vorschreibt. Der Zweifel besteht darin, daß der Name trotz des belegten Wortstammes im Deutschen nicht existiert. Daraus kann man durchaus das Recht ableiten, einen anderen Ansatz als den der Personennamenherleitung im Bestimmungswort zu verfolgen. Förstemann selbst, der die altdeutschen Personennamen sammelte, hegte immer wieder Zweifel, ob wahllos zusammengefügte Personennamen je existiert haben.[1] Freilich kann dieser Rufname der Zusammensetzung nach existiert haben. Darin ist Schuh durchaus zuzustimmen. Allerdings kann die Herleitung mit ahd. aro, arn „Adler" ein *Arnicho gleichfalls hervorgebracht haben. Dieser Name kann tatsächlich als Arnihho[2] belegt werden. Weshalb sollte dann gerade ein *Aricho angesetzt werden, wenn *Arnicho produktiv wurde und bezeugbar ist, was von ersterem nun gar nicht der Fall ist! Darf denn nicht ein anderer Weg beschritten werden, wenn ein Rufnamenbezug wenig beweisbar ist?

Berechtigte Kritik übt Schuh allerdings mit den mangelnden Parallelen zur möglichen Zusammensetzung von *Arichin (aus keltisch *Ariacon) mit dem Grundwort -bach, da Zülpich und ähnliche ohne Beugung in den Quellen aufscheinen. Diesen Beweis mag folgende Belegkette zu den bayerischen Ortsnamen Manching und Garching erbringen.

Schon Förstemann[3] geht bei Manching von einem Insassennamen mit der Ableitung -ingen aus und nimmt einen Personennamen zu ahd. mandjan „sich freuen" an. Damit wäre der Ortsname aus dem Germanischen erklärt, setzt man einen Personennamen *Mandicho voraus. Die Belegreihe bei Reitzenstein hält die ältesten drei Formen fest:[4]

844 Mandechingon, 1092 Mandihhin, 1142 Mantinchingen ergänzend dazu: 1183 Maendechin,[5] 1192 Mendechingin,[6] 1277 Maenhingen.[7]

Reitzenstein folgt mit seiner Deutung Förstemann und schreibt: „Es liegt der zu erschließende Personenname *Mandicho zugrunde, der durch das Zugehörigkeitssuffix -ing abgeleitet ist."[8] Allerdings ist tatsächlich ein Personenname Mendicho bei Förstemann[9] bezeugt. Gerade die Belege von 1092 und 1183 erzwingen aber womöglich eine andere Etymologie des Namens. So heißt beispielsweise Garching bei München:[10] 1020–1035 (Kopie des 12. Jahrhunderts) Gouvirhhinga, 1034–1041 Gouviriha.

Der Beleg von 1034 läßt ein -ica-Suffix als das ursprünglichere vermuten, was scheinbar auch bei der Form Mandihhin vorliegt. Das Graphem „-ga" (Mendihin -ga) könnte quasi ergänzend schriftlich hinzuinterpretiert worden sein, zumal -ingen ein regelrechter Modetyp wurde und bei Aufsiedlungen leicht im Namenmaterial angefügt worden sein könnte.

---

[1] Ernst Förstemann, Altdeutsches Namenbuch 1, Personennamen, Bonn 1900, Sp. 605.
[2] Förstemann, Namenbuch 1 (wie Anm.1), Sp.138.
[3] Ernst Förstemann, Altdeutsches Namenbuch 2, Orts- und sonstige geographische Namen, Bonn 1913, Sp. 202.
[4] Wolf-Armin Frhr. v. Reitzenstein, Lexikon bayerischer Ortsnamen, München? 1991, S. 235. Der älteste Beleg von 844 ist einer Originalurkunde entnommen, die in Regensburg ausgestellt wurde: „[...] sunt in pago Chelasgaue in villis nuncupantibus Sandolueshusun et Guntshereshusun atque Mandechingon, quicquid Engilmonus et Isandeoh per nostrum beneficium habuerunt [...]."
[5] Quelle: Monumenta Boica 27, S. 35.
[6] Quelle: Monumenta Boica 7, S 368.
[7] Quelle: Monumenta Boica 23, S. 17.
[8] Reitzenstein, Lexikon (wie Anm.4), S. 235
[9] Förstemann, Namenbuch 1 (wie Anm.1), Sp. 1094. Vielleicht verlesen aus Nendicho.
[10] Reitzenstein, Lexikon (wie Anm.4), S. 151

Die im Dativ flektierenden Formen Mandihhin und Maendechin für den Ortsnamen Manching (man vergleiche nun Arihinbach!) lassen auf ein schwaches Neutrum/Feminin, n-Stamm schließen, so daß als nominative Ausgangsform der Ortsname *Mandicha anzunehmen ist. Die ahd. Form des Ortsnamens wäre demnach „*zu demo Mendihin" und darf als Hinweis auf einen Lokativ gewertet werden. Es könnte sich also in diesen Fällen um alte -ica-Namen handeln, wie es Theo Vennemann für -iacum-Namen annimmt, so für den Ortsnamen München, der nach Ausweis der Belege auf ein *Munica zurückzuführen ist.[11]

Zurück zu Ehrenbach und Ehrenbürg mag eine Aneinanderreihung zum Beispiel von Arihin und -burg, wie es aus der Beleglage hervorgehen könnte, mit einem Parallelbeispiel sehr wahrscheinlich gemacht werden. Es handelt sich dabei um den Ort Ladenburg am Neckar. Der Ortsname ist antik als Lupodunum/Lopodunensis, im Jahre 829 als Lobedunburg erwähnt.[12] Auch in diesem Beispiel wurde ahd. burc „Burg" an einen antiken keltischen Namen angefügt.

Damit aber kann eine Herleitung von einem keltischen *Ariacon/*Arika für die Namen Ehrenbürg und Kirchehrenbach durchaus haltbar sein. Was den Bestandteil *Ar- betrifft, so wurde von meiner Seite nie ein germanischer Kriegsgott Er postuliert, sondern stets eine Fortführung eines Vergleichsmaterials zum griechischen Kriegsgott Ares angenommen, so daß diese Unterstellung (S. 331) völlig belanglos wird. Der Name sollte künftig von einem Keltologen untersucht werden. Holder zitiert jedenfalls einen keltischen Arus auf einer gallischen Silbermünze mit dem Bildnis des Herkules.[13] Ein keltischer Name des Berges scheint gerechtfertigt.

2.) Die Siedlungsnamen Giechburg und Giech

Der Vorwurf von Schuh, Giech ließe sich unter anderem auf den Schwarz´schen Vorschlag *Gaeacum zurückführen und nicht auf keltisch coiche „Anhöhe" wirkt geradezu grotesk, da sich der Autor auf Seite 330 lange darüber ausläßt, warum diese Namenbildung (keltischer Personenname + k-Suffix) im Untersuchungsraum nicht existieren darf. Allerdings muß eingeräumt werden, daß die Herleitung aus einer semitischen Substratsprache (gedacht war an ein Lehnwort, das in eine jüngere indoeuropäische Sprache eingedrungen sein könnte) in Anlehnung an Vennemanns Theorie tatsächlich abzulehnen ist. Hier habe ich in Bezug auf die geschichtlichen Entwicklungen der Frühzeit geirrt. Die Rückführung der Lautformen sind allerdings nicht in dem Maße zu verwerfen, wie dies Schuh weidlich tut, denn indogermanisch *gheu- setzt schließlich auch Greule an, dem er sich am Ende des Kapitels wohlwollend zuwendet.

3.) Der antike Stadtname Menosgada und der Staffelberg

Frau Fastnacht setzt in ihrer Gegendarstellung eine recht fragwürdige Herleitung des Namens Menosgada an. Die Autorin will die von mir vorgeschlagene Segmentierung germanisch *maino-sgada beziehungsweise keltisch *moino-sgada dadurch zu

---

[11] Theo Vennemann, Zur Erklärung bayerischer Gewässer- und Siedlungsnamen, in: Sprachwissenschaft 18/4, 1993, S. 425-483, hier S. 463.
[12] Förstemann, Namenbuch 2 (wie Anm.3), Sp.133.
[13] Alfred Holder, Alt-celtischer Sprachschatz 1, Graz 1962, Sp. 230.

Fall bringen, daß sie eine flektierte Form anbringt. Damit umgeht sie den mißlichen Umstand, daß in einer Zusammensetzung zwar das Stammbildungselement (hier das -o- von moinos), nicht aber die Endung erhalten bleibt. Einen Kapitalfehler begeht sie allerdings, wenn Menos-gada im Genitiv stehen sollte. Der Genitiv bildet kein -o-, sondern ein -i- aus, weshalb ihre Herleitung vom Ansatz her falsch sein muß. Die Segmentierung meno-sgada ist also die richtige. Die Kritik an Obermüllers Herleitung ist von Seiten der Autorin berechtigt und ich nehme Abstand von meinem Deutungsvorschlag. Holder[14] gibt ferner noch die Varianten Monosgada und Moino-stada an, die im übrigen gegen die Herleitung des Flußnamens von *Min bei Fastnacht sprechen. Einen altsächsischen Spracheinfluß der Form meno- unterstellt die Autorin zu unrecht (S. 338), da dieser von mir abgelehnt wurde. Was den Diphtong -ei- im Namen des Mein anbetrifft, so lehnt Fastnacht die Herleitung von germanisch *main im Artikel zunächst ab, um sie dann in Anlehnung an Mälzer und Wiesinger (S. 337) für möglich zu halten. Ein seltsamer Zickzackkurs, zumal nicht erst seit dem 14. Jahrhundert schriftlich bereits *mein* gilt, wie dies die Autorin behauptet (S. 337). Man betrachte in diesem Zusammenhang nur den Ortsnamen Eltmann, der sich vom Flußnamen des Main ableitet und bereits 1285/88 als Eltmein[15] überliefert wird. Es scheint also vielmehr so zu sein, daß die Germanen den Fluß schon vor der 1. Lautverschiebung (ca. 4. Jahrhundert vor Christus) kennenlernten, was auf frühe Handelsbeziehungen oder Siedlergruppen hinweisen dürfte, weshalb sich neben dem alten keltischen -oi- gerade am Oberlauf germanisch -ai- durchzusetzen vermochte. Der Vorgang ist wohl so zu verstehen, daß frühe germanische Gruppen oder gar Protogermanen *main- verwendeten, wohingegen spätere germanische Siedlergruppen keltisch *moin- übernommen haben, was die parallele Überlieferung erklären würde. Ob nun der Name Meno-sgada befriedigend deutbar ist, wird künftig Aufgabe der Keltologen sein. In diesem Zusammenhang sei auf den stark kritisierten Obermüller hingewiesen: er will ein Appellativ *sgada im Sinne „Umzäunung, Umwehrung" im Keltischen nachgewiesen haben. Vielleicht weist dies in die richtige Richtung. Das nur in einer Variante erwähnte Menostada sollte mit Vorsicht bei einer Deutung herangezogen werden, da es auf eine völlig andere Etymologie hinweist (wohl germanisch).

4.) Der Ortsname Marktgraitz

Fastnacht lehnt eine Übernahme eines keltischen Wortes *graitia ab, zumal die germanische Bevölkerung ihrer Meinung nach in der Völkerwanderungszeit aus dem Obermainraum völlig abzog. Die im späten 6. Jahrhundert einwandernden Slawen hätten dann die Ruinen in ihrer Sprache benannt, weshalb die keltischen Höhenbefestigungen mit dem Namen Graitz, so auch der Greitzberg/Staffelberg, 1510 am Greytzperg[16] erwähnt, slawisch benannt wurden. Demnach hätten die Slawen diese Benennung vergeben und keine Altbevölkerung, die ja in ihrer Logik abgewandert war (S. 342). Da fragt man sich, wo solches Wissen vertreten wird. Aus archäologi-

---

[14] Holder, Sprachschatz (wie Anm.13) 2, Graz 1962, Sp. 548.
[15] Staatsarchiv Bamberg (künftig: StAB): B. 86, Nr. 230, fol. 34. Der Flußname selbst wird beispielsweise im Jahre 1378 an dem Meyn (StAB: Bamberger Urkunde Nr. 3791) überliefert.
[16] StAB: Standbuch Nr. 4071, fol. 346.

scher Sicht können die Hinterlassenschaften der Slawen an Obermain und Regnitz frühestens ab dem beginnenden 8. Jahrhundert gefaßt werden, was auch zur geschichtlichen Überlieferungslage gut paßt. Eine völlige Entvölkerung ist schon deshalb nicht anzunehmen, da die zahlreichen -ingen-, -stadt- und -heim-Namen beredtes Zeugnis für eine vorfränkische Besiedlung sind. Kontinuitäten sind auch längst von archäologischer Seite nachgewiesen, so für die germanischen Siedlungen von Eggolsheim[17] und jüngst Seußling.

5.) Der Schießberg
Der Berg, der eine karolingisch-ottonische Burganlage trug, wird 1423 als Schisperg erwähnt. Er wurde von mir in Anlehung an Theo Vennemanns Vanentheorie als ein der Freyja geweihter Kultberg interpretiert. Aus sprachlicher Sicht scheint eine Kritik durchaus gerechtfertigt. Eine Herleitung von einem Beinamen Skid für diese Gottheit besteht wohl kaum und war voreilig gezogen. Daß die detaillierte Kritik der Autorin allerdings auch in diesem Kapitel wiederum ins Leere zielte, zeigt sich an dem Versuch der Zerschlagung einiger Indizien. So wird die Bezeichnung Katzenberg, die wahrlich nicht selten bei frühmittelalterlichen Wallanlagen auftaucht und zu bairisch katze „Bollwerk" (Schmeller) gestellt wird, zur Wildkatzenbezeichnung umfunktioniert (S. 344). Die Bezeichnung Kirchberg kann tatsächlich im Zusammenhang mit einer abgegangenen Kapelle gesehen werden, die übrigens von archäologischer Seite aus ernst genommen wird. Um das Indiz einer Kirche auf dem Berg ganz auszuräumen, wird dann schon einmal eine Klammerform „Kirchwegberg" bemüht (S. 344). Der Kirchweg verlief jedoch seit alter Zeit im Tal in direkter Linie nach Eggolsheim; weitab vom Schiesberg! Was die Herleitung der Bezeichnung Grezzenberg anbetrifft, so ist mein Vorschlag von *graitz freilich etwas wackelig. Doch der Gegenvorschlag etwa zu slawisch Kryniza „Quelle, Vertiefung" (S. 344) ist aus lautlichen Gründen nicht weniger problematisch, wenn nicht sogar unmöglich. Am ehesten wird man an das vergleichbare mittelniederdeutsche grêt „Wiese, Weideland" anschließen können.

Abschließend sei noch auf die Schichtung der Ortsnamen bei Fastnacht eingegangen. Für Fastnacht ist es wie oben erwähnt klar, daß nach der Völkerwanderungszeit selbst die Altsiedellandschaft menschenleer war. In ihrem Historischen Ortsnamenbuch gibt sie eine Ausnahme an, nämlich den Ortsnamen Honings, um 1150 zu 1109 als Honungen erwähnt (S. 31*), den sie wohl analog zu Schwarz und meiner Magisterarbeit[18] als thüringisch anspricht. Eine eigentliche Entsprechung zu den -ingen-

---

[17] Jochen Haberstroh, Germanische Funde der Kaiser- und Völkerwanderungszeit aus Oberfranken, Kallmünz 2000, S. 162: „Eine Siedlungskontinuität von der römischen Kaiserzeit bis in die Gegenwart ist wahrscheinlich."

[18] Meine aus dem Jahre 1997 stammende Magisterarbeit mit dem Titel „Wüstungen im Regnitz- und Obermaingebiet" lag Frau Fastnacht vor. Darin sind weit mehr als 500 größtenteils archivalische Belegstellen nachgewiesen. Diese wurde von Frau Fastnacht laut Ihrem Schreiben vom 12.9.1998 als einer deutschen Universität unwürdig eingestuft: die Professoren Rolf Bergmann und Franz Machilek hätten mich in die Irre laufen lassen. Deshalb läßt Frau Fastnacht daher Deutungsvorschläge in ihrem historischen Ortsnamenbuch unberücksichtigt, was meines Erachtens von großer Ignoranz zeugt. Andererseits übernimmt Frau Fastnacht Erkenntnisse, die ich in Zusammenarbeit mit der Archäologie gewonnen habe, jedoch ohne jeglichen Hinweis auf die Herkunft in ihrem wissenschaftlichen Apparat.

Namen, wie Fastnacht schreibt liegt hier allerdings nicht direkt vor, da -ungen-Bildungen Ableitungen von Appellativen sind und nicht von Personennamen und aus einer sehr frühen Phase der germanischen Landnahme herrühren müssen, was die räumliche Verbreitung bis nach Skandinavien beweist. Die -statt-Namen, die ebenfalls in die thüringische Phase nach Bach gerechnet werden dürfen, verwirft die Autorin (S. 32*). Das ist in ihrer Logik auch nötig, denn die slawische Einwanderung nach Ostfranken fand demnach schon am Ende des 6. Jahrhunderts statt (S. 34*). Bedenkt man die Tatsache, daß eine slawische Einwanderung aus den Schriftquellen für das 8. Jahrhundert hervorgeht und keine sicher vor das 8. Jahrhundert datierbare Keramik nachweisbar ist, wirken diese Zusammenhänge sehr konstruiert.

Vielleicht ist es ja künftig möglich, weniger polemisch, dafür aber konstruktiver für die Sache der Namenforschung zu wirken. Das setzt einen Gedankenaustausch voraus, der dem Fach allgemein zum Nutzen und nicht zum Schaden werden wird.

Dorothea Fastnacht und Robert Schuh

Anmerkungen zur Gegendarstellung

Zu 1. Kirchehrenbach und Ehrenbürg

Eine der Voraussetzungen für einen nutzbringenden Gedankenaustausch ist der korrekte Umgang mit den Aussagen der daran Beteiligten. In Punkt 1 seiner Gegendarstellung schreibt Andraschke, ich habe Schreibmüllers Herleitung des Namens Ehrenbach von ahd. archa für möglich gehalten und auf das Fehlen einer Gegenargumentation bezüglich eines Sproßvokals hingewiesen. Beides geht aber aus meinen Aussagen[1] nicht hervor. Vielmehr nahm ich Schreibmüller vor dem ungerechtfertigten Vorwurf Andraschkes in Schutz, er habe den Umlaut „weder angenommen noch erklärt".[2] Er hat ihn angenommen und mit dem Sproßvokal zu erklären versucht. Meine Darlegungen bedeuten keine Zustimmung zu Schreibmüllers Thesen, weshalb ich mich auch nicht verpflichtet fühlte, dafür einen Beweis anzutreten.

Ebenso sorglos verfährt Andraschke mit meinen Bemerkungen zu genitivischem -in bzw. -un.[3] Mit keinem Wort lehnte ich „dieses flektierte Maskulin" (auf -in) ab. Es gibt dazu auch keine „Gegenbeweiskette". Vielmehr stimmte ich Andraschke in seiner Einschätzung zu, daß die Belege mit -in nicht auf archa/*aricha deuten, da dann als Bestimmungswort *Ariha- oder *Arihun- zu erwarten wäre. Der Hinweis auf die Möglichkeit, graphisches -in- als hyperkorrekte Schreibung für *-en- aus *-un- zu erklären, die ich als „wenig wahrscheinlich" bezeichnete, geschah aus Gründen der Vollständigkeit, war nur eine Vorwegnahme möglicher Gegenargumentationen. Was Andraschke daraus macht, stellt meine Darlegungen auf den Kopf.

Selbstverständlich sind Zweifel an der Existenz „wahllos zusammengefügter Personennamen" angebracht – aber *Ariho ist aufgrund des Nachweises sowohl des Personennamenstammes als auch des Suffixes eben nicht „wahllos" konstruiert. Die Frage Andraschkes, warum, wenn doch Arnihho belegt ist, daneben noch ein *Aricho angesetzt werden solle, ist leicht zu beantworten: Beide Formen, aro und arn, sind produktive Elemente bei der Namenbildung; man vergleiche nur die belegten Vollnamen Argrim und Arngrim oder Arhelm neben Arnhelm.[4] So könnte zum Beispiel Arnihho eine Koseform zu Arnhelm, *Ariho eine Koseform zu Arhelm sein.

Nach wie vor möchte Andraschke einen anderen Weg bei der Erklärung des Ortsnamens gehen und versucht nun, die Konstruktion eines isolierten, lokativischen *Arichin mit Hilfe zweier Belege zu Manching und eines Beleges zu Garching zu stützen. Betrachtet man allerdings die Belegreihe zu Garching,[5] erkennt man, daß der Beleg 1034/1041 „Gouviriha" isoliert unter -inga-/-ingin-/-ingen-/-ing-Belegen steht,

---

[1] Siehe Dorothea Fastnacht/Robert Schuh, Namenkundliche Irrwege in Franken, in: Jahrbuch für fränkische Landesforschung 61, 2001, S. 323–345, hier S. 326.
[2] Joachim Andraschke, Ungeklärte Siedlungsnamen keltischer Höhensiedlungen im Regnitz- und Maingebiet, in: Geschichte am Obermain 22, 1999/2000, S. 15–22, hier S. 15.
[3] Siehe dazu Fastnacht/Schuh, Irrwege (wie Anm. 1), S. 327.
[4] Ernst Förstemann, Althochdeutsches Namenbuch, Bd. I: Personennamen, Nachdruck der 2., völlig umgearbeiteten Auflage Bonn 1900, München/Hildesheim 1966, Sp. 137, 139f.
[5] Vgl. Wolf-Armin Frhr. v. Reitzenstein, Lexikon bayerischer Ortsnamen. Herkunft und Bedeutung, 2., verbesserte und erweiterte Auflage, München 1991, S. 151f.

so daß es abwegig erscheint, hieraus ein vorgermanisches „-ica-Suffix" zu erschließen.[6] Die Hauptglieder in der Argumentation Andraschkes zugunsten eines lokativischen *Arichin bilden nunmehr die Belege 1092 „Mandihhin" und 1183 „Maendechin" zu Manching, die Andraschke als Lokativ eines Ortsnamens *Mandicha (mit altem „-ica-Suffix") auffaßt. „-ga", das im übrigen kein „Graphem" ist, sei dann an „Mendihin-" angefügt worden. Gegen Andraschkes These spricht allein schon der frühe Erstbeleg 844 „Mandechingon", der eindeutig ein -ing-Suffix im Dativ Plural zeigt und der für die Etymologisierung des Namens – im Gegensatz zu den späteren Belegen des 11./12. Jahrhunderts – doch die entscheidende Grundlage bilden muß. Zudem spricht der im Ortsnamen Manching enthaltene Sekundärumlaut eindeutig gegen Andraschkes Ansatz; denn bei einer vorgermanischen Ausgangsform *Mandica wäre, da kein Umlauthindernis vorliegt, Primärumlaut zu erwarten.

Das sogenannte „Parallelbeispiel" Ladenburg ist in unserem Zusammenhang als Beweis für Andraschkes Thesen untauglich; denn es geht ja nicht darum, daß solche Namen mit angehängtem -burc gebildet werden können, sondern darum, daß ein -##a lang##cum-Name ohne germanisches Grundwort (vergleichbar dem nachgewiesenen „Lupodunum/Lopodunensis") in unserem Raum erst einmal belegt werden müßte, um dann daraus Schlußfolgerungen auf weitere Vorkommen von Vetretern dieses Typs ziehen zu können.

Andraschke nannte einen „Gott Er, germ./kelt. *Arjo, dem wohl der Berg [Ehrenbürg] seinen Namen verdankt",[7] und verglich ihn mit dem griechischen Kriegsgott Ares. Da Andraschke den Götternamen „Er" (ohne Asterisk!) offenbar für belegt hält und keine eigenen Nachweise liefert, kommt dafür doch nur jener in der älteren Literatur herumgeisternde germanische Kriegsgott „Er" in Frage, über den zu schreiben mir deshalb nicht „belanglos" erschien.

Zu 2. Giechburg und Giech

Andraschke wies darauf hin, daß Ernst Schwarz den Namen Giech auf ein keltisches *Gaeacum zurückgeführt habe, was aber „nach Ausweis der nachstehend aufgelisteten Belege" (folgen die Graphien „Giche", Giecheburc", „Giech", „Windischen Gyech") ausscheide.[8] Ich habe dazu angemerkt, daß dies unrichtig sei: Die *Belege* sprechen nicht gegen den Schwarzschen Ansatz; lauthistorisch ist ein Anschluß der belegten Graphien an *Gaeacum (korrekt: *Gae##a lang##cum) – nicht aber an „keltisch coiche" – sehr wohl möglich. Aufgrund der Verbreitung der eindeutig als solche nachgewiesenen -##a lang##cum-Namen lehnte ich jedoch den Schwarzschen Vorschlag ab.[9] Grotesk ist, wenn es ein mit Namen beschäftigter Autor für grotesk hält, daß eine Namenerklärung aufgrund sprachwissenschaftlicher Kriterien zwar möglich ist, aber aus außersprachlichen Gründen abgelehnt wird und nach einer alternativen philologischen Erklärung gesucht werden muß.

---

[6] Zur ebenso abwegigen Vennemannschen Rekonstruktion einer Vorform *Munica des Ortsnamens München sei nochmals auf Wolf-Armin Frhr. v. Reitzenstein, „München" ist ein mittelalterlicher Ortsname oder der Mönch darf im Wappen bleiben, in: Literatur in Bayern 39, 1995, S. 10–13, verwiesen.

[7] Andraschke, Ungeklärte Siedlungsnamen (wie Anm. 2), S. 16.

[8] Andraschke, Ungeklärte Siedlungsnamen (wie Anm. 2), S. 17.

[9] Fastnacht/Schuh, Irrwege (wie Anm. 1), S. 333f.

Wie so oft bei seinen Ansätzen vorgermanischer oder germanischer Vorformen heutiger Ortsnamen zeigt Andraschke auch in seiner Gegendarstellung ein Unverständnis lauthistorischer Entwicklungen. So ist der Umstand, daß ich seine Rückführung des Namens Giech auf eine idg. Form *gheugia aus lautlichen Gründen („weidlich"?) verworfen habe, während ich den von Albrecht Greule genannten Lösungsvorschlag (Bildung mit -k-Suffix zur Wurzel idg. *gheu-) für möglich hielt,[10] nicht das Ergebnis einer „wohlwollenden Zuwendung", sondern vielmehr bestimmt von den Lautgesetzen: Denn im Gegensatz zu Greule setzt Andraschke ein i-haltiges Element an, so daß sich idg. *-eu- nicht zu ahd. -eo-/-io-, mhd. -ie- (wie im Ortsnamen Giech), sondern zu ahd./mhd. -iu- entwickelt hätte.

[Robert Schuh]

Zu 3. Menosgada

Auch für „Menosgada" besteht kein Grund, von den in „Namenkundliche Irrwege in Franken" vertretenen Argumenten abzugehen. Weder ist es erwiesen, daß „Menosgada" eine antike Stadt war, noch daß der Ort einen Bezug zum Staffelberg hatte. Was Herrn Andraschke als „seltsamer Zickzackkurs" dünkt, ist seriöse Namenforschung. Sie bezieht alle zugänglichen Fakten ein – solche, die ins Bild passen, und auch die widersprüchlichen. Daran ändern auch Andraschkes neuerliche Behauptungen nichts.

Woher weiß er, „Menos-" als genitivische Form aufzufassen, sei ein „Kapitalfehler"; im Genitiv müsse hier ein -i- stehen? Da genitivisches -os- im Bestimmungswort zahlreicher altgriechischer Ortsnamen vorkommt, wurde vermutet, Ptolemaios könnte eine germanische Endung zu -os- umgestaltet haben.[11] Wortendungen werden häufig nach den Regeln der aufnehmenden Sprache – hier des Griechischen – behandelt, auch die Erstglieder komponierter Namen.[12] In einer vom Spätgermanischen geprägten Namenform mit germanischem Grundwort käme dafür im oberfränkischen Raum bei stark flektierenden Nomen, denen ein indogermanischer Stamm auf -o- zugrunde liegt, nur die genitivische Endung auf -as in Frage, nicht auf -is.[13]

Wie ist Andraschkes Behauptung zu verstehen, der Flußname Main sei „von *Min bei Fastnacht" hergeleitet? Hat er folgenden Satz nicht verstanden: „Für den Main kann [...] kein [...] Namenpaar keltisch *Menos/germanisch *M##i lang#n belegt werden" ?[14]

Die chronologische und dialektologische Abwegigkeit der Meinung, daß -##e lang#- für germanisch ai wie in „Menos-" auch im unterfränkischen Dialekt Reflex sächsischer Siedlung um 800 in Oberfranken sei, hat Andraschke zwar im Hinblick auf die zeitliche Diskrepanz, was das ptolemäische „Menos-" betrifft, selbst eingeräumt. Daß diese Diskrepanz auch für die vermuteten Burgunder gilt, sei hier wie-

---

[10] Ebenda, S. 334.
[11] Fastnacht/Schuh, Irrwege (wie Anm. 1), S. 339 mit Anm. 114.
[12] Dieter Geuenich, Die germanischen Sprachen der Völkerwanderungszeit, in: Werner Besch u.a. (Hg.), Sprachgeschichte, 2. Teilband (Handbuch für Sprach- und Kommunikationswissenschaft 2/2), Berlin/New York 1985, S. 979–993, hier S. 982.
[13] Alfred Bammesberger, Die Morphologie des urgermanischen Nomens, Heidelberg 1990.
[14] Fastnacht/Schuh, Irrwege (wie Anm. 1), S. 336.

derholt und geht eigentlich aus der von Andraschke zitierten Literatur hervor. Im übrigen trennt gerade die Erhaltung von ai das Burgundische vom Gotischen.[15]

Der von Andraschke angeführte Beleg „1285/88 Eltmein", womit er meint, ein germanisches *main beweisen zu können, ist nicht belastbar. Er steht in einem 1334/1335 angelegten Statuten- und Kopialbuch und dürfte die im 14. Jahrhundert aufkommende schriftsprachliche Namenvariante aufzeigen. Es gibt also keine „parallele Überlieferung", nur ein Verdachtsmoment in einer Mundartform aus der Oberpfalz.

Zum neuerlichen Deutungsvorschlag für „Menosgada" aus Obermüllers Deutschkeltischem Wörterbuch sei wiederholt: Dieses Lexikon ist indiskutabel. Auf solcher Basis haben Generationen von Heimatforschern gedeutet, die es nicht besser wußten, und dem Ansehen der Namenforschung geschadet.

Zu 4. Marktgraitz

„*graitia" ist ein Phantasieprodukt, kein keltisches Wort, und daher abzulehnen.

Bei seinen Einlassungen zur slawischen Zuwanderung im Raum Oberfranken verwirft Andraschke eine Darstellung, die diese Vorgänge angeblich auf des 6. Jahrhundert in völlig entvölkerten Landen reduziert. An dieser Stelle kann man sich Andraschke nur anschließen: „Da fragt man sich, wo solches Wissen vertreten wird." Da er am Ende seiner Anmerkungen noch einmal auf diese Thematik zurückkommt und sich dort auf das Historische Ortsnamenbuch Ebermannstadt beruft, dürfte aus dem Zitat der angesprochenen Passage der Unterschied zwischen den verfälschenden Verkürzungen Andraschkes und der tatsächlichen differenzierten Sicht der Dinge samt Nachweis der einschlägigen Literatur hinlänglich deutlich werden: „Über den zeitlichen Ansatz der frühesten slawischen Siedlung herrscht Unklarheit, weil sich der archäologische Nachweis auf spärliche Keramikfunde beschränkt, deren Datierung nur innerhalb eines größeren zeitlichen Spielraumes möglich ist. Vorerst hypothetisch sehen Ernst Eichler und Hans Walther die älteste slawische Ansiedlung im Mittelelbegebiet im direkten Zusammenhang mit dem Abzug der germanischen Bewohner und setzen für diese erste Siedlungsphase das 6. Jahrhundert an. Dieser frühesten Schicht wird dort der Ortsnamentyp slawischer Personenname mit -j-Suffix zugewiesen. Die Kämpfe der Merowinger mit den Awaren an der Elbe in der zweiten Hälfte des 6. Jahrhunderts dürften weitere Wanderungsbewegungen der Slawen ausgelöst haben, so daß die Ankunft erster Siedlergruppen im oberfränkischen Raum am Ende des 6. Jahrhunderts nicht unmöglich erscheint. Für einen so frühen Zeitansatz fehlt auf dem Gebiet des ehemaligen Landkreises Ebermannstadt freilich die zuverlässige archäologische Bestätigung. Die mit frühdeutschen Scherben des 6. Jahrhunderts ‚vergesellschafteten' slawischen Scherben der ‚Warenart 1' (unverzierte und wellenbandverzierte Stücke, spätes 6. bis 9. Jahrhundert) von Huppendorf stammen ja aus einem offenen Fund, d.h. die Fundstücke können ein unterschiedliches Alter haben. Weitere als slawisch beschriebene Keramikfunde [...] erlauben wohl – in Verbindung mit dem germanischen Saxfund des beginnenden 7. Jahrhunderts bei Hollfeld –, in

---

[15] Arthus Mentz, Schrift und Sprache der Burgunder, in: Zeitschrift für deutsches Altertum und deutsche Literatur 85, 1954/1955, S. 1–17, hier S. 15.

unserem Untersuchungsgebiet mit der Anwesenheit von Slawen seit dem 7. Jahrhundert zu rechnen – möglicherweise als ‚Vorstoß', dem durch noch vorhandene spätgermanische Siedlung an den günstigsten Plätzen Einhalt geboten wurde."[16]

Zu 5. Schießberg

Andraschke nimmt unter dem Druck der Argumente Abstand von der Herleitung des Namens Schießberg von einem „Beinamen Skid" der Göttin Freia, beklagt aber anschließend „den Versuch der Zerschlagung einiger Indizien". Er meint damit neuzeitlich belegte Flurnamen, deren Deutung meist eine riskante Sache ist. Manche Namenforscher lassen ganz die Finger davon. Auf jeden Fall ist auf die ganze Palette der in Frage kommenden Deutungen hinzuweisen.

Unter den Deutungsvorschlägen für „Kretzenberg" wurde auch Hans Jakob mit der Möglichkeit einer Ableitung von slawisch „Krynica" zitiert. Jakob will mit diesem Beispiel gerade deutlich machen, daß gleichlautende Endformen „Greitzen oder Kretzen" auf verschiedene Grundformen zurückgehen können, nicht nur auf slawisch ‚Burgort'. Als sprachliche Mittel kommen hier mundartlicher -n-Schwund (vergleiche Püchitz im Altlandkreis Staffelstein < 1524 „Püchiz" < 1456 „Buchnicz"), Schwund unbetonter Vokale und die sogenannte Dreisilblerschwächung des Haupttonvokals in Frage.

Nun nicht mehr nach den Katzen der Göttin Freia soll der Katzenberg seinen Namen haben, sondern von Katze ‚Baustück in der Befestigungs- und Belagerungskunst in einer Festung; bewegliches Schutzdach für Belagerer; Belagerungsgeschütz'. Wer weiß? Die Belagerungsaufbauten aus frühgeschichtlicher Zeit, aus der sich nicht einmal mehr der Name der Befestigung auf dem Schießberg erhalten hat, müßten dann allerdings auf der ca. 1 km westnordwestlich vom Schießberg gelegenen Flur ausgelagert gewesen sein. Den Nachweis der „wahrlich nicht seltenen" Bezeichnung bei frühmittalterlichen Wallanlagen bleibt Andraschke schuldig.

Abschließend verläßt er die zur Diskussion stehende Thematik, um noch mit der Ortsnamenschichtung, wie sie im Historischen Ortsnamenbuch Ebermannstadt beschrieben wird, abzurechnen[17].

Dabei meint er, die Bezeichnung der -ungen-Namen als „Entsprechungen der -ingen-Namen" anprangern zu müssen – einen Usus in der Namenkunde, der keine

---

[16] Dorothea Fastnacht, Ebermannstadt. Ehemaliger Landkreis Ebermannstadt (Historisches Ortsnamenbuch von Bayern. Oberfranken 4), München 2000, S. 34*.

[17] In Fußnote 18 seiner „Anmerkungen zu ‚Namenkundliche Irrwege in Franken'" behauptet Herr Andraschke, ich, Dorothea Fastnacht, hätte im Historischen Ortsnamenbuch Ebermannstadt Erkenntnisse aus seiner Magisterarbeit übernommen, ohne dies eigens auszuweisen. Hierzu die Fakten: Die Themen, auf die sich Andraschkes Verdacht richtet, sind im Dekanatsexemplar meiner bereits im Sommer 1997 eingereichten Dissertation nachzulesen. Erst im Sommer 1998 hat mir Herr Andraschke aus eigenem Antrieb seine unveröffentlichte Magisterarbeit zugeschickt. Deshalb ist der Plagiatsvorwurf absurd und ein Straftatbestand, sollte er aufrecht erhalten werden.

Gewinn war für mich aus dieser Magisterarbeit keiner zu ziehen. Aber in der Absicht, einen noch unerfahrenen Namenforscher zu unterstützen, habe ich Herrn Andraschke in einem nur an ihn persönlich gerichteten Brief auf zahlreiche Fehler und Falschaussagen in dieser Arbeit hingewiesen, mangelnde Anleitung vermutet – selbstverständlich ohne Namennennungen, da ich den wissenschaftlichen Hintergrund des Herrn Andraschke ja damals nur aus dieser Arbeit kannte – und einige durchaus freundlich gemeinte Ratschläge erteilt.

Wissenslücke offenbart und umso berechtigter ist, als beide Namengruppen zwar schwerpunktmäßig aber nicht hundertprozentig von unterschiedlichen Ableitungsbasen gebildet werden.

Verfälschende Simplifizierung bestimmt auch die Stellungnahme Andraschkes zu den -statt-Namen – wie sehr, verdeutlicht das Zitat des angesprochenen Textes im Historischen Ortsnamenbuch Ebermannstadt: „Daß -feld ‚relativ ebenes, waldfreies und damit landwirtschaftlich nutzbares Gelände' früh zum Siedlungsnamengrundwort werden konnte, zeigen die vielen im frühen Mittelalter belegten -feld-Namen in Unterfranken. Einige davon haben teil an archäologischen Funden der Merowingerzeit. Das gleiche gilt für Ortsnamen auf -statt. In der Umgebung von Bamberg können sie nach Ernst Schwarz, sofern sie mit einem altertümlichen Personennamen verbunden sind und in fruchtbaren Gegenden liegen, zu den Leitnamen der thüringischen Siedlung gehören. Ob man deswegen Ebermannstadt und Heiligenstadt zu den frühesten Ortsgründungen mit bleibenden Namen zählen darf, ist vorerst wegen des Fehlens einschlägiger Funde, des weiten Verbreitungsgebietes der -statt-Namen und der Geltung dieses Namentyps bis ins 9./10. Jahrhundert fraglich."[18]

[Dorothea Fastnacht]

---

[18] Fastnacht, Ebermannstadt (wie Anm. 16), S. 32*.

SCHRIFTEN DES ZENTRALINSTITUTS FÜR FRÄNKISCHE
LANDESKUNDE UND ALLGEMEINE REGIONALFORSCHUNG
AN DER UNIVERSITÄT ERLANGEN-NÜRNBERG

1. Ernstberger, Anton: Franken – Böhmen – Europa. Gesammelte Aufsätze. 2 Teilbände 1959. XXIV und 755 Seiten. € 14,00
2. Hofmann, Hanns Hubert: Herzogenaurach. Die Geschichte eines Grenzraumes in Franken. 1950. 217 Seiten und 11 Karten. vergriffen.
3. Heinold-Fichtner, Krista: Die Bamberger Oberämter Kronach und Teuschnitz. Territorialgeschichtliche Untersuchungen. 1951. 197 Seiten und 1 Karte. vergriffen.
4. Bog, Ingomar: Die bäuerliche Wirtschaft im Zeitalter des Dreißigjährigen Krieges. 1952. XIV und 180 Seiten. vergriffen.
5. Adamski, Margarethe: Herrieden. Kloster, Stift und Stadt im Mittelalter. 1954. XVI und 99 Seiten, 1 Karte. vergriffen.
6. Lorenz, Walter: Campus Solis. Geschichte und Besitz der ehemaligen Zisterzienserinnenabtei Sonnefeld bei Coburg. 1955. VIII und 248 Seiten. vergriffen.
7. Dietrich, Klaus Peter: Territoriale Entwicklung, Verfassung und Gerichtswesen im Gebiet um Bayreuth bis 1603. 1958. XVII und 201 Seiten, 1 Karte. vergriffen
8. Schuhmann, Günther: Ansbacher Bibliotheken im Mittelalter bis 1806, 1959. 260 Seiten, 8 Tafeln. € 8,00
9. Ulsamer, Willi: Wolfgang Agricola, Stiftsdekan von Spalt (1536–1601). Ein Beitrag zur Geschichte des Klerus im Bistum Eichstätt. 1960. 2. Aufl. 1986. 168 Seiten. vergriffen.
10. Werner, Otmar: Die Mundarten des Frankenwaldes. Eine lautgeographische Untersuchung, 1961. XXII und 329 Seiten, 20 Karten. € 9,50
11. Endres, Rudolf: Die Nürnberg-Nördlinger Wirtschaftsbeziehungen im Mittelalter bis zur Schlacht von Nördlingen. 1963. 220 Seiten. € 11,50
12. Heldmann, Horst: Moritz August von Thümmel. Sein Leben – sein Werk – seine Zeit. 1.Teil [mehr nicht erschienen]: 1738–1783. 1964. XX und 440 Seiten. € 15,50
13. Steger, Hugo: Sprachraumbildung und Landesgeschichte im östlichen Franken. Das Lautsystem der Mundarten im Ostteil Frankens und seine sprach- und landesgeschichtlichen Grundlagen. 1968. XVI und 635 Seiten, 37 Abbildungen, 66 Karten. € 28,90
14. Diegritz, Theodor: Lautgeographie des westlichen Mittelfrankens. 1971. 383 Seiten, 29 Karten. € 24,90
15. Liermann, Hans: Erlebte Rechtsgeschichte, 1972. VIII und 207 Seiten, 1 Portrait. vergriffen
16. Liermann, Hans: Die Friedrich-Alexander-Universität Erlangen 1910–1920. Mit einem Vorwort von Gerhard Pfeiffer und einem Nachwort von Alfred Wendehorst. 1977. VIII und 101 Seiten, 5 Abbildungen. € 8,50
17. Wehner, Rita: Die mittelalterliche Gottesdienstordnung des Stiftes Haug in Würzburg. 1979. VIII und 536 Seiten, 2 Abbildungen. € 24,60
18. Wendehorst, Alfred, und Schneider, Jürgen [Herausgeber]: Hauptstädte. Entstehung, Struktur und Funktion. Referate des 3. interdisziplinären Colloquiums des Zentralinstituts. 1979. XII und 143 Seiten, 6 Karten. € 12,90
19. Wunschel, Hans-Jürgen: Die Außenpolitik des Bischofs von Bamberg und Würzburg Peter Philipp von Dernbach. 1979. XVI und 193 Seiten. € 18,50
20. Rechter, Gerhard: Das Land zwischen Aisch und Rezat. Die Kommende Virnsberg Deutschen Ordens und die Rittergüter im oberen Zenngrund. 1981. XVI und 912 Seiten, 36 Karten, 25 Skizzen und Abbildungen, 18 Stammtafeln. vergriffen

Die Schriftleitung des Jahrbuchs für fränkische Landesforschung
und die Verlagsdruckerei Schmidt bedauern,
daß der Beitrag **„Anmerkungen zur Gegendarstellung"**
von Dorothea Fastnacht und Robert Schuh im Band 62 (2002)
ohne Übernahme der letzten Autorenkorrekturen gedruckt wurde.

Dorothea Fastnacht und Robert Schuh

Anmerkungen zur Gegendarstellung

Zu 1. Kirchehrenbach und Ehrenbürg

Eine der Voraussetzungen für einen nutzbringenden Gedankenaustausch ist der korrekte Umgang mit den Aussagen der daran Beteiligten. In Punkt 1 seiner Gegendarstellung schreibt Andraschke, ich habe Schreibmüllers Herleitung des Namens Ehrenbach von ahd. archa für möglich gehalten und auf das Fehlen einer Gegenargumentation bezüglich eines Sproßvokals hingewiesen. Beides geht aber aus meinen Aussagen[1] nicht hervor. Vielmehr nahm ich Schreibmüller vor dem ungerechtfertigten Vorwurf Andraschkes in Schutz, er habe den Umlaut „weder angenommen noch erklärt".[2] Er hat ihn angenommen und mit dem Sproßvokal zu erklären versucht. Meine Darlegungen bedeuten keine Zustimmung zu Schreibmüllers Thesen, weshalb ich mich auch nicht verpflichtet fühlte, dafür einen Beweis anzutreten.

Ebenso sorglos verfährt Andraschke mit meinen Bemerkungen zu genitivischem -in bzw. -un.[3] Mit keinem Wort lehnte ich „dieses flektierte Maskulin" (auf -in) ab. Es gibt dazu auch keine „Gegenbeweiskette". Vielmehr stimmte ich Andraschke in seiner Einschätzung zu, daß die Belege mit -in nicht auf archa/*aricha deuten, da dann als Bestimmungswort *Ariha- oder *Arihun- zu erwarten wäre. Der Hinweis auf die Möglichkeit, graphisches -in- als hyperkorrekte Schreibung für *-en- aus *-un- zu erklären, die ich als „wenig wahrscheinlich" bezeichnete, geschah aus Gründen der Vollständigkeit, war nur eine Vorwegnahme möglicher Gegenargumentationen. Was Andraschke daraus macht, stellt meine Darlegungen auf den Kopf.

Selbstverständlich sind Zweifel an der Existenz „wahllos zusammengefügter Personennamen" angebracht – aber *Arihho ist aufgrund des Nachweises sowohl des Personennamenstammes als auch des Suffixes eben nicht „wahllos" konstruiert. Die Frage Andraschkes, warum, wenn doch Arnihho belegt ist, daneben noch ein *Aricho angesetzt werden solle, ist leicht zu beantworten: Beide Formen, aro und arn, sind produktive Elemente bei der Namenbildung; man vergleiche nur die belegten Vollnamen Argrim und Arngrim oder Arhelm neben Arnhelm.[4] So könnte zum Beispiel Arnihho eine Koseform zu Arnhelm, *Arihho eine Koseform zu Arhelm sein.

Nach wie vor möchte Andraschke einen anderen Weg bei der Erklärung des Ortsnamens gehen und versucht nun, die Konstruktion eines isolierten, lokativischen *Arichin mit Hilfe zweier Belege zu Manching und eines Beleges zu Garching zu stützen. Betrachtet man allerdings die Belegreihe zu Garching,[5] erkennt man, daß der Beleg 1034/1041 „Gouviriha" isoliert unter -inga-/-ingin-/-ingen-/-ing-Belegen steht,

---

[1] Siehe Dorothea Fastnacht/Robert Schuh, Namenkundliche Irrwege in Franken, in: Jahrbuch für fränkische Landesforschung 61, 2001, S. 323–345, hier S. 326.
[2] Joachim Andraschke, Ungeklärte Siedlungsnamen keltischer Höhensiedlungen im Regnitz- und Maingebiet, in: Geschichte am Obermain 22, 1999/2000, S. 15–22, hier S. 15.
[3] Siehe dazu Fastnacht/Schuh, Irrwege (wie Anm. 1), S. 327.
[4] Ernst Förstemann, Althochdeutsches Namenbuch, Bd. I: Personennamen, Nachdruck der 2., völlig umgearbeiteten Auflage Bonn 1900, München/Hildesheim 1966, Sp. 137, 139f.
[5] Vgl. Wolf-Armin Frhr. v. Reitzenstein, Lexikon bayerischer Ortsnamen. Herkunft und Bedeutung, 2., verbesserte und erweiterte Auflage, München 1991, S. 151f.

so daß es abwegig erscheint, hieraus ein vorgermanisches „-ica-Suffix" zu erschließen.[6] Die Hauptglieder in der Argumentation Andraschkes zugunsten eines lokativischen *Arichin bilden nunmehr die Belege 1092 „Mandihhin" und 1183 „Maendechin" zu Manching, die Andraschke als Lokativ eines Ortsnamens *Mandicha (mit altem „-ica-Suffix") auffaßt. „-ga", das im übrigen kein „Graphem" ist, sei dann an „Mendihin-" angefügt worden. Gegen Andraschkes These spricht allein schon der frühe Erstbeleg 844 „Mandechingon", der eindeutig ein -ing-Suffix im Dativ Plural zeigt und der für die Etymologisierung des Namens – im Gegensatz zu den späteren Belegen des 11./12. Jahrhunderts – doch die entscheidende Grundlage bilden muß. Zudem spricht der im Ortsnamen Manching enthaltene Sekundärumlaut eindeutig gegen Andraschkes Ansatz; denn bei einer vorgermanischen Ausgangsform *Mandica wäre, da kein Umlauthindernis vorliegt, Primärumlaut zu erwarten.

Das sogenannte „Parallelbeispiel" Ladenburg ist in unserem Zusammenhang als Beweis für Andraschkes Thesen untauglich; denn es geht ja nicht darum, daß solche Namen mit angehängtem -burc gebildet werden können, sondern darum, daß ein ācum-Name ohne germanisches Grundwort (vergleichbar dem nachgewiesenen „Lupodunum/Lopodunensis") in unserem Raum erst einmal belegt werden müßte, um dann daraus Schlußfolgerungen auf weitere Vorkommen von Vertretern dieses Typs ziehen zu können.

Andraschke nannte einen „Gott Er, germ./kelt. *Arjo, dem wohl der Berg [Ehrenburg] seinen Namen verdankt",[7] und verglich ihn mit dem griechischen Kriegsgott Ares. Da Andraschke den Götternamen „Er" (ohne Asterisk!) offenbar für belegt hält und keine eigenen Nachweise liefert, kommt dafür doch nur jener in der älteren Literatur herumgeisternde germanische Kriegsgott „Er" in Frage, über den zu schreiben mir deshalb nicht „belanglos" erschien.

Zu 2. Giechburg und Giech

Andraschke wies darauf hin, daß Ernst Schwarz den Namen Giech auf ein keltisches *Gaeacum zurückgeführt habe, was aber „nach Ausweis der nachstehend aufgelisteten Belege" (folgen die Graphien „Giche", Giecheburc", „Giech", „Windischen Gyech") ausscheide.[8] Ich habe dazu angemerkt, daß dies unrichtig sei: Die *Belege* sprechen nicht gegen den Schwarzschen Ansatz; lauthistorisch ist ein Anschluß der belegten Graphien an *Gaeacum (korrekt: *Gaeācum) – nicht aber an „keltisch coiche" – sehr wohl möglich. Aufgrund der Verbreitung der eindeutig als solche nachgewiesenen -ācum-Namen lehnte ich jedoch den Schwarzschen Vorschlag ab.[9] Grotesk ist, wenn es ein mit Namen beschäftigter Autor für grotesk hält, daß eine Namenerklärung aufgrund sprachwissenschaftlicher Kriterien zwar möglich ist, aber aus außersprachlichen Gründen abgelehnt wird und nach einer alternativen philologischen Erklärung gesucht werden muß.

---

[6] Zur ebenso abwegigen Vennemannschen Rekonstruktion einer Vorform *Munica des Ortsnamens München sei nochmals auf Wolf-Armin Frhr. v. Reitzenstein, „München" ist ein mittelalterlicher Ortsname oder der Mönch darf im Wappen bleiben, in: Literatur in Bayern 39, 1995, S. 10–13, verwiesen.

[7] Andraschke, Ungeklärte Siedlungsnamen (wie Anm. 2), S. 16.

[8] Andraschke, Ungeklärte Siedlungsnamen (wie Anm. 2), S. 17.

[9] Fastnacht/Schuh, Irrwege (wie Anm. 1), S. 333f.

Wie so oft bei seinen Ansätzen vorgermanischer oder germanischer Vorformen heutiger Ortsnamen zeigt Andraschke auch in seiner Gegendarstellung ein Unverständnis lauthistorischer Entwicklungen. So ist der Umstand, daß ich seine Rückführung des Namens Giech auf eine idg. Form *gheugia aus lautlichen Gründen („weidlich"?) verworfen habe, während ich den von Albrecht Greule genannten Lösungsvorschlag (Bildung mit -k-Suffix zur Wurzel idg. *gheu-) für möglich hielt,[10] nicht das Ergebnis einer „wohlwollenden Zuwendung", sondern vielmehr bestimmt von den Lautgesetzen: Denn im Gegensatz zu Greule setzt Andraschke ein i-haltiges Element an, so daß sich idg. *-eu- nicht zu ahd. -eo-/-io-, mhd. -ie- (wie im Ortsnamen Giech), sondern zu ahd./mhd. -iu- entwickelt hätte.

[Robert Schuh]

Zu 3. Menosgada

Auch für „Menosgada" besteht kein Grund, von den in „Namenkundliche Irrwege in Franken" vertretenen Argumenten abzugehen. Weder ist es erwiesen, daß „Menosgada" eine antike Stadt war, noch daß der Ort einen Bezug zum Staffelberg hatte. Was Herrn Andraschke als „seltsamer Zickzackkurs" dünkt, ist seriöse Namenforschung. Sie bezieht alle zugänglichen Fakten ein – solche, die ins Bild passen, und auch die widersprüchlichen. Daran ändern auch Andraschkes neuerliche Behauptungen nichts.

Woher weiß er, „Menos-" als genitivische Form aufzufassen, sei ein „Kapitalfehler"; im Genitiv müsse hier ein -i- stehen? Da genitivisches -os- im Bestimmungswort zahlreicher altgriechischer Ortsnamen vorkommt, wurde vermutet, Ptolemaios könnte eine germanische Endung zu -os- umgestaltet haben.[11] Wortendungen werden häufig nach den Regeln der aufnehmenden Sprache – hier des Griechischen – behandelt, auch die der Erstglieder komponierter Namen.[12] In einer vom Spätgermanischen geprägten Namenform mit germanischem Grundwort käme dafür im oberfränkischen Raum bei stark flektierenden Nomen, denen ein indogermanischer Stamm auf -o- zugrunde liegt, nur die genitivische Endung auf -as in Frage, nicht auf -is.[13]

Wie ist Andraschkes Behauptung zu verstehen, der Flußname Main sei „von *Min bei Fastnacht" hergeleitet? Hat er folgenden Satz nicht verstanden: „Für den Main kann [...] kein [...] Namenpaar keltisch *Menos/germanisch *Mīn belegt werden" ?[14]

Die chronologisch und dialektologisch abwegige Meinung, daß -ē- für germanisch ai wie in „Menos-" auch im unterfränkischen Dialekt Reflex sächsischer Siedlung um 800 in Oberfranken sei, hat Andraschke zwar im Hinblick auf die zeitliche Diskrepanz, was das ptolemäische „Menos-" betrifft, selbst eingeräumt. Daß diese Diskrepanz auch für die vermuteten Burgunder gilt, sei hier wiederholt und geht eigentlich

---

[10] Ebenda, S. 334.
[11] Fastnacht/Schuh, Irrwege (wie Anm. 1), S. 339 mit Anm. 114.
[12] Dieter Geuenich, Die germanischen Sprachen der Völkerwanderungszeit, in: Werner Besch u.a. (Hg.), Sprachgeschichte, 2. Teilband (Handbuch für Sprach- und Kommunikationswissenschaft 2/2), Berlin/New York 1985, S. 979–993, hier S. 982.
[13] Alfred Bammesberger, Die Morphologie des urgermanischen Nomens, Heidelberg 1990.
[14] Fastnacht/Schuh, Irrwege (wie Anm. 1), S. 336.

aus der von Andraschke zitierten Literatur hervor. Im übrigen trennt gerade die Erhaltung von ai das Burgundische vom Gotischen.[15]

Der von Andraschke angeführte Beleg „1285/88 Eltmein", womit er meint, ein germanisches *main beweisen zu können, ist nicht belastbar. Er steht in einem 1334/1335 angelegten Statuten- und Kopialbuch und dürfte die im 14. Jahrhundert aufkommende schriftsprachliche Namenvariante aufzeigen. Es gibt also keine „parallele Überlieferung", nur ein Verdachtsmoment in einer Mundartform aus der Oberpfalz.

Zum neuerlichen Deutungsvorschlag für „Menosgada" aus Obermüllers Deutschkeltischem Wörterbuch sei wiederholt: Dieses Lexikon ist indiskutabel. Auf solcher Basis haben Generationen von Heimatforschern gedeutet, die es nicht besser wußten, und dem Ansehen der Namenforschung geschadet.

Zu 4. Marktgraitz

„*graitia" ist ein Phantasieprodukt, kein keltisches Wort, und daher abzulehnen.

Bei seinen Einlassungen zur slawischen Zuwanderung im Raum Oberfranken verwirft Andraschke eine Darstellung, die diese Vorgänge angeblich auf das 6. Jahrhundert in völlig entvölkerten Landen reduziert. An dieser Stelle kann man sich Andraschke nur anschließen: „Da fragt man sich, wo solches Wissen vertreten wird." Da er am Ende seiner Anmerkungen noch einmal auf diese Thematik zurückkommt und sich dort auf das Historische Ortsnamenbuch Ebermannstadt beruft, dürfte aus dem Zitat der angesprochenen Passage der Unterschied zwischen den verfälschenden Verkürzungen Andraschkes und der tatsächlichen differenzierten Sicht der Dinge samt Nachweis der einschlägigen Literatur hinlänglich deutlich werden: „Über den zeitlichen Ansatz der frühesten slawischen Siedlung herrscht Unklarheit, weil sich der archäologische Nachweis auf spärliche Keramikfunde beschränkt, deren Datierung nur innerhalb eines größeren zeitlichen Spielraumes möglich ist. Vorerst hypothetisch sehen Ernst Eichler und Hans Walther die älteste slawische Ansiedlung im Mittelelbegebiet im direkten Zusammenhang mit dem Abzug der germanischen Bewohner und setzen für diese erste Siedlungsphase das 6. Jahrhundert an. Dieser frühesten Schicht wird dort der Ortsnamentyp slawischer Personenname mit -j-Suffix zugewiesen. Die Kämpfe der Merowinger mit den Awaren an der Elbe in der zweiten Hälfte des 6. Jahrhunderts dürften weitere Wanderungsbewegungen der Slawen ausgelöst haben, so daß die Ankunft erster Siedlergruppen im oberfränkischen Raum am Ende des 6. Jahrhunderts nicht unmöglich erscheint. Für einen so frühen Zeitansatz fehlt auf dem Gebiet des ehemaligen Landkreises Ebermannstadt freilich die zuverlässige archäologische Bestätigung. Die mit frühdeutschen Scherben des 6. Jahrhunderts ‚vergesellschafteten' slawischen Scherben der ‚Warenart 1' (unverzierte und wellenbandverzierte Stücke, spätes 6. bis 9. Jahrhundert) von Huppendorf stammen ja aus einem offenen Fund, d.h. die Fundstücke können ein unterschiedliches Alter haben. Weitere als slawisch beschriebene Keramikfunde [...] erlauben wohl – in Verbindung mit dem germanischen Saxfund des beginnenden 7. Jahrhunderts bei Hollfeld –, in

---

[15] Arthus Mentz, Schrift und Sprache der Burgunder, in: Zeitschrift für deutsches Altertum und deutsche Literatur 85, 1954/1955, S. 1–17, hier S. 15.

unserem Untersuchungsgebiet mit der Anwesenheit von Slawen seit dem 7. Jahrhundert zu rechnen – möglicherweise als ‚Vorstoß‘, dem durch noch vorhandene spätgermanische Siedlung an den günstigsten Plätzen Einhalt geboten wurde."[16]

Zu 5. Schießberg

Andraschke nimmt unter dem Druck der Argumente Abstand von der Herleitung des Namens Schießberg von einem „Beinamen Skid" der Göttin Freia, beklagt aber anschließend „den Versuch der Zerschlagung einiger Indizien". Er meint damit neuzeitlich belegte Flurnamen, deren Deutung meist eine riskante Sache ist. Manche Namenforscher lassen ganz die Finger davon. Auf jeden Fall ist auf die ganze Palette der in Frage kommenden Deutungen hinzuweisen.

Unter den Deutungsvorschlägen für „Kretzenberg" wurde auch Hans Jakob mit der Möglichkeit einer Ableitung von slawisch „Krynica" zitiert. Jakob will mit diesem Beispiel gerade deutlich machen, daß gleichlautende Endformen „Greitzen oder Kretzen" auf verschiedene Grundformen zurückgehen können, nicht nur auf slawisch ‚Burgort'. Als sprachliche Mittel kommen hier mundartlicher -n-Schwund (vergleiche Püchitz im Altlandkreis Staffelstein < 1524 „Püchiz" < 1456 „Buchnicz"), Schwund unbetonter Vokale und die sogenannte Dreisilberschwächung des Haupttonvokals in Frage.

Nun nicht mehr nach den Katzen der Göttin Freia soll der Katzenberg seinen Namen haben, sondern von Katze ‚Baustück in der Befestigungs- und Belagerungskunst in einer Festung; bewegliches Schutzdach für Belagerer; Belagerungsgeschütz'. Wer weiß? Die Belagerungsaufbauten aus frühgeschichtlicher Zeit, aus der sich nicht einmal mehr der Name der Befestigung auf dem Schießberg erhalten hat, müßten dann allerdings auf der ca. 1 km westnordwestlich vom Schießberg gelegenen Flur ausgelagert gewesen sein. Den Nachweis der „wahrlich nicht seltenen" Bezeichnung bei frühmittelalterlichen Wallanlagen bleibt Andraschke schuldig.

Abschließend verläßt er die zur Diskussion stehende Thematik, um noch mit der Ortsnamenschichtung, wie sie im Historischen Ortsnamenbuch Ebermannstadt beschrieben wird, abzurechnen.[17]

Dabei meint er, die Bezeichnung der -ungen-Namen als „Entsprechungen der -ingen-Namen" anprangern zu müssen – einen Usus in der Namenkunde, der keine

---

[16] Dorothea Fastnacht, Ebermannstadt. Ehemaliger Landkreis Ebermannstadt (Historisches Ortsnamenbuch von Bayern. Oberfranken 4), München 2000, S. 34*.

[17] In Fußnote 18 seiner „Anmerkungen zu ‚Namenkundliche Irrwege in Franken'" behauptet Herr Andraschke, ich, Dorothea Fastnacht, hätte im Historischen Ortsnamenbuch Ebermannstadt Erkenntnisse aus seiner Magisterarbeit übernommen, ohne dies eigens auszuweisen. Hierzu die Fakten: Die Themen, auf die sich Andraschkes Verdacht richtet, sind im Dekanatsexemplar meiner bereits im Sommer 1997 eingereichten Dissertation nachzulesen. Erst im Sommer 1998 hat mir Herr Andraschke aus eigenem Antrieb seine unveröffentlichte Magisterarbeit zugeschickt. Deshalb ist der Plagiatsvorwurf absurd und ein Straftatbestand, sollte er aufrechterhalten werden.

Gewinn war für mich aus dieser Magisterarbeit keiner zu ziehen. Aber in der Absicht, einen noch unerfahrenen Namenforscher zu unterstützen, habe ich Herrn Andraschke in einem nur an ihn persönlich gerichteten Brief auf zahlreiche Fehler und Falschaussagen in dieser Arbeit hingewiesen, mangelnde Anleitung vermutet – selbstverständlich ohne Namennennungen, da ich den wissenschaftlichen Hintergrund des Herrn Andraschke ja damals nur aus dieser Arbeit kannte – und einige durchaus freundlich gemeinte Ratschläge erteilt.

Wissenslücke offenbart und umso berechtigter ist, als beide Namengruppen zwar schwerpunktmäßig, aber nicht hundertprozentig von unterschiedlichen Ableitungsbasen gebildet werden.

Verfälschende Simplifizierung bestimmt auch die Stellungnahme Andraschkes zu den -statt-Namen – wie sehr, verdeutlicht das Zitat des angesprochenen Textes im Historischen Ortsnamenbuch Ebermannstadt: „Daß -feld ‚relativ ebenes, waldfreies und damit landwirtschaftlich nutzbares Gelände' früh zum Siedlungsnamengrundwort werden konnte, zeigen die vielen im frühen Mittelalter belegten -feld-Namen in Unterfranken. Einige davon haben teil an archäologischen Funden der Merowingerzeit. Das gleiche gilt für Ortsnamen auf -statt. In der Umgebung von Bamberg können sie nach Ernst Schwarz, sofern sie mit einem altertümlichen Personennamen verbunden sind und in fruchtbaren Gegenden liegen, zu den Leitnamen der thüringischen Siedlung gehören. Ob man deswegen Ebermannstadt und Heiligenstadt zu den frühesten Ortsgründungen mit bleibenden Namen zählen darf, ist vorerst wegen des Fehlens einschlägiger Funde, des weiten Verbreitungsgebietes der -statt-Namen und der Geltung dieses Namentyps bis ins 9./10. Jahrhundert fraglich."[18]

[Dorothea Fastnacht]

---

[18] Fastnacht, Ebermannstadt (wie Anm. 16), S. 32*.